논어역평

논어역평 2

초판 1쇄 발행 2017년 9월 30일

역평 | 조명화
펴낸이 | 조미현

편집주간 | 김현림
책임편집 | 고혁
교정교열 | 이미현

펴낸곳 | (주)현암사
등록 | 1951년 12월 24일 · 제10-126호
주소 | 04029 서울시 마포구 동교로12안길 35
전화 | 365-5051 · 팩스 | 313-2729
전자우편 | editor@hyeonamsa.com
홈페이지 | www.hyeonamsa.com

ISBN 978-89-323-1875-2 04140
ISBN 978-89-323-1873-8 (세트)

이 도서의 국립중앙도서관 출판예정도서목록(CIP)은
서지정보유통지원시스템 홈페이지(http://seoji.nl.go.kr)와
국가자료공동목록시스템(http://www.nl.go.kr/kolisnet)에서
이용하실 수 있습니다.(CIP제어번호 CIPCIP2017023913)

논어역평

2

조명화

현암사

차례

태백(泰伯) 제팔(第八)

이 편은 증삼의 문인들이 편집했을 것으로 추정하는 사람이 많다. 전체 21개 장 가운데 제3장부터 제7장까지 증삼의 어록이 연달아 나오기 때문이다.

학자들은 일반적으로 『상서(尙書)』의 주인공이라고 할 수 있는 옛날의 성왕들을 예찬하는 일은 공자 시대가 아닌 묵자를 거쳐 맹자 시대에나 보편화한 현상으로 이해한다. 맹자는 증삼과 자사를 이은 사람이므로, 『논어』에 보이는 공자의 옛 성왕들에 대한 칭송은 맹자 시대의 증삼학파 사람들이 수집했을 것이라는 것이다.

제14장은 14·26과 중복하는데, 14·26은 공자의 말과 증삼의 말을 대비시키는 내용이므로 틀림없이 증삼학파가 편집했을 것으로 추정한다. 그렇다면 증삼학파가 편집한 내용이 중복되고 있는 「태백」편도 증삼학파가 편집했을 것이며, 그렇다면 「태백」편은 편집의 주체나 시기와 목적이 분명한 단일한 성격의 편이지 않느냐고 주장하는 학자도 있다. 하지만 현전 『논어』의 편차나 구성 과정에 대한 추론은 그 어느 것도 큰 의미를 지니지 못한다고 본다.

8·01 子曰 泰伯 其可謂至德也已矣 三以天下讓 民無得而稱焉

스승님께서 말씀하시기를 : 태백, 그분은 지덕이라고 할 만해. 세 번이나 천하를 (동생에게) 양보하(는 훌륭한 덕성을 지)녔으면서도 인민들이 (그 사실을) 칭송할 수조차 없(도록 만들었)으니 말이야.

> 주

1) 泰伯(태백) : 주왕조 시조인 고공단보(古公亶父)의 맏아들이다. 太伯으로도 적는다. 고공단보에게는 아들이 셋 있었는데, 맏아들이 태백, 둘째가 중옹(仲雍), 셋째가 계력(季歷)이었다. 고공단보는 힘이 커지자 장차 상나라를 멸망시키려고 했는데, 태백이 그 생각을 따르지 않자 왕위를 셋째 계력에게 물려주고자 하였다. 아버지의 의중을 알아차린 태백은 둘째 중옹과 구오(勾吳)로 가서 오(吳)나라의 시조가 되었고, 따라서 왕위는 계력에게 넘겨졌다. 계력의 아들 창(昌, 문왕)에 이르러 주왕조의 국력은 천하의 3분의 2를 차지할 정도가 되었고, 그의 아들 발(發, 무왕)은 마침내 상나라를 멸하고 천하를 통일한다.

2) 其可謂至德也已矣(기가위지덕야이의) : '지덕'이란 그보다 위가 없는 가장 높은 덕이라는 표현이다. 태백은 천하를 차지할 만한 자질이 충분했음에도 자취를 감춘 것이 지덕이라고 주희는 설명한다. 其는 추측의 어기를 나타내는 부사이기도 하지만 앞의 태백을 가리키는 대명사로 보

는 것이 낫다. 也, 已, 矣는 모두 단정의 어기를 나타내는 허사인데 셋을 중복함으로써 강조하고 있다.

3) 三以天下讓(삼이천하양) : '세 차례나 천하를 양보했다'는 뜻이다. 태백이 계력에게 양보할 당시 주왕조는 작은 나라에 불과했으므로 그것을 가지고 천하를 양보했다고 표현할 수는 없으므로 '천하를 위하여 양보를 했다'라고 새겨야 한다고 오규 소라이(荻生徂徠, 1666~1728)는 주장한다. 하지만 중국 글쓰기의 관행에서는 그런 것을 오류로 여기지 않는다. 비록 당시에는 천하를 차지하지 않았을지라도 나중에 결국 차지하였으므로 그렇게 표현하는 것도 받아주는 것이 관행이다. '三'은 그런 일이 '세 차례' 있었다는 지적일 수도 있고 '여러 차례' 있었다는 지적일 수도 있는데, 그 여부가 중요하지는 않다. 세 차례가 언제였는지를 헤아리는 일은 더욱 무의미하다.[1]

4) 民無得而稱焉(민무득이칭언) : 문장의 주어는 '민'이지만 인민들이 칭송할 수 없도록 태백이 만들었다는 표현이므로 수동형으로 번역하는 것이 낫다. 焉은 '於是'의 축약이다.

> 평설

지위를 놓고 각축과 대립이 난무하는 시대를 살던 공자는 태백처럼 군주의 지위조차 양보한 사례를 강조하고 싶었을 것이다. 이 장도 공자의

---

1   정현(鄭玄)의 주를 보면 실감하게 된다. 아버지의 병환 때문에 오월 지방에 가서 약초를 캐다가 아버지가 죽어도 돌아가지 않고 계력으로 하여금 상주가 되게 한 것이 첫 번째 양보이고, 계력이 부고했지만 달려가지는 않은 것이 두 번째 양보이며, 상을 벗은 다음 머리를 깎고 문신한 것이 세 번째 양보라고 한다. 정약용(丁若鏞)은 정현의 이런 주석을 타박한다. 상을 벗은 다음 머리를 깎지 않았더라도 주왕조에서 그 사람을 부를 리는 없다면서, 의심나는 것은 굳이 추측하거나 천착하지 말고 그대로 두는 것이 낫다고 충고한다.

말이 아닐 것으로 보는 견해가 많다.[2] 유가와 묵가가 대립하던 상황에서 묵가가 요·순·우 등 상고시대 인물들이 왕위를 양보했다는 이야기를 만들어내자 유가도 그에 맞서서 만들어낸 이야기라고 다케우치 요시오(武內義雄, 1886~1966)는 주장한 바 있는데, 많은 학자들이 그 주장에 동의한다.

8·02 子曰 恭而無禮則勞 愼而無禮則葸 勇而無禮則亂 直而無禮則絞 君子篤於親 則民興於仁 故舊不遺 則民不偸

스승님께서 말씀하시기를 : 예가 빠진 공손함이란 수고로운 짓일 뿐이고, 예가 빠진 신중함이란 두리번거리는 짓일 뿐이며, 예가 빠진 씩씩함이란 난동일 뿐이고, 예가 빠진 고지식함이란 (남에게) 상처 주는 일일 뿐이다. 군자가 친밀함(이라는 가치)에 돈독하면 인민도 인(에 대한 관심)을 일으킬 것이고, (군자가) 오랜 관계를 유지해온 사람을 저버리지 않으면 인민도 얄팍하지 않게 될 것이다.

> 주

1) 恭而無禮則勞(공이무례즉로) ; 而의 문법 기능을 살리자면 '공손하지만 예가 없으면 수고롭기만 하다'라고 번역해야 하지만, 네 차례나 반복되는 문장 구조는 禮를 강조하는 구조이므로 '예가 결여된 공'으로 번역하는 것이 낫다. 無는 단지 없는 상태를 표현하는 것은 아니기 때문이다. 勞도 용언이지만 명사로 번역하는 것이 낫다.

2) 葸(사) : 하안(何晏, 193~249)과 주희(朱熹, 1130~1200)는 '畏懼貌(두려워하는 모습)'라고 주하지만 『순자(荀子)』 「의병(議兵)」의 "秦四世有勝 諰諰然常恐天下之一合而軋己也 此所謂末世之兵"에 나오는 諰

와, 『한서(漢書)』 「형법지(刑法志)」의 "鰓鰓常恐天下之一合而軋己"에 나오는 鰓 및 「적교편(赤蛟篇)」의 "靈禔禔"에 나오는 禔 등이 모두 葸와 통자(通字)라는 오규 소라이의 설명이 합당하다. 신중한 탓에 결단을 내리지 못하고 조마조마한 태도를 묘사한 말로 짐작된다.

3) 勇(용) : 2·24의 주) 참조. 이 문장에서는 勇(날쌔다)에다 '猛(사나움)'의 뜻이 첨가된다고 본다. '씩씩함'은 勇의 본뜻보다는 다소 약한 표현이지만 선택해보았다.

4) 直(직) : 『논어주소(論語注疏)』는 '正曲爲直(구부러진 것을 바로잡아 곧게 함)'이라고 주한다. 『논어』에 나오는 直에 대한 설명은 2·19와 13·18의 주) 참조.

5) 絞(교) : 마융(馬融, 79~166)은 '絞刺(가차 없이 꾸짖음)'라 하고, 형병(邢昺, 932~1010)도 '絞刺人之非(남의 잘못을 가차 없이 꾸짖음)'라 하며, 주희는 '急切(남에게 박절하게 대함)'이라 한다. 禮를 차리지 않으면서 말이나 태도를 박절하게 하면 상대는 상처입기 쉬울 수밖에 없다.

6) 君子(군자) : '군자가 ~해야 민이 ~하게 된다'는 이 구절을 보더라도 공자가 생각하는 '군자'는 기본적으로 군주이다.

7) 親(친) : 뒤의 '故舊'와 내용적으로 대를 이루자면 '부모' 또는 '친척'이라야 한다. 그러나 뒤 문장이 '篤於故舊'가 아닌 '故舊不遺'이기 때문에 취하지 않는다. '부모'를 가리켰다면 '篤' 대신 '孝'라고 했을 것이다.

8) 故舊不遺(고구불유) : 관계를 오래 맺어온 사람을 저버리지 않는다는 뜻이다. 정약용(丁若鏞, 1762~1836)은 앞 군주가 남긴 신하를 버리지 않는 것이라면서, 『상서·반경(盤庚)』의 "古我先王亦惟圖任舊人(옛날 우리 선왕께서도 오직 옛사람에게 맡기려고 계획하셨다)"이라는 표현이 이 장의 뜻과 같다고 주장한다. 하지만 상관성을 인정하기는 어렵다.

9) 偸(투) : 주희는 '薄'이라고 주하지만 '가볍다', '구차하다'의 뜻도 있다. '훔치다'로 새기더라도 뜻은 통한다.

　이 장은 두 단락으로 나뉘는데, 두 단락이 서로 연결되지 않는다는 지적이 오래전부터 있었다. 오역(吳棫, 1100~1154)이 뒤 단락을 증자의 말로 추정하자 주희도 신종추원(愼終追遠)의 뜻과 비슷하다면서 동의하는데, 그런 생각은 8·14가 14·26과 비슷한 데서 유추하여 「태백」편 전부를 증삼학파가 편집한 것으로 단정하기 때문에 나오게 되는 견해라고 본다. 반면에 뒤 단락이 군자의 정치적 태도를 말한 것이니 앞 단락도 군자의 인민에 대한 정치적인 태도를 말한 것이라는 주장도 있다.

　공·신·용·직을 거론한 것은 그 덕목들 자체를 강조하고자 해서가 아니라 禮가 빠졌을 때 우습게 되는 사례로서 거론했다. 『예기(禮記)·중니연거(仲尼燕居)』에는 "敬而不中禮謂之野 恭而不中禮謂之給 勇而不中禮謂之逆 子曰給奪慈仁"이라는 대목이 있는데, 이를 보더라도 『예기』의 원전으로서의 신뢰도는 무척 떨어진다 하겠다. '篤於親'과 '故舊不遺'는 이후 사대부의 일상적인 인간관계뿐 아니라 유교국가의 통치술에 있어서도 중요한 항목이 된다.

8·03 曾子有疾 召門弟子曰 啓予足 啓予手 詩云 戰戰兢兢 如臨深淵
如履薄氷 而今而後 吾知免夫 小子
증자께서 병환을 얻(어 상태가 위중하)자 문제자들을 불러 (모아놓고) 말씀하시기를 : (이불을) 걷어서 내 발을 펴보고, 내 손도 펴보아라. 『시경』에는 "두려워하고 조심하기를 깊은 못에 다가가듯, 얇은 얼음을 밟아가듯"이라는 구절이 있지. (나는 그 시구처럼 내 몸을 다치지 않도록 평생 조심하면서 살아왔다. 내가 이제 죽으면) 이후로는 (한평생의 조심에서) 벗어나겠구나, 애들아!

1) 曾子(증자) : 공자의 제자. 자세한 설명은 1·04의 주) 참조.

2) 啓(계) : 이불을 걷어서 내 손발을 보라는 뜻이라는 정현(鄭玄, 127~200)의 주에 대체로 동의한다.

3) 詩(시) : 『시경(詩經)·소아(小雅)』「소민(小旻)」 제6장의 5~7째 구인데, 이 구절만의 뜻도 그렇거니와 시 전체의 주제도 효와는 상관없다. 증삼은 그 시에서 조심한다는 표현만을 취했다.

4) 吾知免夫(오지면부) : 정약용은 免의 목적어가 팔과 다리를 자르는 형륙이라고 주장하는데, 너무 진지한 나머지 도달하게 된 견해라고 본다. 夫는 문장의 끝에 붙어서 감탄을 표시하는 조사이다. '벗어날 것을 알다'는 '벗어나겠구나'라고 번역하는 것이 낫다.

5) 小子(소자) : 3·24와 5·21의 주) 참조. 말이 끝난 다음에 다시 부른 것은 반복하여 간곡하게 당부하는 뜻을 보여주는 것이라고 주희는 설명한다.

평설

말기 제자의 대표 인물인 증삼의 임종 장면이다. 증삼은 과연 공자의 교육방식을 제대로 이수한 제자답게 숨을 거두는 순간에도 시구를 인용한다. 이처럼 전고를 이용하는 화법은 현대 중국어에서도 그대로 사용된다. 증삼은 『효경』의 저자로 꼽히는 등 효라는 주제에 충실했던 사람으로 알려졌다. 그런 사람이 죽음을 앞두고서 한 이 말은 『효경』 첫머리의 "신체는 물론 터럭까지도 부모에게서 받은 것이므로 그것을 다치지 않게 하는 것이 효의 출발이고, 입신하여 도를 행하고 이름을 후세에 날려서 부모를 드러나게 하는 것이 효의 종착이다. 무릇 효는 부모 모시는 데서 시작하여 임금을 모시는 일을 지나 입신하는 데서 마치게 된다."[3]라는 구절과 연결해서 설명하곤 한다.

본문을 보더라도 증삼은 자신의 몸을 잘 보전하는 일이 효의 바탕이라는 생각에 충실했던 사람임에 틀림없다. 그런데 증삼의 이와 같은 언행을 만약 공자가 직접 보았다면 어떻게 평가했을까? 자신의 손발을 다치지 않도록 조심하는 것을 평생의 목표로 삼고, 더구나 죽음에 임박하여 제자들에게 그 사실을 자랑(?)까지 하는 것이 과연 자신의 생각을 잘 구현하는 일이라고 생각했을지는 의문이다. 『논어』에 나오는 공자의 효에 관한 언급들을 미루어보건대 공자는 증삼과 같은 처신을 결코 높이 사지는 않았을 것으로 짐작한다. 다만 공자의 효에 대한 강조가 후대에까지 전해질 수 있었던 힘은 증삼과 같은 고지식함에서 나왔을지도 모르겠다.

　　강유위(康有爲, 1858~1927)는 『논어주(論語注)』에서 다음과 같이 말한다. "『논어』는 증자학파가 편찬하였고 증자의 학문은 오직 자신을 단속하는 것만을 중시하였다. 그가 세상을 떠날 때가 되어 정중하게 말한 군자의 도를 보면 겨우 안색·용모·말투가 거친 것을 저어했을 뿐이고, 손과 발을 펴보라고 한 것도 몸을 지켜서 훼손됨을 면하는 데 전전긍긍하라는 경계에 불과하였다. (…) 섭적(葉適, 1150~1223)은 증자가 공자의 큰 도를 일찍이 듣지 못했다고 했는데, 아마 지나친 말은 아닐 것이다. 뜻과 학식이 저처럼 협애한 증자학파 제자들이 채택하고 편찬하는 권한을 잡았으니 (…) 반드시 잘못되고 거칠어 정밀함을 얻지 못하여 많은 것을 빠뜨렸을 것이다. 만약 안자·자공·자장·자사가 편집했더라면 넓고 크며 정밀하고 깊은 것이 반드시 이에 그치지 않았을 것이다. 중궁·자유·자하가 편집했더라도 정밀한 말과 큰 뜻이 여기에 그치지 않았을 것이다. (…) 그러므로 『논어』의 학문은 실제로 증자의 학문이고 공자의 학문을 다 드러내기에는 부족하다." 한편 이택후(李澤厚, 1930~)는

3　　身體髮膚受之父母不敢毀傷孝之始也 立身行道揚名於後世以顯父母孝之終也 夫孝始於事親中於事君終於立身

다음과 같이 말한다. "안회·증자 등이 공자의 학문 중에서도 종교적 도덕에 해당하는 부분을 전했고, 송명시대 이학이 그것을 크게 떨쳐 일으켜 공자(551~479 B.C.)·맹자(孟子, 372~289 B.C.)·주자·육상산(陸象山, 1139~1192)·왕양명(王陽明, 1472~1529)으로 이어지는 도통을 형성했다. 오늘날 현대 신유학이 그것을 중국문화의 정수 또는 명맥으로 보는 것은 지나치다."

8·04 曾子有疾 孟敬子問之 曾子言曰 鳥之將死 其鳴也哀 人之將死 其言也善 君子所貴乎道者三 動容貌 斯遠暴慢矣 正顔色 斯近信矣 出辭氣 斯遠鄙倍矣 籩豆之事 則有司存

증자께서 앓으시자 맹경자께서 문병하였다.[4] 증자께서 (맹경자께) 말씀하시기를 : 새가 죽을 임박에는 그 울음소리가 슬픈 법이고 사람이 죽을 임박에는 그 말이 착한 법입니다. (죽음을 앞둔 저의 말을 새겨들으시기 바랍니다) 군자가 소중히 여겨야 할 방법론은 세 가지입니다. (첫째는) 용모를 갖추어야 합니다. 그래야 거칠고 방자하지 않게 됩니다. (둘째는) 안색을 바르게 해야 합니다. 그래야 신뢰를 얻게 됩니다. (셋째는) 격조 있는 말을 해야 합니다. 그래야 비루하거나 사리에 어긋나는 짓을 멀리하게 됩니다. (제사나 연회의) 의례는 담당자가 있으(니 직접 챙겨서는 안 되고 담당자에게 맡겨야 합)니다.

> **주**
>
> 1) 孟敬子(맹경자, ?~435 B.C.) : 2·06과 5·07에 나오는 노나라 상경

---

4   공문을 위주로 하자면 증삼을 높이고 맹경자를 낮추어서 '증자께서 앓으시지 맹경자기 문병히였디'라고 번여채아겠지만, 맹경자의 신분을 고려하여 압존법을 사용하지 않았다.

(上卿) 맹무백의 아들로 이름은 첩(捷), 시호는 경(敬)이다. 증조부 맹희자(孟僖子, 542~518 B.C.)와 조부 맹의자(孟懿子, 518~481 B.C.) 및 아버지 맹무백(孟武伯, 481~? B.C.)은 모두 공자와 가깝게 지냈던 듯한데, 맹경자는 이처럼 증삼과 관계를 유지하였던 모양이다. 19·19 참조.

2) 言曰(언왈) : 물음에 답한 것이 아니라 스스로 말한 것임을 나타내고자 '言'을 첨가하였다. '鳥之將死~'는 당시의 속담이었을 것이다.

3) 道(도) : 정현, 하안, 이택후 등은 禮를 가리킨다고 하지만, 단정할 수는 없다. 1·02의 주에서 설명했듯이 이 문장에서도 '방법론'이라고 하는 것이 타당하다고 본다. 동용모(動容貌), 정안색(正顔色), 출사기(出辭氣), 이 세 가지가 군자의 소중한 방법론이라는 설명이다. 禮를 군자의 소중한 방법론이라고 표현하기는 어렵다.

4) 動容貌(동용모) : 구문상 動은 동사이고 容貌는 목적어이다. 動은 '만들어내다'의 뜻이므로 반듯한 용모를 지어야 한다는 말이다.

5) 斯(사) : 2·16, 4·07, 7·26에서처럼 조건에 따른 결과의 뜻을 나타내는 연사(連詞)이다.

6) 遠暴慢(원포만) : 거칠고 방자한 행동을 멀리하라는 뜻이다. 남이 나에게 그런 짓을 못 하도록 만들라는 뜻이 아니라 자신이 그런 행동을 멀리하라는 뜻이다.

7) 出辭氣(출사기) : 辭氣는 언사의 격조를 뜻하므로 '出辭氣'는 말할 때 격조 있는 언사를 사용하라는 뜻이다. 『논어』에서 처음 나오는 '氣' 자인데, 후대 유가에서처럼 형이상학적 의미로 사용된 것이 아니라 '食氣' (10·08), '血氣'(16·07)처럼 접미사로 쓰였다.[5]

---

5   10·04의 '屛氣'는 동사와 목적어 관계이다. 氣의 기본적인 의미는 '숨' 또는 '숨소리'라는 뜻이다. 氣 자의 기원은 분명하지 않은데, 米가 들어 있기 때문에 쌀이나 곡식을 끓였을 때 나오는 영양분이 많은 김을 상징했을 것으로 추정하기도

8) 遠鄙倍(원비배) : 鄙倍는 '범속하고 비루하여 사리에 어긋남'이라
는 뜻이다. 17·15에서 공자는 '아직 얻지 못하면 얻으려고 안달하고, 얻
고 나면 잃을까 봐 안달하며, 잃을까 안달하면 못 하는 짓이 없게 되는
사람'을 비부(鄙夫: 비루한 사내)라 한다. 9·08에서는 아무것도 모르는
무지한 사람을 비부(鄙夫: 무식쟁이)라 하고, 9·06에서는 자신은 어려서
미천하게 살았기 때문에 비사(鄙事)를 많이 할 줄 안다고 말한다.

9) 籩豆之事(변두지사) : 籩은 대나무로 만든 그릇이고 豆는 나무로
만든 그릇이니, 籩豆란 제사나 연회에서 사용하는 그릇을 가리킨다. 따
라서 '변두지사'는 제향(祭享)이나 연향(燕享) 등 공식적인 의례를 가리
킨다.

[평설]

공자의 말을 가장 고지식하게 수용하고 실천했던 제자다운 언급이
다. 윤돈(尹焞, 1070~1142)이 "증자는 자기 수양을 정치의 근본으로 여
겼다."[6]라고 주하듯이, 도학에 관심을 두었던 송유들은 증자의 이런 태도
를 매우 중시했다. 의례에 관한 일은 담당자에게 맡기면 된다는 말은 태
묘에 들어가면 매사를 물어서 진행했다는 공자의 태도와 같다(3·15). 세
가지 조목을 설명하면서 '遠' 자와 '近' 자를 사용하는 수사법을 썼다.

『예기(禮記)·단궁(檀弓)』에 의하면 맹경자는 노나라 도공(悼公,
?~429)이 죽을 때 살아 있었다. 맹경자라는 시호를 쓴 것으로 보아 맹경
자가 죽은 뒤 한참 지나서, 즉 안회나 자공의 문인들도 모두 죽은 다음에

한다. 전국시대 무렵부터 형이상학적인 의미로 쓰이는 듯한데, 『좌전』소공 1년
의 "天有六氣 (…) 六氣曰 陰陽風雨晦明也(하늘에는 여섯 가지 기가 있다. (…) 여
섯 가지 기는 음·양·풍·우·회·명이다)"라는 표현이 초기의 표현이다.

6   曾子蓋以修己爲爲政之本

야 이 장은 편집되었을 것이라고 최술(崔述, 1740~1816)은 고증한다. 그러나 이름 대신 시호가 적혔다 해서 그 인물의 사후라고 단정할 수는 없다. 문헌을 베끼거나 간행하는 과정에서 호칭만은 시호로 바꿀 수 있기 때문이다. 이 장과 앞 장을 보건대 증삼은 상당 기간 병석에 누워 있었던 듯하다.[7]

8·05 曾子曰 以能問於不能 以多問於寡 有若無 實若虛 犯而不校 昔者吾友嘗從事於斯矣

증자께서 말씀하시기를 : 잘하면서도 못하는 사람에게 묻기, 많이 알면서도 조금 아는 사람에게 묻기, 가지고 있으면서도 안 가진 듯(처신하기), 차 있으면서도 비어 있는 듯(처신하기), (남이 나에게) 잘못을 저지르더라도 따지지 않기, 옛날에 나의 벗(한 사람)이 이런 일에 힘을 다하였다.

---

7   한편 유향(劉向, 76~6 B.C.)은 이 이야기를 『설원(說苑)·수문(修文)』에서 다음과 같이 표현하고 있다. "曾子有疾 孟儀往問之 曾子曰鳥之將死必有悲聲 君子集大辟必有順辭 禮有三儀知之乎 對曰不識也 曾子曰坐吾語汝 君子脩禮 以立志 則貪慾之心不來 君子思禮以脩身 則怠惰慢易之節不至 君子脩禮以仁 義 則忿爭暴亂之辭遠 若夫置樽俎列籩豆 此有司之事也 君子雖能可也(증자께서 질환을 앓으시자 맹의가 가서 문병하였다. 증자께서 이르시기를 새가 장차 죽을 임박에는 반드시 슬픈 소리를 내는 법이고 군자가 죽을 임박에는 반드시 순조로운 말을 하는 법이다. 예에는 세 가지 거동이 있는데 그것을 아는가? 모른다고 대답하자 증자께서는 앉거라, 내가 너에게 일러주마. 군자가 예를 닦아서 뜻을 세우면 탐욕의 마음이 다가오지 않게 되고, 군자가 예를 사모하여 수신하게 되면 게으르고 거만한 행동을 하지 않게 되며, 군자가 예를 닦아서 인의를 실천하게 되면 다투거나 거친 말을 하지 않게 된다. 제사에서 그릇을 어떻게 진열하는지의 여부는 유사의 일이니 군자가 할 줄 모르더라도 괜찮다)." 맹경자의 이름도 틀리게 적었을 뿐 아니라 맹경자를 아예 증삼의 제자로 표현하고 있다.

1) 犯而不校(범이불교) : 포함(包咸, 6 B.C.~65 A.D.)은 '침범을 당하고
도 보복하지 않음'이라 하고, 정약용도 校를 '報(갚음)'라고 새긴다. 하지
만 校는 '계교(計校: 따지다, 현대 중국어에서는 計較로 적는다)의 뜻이라
는 주희의 해석이 더 합당하다고 본다.

2) 從事於斯矣(종사어사의) : 이런 일 하는 데에만 힘을 다하였다는
뜻이다.

증삼이 '내 벗'이라고 한 사람은 바로 안회라고 마융이 언급한 뒤로,
주희와 정약용을 비롯한 많은 주석가들은 그것을 사실로 받아들인다.
그러나 불필요한 설명일 뿐 아니라 당치 않다고 여긴다. 증삼은 안회보
다 16살이나 적었을 뿐 아니라, 말기 제자에 해당하는 증삼이 초기 제자
인 안회를 '나의 벗'이라고 표현했을 리는 없다. 공자가 각별하게 여겼
던 안회를 언급함으로써 증삼을 더욱 부각시키려는 생각일 뿐이다. 이택
후 또한 '내 벗'은 안연이라고 단정하면서, 이 내용은 도가에 가깝고『장
자(莊子)』에서 안연이 자주 언급되는 것도 이상한 일이 아니라고 주장
한다. 아마도 '有若無 實若虛'라는 표현을 도가적인 관념이라고 여기고
서 생각을 발전시킨 듯한데, 無나 虛를 말하면 무조건 도가라고 단정하
는 것은 난센스가 아닐 수 없다. "나에게 얼마나 플러스가 되고 남에게
는 얼마나 마이너스가 되는지 따지지 않기, 나에게 반드시 득이 되어야
하고 남에게는 실이 되어야 한다고 고집하지 않기, 이런 일은 거의 무아
의 경지에 도달한 사람이 아닌 한 어려운 것이다."[8]라는 사량좌(謝良佐,
1050~1103)의 주석도 마찬가지이다. '무아'라는 불교용어를 이 장면에서

---

8   不知有餘在己不足在人 不必得爲在己失爲在人 非幾於無我者不能也

인용하는 것은 난센스이다. 송유들의 도가와 불교에 대한 이해의 정도가 피상적이기 때문에 이런 식으로 설명하게 된다. 비슷한 글자를 사용하는 것만으로 둘이 서로 관련 있다고 단정하는 태도가 지금도 중국 학문의 태도로 유지된다는 사실은 더욱 놀랍다.

8·06 曾子曰 可以託六尺之孤 可以寄百里之命 臨大節而不可奪也 君子人與 君子人也

증자께서 말씀하시기를 : 어린 임금(을 보필하는 책임)을 맡길 만하고, 나라의 운명(이 달린 정사)를 맡길 만하며, 중대한 고비에 닥쳐서도 (결코 절개를) 빼앗기지 않는(사람이)다면, (그런 사람은) 군자(다운 사람)일까? (당연히) 군자이지!

> **주**

1) 六尺之孤(육척지고) : 키가 여섯 자밖에 안 되는 어린 고아라는 표현인데, 여기서는 어린 나이에 등극한 임금을 가리킨다. 주척(周尺)은 한 척(漢尺)보다 작아서 6척이면 1,380㎜이다.

2) 寄(기) : '託'과 중복을 피하기 위해 같은 뜻의 다른 글자인 '寄'를 사용했다. 사방 백 리 규모 나라의 재상으로 임명하여 통치를 맡긴다는 뜻이다.

3) 百里(백리) : '사방 백 리'는 당시 작은 국가로 간주될 수 있는 규모의 기준이었다.

4) 臨大節而不可奪(임대절이불가탈) : 하안은 '大節'을 나라를 편안하게 하고 사직을 안정시키는 것이라고 한다. 그러나 '대나무의 마디처럼 국가의 험난한 무렵을 대절이라고 한다'는 정약용의 견해가 더 낫다. 奪의 주어는 없으므로 '뺏기지 않는다'라고 번역하였다.

5) 君子人與 君子人也(군자인여 군자인야) : 君子는 '군자답다'라는 형용사이다. 여기서는 人을 수식하는 관형격으로 쓰였다. 주희는 형병의 소에 근거하여 與는 의사(疑辭)이고 也는 결사(決辭)로서 가설문답 형식을 사용하여 필연을 드러낸다고 한다. 오규 소라이는 가설문답 방식은 한유(韓愈, 768~824), 유종원(柳宗元, 773~819) 이후의 방식이므로 여기에 적용할 수 없다고 한다. 군자다운 사람임을 반복해서 찬미한 표현으로 보아야 한다고 주장하면서 『예기·중니연거(仲尼燕居)』의 한 대목을 증거로 제시한다.[9] 하지만 그 대목을 오규 소라이의 주장처럼 강조의 뜻으로 읽어야 할지는 의문이다.

평설

증자가 남긴 말들은 몸을 지켜서 삼가고 단속하는 것들뿐인데 오직 이것만이 공자의 학문답다고 강유위는 지적한다. 군자의 자격은 나라의 장래를 책임지는 것에 있다는 증자의 말은 공자와 같은 견해이기는 하지만 공자의 말을 부연한 것에 불과하다.

어린 임금을 맡긴다는 말에서 알 수 있듯이 증자 또한 군자의 책무를

---

9 "子曰 制度在禮 文爲在禮 行之其在人乎 子貢越席而對曰 敢問夔其窮與 子曰古之人與古之人也 達於禮而不達於樂謂之素 達於樂而不達於禮謂之偏 夫夔達於樂而不達於禮 是以傳於此名也古之人也(제도도 예에 있고 문도 예에 있지만 실천은 사람이 하는 것이라고 스승님께서 말씀하시자, 자공이 자리 너머로 대답하기를, 기라는 사람은 궁했는지를 여쭈었다. 이에 스승님께서 '옛사람인가? 옛사람이지! 예에는 통달하지만 악에는 통달하지 못하면 소라 이르고, 악에는 통달하지만 예에는 통달하지 못하면 편이라 이르는데, 기라는 사람은 악에는 통달했지만 예에는 통달하지 못했다. 그래서 이런 이름으로 전해진 것이다. 옛사람이지'라고 하셨다)." 소라이는 이 문정의 '古之人與古之人也' 대목을 '옛날 사람이고도 옛날 사람이다'의 뜻으로 새기는 것이다.

군주를 대신하여 국정을 책임지는 재상직을 맡는 것으로 여기고 있다. 후대 유자들은 실무관료에 만족하지 않고 국정의 최고 책임자가 되고자 했던 것이다. 공자가 군주를 모시는 도리를 "勿欺也而犯之(속이려 하지 말고 차라리 거스르게 되더라도 바른 말로써 간언하라)"(14·22)라고 말하는 것도 비슷한 정황을 가리킨다. 하지만 공자의 생각을 충실하게 따라서 '군주를 범했던' 유생들은 역사에서 허다하게 죽음으로 내몰렸다. 그리고 그렇게 죽은 유생을 현창하는 일은 남은 유생의 숭고한 사명이 된다. 유교에는 이렇듯 죽음을 찬미하는 측면이 있다는 사실에 유의할 필요가 있다. 그 출발점은 어디이겠는가?

8·07 曾子曰 士不可以不弘毅 任重而道遠 仁以爲己任 不亦重乎 死而後已 不亦遠乎

증자께서 말씀하시기를 : 선비는 강하고 결단력을 갖지 않으면 안 되는 것이, 임무는 무겁고 갈 길은 멀(기 때문이)다. 인을 자신의 소임으로 삼으니 무겁다 하지 않겠으며, 죽은 다음에야 (그 임무가) 끝나게 되니 멀다 하지 않겠는가.

주

1) 士(사) : 士에 대한 개념은 「논어문답」 8' 및 4·09의 주) 참조.

2) 弘毅(홍의) : 포함은 弘을 '大', 毅를 '强而能斷也'라 주한다. 주희는 弘을 '寬廣', 毅를 '强忍'이라고 주한다. 그러나 양백준(楊伯峻, 1909~1992)은 장태염(章太炎, 1869~1936)의 『광논어병지(廣論語騈枝)』를 인용하여 춘추시대의 '弘' 자는 지금의 '强' 자이고 '毅' 자는 '有決'의 뜻이라고 설명한다. '弘' 자가 비록 현재는 '寬廣'의 뜻이지만 춘추시대의 뜻을 확인하는 것이 중요하므로 양백준의 주를 취한다. 毅는 『설문해자(說文解字)』에서도 '有決'이라고 풀이한다.

증삼의 고지식함이 잘 드러난 구절이다. 죽을 때까지 인을 소임으로 여긴다는 증삼의 진정성을 의심하지는 않지만, 그 소임이 실생활에서는 구체적으로 어떻게 발현되어야 하는 것인지에 대한 설명은 없으니 아쉽다. 증삼의 이 언명은 士에 대한 자부심의 토대가 된다.

8·08 子曰 興於詩 立於禮 成於樂

스승님께서 말씀하시기를 : (군자는) 시로써 시작하고, 예로써 확립하며, 악으로써 완성된다.

주

1) 興於詩(흥어시) : '於'는 본디 '~에서'라고 번역되는 처소격 개사이지만 이 문장에서는 수단을 나타낸다. 뒤 문장에서도 마찬가지이다. '시에서 일어나다'는 말은 시를 통해서 시작된다는 뜻이다. 군자로서의 사명의식은 시를 읽고 이해하는 데서 생겨난다는 뜻으로 짐작된다. 하지만 포함부터 주희에 이르기까지 興을 '起'로 해석한다. "시란 인간의 성정에 바탕을 둔 것인데 인간의 성정에는 삿된 것도 있고 바른 것도 있다. 인간의 성정은 말로 표현하기만 해도 쉽게 알아차릴 수 있지만 표현하는 말을 읊조리면서 억양을 반복하면 남을 감동시키기가 더 쉽다. 그러므로 배우는 사람이 맨 처음 선을 좋아하고 악을 미워하는 마음이 일어났지만 스스로 조절하기 어렵다면 반드시 시에서 얻어야 한다."[10]라는 주희의 설명은 두루뭉술하기만 하다.

---

10 詩本性情 有邪有正 其爲言 旣易知 而吟詠之間 抑揚反覆 其感人又易入
故學者之初 所以興起其好善惡惡之心 而不能自已者 必於此而得之

2) 立於禮(입어례) : "禮는 공경과 사양을 근본으로 삼고 절제, 형식, 정도, 수량 등 상세한 것까지 갖추어서 사람의 살갗과 뼈대를 튼튼하게 만들어준다. 그러므로 배우는 사람이 중간 단계에서 우뚝 자립하여 외부 사물에 흔들리지 않게 되려면 반드시 禮에서 얻어야 한다."[11]라고 주희는 설명한다. 군자로서의 정체성은 禮를 익힘으로써 확립된다는 말로 이해하면 될 것이다. 立에 대해서는 2·04의 주)를, 禮에 대해서는 1·12의 주)를 참조.

3) 成於樂(성어악) : "음악이란 다섯 가지 성(聲)과 열두 가지 율(律)에다 창(唱)과 화(和)를 적용하여서 가무와 팔음의 절주를 만들어내는 것인데, 그것을 가지고 사람의 성정을 배양하여 삿되고 더러운 것도 씻어내고 쌓인 스트레스도 녹여버릴 수 있다. 그러므로 배우는 사람은 마지막 단계에서 의를 정밀하게 하고 인을 완숙하게 하여 스스로 도덕에 화순하게 되자면 반드시 음악에서 얻어야 한다. 이렇게 하는 것이 배움의 완성이다."[12]라고 주희는 설명한다. 음악에 대한 조예가 없으면 군자로서의 완성도는 갖추지 못하게 된다는 뜻으로 이해된다.

평설

공자는 인을 완성하는 방법론으로 예와 악을 자주 강조한다. 여기서는 거기에다 시를 더해서, 시를 출발점이라고 말한다. 예는 중간 수단이고, 완성 수단이 악이라고 한다. 그렇다면 공자는 군자라는 완성된 인간

11　禮以恭敬辭遜爲本 而有節文度數之詳 可以固人肌膚之會 筋骸之束 故學者之中 所以能卓然自立而不爲事物之所搖奪者 必於此而得之

12　樂有五聲十二律 更唱迭和 以爲歌舞八音之節 可以養人之性情 而蕩滌其邪穢 消融其查滓 故學者之終所以至於義精仁熟 而自和順於道德者 必於此而得之 是學之成也

이 통치하는 정치 공동체의 이상을 심미적 세계로까지 연결시켰다고 말할 수 있을 것이다.[13] 하지만 공자의 그런 생각은 보편 인간에 대한 생각은 아니다. 어디까지나 지배층에 대한 생각이었다.

주희 주석의 장점은 매끄러운 해석이다. 특히 이 장처럼 몇 글자 명사만으로 이루어진 문장일 경우 그의 솜씨는 두드러진다. 주희를 유가의 완성자라면서, 이후로는 그저 주희의 가르침을 따르기만 하면 된다고 여기는 사람들이 많았던 까닭은 — 조선의 경우 특히 그랬다 — 그가 내세웠던 理學이 훌륭해서가 아니었다고 본다. 분명하지 못한 문자로 내려오는 메시지를 분명한 문장으로 재해석하는 솜씨야말로 그가 지녔던 영향력의 원천이라고 본다. 이전의 어느 주석보다도 원전을 매끄럽게 해설해내는 문장력이 곧 주희의 힘이다. 그가 공자의 사유방식을 해설하거나 공자의 발언을 비판적으로 분석한 바는 거의 없다. 그는 그저 공자의 메시지를 매끈하게 해설하는 문장가였다. 그의 영향력을 생각하자면 중국에서는 역시 문장력의 힘이 절대적임을 새삼 느끼게 된다.

공자의 시관(詩觀)은 여기 외에 1·15, 2·02, 2·18, 3·08, 3·20, 11·06, 13·05, 16·13, 17·09에서 더 확인할 수 있다.

---

13 그러나 17·21에 의하자면, 비록 재아의 말이기는 하지만, 시와 음악을 심미의식으로써 일체로 보지는 않는다. 음악은 독립된 영역으로 인식한다. 군자가 음악을 하지 않은 채 3년간 거상하게 되면 군자의 음악은 반드시 무너질 것이라는 표현이 그 사례라고 본다. 물론 재아의 생각과 공자의 생각은 달랐을 수 있지만 논어가 편찬될 즈음 유자들의 음악에 대한 인식은 대개가 비슷했기 때문에 그 내용을 편집하지 않았을까 한다.

8·09 子曰 民可使由之 不可使知之

스승님께서 말씀하시기를 : 민이란 (통치를) 따르도록 만들 수는 있어도 (통치
를) 이해하도록 만들 수는 없다.

주

1) 民(민) : 이 글자 본래의 뜻은 '장님'이나 '눈을 다친 사람'이므로
'뭘 모르는 어리석은 사람'이라는 뜻을 갖게 되었고, 나중에는 피지배층
을 가리키게 되었다. 정현의 '명(冥: 어두움)'이라는 주석은 그래서 나왔
다고 본다. 유보남은 8·08에 나오는 제자들을 가리킨다고 하지만, 피지
배층으로 보는 것이 낫다. 民에 관한 설명은 1·05의 주) 참조.

2) 由之(유지) : 정현은 由를 '從'으로 새기고 하안은 '用'으로 새기는
데, 백성이 따라오도록 만든다는 뜻이다. 백성은 따라오도록 만들 수는
있어도 이해시킬 수는 없는 대상이라고 규정하고 있다. 당시 공자를 포
함한 권력자들이 백성을 어떻게 생각했는지를 짐작할 수 있는 중요한 발
언이다. 之는 대개 理라고 새긴다.**14**

3) 不可(불가) : '~할 수 없다'와 '~해서는 안 된다'의 두 가지 해석이
가능한 구문인데, 여기서는 '~할 수 없다'라는 뜻이다. 백성이 통치자의
뜻을 알아차리도록 해서는 안 된다는 마키아벨리적 사고는 중국사에 있
은 적도 없거니와 있을 수도 없다. 지배와 피지배 사이에 명백한 구분이
있었기 때문이다.

---

14 능명해(凌鳴喈)는 『논어해의(論語解義)』에서, 앞 장에 나오는 시·예·악을
가리킨다고 주장한다. 그렇다면 '민은 시·예·악을 사용하기는 하지만 그것의 원
리는 알지 못한다'라는 뜻이 되는데, 앞 장과 연결시키려는 의도적인 해석일뿐더
러 피지배층인 민이 시와 예악을 사용한다는 것도 받아들이기 어렵다. 따라서 之
를 굳이 대명사로 보자면 민으로 하여금 따르도록 만드는 정책이나 정치적 원리,
즉 이데올로기 같은 것으로 보면 될 것이다.

유보남(劉寶楠, 1791~1855)의 『논어정의(論語正義)』, 환무용(宦懋庸, 1842~1892)의 『논어계(論語稽)』, 강유위의 『논어주』는 '民可 使由之 不可 使知之'로 읽어서는, '민이 가하면 따르게 하고, 불가하면 이해시킨 다'라는 뜻이라고 한다. 공자를 옹호하려는 억지 해석이 아닐 수 없다. 그런 의미가 되려면 문장이 '民可 則使(之)由之 不可 則使(之)知之'라야 한다는 양백준의 지적이 옳다. '民可使 由之 不可使 知之(민은 부릴 만한 사람에게는 도리를 따르게 하고, 부릴만하지 않은 사람에게는 도리를 알도록 만든다)'로 읽어야 한다는 주장도 있지만 그런 해석은 문자희(文字戲)에 불과하다.[15] 공자는 민을 중히 여기라, 민에게 인과 혜를 베풀라, 민을 부유하게 하라, 민을 가르치라 등의 말은 했지만 민을 부리라는 말은 하지 않았다. '使民以時(민을 부리려거든 때를 가려라)' 정도만을 말했을

---

15 중국 고문은 본래 애매한 문장체계일 뿐 아니라 고대에는 표점조차 없었기 때문에 구두를 어떻게 끊어 읽느냐에 따라 뜻이 달라지는 문자희가 발달하였다. 명말 서위(徐渭)의 고사로 전해지는 "下雨天留客天留客不留"라는 문장은 문자희 가운데 유명한 것인데, 표점에 따라 다음과 같이 다양하게 해석될 수 있다.

　① 下雨天留客; 天留客不留!(비가 내리는 것은 하늘이 손님더러 가지 못하게 하는 것이다. 하늘은 가지 말라 하건만 손님은 머물지 않는다). ② 下雨天, 留客天, 留客? 不留(비 내리는 날씨는 손님 붙잡는 날씨이다. "손님을 붙잡을까요?" 하고 주인에게 물었더니, 주인은 붙잡지 말라고 한다). ③ 下雨天留客, 天留客? 不留(비가 내리니 하늘이 손님을 붙잡는가 보다. 하늘이 진정 손님을 붙잡는 걸까요? 붙잡지 않는 거야!). ④ 下雨天留客, 天留客不? 留(비가 내리니 하늘이 손님을 붙잡는가 보다. 하늘이 진정 손님을 붙잡는 걸까요, 아닐까요? 붙잡는 것이지!). ⑤ 下雨天, 留客天, 留客不留(비 오는 날은 손님 머물게 하는 날이다. 손님을 붙잡아도 손님은 가버린다). ⑥ 下雨天, 留客天, 留客不? 留(비 오는 날은 손님 머물게 하는 날이다. 손님을 붙잡을까요? 붙잡아라!). ⑦ 下雨天, 留客天, 留客不留?(비 오는 날은 손님 머물게 하는 날이다. 손님을 붙잡을까요, 말까요?).

뿐이다.

무리한 해석들이 자꾸 시도되는 것은 '不可使知之'라는 표현 때문이다. 우민정책을 옹호했다고 비난받기 충분한 표현이기 때문에 어떻게든 달리 해석해보고자 애쓰는 것이다. "만약 민으로 하여금 모르도록 만들어야 한다는 뜻이라면 조삼모사와 같은 술책인데, 그것은 성인의 마음이 아닐 것이다."라고 정이(程頤, 1033~1107)는 강조한 바 있고, 정약용도 "공자는 자신의 입으로 有教無類(15·39)라고 말했거늘 그와 반대되는 뜻인 不可使知之라고 말했을 리는 없다. (…) 『예기·왕제(王制)』에 '卿大夫元士之嫡子國之俊選'이라고 되어 있으니 '國之俊選'이 바로 민 가운데 준수한 인물을 가리킨다. 『주례(周禮)·대사도(大司徒)』에도 '萬民'이라는 표현이 나오는 것을 보면 존비귀천을 따지지 않았다."라면서 강하게 부정한다. 공자를 만민평등을 주창한 보편주의자로까지 확대하는 것이다. 조선의 유자로서는 그렇게 주장하고 싶었을지 모른다. 평민도 법적으로는 과거에 응시할 수 있다는 조선의 형편이 그렇게 믿도록 만들었을지도 모른다. 그러나 평민이 과거에 응시할 수 있다는 것은 어디까지나 원칙일 뿐 현실적으로는 불가능하다는 사실을 정약용은 외면했을까?

『사기(史記)·골계열전보(滑稽列傳補)』에서 서문표(西門豹)가 "民可以樂成 不可與慮始(민은 어떤 일의 마무리를 즐기는 단계에서나 함께할 대상이지 어떤 일의 시작을 고려할 때 함께할 대상은 아니다)"라고 한 말이나 『사기·상군열전(商君列傳)』의 "民不可與慮始 而可與樂成(민과는 시작 단계의 도모를 함께할 수는 없고 완성 단계의 기쁨을 함께할 수는 있다)"이라는 말과 비슷한 뜻이라는 양백준의 설명과, 백성은 당연한 이치를 따르도록 만들 수는 있어도 그 이치의 까닭을 알게 만들 수는 없다는 주희의 설명이 합당하다고 본다. 국가의 정책을 결정하는 일은 높은 지식과 경륜이 필요한 일인데, 요즘 같으면 온 국민이 국가의 제도교육을 십여

넌씩 받기 때문에 국가의 정책을 이해시키는 것이 어느 정도 가능하게는 되었지만, 춘추시대에 교육을 받지 않은 일반 백성들에게 국가의 정책을 이해시킨다는 것은 불가능하다고 생각하였을 것이다.[16] 이 문장은 '인민에게 어떤 이데올로기를 따르게 만들 수는 있어도 그 이데올로기를 이해하게 만들 수는 없다'고 번역해도 가능할 것이다.

공자의 민에 대한 관념은 시대적 한계를 지닐 수밖에 없다. 이 장을 『노자』제17장과 연결시키는 주석가도 있지만, 온당하지 않다.[17] 공자의 발언은 民에 대한 견해이지만 『노자』의 발언은 통치자에 대한 견해이기 때문이다.

8·10 子曰 好勇疾貧 亂也 人而不仁 疾之已甚 亂也
스승님께서 말씀하시기를 : 곧잘 용맹해지는 (기질의) 사람이 가난에 시달려도 난동을 일으키(기 쉽)고, 인하지 못한 사람이 심하게 시달려도 난동을 일으키(기 쉽)다.

---

16 곽점초간(郭店楚簡)의 「존덕의(尊德義)」라는 글에는 "民可使道之 而不可使知之"라는 구절이 있다. 공자의 육성이라면서 유통되던 매체에는 이처럼 여러 종류가 있었음을 짐작할 수 있다.

17 太上下知有之 其次親而譽之 其次畏之 其次侮之 信不足焉 有不信焉 悠兮其貴言 功成事遂 百姓皆謂我自然(최고의 통치자는 무위로써 다스리기 때문에 아래의 백성은 그가 단지 존재한다는 사실만 알 뿐이다. 그 다음가는 통치자는 덕으로써 다스리기 때문에 백성은 그를 가깝게 여기면서 칭송한다. 그 다음가는 통치자는 법으로써 다스리기 때문에 백성은 그를 두려워한다. 그 다음가는 통치자는 폭력으로써 다스리기 때문에 백성은 그를 업신여긴다. 통치자의 신뢰도가 부족하면 백성은 통치자를 믿지 않는다. 통치자가 한결같이 말은 귀하게만 여기면 통치의 모든 공로와 사업은 잘 이루어진다. 그리고 백성은 모두 자기 절로 그렇게 되었다고 여긴다).

1) 好勇(호용) : 好는 동사가 아닌 '곧잘'이라는 뜻의 부사이고, '勇'은 용언이다. 곧잘 힘에 의지하는 성향을 가리키는데, '勇'의 뜻에 대한 추가적인 설명은 2·24의 주) 참조.

2) 疾之已甚(질지이심) : 疾은 '시달리다', '앓다'는 뜻이다. 포함은 "호용하는 사람이 자신의 빈천에 시달리면 장차 반드시 난을 만들고, 너무 심하게 괴롭히는 것도 그 사람으로 하여금 亂을 만들게 한다."라고 설명한다. '人而不仁'은 之의 목적어로 보는 것이 낫다. '人而不仁'을 만약 주어로 본다면 '인하지 못한 사람이 시달림을 심하게 받으면~'처럼 수동태로 번역할 수밖에 없게 되는데, 중국 고문에서는 피동을 나타내는 표현이 있지 않는 한 수동태 문장으로 번역되기는 어렵다. 已는 대체로 시점이 지났음을 뜻하지만 여기서는 정도가 지나침을 뜻한다. 『맹자·이루하』의 '仲尼不爲已甚者(중니는 너무 심한 짓을 하지 않았다)'라는 표현은 이 장을 원용했을 것이다.

3) 亂(란) : '治'의 반대 개념이다. '亂에 이르게 된다'는 뜻이 아니라 '난동을 일으키기 쉽다'는 뜻이다. 亂을 혁명과 연결시켜 설명하는 것은 과도한 생각이다.

"곧잘 용맹해지는 기질의 사람이 자신의 분수에 만족하지 않으면 반드시 난동을 일으키게 되고, 인하지 못한 사람을 스스로 용납될 곳이 없다고 느낄 정도로 미워하면 반드시 난동에 이르게 된다."[18]라는 주희의 해석이 매끄럽다.

사람이 경제적 궁핍을 당할 때의 반응을 공자는 그 사람의 기질 차원

18 　好勇而不安分則必作亂 惡不仁之人而使之無所容則必致亂

에서만 설명하고 있다. 개인의 탓으로만 돌릴 수 없는 사회적 원인에 대해 그는 생각한 적이 없다. 아무리 불인한 사람일지라도 사회는 그 사람을 용납해야 한다는 생각도 없었다. 불인을 바로잡겠다고만 생각하거나, 바로잡히지 않는 사람을 격리 또는 제재할 방법에 대해서만 생각했다. 그런 생각은 나중에 법가에서 더 세밀하게 다듬어진다. 1·15, 4·05, 8·13, 14·10, 15·32, 16·01 참조.

8·11 子曰 如有周公之才之美 使驕且吝 其餘不足觀也已

스승님께서 말씀하시기를 : (아무리) 주공과 같은 훌륭한 재능을 갖추었을지라도, 교만하고 인색하다면 그 나머지는 볼 것도 없는 거야.

주

1) 周公之才之美(주공지재지미) : 주공단(周公旦)의 훌륭한 재능을 가리킨다. 주공단은 공자의 롤모델이었기 때문에 가장 훌륭한 재능을 지닌 사람의 대명사로 거론하였다.[19] 『상서·주서(周書)』「금등(金縢)」 제8에 있는 주공의 축문에는 "나는 돌아가신 아버님처럼 인한 데다 재주도 많고 재능도 많으며 귀신도 잘 섬길 수 있지만, 너 원손은 나 단만큼 재주가 많거나 재능이 많지도 않고 귀신을 섬길 줄도 모른다."[20]라고 되어 있다. '之美'는 才의 보어이다. 才는 材와 통용하는데, 『맹자』의 「고자(告子)」와 「진심(盡心)」에서는 性이나 情과 마찬가지로 '본래' 또는 '선천'의 뜻으로 사용된다.[21] 주공에 대한 설명은 7·05의 주) 참조.

---

19 7 · 05의 주) 참조.

20 予仁若考能多材多藝能事鬼神 乃元孫不若旦多材多藝不能事鬼神

21 그래서 모종삼(牟宗三, 1909~1992)은 心·性·情·才가 동실이명(同實異名)

2) 使驕且吝(사교차린) : 使는 '가사(假使)'의 뜻이다. 驕와 吝을『논어정의』는 '교긍(驕矜: 교만하여 뻐김)'과 '비린(鄙吝: 비루하고 다라움)'으로 설명하고,『논어집주』는 '긍과(矜夸: 뻐기고 뽐을 냄)'와 '비색(鄙嗇: 비루하고 다라움)'으로 설명하는데, 모두 비슷한 뜻이다. 8·04와 9·06에서 보더라도 춘추시대에 鄙는 '비루하다'는 뜻으로 사용되지만, 당송대에는 鄙가 吝이나 嗇과 섞여 쓰인다.『논어』에는 驕가 자주 나오고, '泰而不驕'라는 말은 13·26과 20·02에서 세 번이나 나온다. 1·15의 주) 참조.

평설

아무리 뛰어난 재능을 지닐지라도 교만하고 인색하면 그것을 상쇄해 버린다는 강조이다. 정이가 공자의 이 말을 받아서 "교만함이란 인색함의 지엽이고 인색함은 교만함의 뿌리이다."[22]라고 설명하자, 주희도 "내 생각으로는 교만함과 인색함은 비록 가득 차고 부족한 차이가 있기는 하지만 그것들의 추세만큼은 언제나 서로 의지한다. 그래서 대체로 교만함은 인색함의 지엽이고 인색함은 교만함의 근본이다. 그러므로 세상 사람들을 살펴보더라도 교만하면서 인색하지 않은 사람이 없고 인색하면서 교만하지 않은 사람이 없다."[23]라고 보충한다. 군자나 士를 향한 발언이지만 현대인을 위한 잠언으로도 훌륭하다. 공자의 인간에 대한 성찰이 뛰어났음을 보여주는 사례이고, 그 점 때문에『논어』는 현대인에게도 훌륭한 교양서가 된다.

관계라고 주장한다. 性은 실체의 존재 의미를 나타내고, 心은 실체의 활동 의미, 情은 실체의 내용 의미, 才는 실체의 능력 의미를 나타낸다는 것이다〈『心體與性體』卷三(臺灣: 正中書局, 民國75)〉.

22   驕者吝之枝葉 吝者驕之本根

23   愚按 驕吝雖有盈歉之殊 然其勢常相因 蓋驕者吝之枝葉 吝者驕之本根 故嘗驗之天下之人 未有驕而不吝 吝而不驕者也

8·12 子曰 三年學 不至於穀 不易得也

스승님께서 말씀하시기를 : 배운 지 삼 년 (남짓) 될 무렵에도 녹봉(을 받는 벼슬자리를 얻고 싶은 생각)에 이르지 않는 사람을 찾기란 쉽지 않아.

1) 三年(삼년) : 반드시 3년이라는 세월을 의미하는 것이 아니라 어지간한 동안의 세월을 의미한다. 1·04의 '(주)三省' 참조.

2) 學(학) : 벼슬자리를 얻기 위한 교육과정을 이수하는 것을 의미한다. 국가가 주관하는 학교에 들어가는 것을 가리킨다는 주석도 있지만 당시의 學에는 공문(孔門)과 같은 사학도 이미 있었기 때문에 반드시 그렇다고 하기는 어렵다.

3) 至(지) : 주희는 '志'로 새기지만, '마음이 穀에 가 닿음'이라고 새기는 것이 글자의 본뜻을 살리는 데 더 좋다.

4) 穀(곡) : 고대에는 녹봉을 미곡으로 주었으므로 이 글자가 녹봉을 의미하기도 한다. 14·01의 "邦有道穀 邦無道穀"과 같은 표현이다. 공안국(孔安國, ?~100 B.C. 무렵)과 하안은 '善'으로 해석한다. 삼 년 배워서 선에 이르지 못한 사람은 없으니 공자가 배움을 권하는 내용이라고 하지만, 동의하기 어렵다.

『논어』에 나오는 學은 '학문'을 가리키지 않는다고 앞서 말한 바 있는데, 이 장에서는 그것을 극명하게 확인할 수 있다. 춘추시대에는 학문이라는 개념 자체가 없었다. 따라서 공자가 제자들에게 '배우라'고 요구하는 것들은 모두 '습득하라'는 것이고, 습득할 내용이란 정무를 담당하게 될 사람으로서의 직능과 소양이었다. 공자는 벼슬자리와 무관한 지적인 체계나 호기심에 대해서는 긍정하지도 않았다.

이 장은 '벼슬자리에는 일정한 배움의 과정을 마친 다음 올라야 하건만, 배운 지 삼 년도 되기 전에 모두들 조급하게 벼슬자리 얻을 생각부터 하더라'라는 탄식이기도 하고 경계시키는 말이기도 하다.[24]

學, 穀, 得은 협운(協韻)이다.

8·13 子曰 篤信好學 守死善道 危邦不入 亂邦不居 天下有道則見 無道則隱 邦有道 貧且賤焉 恥也 邦無道 富且貴焉 恥也

스승님께서 말씀하시기를 : 호학(의 가치)를 독실하게 믿고, 죽기를 각오하고 선도를 지켜내라. 위태로운 나라에는 들어가지 말고, 어지러운 나라에서는 살지 마라. 천하에 경세지도가 잡히거든 (자신을) 드러내고, 경세지도가 잡히지 않거든 숨어(지내)라. 나라가 경위 바르게 돌아가는데도 가난하고 천하게 산다면 (무능을 드러내는) 수치이고, 나라가 경위 바르게 돌아가지 않는데도 부유하고 귀하게 산다면 (염치없음을 드러내는) 수치이다.

| 주 |

1) 篤信(독신) : 흔히 信을 '도에 대한 믿음', 篤信을 '신의를 돈독히 하다'라고 해석한다. 그러나 '篤信好學'은 '守死善道'와 대구이므로 '독신'은 '호학'을 목적어로 하는 동사로 보는 것이 옳다. 그렇다면 篤은 信의 수식어가 된다. 주희는 篤을 '厚而力(두터우면서도 힘 있는 것)'이라고 한다.

---

24 "삼 년을 공부해도 먹을 것마저 얻지 못하게 되는 일은 드물다는 뜻으로서, 공부만 하는 것이 장차 암담한 결과를 초래하지는 않을 것이라고 제자들에게 권면하는 것이다."라는 주석은 맞지 않는 표현이다. 양시(楊時)는 "자장처럼 현명한 사람도 벼슬 구하는 것을 물었거늘 하물며 그보다 못한 제자들이야!"라고 말한다. 벼슬자리 얻는 일에 대해 제자들과 나눈 대화는 2·18에도 있다.

2) 好學(호학) : 1·14의 주) 참조.

3) 守死善道(수사선도) : 善道는 '善과 道'가 아니다. 7·26과 11·20에 나오는 '善人之道'와 비슷하다. 死는 守의 결과보어이다. 守한 결과 死에 이르렀다는 뜻이다.[25] 善에 대해서는 2·20의 주) 참조. 善人에 대해서는 7·26의 주)와 13·29의 평설을 참조.

4) 危邦(위방), 亂邦(란방) : 포함은 "신하가 임금을 죽이고 자식이 부모를 죽이는 것이 亂이고, 危란 장차 亂이 벌어질 조짐이다."라고 한다.

5) 見(현) : 자신을 천하에 드러내 보이라는 뜻이다.

평설

공자는 수치(羞恥)를 자존의 토대로 여기는 듯하다. 그런데 앞에서는 죽기로 선도를 지키라고 하더니만 뒤에서는 천하가 무도해지면 숨으라고 한다. '죽기를 각오하고 지키라'는 말은 그저 빈말이었는가? 아니면 숨어서 선도를 지키라는 건가? 이런 모순을 의식한 탓인지 오규 소라이는 '篤信好學 守死善道', '危邦不入 亂邦不居', '天下有道則見 無道則隱'은 공자의 말이 아니고 인용한 옛말이라고 한다. 하지만 인용에 불과할 뿐이라 하더라도 모순되게 인용할 수는 없다.

이택후는 이렇게 말한다. "정치 상황에 관계없이 도피하라고 주문할 뿐 아니라 천하는 어디나 다 어둡기 때문에 훌륭한 천하란 불가능한 생각일 뿐이라고 여기는 것이 도가라면, 유가는 이처럼 숨어서 몸을 보전했다가 장차 현달하여 천하를 선하게 하려고 하기 때문에 더 진취적이다." 정치 환경이 나쁘면 숨어 있다가 나중에 나서는 처신을 기회주의적인 처신이 아닌 진취적인 처신이라고 한다. '정치 환경이 무도하게 돌아

26　'아사(餓死)', '감소(減少)', '설복(說服)' 등도 동사의 결과보어의 구조이다. '사수(死守)'는 부사어와 동사의 구조이다.

가면 숨어 있으라'는 지혜(?)는 중국사에서 숱한 비굴한 처신만을 낳았을 뿐인데도 그것을 진취적이라고 당당하게 표현한다. 도가를 '정치 상황에 관계없이 도피하라고 주문할 뿐 아니라 천하는 어디나 다 어둡기 때문에 훌륭한 천하란 불가능한 생각일 뿐이라고 여기는 것'이라고 여긴다면 『장자』나 『노자』를 확실히 오독한 것이다. 도가는 상황에 관계없이 도피하라고 하지는 않았다. 인위적이고 고정된 틀로써 세상을 살려는 유가의 태도는 우주의 리듬과는 어긋난다고 지적했을 따름이다. 상황이 좋지 않을 때 숨어 있으라는 권유는 유가보다 도가가 더 적극적이었다. 현실을 외면하지 않는다는 점에서 도가는 유가와 차별성이 없다. 제자백가 누구도 실제나 실익보다 우선하여 가치나 관념에 충실하라고 요구한 적은 없다. 춘추시대 이후 내내 그랬다. 잘 살기 위한 방법에서 차이는 있었을지언정 잘 살겠다는, 복록을 누리겠다는, 실리를 위하는 목표만큼은 누구나 같았다. 체제 유지와 기득권 옹호를 위해 충과 효라는 관념을 요구했지 가치의 구현을 위해 너의 모든 것을 바치라고 요구했던 사람은 중국사에 없었다.

8·14 子曰 不在其位 不謀其政

스승님께서 말씀하시기를 : (자신이) 그 자리에 있지 않으면 그 자리의 정무는 꾀하지 않는 법.

평설

직책에 따른 책임과 의무를 강조하는 말은 아니다. 位는 지위이지 직책은 아니다. 높은 지위의 사람들이 하는 일에 대해 낮은 지위의 사람들이 왈가왈부하지도, 꾀하지도 말라는 뜻이다. 수직구조 서열사회에서 낮은 지위 사람이 높은 지위 사람의 일에 대해 언급한다는 것은 무익함을 넘어 위험한 일이었다.

공자의 이 말은 남의 일에는 간여하지 않는 것이 안전하다는 말과도 연결된다. 현대 중국인이 자주 사용하는 '別管閑事(나와 상관없는 일에는 관여하지 말라)'라는 성어의 뿌리는 바로 공자의 이 말에 있다고도 볼 수 있다. 상관없는 일에는 외면하는 것이 이로울 뿐 아니라 위험을 막을 수도 있다는 경책이다. 그래서 공자의 이 말은 언론탄압의 근거가 될 수도 있다.

공자의 이 말은 14·26에서 그대로 반복되는데, 거기에서는 증삼의 말과 대비시키고 있다.

8·15 子曰 師摯之始 關雎之亂 洋洋乎盈耳哉

스승님께서 말씀하시기를 : 태사지의 초장(부터) '관저' 종장(까지의 연주 소리)는 (내) 귀에 꽉 차 있지.

주

1) 師摯之始 關雎之亂(사지지시 관저지란) : 3·23과 18·09에 나오는 노나라 악관의 우두머리인 태사의 이름이 지(摯)였던 모양이다. 始와 亂에 대해서는 여러 설이 있으므로 정리가 필요하다. 정현은 "주왕조가 쇠미해지자 정위(鄭衛)의 음악이 만들어지므로 태사지가 관저의 음악에서 어지러운 것을 가장 먼저 다듬자 듣기에 좋아졌다."라고 설명한다. 그러나 始와 初를 구분하지 못한 견해라는 오규 소라이의 지적이 옳다. '처음 관직에 있을 때'의 뜻이려면 始가 아닌 初라고 했을 것이다. 『예기·악기(樂記)』의 "始奏以文 復亂以武(시의 연주는 문으로써, 다시 난의 연주는 무로써)"라든가, "再始以著往 復亂以飭歸(시를 거듭함으로써 가는 뜻을 드러내고, 난을 거듭함으로써 오는 뜻을 꾸민다)"라는 구절을 보더라도

始와 亂은 상반되는 악곡 이름이다. 일반적으로 악곡은 가(歌), 생(笙), 간(間), 합(合)의 네 단계로 이루어진다. 승가(升歌)로 시작하고 합악(合樂)으로 마치는데, 승가를 始라 하고 합악을 亂이라고 한다. 또한『주례』「태사직(太師職)」, 「의례연(儀禮燕)」, 「대사(大射)」 등을 보면 승가는 태사가 맡는다고 한다. 따라서 '師摯之始'는 '태사 지가 연주하는 첫 악장'이라는 뜻이다. 마지막 악장인 '합악'은 「주남」에서 '관저'를 비롯한 세 개, 「소남」에서 '작소'를 비롯한 세 개로 이루어진다. 종장의 구성이 그렇다는 것은 당시 사람이면 다 알기 때문에, '관저'를 이 여섯 개로 구성된 종장을 가리키는 대명사로 사용한다. 그러니까 초장 始는 사람 이름 '태사지'를 관형격으로 표현하고, 종장 亂은 詩 이름 '관저'로써 표현한 것이다. 중간 단계인 생(笙)과 간(間)도 각각 특정한 시를 연주하였으니 詩 이름으로 불렀을 것이다. 종장인 합악의 경우 가(歌)와 슬(瑟)은 당상에서 연주하고 생(笙)과 경(磬)은 당하에서 연주한다. 향사례에서는 歌, 笙, 間을 연주하지는 않고 합악만 연주하며, 나라의 연례(燕禮)에서는 歌는 연주하지 않고 笙, 間, 合樂만을 연주한다. 어느 경우에든 종장인 합악은 반드시 연주되는 것이다. 亂은 부(賦)의 종장일 뿐 음악의 종장은 아니며,『모시』「대서(大序)」에 관저를 사시(四始)의 하나라고 했으니 始와 亂이 모두 음악의 명목이라고 오규 소라이는 주장하지만『예기·악기』의 내용과 맞지 않는 주장이다. 18·09에는 태사지가 제나라로 떠나가는 얘기가 나온다.

2) 洋洋(양양) : 주희는 '美盛意(아름답고 성대하다는 뜻)'라고 주한다.

평설

태사지가 관장하던 때의 음악이 훌륭했음을 회상하는 표현인지, 아니면 첫 악장부터 종장까지 모든 음악을 다 기억할 정도로 자신은 음악에 대한 조예가 깊다는 표현인지, 확정하기는 어렵다. 공자가 이 말을 한 때는 9·15와 같은 때라고 최술은 추정한다.

8·16 子曰 狂而不直 侗而不愿 悾悾而不信 吾不知之矣
스승님께서 말씀하시기를 : 제멋대로이면서 정직하지도 않은 놈, 미숙하면서
성실하지도 않은 놈, 무능하면서 미덥지도 않은 놈, 나는 그런 놈들은 이해할
수 없어.

주

1) 狂(광) : 상규를 벗어나서 제멋대로 행동하는 사람을 가리킨다. '미
치다'라는 번역어는 정신질환과 혼동될 수 있으므로 피한다. 13·21에서
공자는 "중용의 처신을 하는 사람과 함께하지 못할 바에는 광견하기라
도 한 사람이라야 한다. 광한 사람은 진취적인 장점이 있고 견한 사람은
해서는 안 될 짓은 결코 하지 않는 장점이 있기 때문이다."[26]라 하고, 『맹
자·진심하』에서는 '광'을 "뜻만 커가지고 입으로는 자주 옛날 사람만을
들먹거리지만 그 사람의 행실을 살펴보면 자신이 한 말조차 지키지 않는
사람"[27]이라고 한다. 5·21의 '주)狂簡' 참조.

2) 直(직) : 直에 대한 설명은 2·19와 13·18의 주) 참조.

3) 侗(동) : 공안국은 '未成器之人(아직 그릇이 되지 못한 사람)'이라 하
고, 주희는 '無知貌(무지한 모습)'라 하며, 초순(焦循, 1763~1820)은 『상
서보소(尙書補疏)』에서 '僮(어린 아이)'의 가차자라고 한다. 『설문』은 '커
다란 모습'이라고 한다. 정주한묘죽간본(定州漢墓竹簡本)에는 '侗而不
愿'으로 되어 있다.

---

26 不得中行而與之 必也狂狷乎 狂者進取 狷者有所不爲也
27 其志嘐嘐然 曰古之人古之人 夷考其行而不掩焉者也

4) 愿(원) : 주희는 '謹厚(근후)'라고 주하는데, 질박하고 성실한 태도를 가리킨다고 본다.

5) 悾悾(공공) : 공안국과 정현은 '誠慤(성각: 성실함)'이라고 하지만 '무능한 모습'이라는 주희의 주석이 문맥상 옳다고 본다.

평설

狂, 直, 侗, 愿, 悾悾, 信 등의 형용사가 당시 어떤 의미였는지를 현대 한국어로 정밀하게 표현하기는 어렵다. 悾悾과 같은 이음절어는 당시의 구어였을 것이다. 사람이 狂하면 直하기라도 해야 하건만, 侗하거든 愿하기라도 해야 하건만, 悾悾하거든 信하기라도 해야 하건만, 그렇지 않은 사람은 어떻게 해볼 수 없다는 탄식조의 경험을 토로하고 있다. 그런 사람을 이해할 수 없다는 말은 그런 사람을 용납할 수 없다는 뜻일 것이다.

공자의 이 발언은 제자 선발기준의 하한선이었을지도 모르겠다. 그는 열등하거나 분발하지 않는 사람을 가르칠 수는 없다고 말하기도 했으니 말이다.

8·17 子曰 學如不及 猶恐失之

스승님께서 말씀하시기를 : 배움(의 태도)는 아직 따라잡지 못한 듯, (지닌 것도 오히려) 잃을까 걱정하듯(, 그래야 해).

주

1) 如(여) : '若'이라는 가정의 뜻으로 새기기도 하는데, 그렇게 새기면 '배움이 만약 일정한 정도에 도달하지 못하면 이미 배운 것도 잃어버릴까 두려워하게 된다'는 우스꽝스러운 내용이 되어버린다. '~하듯이'로 새기는 것이 문맥상 순조롭다.

2) 失之(실지) : "學而時習之"에서처럼 '之'는 목적어가 아니다.

배움의 태도는 간절해야 한다는 경구이기 때문에 번역도 경구처럼 하였다. 배움의 간절함을 '따라잡다'와 '잃을까 걱정하다'라는 표현으로 비유하는 것을 보더라도 공자는 모든 것을 실리라는 기준에 따라 이해했음을 알 수 있다.[28] 그 두 가지 비유보다 더 적실하게 실리를 우선시하는 중국인의 문화적 문법을 드러내는 표현은 없을 것이다. 또한 공자 이후 중국에서 배움이란 것을 어떻게 받아들였는지에 대해서도 알 수 있다. 배움은 곧 실리였다.

공자는 배움에 대한 태도를 "不曰如之何如之何者 吾末如之何也已矣(이를 어떡하나 이를 어떡하나 하면서 고민하지 않는 사람, 그런 사람이야말로 나는 어떻게 해볼 수가 없더라)"(15·16)라고 표현한 적도 있다. 공자는 일정 기간만 배우면 누구나 쉽게 획득할 수 있는 어떤 목표가 있다고 말하지도 않았고, 획득하기만 하면 안락이 보장되는 어떤 것이 있다고 말하지도 않았다. 그 점은 공자의 가르침이 오늘날에도 생명력을 지닐 수 있는 힘이 되었다고 본다. 다만 보편 인간을 향한 가르침이 아니라 지배계층을 향한 가르침이라는 시대적 제약이 있을 뿐이다.

H.G. 크릴(Herrlee G. Creel, 1905~1994)은 이 문장을 "학문을 하는 것은 마치 따라갈 수 없는 사람을 좇아가면서 그를 놓치지 않으려고 애태우는 것과 같다."라고 해석한다(제9장). 주어가 없는 문장을 이해하지 못하는 서구어 사용자로서는 그렇게 이해하는 것이 자연스러웠을 것이다. 실리를 위한 배움을 학문을 위한 배움으로 이해하는 것도 마찬가지이다.

28　"길 가는 사람이 관문이 닫힐까 봐 부지런히 달려가듯이, 탐욕스러운 사람이 금옥을 보듯이"라는 정약용의 설명도 공자의 비유를 잘 표현했다고 본다.

8·18 子曰 巍巍乎 舜禹之有天下也而不與焉

스승님께서 말씀하시기를 : 높고도 높(은 대단한 일이)야, 순임금과 우임금께서는 천하를 차지하고서도 (통치에는) 간여하지 않으셨다는 것이.

주

1) 巍巍(외외) : 높고도 큰 모양을 나타내는 형용사인데, 이 문장의 끝까지 수식한다.

2) 有天下也而不與焉(유천하야이불여언) : 주희는 "不與는 不相關과 같다. 지위를 즐기지 않았음을 말한다."라고 한다. 오규 소라이는 "不與는 자신이 천하를 소유하고 있다는 사실을 잊는 것이고, 不相關은 자기는 자기이고 천하는 천하라서 서로 간섭하지 않는 것을 말하니 그 둘을 같다고 할 수는 없다."라고 한다. 순과 우는 천하를 요의 천하로 여겼기 때문에 자신이 천하를 차지하고 있다는 사실을 잊었다는 것이다. 양백준은 주희 주석을 부연하여, 與에는 사유(私有)와 향수(享受)의 뜻이 있다고 한다. 이택후는 '천하를 얻는 일에 간여하지 않았다'고 본다. 그러나 공자의 이 표현은 천하를 차지하기만 했지 천하를 다스리는 일에는 간여하지 않고 대신에게 맡겼다는 뜻으로 이해된다. 공자가 순과 우를 특히 강조하면서 칭송했던 까닭은 바로 그 점이라고 본다. 천하를 소유하기만 했을 뿐 통치는 재상에게 맡겼다는 것이다. 공자는 그 점을 집요하게 부각시키는 전략을 취했던 사람이다.

평설

8·01에서 설명하였듯이 순과 우는 사실상 요와 순에게서 권력을 빼앗았을 텐데도 후대에는 선양받았다고 선전된다.『논어』에 순과 우에 관한 묘사는 이 정도만 있을 뿐이지 순과 우가 선양받았다는 표현은 없다.[29] 공자는 여기서 순과 우가 재상에게 통치를 위임했다는 사실을 칭송하고

있을 뿐이다. 순과 우가 왕위를 선양했다는 이야기는 공자의 이 발언을 왜곡 확대한 이야기라고 본다.

순에 대한 언급은 여기 외에 더 있다. "堯舜其猶病諸(요와 순도 오히려 그것을 병으로 여겼다)"라는 표현이 6·30과 14·42에서 반복되고 있고, "舜有臣五人而天下治(순임금은 신하를 다섯만 가지고도 천하를 잘 다스렸다)"(8·20), "舜有天下 選於衆 擧皐陶 不仁者遠矣(순임금이 천하를 차지한 다음 여러 사람 가운데서 고요를 천거하자 어질지 못한 사람들이 멀어졌다)"(12·22), "無爲而治者其舜也與(부러 하는 일 없이도 나라를 잘 다스렸던 분은 바로 순임금이잖은가)"(15·05) 등이 있다. 20·01에는 요가 순에게, 그리고 순이 우에게 전했다는 말이 실려 있다. 또한 8·21에서는 공자가 우의 덕을 구체적으로 칭찬하고 있고, 14·05에서는 남궁괄(南宮适)이 "禹稷躬稼而有天下(우와 직은 몸소 농사나 지었는데도 나중에 천하를 차지하였다)"라고 말한다.

후대에 등장하는 순과 우에 관한 언급들은 모두 앞선 기록을 부연하여 창작하였을 텐데, 그 사례는 15·05의 평설에 언급되어 있다.

8·19 子曰 大哉堯之爲君也 巍巍乎 唯天爲大 唯堯則之 蕩蕩乎 民無能名焉 巍巍乎其有成功也 煥乎其有文章

스승님께서 말씀하시기를 : (정말) 대단한 것은 요가 임금이 되었다는 사실이다. 높고도 높지, 위대한 하늘을 요임금이 본받았다는 것은. (그분의 은덕은) 넓고도 넓지, 인민으로서는 표현할 수조차 없을 정도로. 높고도 높지, 그분이 이루신 공적은. 환하게 빛나지, 그분이 만드신 예악제도는.

---

29 6·30의 평설 참조.

1) 爲君(위군) : 임금 지위에 올랐다는 일회적 사건을 가리키는 게 아니라, 다른 사람이 아닌 바로 그분이 임금이 되었다는 사실을 가리킨다.

2) 巍巍(외외) : 숭고하고 위대함을 뜻하는 글자를 중복한 형용사이다. 乎는 감탄형으로 만드는 어조사이다.

3) 唯(유) : 주희는 '獨(홀로)'이라고 주한다. '하늘만이 위대한데, 요만이 그 하늘을 본받았다'라고 새길 수도 있지만, 앞의 감탄사 '巍巍乎'와 연결하여 문맥을 번역하자면 惟나 維로도 적는 발어사로 보는 것이 낫다. 의성어나 발어사로서 통용되던 惟·維·唯·雖의 의미가 분화하는 것은 한참 후대의 일이다.

4) 則(칙) : '준거로 삼다', '본받다'는 뜻이다.

5) 蕩蕩(탕탕) : 넓고 원대함을 표현하는 형용사이다.

6) 文章(문장) : 주희는 '예악법도'라 하고 『논어주소』는 '立文垂制(문물을 세우고 제도를 만들다)'라 한다. 1·06의 주) 및 5·12 참조.

순과 우에 대한 칭송에 이어 요를 칭송하는 내용이다. 요는 천하를 태평하게 다스렸을 뿐 아니라 임금 자리를 세습시키지 않고 순에게 선양했다는 사실 때문에 만세에 걸친 군도(君道)의 상경(常經)을 세운 사람으로 받들어진다. 이름을 부르기가 민망하여 '요' 대신 '제(帝)' 또는 '황조(皇祖)'라고 부르기도 했다. 공자는 여기서 이유나 근거는 말하지 않고 그저 요에 대한 칭송만을 늘어놓는다. 알지도 못하고 알 수도 없고 알 필요도 없기 때문에 칭송만이 필요했을 것이다. 칭송해야 할 대상에 대한 설명은 없이 오로지 칭송하기만 하는 것, 그것이 공자와 유가의 종교적 속성이다.

공자는 세계사 어떤 종교의 교주에 못지않은 교주였다. 요를 칭송하는 솜씨를 보더라도 공자는 교주로서의 자질이 훌륭하다. 그는 자신이 하늘의 대리자라고 직설화법으로 말하지는 않는다. 천명을 강조할 따름이다. 그리고 여기서처럼, 아득히 먼 전설상의 임금들에 대해서만 찬송한다. 그렇게 반복해서 찬송하면 듣는 사람들은 그분을 실재했던 인물로 받아들이게 된다. 그 위에 더하여 그분은 지금도 하늘에서 모든 것을 주재하고 계신다고 말한다. 공자의 그와 같은 언행은 모두 면책된다. 자신의 주관적인 판단이 아니라 하늘의 명령이라고 미루었기 때문이다. 자신이 현실 정치를 비판하면서 제시하는 방법론 또한 자신이 만든 것이 아니라 선왕이 이미 만들었던 것을 회복하자는 주장일 뿐이라고 말함으로써 현실 권력과의 충돌도 피한다. 공자는 현실 권력을 부정하거나 현실 권력으로부터 독립한 유토피아를 말하지 않는다. 오로지 현실 권력의 조상만을, 선왕만을 거론할 뿐이다. 공자의 그런 주장을 현재의 왕은 어떻게 해볼 수 없었을 것이다.

이처럼 현실 권력과의 충돌은 피하면서 집권을 도모했던 공자의 전략이 당대에 성공했을 리는 없다. 그러나 비록 당대에 성공하지는 못했지만, 수백 년이 지난 한무제 때에 이르러 실현된다. 이후 중국의 통치자들은 질서라는 이름으로써 권력을 행사할 때 언제나 선왕과 선왕들이 계시는 하늘을 언급하게 된다. 이는 순전히 공자의 아이디어를 빌린 것이다. 그들이 공자에게 고마워하지 않을 이유는 없다.

이 대목은 『맹자·등문공(滕文公)』에서 "孔子曰 大哉堯之爲君 惟天爲大 惟堯則之 蕩蕩乎民無能名焉 君哉舜也 巍巍乎有天下而不與焉 堯舜之治天下 豈無所用心哉 亦不用於耕耳"라고 표현되고, 『춘추번로·봉본(奉本)』에서는 "孔子曰 唯天爲大 唯堯則之 則之者大也 巍巍乎其有成功也 言其尊大以成功也"라고 표현된다.

8·20 舜有臣五人而天下治 武王曰 予有亂臣十人 孔子曰 才難 不其然乎 唐虞之際 於斯爲盛 有婦人焉 九人而已 三分天下有其二 以服事殷 周之德 其可謂至德也已矣

순임금은 신하 다섯(만) 가지고도 천하를 잘 다스렸다(고 한다). 주무왕은 "나는 통치를 담당하는 신하 열 사람(만) 가졌다."라고 말한 바 있다. (이를 두고) 공자께서는 (이렇게) 말씀하셨다 : 인재(를 많이 얻기)는 어려운 거야. (순임금과 주무왕의 사례를 보더라도) 그렇지 아니한가? 요순 때는 (신하가 다섯뿐인) 그런 환경에서도 (나라는) 흥성하였지. (주무왕의 경우는 신하 열 명 가운데) 부인이 (한 사람) 끼어 있었으니 (실제는) 아홉 사람뿐이었는데도 천하의 삼분의 이를 차지하고서 은왕조를 섬기면서 신복(臣服)하였지. (그러했기 때문에) 주왕조의 덕은 '지극한 덕'이라고 일컬을 수 있는 거야.

주

1) 舜有臣五人而天下治(순유신오인이천하치) : 자신이 들은 전설을 공자가 직접 말한 표현일 수도 있고, 『논어』를 편집하는 과정에서 전해 오는 전설을 다듬은 표현일 수도 있다. 공안국은 다섯 사람으로 禹(우)·稷(직)·契(설)·皐陶(고요)·伯益(백익)을 꼽는다.

2) 予有亂臣十人(여유란신십인) : 주왕조 창업의 전설 가운데 일부일 텐데, 이 구절은 『상서·태서(泰誓)』에도 있다. 마융은 亂臣이 '治臣'의 뜻이라고 한다. 亂을 治로 새기는 것은 故를 今으로 새기거나 臭를 香으로 새기는 것처럼 반훈(反訓: 반대의 뜻으로 새기는 일)이라는 것이다. 그래서인지 『설문해자』나 『이아(爾雅)』에도 "亂 治也"라고 되어 있다. 그러나 주희는 "亂은 본래 乿인데, 그것은 治의 옛글자이다."라고 한다. 정약용도 김이상(金履祥, 1232~1303)의 문자학적인 설명을 자세하게 소개하면서 주희의 견해를 지지한다.[30] 반훈이라는 옹색한 설명보다는 훨씬 타당한 설명이다. 마융은 열 사람을 주공단[31], 소공석(召公奭)[32], 태공망(太

公望)³³, 필공(畢公)³⁴, 영공(榮公)³⁵, 태전(太顚)³⁶, 굉요(閎夭)³⁷, 산의생(散
宜生)³⁸, 남궁괄(南宮适)³⁹, 문왕후 태사(太似)⁴⁰로 추정한다. 주희는 어머
니를 신하로 여기는 것이 성리학적 관념으로는 불가하기 때문에 문왕후

---

30 그의 『논어집주고증(論語集註考證)』 권4에 있는 내용이다. 治의 고자(古字)
는 爪·糸·乙로 조합된 '𤔔'인데 흐트러진 실타래를 손으로 잘 다듬어 조리 있게
만든다는 뜻이다. 그런데 '𤔔'은 원래 'ㄴ'이 없는 왼쪽 부분만 있었는데 나중에
'ㄴ'이 첨가되자 亂와 혼동하게 되었다고 한다. 장소우(蔣紹愚)의 『古漢語詞匯綱
要』(『고대 중국어 어휘 의미론』, 이강재 역, 차이나하우스, 2012) p.243에도 이 부분
은 자세히 설명된다.

31 7·05의 '주)周公' 참조.

32 7·05의 '주)周公'에 나옴.

33 주문왕에 의해 태사로 봉해진 다음 무왕을 도와 은을 멸망시키는 데 공을
세운 사람으로, 성명은 강상(姜尙) 또는 여상(呂尙)이라고 한다. 뒤에 제(齊)의
수봉군(受封君)이 되는데, 유가·법가·병가·종횡가에서 모두 스승으로 삼기 때
문에 백가종사(百家宗師)라는 별호를 얻게 된다.

34 주문왕의 열다섯째 아들이자 주무왕의 이모제(異母弟)로 성명은 희고(姬
高)이다. 필(畢)의 수봉군이기 때문에 흔히 필공고(畢公高)라고 부른다. 주공단
소공석과 함께 무왕을 보좌하였고 나중에 성왕과 강왕을 도와 성강지치(成康之
治)를 이루었다는 평가를 듣는다.

35 춘추시대 은사로서 성명은 영계기(榮啓期)라고 한다.

36 문왕의 신하이자 성왕의 스승이었다고 한다. 『사기·주본기(周本紀)』에는
"文王禮下賢者 太顚·閎夭·散宜生·鬻子·辛甲大夫之徒 皆往歸之"라는 구절이
있다.

37 문왕의 공신으로서, 문왕이 유리(羑里)에 갇히자 紂(주)에게 미녀와 보물을
바쳐 구해냈다고 한다.

38 문왕이 노인을 잘 봉양한다는 소문을 듣고 굉요 등과 함께 귀의하여 문왕의
네 벗 가운데 한 사람이 되었다고 한다. 『서·군석(君奭)』과 『맹자·진심하』에도
십란(十亂) 가운데 한 사람으로 일컬어진다.

39 무왕의 명에 따라 녹대(鹿臺)의 재물과 기교(鉅橋)의 곡식을 빈민에게 나누
어주었다는 사람이다.

는 아마도 읍강(邑姜: 무왕의 비)일 것이라는 유창(劉敞, 1019~1063)의 주장을 소개한다. '臣'은 연문(衍文)이라는 주장도 있다.

3) 唐虞之際(당우지제) : 요임금 때의 국호가 唐이고 순임금 때의 국호가 虞이므로 요순 시기를 흔히 이렇게 부른다. 당과 우는 지명이다. 전욱(顓頊) 이래로 중국에서는 왕을 배출한 곳의 지명이 국호가 된다. 국호라는 개념은 없었고 그곳 출신이 천하를 차지하였다는 생각에서 그렇게 불렀다.

4) 於斯爲盛(어사위성) : 주희와 양백준은 '이때 가장 인재가 흥성하였다'고 새긴다. 그러나 문맥과 맞지 않는다. '五人'이니, '十人'이니, '才難'이니, '실제로는 아홉뿐이었다'느니 하는 말들은 모두 사람의 수효가 적음을 강조하는 표현이다. 그런 문맥에서 '인재가 풍성했다'는 표현이 들어갈 수는 없다. '이런 상황에서도 나라는 흥성하였다'라고 새기는 것이 문맥에 맞는다고 본다.

5) 三分天下有其二(삼분천하유기이) : 은왕조의 제후국이었던 주는 문왕 때에 강성해져서 형(荊)·양(梁)·옹(雍)·예(豫)·서(徐)·양(揚) 6개 주(州)가 문왕에게 귀속하였고 은왕조에게 남은 주는 기(冀)·청(靑)·연(兗) 3개 주에 불과하였다고 정현은 주한다. 실제 힘은 왕보다도 훨씬 강했으면서도 신하로서의 禮를 지켰기 때문에 덕을 쌓을 수 있었다는 설명이다. 아들 무왕은 주(紂)를 쳐서 은왕조를 멸망시키는데, 역성혁명의 정당성을 확보하기 위해 부왕부터의 덕을 강조했을 것이다.

---

40 신국(莘國)의 여인으로 문왕의 비이자 무왕의 어머니이다. 부덕(婦德)이 높아 문모(文母)라고 일컬어졌다.

문왕과 무왕의 덕을 언급하고 있다. 맨 앞에서 순을 언급한 것은 무왕의 신하 10명과 대비시키기 위해 순의 신하 5명을 언급했을 뿐이지 순의 덕을 언급하려는 의도는 아니다. 공자가 인재를 얻기는 어렵다고 말한 것도 적은 인재를 갖고서도 통치를 잘했던 왕들의 사례를 내세우려는 의도이지 인재를 이야기의 주제로 삼고자 한 것은 아니다.

8·21 子曰 禹 吾無間然矣 菲飮食而致孝乎鬼神 惡衣服而致美乎黻冕
卑宮室而盡力乎溝洫 禹 吾無間然矣

스승님께서 말씀하시기를 : 우임금은 내가 조금이라도 흠잡을 틈이 없(으신 분이)다. (스스로 먹는) 음식은 조촐하게 하시면서도 (조상)귀신에게는 효를 다하셨고, (스스로 입는) 의복은 거칠게 하시면서도 (조상귀신에게 제사 지낼 때 입는) 예복은 아름답게 하셨으며, (스스로 사는) 궁실은 하찮게 여기시면서도 (인민의 농사를 위한) 수리시설에는 온 힘을 다하셨다. (그런) 우임금은 내가 조금이라도 흠잡을 틈이 없(으신 분이)다.

주

1) 無間然矣(무간연의) : 間은 '틈'이라는 뜻의 명사, '차이 나다'라는 뜻의 형용사, '끼어들다', '비판하여 헐뜯다'라는 뜻의 동사로 쓰인다. 然은 용언 뒤에 붙어서 그 용언의 동작이나 상황을 강조하는 어기를 지닌다. 矣는 단정하는 어기를 지니는 조사이다.

2) 菲(비) : 보잘것없게 하다. 마융은 薄이라고 했다.

3) 致孝鬼神(치효귀신) : 孝란 위쪽 혈통에 대한 봉양이다. 따라서 조상신에게 음식을 올리는 것도 孝라고 표현한다. 귀신에 대한 설명은 2·24의 주) 참조.

4) 黻冕(불면) : 黻은 무릎을 가리는 슬갑이다. 冕은 원래 대부 이상의 남자가 쓰는 모자의 총칭이었지만 나중에는 임금의 모자만을 가리키는 이름이 된다. 여기서는 둘 다 제사를 모실 때 입고 쓰는 복장을 의미한다.

5) 卑宮室(비궁실) : 卑는 '하찮게 여기다'의 뜻이다. 앞의 菲와 압운한 글자이다.

6) 溝洫(구혁) : 밭 사이에 인공적으로 낸 물길을 가리키므로 '수리시설'이라고 번역하였다.

평설

편차가 흐트러진 탓인지는 모르나 다시 우가 등장한다. 공자가 우를 칭송한 내용을 정리하자면 '군주는 일방적으로 통치하거나 군림해서는 안 되고, 자기를 뒤로하고 민을 우선시하는 리더십을 갖추어야 한다'이다. 그렇다면 군주의 리더십에 대한 공자의 생각은 요즘의 일반적인 리더십에 대한 생각과 다를 바 없다. 비록 당대의 군주를 향하여 발언하지는 못하고 전설상의 군주인 우에 가탁하여 피력하였지만, 그렇더라도 이런 관념을 강조했다는 사실은 의미를 지닌다고 본다. 하지만 후대로 가면, 특히 漢이라는 절대왕조가 등장한 뒤로는, 군주의 리더십에 대한 생각이나 발언은 드물어진다.

유가가 주공을 이상적인 군주로 띄우자 유가의 대척점에 있던 묵가는 주공보다 앞선 인물인 요·순·우를 띄우기 시작했다고 흔히 말한다.⁴¹ 하지만 『논어』에는 이 장 외에도 공자가 요·순·우를 치켜세우는 대목이 꽤 있다. 그렇다면 그 부분들이 모두 후세의 조작임이 분명하지 않는 이상 요·순·우에 대한 추앙이 순전히 묵가에 의해서만 시작되었다고는 말

---

41 6·30, 8·01, 8·18 참조. 그런 맥락에서 『상서』의 「우공(禹公)」도 후세의 가탁이라고 주장하는 학자들이 있다.

하기는 어렵다고 본다. 요는 순에게 '선양'하고 순은 우에게 '선양'했다는
것 정도가 묵가가 만든 내용이지 않을까 한다.

자한(子罕) 제구(第九)

'子罕'의 뜻에 대해 설명하는 주석가가 있는데, 역시 무의미하다.『논어』의 편명은 내용을 압축한 제목이 아니라 구분상 편의를 위해 첫 두 글자를 차용한 것임은 어느 편에서나 마찬가지이다.

9·01 子罕言利與命與仁

스승님께서는 '이'에 대해서는 말씀을 아끼셨지만, '명'과 '인'에 대해서는 허여하(시면서 말씀을 많이 하)셨다.

1) 罕言(한언) : '드물게 말했다'라는 번역은 언급한 횟수가 적다는 뜻이 되므로 적절하지 않다. 利라는 것의 가치를 허여하면서 말한 적은 없었다는 뜻이다.

2) 利(리) : 하안이 『주역·건괘(乾卦)』 「문언(文言)」의 구절을 인용하여 '義之和'라고 주하자 황간(皇侃, 488~545)은 하안의 주를 이렇게 설명한다. "義는 마땅하다는 뜻이다. 和는 해로움이 없다는 뜻이다. 인간세상의 利는 저쪽에게 이로우면 이쪽에게는 해롭게 되므로 義의 和가 아니다. 그러나 천도의 利는 이로움만 있고 해로움은 없기 때문에 만물이 모두 마땅하면서도 고르다. 그래서 '義의 和'라고 말한 것이다."[1] 利에 대한 언급을 완전히 끊은 게 아니라 드물게라도 언급했다는 것은 인간세상의 私利가 아닌 천도의 公利를 두고 한 말이라는 설명인 듯한데, 利

---

[1] 義者宜也 和者無害也 凡人世之利 利彼則害此 非義和也 若天道之利 利而無害 故萬物得宜而和 故曰義之和也

를 설명하면서 애써 私利와 公利로 나눌 필요는 없다. 그냥 實利로 보면 된다. 공자를 비롯한 중국인들은 實利를 최우선의 가치로 삼는다. 실리를 추구하려는 노력은 누구도 비난하지 않는다. 실리를 양보하거나 사양할 수는 있을지언정 저버릴 수는 없다. 실리를 양보하거나 사양하는 것도 단지 더 큰 실리를 기대하기 때문이다. 가치 때문에 실리를 저버리는 일도 없고, 실리를 능가하는 가치도 없다. 중국인 사유방식의 토대는 이처럼 실리에 대한 긍정이다. 4·12, 4·16 등에서도 확인할 수 있다. 『논어』에 나오는 利는 '벼리다', '날카롭게 하다'라는 뜻인 15·10과 17·18의 경우를 제외하고는 모두 '실리'의 뜻이다. 그러니 공자가 私利는 부정하되 公利는 긍정했다는 설명은 불필요하다. 利에 대한 추가적인 설명은 4·02의 '(주)利仁' 참조.

3) 與(여) : 흔히 접속사로 해석한다. 그러나 두 가지 항목을 나열할 때는 與라는 접속사를 사용하지만 세 가지 이상 나열할 경우에는 접속사 없이 열거한다. 따라서 여기의 '與'는 접속사가 아닌 '허여(許與)하다'는 뜻의 동사로 새기는 것이 옳다. '罕'은 부정의 뜻이고 '與'는 긍정의 뜻을 나타낸다. 즉, 利의 가치를 허여하면서 강조한 적은 없지만 命과 仁의 가치에 대해서는 허여하였다는 뜻으로 짐작된다.

4) 命(명) : 『논어』에서 命이라는 글자는 '천명' 또는 '운명'[2], 목숨[3], 명령[4] 등의 뜻으로 쓰인다. 자신의 의지가 아닌 다른 힘에 의해 제한당하거

---

[2] 五十而知天命(2·04), 亡之 命矣夫(6·10), 可以寄百里之命(8·06), 賜不受 命 而貨殖焉(11·19), 死生有命(12·05), 道之將行也與 命也 道之將廢也與 命 也(14·36), 陪臣執國命(16·02), 君子有三畏 畏天命(16·08), 不知命 無以爲君 子也(20·03) 등을 참조. '운명'도 하늘이 내린 명령이라는 뜻이다. 곽점초간에도 "性自命出 命自天降"이라는 구절이 있다(5·12 참조).

[3] 不幸短命死矣(6·03, 11·07), 見危授命(14·12, 19·01).

[4] 賓退 必復命曰(10·03), 不辱君命(13·20), 爲命(14·08), 闕黨童子將命

나 결정되는 것을 의미한다. 『상서』를 보면 命은 특정한 신하에게 내리는 포고령 같은 성격이다. 정이는 천에 있어서의 명, 의에 있어서의 이, 사람에 있어서의 성, 몸에 대한 심이 한가지라고 설명한다.[5] 바뀔 수도 없고 지켜야만 하는 것이라는 설명이겠다.[6]

5) 仁(인) : 1·02의 주) 참조.

[평설]

여러 해석이 있다. ① '스승님께서는 利에 대해서는 부정적으로 여기신 나머지 드물게 말씀하셨지만 命과 仁에 대해서는 찬성하셨다'라는 해석은 '子罕言利 與命 與仁'으로 읽는다. '與'를 그렇게 해석하는 근거로는 "暴虎馮河 死而無悔者 吾不與也(사냥 도구 없이 맨손으로 범을 잡고 배를 타지 않고 맨몸으로 강을 건너며, 죽게 되어도 후회하지 않는 그런 사람과는 나는 함께하지 않겠다)"(7·11)와, "夫子喟然歎曰 吾與點也(공자는 위연히 탄식하면서, 나는 점의 편을 들겠다고 하셨다)"(11·26)를 든다.[7] ②

(14·44), 舜亦以命禹(20·01).

5   在天爲命 在義爲理 在人爲性 主於身爲心 其實一也〈『이정유서(二程遺書)』 권18〉.

6   이택후는 命이 '필연성'이나 '숙명성'으로 해석되어서는 안 되고 정반대로 '우연성'으로 해석해야 한다고 주장한다. 예컨대 '운명으로 받아들이자'라는 말은 필연으로 받아들이자는 뜻이 아니라 우연으로 받아들이자는 뜻이지 않느냐는 것이다. 그러나 전통시대에는 命으로 여겼던 것을 요즘에는 '우연'으로 받아들이자는 주장이라면 모를까 '전통시대의 命이란 우연이다'라고 단정할 수는 없다. 이 시대에 『논어』를 읽는다는 것은 이 시대의 눈으로써 춘추시대와 그 시대 인간들을 이해하는 일이지 이 시대의 안목으로써 그 시대를 재구성하는 일이 되어서는 안 된다. 무의미한 의욕이요 왜곡이다. 『주역·계사상(繫辭上)』의 "樂天知命故不憂(하늘의 뜻을 즐기고 이미 정해진 운명을 알고 있기 때문에 근심하지 않는다)"라는 말에서 보듯이 고대 중국인들은 命을 우연성으로 받아들이지는 않았다.

'공자는 利를 드물게 말씀하셨지만, 말씀하실 때는 命 또는 仁과 더불어 하셨다'라는 해석도 있다.[8] ③ '罕'을 '軒(두드러지다)'으로 읽어서는, '공자는 利와 命과 仁을 두드러지게 말씀하셨다'라는 해석도 있다.[9] ④ 공자가 利에 대해 말을 아꼈다는 것은 받아들일 수 있지만 命과 仁에 대해서마저 아꼈다는 것은 수긍할 수 없다는 주장도 있다. ⑤ 命까지는 수긍할 수 있지만 仁에 대해서마저 아꼈다는 것은 수긍할 수 없다는 주장도 있다. ⑥ '言은 대답이 아니라 스스로 말하는 것인데, 『논어』에 언급된 仁은 모두 제자들의 물음에 대해 대답한 것이지 공자가 스스로 말한 것은 적다'라는 주장도 있다. ⑦ 공자는 仁은 물론 利와 命에 대해서도 여러 차례 언급한 바 있기 때문에 이 문장 전체가 논리적으로 맞지 않다는 주장도 있다.

『논어』의 각 문장들을 논리적으로 맞추려는 시도들은 대체로 억지의 혐의를 피하기 어렵다. 공자는 논리를 내세우지도 않았을 뿐 아니라 『논어』는 저술이 아니기 때문에 일관하는 논리가 있을 리도 없다. 공자와 그의 제자들이 수십 년 동안 주고받았던 대화의 조각을 모은 것이고, 그 대화가 어떤 배경에서 나온 것인지도 모르며, 그나마 후대에 어떻게 고쳤는지도 알 수 없는 것들이다. 그런 것들 모두를 논리적으로 맞추려는 시도는 과욕이다. 『논어』를 해석할 때 다른 장과의 연관을 무시할 수는 없지만 다른 장과의 논리적 정합성만을 위주로 해서 해석할 수도 없다. 이

---

7   왕약허(王若虛, 1174~1243)의 『오류잡변(誤謬雜辨)』, 사승조(史繩祖, 1192~1274)의 『학재점필(學齋佔畢)』, 진천상(陳天祥, 1230~1316)의 『사서변의(四書辨疑)』 등의 견해이다.

8   초순(焦循, 1763~1820)의 『논어보소(論語補疏)』, 오규 소라이(荻生徂徠, 1666~1728)의 『논어징(論語徵)』, 미야자키 이치사다(宮崎市定, 1901~1995)의 『현대어역 논어(現代語譯 論語)』 등이 해서이다.

9   황식삼(黃式三, 1789~1862)의 『논어후안(論語後案)』의 견해이다.

야기의 맥락이 유지되는 해석이 가장 중요하다. 예컨대, 이 장은 禮를 숭상하는 학파가 仁을 강조하는 학파를 반대하기 위해 집어넣은 것이라는 주장은[10] 얼핏 들으면 설득력 있는 것처럼 들리지만,『논어』를 이론서로 여기는 생각에서 나온 과도한 추론이다.『논어』에는 '仁' 자가 109회나 나오기 때문에 공자가 仁에 대해 말을 아꼈다는 설명은 수긍하기 어렵다. 공자는 利도 命도 자주 언급하였다. 따라서 이 문장은 '공자는 이익에 대해서는 말한 적이 드물지만 天命이나 仁에 대해서는 반대이다'라는 뜻으로 보는 것이 가장 무난하다고 본다.

9·02 達巷黨人曰 大哉孔子 博學而無所成名 子聞之 謂門弟子曰 吾何執 執御乎 執射乎 吾執御矣

달항 동네(의 어떤) 사람이 "대단하다는 공자는 박학할지언정 (어느 것 한 가지로) 이름 날린 바는 없잖아!"라고 말했다(고 한다). 스승님께서 그 말을 (전해) 들으시고는 제자들에게 (이렇게) 일컬으셨다 : (이름을 날려야 한다고?) 내가 뭘 붙잡(고서 파고들면 이름 날릴 수 있)겠니? (육예 가운데) 수레 몰기를 붙잡(으면 되)겠니? 활쏘기를 붙잡(으면 되)겠니? (좋아,) 내가 수레 몰기 붙잡(아보)지(뭐). (도대체 내가 그런 것으로 이름 날리고자 하는 사람이니?)

| 주 |

1) 達巷黨人(달항당인) : 達巷을 당(黨)의 이름으로 보는 견해[11]와 지명으로 보는 견해[12]가 있고, 達巷을 성(姓)으로 보고 黨人을 이름으로 보

---

10 E. Bruce Brooks(白牧之) & A. Taeko Brooks(白妙子)의 주장이 그러하다.
11 정현은 達巷은 黨의 이름이라면서 五百家라고 한다. 주희는 정현의 주를 좇되 그 사람의 성명은 모른다고 한다.

는 견해[13]도 있다. 『사기』에서 "達巷黨人童子"라 하고 『한서』「동중서전(董仲舒傳)」에서 "達巷黨人不學而自知也"라고 하는 것을 보면 두 책은 분명 達巷黨人을 7·29의 난여언동자(難與言童子), 즉 항탁(項橐)과 동일 인물로 보고 있다.[14] 『사기』와 『한서』에서 達巷黨人을 항탁으로 여겼다면 한대 무렵에는 공자와 동자에 관한 골계류 이야기가 널리 퍼졌기 때문일 것이다.[15]

2) 成名(성명) : '이름 날리다'라고 새기는 것이 낫다.

3) 執(집) : 한 가지를 붙들고서 파고드는 것을 표현한 말이다.

[평설]

문맥 파악이 어려운 탓에 여러 해석이 난무한다. 정현(鄭玄, 127~200)부터 주희까지는 "공자가 유명하지 못함을 달항당인이 안타까워하자 공자가 겸사로써 대꾸한 내용이다."라고 해석한다. 수레 몰기나 활쏘기는 모두 육예(六藝)의 과목이지만 수레 몰기는 활쏘기보다 남의 이목을 덜 끄는 기예이고, 그래서 자신은 조용하게 뒤를 받쳐주는 일을 택했기 때문에 이름이 나지 않았다는 설명이라는 것이 주희의 해석이다. 자신이 유명하지 않음에 대한 나름의 해명으로 보는 것인데, 그런 해석은 문맥을 너무 단순하게 본 것일 뿐 아니라 공자를 옹호하려는 견해이다. H.G. 크릴은 이 장을 근거로 공자는 교육과정에서 수레 몰기와 활쏘기를 제외시켰다고 한다. 무사적인 세습적 귀족정치로부터 공로와 덕망, 그중에서

---

12   『예기·증자문』에는 "昔者吾從老聃助葬於巷黨(예전에 내가 노자를 좇아서 항당에서 장례를 도왔다)"이라는 구절이 있다.

13   오규 소라이의 설명이다.

14   『한서』의 맹강(孟康) 주(注)에도 그렇게 설명되어 있다.

15   정수덕의 『논어집석(論語集釋)』에는 이에 관한 설명이 자세하다. 그러나 정약용은 도청도설이라면서 일축한다.

도 행정상의 업적에 입각한 귀족정치로 이행하는 조짐이라고까지 설명한다. 이 장은 그런 설명과는 전혀 맞지 않는다. 공자가 武가 아닌 文을 강조했다고 설명할 수 있는 근거를 찾자면 다른 곳에 많다. 공자가 무인으로서 자기 역량을 과시하고자 열정을 보인 것이라는 김용옥의 설명은 더욱 지나친 상상이다.

집(執)의 의미, 그리고 활쏘기와 수레 몰기를 거론한 이유가 이 장 해석의 관건이라고 본다. 활쏘기와 수레 몰기의 대비를 執이라는 낱말로 표현하는 것을 보더라도, 執은 '선택해서 붙잡다'는 뜻이다. 이 문장은 공자의 시니컬한 유머를 표현한 문장이라고 본다. 달항당인의 말을 그저 공박하고자 했거나, 자신이 이름 날리지 못한 것에 대해 해명하고자 했다면 공자의 대답은 이렇지 않았을 것이다. 달항당인의 말에 어처구니없어진 공자가 '내가 수레 몰기에나 전념하여 이름을 내야 하는 사람이니?'라든가, '내가 이름을 날리고자 한들 수레 몰기를 하겠는가, 활쏘기를 하겠는가? 나는 그런 것 가지고 이름 날릴 수도 없고, 그런 것에 전념하고 싶지도 않은 사람이다'라고 시니컬하게 대꾸했다고 본다. 그럼으로써 달항당인의 발언을 무화(無化)시킨 것이다. 공자는 그처럼 시니컬한 유머를 자주 했던 사람이었다.

9·03 子曰 麻冕 禮也 今也純 儉 吾從衆 拜下 禮也 今拜乎上 泰也 雖 違衆 吾從下

스승님께서 말씀하시기를 : 삼으로 짠 치포관(을 쓰는 것)이 (본래의) 예이지만 요즘은 (모두들 삼 대신) 명주실(로 짠 것을 쓴)다. (그것이) 검약(한 선택)이기 때문에 나는 (비록 예에는 어긋날지라도) 여러 사람들을 따라(서 명주실로 짠 치포관을 쓴)다. (신하가 임금을 뵐 때) 당하에서 절하는 것이 (본래의) 예이지만 요즘은 (모두들) 당상에서 절한다. (그 짓은) 교만하기 때문에 비록 여러 사람들

(의 관행)과는 어긋날지라도 나는 당하에서 절(하는 것을 고집)한다.

주

1) 冕(면) : 나중에는 군주가 쓰는 예관(禮冠)의 전용 이름이 되지만, 원래는 士가 쓰는 제례관(祭禮冠)인 치포관(緇布冠)을 가리켰다.[16] 치포관은 30升布로 만드는데, 1升이 80가닥이므로 날실(經)은 모두 2천4백 가닥이나 되어 삼을 가지고서 이처럼 가늘게 짜자면 무척 어려웠을 것이다. 그래서 삼으로 짜는 것이 본래의 예법이기는 하지만 삼 대신 가는 명주를 이용하는 것이 통상적이었던 듯하다.

2) 純(치) : 검은 명주. 緇(치)와 같다.

평설

자신이 禮를 숭상하기는 하지만 형식주의자는 아니라는 강조이다. 예란 외형으로 드러내는 '표현'이기 때문에 예를 강조하다 보면 형식주의자로 간주될 수 있다. 그래서 공자는 자신이 형식주의자는 아니라고 자주 설명해야 했는지도 모르겠다. "人而不仁 如禮何(사람이 되어 가지고 인하고자 하지 않는다면 예를 배운들 어디다 쓸 것인가)"(3·03), "禮與其奢也 寧儉(예의 근본은 늘이기보다는 줄이기이다)"(3·04), "繪事後素 曰禮後乎(색칠은 바탕칠보다 덜 중요하지. 예는 인보다 덜 중요하다는 것인가요?)"(3·08), "爲禮不敬 吾何以觀之哉(의례를 집행하면서 경건하지 않은 사람을 내가 어떻게 보아줄 수 있겠는가)"(3·26), "禮云禮云 玉帛云乎哉

---

16 정약용은 주희 주석에 노골적으로 반대하지는 못하면서도 마면이 치포관을 가리키는 것은 아니라고 장황하게 설명한다. 그러나 형식적인 禮를 따르는 것보나 내중들이 검박하게 사용하는 것을 따르겠다는 사례로써 마면은 들었을 뿐이므로, 이 문장에서 마면이 어떤 것인지에 대한 고증은 거의 무의미하다.

(예가 중요하다 예가 중요하다고들 말하는데, 그 말이 옥이나 비단 같은 예물이 중요하다는 말이겠느냐)"(17·11) 등은 바로 그러한 해명일 수 있다. 그러나 성리학자들은 공자의 그러한 '생각'보다도 "非禮勿視 非禮勿聽 非禮勿言 非禮勿動(예에서 벗어난 것은 보지 않기, 예에서 벗어난 것은 듣지 않기, 예에서 벗어난 것은 말하지 않기, 예에서 벗어난 것은 하지 않기)"(12·01)과 같은 '말'을 더 중시한 나머지 극단적인 경건주의로 빠져들었다. 禮에 대한 자세한 설명은 1·12의 주) 참조.

9·04 子絕四 毋意 毋必 毋固 毋我

스승님께서는 네 가지를 끊으셨다. '억측하지 않기', '기어코 하려고 하지 않기', '고집하지 않기', '내 입장만을 내세우지 않기'이다.

주

1) 毋意(무의) : 意는 '속마음'이라는 뜻이다. 또한 '속으로 헤아리다', '의심하다'라는 뜻도 지닌다. 臆(억)은 意에서 파생한 글자이다. 비슷한 낱말로는 '志'와 '情'이 있다. '생각'이라는 번역어는 이성적 작용을 연상케 하므로 적절하지 않다. 따라서 毋意는 '억측하지 말라'라고 새기는 것이 낫다. 『논어주소』는 "以道爲度 故不任意(도를 기준으로 삼기 때문에 자기 뜻에 맡기지는 않는다)"라고 설명하고, 『논어집주』는 意를 '私意(사사로운 억측)'라고 한다.

2) 毋必(무필) : 必은 '기어코'의 뜻이므로, '毋必'은 상황이나 조건을 고려하지 않고 기어코 자신의 뜻을 관철하려고 하지 말라는 뜻이다. 『논어주소』는 "用之則行 舍之則藏 故無專必(등용되면 벼슬하고 버려지면 들어앉으므로 '반드시'란 없다)"이라고 설명하고, 『논어집주』는 必을 '기필(期必: '반드시'를 기약함)'이라고 한다.

3) 毋固(무고) : 固는 '고집하다'의 뜻이므로, '毋固'는 한번 정한 방침이나 태도를 융통성 없이 고집하지 말라는 의미이다. 『논어주소』는 "無可無不可 故無固行(가한 것도 없고 불가한 것도 없으니 고집스럽게 하고자 하는 것이 있어서는 안 된다)"이라고 설명하고, 『논어집주』는 固를 '집체(執滯: 꽉 막힘)'라고 한다.

4) 毋我(무아) : 상대의 입장이나 객관적 조건을 고려하지는 않은 채 자기의 입장만을 내세우지 말라는 의미이다. 『논어주소』는 "述古而不自作 處群萃而不自異 唯道是從 故不有其身(고를 조술할 뿐 스스로 지어내지는 말고, 여럿이 모인 자리에서는 자기만 튀게 행동하지 말며, 오직 도만을 좇아야 한다. 그래서 자기 자신을 내세우지 말아야 한다)"이라고 설명하고, 『논어집주』는 我를 '私己(이기적 자아)'라고 한다.

평설

'毋+×'의 구문은 금지 명령문인데 '×'가 한 글자이기 때문에 '×하지 않기'로 번역하였다. "네 가지는 각각 출발점도 되고 종착점도 된다. '의'에서 출발했다가는 '필'에서 끝내기도 하고, '고'에 머물렀다가는 '아'로 끝나곤 한다. 대개 '의'나 '필'의 생각으로 일을 시작하지만 일단 일을 하게 되면 '고'나 '아'로 귀착한다. 그리고 '아'에 이르게 되면 다시 '의'가 생겨난다. 그렇게 해서 물욕이 서로 당겨 순환이 끝이 없게 된다."[17]라는 주희의 설명은 훌륭하다.

H.G. 크릴은 다음과 같이 번역한다. "선생께서는 완전히 극복하신 것이 네 가지 있다. 결코 미리 결론을 내리지 않으셨고, 지나치게 적극적인 면도 없으셨으며, 완고하지도 않으셨고, 자기 관점에서만 사물을 보지

---

17 四者相爲終始 起於意遂於必 留於固而成於我也 蓋意必常在事前 固我常在事後 至於我又生意 則物欲牽引 循環不窮矣

않으셨다." 번역보다는 해설에 가깝지만 신선한 느낌을 준다. 관념을 형성하는 재료인 언어가 달라지면 관념의 구조도 이렇듯 달라진다.

곽점초간 가운데 「어총삼(語叢三)」이라는 글에는 이 장과 동일한 내용이 들어 있다. 거기에는 '毋意 毋固 毋我 毋必'의 순서로 되어 있을 뿐아니라 공자의 말이라는 표현이 없다. 순서가 『논어』와 다르다면 이 네개의 구절은 원래 유기적으로 설명된 것은 아니고 단순히 네 개를 모았을 뿐으로 보아야 할 것이다. 공자의 어록집에서 빠져 나와 낱개로 유전되었든, 낱개로 유전되던 공자의 말씀들을 어록집이라는 이름으로 모으게 되었든, 공자의 이름을 내건 아포리즘들이 전국시대 무렵에는 다양하게 유통되었음을 보여주는 사례일 것이다.

9·05 子畏於匡 曰 文王旣沒 文不在玆乎 天之將喪斯文也 後死者不得與於斯文也 天之未喪斯文也 匡人其如予何

스승님께서 (제자들과 함께) 광에서 구금되셨을 때 (제자들이 두려워하자) 말씀하시기를 : 문왕은 돌아가셨지만 (그분이 남긴) 문은 여기(나)에게 있지 않느냐? 하늘이 만약 이 문을 없애고자 했다면 (문왕) 뒤에 죽는 (나 같은) 사람은 이 문을 접하지도 못했을 것이다. (내가 이 문을 지니고 있다는 것은 하늘의 뜻이 이 문을 없애지 않겠다는 것이기 때문이다.) 하늘이 아직 이 문을 없애고자 하지 않거늘 광 사람들이 나를 어떡하겠느냐? (두려워할 필요 없다.)

주

1) 畏(외) : 형병은 "기록한 사람이 대중의 감정에 기준하여 공자께서 광에서 두려워하셨다고 했지만 사실은 공자께서 두려워하신 바는 없었다."[18]라고 주하고, 주희는 어정쩡하게 '有戒心(경계심을 가지셨던 것)'이라고 설명하지만, 이 장에서 畏는 그런 뜻이 아니다. 11·23에서와 마찬

가지로 '붙잡혀 옥에 갇히다'는 뜻이다.[19] 다만 9·23, 16·08, 20·02에서는 '두려워하다' 또는 '어려워하다'의 뜻이다.

2) 匡(광) : 춘추시대 '匡'이란 지명은 여럿이므로 어느 곳인지 분명하지 않지만, 노·송·위(衛)·진(陳)의 경계쯤에 위치한 요충이었을 것으로 짐작된다.

3) 斯文(사문) : 문왕이 지은 글이 공자의 노력을 통해 전해진 것으로는 『주역(周易)』의 「단(彖)」과 「상(象)」뿐이라고 정약용은 설명한다. 하지만 이 문장에서 '사문'은 서책이나 글을 가리키지 않는다. 6·17에서 공자가 내세우는 방법론을 '斯道'라고 표현하듯이 공자가 내세우는 문화(文華)를 가리키는 표현이다. "도가 겉으로 드러나는 것을 문이라고 일컫는데, 대체로 예악제도를 일컬을 때는 도라고 하지 않고 문이라고 한다."[20]라는 주희의 주석이 정확하다. 『논어』에 나오는 '문'의 뜻에 대해서는 1·06의 주) 참조.

4) 後死者(후사자) : 공자 뒤로 죽게 될 젊은 사람들을 가리킨다는 의

---

18 記者以衆情言之 故云子畏於匡 其實孔子無所畏也

19 유월(兪樾)이 지적한 바이다. 유월은 그 증거로 『순자·부편(賦篇)』의 "比干見剟 孔子拘匡(비간은 도려서 죽이는 형을 당하였고 공자는 광에서 구금되었다)"이라는 구절과, 『사기·공자세가』의 "匡人於是 遂止孔子 拘焉五日(광인이이에 공자를 멈추게 하고 닷새를 가두었다)"이라는 구절, 그리고 정현이 『예기·단궁상』의 "死而不弔者三 畏厭溺(사람이 죽어도 조문하지 않는 경우가 셋 있는데, 옥사한 경우와 떨어져 죽은 경우 및 물에 빠져 죽은 경우이다)"을 주하면서이 장을 예로 들어서 畏의 뜻을 설명한 점, 『통전(通典)』에서 왕숙(王肅)의 주를인용하여 "犯法獄死謂之畏(법을 범하여 옥사하는 것을 외라고 일컫는다)"라고설명한 점을 증거로 제시한다. 여기의 畏는 옥에 갇히거나 옥에 갇혀서 죽는 것을 의미하는 것이 분명하다. 실제 공자는 광을 지날 무렵 그 지역 사람들이 공자를 양호로 오해한 나머지 붙잡아 가둔 일이 있었다.

20 道之顯者謂之文 蓋禮樂制度之謂 不曰道而曰文

견도 있지만, 문맥은 문왕 이후의 사람을 가리킨다고 본다.

평설

공자가 匡에서 붙잡혀 곤욕을 치렀다는 이야기는 11·23에도 있다. 『장자』, 『한시외전(韓詩外傳)』, 『사기·공자세가(孔子世家)』, 『설원(說苑)』, 『공자가어(孔子家語)』 등에도 있는데, 종합하자면 이렇다. "양호 (陽虎)는 匡을 공략할 때 성을 뚫고 들어가 포악한 짓을 했다. 그때 공자 의 제자 안각(顔刻)이 양호를 수행하였고, 양호는 외모가 공자와 비슷하 였다. 송간자(宋簡子)가 양호를 죽이려고 匡에서 대기하고 있을 때 마침 공자는 匡을 지나게 되었다. 안각이 공자의 수레를 몰았는데, 안각이 지 난날 양호와 함께 뚫고 들어갔던 성벽의 무너진 곳을 가리키면서 공자에 게 이야기를 하는 순간, 匡人들은 공자를 양호로 착각하고 무장하여 공 자를 여러 겹으로 포위했다. 성급한 자로가 분이 나서 창을 휘두르며 싸 우려고 하자 공자는 막고서, '유야, 인의에 어찌 그리 여유가 없느냐. 시 서를 익히지 않고 예악을 강론하지 않는 것은 나의 죄이지만 내가 양호 가 아닌데 저들이 나를 양호로 착각하는 것은 나의 죄가 아니다. 운명이 다. 네가 노래를 부르면 내가 따라 부르겠다'라고 말했다 한다. 이에 자로 가 노래를 부르자 공자는 그에 맞추어 노래를 불렀고, 3절이 끝나자 비로 소 무사가 들어와 '양호인 줄 알고 그랬습니다'라고 하면서 포위를 풀었 다." 전적마다 약간의 차이는 있지만 대체로 위와 같은 줄거리이다.

최술은 이 이야기를 『장자』에서 시작된 허구를 다른 책들이 검토 없 이 베꼈을 뿐이라고 주장한다. 당시 匡은 송의 영역에 속했기 때문에 『맹 자·만장상(萬章上)』에 나오는 "微服而過宋(공자는 미복을 입고 송나라 를 지나갔다)"이라는 기록이 바로 이 장의 내용과 중복되는 대목일 것으 로 추정한다. 또한 '拘於匡'이나 '圍於匡'이 아닌 '畏於匡'이라는 표현을 근거로 붙잡히지는 않았을 것이라고 추정한다. 최술도 畏를 '구금당하다'는 뜻으로 보지 않은 것이다. 또한 그는 기록의 모순을 따지는 데 있어서는 탁월했지만 공자의 체면이 손상될 만한 사실에 대해서는 "성인으로 하여금 백세토록 무고를 받게 만든다."[21]라든가, "그것이 거짓인지 판별할 수 없기 때문에 반대로 그 문구를 고쳐서 사람들을 미혹하게 만든다."[22], "이런 말을 만들고 이런 이야기를 믿는 사람은 모두 성인 문하의 죄인들이다."[23]와 같은 격한 표현을 써가면서 공자를 옹호한다. 『좌전(左傳)』에 의하면 정공 6년(504 B.C.), 노나라는 진나라를 위해 정나라의 광 지역을 점령한 적이 있다. 이때 양호는 계환자(季桓子), 맹의자(孟懿子)와 함께 위나라를 거쳐서 광을 침공하였는데, 위나라에 길을 빌리지 않았으므로 분규가 발생한 사실이 있다. 공자가 광에서 구금당했다는 기록이 『논어』에 두 차례나 나오는 것을 감안하자면 시점에는 다소 의문이 있을지라도 공자가 그런 일을 당했던 것만은 사실이었다고 본다. 공자가 그런 일을 당한 사실이 공자의 위상에 손상을 주는 것도 아닌데 굳이 부정할 필요는 없다.

공자의 발언에 주목할 필요가 있다. 두려워하는 제자들을 진정시키고자 다소 과장했을 것을 감안하더라도 당황스럽다. 문왕이 만든 예악제도를 내가 지니고 있다는 말만 해도 그렇지만, 문왕이 만든 예악제도를 내가 지니게 된 것은 하늘이 그것을 남기겠다는 뜻이고, 그러니 나를 죽인다면 하늘의 뜻과 어긋나기 때문에 나는 결코 죽지 않을 것이라는 장담은 너무 진지하다. 평소 주공단을 자신의 롤모델로 표현하더니만 여기서는 자신을 문왕의 후예로 표현한다. 더욱이 그것을 하늘의 뜻으로 돌린다. 공자를 선왕을 잇는 성인으로 간주하는 후대 유자들로서는 거부감

---

21 使聖人受誣於百世

22 不能辨其誣而反改其文以惑世

23 造此言者信此說者皆聖門之罪人也

없이 들을 수도 있다. 하지만 당대 사람들이 이런 표현을 들었다면 어떻게 생각했을까? 공자가 제자를 비롯한 여러 사람들에게 누렸던 권위는 이처럼 자신을 천명에 가탁하는 호언이었을 것이다. 하지만 그를 등용하려는 군주들이 없었던 까닭 또한 이처럼 황당한 그의 호언 때문이 아니었을까 한다.[24]

『사기·공자세가』에는 정나라 어떤 사람의 말이라고 하면서 공자의 생김새를 묘사하는 대목이 있다. 이마는 요임금 같고, 목은 고요(皐陶) 같고, 어깨는 정자산(鄭子産) 같은데, 허리 밑은 우임금보다 세 치가 모자란다고 한다. 공자의 외모가 양호와 비슷했다는 말이 구르고 굴러 그런 표현으로 나타나지 않았을까 하는데, 공자의 생김새에 대한 묘사는 이후에도 여러 가지가 나타난다. 불교에서는 붓다가 삼십이상팔십종호(三十二相八十種好)를 갖추었다고 하는데, 불상을 계속 제작해야 할 필요성 때문에 그처럼 구체적인 형상이 문자화했겠지만 공자의 경우 그러한 정도로 묘사되지는 않았다.

---

24 이런 사례는 7·23에도 있다. 그처럼 과도하고도 황당한 소명의식을 군주에게 드러내 보이면 군주로서는 불유쾌한 정도에 그치지 않았을 것이다. 천명이라면 당연히 군주의 소임이거늘, 공자처럼 낮은 신분의 사람이 천명을 받았다고 자부하는 것을 용납하기는 어려웠을 것이다. 따라서 이런 이야기들은 공자 생전에 공공연하게 돌아다닐 수는 없었을 것이고, 그의 사후에 전설화하면서 유통되었을 것으로 짐작한다. 김용옥은 "공자의 사문에 대한 갈망은 바로 이러한 은대(殷代)적 종교주의로부터 주대(周代)적 인문주의로 문명의 축을 바꾸려는 노력이다. 막스 베버(Max Weber)가 '근대화=탈주술'의 도식을 외치기 양천 년 전에 이미 공자는 그러한 근대적 문명의 도식을 완성하려 했던 것이다."라고 찬양하는데, 공자의 뒤를 이은 유자들은 집권을 열망하였던 공자를 본받고자 모두 무조건 공자를 찬양하였지만 이 시대의 학자로서 공자를 그처럼 무조건 찬양하는 이유나 동기는 또 무엇인지 알 수 없을 따름이다.

9·06 太宰問於子貢曰 夫子聖者與 何其多能也 子貢曰 固天縱之將聖
又多能也 子聞之 曰 太宰知我乎 吾少也賤 故多能鄙事 君子多乎哉 不
多也

태재가 자공에게 여쭙기를 : (당신의) 스승은 성자이신가 보지요? 어쩌면 그다
지도 (몸소) 할 줄 아는 게 많지요? (이에) 자공이 말하기를 : 원래 하늘이 내리
는 성인 되실 분은 할 줄 아는 것도 많답니다. 스승님께서 그 내용을 (전해) 들
으시고는 (자공에게) 말씀하시기를 : 태재(그분)이 나를 (어떻게) 알겠는가? 나
는 어려서 미천하(게 자랐)기 때문에 할 줄 아는 다라운 일들이 많은 거란다.
군자가 (할 줄 아는 다라운 일들이) 많겠니? 많지 않(은 법이)야.

주

1) 太宰(태재) : 궁정 운영을 맡는 직책 이름이다. 은왕조 때는 육태(六
太)의 하나였고 『주례』에서는 육경(六卿)의 우두머리 직함이었다고 한
다. 당시 오와 송만이 상대부를 태재라고 불렀기 때문에 공안국은 이 사
람이 오국 사람인지 송국 사람인지 알 수 없다고 했다. 『좌전』 애공 12년
(483 B.C.)에 의하면, 오후(吳侯)가 태재 백비(伯嚭, ~473 B.C.)를 시켜
애공과 맹약하도록 했을 때 애공은 직접 가지 않고 자공을 보냈다고 한
다. 그래서 정현과 형병은 이 사람이 오나라의 태재 백비일 것으로 추정
한다. 그렇다면 공자가 노나라로 돌아온 이듬해인 69세 때의 일이다. 백
비의 아버지 백주리(伯州犁)는 원래 진(晉)나라 사람이었는데 초나라로
망명하여 태재가 되었다가 주살당하고, 아들 백비는 오나라로 망명하여
오자서(伍子胥, ?~484 B.C.)의 천거로 태재가 된다. 오와 월이 서로 다투
던 무렵인 B.C. 494년, 아버지 합려(闔閭, 544~496 B.C.)의 죽음을 복수
하려고 섶에서 누워 자면서 전쟁 준비를 했던 오왕 부차(夫差, 495~473
B.C. 재위)가 침공하자 월왕 구천(句踐, 496~465 B.C. 재위)은 정면으로
맞서다가 회계(會稽)에서 포위당하게 된다. 이때 구천의 신하 문종(文種,

?~472 B.C.)은 '탐욕스럽고 음란한' 백비에게 뇌물을 주어서 부차가 구천의 항복을 수용하도록 공작한다. 오자서는 구천의 항복을 받아주면 안된다고 주장했지만 부차는 백비의 말을 듣고 결국 구천을 살려주었고, 그러자 구천은 쓸개를 맛보면서 복수를 준비한 다음 마침내 오나라를 멸망시킨다. 구천이 쓸개를 맛보면서 복수를 준비하는 동안 문종과 범려(范蠡)는 내내 부차에게 조언하는 한편 이후로도 계속 백비에게 뇌물을 보내 부차와 오자서를 이간시키는 데 성공한다. 태재 비의 그런 처신을 이해하면 이 장의 대화를 음미하는 데에도 도움이 될 것이다.

2) 將(장) : 하안은 『이아·석고(釋詁)』를 좇아 '大'라고 새기지만, '將'이라는 부사를 아성(亞聖)의 '亞'처럼 명사를 직접 수식하는 관형격으로 사용할 수 있을지는 의문이다. 주희는 '태(殆: 거의)'의 뜻이라고 새기면서, 잘 알지 못하는 듯이 표현하는 겸사라고 한다. 『고서허자집석(古書虛字集釋)』은 '爲'로 새긴다. '固天縱之 將聖又多能也'로 끊어 읽어야 한다는 주석도 있다. 하늘이 완전한 성인을 내리는 것이 아니라 '장차 성인이 되실 분을 내린다'는 뜻으로 보면 된다.

3) 又(우) : 하늘은 성인이 될 소양 위에 多能도 내려준다는 뜻에서 又를 넣었다.

4) 鄙(비) : 8·04의 주) 참조.

평설

'夫子聖者與'와 '太宰知我乎'의 해석이 관건이다. '夫子聖者與'와 '太宰知我乎'는 의문문으로도 감탄문으로도 해석할 수 있다. 『논어주소』는 의문문으로 보고 『논어집주』는 감탄문으로 보는데, 문맥상 전자가 낫다. 물론 '夫子聖者與'는 감탄의 뜻을 포함하는 질문일 수 있고, '太宰知我乎'는 '태재가 나를 알 리 있겠어?'라는 반문으로 새기는 것이 좋다. '태재가 나를 잘 아는구나!'라는 감탄일 수는 없다.

태재가 공자의 어떤 점을 다능하다고 표현했는지는 드러나지 않았다. 어려서 미천했기 때문에 다능하게 되었을 뿐이라는 공자의 말은 겸손의 뜻일 수도 있지만, 다능하다는 태재의 표현을 자신을 비꼰 것으로 이해한 대답일 수도 있다. 어쨌든 이 장에서 '다능'이라는 평가는 하찮은 재능을 가리킨다. 하지만 어려서 미천했다고 해서 누구나 다능하지는 않다. 만약 태재가 공자를 비꼰 것이 분명하다면 공자는 화술로써 태재의 비꼼을 무화시킨 셈이다.

9·07 牢曰 子云 吾不試 故藝

금뢰가 말하기를 : 스승님께서는 (언젠가) "나는 (벼슬자리에) 등용되지 않았기 때문에 (이런저런) 기예를 갖추게 되었다."라고 말씀하셨다.

1) 牢(뢰) : 성은 금(琴), 자는 자개(子開) 또는 자장(子張)이며 이름이 牢이다. 공자의 제자로 간주하기도 하지만『사기·중니제자열전』에는 이름이 없다.『공자가어』에는 위(衛)나라 사람으로 나오고,『맹자』,『장자』,『좌전』에도 나오는 사람이다.

2) 試(시) : 주희는 '用'이라 한다. 벼슬자리에 등용되는 것을 말한다.

3) 藝(예) : 6·08의 주) 참조.

평설

'子曰 吾不試 故藝'가 아닌 '牢曰 子云~故藝'인 점이 이 장의 신뢰도를 높인다. 공자의 말을 임의로 적지 않고 들은 그대로 옮길 뿐이라는 표현이기 때문이다. 물론 단지 금뢰라는 인물을 언급하려는 의도였을 수도 있다. 주희는 자공과 태재의 이야기를 옆에서 듣던 금뢰가 자신도 이런 이야기를 들었노라고 말한 것이라는 오역(吳棫, 1100~1154)의 견해를 인용하면서, 이 장을 앞 장과 연결시킨다. 가능한 추측이기는 하지만, 이 장의 '藝'가 앞 장의 '多能'과 비슷한 뜻이기 때문에 앞뒤로 편집했을 수도 있다.

『상서·주서(周書)』「금등(金縢)」제8에는 "나는 돌아가신 아버님처럼 인한 데다 재주도 많고 재능도 많아서 귀신을 잘 섬길 수 있지만, 너 장손은 나 단만큼 재주가 많거나 재능이 많지도 않고 귀신을 잘 섬기지도 못한다."[25]라는 주공단의 발언이 실려 있는데, 스스로 '다예'라고 표현하는 주공단의 말과 스스로 '다능'이라고 표현하는 앞 장에서의 공자의 말은 결코 겸손한 표현은 아니다. 공자는 그처럼 스스로 제자들에게 자긍심을 표현하고 스스로 군림했다고 본다. 공자의 어록이란 것이 객관적 평가를 받기 위한 저술이 아니고 공자 제자들의 손에서 나온 것임을 생각하면 그러한 표현들이 이상한 일도 아니다.

9·08 子曰 吾有知乎哉 無知也 有鄙夫問於我 空空如也 我叩其兩端而竭焉

스승님께서 말씀하시기를 : 내가 지식을 (많이) 갖고 있다고? (나한테) 지식(보따리 같은 것)은 없어! 무식쟁이가 나에게 (하찮은 걸) 물을지라도 (내 머리는) 텅텅 비어 있을 뿐이야. 나는 (단지 어떤 문제든) 그것의 시작과 끝을 철저하게 파헤칠 따름이지.

> **주**

1) 有知(유지), 無知(무지) : 『논어』에서 '知'는 대체로 '분별력(지혜)'

---

25 予仁若考能 多材多藝 能事鬼神 乃元孫 不若旦多材多藝 不能事鬼神

이라는 뜻으로 쓰이지만 여기서는 '이미 알고 있는 지식'을 가리킨다. 따라서 '無知也'는 '나는 모른다'는 뜻이 아니다. 그렇게 새긴다면 공자를 회의주의자나 불가지론자라고 말하게 될 것이다. 어떤 물음에든 맞춤의 답을 꺼내줄 수 있는 지식보따리 같은 것을 가지고 있지는 않다는 뜻이다. 知에 대한 설명은 2·19 주) 참조.

2) 鄙夫(비부) : 知와는 거리가 먼 사람을 상징하는 대명사로 쓰였다. 그래서 '무식쟁이'라고 번역하였다. 鄙의 뜻에 대해서는 8·04의 주)와 17·15 참조.

3) 空空(공공) : 여러 주석이 있지만 비어 있는 상태를 표현한 말로 보는 것이 낫다. 그렇다면 如는 형용사형 접미사가 된다.

4) 叩其兩端(고기양단) : 주희는 叩를 '發動'이라 하고 양단을 "終始本末 上下精粗(시작과 끝, 근본과 지엽, 형이상과 형이하, 정밀함과 소략함 등으로 번역할 수 있다)"라고 하는데, '두 끝을 두드리다'라는 표현은 어떤 일의 처음과 끝을 철저하게 파헤치는 것을 비유하는 말로 보면 된다. 테제와 안티테제를 가리킨다는 김용옥의 견해나, 주희의 네 가지 설명에다 정반(正反)의 양단도 포함시켜야 한다는 이택후의 견해는 선을 넘는 견해이다.

평설

공자에 대한 선입견을 교정하려는 목적의 세 번째 글이다. 다만 이 장은 문장이 분명치 못한 탓에 여러 해석이 나오게 된다. '空空'만 하더라도 공안국은 '비부의 빈 마음', 황간은 '비부의 무식함', 주희는 '비부의 지극한 어리석음', 유보남은 '비부의 성실함' 등 해석이 제각각이다. '叩'와 '兩端'에 대한 해석도 마찬가지이다.

이 장 해석의 관건은 知이다. 주희나 정이는 공자가 겸손한 말을 뱉은 것이라고 하지만 그저 겸손의 뜻을 나타낸 게 아니라 '나는 다른 사람의 질문에 맞춤의 답을 기계적으로 꺼내주는 사람은 아니고, 하찮은 질문에라도 처음부터 끝까지 성실하게 파헤치는 사람이다'라는 표현이다. 자기들이 물을 때마다 적절한 대답을 내놓는 스승을 지식보따리처럼 여기는 제자들을 깨우쳐주려는 의도인지도 모르고, 지식이 중요한 게 아니라 물음을 성실하게 궁리하는 것이 중요하다고 말하고자 한 것인지도 모른다. 자신은 그런 사람으로 인식되고 싶다는 바람을 드러냈을 수도 있다.

9·09 子曰 鳳鳥不至 河不出圖 吾已矣夫

스승님께서 말씀하시기를 : (성왕이 출현하면 나타난다는) 봉새도 오지 않고, (성왕이 덕정을 베풀면 하늘이 내린다는) 그림도 황하에서 나오지 않으니, 나는 끝이로구나.

주

1) 鳳鳥(봉조) : 천하가 태평하면 나타난다고 믿던 상상의 새로서 수컷을 봉(鳳), 암컷을 황(凰)이라고 부른다. 순임금 때 나타났다 하고, 문왕 때에도 기산(岐山)에서 울었다고 한다. 용과 더불어 황제의 권력을 상징하는 동물이기도 한데, 그 경우 용은 양(陽)을 상징하고 봉은 음(陰)을 상징한다. 문학에서는 남녀 간의 진지한 애정을 상징하기도 하고 민간에서는 용, 기린, 거북과 더불어 사령(四靈)의 하나로 꼽기도 한다. 『이아·석조(釋鳥)』 곽박(郭璞) 주(注)에서는 "머리는 닭, 턱은 제비, 목은 뱀, 등은 거북, 꼬리는 물고기 형상이며 오채색이 있고 크기는 여섯 자 남짓"[26]이라 설명하고, 『설문』에서는 "앞은 큰기러기, 뒤는 기린, 이마는 원앙, 뺨은 용무늬, 등은 거북이, 턱은 제비, 부리는 닭과 같으며 오색이 난

---

26   雞頭燕頷蛇頸龜背魚尾 五彩色 高六尺許

다."[27]라고 설명한다. 갑골문에서 鳳은 風과 같았지만 나중에 虫을 넣은 風 자가 만들어졌다. 그래서 봉새를 풍신(風神)으로 여기기도 한다. 봉새의 빛깔은 붉다느니, 그래서 화조(火鳥)라느니 하는 말들은 초나라 지역에서 봉새를 숭상했기 때문에 만들어진 이야기일 것이다.

2) 河不出圖(하불출도) : 성왕이 덕정을 베풀면 하늘이 하수(河水)에다 그림을 내리고 낙수(洛水)에는 글씨를 내린다는 전설이 언젠가부터 형성되었다. 이 장을 보자면 황하에서 그림이 나온다는 전설은 공자 때부터 있었던 듯하다. 그런데 무슨 그림인지에 대한 설명은 후대로 내려올수록 바뀌거나 보태진다. 『상서』「고명(顧命)」에는 "大玉夷玉天球河圖在東序(태옥, 이옥, 천구, 하도는 동서에 둔다)"라고 되어 있다. 이 문장에서 河圖는 옥으로 만든 기물을 가리키는 듯한데도 공안국은 복희가 그린 팔괘라고 단정한다.[28] 『예기·예운(禮運)』에는 "그러므로 하늘에서는 고로가 내리고 땅에서는 예천이 솟으며 산에서는 기거가 나오고 황하에서는 마도가 나온다."[29]라는 대목이 있다. 주석서들은 이것을 "龍而形象馬 故云馬圖(말 모습을 한 용이므로 마도라고 한 것이다)"라고 해석한다. '하에서 나온 그림'이 마침내 '등에 그림이 그려진 말 모습의 용'으로 바뀐 것이다. 『주례』의 "馬八尺以上為龍 七尺以上為騋 六尺以上為馬(말이 8자 이상이면 용, 7자 이상이면 래, 6자 이상이면 마)"라는 설명이 어우러지면서 '황하에서 용마가 그림을 등에 지고 나타났다'는 전설로 굳

27　鴻前麟後鸛顙鴛腮龍文龜背燕頷雞啄 五色備舉

28　그림이 그려진 옥기(玉器)로 간주되는데도 팔괘라고 단정한 것은 공안국 시대의 인식이기도 하겠지만, 『상서』「홍범전」에도 "伏羲王天下 龍馬出河 遂則其文以畫八卦 謂之河圖(복희가 천하의 왕이 되자 황하에서 용마가 출현했다. 용마의 등에 무늬가 있어 그 무늬를 본떠서 팔괘를 그렸으니 그것이 하도이다)"라는 대목이 있다. 이런 것은 『상서』라는 책이 협서는 진자할 수 있는 단서이기도 할 것이다.

29　故天降膏露 地出醴泉 山出器車 河出馬圖

어졌을 것이다. 그리고 그 그림이 곧 팔괘라는 설명이 더해진다. 이런 전설이 성립될 무렵, 신령한 거북이가 등에 서(書)를 지고 나타나자 우임금이 그 서에 담긴 이치를 살펴서 나라를 다스렸다는 전설이 낙수 부근에서도 등장한다. 하(河) 지역 전설에 버금하는 전설이 낙(洛) 지역에서도 만들어진 것이다. 한편 역(易)을 중시하는 문파가 『역경(易經)』「계사(繫辭)」를 만들면서는 하도와 낙서를 역의 원리가 담긴 그림이라고 설명하게 된다.[30] 전한의 공안국이 하도를 복희의 '팔괘'로 설명하고 낙서를 『상서』「홍범(洪範)」에 나오는 '구주(九疇)'로 설명하며, 후한의 정현이 하도와 낙서를 하늘이 내려주는 상징언어로 단정할 수 있었던 것은 전한 무렵부터 이미 하도와 낙서의 전설을 易과 연관시켜 생각했기 때문일 것이다. 그 뒤 참위설이 성행하여 천문도나 산천도 및 역대성왕의 이름을 일반인이 이해하기 어려운 조충문(鳥蟲文)으로 비단조각에 쓴 것들이 유행하기도 한다.

30　"易有太極 是生兩儀 兩儀生四象 四象生八卦 八卦定吉凶 吉凶生大業 是故法象莫大乎天地 變通莫大乎四時 (…) 備物致用 立成器以為天下利 莫大乎聖人 (…) 是故天生神物 聖人則之 天地變化 聖人效之 天垂象 見吉凶 聖人象之 河出圖 洛出書 聖人則之(역에는 태극이 있는데 이것이 양의를 낳고 양의는 사상을 낳으며 사상은 팔괘를 낳고 팔괘는 길흉을 정하며 길흉은 대업을 낳는다. 그래서 법도의 모습은 천지보다 더 큰 게 없고 변통은 사시보다 더 큰 게 없다. (…) 사물을 갖추어 사용할 수 있게 만들고 정해진 그릇을 갖추어 천하를 이롭게 하는 것은 성인보다 더 큰 게 없다. (…) 이 때문에 하늘이 신령스러운 생물을 만들면 성인은 그것을 모범으로 삼고, 천지가 변화하면 성인은 그것을 본받으며, 하늘이 상징을 내려서 길흉을 보게 하면 성인은 그것을 확인하고, 황하에서 그림이 나오고 낙수에서 글씨가 나오면 성인은 그것을 모범으로 삼는다)"〈『주역』「계사상(繫辭上)」〉.

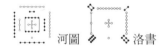
河圖　　　洛書

이 문장의 중심어는 '吾已矣夫'이다. '성왕의 등장을 상징하는 상서가 나타나지 않으니 나는 이제 그만이다'라는 공자의 탄식을 어떻게 이해해야 할까? 형병의 설명대로 공자는 현명한 임금이 없다는 사실이 안타까워서 탄식했을까?

그건 아니라고 본다. 인생의 종말이 다가온다고 느끼자 정치 변혁에 대한 자신의 꿈도 스러져감을 아쉬워했을 것이다. 공자는 평생 자신을 성왕과 연결하여 생각했다. 현실적으로는 자기의 능력을 알아보고서 정치권력을 자기에게 맡겨주는 사람을 기대했지만, 그렇게 해서 자신이 집권하여 태평성대를 만드는 것이 곧 성왕의 출현이라고 생각했을 것이다. 후세 유자들이 공자를 성왕의 계보를 잇는 사람으로 간주할 수 있었던 것은 공자의 이러한 바람을 이해했기 때문이라고 본다. 공자는 왕이나 다름없었던 주공단을 자신의 롤모델로 여겼다. 『논어』에 비치는 공자의 언어를 보자면 그는 자신을 낮추고 겸손해하는 태도를 보이기도 하지만 대체로는 스스로를 이처럼 과도한 사명감 위에 얹어놓는다. 단순히 사명감을 피력하는 것이 아니라 자신을 천명을 받은 사람으로 여긴다.[31] 공자는 이론을 구축하는 학자나 주의 주장을 내세우는 사상가가 아니었다. 교육가는 더욱 아니었다. 자신이 직접 정치 변혁을 이루고 싶었던 사람이었다. 권력을 잡고 싶은 사람이었던 것이다.[32] 정치적 이유 때문에 피신하지 않으면 안 되었을 것으로 짐작되는 13년간의 외유를 재상 자리를 맡겨줄 현명한 군주를 찾기 위해서였다고 말하는 것보다 더 극명하게 공

---

31 7·05 참조.

32 왕충은 공자의 그러한 욕망을 정확히 꿰뚫어 보고서, "吾已矣夫 夫子自傷不干也(나는 그만이구나 하는 탄식은 부자께서 왕이 되지 못한 것을 스스로 상심하신 것이다)"라고 설명한다. 정약용은 그럴 리 없다고 반박하지만.

자를 설명해주는 일은 없다.

9·10 子見齊衰者冕衣裳者與瞽者 見之 雖少 必作 過之 必趨

스승님께서는 자최복을 입은 사람이나 관복을 입은 사람 및 장님을 만나면 비록 (상대가 더) 어릴지라도 반드시 자리에서 일어나셨고, (그런 사람들) 옆을 지날 때는 반드시 빠른 걸음으로 지나가셨다.

주

1) 齊衰(자최) : 다섯 가지 상복 가운데[33] 두 번째 무거운 상복인데, 부모의 상을 당한 사람이 입는 상복이다.

2) 冕衣裳(면의상) : 포함은 대부의 복장이라 하고 주희는 귀인이 차려입는 옷이라고 한다. 제례복이라는 견해도 있지만 제례복을 입고서 돌아다니지는 않았을 것이다.

3) 少(소) : '坐'의 오기라는 주장이 있지만, 뒤의 '作(일어나다)'을 의식한 강해라고 본다. 자기보다 나이가 어릴지라도 상대의 처지 때문에 자리에서 일어났다는 뜻으로 보아야 할 것이다.

4) 作(작) : 앉아 있던 사람이 禮를 차리기 위해 일어나는 동작을 가리킨다.

5) 趨(추) : 어렵게 대해야 할 사람의 옆을 지날 때 걷는 빠른 종종걸음을 가리킨다.

평설

부모상을 당한 사람에게 슬픔을 표하고, 존귀한 사람에게 경의를 표하

---

33   참최(斬衰), 자최(齊衰), 대공(大功), 소공(小功), 시마(緦麻)의 다섯 가지이다.

며, 몸이 온전하지 못한 사람을 우대하는 처신, 공자는 그런 처신을 기본적으로 유지했다는 강조이다.

9·11 顏淵喟然歎曰 仰之彌高 鑽之彌堅 瞻之在前 忽焉在後 夫子循循然善誘人 博我以文 約我以禮 欲罷不能 旣竭吾才 如有所立卓爾 雖欲從之 末由也已

안연이 위연히 탄식하기를 : '우러를수록 더욱 높고, 파고들수록 더욱 단단하며, 쳐다보면 앞에 있더니만 어느새 뒤에 있네'(라는 말은 우리 스승님을 두고 하는 말이로다. 우리) 스승님께서는 온화하고도 공손하게 사람을 잘 이끌어주시니, 나를 문에 박식하도록 만드시고, 나를 예로써 단속해주셔서 (공부를) 그만두고자 해도 그만둘 수가 없다. 내 능력을 다 발휘(하여 뛰어넘으려)해도 (스승님은) 마치 (내 앞에) 우뚝 서 계시는 듯하다. (그러니) 그분을 좇고자 해도 어떻게 해볼 방법이 없다.

주

1) 顏淵(안연) : 공자의 제자 안회. 2·09의 주) 참조.

2) 喟然(위연) : 탄식하는 소리를 나타내는 형용사이다.

3) 彌(미) : '더욱'의 뜻이다.

4) 循循然(순순연) :『논어주소』와『논어집주』모두 차서가 있는 모습이라고 주한다. 완원과 유보남은 10·01의 '恂恂'과 같은 뜻이라고 한다. 하지만 그것도 '공순(恭順)', '온공(溫恭)', '근신(謹信)', '신실(信實)' 등 여러 주석이 있다. 이러한 형용어를 번역하기란 매우 어려운 일이지만 주석과 문맥을 참작하자면 '온화하고도 공손한 모습'을 형용한 표현으로 짐작된다. '然'은 형용사를 만드는 접미사이다.

5) 博我以文 約我以禮(박아이문 약아이례) : 주희는 이것이 가르침의

차서라고 한다. 후중량(侯仲良)³⁴은 '博我以文'을 치지격물(致知格物)이라 하고 '約我以禮'를 극기복례(克己復禮)라고 한다. 6·27 참조.

6) 卓爾(탁이) : 우뚝 서 있는 모습을 형용하는 말이다. 넘을 수 없는 장벽이 서 있는 듯한 느낌을 표현했다고 본다.

7) 末(말) : 莫이나 無와 같은 뜻이다. 9·24와 15·16에 같은 용례가 있다.

평설

『논어』에는 공자가 안연을 끔찍하게 아끼면서 치켜세우는 표현이 자주 나오는데, 이 장은 공자가 안연을 그토록 치켜세우지 않을 수 없는 이유를 알 만한 대목이라고 할 정도로 안연이 공자를 높이 칭송하는 내용이다. '仰之彌高 鑽之彌堅 瞻之在前 忽焉在後'는 당시의 성어였을 가능성이 크다. '博我以文 約我以禮'는 6·27의 "君子博學於文 約之以禮"의 변형이다.

9·12 子疾病 子路使門人爲臣 病間 曰 久矣哉 由之行詐也 無臣而爲有臣 吾誰欺 欺天乎 且予與其死於臣之手也 無寧死於二三子之手乎 且予縱不得大葬 予死於道路乎

스승님의 병환이 위중해지자 (상을 당할지도 모른다고 생각한) 자로는 문인들에게 (상을 치르게 되면) 가신 역할을 하(도록 준비하)라고 시켰다. (그러나 스승님께서) 병환에 차도가 있(어 일어나신 다음 그 사실을 알게 되)자 말씀하시기를 : 오래되었지, 중유가 속임질하는 것은! (내가) 가신(을 가질 수) 없는(신분인)데

₃₄ 정이와 주돈이(周敦頤)의 제자이자 이정(二程)의 장인인 후무가(侯無可)의 손자이다.

80

도 가신을 가진(것처럼 꾸민)다면 내가 누구를 속이는 것이지? 하늘을 속이(는
게 되)지 않는가? 그리고 내가 가신의 손에서 죽느니 너희들 손에서 죽는 게 낫
지 않겠느냐? 또 내가 비록 성대한 장례를 치를 수 없더라도 내가 길바닥에서
죽니?(그건 아니잖아?)

1) 疾病(질병) : 포함은 疾이 심한 것이 病이라고 했다. 정주한묘죽간
본에는 '痢病'으로 되어 있다.

2) 間(간) : 병환에 차도가 있어서 자리에서 일어나게 되는 것을 뜻한다.

3) 與其(여기)~無寧(무녕)~乎(호) : '與其~寧'이 '~하느니 차라리 ~
하는 게 낫다'는 뜻이므로, '~하느니 차라리 ~하는 게 낫지 않겠느냐?'는
의문문이 된다.

4) 二三子(이삼자) : '너희들'이라는 호칭이다. 3·24, 7·24 참조.

5) 大葬(대장) : 공안국과 주희는 '군신의 禮를 갖춘 장례'라 하고, 유
보남은 '대부의 장례'라 하며, 정약용은 '경(卿)의 禮로 치르는 장'이라고
각각 설명하지만, 禮를 다루는 경서에 '大葬'이라는 이름은 없다. 따라서
제도적인 이름은 아니고 성대한 장례 격식을 가리키는 일반명사로 짐작
된다. 이 장에서는 망자를 주군으로 모시던 가신들이 참여하는 장례, 그
러니까 가신이 없는 사람은 치를 수 없는 커다란 규모의 장례를 가리키
는 듯하다.

평설

공자의 병환이 위중하자 자로가 기도하자고 했던 7·35와 연결되는 장
면이다. 공자의 문도 가운데 나이도 가장 많고 리더십을 지녔던 자로는
스승이 돌아가실지 모른다는 생각에서 장례 준비도 시켰던 모양이다. 자
로는 장례의 규모나 형식을 크게 하여 치르고 싶은 나머지 제자들로 하

여금 가신 역할을 하도록 준비시켰건만 그 사실을 알게 된 공자가 그것은 실제와 맞지 않는 속임수와 같은 짓이라면서 꾸짖었다는 내용이다.[35] 공자가 꾸짖었던 까닭은 '하늘을 속이다'라는 말에서 알 수 있듯이 신분 질서를 어지럽혔다는 것이다. 하늘을 속이고 자신을 욕보일 뻔했다는 분노이다. 팔일무를 추게 하는 계씨의 처사를 비난하는 공자로서는 정작 자신의 장례가 참월한 짓이 되는 것을 용납할 수는 없었다고 볼 수 있을 것이다.

공자가 대부 신분이었는지에 대한 논란이 많은데, 우리는 이 장에서 다음과 같은 것들을 생각할 수 있다. 사마천은 공자가 대사구를 지냈다고 했지만, 공자는 죽을 때까지 가신을 둘 수 있는 장례, 즉 대장을 치를 수 있는 신분은 아니었음이 분명하다. 대부까지는 대장을 치를 수 있다는 유보남의 견해를 굳이 인용하지 않더라도, 이런 사실에서 우리는 공자가 대부 신분을 지닌 적이 없었음을 알 수 있다. '젊어서 천했다'고 말한 점(9·06), '등용된 적이 없었기 때문에 재주가 많게 되었다'고 말한 점(9·07)에서도 역시 짐작할 수 있다. 만약 하대부일지언정 대부 지위를 지녔더라면 11·08과 14·21에서 "吾從大夫之後"라는 표현도 사용하지 않았을 것이다.[36] 최술은 『수사고신여록(洙泗考信餘錄)』 권2에서 공자

---

35 자로가 그렇게 할 수 있었던 것은 공문에서 조정 의식을 모방하는 훈련을 해왔고 또 그것에 필요한 의관과 기물도 쌓아두고 있었기 때문일 것이라고 아사노 유이치(淺野裕一)는 설명하지만 지나친 추정이다. 공자가 제자들에게 禮를 가르친다는 것이 조정의 의식을 실연해보는 것은 아니라고 본다. 그럴 수도 없다. 禮에 관해 가르쳤다는 것은 실제의 여러 의전을 관찰하게 하면서 설명하는 정도였을 것이다. 여러 의례를 실연하는 훈련을 했다고 생각되지는 않는다. 더구나 조정의 의식을 공자가 훈련할 수는 없었다고 본다. 자로는 단지 가신을 두지 않은 사람의 장례를 대장으로 치르는 것이 당시의 관행상 크게 문제 되지는 않을 것으로 여겼을 것이다. 다만 공자로서는 그것을 받아들일 수 없다고 여겼을 뿐이다.

가 대부가 된 다음 물러났기 때문에 그렇게 말했다고 하지만, 대부는 직위가 아닌 품계의 이름으로서 정치적으로 신분을 박탈당하지 않는 한 직책을 그만둔다고 해서 품계조차 박탈되지는 않는다. 따라서 공자가 대사구 직위에 올랐다는 말 자체가 믿기 어려운 것이다. 지금도 중국에는 현직에서 물러나는 공직자를 현직에 있을 때와 똑같이 예우하는 관행이 있다. '공자가 가신 대신 제자를 앞에 두고 죽기를 원했던 것은 제자의 정이 가신보다 더 친밀하기 때문'이라거나, '신하의 禮는 반드시 격식이 있는데, 격식이 있으면 소원하다. 제자는 격식이 없으니 격식이 없으면 친밀하다'는 『논어의소(論語義疏)』나 『논어정의(論語正義)』의 해석은 무의미한 변명이나 아첨이다.

자로를 이처럼 심하게 꾸짖는 것은 공자의 정치적 제스처이다. 스승을 높이고자 하는 마음에서 자로가 그랬다는 것을 공자는 모를 리 없다. 하지만 그렇기 때문에 이 장면에서 강하게 꾸짖어야 자신의 의지가 더욱 효과적으로 표현된다고 공자는 여겼을 것이다. 공자는 이처럼 제자들을 활용하여 자신의 정치적 태도를 표출하였다. 재여·자로·염구를 특히 심하게 꾸짖었다.[37] 자로만큼 공자에게 충직했던 제자는 드물었음에도, 마치 정신적 동지와도 같은 자로이지만 자신의 정치적 태도를 효과적으로 표현할 수만 있다면 여지없이 꾸짖었다. 공자의 그러한 제스처는 『논어』의 편집과정에서 과장되었을 수 있지만, 공자의 의도가 더 강했다고 본다.

---

36 그 표현은 '끝자리나마 대부의 반열에 속한다'라고 해석될 수 없다. 기껏해야 대부의 다음 신분이라는 표현이다. 11·08이 주4) 참조.

37 5·09, 7·11, 11·13, 11·17, 11·25, 13·03 참조.

9·13 子貢曰 有美玉於斯 韞匵而藏諸 求善賈而沽諸 子曰 沽之哉 沽
之哉 我待賈者也

자공이 (스승님께 은근하게) 여쭙기를 : (스승님께서는 만약) 좋은 옥을 갖고 계
신다면 그것을 상자에 넣어 깊이 갈무리하시겠습니까, (아니면) 값을 잘 쳐주는
장사치를 찾아서 파시겠습니까? 스승님께서 말씀하시기를 : 팔아야지, (당연
히) 팔아야지, 나는 장사치를 기다리는 사람이(지 갈무리해두는 사람은 아니)야.

1) 韞匵(온독) : 옥을 상자(匵)에 가죽으로 싸서 잘 포장하는 것을 가
리킨다. 마융의 견해처럼 '감추다'라고 표현할 수는 없다.

2) 藏諸(장저) : '藏之乎'의 줄임말이다.

3) 善賈(선가) : '좋은 장사치'라는 말은 물건값을 잘 쳐주는 장사치이
겠다. 『태평어람(太平御覽)』이나 『예문유취(藝文類聚)』에는 '賈(장사치)'
대신 '價(값)'로 적혔는데, 구문상 '값'보다는 '장사치'가 낫다. '좋은 값'으
로 새기면 공자를 이익을 취하려는 사람으로 표현된 것처럼 보일 수 있다.

4) 沽諸(고저) : '沽之乎'의 줄임말이다. 沽에는 '팔다'와 '사다'의 두
가지 뜻이 있는데 여기서는 '팔다'의 뜻이다. 受(수)에 '주다'와 '받다'의
뜻이 있고, 借(차)에 '빌려주다'와 '빌리다'의 뜻이 있는 것처럼 중국 고
문에는 상반되는 뜻을 모두 갖는 동사가 꽤 있다.

5) 待賈者(대가자) : '값을 잘 쳐주는 장사치를 기다리는 사람'이라는
뜻이다.

자공의 말솜씨가 돋보인다. 우리 스승님은 제후에게 등용되기를 기다
리는 사람이라고 공표하는 것이나 다름없다. 포함(包咸, 6 B.C.~65 A.D.)
과 주희는 공자의 체면을 높이려는 생각에서 '팔기는 하겠지만 좋은 장

사치를 기다릴 뿐 자기 스스로 팔러 다니지는 않겠다는 뜻'이라고 설명하지만, 그것은 본뜻을 넘는 지나친 설명이다.

스승과의 대화에서 장사를 가지고서 비유하는 것은 조(曹)와 노(魯)를 오가면서 국제무역을 통해 많은 재화를 축적한 자공이기 때문에 가능한 일은 아닌가 하고 생각할 수도 있겠지만, 자공이 아닐지라도 고대 중국인의 보편적인 가치관에서 상업과 재부를 중시하는 생각은 쉽게 찾을 수 있다.

9·14 子欲居九夷 或曰 陋 如之何 子曰 君子居之 何陋之有

스승님께서 구이에 가서 살고자 (한다고 말씀)하시자 (옆에 있던) 어떤 이가 대꾸하기를 : (그렇게) 누추한 곳에서 어떻게(살아요)? 스승님께서 말씀하시기를 : 군자가 거처하는 데에 무슨 누추함이 있단 말인가?

주

1) 九夷(구이) : 마융, 형병, 황간, 유보남은 현도(玄菟)·낙랑·고려·왜인·조선이라 하고, 이토 진사이는 일본이라고 한다. 장강과 회수(淮水) 유역을 가리킨다는 주석도 있다. 오호(五湖)가 다섯 곳의 호수가 아닌 태호(太湖)의 별칭이듯이 '구이'도 '아홉 곳의 夷'가 아닌 동이(東夷)의 별칭이라는 오규 소라이의 지적이 옳다고 본다.

2) 或(혹) : 17·01에 나오는 양호(陽虎)일 것이라는 주석이 있다. 이 장을 양호가 자신의 초대를 거부하는 공자를 만나서 마음을 돌리고자 나눈 대화로 보는 견해인데, 불필요한 상상력이다.

3) 君子居之(군자거지) : 九夷를 한반도로 인식하고서 '(기자라는) 군자가 살았는데~'라고 새기는 주석도 있지만, 역시 쓸데없는 상상력이다. 기자가 조선으로 왔다는 이야기는 정치적 의도가 만든 황당한 전설에 불

과하다. '군자가 거처한다면~', '군자가 거처하는 곳이라면~'의 뜻으로
보면 된다. '내가 거처하는 데에 무슨~?'이라는 표현일 수도 있다. 7·33
과 14·28에서만 예외적으로 겸손을 드러냈을 뿐 공자는 자신의 긍지를
대개는 이런 식으로 표현한다.

평설

H.G. 크릴은 공자의 이 말을 근거로 공자는 인간성에 대해 낙관적인
생각을 가졌다고 말한다.[38] 진정한 군자는 감화시킬 수 있는 영향력이 크
기 때문에 오랑캐 땅에 들어가더라도 그들의 야만스러움을 없앨 수 있
다고 자신했다는 것이다. 이 장에서 '君子居之 何陋之有'라는 표현은 그
러한 자신감의 표현임이 분명하다. 하지만 그렇다고 해서 공자를 매사를
낙관적으로 보는 주관적 유심주의자로 단정할 수는 없다. 중화주의는 혈
통이나 지리에 한정한 관념이 아니고 이처럼 내적인 주체를 중심으로 한
관념이었다는 주석도 역시 지나치다. 중화주의는 어떻게 포장하더라도
보편적 관념이 될 수는 없다. 편협하고 이기적인 생각일 뿐이다. 공자가
오랑캐 땅에 가겠다고 한 것은 그곳에 도를 전하기 위해서였다는 주석
또한 기독교의 전도주의와 비슷한 생각이다. 공자는 거기 가서 살겠다는
의지를 표현한 것이 아니다. 오랑캐를 교화시키겠다는 생각은 더욱 없었
다. 자신의 절망감을 표현하는 수사일 뿐이다. 5·06의 경우도 마찬가지
이다.[39] 공자의 이런 수사를 액면 그대로 진지하게 받아들이면 곤란하다.

---

38 *Confucius: The Man and The Myth*(New York: John Day Co., 1949)〈『공자: 인
간과 신화』(이성규 역, 지식산업사, 1983)〉, 제9장 참조.
39 1·07의 평설에서도 인용한 바 있지만, 공자의 말을 그렇게 해석하는 것은
예컨대 '안 보는 데서는 나라님도 욕할 수 있다'는 속담을 '안 보는 데서는 나라님
도 욕할 수 있는 사회가 어느 때 존재했었다'고 받아들이는 것과 마찬가지이다.
그 속담에서 우리가 읽어내야 할 것은 나라님이라는 존재는 절대로 욕할 수 없는

『산해경·해외동경(海外東經)』에는 '군자국'이라는 이름이 있는데 아마도 그 이름은 『논어』의 이 구절에서 취했을 것이다. 『설문해자』의 "夷는 동방에 사는 사람들이다. 동이는 대의를 좇는 대인이다. 동이의 풍속은 어진데, 어진 사람은 오래 산다고 했다. 군자가 있으니 죽지 않는 나라이다."[40]라는 설명도 『논어』의 이 구절을 원용한 설명일 것이다.

9·15 子曰 吾自衛反魯 然後樂正 雅頌各得其所

스승님께서 말씀하시기를 : 내가 위나라에서 노나라로 돌아온 다음에야 음악이 바로잡혔다. (조정 음악인) 아와 (종묘 음악인) 송이 각각 제자리를 찾았다.

> **평설**

공자가 禮와 악을 중시했음은 의심의 여지가 없는 사실이라고 본다. 공자가 禮에 무척, 아니 가장 밝은 사람이었다는 주장도 받아들인다. 그런데 자신은 주왕조의 禮뿐 아니라 은왕조와 하왕조의 禮도 알 수 있다고 장담하는 장면을 대하면 고개를 약간 기울게 된다. 그리고 여기서처럼, 나 때문에 이 나라의 음악이 바로잡히고 나 때문에 조정의 음악과 종묘의 음악이 제자리를 잡았다고 말하는 대목에서는 그 말이 무엇을 의미하는지 생각해보게 된다.[41] 사실의 언급이 아니라 의지의 표명이기 때문이다. 자신을 천명을 받은 사람으로 강조하는 대목에 이르게 되면 약간

존재라는 사실이지, 안 보는 데서는 나라님을 욕할 수도 있는 나라가 언제 어디에 있었는지가 아니지 않은가.

40   夷東方之人也 惟東夷從大大人也 夷俗仁仁者壽 有君子不死之國

41   이탁오(李卓吾, 1527~1602)는 "아와 송은 각기 제자리를 잡았어도 중니는 형편없이 제지리를 갖지 못했다(雅頌各得其所 仲尼不得其所極矣)."라는 선취(禪趣) 있는 비평을 붙인다.

불편하기조차 하다. 과도한 신념이나 사명감은 그 사람의 추종자를 제외하고는 불편하게 만들기 마련이다. 그리고 지나친 사명감을 보이는 사람은 대개 종당에는 탄식을 하는데, 그 탄식은 사람들을 더욱 불편하게 만든다.

공자가 위나라에서 노나라로 돌아간 때는 『좌전』에 의하면 애공 11년(484 B.C., 공자 68세 때) 말이다. 사마천은 공자가 노나라로 돌아간 다음 3천여 편의 시 가운데 중복된 부분을 제거하고 예의에 맞는 것만 골라서 305편으로 만들었다고 했다.[42] 공자가 고대의 시를 정리하여 현재의 『시경』 형태로 만들었다는 이른바 공자산시설(孔子刪詩說)은 이렇듯 『사기·공자세가』에 근거하는데, 그 이야기는 이 장을 근거로 해서 만들어졌을 것으로 짐작한다. 음악에 손을 댔다고 명시적으로 말하지는 않

---

[42] 孔子語魯大師 樂其可知也 始作翕如 縱之純如皦如繹如也以成 吾自衛反魯 然後樂正 雅頌各得其所 古者詩三千餘篇 及至孔子 去其重 取可施於禮義 上采契后稷 中述殷周之盛 至幽厲之缺 始於衽席 故曰關雎之亂以爲風始 鹿鳴爲小雅始 文王爲大雅始 淸廟爲頌始 三百五篇孔子皆弦歌之 以求合韶武雅頌之音 禮樂自此可得而述 以備王道 成六藝(공자는 노나라 태사에게 이렇게 말했다. "음악이라면 저도 알겠더군요. 시작은 여러 악기를 합주하여 성대하다가, 그 다음은 독주악기로 순일하게 연주하다가, 즐겁고 밝게 연주하다가, 끊이지 않는 듯이 연주하면서 맺지요. 내가 위나라에서 노나라로 돌아온 뒤에야 음악이 바로잡혀지고 아와 송도 각각 제 자리를 찾게 되었습니다." 옛날에는 시가 3천여 편이었지만 공자가 중복된 것을 제거하고 예의에 합당한 것만 골라서, 은왕조의 시조 설과 주왕조의 시조 후직에 관한 시에서 시작하여 은왕조와 주왕조의 성대함을 노래한 시를 지나 유왕과 여왕의 실정을 노래한 시까지 모았다. 남녀 간의 일에 관한 시부터 시작하였기 때문에 관저의 노래가 국풍의 처음이 되고, 녹명이 소아의 처음이 되며, 문왕이 대아의 처음이 되고, 청묘가 송의 처음이 되었다. 삼백다섯 편을 공자는 모두 악기 반주로 노래함으로써 순임금의 음악인 소와 무왕의 음악인 무의 전아한 송찬음악과 어우러지게 만들고자 했다. 예와 악이 이로부터 조술할 수 있게 됨으로써 왕도가 갖추어지고 육예가 완성되었다).

고 단지 '내가 돌아온 다음 음악이 바로잡혔다'고만 한 말을 공자가 음악에 손을 댔다는 뜻으로 받아들이고, 고대 중국에서 시와 음악은 분리되지 않았기 때문에 공자가 시를 정리했다는 표현이 등장하게 되었을 것으로 짐작한다. 공자산시설은 정현(鄭玄, 127~200)과 공영달(孔穎達, 574~648)에 의해 일찌감치 무시되지만, 구양수(歐陽修, 1007~1072)와 소옹(邵雍, 1011~1077)이 극력 인정한 뒤 정설로 받아들이다가, 최술(崔述, 1740~1816) 이후로는 다시 믿지 않게 된다.

음악에 관한 공자의 관념에 대해서는 3·23과 8·08의 평설을 참조.

9·16 子曰 出則事公卿 入則事父兄 喪事不敢不勉 不爲酒困 何有於我哉

스승님께서 말씀하시기를 : 나가서는 공경을 섬기고, 들어와서는 부형을 섬기며, 상사에는 기꺼이 힘쓰고, 술 때문에 곤란 당하지는 않기, (그런 일은) 나에게 아무런 어려움이 없다.

> **주**

1) 酒困(주곤) : 마융은 困을 난(亂)으로 풀이하는데, 10·08의 "술을 드실 경우 주량을 한정하지는 않으셨지만 취할 정도까지 드시지는 않았다. 시장에서 파는 술과 육포는 잡숫지 않았다."[43]라는 대목과 맞춘 해석일 것이다. 술 때문에 육신이 다친다거나 병환에 이르거나 사회적 관계에서 곤란한 지경을 당하는 일 따위를 뜻할 것이다.

2) 何有(하유) : '무슨 문제가 있겠느냐?'는 표현으로서, '아무런 문제가 없다'는 뜻이다. 4·13의 주) 참조.

---

43   唯酒無量不及亂 沽酒市脯不食

　공무 담당자로서의 업무, 가족 구성원으로서의 도리, 나의 관계망에
있는 인간이 죽음을 당했을 때 공감하면서 헌신하기, 감성을 돋우는 수
단인 술은 나를 망가뜨리지 않을 정도로 자제하기, 이런 것들의 이행은
자기에게 어려운 일이 아니라는 자신감을 보인 대목이다. 좀 더 비근한
사례를 들었을 뿐 기본적으로 7·02의 태도와 같다고 주희는 해석한다.

9·17 子在川上 曰 逝者如斯夫 不舍晝夜

스승님께서는 (언젠가) 냇가에서 (흐르는 물을 바라보면서) 말씀하시기를 : (흘
러)간다는 것은 이런 것이지! (이처럼) 밤이건 낮이건 쉬지 않아야지!

주

　1) 川上(천상) : '냇물 위'가 아니라 '냇가'라는 뜻이다.

　2) 舍 : '집'이라는 본뜻에서 나아가 '머물러 쉬다'라는 뜻을 갖는다.
'捨'의 뜻으로 새기는 것은 옳지 않다고 왕응린(王應麟, 1223~1296)은
지적한다.

평설

　이른바 '川上之歎'이라고 부르는 유명한 구절이다. 이를 '一去不返(한
번 가면 돌아오지 않음)'의 뜻이라면서, 흘러감(逝)에 주안을 둔 철리적인
발언이라고 설명하는 주석가들이 많다. 하지만 그런 설명은 근대에 들어
『논어』를 철학서로 보고자 하는 사람들의 견해일 뿐이다. 공자의 말에
철리적인 내용은 기본적으로 없다. 실리적이고 교훈적인 것들뿐이다. 이
장도 '쉬지 않음'에 초점을 둔 교훈적인 발언이라고 본다. 살아 있는 것들
이 사라져가는 것에 대한 탄식은 아니다. 그래서 "천지의 변화는 가는 것

은 지나가고 오는 것은 이어져서 한순간도 멈춤이 없으니, 이는 도체의 본연이다. 그러나 도체 본연의 모습을 예시하여 보여주기 쉬운 것으로는 시냇물 흐름만 한 것이 없다. 그래서 시냇물 앞에서 제자들에게 배우려는 사람은 도체 본연의 모습을 때때로 성찰하여 조금도 끊임이 없이 배우라는 뜻을 드러내 보이신 것이다."[44]라는 주희의 설명이 합당하다고 본다. 결국 부지런히 공부하라는 말이다.

『맹자·이루하』에는 다음과 같은 대목이 나온다. "서자(徐子)께서 맹자께 여쭙기를, 중니께서는 물을 보고서는 자주 '물이로다, 물이로다' 일컬으셨다는데 중니께서는 물에서 무엇을 취하신 겁니까? 이에 맹자께서 대답하시기를, 원천이 깊어야 밤낮없이 흐르고 웅덩이를 채우고 나서는 계속 나아가서 바다에까지 이르게 됩니다. 근본이 있으면 이렇게 되는 것입니다. 중니께서는 이 점을 취하신 것입니다."[45] 맹자는 '부지런히 공부하라'에서 더 나아가 그 결과까지 설명했다.

9·18 子曰 吾未見好德如好色者也
스승님께서 말씀하시기를 : 나는 여색을 좋아하듯이 덕을 좋아하는 사람을 본 적이 없다.

| 주 |

1) 色(색) : 1·03 참조.

44　天地之化 往者過 來者續 無一息之停 乃道體之本然也 然其可指而易見者 莫如川流故 於此發以示人 欲學者時時省察而無毫髮之間斷也

45　徐子曰 仲尼亟稱於水曰 水哉水哉 何取於水也 孟子曰 原泉混混 不舍晝夜 盈科而後進 放乎四海 有本者如是 是之取爾

이 문장은 15·13에서도 반복되는데, 거기에는 앞에 '已矣乎' 세 글자가 추가되어 있다. 주희는 "호색을 좋아하고 악취를 싫어하는 것이 진정이다. 여색을 좋아하듯이 덕을 좋아하는 것이야말로 진정 덕을 좋아하는 것이지만, 그렇게 할 수 있는 사람은 드물다."[46]라는 사량좌의 주석을 인용하는데, 그것은 「대학」 6장의 "이른바 자기의 뜻을 정성되게 하라는 것은 스스로를 속이지 말라는 것이다. 악취를 싫어하듯 나쁜 것을 싫어하고 호색을 좋아하듯 선을 좋아하는 것은 '자기 맘에 맞는 것'이라고 한다. 그러므로 군자는 반드시 혼자 있을 때를 조심해야 한다."[47]라는 대목을 번안했을 것이다.

색을 철학적으로 해석하는 견해는 앞 장과 같은 이유로 맞지 않다. 색이라는 글자를 철학적으로 해석하게 되는 것은 불교가 들어온 다음이다. 덕에 대한 강조는 마땅히 군주를 향한 발언이다. 호덕과 호색을 모두 감성의 영역으로 여겼기 때문에 이런 비유가 가능했을 것이다.

『사기·공자세가』는 6·28에 이어서 이 장을 서술하는데, 연결이 매끄럽지 않다. 하필 그 대목에서 이 말을 했다고 보기는 어렵다. 차라리 계환자가 제나라에서 보낸 여악을 받아들이면서 정사를 게을리했다는 18·04의 뒤에 잇는다면 더 매끄러울 듯하다.

9·19 子曰 譬如爲山 未成一簣 止 吾止也 譬如平地 雖覆一簣 進 吾往也
스승님께서 말씀하시기를 : 산 쌓기에다 비유하자면, (마지막) 한 삼태기(분량

46　好好色 惡惡臭 誠也 好德如好色 斯誠好德矣 然民鮮能之

47　所謂誠其意者 毋自欺也 如惡惡臭 如好好色 此之謂自謙 故君子必愼其獨也

의 흙)만 남겨 놓았을지라도 그만둔다면 내가 그만둔 것이(된)다. 땅 메우기에다 비유하자면, (첫) 한 삼태기(분량의 흙)만 메웠을지라도 더 나아간다면 내가 나아가는 것이(된)다.

1) 簣(궤) : 흙을 담는 삼태기.
2) 覆(복) : 호수나 바다를 메우고자 흙을 덮는 일을 가리킨다.

평설

『상서·주서(周書)』「여오(旅獒)」에는 소공이 무왕에게 훈계하는 말 가운데 "爲山九仞 功虧一簣(아홉 길 산을 쌓는 공정도 마지막 한 삼태기 흙 때문에 어긋난다)"라는 구절이 있는데, 공자의 이 말은 아마도 그것에서 나왔을 것이라고 주희는 추정한다. 그런데 주희가 거론한 『상서』는 위서로 판명된 『고문상서(古文尚書)』이다. 주희는 그 책이 위서인 줄을 몰랐다.[48] 『고문상서』의 그 구절은 『논어』의 이 구절을 가지고 만들었을 것이다.

---

48 노신(魯迅, 1881~1936)은 『차개정잡문(且介亭雜文)』에서 다음과 같이 말한다. "중국의 모든 문서, 특히 고서는 믿을 게 못 된다. 정치적 이유로 얼마든지 개변할 수 있었기 때문이다. 중국의 책을 읽으면서 그 사실을 모르면 곤란하다. 임금의 이름 글자를 피하여 다른 글자로 쓰는 피휘 정도는 웃어넘길 수 있는 초보적 개변이다. 일정한 부분을 파내버리거나 다른 내용으로 고친다. 파내버린 부분을 알 수 있게 만드는 짓은 그래도 정직한 개변이다. 악의적인 개변은 전혀 알 수 없게 파내버리고 연결시키거나 반대되는 다른 내용으로 채워버리는 짓이다. 지은이를 아예 다른 사람으로 만들어버리기도 한다. 진시황 이래로 가끔 있었던, 서적을 통째로 모아서 불살라버리는 일 또한 덜 악의적인 개변이다. 화를 피해서 살아남은 책이라는 구실로 가짜 서적을 만들어낸다. 『고문상서』가 대표적인 사례이다. 아예 처음부터 가짜로 책을 만들기도 한다. 자기가 쓴 글을 남의 이름으로 출간하기도 하고 남이 쓴 글을 자기 이름으로 고쳐 출간하기도 한다. 집대성이

포함, 마융 이후 『논어주소』에 이르기까지는 이 구절을 공자가 제자들에게 '너희가 그만두면 나도 도움을 그만둘 것이고, 너희가 나아가면 나도 도울 것이다'라는 뜻으로 새겼다. 하지만 '吾止'와 '吾往'은 너희들 태도에 따라 나도 이렇게 하겠다는 의사표시로 볼 수 없다. 9·21에 나오는 '止'와 '進'을 보더라도 확실하다. 이 문장의 핵심은 '吾'이다. 거의 다 해 놓고도 더 나가지 않으면 결국 내가 중단한 것이 되고, 조금밖에 하지 않았을지라도 계속 나가기만 한다면 내가 나아간 것이 된다는 뜻이다. 중단 없는 진척을 강조하는 말이 아닐 수 없다. 이 말보다 더 설득력 있게

란 이름으로 나라 전체의 책을 수집한 다음 내용을 첨삭한 적도 있으니, 『사고전서(四庫全書)』가 대표적인 사례이다. 정치적으로 맘에 들지 않는 책은 아예 책이 아닌 것으로 만들어버리고, 정치적으로 맘에 들지 않는 부분을 고쳐서 정본으로 만든다."

이러니 고대 중국사회는 기본적으로 신뢰라는 것이 생길 수 없는 환경이었다. 왕조를 무너뜨린 다음에도 그런 일은 보편적으로 이루어졌다. 만인이 만인을 속이고 만인이 만인을 누르고자 하던 사회였음을 인식하지 않고서는 중국의 책을 바르게 이해할 수 없다. 개변했든 가짜로 만들었든 일단 정본으로 인정받아 유통하는 데 성공하면 일정한 권위를 확보하게 된다. 『논어』도 마찬가지이다. 지금 유통되고 있는 『논어』는 언제 어느 시기에 정본화한 것인지 아무도 모른다. 신뢰할 수 없다고 해서 그 책을 무가치하다고 버릴 수 없는 것 또한 중국의 사정이다. 이미 한대부터 정본화한 다음 이후 중국사에서 막대한 영향을 끼친 『논어』를 의심스러운 대목이 있다는 이유로 부정할 수는 없다. 따라서 우리는 중국의 고전을 대할 때 신뢰성과 영향력이라는 두 가지 측면을 함께 고려해야 한다. 저자나 내용을 신뢰할 수 없더라도 영향력이 큰 책은 외면할 수 없다. 그렇기 때문에 중국 문화사에서는 '옳고 그름'이나 '正과 邪'를 나누는 것이 큰 의미를 지니지 못한다. 의미를 지니는 확실한 기준이라곤 현실 권력뿐이다. 이런 사정을 모른 채 오늘날의 기준으로써 중국문화사를 평가할 수는 없다. 노신은 사십에 미혹되지 않았던 성인의 행복을 몹시 흠모한다고 말한 바 있는데, 그 말은 옳고 그름의 기준이 없었던 사회환경을 조롱한 말이다.

'나의 실리'를 강조한 말은 『논어』에 없다고 본다. "배우는 사람이 쉬지 않고 스스로 힘내면 적은 것들을 모아서 많게 되지만, 중도에 그만두면 앞의 공적은 모두 사라지게 된다. 그만두거나 계속하거나 모두 자신에게 있지 남에게 있지 않다."⁴⁹라는 주희의 해설이 적실하다.

공자를 비롯하여 중국문화를 지탱해온 역대 인재들이 추구했던 것은 이렇듯 '실제적인 보탬'이었지 가치와 같은 '관념'은 아니었다. 공자의 이런 말들은 '나의 실리'를 최우선으로 여기는 중국문화의 토대를 차곡차곡 형성하였다.⁵⁰

9·20 子曰 語之而不惰者 其回也與
스승님께서 말씀하시기를 : 말이 떨어지면 미적거리지 않(고 바로 실천하)는 사람, 그런 사람이 안회였어!

| 주 |

1) 不惰者(불타자) : '게으름 피우지 않는 사람'이라는 표현은 옳은 말을 듣고서 미적거리지 않고 바로 실천하는 사람임을 가리킨다.

2) 其回也與(기회야여) : '其~也與'는 추측의 형식을 빌려 감탄하는 구문이다. 안회가 죽자 회상하면서 탄식한 말일 것이다.

---

49 學者自强不息 則積少成多 中道而止 則前功盡棄 其止其往 皆在我而不在人也

50 4·02 4·12 4·16 등을 보면 공자는 利를 부정한다. 그런데 공자가 부정하는 利는 공평을 해치면서 사익만을 추구하는 것이지 실리는 아니다.

『논어주소』와 『논어집주』 모두 '안회만이 공자의 말을 이해하고 나머지 제자들은 완전히 이해하지 못하기 때문'이라고 해석한다. 하지만 이 문장의 핵심은 안회에 대한 공자의 그리움이다. 그리운 까닭이 무엇인지는 중요하지 않다.

9·21 子謂顏淵 曰 惜乎 吾見其進也 未見其止也

스승님께서 안연을 일컬어서 말씀하시기를 : 안타까워! 나는 그이가 나아가는 것만 보았지 (뭐든 하다가) 중단하는 것을 본 적이 없었거든.

안연의 죽음에 대한 탄식이라고 대체로 설명한다. 그런데 안연이 죽었을 때 공자의 탄식은 이런 정도에 그치지 않았다. "하늘이 나를 버리시는구나!"(11·09)라면서 통탄하는가 하면, "저 사람 죽을 때 크게 울지 않는다면 누가 죽을 때 크게 울겠느냐?"(11·10)라면서 격정을 토로하였다. 안연의 죽음과 관계되는 표현들은 11·04~11·11에 집중되어 있는데, 그 표현들과 비교하자면 이 장은 느낌이 다르다. 진(進)과 지(止)라는 주제를 가지고 말했던 9·19와 연결되는 발언으로 보는 것이 낫다고 본다.

안연에 대한 설명은 2·09의 주) 참조.

9·22 子曰 苗而不秀者有矣夫 秀而不實者有矣夫

스승님께서 말씀하시기를 : 싹은 나와도 이삭이 패지 않는 경우가 있지! 이삭은 패도 열매가 맺지 않는 경우도 있지!

주

1) 苗(묘), 秀(수), 實(실) : 처음 나오는 싹, 꽃을 피우는 대, 맺힌 알곡을 가리킨다.

평설

「이혹론(理惑論)」[51], 『법언(法言)』[52], 『문심조룡(文心雕龍)』[53], 『세설신어(世說新語)』[54] 등 여러 곳에서 이 말은 공자가 일찍 죽은 안연을 애도

---

51 중국불교사 최초로 불교 교리에 관해 설명한 글인데, 『노자』, 『논어』, 『효경』 등을 인용하면서 불교를 당시 유행하던 여러 도술 가운데 가장 뛰어난 것으로 설명한다. 모자(牟子)라는 사람이 지었다 하고, 헌제 초년 무렵(190~193)에 만들어졌을 것으로 추정한다.

52 양웅(揚雄, 53 B.C.~18 A.D.)이 『논어』를 본떠서 지은 책이다. 이궤(李軌, 晉)와 유종원(柳宗元, 唐)의 주에다 송함(宋咸, 宋) 오비(吳秘, 宋) 사마광(司馬光, 宋)이 증주(增註)한 판본이 유명하다.

53 유협(劉勰, 약 465~538 이후)이 형식주의에 흐르던 당대의 문풍(文風)을 비판하고자 편찬한 문예이론서이다. 유지기(劉知幾, 661~721)의 『사통(史通)』, 장학성(章學誠, 1738~1801)의 『문사통의(文史通義)』와 함께 중국 문사(文史)의 3대 명저로 꼽힌다. 종영(鍾嶸, 468~518)의 『시품(詩品)』, 소명태자(昭明太子 蕭統, 501~531)의 『문선(文選)』과 함께 3대 문학론으로 꼽히기도 한다. 승우(僧佑, 445~518)의 문하에서 미혼으로 종신하다 말년에 양무제의 허락을 얻어 혜지(慧地)라는 이름으로 출가한 유협은 사륙병려체 미문을 사용하여 총론·문체론·창작론·비평론·서지(序志)의 순서로 체계를 세웠다. 유교 경서 이하 모든 문장을 대상으로 삼으면서 기본적으로 도(道)와 문(文)을 일치시키려는 그의 태도는 『문선』의 자세와 같다. 간문제(簡文帝 蕭綱, 503~551)의 지시로 서릉(徐陵, 507~583)이 편찬한 『옥대신영(玉臺新詠)』은 그와는 반대로 '문장은 방탕해야 한다'는 입장을 표방한다. 이후 중국의 글에는 도를 중시하는 흐름과 미의식을 중시하는 흐름의 두 가지 경향이 뚜렷해진다.

54 송무제 유유(劉裕)의 조카인 유의경(劉義慶, 403~444)이 문하의 식객들과 어울려 지은 필기소설로서 후한에서 동진 사이 유명 인사들의 언행, 풍모, 일화

한 말이라고 설명한다. 황간과 형병도 마찬가지이다. 안회에 대한 공자의 애도가 앞에서 잇달았기 때문에 이 장도 그렇게 보고자 할 것이다. 하지만 안연의 죽음에 대해 공자가 다른 곳에서 보였던 격렬한 반응과 비교하자면 앞 장과 마찬가지로 상당히 절제된 표현이다. 그래서 주희도 "배움이 완성단계에 이르지 못하면 이와 같이 되니 그래서 군자는 스스로 권면하는 것을 높이 친다."[55]라고 설명한다. 어떤 단계에 도달하기만 하면 그다음은 모두 저절로 이루어질 것으로 안심해서는 안 되고 끝까지 성실해야 한다는 가르침으로 본 것이다. 수확 때까지 안심할 수 없는 것이 농사인 점을 감안하면 농경문화권에서 충분히 나올 수 있는 교훈이다.

9·23 子曰 後生可畏 焉知來者之不如今也 四十五十而無聞焉 斯亦不足畏也已

스승님께서 말씀하시기를 : 후배들을 어렵게 여겨야 해. (그들이) 나중에 지금만 못하리라고 어떻게 장담하겠어? (다만 나이) 사십 오십이 되었는데도 이렇다 할 평가가 없다면, 그때는 어렵게 여기지 않아도 되겠지.

| 주 |

1) 後生可畏(후생가외) : '後生'의 문자적 해석은 '뒤에 태어나는 사람'인데, 현대 한국어로는 '후배'로 번역하는 것이 무난하다. 畏는 9·05의 주)에서 설명한 바 있듯이 두 가지 뜻이 있지만, 9·05와 11·23을 제외하고는 '두려워하다'는 의미이다. 하지만 '두려워하다'라는 번역어는 구

등 1천여 가지 이야기들을 덕행·언어·정사(政事)·문학·방정(方正)·아량(雅量)·식감(識鑑) 등의 주제별로 모은 책이다.

55 蓋學而不至於成 有如此者 是以 君子貴自勉也

(懼)와 충돌하므로 적절하지 않다. '존경하다'도 존(尊)이나 경(敬)과 충돌하므로 적절하지 않다. '조심하다'도 마찬가지이다. 원래는 16·08에서처럼 하늘에 대한 태도를 가리키던 말로서 두려움과 존경의 뜻을 아우르는, 그러니까 敬의 극진한 단계를 가리키던 말이었다.[56] 따라서 '어렵게 여기다' 또는 '함부로 여기지 않다'라는 표현이 적절하다. 可는 가벼운 명령의 어기를 갖는다. '후생'이 '안회'를 가리킨다는 설명은 불필요하다.

2) 焉知來者之不如今(언지래자지불여금) : '나중에 지금만 못하리라

---

[56] 畏는 『논어』 이후에도 여전히 '외경(畏敬)'의 뜻으로 쓰이지만, '두려워하다'는 뜻으로도 사용된다. 『대대례기』 「증자입사(曾子立事)」편의 "臨事而不敬 居喪而不哀 祭祀而不畏 朝廷而不恭 則吾無由知之矣(일을 하면서 공경하지 않고 거상 기간에 슬퍼하지 않으며 제사를 모시면서 조심하지 않고 조정에서 공손하지 않는 사람들을 나는 이해할 수가 없다)"라든가, 「대학」의 "無情者不得盡其辭 大畏民志 此謂知本(진정이 없는 사람이 할 말을 다하지 못하고 백성들의 뜻을 매우 두려워하도록 만드는 것이 근본을 아는 것이다)"이라는 대목, 『맹자』의 "善政不如善教之得民也 善政民畏之 善教民愛之 善政得民財 善教得民心(좋은 정치는 좋은 가르침을 통해 백성의 마음을 얻는 것보다 못하다. 좋은 정치는 백성이 군주를 경외하게 만들지만 좋은 가르침은 백성이 군주를 아끼게 만든다. 좋은 정치를 펴면 백성의 재물을 얻을 수 있지만 좋은 가르침을 펴면 백성의 마음을 얻을 수 있다)"과 같은 대목은 '외경'의 뜻으로 쓰였다. 『예기·표기(表記)』의 "仁者安仁 知者利仁 畏罪者强仁 (인자는 인을 편안하게 여기기 때문에 인을 실천하고, 지자는 인을 이롭게 여기기 때문에 인을 실천하며, 죄를 두려워하는 자는 죄를 면하고자 억지로 인을 실천한다)", 『예기·표기』의 "無欲而好仁者 無畏而惡不仁者 天下一人而已矣(욕심 없이 인을 좋아하고 두려움 없이 불인을 미워하는 자는 천하에 한 사람뿐이다)", 『순자·대략(大略)』의 "齊人欲伐魯 忌卞莊子 不敢過卞 晉人欲伐衛 畏子路 不敢過蒲(제나라 사람들이 노나라를 공격하더라도 변장자를 꺼려서 감히 변읍을 지나지는 않았고, 진나라 사람들이 위나라를 치더라도 자로를 두려워하여 감히 포읍을 지나지는 않았다)"와 같은 대목은 '두려워하다'는 뜻으로 쓰였다. 8·02에서 하안과 주희는 사(思)를 '畏懼貌(두려워하는 모습)'라고 표현한 바 있다.

고 어떻게 장담한단 말인가?'의 뜻이므로, '知'는 '알다'보다는 '장담하다'로 번역하는 것이 낫다.

3) 無聞(무문) : '들리는 바가 없다'는 소문이 없다는 말이므로 유명하지 않다는 뜻이다. 도리를 듣지 못한 것을 말하지 명성이 없다는 뜻은 아니라고 왕양명은 주하지만, 이 문장마저 도학이나 이학으로써 설명하려 든다면 무리이다.

4) 不足畏(부족외) : H.G. 크릴은 '이름을 떨칠 만한 것을 아무것도 이루지 못한 채 나이만 사오십이 된 사람이야말로 존경할 가치가 없다'고 해석한다(제5장). 그러나 '不足畏'는 '존경할 가치가 없다'는 뜻은 아니다.

> **평설**

공자는 "人不知而不慍 不亦君子乎"(1·01), "不患人之不己知 患不知人也"(1·16), "不患無位 患所以立 不患莫己知 求爲可知也"(4·14), "不患人之不己知 患己不能也"(14·30), "君子病無能焉 不病人之不己知也"(15·19) 등 남이 자기를 알아주지 않음에 대해 의식하지 말라고 자주 강조한 바 있다. 그런데 여기서는 나이 오십이 되어도 유명하지 않은 사람은 어렵게 여길 필요 없다고 단정한다. 나아가서는 "君子疾沒世而名不稱焉"(15·20)이라고 말하기도 한다. 자신의 노년 무렵 평가는 물론 죽은 뒤의 평가에 대해서도 유의하라는 말이 아닐 수 없다. 이런 말들은 남이 알아주지 않을까 봐 걱정하라는 말이나 다름없으니, 모순이 아닐 수 없다.

이런 모순을 조선의 임금 정조(1752~1800)는 『논어강의(論語講義)』에서 신하들에게 날카롭게 질문한다. 하지만 초계문신들은 공자를 옹호한다. 명성 자체가 나쁜 것은 아니지만 그것을 목적으로 추구해선 안 되고 실상에 맞아서 저절로 따라오는 명성만을 취하라는 뜻이라고 답한다. 정조도 나중에는 스스로 그렇게 결론 내릴 수밖에 없었지만, 이처럼 『논어』에는 형식논리적 모순이 많다. 공자의 말은 결국 이런 것이다. "자기보다 어린 후배가 나중에 지금보다 현달할 가능성은 얼마든지 있다. 그러니 자기보다 어리다고 해서 함부로 대해서는 안 된다. 그렇지만 나이 오십이 되어도 현달할 가능성이 보이지 않는 사람에게는 함부로 대하더라도 당혹스러운 일을 당하게 되지는 않을 것이다."

9·24 子曰 法語之言 能無從乎 改之爲貴 巽與之言 能無說乎 繹之爲貴 說而不繹 從而不改 吾末如之何也已矣

스승님께서 말씀하시기를 : 강제규범의 말에 따르지 않을 수는 없지? (강제규범은 자신의 나쁜 점을) 고치도록 만들기에 귀중하지. 추어주는 말에 기뻐하지 않을 수는 없지? (추어주는 말은 자신의 행실을) 되짚어보도록 만들기에 귀중하지. (그런데 추어주는 말에) 기뻐하기만 하고 (자신의 행실을) 되짚어보지는 않거나, (강제규범의 말에) 따르기만 하고 (자신의 나쁜 점을) 고치지는 않는다면, 나는 그런 사람을 어찌해볼 수 없다.

┌───┐
│ 주 │
└───┘

1) 法語之言(법어지언), 巽與之言(손여지언) : '법어지언'은 강제하는 말이다. 손(巽)은 손(遜)의 뜻으로서 '겸손하고 유순함'을 뜻하고, 여(與)는 '허여(許與: 허락하며 따름)'의 뜻이니, '손여지언'은 남이 나를 추어주면서 격려하는 부드러운 언사를 뜻한다. '강제로 본받게 만드는 말', '추어주면서 인정해주는 말'로 번역하는 것이 낫다. 유월은 이 구절과 뒤 구절의 '言'은 실사가 아닌 어사라 하고, 구두도 '法語之 言能無從乎'로 끊어 읽어야 한다고 주장한다.[57] 그렇다면 '說而不繹'이라는 구가 '巽與'와

───────

57 유월이 『군경평의(群經平議)』에서 지적한 바이다. 『시』의 '薄言采之', '靜言

대응하는 것이 나은지 아니면 '巽與之言'과 대응하는 것이 나은지, 그리고 '從而不改'라는 구가 '法語'와 대응하는 것이 나은지 아니면 '法語之言'과 대응하는 것이 나은지를 고려해서 판단하면 될 것이다. 실사로 새기든 허사로 새기든 모두 해석은 가능하다. 그러나 한대부터 言을 실사로 인식했을 뿐 아니라, 유월이 든 예문들 가운데에는 이 문장과 비슷하지 않은 문장이 보이므로 유월의 주장에 동의하지 않는다. '法' 자는 여기에서 처음 나왔는데, 이 글자는 원래 형(刑)과 가까운 의미였을 것으로 짐작된다. 사물을 묘사한 글자가 아니라 행동의 제약을 의미하는 글자였다. 그러다가 방법, 술책, 통제술, 모범 등의 의미로 쓰이게 되고, 법가가 등장하면서는 강제성을 띠는 의미가 강화되었다. 法에 대한 설명은 1·02의 '주)道'의 각주 참조.

2) 繹(역) : 실마리를 찾아서 푸는 것을 뜻한다. 여기서는 자신의 행실을 되짚어서 반성하는 것을 뜻한다고 본다. 형병은 '심역(尋繹: 되짚어 생각함)'이라고 했다.

3) 末(말) : '莫' 또는 '無'와 같은 뜻이다. 9·11과 15·16에 같은 용례가 있다. 정주한묘죽간본에도 '無'로 되어 있다.

4) 如之何也已矣(여지하야이의) : '也已矣'를 복합어미로 보지 않고 '~也 已矣'로 끊어 읽어야 한다는 견해도 있지만, 똑같은 표현이 나오는 15·16을 보자면 수긍할 수 없다. 如之何에 대한 설명은 2·20의 주) 참조.

思之', '駕言出遊', '願言則嚔'라든가, 『주역·계사전』의 '德言盛 禮言恭'에서도 言은 실사가 아닌 어사라고 주장한다. 그런데 양웅(揚雄)은 『논어』를 본떠 만든 자신의 저술 이름을 이 구절에서 취하여 '法言'이라고 하였다. '言'을 실사로 본 것이다.

상대방을 변화시키려면 강제하거나 격려하는 두 방향의 교육이 필요함을 공자는 알았다. 도무지 변화를 기대할 수 없는 사람도 있다고 언급한다. 공자는 '그럼에도 불구하고 가르쳐야 한다'고 말하지는 않는다. 공자를 교육가라거나 교육철학가라고 부르는 평가는 그래서 온당치 못하다. 공자는 기본적으로 통치계급을 양성하고자 했던 사람이지 보편 인간의 보편적인 교육에 관심을 두었던 사람은 아니다.

9·25 子曰 主忠信 毋友不如己者 過則勿憚改

스승님께서 말씀하시기를 : 충성과 신의(, 이 두 가지 덕목만)를 위주로 하고, 자기만 못한 사람과는 벗하지 말 것이며, 잘못을 저질렀거든 고치기를 꺼려 말아야 한다.

1·08이 그대로 반복되었다.

9·26 子曰 三軍可奪帥也 匹夫不可奪志也

스승님께서 말씀하시기를 : 삼군의 지휘권을 빼앗을 수는 있어도 한 사람의 지조는 빼앗을 수 없는 거야.

1) 帥(수) : '장수(將帥)'로 새기기도 하고 '통수권'으로 새기기도 한다. "지(志)는 기(氣)의 수(帥)이다."라는 『맹자·공손추상(公孫丑上)』의 구절은 여기서 취했을 것이다.

2) 匹夫(필부) : 사대부 이상은 첩잉(妾媵)이 있지만 서인들은 단지 부부만이 서로 짝을 이룰 따름이기 때문에 '필부'라고 부르게 되었다고 한다. 여기서는 많은 숫자를 가리키는 삼군의 반대어로 쓰였다.

평설

많은 사람을 마음대로 움직일 수 있는 지휘권을 빼앗을 수는 있을지라도 단 한 사람의 지조는 빼앗을 수 없다는 뜻이다. 여기서 필부는 낮은 지위의 사람을 나타내는 것이 아니라 '단 한 사람'이라는 적은 숫자를 가리킬 뿐이다. 따라서 당연히 士를 가리킨다. 인간 내면의 힘에 대해 그처럼 높은 점수를 주었다는 점에서 이 말은 명구가 되어 있다.

"삼군의 군사력은 남에게 있지만 필부의 의지는 내게 있다. 그래서 남에게 있는 삼군의 통수권은 빼앗을 수 있어도 내게 있는 의지는 빼앗을 수 없는 것이다. 만약 빼앗을 수 있다면 志라고 말할 수도 없다."[58]라는 후중량의 해석이 돋보인다.

9·27 子曰 衣敝縕袍 與衣狐貉者立 而不恥者 其由也與 不忮不求 何用不臧 子路終身誦之 子曰 是道也 何足以臧

스승님께서는 "해진 솜옷을 입고서 멋진 털옷을 입은 사람과 나란히 서더라도 (조금도) 부끄러워하지 않는 그런 사람이 중유 아닌가?"라고 말씀하(신 적이 있)다. (그런데) 자로는 (『시경』의) '(뺏고자) 해치지도 않고 (탐내서) 달라 하지도 않거늘 왜 (나를) 안 좋다고 하는지'라는 시구를 종신토록 외웠다. (이를 두고) 스승님께서 말씀하시기를 : 그런 방법론이 뭐가 좋다고(종신토록 왼단 말인가)?

58　三軍之勇在人 匹夫之志在己 故帥可奪而志不可奪 如可奪則亦不足謂之志矣

1) 衣敝縕袍(의폐온포) : 敝縕袍는 衣(옷을 입다)의 목적어이다. 敝는 '해지다'는 뜻이고, 縕袍는 나쁜 솜을 둔 값싼 외투를 가리킨다.

2) 狐貉(호맥) : 여우와 담비. 여우와 담비의 가죽으로 만든 고급 털옷을 가리키겠다.

3) 忮(기) : '해(害)'의 뜻. 남이 가진 것을 시기하거나 원망한 나머지 해치려고 하는 것.

4) 求(구) : '탐(貪)'의 뜻. 나에게 없는 것을 부끄러워하여 그것을 얻고자 하는 것.

5) 臧(장) : '선(善)'의 뜻. 사람이 좋다는 뜻.

6) 不忮不求 何用不臧(불기불구 하용부장) : 『시경·패풍』「웅치(雄雉)」의 한 구절인데 전문은 다음과 같다.[59]

> 雄雉于飛 泄泄其羽 我之懷矣 自詒伊阻
> (웅치우비 설설기우 아지회의 자이이조)
> 雄雉于飛 下上其音 展矣君子 實勞我心
> (웅치우비 하상기음 전의군자 실로아심)
> 瞻彼日月 悠悠我思 道之云遠 曷云能來
> (첨피일월 유유아사 도지운원 갈운능래)
> 百爾君子 不知德行 不忮不求 何用不臧
> (백이군자 불지덕행 불기불구 하용부장)

장끼 날아가며 날개를 퍼덕이니 / 나의 가슴 절로 답답하구나
장끼 날아가며 날개소리 요란하니 / 그대 군자여 나의 맘 힘들구려

59　주희는 「위풍(衛風)」에 있다고 했지만 착오이다. 「패풍」에 있다.

저 해와 달을 보니 내 마음도 아득해라 / 길이 멀다 하니 올 수나 있
을는지

　군자님들 덕행이야 내 알 바 아니지만 / 해치지도 달라지도 않건만
왜 안 좋다 하시는지

　여대림(呂大臨, 1044~1091)은 "가난한 사람이 부자와 교제하면 강한
경우에는 반드시 부자를 해치고자 하고 약한 경우에는 반드시 부자에게
구걸하고자 한다."[60]라고 주했다.

| 평설 |

　자로에 대한 평가 두 가지인데, 앞은 칭찬이고 뒤는 핀잔이다. 다만 연
결이 매끄럽지 않은 것으로 보건대 한 장소에서 동시에 했던 말은 아닌
듯하다. 『논어』에 자로의 품성이 평가된 곳이 많은데, 여기서는 비교적
두드러진다. 가치 기준을 남에게 두지 않고 자신에게 두기 때문에 어느
누구와 어떤 모습으로 함께 서더라도 당당한 자존의식을 가졌다는 평가,
그리고 남의 소유물에 대해 욕심을 내거나 부러워하지도 않는 독립의식
을 지니겠다고 맹세하면서 살았다는 평가를 옮겼다. 그런데 공자는 자로
의 그러한 품성을 높게 평가하지 않는다. 늘 그렇듯이 이상적인 지배계
층이 되기에는, 인을 갖추기에는 부족하다는 이유였다.
　『논어』에 묘사된 자로의 기질은 대체로 전체보다는 개인을 우선시하
는 사람이다. 그러니 전체의 질서를 우선시하는 공자로서는 지적할 수밖
에 없었을 것이다. 공자의 가치관이 체계화한 유교문화권에서는 오늘날
도 여전히 개인보다는 전체를 내세운다. 지배와 피지배라는 구조를 정당
화했던 봉건체제를 무너뜨리고 대부분 공화국 체제로 바꾸기는 했지만,

60　貧與富交 彊者必忮 弱者必求

사회적으로 개인은 여전히 완전한 개인이 되지 못한 채 권력관계에 의해
'관리되는 개별인간'으로 머무는 곳이 많다.[61] 죽는 순간에도 갓끈을 바
로 한 다음 죽었다는 자로의 미의식과 시대의식은 오늘날 공자의 의식보
다도 더 요청되는 의식이 아닐까 한다.

9·28 子曰 歲寒 然後知松柏之後彫也

스승님께서 말씀하시기를 : 계절이 추워진 뒤에야 소나무 잣나무는 잎이 나중
에 진다는 사실을 (비로소) 알게 된다.

주

1) 歲寒(세한) : 겨울을 뜻한다. '역경(逆境)'이라는 뜻도 파생된다.

2) 後彫(후조) : 옛사람들이 표현을 완곡하게 했을 뿐이므로 後는 不
로 새겨야 한다고 이택후는 주장한다. 상록침엽수는 잎이 결코 지지 않
는 것으로 생각했는지 모르지만, 불필요한 주석이다. 겨울에 큰 추위가
오면 다른 나무들은 죽어도 소나무는 조금 상하기만 한다고 하안이 설명
하자, 큰 추위에는 낙엽수들은 안전하고 송죽 같은 상록수가 오히려 더
잘 죽는다고 정약용은 반박한다. 하나의 불필요한 주석이 다른 불필요한
주석을 많이 낳게 만드는 사례일 것이다.

평설

9·26을 이은 士의 자세에 대한 강조이기도 하지만, 인물감식의 테크

61　'관리되는 개별인간'이라는 개념은 아도르노(Theodor W. Adorno, 1903~
1969)의 시고틀이디. 이에 관해서는『애 우리에게 불익와 불행은 반복되는가-관
리된 개별 인간과 예외 상태로서의 권력관계』(문병호, 길밖의길, 2015) 참조.

넉에 대한 강조이기도 하다. 자연에 빗댄 운치 있는 수사이기 때문에 이후 지조를 견지하는 士를 송백에 비유하는 것은 유교문화권의 전통이 되었다.

"선비는 곤궁할 때 절의가 드러나는 법이고 세상이 어지러울 때 충신을 알아보게 되는 법이니, 배우려는 사람은 반드시 덕에 주도면밀해야 한다."[62]라는 사량좌(謝良佐, 1050~1103)의 주석이 비교적 적절하다. 문천상(文天祥, 1236~1282)이 지은 「정기가(正氣歌)」의 "時窮節乃見(시대적 상황이 절박해질 때 비로소 그 사람의 절개가 드러나는 법이다)"이라는 표현도 이 구절의 변용이다.

9·29 子曰 知者不惑 仁者不憂 勇者不懼

스승님께서 말씀하시기를 : 분별력은 미혹하지 않게 만들고, 인은 근심하지 않게 만들며, 용기는 두려워하지 않게 만든다.

주

1) 知者(지자) : 『논어』에서 '知' 자는 82장에서 118차례나 나오는데, 그 가운데 공자의 언급은 93차례이다. 대부분 동사이고 일부만 명사와 형용사로 쓰였는데 그 뜻은 대체로 다음과 같다. ① 인지주체의 인지 작용을 나타내는 '알다'라는 뜻으로서, 2·17이 대표적인 사례이다.[63] ② '알다'에서 확장되어 '전문적인 지식'을 가리키는 경우로서, 3·15, 6·20, 8·09, 8·16, 15·04 등이 사례이다.[64] ③ '분별력 있음', '지혜로움'이라

62　士窮見節義 世亂識忠臣 欲學者 必周于德

63　知之爲知之 不知爲不知 是知也(아는 것은 안다 하고 모르는 것은 모른다 하는 것, 이것이 안다는 것이다).

는 뜻으로서, 4·01, 4·02, 5·17, 5·20, 6·22, 7·20, 7·28, 9·08, 9·29, 12·22, 15·08, 15·33, 16·09, 19·25 등이 사례이다. 분별력의 기준은 대체로 손익을 가릴 수 있는 능력이다.[65] ④ '알아주는 것', 즉 사람을 인정

64　3·15 "孰謂鄹人之子知禮乎(누가 추인 아들더러 예를 잘 안다고 말했지?)."

6·20 "知之者不如好之者 好之者不如樂之者(대상을 이성적으로 분별하는 것은 대상을 감성적으로 좋아하는 것만은 못하고, 대상을 감성적으로 좋아하는 것은 대상을 즐기는 것만은 못하다)."

8·09 "民可使由之 不可使知之(민이란 통치를 따르도록 만들 수는 있어도 통치를 이해하도록 만들 수는 없다)."

8·16 "狂而不直 侗而不愿 悾悾而不信 吾不知之矣(제멋대로이면서 정직하지도 않은 놈, 미숙하면서 성실하지도 않은 놈, 무능하면서 미덥지도 않은 놈, 나는 그런 놈들은 이해할 수 없다)."

15·04 "知德者鮮矣(덕의 가치를 잘 이해하는 사람은 거의 없구나)."

65　4·01 "擇不處仁 焉得知(매사의 선택에서 인을 바탕으로 하지 않는다면 분별력 있다고 할 수 있겠는가)."

4·02 "仁者安仁 知者利仁(인자는 인을 편안한 것으로 여기고 지자는 인을 이로운 것으로 여긴다)."

5·17 "何如其知也(어떻게 그런 사람을 분별력 있다고 한단 말인가)."

5·20 "邦有道則知 邦無道則愚(나라가 경위 바르게 돌아갈 때는 분별력 있게 처신하고, 나라가 경위 바르게 돌아가지 않으면 우직하게 처신하였다)."

6·22 "樊遲問知 子曰 務民之義 敬鬼神而遠之 可謂知矣(번지가 분별력 있는 사람의 처신은 어때야 하는지에 대해 여쭙자 스승님께서 대답하시기를, 인민이 공평한 처우를 받도록 힘쓰고, 귀신을 공경하면서도 집착하지 않을 정도의 거리를 유지한다면 분별력 있는 처신이라고 하겠지)."

7·20 "我非生而知之者(나는 나면서부터 분별력을 가진 사람은 아니다)."

7·28 "蓋有不知而作之者 我無是也(알지도 못하면서 시작부터 하는 사람이 있는데, 나에게 그런 점은 없다)."

9·08 "吾有知乎哉 無知也(내가 지식을 많이 갖고 있다고? 나한테 지식보따리 같은 것은 없다)."

12·22 "樊遲問仁 子曰 愛人 問知 子曰 知人(번지가 인이 무엇인지를 여쭙자

해주고 인정받는 것을 뜻하는데, 1·01, 4·14, 14·35, 15·19 등이 사례이다.[66]

2) 勇(용) : 2·24의 주) 참조.

[평설]

이 문장에서 지자·인자·용자는 각각의 사람을 가리키는 게 아니다. 지(知)하면 혹(惑)하지 않게 되고, 인(仁)하면 우(憂)하지 않게 되며, 용(勇)하면 구(懼)하지 않게 된다는 뜻이다. 14·28을 보면 보다 분명한 문맥을 알 수 있다. 군자는 지·인·용 세 가지 면모를 다 갖추어야 한다는 뜻이다. 공자가 12·04에서 "君子不憂不懼"라고 한 것도 그런 뜻이다.

그런데 지와 혹, 용과 구는 분명한 상대어이므로 쉽게 이해된다. 하지

<hr>

스승님께서는 사람을 아끼는 것이라고 하셨다. 지가 무엇인지를 여쭙자 스승님께서는 사람 볼 줄 아는 것이라고 하셨다)."

15·08 "知者不失人 亦不失言(지자는 사람도 잃지 않고 말도 잃지 않는다)."

15·33 "知及之 仁不能守之(분별력이 충분하더라도 인이 벼슬을 지켜낼 만큼 충분하지 않으면)."

16·09 "生而知之者上也 學而知之者次也(선천적으로 분별력을 갖춘 사람은 가장 윗길이고, 배워서 분별력을 갖추게 된 사람은 그다음이다)."

19·25 "君子一言以爲知 一言以爲不知(군자는 한마디 말로 인해 분별력 있는 사람이 되기도 하고, 한마디 말로 인해 분별력 없는 사람이 되기도 하는 법이다)."

66　1·01 "人不知而不慍 不亦君子乎(남이 알아주지 않아도 안달하지 않는다는 것, 그건 참으로 군자답지 않은가?)."

4·14 "不患莫己知 求爲可知也(아무도 나를 알아주지 않는다고 아파할 게 아니라 남이 나를 알아줄 수 있도록 노력하라)."

14·35 "莫我知也夫 子貢曰 何爲其莫知子也(아무도 나를 알아주지 않는구나. 자공이 말하기를, 어째서 아무도 스승님을 알아주지 않는다고 여기십니까?)."

15·19 "君子病無能焉 不病人之不己知(군자는 자기의 무능을 아파하지 남이 자기를 알아주지 않는 것을 아파하지 않는다)."

만 인과 우는 얼른 들어오지 않는다. 인자는 왜 불우하단 말인가? 이택후는 '인자불우'를 '즐거움의 문화'라고 표현한다. 그러나 '근심하지 않는 상태가 인이다'라는 설명은 받아들일 수 있어도 '즐거운 상태가 인이다'라는 설명은 받아들이기 어렵다. 공자의 이 말을 배움의 순서로 설명하는 주희의 견해[67]는 더욱 수긍할 수 없다. 이학자답게 인과관계를 가지고 설명하고 싶었겠지만 공자의 다른 언급들을 감안하자면 도저히 인과관계로 볼 수는 없다. 공자에게는 기본적으로 인과적인 사유가 없었다.

9·30 子曰 可與共學 未可與適道 可與適道 未可與立 可與立 未可與權
스승님께서 말씀하시기를 : 같이 배울 수 있다고 해서 같은 길을 갈 수 있는 것은 아니야. 같은 길을 갈 수 있다고 해서 같은 자리에 설 수 있는 것은 아니야. 같은 자리에 설 수 있다고 해서 같이 권력을 쥘 수 있는 것은 아니야.

주

1) 與適道(여적도) : '길을 함께 가다'는 뜻이 아니라 '가는 길을 함께 하다'라는 뜻이다. 방법론이 같다는 뜻이다. 道에 대한 설명은 1·02의 주) 참조.
2) 立(립) : 설명하기 어려운 낱말이다. 하안과 형병은 '有所立'이라 하고, 황간은 '立事'라 하며, 정이와 주희는 '篤志固執而不變(뜻을 독실하게 한 다음 굳게 붙들고서 바꾸지 않음)'이라 하고, 유보남은 '立德 立功 立言'이라고 하지만, 모두 공감하기 어렵다. '위(位)'의 뜻으로 보는 것이

67　明足以燭理故不惑 理足以勝私故不憂 氣足以配道義故不懼 此學之序也 (명서한은 이치를 밝힐 수 있으므로 불혹이고, 이치는 사심을 이길 수 있으므로 불우이며, 기백은 도의를 뒷받침하게 되므로 불구이다. 이것이 배움의 순서이다).

문맥상 낫다. 『논어』에 나오는 立의 다양한 의미에 대해서는 2·04의 주) 참조.

3) 權(권) : 원래 식물 이름이었다. 『설문』에서는 '황화목(黃華木: 무궁화)'이라고 한다. 그러나 식물 이름은 일찌감치 감추어지고 '권력'이라는 뜻으로 사용되거나, 막대저울의 추 또는 추를 가지고서 무게를 다는 일을 가리키게 되었다. 막대저울의 추는 달려고 하는 물건의 무게에 따라 위치도 옮겨야 하고 추 또한 바꾸어야 하기 때문에, '고정적이지 않고 상대에 맞추어 대응하는 적용'이라는 뜻도 가지게 되었다. 『맹자·이루상』의 "남녀가 물건을 주고받을 때 살을 맞대지 않는 것은 禮이지만, 형수가 물에 빠졌을 때 손을 잡아서 건지는 것은 權이다."[68]라는 설명이나, 『한시외전』의 "항상된 것이 經이고 바뀌는 것이 權인데, 바뀜 없는 도를 품으면서 바뀌는 權도 함께 끼고 있어야 현명하다 할 수 있다."[69]라는 설명, 『춘추공양전(春秋公羊傳)』 환공 11년의 "權이란 무엇인가. 權은 經의 반대이기는 하지만 나중에는 좋게 되는 것이다. 權은 죽는 것 말고는 다 쓸 수 있지만 權을 행사함에는 법도가 있어야 한다. 자기를 깎아내리면서 權을 행사할지언정 남을 해치면서 權을 행사해서는 안 된다. 남을 죽이면서 자기는 살고 남을 없애면서 자기는 살아남는 짓을 군자는 하지 않는다."[70]라는 설명은 그렇게 해서 나오게 된다. 한유(漢儒)들은 그래서 權을 '반경합도(反經合道: 경에는 어긋나지만 도에는 맞는 것)'라고 설명하였다. 원칙은 아니지만 '통용될 수 있는 변칙'이라는 뜻이다. 공자가 여기서 말하는 權이 어떤 의미인지는 분명하지 않다. 불교가 들어온 다음 權

---

68 男女授受不親禮也 嫂溺援之以手者權也

69 常之謂經 變之謂權 懷其常道 而挾其變權 乃得爲賢

70 權者何 權者反於經 然後有善者也 權之所設 舍死亡無所設 行權有道 自貶損以行權 不害人以行權 殺人以自生 亡人以自存 君子不爲也

의 개념은 보다 확장된다. 어떤 목적을 향해 다가가는 것을 의미하는 동사에서 파생한 '우파야(upaya)'를 중국불교에서는 '방편(方便)' 또는 '선교(善巧)'라고 하는데, 지겸(支謙, 삼국오 시기)이 맨 먼저 피안으로 건너가는 배와 같은 '수단'이라는 뜻으로 설명하면서 '권방편(權方便)'이라고 번역한 바 있다. 이후 천태지의(天台智顗, 538~597)는 '權'과 '實'이란 개념을 가지고서 여러 경전들을 평가하면서, 『법화경』은 실교(實教)이고 나머지 경전들은 권교(權教)라고 설명하였다. 實은 '본체'이고 權은 實에 상응하는 '방편'이라는 의미로 사용한 것이다. 한편 정이(程頤, 1033~1107)는 權이 곧 經이라면서 漢 이래로 權의 뜻을 아는 사람이 없다고까지 말하고, 주희는 정이의 견해가 옳다고 맞장구친다. 하지만 權이 곧 經이라는 정이의 견해는 중생이 곧 부처라는 선종불교의 표현이나 다름없다. 그래서 주희는 앞에서는 정이의 말이 옳다 하고선 뒤에서는 "그러나 經과 權에 구분은 있어야 한다."라고 첨가한다. 이택후는 경과 권을 '원칙성'과 '융통성'이라는 말로 바꾸는데, 중국철학사에서 경과 권이 사용된 용례들을 보자면 딱 들어맞지는 않지만 나름 고심한 이름이다. 어쨌든 이 장에서 공자가 말한 權은 『맹자』나 불교에서 사용되는 權과 일치하지는 않는다. 다만 후대의 權 개념이 공자의 이 말에서 연역된 것임은 분명하다. 權은 그 지위에서 업무를 수행하는 것을 가리킬 수도 있고 권한을 행사한다는 뜻일 수도 있다.

평설

학·적도·입·권의 차례로 말하는데, 이것이 불교에서 자주 사용되는 수사기법인 점층기법은 아니다. 차라리 차서(次序)를 강조하는 수사법이라고 할 수 있다. 이 문장이 잘못 쓰였다는 주장도 많다. '可與共學 未可與立 可與適道 未可與權'이라야 한다는 주장이 대표적인데, 불필요한 천착이다. 차서에 관한 관념이 엄격한 중국인의 견지에서 나름대로 차서를 세워보려는 견해일 뿐이다. 차서란 것은 기준에 따라 얼마든지 달라질 수 있다.

다양한 번역이 가능하다. '같이 배웠다고 해서 같은 길을 가게 되는 것은 아니다~', '같이 배운다고 해서 같은 길을 가게 되지는 않는다~', '같이 배운다고 해서 같은 길을 가지는 못한다~', '같이 배울 수는 있어도 같은 길을 갈 수는 없다~', '같이 배우기는 하지만 같은 길을 가지는 못한다~'처럼 다양하게 번역할 수 있다. 번역의 어려움, 그리고 한문의 부정확성을 극도로 느끼게 만드는 문장이 아닐 수 없다.

9·31 唐棣之華 偏其反而 豈不爾思 室是遠而 子曰 未之思也 夫何遠之有

"아가위 꽃 팔랑팔랑 이리저리 흩날리네, 어찌 네가 그립지 않을까만 집이 멀어서(가지를 못하구나)" (이 시에 대해) 스승님께서 말씀하셨다 : 그립지 않은 게야, (진정 그립다면) 멀다는 게 어디 있겠어? (아무리 멀더라도 진작 찾아갔겠지!)

> 주

1) 唐棣(당체) : 사전에서는 산이스랏나무, 산앵두나무, 아가위나무 등으로 설명한다.

2) 偏其反而(편기번이) : '편(偏)'이 『진서(晉書)』에는 '편(翩)'으로 되어 있듯이, 偏은 '치우치다'는 뜻이 아니라 '편편(翩翩: 팔랑팔랑)'이라는 뜻이다. '反(번)'[71]도 '번(翻)'과 같은 뜻으로서 꽃이 흔들림을 말한다고 주희는 설명한다. 두 사람 사이의 감정이 뒤집히는 것을 암시하는 표현이다.

---

71 反은 '반'이 아닌 '번'이라야 원(遠)과 협운하게 된다. 뜻도 그러하다.

其는 음절을 조정하고 어세를 강하게 만드는 어기조사이고, 而는 감탄을 나타내는 어기조사이다. '室是遠而'에서의 '而' 또한 마찬가지이다.

3) 爾(이) : 사랑하는 여인을 부르는 2인칭인데, 존칭 아닌 비칭을 썼다. 3·17의 주) 참조.

4) 是(시) : '~이다'라는 뜻의 지정사인데, 여기서는 글자 수를 맞추려는 목적도 있지만 필요하지 않은 곳에 굳이 사용한 것은 '진정 ~이다'는 강세의 어기를 나타내려는 목적이 있다고 본다.

5) 夫(부) : 앞 문장의 끝에 붙어서 감탄의 어기를 나타내는 허사인지, 아니면 뒤 문장의 앞에 붙는 발어사인지에 대한 논란이 있다. 『논어』에는 감탄의 어기를 나타내는 허사로 쓰이는 경우가 더 많기는 하지만 여기서는 뒤 문장의 발어사로 보는 것이 자연스럽다. 12·04의 "子曰 內省不疚 夫何憂何懼"와 유사하다고 본다. 6·30의 주) 참조.

> 평설

위 시는 『시경』에 실리지 않은 일시(逸詩)이기 때문에 '爾'가 누구를 상징하는지, 또 공자는 어떤 배경에서 이 시를 언급했는지 등에 대해서는 알기 어렵다. 『논어주소』에서는 앞 장과 이어지는 '反經合道'의 내용이라고 보지만 연관성은 없어 보인다. 그래서 신주에서는 별도의 장으로 나누었다. 구실을 대지 말고 간절한 의지를 가지라는 의미를 담은 말로 보면 무방할 것이다.

향당(鄕黨) 제십(第十)

───────────

이 편은 공자의 일상생활을 제삼자의 입장에서 객관적이고 구체적으로 기록한 내용으로서 대화록은 없다. 공자의 일상생활을 규범화하려는 목적으로 정리된 것을 마지막에 첨가했을 것으로 보는 주석가들이 많다. 원래의 『논어』는 제십편으로 마무리되었고 그 뒷부분은 이후에 첨가되었을 것이라는 견해는 그래서 나오게 된다.

원래는 장절이 나뉘지 않았는데 주희가 1장 17절과 마지막 1개의 단장(斷章), 그러니까 18개로 나누었다. 이처럼 다른 편들과 성격이 판이하기 때문에 여러 견해들이 나오게 되고, 당시의 사회상을 알아야만 이해할 수 있는 표현들이 많아서 해독도 어렵다.

아서 웨일리(Arthur David Waley, 1889~1966)는 이 편이 의례의 세부사항에 대해 관심이 많았던 후대의 유교가 자신들의 수요에 부응하기 위해 끼워 넣은 것이라고 여긴다.

제임스 레게(James Legge, 1815~1897)는 이 부분이 성인 공자에 대한 우리들의 존경심을 거의 돋우지 못한다고 평한다.[1]

───────────

1 벤저민 슈워츠(Benjamin Isadore Schwartz), *The World of Thought in Ancient*

한대(漢代)의 『논어』는 「학이(學而)」 다음에 「향당」이었다고 황간은
설명한다.

China(Harvard University Press, 1985)〈『중국 고대 사상의 세계』(나성 역, 살림, 1996)〉, p.128 참조.

10·01 孔子於鄕黨 恂恂如也 似不能言者 其在宗廟朝廷便便 言唯謹爾

공자께서는 동네에서(거주하실 때)는 공손하고 겸손하여 마치 말을 못하는 사람 같았지만, 종묘나 조정에서(근무하실 때)는 또박또박 말씀을 잘하시되 다만 말씀을 삼가셨다.

주

1) 鄕黨(향당) : '거주하는 동네'라는 뜻. 6·05의 주) 참조.

2) 恂恂(순순) : 정현은 '공순(恭順)한 모습', 왕숙(王肅, 195~256)·하안·육원랑(陸元朗, 556~627)은 '온공(溫恭)한 모습', 『논어혹문(論語或問)』은 '온화하고 공손한 뜻이 있음'이라고 한다. 그러나 안사고(顏師古, 581~645)는 『설문』의 "恂 信心也(순은 신심이다)"를 근거로 '삼가고 미더운 모습'이라 하고, 주희도 '신실한 모습'이라고 한다. 완원(阮元, 1764~1849)과 유보남(劉寶楠, 1791~1855)은 9·11의 '순순(循循: 온화하고 공손한 모습)'과 같다고 한다. '준준(逡逡)'으로 쓰인 판본도 있다. 중국 고문에서 첩자로 된 형용어를 번역하기는 매우 어렵다. 당시의 의미를 파악하기도 어려울 뿐 아니라 자전에 적힌 의미가 시대에 따라 또는 지방에 따라 달라지는 경우가 많기 때문이다. 글자의 본뜻과 문맥을 감안하여 적당히 표현할 수밖에 없다. '여(如)'는 형용사를 만드는 접미사이다.

3) 便便(변변) : 주희는 '辯(변: 말을 잘함)'이라고 주하면서, 종묘 예법

이나 조정 정사에서는 나오는 말들이 분명하고 조리 있지 않으면 안 된다고 부연한다. 『사기·공자세가』에 '辯辯'이라고 된 것을 참조한 설명일 것이다. 『상서』의 '平章百姓(평장백성)'이나 『시경』의 '平平左右(평평좌우)'는 판본에 따라 '平'을 '便(편)'으로 쓴다. 이런 사례들은 고문에서 형용사를 적을 때는 음이 비슷한 글자를 임의로 사용했음을 나타내는 증거이다. 이음절 형용사일 경우는 더욱 그렇다. 따라서 글자 하나하나에 엄밀한 뜻을 부여할 필요는 없다.

4) 唯(유) : '오직'의 뜻이지만 문맥상 '다만'으로 번역하는 것이 낫다. 爾(이)는 단정의 어기를 나타내는 조사이다.

평설

대개 '便便言 唯謹爾'로 끊어 읽는다. 그러나 유월(兪樾, 1821~1906)은 便便은 '恂恂如也'와 마찬가지로 '便便如也'에서 '如也'가 생략된 것이라고 한다. 합당한 지적이므로 '便便 言唯謹爾'로 끊어 읽었다.

10·02 朝 與下大夫言 侃侃如也 與上大夫言 誾誾如也 君在 踧踖如也 與與如也

조정에서 하대부들과 말씀을 나누실 때는 온화하고 즐거운 모습이셨고, 상대부들과 말씀을 나누실 때는 치우침 없이 바른 모습이셨다. 임금이 계실 때에는 (공경하는 마음 때문에) 불편한 듯, (위의가) 엄숙한 듯하셨다.

주

1) 下大夫(하대부), 上大夫(상대부) : 대부 계급을 상대부·중대부·하대부로 나누는 것에 대한 『주례』와 『예기·왕제(王制)』의 설명은 서로 다르다. 제후가 거느리는 대부가 상대부이고 경(卿)이 거느리는 대부가 하

대부라는 『예기·왕제』의 설명은 한대 무렵에 다듬어진 내용으로 짐작된
다. 마찬가지로 한대 무렵에 편찬되는 『주례』에서는 상대부를 경(卿)으
로 부르기 때문에 상대부라는 이름은 나오지 않고 중대부와 하대부라는
이름만 나온다. 공자 무렵에는 직제에 따른 이름은 아니고 편의적으로
나눈 이름이지 않았을까 한다. 그래서 중대부라는 이름이 드러나지 않았
다고 본다.

2) 侃侃(간간) : 주희는 『설문』의 '剛直(강직: 굳고 곧음)'이라는 해설을
인용하지만, 공안국, 황간, 형병 등은 '화락한 모습'이라고 한다. 유보남
은 侃은 衎(간)의 가차자이고, 衎은 樂(락)의 뜻이라고 한다. 11·13에도
나오는데 거기서도 '화락'이라고 설명한다. 하대부들과 대화할 때 굳고
곧았다는 설명보다는 온화했다는 설명이 적절하다고 본다.

3) 誾誾(은은) : 주희는 『설문』의 '和悅而諍(즐거운 분위기로 간함)'이
라는 해설을 들지만 공안국, 황간, 형병의 '중정(中正)한 모습'이라는 해
석이 더 가깝다고 본다. 11·13에서도 나온다.

4) 踧踖(축적) : 『논어주소』와 『논어집주』 모두 '恭敬不寧之貌(공경하
여 편안하지 않은 모습)'라고 새긴다. 조심하느라 편안해 보이지 않는 모
습을 가리키겠다.

5) 與與(여여) : 『논어주소』와 『논어집주』 모두 '威儀中適之貌(위의가
적절한 모습)'라 하고, 장재(張載, 1020~1077)는 '不忘向君(임금 향하기
를 잊지 않음)'이라고 한다.

평설

공자는 조정에서 사람들을 상대할 때 상대부에 대한 태도와 하대부에
대한 태도가 달랐고 임금이 계실 때와 계시지 않을 때의 모습도 달랐다
는 설명이다.

『사기·공자세가』에는 '與下大夫言 侃侃如也'가 뒤에 나오고 '與上大

夫言 誾誾如也'가 앞에 나오는데, 『고논어』에 그렇게 되어 있다고 설명하는 주석가도 있다.

10·03 君召使擯 色勃如也 足躩如也 揖所與立 左右手 衣前後 襜如也 趨進 翼如也 賓退 必復命曰 賓不顧矣

임금이 손님 맞는 직책을 맡기시면 얼굴빛을 바꾸(어 긴장하)고 발걸음도 빨라지셨다. 맞절 장소에서 손님과 함께 설 때는 오른손을 왼손 위로 놓으시고 윗옷의 앞뒤를 가지런하게 정돈하셨다. 빠른 걸음을 하실 때는 (두 소매의 모습이 마치 새의) 날개와 같았다. 손님이 물러가면 반드시 (임금께) "손님께서 뒤를 돌아보지 않(을 때까지 인사하)였습니다."라고 복명하셨다.

주

1) 擯(빈) : 손님을 맞는 나라의 접대 맡는 사람은 '擯', 손님으로 오는 나라의 접대 맡는 사람은 '介(개)'라고 하는데, 빈과 개의 숫자는 손님의 작위에 따라 정해진다. 그런데 상대에게 겸양의 뜻을 나타내기 위해 자신의 작위에 해당하는 빈이나 개의 수효보다 절반 정도 줄여서 대동하는 것이 상례였다고 한다. 『주례·추관(秋官)』의 주(注)에는 "出接賓曰擯 入贊禮曰相(나가서 손님을 맞는 직책은 빈, 들어와서 예를 돕는 직책은 상이다)"이라 하였다. 『춘추곡량전(春秋穀梁傳)』 정공 10년에는 협곡지회(頰谷之會)에서 공자가 '상(相)'을 맡았다 했고, 11·26에는 공서적(公西赤)이 "願爲小相焉(바라건대 소상이 되고자 한다)"이라고 말한 대목이 있다.

2) 勃如(발여) : 얼굴빛이 바뀜. 또는 놀라서 우쩍 일어나는 모습.

3) 躩如(곽여) : 발걸음이 빠른 모습.

4) 揖所與立(읍소여립) : 주희는 所與立이 '同爲擯者(함께 손님을 맞는 사람)'라고 하는데, '所與立'을 '揖'의 목적어로 보기보다는 '揖所에서

與立할 때는'이라고 번역하는 것이 낫다.

5) 左右手(좌우수) : 정현과 주희는 '左右'를 동사로 보고 '手'를 목적어로 보아서는, '왼쪽 사람에게 읍할 때는 손을 왼쪽으로, 오른쪽 사람에게 읍할 때는 손을 오른쪽으로'²라는 뜻이라고 한다. 하지만 '左'가 동사이고 '右手'가 목적어라는 유월의 견해가 옳다고 본다.

6) 襜如(첨여) : 가지런한 모습.

7) 趨進翼如(추진익여) : 趨蹌(추창)의 걸음걸이를 할 때는 두 소매의 모습이 마치 새의 날개와 같았다는 표현일 것이다. 추창이란 두 손을 모아 잡고 허리를 굽히고서 걷는 예법을 말하는데 빨리 걷는 疾趨(질추)와 천천히 걷는 徐趨(서추)가 있다. 날개 모습과 같다는 표현으로 보건대 여기서는 빨리 걷는 질추를 가리킬 것이다. 그런데 다음 장의 '沒階 趨進翼如也'라는 대목을 보자면 '翼如'는 '나는 듯이 빠른 모습'이라고 새길 수도 있을 듯하다.

8) 賓不顧(빈불고) : 임금께 복명하는 말이다. 손님은 주인에게 몇 번이고 뒤를 돌아보며 인사하는 것이 禮이고, 주인은 손님이 더는 뒤를 돌아보지 않을 때까지 배웅하는 것이 禮이기 때문에 이렇게 말한 것이다. 손님이 아쉬움 없이 잘 갔다는 뜻을 표시하는 말이다.

평설

공자가 임금의 부름으로 손님 접대 직책에 있을 때를 묘사한 대목일 것이다. 「향당」편은 일상생활의 세세한 예법이 실리기는 했지만 다른 종교의 율법서처럼 반드시 지켜야 하는 교범은 아니다. 어디까지나 공자의 삶을 보여줄 뿐이지 따라 하라는 강요는 아니다.

'揖所與立 左右手 衣前後 襜如也'는 주희의 해석에 따르자면 '揖所

---

2   揖左人則左其手 揖右人則右其手

與立'(동사+목적어), '左右手'(동사+목적어), '衣前後 襜如也'(주어+형용사)의 세 문장으로 나뉜다. 그러나 이 장은 모두 공자의 모습을 형용하고 있고 대개 '주어+술어'의 구조이다. 이 문장만 유독 '동사+목적어' 구조의 문장 두 개가 삽입된 것으로 보자면 연결이 자연스럽지 못하다. 따라서 '攝所與立 左右手 衣前後'를 주어로 보고 '襜如也'를 술어로 보는 것이 낫다.

10·04 入公門 鞠躬如也 如不容 立不中門 行不履閾 過位 色勃如也 足躩如也 其言似不足者 攝齊升堂 鞠躬如也 屏氣似不息者 出 降一等 逞顔色 怡怡如也 沒階 趨進 翼如也 復其位 踧踖如也

관청 대문에 들어설 때는 몸을 움츠려서 마치 문이 낮은 듯 들어가셨다. (군주가 다니는 길인) 문의 한가운데에는 서지 않으셨고, 드나들 때는 문지방을 밟지 않으셨다. 군주의 위치를 지나실 때는 얼굴빛이 바뀌었고 발걸음은 빨랐으며, 말할 때는 모두 표현하지는 않으신 듯하였다. 옷자락을 모아서 당에 오를 때는 몸을 구부리는 듯하였고, 마치 숨을 쉬지 않는 것처럼 숨소리를 감추셨다. 당에서 나와 한 계단을 내려온 다음에야 얼굴빛을 펴서 편안한 모습을 하셨고, 계단을 다 내려오신 다음에는 나는 듯이 빠른 걸음으로 가셨으며, 제자리에 돌아가서도 편안해하지는 않으셨다.

주

1) 公門(공문) : 제후가 관장하는 공실(公室), 즉 조정의 대문이다.

2) 鞠躬(국궁) : 몸을 구부리고 조아리는 모습.

3) 如不容(여불용) : 문이 작아서 자신의 몸을 용납하지 못할 것 같은 자세를 표현한 것이다.

4) 中門(중문) : 공실의 문은 삼문(三門)인데, 가운데 문은 군주만이

다니는 곳이므로 거기를 피한다는 뜻이다. 삼문이 아닌 단문이라 할지라도 문의 가운데 부분에는 서지 않는다는 뜻이겠다.

5) 閾(역) : 문지방이다.『예기』에는 "사대부가 공문을 출입할 때는 문지방에 솟은 말뚝의 오른쪽으로 다니고 문지방을 밟지 않는다."[3]라고 되어 있다.

6) 過位(과위) : 位는 군주가 지나다니는 곳을 가리킨다고 본다. 군주가 앉는 자리는 승당한 다음이지 이 대목은 아니다.

7) 色勃如也 足躩如也(색발여야 족곽여야) : 10·03의 대목이 그대로 반복되었다.

8) 其言似不足者(기언사부족자) : 10·01의 "似不能言者"와 같은 뜻이다.

9) 攝齊升堂(섭제승당) : 攝은 옷을 걷어잡는다는 뜻이고, 齊는 옷의 아랫단을 가리킨다. 堂에 오를 때는 두 손으로 옷을 걷어 올려 옷자락이 밟히지 않도록 한다는 설명은 『주례』「곡례」에도 나온다.

10) 屛(병) : 주희는 '藏(장)'이라고 한다.

11) 氣(기) : '숨' 또는 '숨소리'라는 뜻이다. 氣에 관한 설명은 8·04의 주) 참조.

12) 降一等(강일등) : 계단 하나를 내려오다.

13) 逞(령) : 주희는 '放'이라고 한다. 긴장되었던 안색이 비로소 풀린다는 뜻일 것이다.

14) 怡怡如也(이이여야) : 주희는 '和悅(화평하고 기쁜 모습)'이라고 한다. 정주한묘죽간본에는 '怠若也'라고 되어 있다.

15) 沒階(몰계) : 내려오는 계단이 끝남.

16) 復其位(복기위) : 오규 소라이는 '其位'는 '비어 있는 임금의 자리'이고 '復'은 '踐(천: 밟다)'이라고 주장한다. 그러나 '자기 자리로 돌아온

---

3   士大夫出入公門 由闑右不踐閾

다'는 주희의 설명이면 충분하다. 앞에서 '位'를 공안국은 임금의 공위(空位)라고 했지만 합당하지 않다. 復其位는 앞에서 언급한 位로 돌아가는 것임은 분명하지만 復을 踐이라고 고집할 수는 없다.

17) 踧踖如(축적여) : 10·02에서 나왔던 형용어로, 공경하여 편안하지 않은 모습을 가리킨다.

이 장은 모두 공자의 생활에 대한 묘사이기 때문에 '스승님께서는'이라는 주어를 생략하여 번역하였다.

10·05 執圭 鞠躬如也 如不勝 上如揖 下如授 勃如戰色 足蹜蹜如有循 享禮 有容色 私覿 愉愉如也

(사신으로 나가서 빙례를 드리는 과정에서) 규를 잡으실 때는 몸을 굽혀서 마치 (그것의 무게를) 이기지 못하시는 것 같았다. (규를) 올릴 때는 읍하는 높이까지 올리셨고, 내릴 때는 (남에게 물건을) 줄 때의 높이까지 내리셨다. (규를 드는 동안) 얼굴빛은 두려운 기색을 띠시고 발걸음은 조금씩 딛되 발끝을 들고 뒤꿈치를 땅에서 끌듯이 걸으셨다. (빙례를 마치고) 향례를 행할 때는 온화한 얼굴빛을 갖추셨다. (모든 예를 마친 다음) 사적으로 (군주를) 뵐 적에는 기뻐하는 모습이셨다.

1) 圭(규) : 천자가 제후를 봉할 때 작위를 표시하여 주는 물건인데, 이웃 나라에 사신을 보낼 때는 이 규를 주어서 신물(信物)로 삼는다. '命圭(명규)'라고도 한다. 『의례』와 『주례』에 의하면 公이 빙문(聘問)할 때는 천자에게 圭와 馬를 헌상하고 황후에게 장(璋)과 피물(皮物)을 헌상한

다. 侯·伯·子·男이 빙문할 때는 천자에게 벽(璧)과 백(帛)을 헌상하고
황후에게 종(琮)과 금(錦)을 헌상한다.

2) 上如揖下如授(상여읍하여수) : 규를 드는 손은 높이더라도 읍을 하
는 정도의 높이까지만 올리고, 낮추더라도 남에게 물건을 주는 정도의
높이까지만 낮춘다는 의미라는 주희의 설명이 합당하다.

3) 蹜蹜(축축) : 보폭을 좁게 하는 종종걸음을 형용한 말이다.

4) 如有循(여유순) : 발끝은 들고 뒤꿈치를 땅에서 떨어지지 않고 끌
듯이 걷는 모습이다.

5) 享禮(향례) : 빙례에 이어서 가지고 온 예물을 바치는 의례이다.

6) 容色(용색) : 온화한 얼굴빛.

7) 私覿(사적) : 공식 행사가 끝난 다음 만나보는 것을 의미한다.

8) 愉愉(유유) : 안색이 화(和)한 것을 가리킨다.

평설

공자가 이웃 나라를 빙문하는 모습에 대한 기록이다. 1장부터 5장까지
는 공자가 공적인 활동을 할 때의 행위, 언어, 자세, 태도에 대한 묘사인
데, 신성함과 엄숙함을 갖추었다는 것이 요지이다. 신성하고 엄숙한 태
도라면 제사를 모시는 태도와 연결되는데, 그렇기 때문에 공자는 종교
(적 자세)와 정치(적 자세)를 동일시했다고 말할 수 있다.

10·06 君子不以紺緅飾 紅紫不以爲褻服 當署 袗絺綌 必表而出之 緇
衣 羔裘 素衣 麑裘 黃衣狐裘 褻裘長 短右袂 必有寢衣 長一身有半 狐
貉之厚以居 去喪 無所不佩 非帷裳,必殺之 羔裘玄冠不以弔 吉月 必朝
服而朝

군자는 감색과 추색으로는 깃과 도련을 두르지 않고, 홍색과 자색으로는 평상

복을 만들지 않는다. 더운 날에는 고운 칡베나 거친 칡베로 만든 홑옷을 입되 (외출할 때는) 반드시 (속옷 위에) 겉옷으로 입는다. 검은 옷은 (검은빛인) 염소 가죽으로, 흰 옷은 (흰빛인) 사슴 가죽으로, 노란 옷은 (노란빛인) 여우 가죽으로 만든다. 집에서 입는 가죽옷은 길게 만들되 오른 소매는 짧게 한다. 반드시 잠옷을 갖추는데, 길이는 한 길 반(으로 몸보다 길게 만든)다. 거처하는 바닥에는 여우나 담비 가죽을 두텁게 깐다. 상복을 벗으면 (평소처럼) 차야 할 패옥은 모두 찬다. 조복이나 제례복이 아닌 한 (온 폭으로 만든 옷을 입지 않고) 반드시 남은 천을 이어서 만든 옷을 입는다. (검은) 염소 가죽옷이나 검은 갓을 쓰고는 조문하지 않으며 매달 초하루에는 반드시 조복을 입고 조회에 참석한다.

주

1) 紺(감) : 붉은 기가 도는 짙은 푸른빛의 이름인데, 재계할 때 입는 옷인 재복(齊服)의 색을 가리킨다.

2) 緅(추) : 짙은 붉은빛의 이름인데, 소상 때 입는 옷인 연복(練服)의 색을 가리킨다.

3) 飾(식) : 저고리의 목둘레 깃과 가장자리 도련을 말한다.

4) 褻服(설복) : 집에서 거처할 때 입는 옷을 가리킨다. 褻은 '더럽다' 또는 '속옷'을 가리킨다. 『고논어』에는 '絬(설)'로 되어 있다 한다. 홍색과 자색을 설복에 쓰지 않는 것은 정색(正色)이 아니기 때문이라고 흔히 설명하지만, 합리적인 설명은 아니다. 정색이 아닌 색은 그 두 가지 외에도 많다. 주희는 부인네들의 옷과 비슷하기 때문이라고 설명한다.

5) 署(서) : 暑(서)와 통자이다.

6) 袗(진) : 홑옷을 가리킨다. 황간본에는 縝으로 되어 있고, 『석문』은 紾으로 쓴 다음 "本又作袗 單也"라고 했으며, 주희도 單이라고 설명한다.

7) 絺(치), 綌(격) : 칡베 가운데 고운 것을 絺라 하고 거친 것을 綌이라고 한다.

8) 表而出之(표이출지) : 『논어주소』는 '加上衣(가상의: 겉옷을 위에 덧입는다)'라고 설명하지만, 여름에 홑옷으로 외출하면 몸이 비치어 흉하므로 속옷을 받쳐 입은 위에 겉옷으로 입으라는 뜻이라는 주희의 설명이 합당하다고 본다. '之' 자가 없는 판본도 있다.

9) 緇(치) : 검은빛.

10) 緇衣羔裘(치의고구) : 『예기·옥조(玉藻)』의 "염소 가죽옷은 검은색 옷으로 안감을 대고, 사슴 가죽옷은 창황색 옷으로 안감을 대며, 여우 가죽옷은 노란색 옷으로 안감을 댄다."[4]라는 구절의 뜻과 같다. 털 가죽옷을 입을 때는 털 빛깔과 맞는 옷을 속에 입거나 안감으로 대야 한다는 뜻으로 짐작된다. 요즘은 털 가죽옷을 겉에 입지만 예전에는 비단옷 속에 입었다는 견해도 있다.

11) 麑(예) : 사슴 새끼. '고라니'를 가리키기도 한다. 흰 빛깔을 나타내기도 한다.

12) 褻裘長(설구장) : 집에서 입는 갖옷은 길게 만든다는 뜻이다. 공안국은 보온 때문이라고 한다.

13) 短右袂(단우몌) : 오른손잡이의 활동을 편하게 하기 위해서 오른소매를 짧게 한 것이라고 하안과 주희는 설명한다. 그러나 유월은 하필 오른 소매를 짧게 만들 이유는 없으니 활동의 편의를 위해 오른 소매를 짧게 말아서 걷어 올리는 것을 가리킨다고 한다. 이밖에 右·又·有의 음이 같은 것을 가지고 여러 가지로 해석하기도 하지만 중요한 내용은 없다.

14) 必有寢衣 長一身有半(필유침의 장일신유반) : 재계할 때는 공경해야 하므로 옷을 벗고 잘 수는 없고, 그렇다고 재계할 때 입는 명의를 입고 잘 수도 없으니 별도로 침의를 입었다는 주희의 설명이 합당하다고 본다. 寢衣는 옷이 아니라 이불이라는 주장도 있지만 맞지 않다. 이불이

---

4   羔裘緇衣以裼之 麑裘青豻 絞衣以裼之 狐裘黃衣以裼之

라면 굳이 '必'이라는 부사를 사용할 필요가 없다. 긴 부분으로 발을 덮는다는 주희의 설명이 타당하다. 有는 '또'라고 새기면 된다. 정이는 이 구절이 다음 장의 '齊必有明衣布' 다음에 와야 할 것 같다고 한다.

15) 狐貉(호맥) : 여우와 담비의 털가죽.

16) 無所不佩(무소불패) : 『예기·옥조』에 의하면 옛날 군자는 왼쪽에 궁성(宮聲)과 우성(羽聲)을 내는 옥을 차고 오른쪽에 치성(徵聲)과 각성(角聲)을 내는 옥을 찼다고 한다. 모든 의대(衣帶)에는 반드시 옥이 있지만 상중에는 옥을 차지 않는다고 한다. 군자는 옥을 덕에 비유하기 때문에 몸에서 옥을 떼지 않는다는 설명도 있다.

17) 非帷裳 必殺之(비유상 필쇄지) : 유상은 조복이나 제복의 아래옷이다. '쇄'는 쇄봉(殺縫)으로서, 자투리 옷감을 잇는 바느질을 말한다. 유상은 쇄봉이 없도록 온 폭을 사용해서 만든다.

18) 羔裘玄冠不以弔(고구현관불이조) : 상사(喪事)에는 흰색을, 길사(吉事)에는 검은색을 위주로 하므로 검은색 옷이나 관을 쓰고서는 조문하지 않는다는 뜻이다. 『예기·단궁상』에는 "부자께서는 사람이 죽으면 고구현관을 한 사람은 의관을 바꾸어야 한다고 말씀하셨다. 부자께서는 고구현관으로는 조문하지 않으셨다."[5]라는 구절이 있다.

19) 吉月(길월) : 초하루를 가리킨다.

보기 평설

공자가 노나라에서 벼슬할 때 이렇게 하셨다고 주희는 설명한다. 하지만 문장의 주어가 '군자'인 것을 보면 공자의 실제 행적을 기록했다기보다는 '군자는 이래야 한다'는 원론을 정리한 대목이 아닐까 한다.

---

5   夫子曰 始死羔裘玄冠者 易之而已 羔裘玄冠夫子不以弔

10·07 齊 必有明衣 布 齊必變食 居必遷坐

재계할 때는 반드시 명의를 입으셨는데, 베(로 만든)다. 재계할 때는 반드시 음식도 (소박한 음식으로) 바꾸고 거처도 반드시 옮긴다.

| 주 |

1) 明衣(명의) : 재계는 목욕부터 하는데, 목욕을 끝내고 입는 옷이 명의이다. 우리나라에서는 시신을 염할 때 입히는 옷도 명의라고 한다.

2) 布(포) : 삼베(麻布) 또는 모시베(苧布)를 가리킨다. 棉布(면포)는 '목'이라 하지 '베'라고 하지 않는다.

3) 變食(변식) : 주희는 술과 훈채(葷菜: 매운 채소)를 먹지 않는 것이라고 한다.[6]

4) 遷坐(천좌) : 늘 거처하던 곳을 옮긴다는 표현인데, 내실에서 아내와 잠자리를 함께하지 않고 正寢(정침: 사랑채)에서 기거하는 것을 말한다. 『당률(唐律)』에서는 큰 제사를 거행하기 전 재계할 때 관리들이 정침에서 자지 않으면 하룻밤마다 대쪽으로 오십 대를 맞도록 규정하였다.

| 평설 |

재계에 대한 설명이다. 유가의 이런 종교적 태도가 송명시대에 인욕

---

6   훈채는 매운 맛을 내는 채소라는 뜻이다. 보통 다섯 가지를 들면서 오신채(五辛菜: 파, 마늘, 부추, 생강, 개자)라고 부른다. 그러나 『중화대자전』은 『당서(唐書)·왕유전(王維傳)』을 인용하여 훈채를 육식으로 새긴다. 『장자·인간세(人間世)』에는 "顔回曰 回之家貧 唯不飮酒不茹葷者數月矣 如此則可以爲齋乎 曰 是祭祀之齋 非心齋也(안회가 여쭙기를, 회는 집이 가난하여 술도 훈채도 먹지 못한 지 몇 달이나 됩니다. 이렇게 하면 재계를 했다고 할 수 있습니까? 스승님께서 말씀히시기를, 그것은 제사 지낼 때의 재계이지 마음의 재계는 아니다)"라는 대목이 있다.

(人慾)을 멀리하고 천리(天理)를 보존한다는 이학(理學)의 원리로 발전하게 되었다고 이택후는 설명한다. 7·13에는 "子之所愼齊戰疾(스승님께서 신중히 여기셨던 바는 재계·전쟁·질병이다)"이라는 말이 있다.

10·08 食不厭精 膾不厭細 食饐而餲 魚餒而肉敗 不食 色惡 不食 臭惡 不食 失飪 不食 不時 不食 割不正 不食 不得其醬 不食 肉雖多 不使勝食氣 唯酒無量 不及亂 沽酒市脯不食 不撤薑食 不多食

밥은 곱게 쓿은 쌀로 지은 것만 잡숫고자 하지는 않으셨고, 회도 가늘게 여민 것만 잡숫고자 하지는 않으셨다. 밥이 쉬어서 맛이 변한 것, 생선이 문드러진 것, 고기가 부패한 것은 잡숫지 않으셨다. (문드러지거나 부패하지는 않았을지라도) 빛깔이 나쁜 것도 잡숫지 않으셨고 냄새가 나쁜 것도 잡숫지 않으셨다. 잘 끓이지 않은 것은 잡숫지 않으셨고 (곡식이나 과일은) 제때의 것이 아니면 잡숫지 않으셨다. (고기의 경우) 바르게 잘리지 않은 것은 잡숫지 않으셨고, 적합한 (양념)장이 갖추어 있지 않으면 잡숫지 않으셨다. 고기는 많이 드시더라도 밥보다 더 많이 잡숫지는 않으셨다. 술은 주량에 한정을 두지는 않으셨지만 취할 정도까지 드시지는 않았다. (시장에서) 파는 술과 파는 육포는 잡숫지 않으셨다. 생강은 끊이지 않되 많이 들지는 않으셨다.

> 주

1) 食(사) : 밥.

2) 厭(염) : 饜(염: 물릴 정도로 배불리 먹다)과 같다. '食不厭精'은 '밥은 곱게 쓿은 쌀밥만 먹고자 하지는 않다'는 뜻이다. "곱게 쓿은 쌀밥을 먹어야 사람을 보양할 수 있고, 거칠게 썬 회는 사람을 해칠 수 있다."[7]라

---

7 食精則能養人 膾麤則能害人

는 주희의 주석은 厭을 '싫어하다'로 해석한 결과이다.

　3) 精(정) : 곡식을 곱게 쓿다, 또는 곱게 쓿은 쌀로 지은 밥.

　4) 饐(애) : 냄새가 변한 밥. 주희는 밥이 상하여 뜨뜻하고 눅눅해진 것
이라고 한다.

　5) 餲(애) : 맛이 변한 밥.

　6) 餒(뇌) : 어류가 문드러지는 것은 餒(뇌), 육류가 썩는 것은 敗(패)
라고 한다.

　7) 飪(임) : 조리할 때 끓이는 정도가 알맞음을 가리킨다.

　8) 不時(불시) : 대체로 '非朝夕日中時(아침 저녁 점심의 끼니때가 아
니면)'라는 정현의 해석을 받아들이는데, 그런 뜻이려면 '不時'가 아닌
'非時(비시)'라야 한다. 앞에 열거한 것들이 모두 '먹을 것'이므로 이것도
먹을 것에 대한 보어로 보는 것이 옳을 것이다. 따라서 '五穀不成 果實
未熟之類(익지 않은 곡식이나 익지 않은 과일 부류)'라는 주희의 견해가
더 합당하다고 본다. '제철 음식이 아니면 먹지 않는다'라고 번역하는 것
이 낫다.

　9) 割不正不食(할부정불식) : '바르게 자르다'는 것이 무슨 뜻인지에
대한 견해가 여럿이다. 『논어주소』는 희생의 각 부분의 수효를 禮에 맞
게 자른 것이라 하고, 『논어집주』는 모양을 바르게 자른 것이라고 한다.

　10) 醬(장) : 고기나 생선에는 각각 적합한 양념장을 곁들여서 먹었다.
『예기·내칙(內則)』에도 "물고기회에는 芥醬(개자장)을 곁들이고 고라니
고기에는 젓갈장을 곁들인다."라고 되어 있다.

　11) 不使勝食氣(불사승식기) : '고기를 많이 먹더라도 식기보다 넘지
는 않도록 한다'는 뜻이다. 食氣에 대한 설명도 여럿이지만, '곡류로 만
든 밥'이라고 본다. 고기를 밥보다 많이 먹지는 않았다는 뜻이겠다. 氣에
관한 설명은 8·04의 주) 참조.

　12) 唯酒無量不及亂(유주무량불급란) : 대체로 공자는 주량이 커서

아무리 마셔도 취한 적이 없다고 새긴다.[8] 그러나 술이란 주정 도수도 다르고 술잔 크기도 다르기 때문에 '술을 마실 때는 처음부터 마실 분량을 정해놓고 마시는 것이 아니라 취하기 전까지만 마신다'는 뜻이라는 정약용의 견해가 합당하다고 본다.

13) 沽酒(고주) : 유보남은 『설문』의 "酤 一宿酒也(고는 하룻밤을 넘긴 술이다)"라는 대목을 거론하면서 沽를 酤(고)와 동자로 본다. 다음 장의 '宿(숙)'과 연관시키는 해석이다. 그러나 『예기·왕제』의 "玉衣服飮食不粥於市(옥과 의복과 음식은 시장에서 팔지 않는다)"라는 구절을 감안하더라도 '파는 술'이라는 뜻으로 짐작된다. 오규 소라이도 군자가 파는 음식을 먹지 않은 것은 선왕의 제도를 범하는 것을 두려워했기 때문이라고 한다. 황간과 주희도 그렇게 해석한다. 시장에서 파는 음식에 대한 당시의 불신관념을 드러낸 대목이 아닐까 한다.

14) 不撤薑食(불철강식) : 撤은 '물리치다'는 뜻이다. 재계할 때 매운 채소는 금하지만 생강은 맵기는 해도 냄새는 나지 않기 때문에 끊지 않고 잡수셨다고 『논어주소』는 설명한다. 주희는 생강은 신명을 통하게 하고 더러운 것을 제거하기 때문에 물리치지 않으셨다고 한다.

> 평설

시장에서 파는 술과 고기를 먹지 않았다는 부분이 유의할 만하다. 상행위에 대한 중국의 사회적 신뢰도는 지금도 지극히 낮은데, 그것의 사회문화적 원인에 대해서는 역사적 배경과 아울러 분석할 만한 가치가 있다.

---

[8] 9·16의 '不爲酒困'이라는 표현을 '唯酒無量'과 연결하여 그렇게 해석하는 것이 일반적이다.

10·09 祭於公 不宿肉 祭肉不出三日 出三日 不食之矣

관청에서 제사를 지낸 (다음 받아온) 고기는 (바로 주변에 나누어주어서) 밤을 넘기지 않으셨으며, (집에서) 제사 지낸 고기는 사흘을 넘기지 않으셨다. (고기가) 사흘을 넘기면 잡숫지 않으셨다.

평설

공실 제사를 돕고서 얻어온 고기를 집에 오자마자 나누어주어 밤을 넘기지 않는 것은 귀신의 은혜를 지체시키지 않으려는 뜻이고, 집에서 제사를 지낸 고기는 사흘이 지나면 부패하여 먹을 수 없게 되는데 그렇게 되면 귀신이 남긴 것을 모독하는 것이라고 『논어주소』는 설명한다. 주희도 그 설명을 그대로 『논어집주』에 인용한다.

10·10 食不語 寢不言

진지 드실 때는 대화하지 않으셨고, 잠자리에 들면 말을 하지 않으셨다.

평설

상대방의 말에 답하는 것이 '語(어)'이고 스스로 말하는 것이 '言(언)'이라고 형병과 주희는 구분한다. 주희는 "폐는 기를 이용하여 소리를 밖으로 내는데 잠자리에 들거나 음식을 먹을 때는 기가 막혀서 통하지 않으므로 말을 하면 폐가 상할까 봐 그러신 것이다."라는 양시(楊時, 1053~1135)의 주석을 소개한다. 그 시대의 상식에 바탕을 둔 합리화일 것이다. "성인은 먹을 때는 먹고 잘 때는 자는 데에 마음을 둔다. 먹을 때나 잘 때 말하는 것은 때에 맞지 않다."라는 범조우(范祖禹, 1041~1098)의 설명이 더 분명하다고 본다. 미곡을 주식으로 하는 끼니는 식기 전에 먹는 것이 좋다. 끼니를 먹으면서 대화를 즐기거나 음악을 즐기거나 하는 것은 문화적 관행에 불과하다. 그래야 소화도 더 잘되고 건강에도 좋다는 설명은 억지이다. 일단 잠자리에 든 뒤에 대화하는 것도 원만한 수면을 방해하는 좋지 않은 버릇이다.

10·11 雖疏食菜羹 瓜祭 必齊如也

비록 거친 밥과 나물국(처럼 간소한 음식을 먹더라)도 (먹기 전에는) 반드시 고수레를 하시는데, (스승님께서는 그 경우에도) 반드시 재계하듯 하셨다.

| 주 |

1) 瓜祭(과제) : 『노논어』에 '瓜'가 '必'로 되어 있다는 육원랑의 견해가 그럴싸하다. 형병과 오규 소라이는 이 문장의 구두를 '雖疏食菜羹瓜, 祭必齊如也'로 끊어 읽어야 한다고 주장하는데, 그렇다면 蔬食·菜羹·瓜 세 가지로 제사 지낸다는 뜻이 된다. 제사 음식을 그 세 가지로 한다는 설명은 아무래도 설득력이 부족하다. 必이 瓜로 잘못 적히면서 뒤에 必이 다시 첨가되었다고 본다. 우리나라에서 고수레라고 부르는 간이 형식의 제사를 瓜祭라고 부르게 된 것은 이 문장에서 비롯하였는데, 오류를 따르는 바람에 뜻을 이해할 수 없는 낱말이 되고 말았다.[9] 『논어주소』에서는 고수레를 '祭先(제선)'이라고 부른다.

2) 齊如(재여) : 공안국과 주희는 '嚴敬貌(엄숙하고 경건한 모습)'라고

9　『예기·옥조』에 "瓜祭上環"이라는 대목이 있는데, 공영달의 소에는 "오이를 먹을 때도 고수레를 하는데, 오이를 옆으로 잘라서 고리 모양으로 도려내는 것이 環이다. 꼭지 쪽을 도려내는 것이 上環이고 꽃이 피었던 자리를 도려내는 것이 下環인데 고수레를 할 때는 상환으로써 한다."라고 되어 있다. 그런 설명들은 모두 『논어』의 이 장이 잘못 표기되는 바람에 만들어진 것이라고 본다.

한다. 齊는 7·13과 10·07에서처럼 '재계'를 뜻한다. 齊如는 '재계하는 듯한 모습'이라는 뜻이겠다.

평설

주희는 다음과 같이 설명한다. "옛날 사람들은 음식을 먹을 때 각각 조금씩 떼어서 그릇 사이에 두는 것으로써 음식을 처음 만든 사람에게 제사를 지냈는데, 이는 근본을 잊지 않으려는 행위이다. (…) 공자는 비록 하찮은 음식도 고수레를 하였는데 그 고수레도 반드시 경건하게 했던 것은 성인의 정성이다."

10·12 席不正 不坐
좌석이 바르지 않으면 앉지 않으셨다.

평설

'좌석이 바르다'는 것을 황간은 방석의 모양이 바른 것으로 이해한다. 그러나 형병은 "천자의 자리는 5중(重)이고 제후는 3중이며 대부는 2중이라는 것, 남향이나 북향으로 앉을 때는 서방이 상석이고 동향이나 서향으로 앉을 때는 남방이 상석인 것"이라고 설명한다.
정수덕은 이 구절이 '割不正 不食' 뒤에 와야 한다고 말하는데, 문장의 외형으로야 그렇게 두는 것이 합리적이겠지만 반드시 그래야 할 이유는 없다.

10·13 鄉人飮酒 杖者出 斯出矣
마을사람들과 함께 술을 마실 때는, 노인이 자리를 떠야 비로소 나가셨다.

1) 鄕人飮酒(향인음주) : 鄕飮酒禮(향음주례)에 해당하는 내용일 것이다.

2) 杖者(장자) : 지팡이를 짚는 사람이라는 뜻으로서, 노인을 가리키는
대명사였다. 『예기·왕제』에는 "나이 50이 되면 가에서 지팡이를 드리고,
60이면 향에서, 70이면 국에서, 80이면 조정에서 하사한다."[10]라는 기록
이 있다.

10·14 鄕人儺 朝服而立於阼階

마을사람들이 (역귀를 쫓는) 액막이굿을 할 때는 조복을 입고서 (묘당의) 동쪽
섬돌에 서 계셨다.

1) 儺(나) : 우리나라에서 연말에 마을에서 행하는 역귀(疫鬼)를 쫓는
액막이굿과 비슷한 것으로 이해된다. 儺의 기원과 종류에 대해서는 다
양한 설이 있는데, 『주례』에 의하면 방상씨(方相氏)가 관장했다고 한다.
『예기·월령(月令)』에는 "늦봄에는 제후국에 나례를 거행하도록 하여 봄
기운을 마치게 하고, 중추가 되면 천자가 나례를 거행하여 가을기운이
통하게 하며, 늦겨울에는 유사에게 대나례를 거행하도록 하여 차가운 기
를 보낸다."[11]라고 되어 있다. '難'로 적기도 하는데, 글자의 뜻은 '없애다',
'물리치다'이다.

2) 阼階(조계) : 동쪽 계단을 가리키는 이름이라고 한다.

---

10 五十杖於家 六十杖於鄕 七十杖於國 八十杖於朝

11 季春命國儺以畢春氣 仲秋天子乃儺以達秋氣 季冬命有司大儺以送寒氣

공안국은 이렇게 설명한다. "나례는 집 안의 구석구석을 찾아다니면서 역귀를 쫓아내는 의식이다. 묘당에 계신 조상귀신이 놀랄까 봐 공자는 제례복인 조복을 입고서 묘당의 동쪽 섬돌에 서서 조상신을 편안케 하려고 했다." 주희는 이렇게 설명한다. "나례는 옛날 의례이기는 하지만 놀이에 가까운 것이다. 그런데도 공자는 조복을 입고 임하였다 하니, 어느 것에든 정성스러움과 경건함을 다한 것이다." 각각 자기가 사는 시대 분위기에 따라 설명했다고 본다.

10·15 問人於他邦 再拜而送之

다른 나라로 사람을 심부름 보내어 안부를 물을 때는 (심부름 가는 사람에게) 두 번 절을 한 다음 보내셨다.

1) 問(문) : 황간은 다른 나라 군주에게 사람을 보내는 것으로 이해하고, 형병은 군주가 아닌 평교에서의 상황으로 이해한다. 그래서 형병은 問이 遺(유)와 같다고 한다. 사람을 보내 안부를 물을 때는 자기에게 일이 있어서 보내거나 상대에게 일이 있어서 보내거나 간에 반드시 물건을 보내기 때문이라고 한다.

사람을 시켜 안부를 물을 때는 물건을 보내는 것이 고대의 禮였다. 士들은 서로 만날 때 재배(再拜)를 하므로 심부름 가는 사람에게도 당자를 대하는 것처럼 여기면서 재배했다는 것이다.

10·16 康子饋藥 拜而受之 曰 丘未達 不敢嘗

계강자가 약을 보내오자 (스승님께서는) 절하고 받으시면서 (심부름 온 사람에게) 이렇게 말씀하셨다 : 제가 (이 약에 대해) 확실하게 알지 못하기 때문에 구태여 먹지는 않겠습니다.

주

1) 未達(미달) : 확실하게 알지 못하는 것이 무엇인지는 드러나지 않았다. 그래서 공안국은 '그 까닭을 알지 못하기 때문', 황간은 '어떤 질병에 효험이 있는지를 모르기 때문', 형병은 '그 약의 약리를 모르기 때문'이라고 한다. 주희는 '謹疾(근질: 질병을 조심하다)'이라는 양시의 주석을 인용한다. 미야자키 이치사다는 방위(方位)나 상성(相性) 등[12] 길흉에 대한 것을 모르기 때문에 저어하다는 뜻이라고 한다. 미신의 습속이기는 하지만 상대방의 호의를 무시하지 않고 거절할 때 사용되는 가장 정중한 구실이라는 것이다.

평설

음식을 보내오면 절하고서 받은 다음 먹어보는 것이 禮이지만 약의 경우는 함부로 먹지 않고 이렇게 대답하는 것이 禮임을 보여주려는 의도인지, 아니면 상대가 계강자이기 때문에 거부하는 뜻에서 이렇게 대했다는 것인지, 분명하지 않다.

「향당」편의 여기까지는 공자의 종교적 태도라고 말할 수 있다. 귀신이 앞에 있는 듯이 여기면서 제사를 지낸다거나, 액막이굿을 할 때 묘당에

---

12 어떤 방위는 이롭고 어떤 방위는 불길하다는 따위의 항간의 미신을 말한다. 상성(相性)은 태어난 연도를 오행에 맞추어서 보는 사주(四柱)나 궁합(宮合)과 같은 풍속을 일본에서 부르는 말이다.

있는 귀신이 놀랄까 봐 지키고 서 있다는 것이나, 먼 데 있는 사람이 사람을 시켜서 선물을 보내오면 당자가 직접 가지고 온 것처럼 심부름하는 사람을 대한다든가 하는 것은 유가의 종교적 윤리라고 말할 수 있다.

10·17 廐焚 子退朝 曰 傷人乎 不問馬

마구간에 불이 난 적이 있었는데, 스승님께서 퇴조하여 돌아오신 다음 (그 사실에 대해 들으시고는) 사람이 다쳤느냐(고만 물으셨지) 말(의 안부)에 대해서는 묻지 않으셨다.

평설

정현의 '重人賤畜(중인천축: 사람을 중시하고 가축은 천시함)'이라는 표현을 누구나 거론한다. 말을 아끼지 않은 것은 아니지만 사람이 다쳤을까 염려하는 마음이 더 많았던 까닭에 말에 대해서는 물을 겨를이 없었다고 주희는 부연한다. 현대에 이르러는 이 이야기가 공자의 휴머니즘을 선전하는 데 곧잘 동원된다. 공자는 재물보다는 사람을 더 귀히 여겼다고 말이다.

마구간은 공부(孔府)의 마구간이 아니라 공실(公室)의 마구간이라는 주장도 있다. 설령 그렇다 한들 이야기의 메시지가 달라질 바는 없다. 「향당」편은 삼자구(三字句) 형식이 많으므로 '傷人乎 不問馬'로 끊어 읽는 것이 자연스러운데도, '傷人乎不 問馬(사람이 다쳤느냐 안 다쳤느냐? 말은 어떠한가?)'라고 끊어 읽거나[13] '傷人乎 不 問馬(사람이 다쳤느냐? 안 다쳤습니다. 말은 어떠한가?)'라고 끊어 읽어야 한다고 주장하는 이도

---

13 조선의 박세당(朴世堂, 1629~1703)은 주희 주(注)를 의심하면서 이렇게 해석한다.

있다. 그런 해석은 문자유희나 다름없다. 『논어』를 새롭게 읽으려는 태도
가 그런 것이라면 아무런 의미가 없다. 공자가 말의 안부를 무시하지는
않았다고 굳이 강조할 필요도 없다. '不問馬'는 말의 안부를 결코 묻지
않았다는 표현이 아니라 말부터 묻지는 않았다는 표현이기 때문이다.

10·18 君賜食 必正席先嘗之 君賜腥 必熟而薦之 君賜生 必畜之 侍食
於君 君祭 先飯
군주께서 먹을 것을 내리시면 반드시 좌석을 바로 한 다음 먼저 맛을 보셨고,
군주께서 날고기를 내리시면 반드시 익힌 다음 조상께 올렸으며, 군주께서 산
짐승을 내리시면 (죽이지 않고) 반드시 (잘) 기르셨다. 군주의 끼니를 모실 때는
군주가 고수레를 하실 때 먼저 밥을 맛보셨다.

> 주

1) 腥(성) : 익히지 않은 날고기.

2) 薦(천) : 군주가 내리신 것을 영예롭게 여겨 조상신에게 바치는 것
을 뜻한다. 오규 소라이는 희생을 갖추어서 바치는 것이 제(祭)이고 희생
없이 바치는 것이 천(薦)이라고 한다.

3) 畜之(축지) : 군주의 은혜를 어질게 받아들여 죽이지 않고 키운다
는 뜻이다.

4) 侍食(시식) : 군주의 끼니를 모신다는 것은 객으로서 임금과 함께
밥을 먹는 것이 아니다. 『주례』에 군주는 하루 한 번 성찬을 먹는데 군주
가 고수레를 하는 동안 선부(膳夫)[14]는 군주의 음식을 먼저 시식한다고

14　관직의 이름이다. 『주례』에 의하면 천관총재(天官冢宰)에 속하는 관직으로
서 군주의 음식을 담당하는 부서의 우두머리이다. 금문(金文)에는 '善夫'로 표기

되어 있으니 그런 상황을 가리킨다고 정현은 설명한다. 그렇다면 '先飯(선반)'도 '먼저 밥을 먹다'가 아닌 '밥을 먼저 맛보다'라고 번역하는 것이 옳을 것이다.

5) 祭(제) : 음식을 먹기 전에 먼저 귀신에게 바친다는 뜻에서 조금 떼어 들에 던지거나 하는 고수레를 뜻한다. 동아시아에 퍼져 있는 관습이다.

평설

음식은 고대에 사회관계를 형성·유지하는 데 다양한 방식으로 작용한다. 군주가 지배계층인 대부에게 음식을 내려주는 것은 집단의 단결력을 강화하는 조치이다. 또한 음식을 내릴 때는 차등 있게 내려서 계급의 차이를 구별하기도 한다.

이미 익힌 음식은 먹고 남은 음식이기 때문에 조상신께 올리지 않고 바로 맛을 본 것이고, 자리를 바로 한 것은 군주를 앞에서 직접 대하는 것처럼 태도를 취한 것이며, 군주가 날고기를 내리면 익혀서 제물로 올리면서 군주께서 내린 영광을 알려드렸고, 군주가 내린 산 짐승을 죽이지 않은 것은 군주의 은혜가 깃든 생물이므로 감히 까닭 없이 죽이지 않았음을 드러낸 것이라고 전통적으로 해석한다.

10·19 疾 君視之 東首 加朝服 拖紳
병을 앓고 있을 때에 군주가 (문병차) 보러 오시면 (누워서) 머리를 동쪽으로 향하고 조복을 (몸 위에) 덮은 다음 띠를 그 위에 걸쳐놓으셨다.

되기도 하는데, 왕명을 출납하는 고위직이었다.

1) 東首(동수) : 『예기·옥조』에는 "군자는 거처할 때는 언제나 문에 가까이하고 잠잘 때는 언제나 머리를 동쪽으로 한다."¹⁵라고 되어 있다. 병이 난 경우가 아니라도 머리를 동쪽으로 하여 눕는 것이 원래의 예법이었던 모양이다. 주희는 "머리를 동쪽으로 두는 것은 생기를 받기 위한 것이다."라고 한다. 『예기·옥조』의 주에는 '首生氣'라고 되어 있다.[16]

평설

아파서 누웠을지라도 평복으로 임금을 뵐 수는 없으니 누운 몸 위에 조복을 덮고 띠까지 드리워 조복을 입은 것처럼 하고서 임금을 뵈었다는 것이다. 춘추시대에는 아픈 신하가 있으면 군주가 찾아가 문병하기도 했던 모양인데, 전체주의적 황제가 등장하면서 군신관계는 점점 경색되어 간다.

10·20 君命召 不俟駕行矣

군주가 오라고 명하시면 거마 준비를 기다리지 않고 발걸음부터 떼셨다.

평설

『시경·제풍(齊風)』「동방미명(東方未明)」에는 "顚之倒之 自公召之(넘어지고 자빠지고, 임금님 부르시니)"라는 구절이 있다. 『맹자』에는 공자

---

15 君子之居恒當戶 寢恒東首
16 오행설에 의하자면 동방은 木, 남방은 火, 서방은 金, 북방은 水, 중앙은 土이다. 계절로는 木이 봄이고 火가 여름이며 金이 가을이고 水가 겨울이다. 그래서 만물이 생동하는 봄의 기운은 木氣로서 동방을 상징한다.

가 "君命召不俟駕(주군께서 부르시자 거마 준비를 기다리지도 않으셨다)" 했다는 말이 두 번이나 나온다(「공손추하」, 「만장하」). 『순자·대략(大略)』에는 "諸侯召其臣 臣不俟駕 顚倒衣裳而走 禮也(제후가 신하를 부르면 그 신하는 수레 준비를 기다릴 새도 없이 옷도 뒤집어 입을 정도로 부리나케 달려가는 것이 예이다)"라는 구절이 있다. 일단 몸부터 움직이고, 타고 가야 할 수레가 준비를 마친 뒤에 따라오면 그제야 타고 가는 상황을 생각해볼 수 있다.

10·21 入太廟 每事問

(제사를 모시러) 태묘에 들어가시면 (제사의) 단계마다 물(어서 처리하)셨다.

평설

3·15에서 나왔던 말이다. 같은 내용이지만 맥락이 바뀌니 느낌도 다르다. 3·15에서는 공자를 비난하기 위한 전제로 이 구절이 등장했기 때문에 다소 긴장감을 주었지만 여기서는 편안하게 읽힌다.

10·22 朋友死 無所歸 曰 於我殯

(스승님의 어떤) 벗이 죽었는데 (그 송장을) 거두어 갈 사람이 없자 (스승님께서는) 내 집에서 염을 하겠다고 말씀하셨다.

주

1) 殯(빈) : 시신을 염하여 관에 넣는 일 또는 그 관이 놓인 장소를 殯이라고 한다.

공자는 빈을 했을 뿐 장(葬)을 치르지는 않았다는 주석이 있다. 빈만 하고 장을 하지 않았던 것은 옛날에는 삼월장을 치르니까 죽은 사람의 친척이 먼 곳에 있어 부고를 했어도 아직 도달하지 않았기 때문이라는 주석도 있다. 모두 불필요한 설명이다. 공자가 빈만 했는지 장까지 했는지는 핵심이 아니다. 이 장의 핵심은 '於我(어아)'이다. 거둘 사람 없는 친구의 송장을 공자가 거리낌 없이 나서서 거두었다는 것이다. 어느 단계까지 거두었는지는 중요하지 않다.[17] 당시나 지금이나 일가친척이 아닌 사람의 송장을 거둔다는 것이 범상한 일은 아니다.

10·23 朋友之饋 雖車馬 非祭肉 不拜

벗이 보낸 선물은 비록 거마(처럼 값진 물건)일지라도 제사 지낸 고기가 아닌 한 절을 하(면서 받)지는 않으셨다.

절을 안 하고 받은 것은 벗 사이에는 재물을 통용하는 의리가 있기 때문이라고 공안국은 설명한다. 주희도 같다. 거마처럼 막중한 선물일지라도 벗이 주는 것은 절하지 않고 그냥 받지만, 벗의 조상신은 나의 조상신과 똑같이 공경해야 하는 대상이기 때문에 벗의 조상신에게 제사 지냈던 고기를 받을 때는 절을 한 것이라고 덧붙인다.

---

17 『예기·단궁』의 "賓客至無所館 夫子曰 生於我乎館 死於我乎殯"이라는 대목은 이 구절을 원용했을 것이다.

10·24 寢不尸 居不容

주무실 때는 시신처럼 눕지 않으셨고, (집에서) 한가하게 거처하실 때는 거동을 차리지 않으셨다.

주

1) 寢不尸(침불시) : 포함·정현·주희는 尸를 사체로 보고서 '죽은 사람처럼 눕지 않음'이라고 해석한다. 정수덕과 오규 소라이는 『예기·곡례』에 나오는 "坐如尸(앉을 때는 시동처럼 하라)"처럼 시동(尸童)을 뜻한다고 주장한다. 설령 시동을 가리킨다 하더라도 제사에서 귀신 역할을 하는 어린이를 尸라고 부르는 이유도 송장처럼 가만히 있어야 했기 때문일 것이다. 이 문장도 시신처럼 하늘을 보고 눕지는 않는다는 뜻으로 새기는 것이 자연스럽다. 굳이 다른 고전에서 유사한 점을 찾고자 할 필요는 없다.

2) 居不容(거불용) : 당석경(唐石經)에 '居不客'으로 되어 있고 하안·육원랑도 그렇게 새겼기 때문에 정수덕은 '앉을 때 객례(客禮)를 자처하지는 않음'의 뜻이라고 설명한다.[18] 단옥재(段玉裁, 1735~1815)도 "寢不尸는 生과 死가 같아지는 것을 싫어한 것이고, 居不客은 主와 賓이 같아지는 것을 꺼렸던 것이다."라고 설명한다. 그러나 그런 새김들은 앞 장과 마찬가지로 다른 문헌의 비슷한 대목과 무조건 맞추려는 형식논리이다. 容을 '거동을 갖추다'는 뜻으로 해석하면 무리 없다.

---

18 정수덕은 '居'가 '居家(거가)'의 뜻이 아닌 '坐(좌)'의 뜻이라고 하는데, 다른 문헌과의 유사성에 지나치게 집착하는 해석이라고 본다. '居'의 뜻에 대해서는 1·14의 주) 참조.

10·25 見齊衰者 雖狎 必變 見冕者與瞽者 雖褻 必以貌 凶服者式之 式負版者 有盛饌 必變色而作 迅雷風烈必變

자최복을 입은 사람과 마주치면 비록 허물없는 사이일지라도 반드시 태도를 바꾸셨고, 면관을 쓴 사람이나 눈이 먼 사람과 마주치면 비록 무람없는 사이일지라도 반드시 용모를 바로 하셨다. (수레를 타고 가면서도) 상복 입은 사람과 마주치면 식례를 하셨고, (힘들게) 등짐을 지고 가는 사람에게도 식례를 하셨다. 성찬을 받게 되면 반드시 낯빛을 고치고서 (자리에서) 일어나(고마움을 표하)셨으며, 갑작스레 우레가 치거나 센 바람이 불어도 반드시 태도가 바뀌셨다.

주

1) 齊衰者(자최자) : 상복에는 참최(斬衰, 3년), 자최(齊衰, 3년), 대공(大功, 9개월), 소공(小功, 5개월), 시마(緦麻, 3개월)의 다섯 가지가 있으니, 자최복은 두 번째 무거운 상복이다. 자최복 입은 사람만을 가리키는 것은 아니고 자최복 이상 무거운 상복을 입은 사람을 가리킨다.

2) 冕者(면자) : 冕은 얼굴이 보이지 않도록 만든 모자이다. 신분이 높은 사람이 쓴다.

3) 狎(압), 褻(설) : 원래 이음절어였을 텐데 둘로 나누어서 설명하고 있다. 주희도 각각 '素親狎(소친압: 평소 무람없는 사이)'과 '燕見(연견: 자주 보는 사이)'으로 설명한다.

4) 貌(모) : 주희는 '禮貌(예모)'라고 새기지만, 명사 한 글자는 그 명사의 완전한 상태를 표시하므로 '貌'만으로도 바른 용모를 가리킨다. 1·01 주9)의 각주와, 6·06의 주4) 참조.

5) 凶服者(흉복자) : 상복을 입은 사람이라는 뜻으로 이해된다.

6) 式(식) : 수레를 타고 갈 때 몸이 흔들리지 않도록 붙잡게 만든 수레 가장자리의 가로막대를 각(較)이라 하는데, 각 아래에는 식(式, 軾)이라는 가로막대가 하나 더 있다. 각을 붙잡고 가다가 인사해야 할 사람과 마

주치면 손을 아래쪽 식으로 옮겨 잡아 허리를 더 굽히는 것으로써 인사를 대신하는 것이 당시의 관례였던 듯하다. 그렇게 예를 표하는 동작을 式이라고도 하므로 식례(式禮)라고 번역하였다. 『예기·곡례상』에는 "兵車不式(군사용 수레에서는 식례를 하지 않는다)"이라는 표현도 있다.[19]

7) 負版者(부판자) : 공안국은 '持邦國之圖籍者(나라의 지도와 호적 등 문서를 지닌 사람)'라고 한다. 종이가 없던 당시 나라 행정에 필요한 문서들의 부피가 컸기 때문에 등에 지고 다녔을 것이고, 국가의 권위를 상징하는 중요한 물건이므로 그것을 지고 가는 사람에게 禮를 표했을 것이라는 생각이다. 『주례·천관(天官)』「소재직(小宰職)」의 "聽閭里以版圖"라는 구절에는 "版은 호적이고 圖는 지도인데, 송사를 판결하는 사람은 호적과 지도를 가지고 결정한다. 『주례·천관』「사서직(司書職)」에 '사서(司書)는 나라 안의 판(版)과 토지의 지도를 담당한다'고 되어 있다."는 주석이 붙는다. 형병은 그 주석을 근거로 제시하면서 공안국의 해설에 동의한다. 주희도 동의하면서, 『주례』의 "백성의 인구를 왕에게 바치면 왕은 절하며 받는다."[20]라는 구절을 인용하면서 백성의 수효를 중시한 뜻이라고 보탠다. 유보남도 그 견해에 동의한다. 그러나 그 시대에 지도와 호적을 중시했다 하더라도 관복을 입은 벼슬아치가 그것을 직접 등에 짊어지고 다녔을 리는 없다고 본다. 『예기·곡례상』에는 "夫禮者自卑而尊人 雖負販者必有尊也 而況富貴乎(무릇 예라는 것은 자신을 낮추고 남을 높이는 것이다. 비록 등짐을 진 빈천한 사람에게일지라도 반드시 높여야 하거

---

19 식례는 자기보다 신분이 낮은 사람에게도 행하던 가벼운 의례였던 듯하다. 『예기·곡례상』의 "國君撫式 大夫下之 大夫撫式 士下之(군주가 식을 잡는 예를 행하면 대부는 몸을 아래로 숙여 예를 표하고, 대부가 식을 잡는 예를 행하면 士는 몸을 아래로 숙여 예를 표한다)"라는 대목을 보면 알 수 있다.

20 獻民數於王 王拜受之

늘 하물며 부귀한 사람에게이랴!)"라는 구절이 있는데, 그 문장의 '負販者'
는 춘추시대에 육체노동을 하는 낮은 신분을 가리키는 대명사였다. 여기
의 負版者는 그 負販者와 같은 표현이라고 본다. 수레를 타고 가는 상
황일지라도 부모의 상을 당한 사람이나, 신분이 낮은 사람일지라도 등짐
을 지는 수고를 하는 사람에게는 동정하는 감정을 표시했다는 뜻으로 보
는 것이 어떨까 한다. 주6)의 각주에서 밝혔듯이, 식례는 자기보다 신분
이 낮은 사람에게도 가볍게 행하는 의례였으므로 무리 없는 해석이라고
본다. 오규 소라이는 負版을 '凶服'이라 하면서, 이 구절은 원래 주석인
데 본문으로 잘못 끼어 들어갔다고 주장하는데, 주관적 추론일 뿐 아무
런 근거는 없다.

　8) 變色而作(변색이작) : 성찬 때문이 아니라 성찬을 차린 주인을 공
경하는 禮라고 주희는 설명한다. 요즘의 연회석은 상이 차려진 곳으로
사람이 들어가지만 옛날에는 사람이 앉은 곳으로 음식상을 들였으므로
일어나서 禮를 표했을 것이다.

　9) 迅(신), 烈(렬) : 迅은 '빠르다', 烈은 '사납다'는 뜻이라고 주희는 주
한다.『예기』에는 "바람이 세게 불고 우레가 급하며 비가 심하게 올 때는
반드시 낯빛을 고치고, 비록 밤일지라도 반드시 일어나 의관을 차리고
앉는다."[21]라고 되어 있다.

10·26 升車 必正立 執綏 車中 不內顧 不疾言 不親指
수레를 타면 반드시 똑바로 서서 (몸이 흔들리지 않도록) 손잡이 끈을 잡으셨으
며, 수레 안에서는 (여기저기) 두리번거리지 않으셨고, 빠른 소리로 말하지 않
으셨으며, 손가락으로 가리키는 짓도 않으셨다.

21　若有疾風迅雷甚雨 則必變 雖夜必興 衣服冠而坐

1) 綏(수) : 원래는 수레에 오를 때 잡는 끈이지만, 이 문장에서는 타고 있는 동안 잡는 끈을 가리킨다.

2) 不疾言 不親指(부질언 불친지) : 흔들리는 수레 안에서 대화하자면 목소리가 빨라지고 커지며 소음 때문에 잘 들리지 않으므로 손동작도 곧잘 하게 된다. 그렇지만 그런 동작들은 다른 사람들을 불편하게 만들거나 경박하게 보이므로 결코 하지 않았다는 뜻으로 짐작된다. 교통수단 이용할 때의 매너라고 표현할 수 있다.

평설

『예기·곡례』에는 "나라의 군주는 규정에 맞지 않는 수레는 타지 않으며, 수레 안에서 이리저리 기침을 하거나 손가락질을 함부로 하지 않는다. 서 있을 때는 5휴²² 정도 앞 지점을 보고, 식을 할 때는 말꼬리를 보며, 고개를 돌려 뒤를 볼 때는 수레바퀴통을 넘어서까지 고개를 내밀지는 않는다."²³라는 대목이 있어 비교된다.

10·27 色斯擧矣 翔而後集 曰 山梁雌雉 時哉時哉 子路共之 三嗅而作

"(까투리가) 놀라서 올랐다가 날아서는 내려앉네." (스승님께서는 그 말에 대해) 말씀하시기를 : 뫼 다리목의 까투리도 때를 아는구나, 때를 아는구나. 자로가 그 자리에 함께하였는데 (까투리는) 세 번 날개를 퍼덕이더니 날아가 버렸다.

---

22 『논어주소』는 5휴의 거리를 계산했는데, 약 16보 반이라고 한다. 수레 안에서는 16보 정도의 앞을 보라는 셈이다.

23 國君不升奇車 車上不廣欬 不妄指 立視五雟 式視馬尾 顧不過轂

1) 色斯擧矣 翔而後集(색사거의 상이후집) : 새들이 사람의 안색을 살펴보고서 착하지 않다고 여기면 날아 올라간 다음 빙빙 돌고서 자세히 살핀 뒤 내려앉듯이, 사람도 이처럼 기미를 살피고서 자기가 처할 곳을 잘 가려야 한다는 뜻이라고 주희는 설명하면서, 위아래에 빠진 글자가 있을 것으로 추정한다. 『경전석사(經傳釋詞)』는 '色斯'가 '色然'과 같은 뜻으로서 놀라서 날아가는 모습이라고 한다. 정약용도 그 견해를 따른다. 둘 다 가능한 해석이라고 본다. 새가 높이 올라가는 것이 擧이고 내려앉는 것이 集이다. 오규 소라이는 이 구절이 일시(逸詩)이고 '曰' 이하가 시의 해석이라고 주장한다. 어떻게 해석하든 이 구절의 뜻은 분명하지 않다.

2) 共(공) : 자로가 이 새를 잡아 요리하여 바쳤다는 뜻에서 흔히 '供(공: 이바지하다)'으로 새긴다. 주희도 "拱執(공집: 잡아서 바치다)의 뜻으로 보이지만 빠진 글자가 있을 듯하므로 확정하기는 곤란하다."라고 말한다. '拱(공: 두 손을 맞잡다)'으로 새기기도 하지만 역시 분명하지 않다. 자로가 그 자리에 함께 있었다는 뜻으로 보는 것이 무난하지 않을까 한다.

3) 嗅(후) : 원래 '狊(격: 날개를 펴다)'인데 '臭(취)'와 비슷하므로 오랜 동안 臭(취)로 잘못 읽히다가, 당석경에서 臭 옆에 '口'를 붙여서 '嗅(후: 냄새를 맡다)'로 잘못 읽히게 되었다고 형병(邢昺, 932~1010)은 설명한다. 조열지(晁說之, 1059~1129)는 嗅(후)가 아닌 '戛(알: 부딪치는 소리)'이라면서 꿩이 우는 것을 뜻한다 하고, 유면지(劉勉之, 1091~1149)는 『이아』를 근거로 嗅는 '狊'이라야 한다면서 두 날개를 펴는 것이라고 한다. 형병과 유면지의 주석이 타당하다고 본다.

『논어주소』나 『논어집주』나 다음과 같이 설명한다. "공자는 까투리가 뫼 다리목에서 물을 마시는 모습을 보고서, 까투리는 저렇게 시절을 잘 만났지만 자신은 시절을 만나지 못했다고 탄식했다. 그런데 옆에서 그 말을 듣던 자로는 꿩이 시절음식이라는 말로 알아듣고서 꿩을 잡아서 요리를 해서 공자께 바쳤다. 공자는 어이없었지만 자로의 성의를 봐서 물리치지는 않고 단지 세 번 냄새만 맡은 다음 자리에서 일어나버렸다."

여러 주석가들이 갖은 노력을 하지만 시원한 해석이 나올 수 있는 문장이 아니다. 이런 점이 고문의 취약점이다. 문장 한 줄을 해석하는 데에 이렇듯 갖은 묘수풀이를 동원해야 하고, 그래도 제대로 해석되지 않는다. 이러니 문장에 대한 신뢰도가 낮을 수밖에 없다. 바르게 만든 문장인지, 빠진 대목은 없는지, 혹시 비의를 숨겨놓지는 않았는지, 위조한 문장은 아닌지 등 여러 의심이 따르게 된다. 더욱이 『논어』처럼 막중한 영향력을 가진 고전이라면 혼란의 정도는 심각하다. 이처럼 해석이 골치 아픈 문장은 과감히 무시할 필요가 있다. 자기만이 풀 수 있다고 나서는 주석가일수록 더 골치 아픈 해석을 내놓기 마련이다. 설령 그런 절묘한 해석이 숨어 있다 하더라도 그러한 문장은 의미 없다. 무시하면 된다. 그래야 그런 문장을 만들지 않게 된다. 주희는 빠진 대목이 있을 것이라고만 언급했지만, 최술은 이 장이 「계씨」의 마지막 세 장과 「미자」의 마지막 두 장과 비슷하므로 후세 사람들이 끼워 넣었을 것이라고 하였다. 정주 한묘죽간본에 이 구절이 없는 것을 보더라도 충분히 가능한 추론이다.

선진(先進) 제십일(第十一)

───────────

이 편에는 제자들에 대한 평이 많다.

사과십철(四科十哲: 안연·민자건·염백우·중궁·재아·자공·염유·자로·자유·자하)은 물론 자고(子羔)·증삼(曾參)·자장(子張)·남용(南容)·공서화(公西華)·증석(曾晳) 등 모두 16인의 제자 이름이 등장한다.

호인(胡寅, 1098~1156)은 이 편에 민자건의 언행을 기록한 것이 네 군데나 되고 그 가운데 한 곳(11·13)에서는 민자건을 '閔子'로 표현하고 있는 것으로 보아 민자건의 문인들이 기록한 것은 아닐까 하고 의심하였다. 그러나 그 한 군데는 '騫' 자가 빠졌다고 보는 것이 더 합리적일 것이다.

11·01 子曰 先進於禮樂 野人也 後進於禮樂 君子也 如用之 則吾從先進

스승님께서 말씀하시기를 : 예악을 먼저 익힌(다음 벼슬길에 오르는) 사람은 시골뜨기이고, (벼슬자리에 먼저 오른 다음) 예악을 나중에 익히는 사람은 군자(계층)이다. (내가) 사람을 등용한다면 나는 (군자 계층보다는 예악을) 먼저 익힌 사람을 택하겠다.

주

1) 先進(선진), 後進(후진) : 사람을 가리키는 것으로 보는 견해와 동작을 가리키는 것으로 보는 견해로 갈린다. 공안국은 "나중에 벼슬에 나간 사람은 시중(時中)을 얻으니 군자이고, 먼저 벼슬에 나간 사람은 고풍(古風)이 있으니 야인이라고 했다."라고 한다. 형병은 "양공·소공 때 관직에 나갔던 제자들이 선진이고 정공·애공 때 관직에 나갔던 제자들이 후진인데, 앞서 관직에 나갔던 질박한 선배들을 야하다고 경시하면서 자신들이 더 군자라고 생각하는 후기 제자들을 공자가 나무란 내용이다."라고 한다. 두 사람 다 벼슬길에 나간 사람으로 본 것이다. 주희·오규 소라이·정약용도 사람으로 본다. 그러나 공자가 자신의 제자들을 과연 일찍 벼슬길에 나간 사람과 나중에 벼슬길에 나간 사람의 두 그룹으로 나누어서 생각했을지는 의문이다. 전기 제자니 후기 제자니 하는 구분은 후대 사람들이 편의적으로 나눈 것이지 공자가 나눈 것도 아니다. 공자

는 먼저 관직에 나간 제자들과 나중에 관직에 나간 제자들로 구분한 적도 없고, 그렇게 구분할 근거도 『논어』에는 없다. "문음(門蔭)으로 작록을 세습할 경우에는 예악에 대한 수련 없이 벼슬부터 한 다음 나중에 예악을 익히게 되지만 그렇지 않은 경우 벼슬자리에 발탁되려면 예악부터 대단하게 익히지 않으면 어려웠기 때문에, 공자는 예악을 나중에 배우는 세습귀족보다는 먼저 배우는 평민 출신을 쓰겠다는 뜻이다."라는 유보남의 설명이 가장 합당하다고 본다.

2) 君子(군자) : 유보남에 따르자면 이 문장에서의 군자는 세습 지배계층의 자제들이다.

[평설]

해석에 논란이 많다. '선진'과 '후진'은 무슨 뜻인지, 군자보다 야인을 취하겠다는 것은 무슨 뜻인지, '先進於禮樂野人也'에서 주어는 '先進於禮樂'인지, 아니면 '先進'인지 등이 관건이다.

공자는 신분 이름이던 군자나 소인을 가치의 이름으로 전용하였다. 그러나 여기서는 군자를 일반적인 의미대로 지배계층을 가리키는 이름으로 사용한다. 야인도 신분 이름일 리 없다. 공자가 신분 이름으로 사용한 적도 없다.[1] 따라서 이 문장은 '예악을 나중에 천천히 배우려는 세습 지배계층의 자제들보다는 예악부터 챙기려는 질박한 사람들을 더 높게 평가한다'는 뜻으로 새기는 것이 가장 합당하다고 본다. 뒤 문장은 '~해야 한다면 차라리 ~하겠다'라고 번역하는 것이 좋다. 3·04의 "禮與其奢也

---

1   6·18에서도 13·03에서도 그랬다. 文보다 質을 강조할 때 野라는 말을 사용하였다. 따라서 야인은 교외의 민을 가리키고 군자는 현사대부(賢士大夫)를 가리킨다는 주희의 주석에는 동의하지 않는다. 주희는 정이의 주석을 인용하기만 했는데, 정이의 주석에는 황당하기 짝이 없는 내용이 많다.

寧儉 喪與其易也 寧戚"이나, 9·03의 "麻冕禮也 今也純 儉 吾從衆"과
비슷한 구문이다.

11·02 子曰 從我於陳蔡者 皆不及門也

스승님께서 말씀하시기를 : 진나라·채나라(를 지나던 몹시 힘든 시기)에서 나를
따르던 제자들이 모두 벼슬자리 (하나) 얻지 못하고 있다.

주

1) 陳蔡(진채) : 진나라와 채나라. 공자는 56세(496 B.C.)에 노나라를
떠나서 13년 만인 68세(484 B.C.)에 돌아오는 동안 어려움을 많이 겪었
는데, 특히 진나라와 채나라를 지나던 애공 6년(489 B.C.) 즈음에는 끼
니를 잇기 어려울 정도의 혹독한 고난을 겪은 적이 있었다 한다. 그 무렵
의 이야기는 15·02에도 나오고, 『맹자·진심하』에도 나온다.[2] 그래서 춘
추시대 이후 공자의 일생을 언급할 때면 반드시 '진채지간'의 수난이 등
장한다. 1993년에 호북성 곽점촌(郭店村)에서 발견된 죽간 가운데 '窮達
以時'로 시작하는 글이 있는데 그것도 공자가 진채지간에서 어려움을 겪
을 때 자로와 주고받았던 대화 내용으로서, 『순자』, 『공자가어』, 『한시외
전』, 『설원』 등에 있는 내용과 대체로 비슷하다. 공자가 곤란을 겪었던 이
야기는 그 시대 읽을거리로서 유행했던 모양이다. 그런 정도의 어려움을
겪으면서까지 나라 바깥을 13년간이나 돌아다녀야 했던 이유가 공자를
등용해줄 현명한 군주를 찾기 위해서였다고 말하는 것은 어불성설이다.
그에 관해서는 3·01, 5·21, 9·09의 평설을 참조.

---

2   君子之厄於陳蔡之間 無上下之交也(군자께서 진나라 채나라 사이에서 어려
움을 당하실 적에 위아래 사람들과 교분이 없었다).

2) 不及門(불급문) : 정현, 하안, 초순, 유월 등은 及門을 사진지문(仕進之門: 벼슬길로 가는 문)으로 새긴다. 제자들이 등용되지 못한 것을 탄식하는 뜻으로 보는 것이다. 그러나 주희는 門을 공문(孔門)으로 간주한다. 공자가 노나라로 돌아온 뒤 진채지간에서 자신을 따랐던 제자들이 지금 공문에 아무도 남아 있지 않아서 그리워하는 내용이라는 것이다. 하지만 공자 스스로 孔門이라는 이름을 사용했을지도 의문이고, 자신의 문하에 아무도 없다고 말하려면 不在라고 하지 不及이라고 하지는 않았을 것이다. 정수덕은 不及門이 『맹자·진심하』의 '無上下之交(위아래로 교분이 없었다)'의 의미라고 주장한다. 의미상으로야 어긋나지 않은 해석이지만 不及門이라는 구문 자체가 '無上下之交'의 뜻이라고 말하기는 어렵다. 한유는 門을 성인지문(聖人之門)이라고 한다. 승당과 입실의 전 단계가 及門이라는 것이다. 오규 소라이는 정현의 '不及仕進之門'이라는 표현이 '不及後進之門'의 오기라고 주장한다. 앞 장에서 선진이니 후진이니 하는 말이 괜히 나온 게 아니라는 것이다. 하지만 본문에 대해 설명하지 않고 정현의 주석에 대해 그렇게 설명하는 것이 의미를 지니기는 어렵다고 본다. 정약용은 不及門이 6·15에 나오는 맹지반(孟之反)의 행동과 같은 것이라고 한다. 제자들이 스승을 보호하기 위해 스승을 먼저 보내드리고 자신들은 뒤처져 왔기 때문에 먼저 위나라에 도착한 공자가 제자들이 아직 성문에 도착하지 않았다고 말했다는 것이다. 미야자키 이치사다의 해석도 비슷하다. 제자들이 산산이 흩어졌기 때문에 공자가 성문으로 들어갈 때는 뒤쫓아 온 사람이 없었다는 뜻이라는 것이다. 그러나 제자들이 아직 도착하지 않았다고 말하려면 자신이 위치한 곳을 말했을 것이지 門이라고 말할 까닭은 없다고 본다. 설령 제자들이 아직 도착하지 않은 것을 가리킨다 하더라도 그것을 맹지반의 행동과 같게 보기는 어렵다. 여러 정황과 주석들을 감안할 때 이 구절은 어려운 시절 자신을 보필하던 제자들이 모두 변변한 벼슬자리 하나 얻지 못하고 있음을 아쉬

워하는 말로 보는 것이 타당하다.

⬚ 평설

다음 장을 이 장과 연결되는 이야기로 보는 견해가 많지만 그렇게 보아야 할 필연성은 없다. 『논어』의 장들을 연결하여 스토리를 만들려는 노력은 오래전부터 있었다. 사마천의 『사기·공자세가』가 대표적이다. 하지만 그런 노력은 호사가의 흥밋거리에 불과할 뿐 큰 의미는 없는 경우가 대부분이고, 사실을 왜곡할 가능성이 더 크다.

11·03 德行 顔淵 閔子騫 冉伯牛 仲弓 言語 宰我 子貢 政事 冉有 季路 文學 子游 子夏

(제자들 가운데) 덕행은 안연·민자건·염백우·중궁(이 뛰어났고), 언어(에 관한 소양)은 재아와 자공(이 훌륭하였으며), 정무(능력)은 염유와 계로(가 뛰어났고), 문헌(에 대한 소양)은 자유와 자하(가 뛰어났)다.

⬚ 주

1) 顔淵(안연) : 2·09의 주) 참조.

2) 閔子騫(민자건) : 6·09의 주) 참조.

3) 冉伯牛(염백우) : 6·10의 주) 참조.

4) 仲弓(중궁) : 6·06과 5·04의 주) 참조.

5) 言語(언어) : 형병과 정약용은 외교에서 변설을 잘하는 것을 의미한다고 한다.

6) 宰我(재아) : 3·21의 주), 5·09 및 6·26 참조.

7) 子貢(자공) : 자공에 관한 정보는 『논어』에 무척 많다. 1·10의 주)와 6·05의 주), 1·15, 3·17, 5·03, 6·30, 7·15, 9·13, 11·13, 12·08,

14·29, 15·24, 및 제19편의 여러 곳에 있다. 『사기·중니제자열전』에서
도 자공에 관한 설명이 제자들 가운데 가장 많은 분량을 차지한다.

8) 冉有(염유) : 6·04의 주) 참조.

9) 季路(계로) : 2·17 및 5·25의 주) 참조.

10) 文學(문학) : 요즘의 '문학(Literature)'과는 의미가 다르다.[3] 글 짓
는 솜씨를 가리키는 것도 아니다. 여기서는 『시』와 『서』 등 문헌에 대한
소양을 가리킨다.

11) 子游(자유) : 2·07의 주) 및 4·26, 6·14, 17·04, 19·12, 19·14,
19·15 참조.

12) 子夏(자하) : 1·07의 주) 참조.

---

3   유럽에서 자연과학이 발달한 나머지 진화론이 휩쓸게 되고 계몽주의의 등
장 이후 철학이 진전되어 급기야 '신은 죽었다'는 부르짖음이 나올 정도로 신학
이 몰락하자, 그 공백을 메울 수 있는 대체 인문학으로서 20세기 초에 부각되었
던 것이 'Literature'이다. 조지 스튜어트 고든(George Stuart Gordon, 1881~1942)
이 옥스퍼드대학 머튼칼리지 교수로 취임하는 기념강의에서 "England is sick, and
(…) English literature must save it. The Churches (as I understand) having failed,
and social remedies being slow, English literature has now a triple function: still,
I suppose, to delight and instruct us, but also, and above all, to save our souls and
heal the State."라고 했던 언급이 그것을 상징한다. Literature의 기원이야 고대의
시학, 수사학, 신학 등과 연결되지만 그것들과는 차별되는 새로운 의미, 즉 인류
를 구원할 수 있는 수단이라는 정도로 과도한 의미 부여를 하게 된다. 한편 동아
시아에서 '文學'은 현재는 'Literature'의 번역어로 사용되지만 전통적으로는 '文
의 기예(技藝)'이라는 뜻이었다. 그리고 동아시아에서 文의 의미는 매우 넓고 다
양했다. 넓게는 '문예', '문학적 수사', '인문학적 소양' 등의 의미로 사용되지만 좁
게는 신문의 대(對)인 운문을 가리킨다. 「논어문답」, 1·01의 '주)學', 1·06의 '주)
以學文' 참조.

정현은 이 장이 앞 장과 연속된다고 본다. 그래서인지 정이는 여기 언급된 제자들은 진채지간에서 공자를 따랐던 사람들이라고 한다. 그럴 가능성은 있다. 하지만 『논어』는 공자의 일기가 아니다. 공자와 제자들에 대한 평가가 어느 정도 굳어진 다음에 정리된 것일 수밖에 없다. 그렇다면 제자들에 대한 이러한 평가는 일반적인 평가이지 특정 기간에 활동했던 제자들에 한정한 평가로 보기는 어렵지 않을까 한다. 만약 진채지간에서 따라다니던 제자들에 한정하여 언급하고자 했다면 덕행·언어·정사·문학이라는 네 가지 항목을 거론할 필요는 없었을 것이다. 정이는 아마도 증삼의 이름이 없기 때문에 정현의 주석에 찬동했을 것이다.

11·04 子曰 回也非助我者也 於吾言無所不說

스승님께서 말씀하시기를 : 안회는 (그러니까) 나를 도와주는 사람이 아니었어. 내가 (무슨) 말을 하면 (질문하지는 않고) 기뻐하(면서 따르)지 않은 적이 없었으니 말이야.

1) 說(열) : 공안국 이후 고주는 '解(해: 이해하다)'로 새기지만 주희는 '悅(열: 기뻐하다)'로 새긴다. '내 말을 이해하지 못한 적이 없었다'고 표현하려면 굳이 '說' 자를 쓸 필요는 없다.

제자는 스승의 말에 의문을 갖고서 되물어야 스승으로서는 흡족한 법인데 안회는 언제나 질문은 하지 않고 스승의 말에 기뻐하기만 했다는 뜻이라고 대부분의 주석은 설명한다. 자하의 질문에 공자가 "起予者 商

也"라고 말한 적이 있기 때문에 그렇게 설명할 텐데(3·08), 그런 설명은 이 장을 공자가 안회에게 불만족을 표한 대목으로 오해하게 만들 여지가 있다. 공자가 안회에게 불만족을 표한다는 것은 가당치도 않을 뿐 아니라, 이 장도 당연히 푸념하는 내용이 아니다. 안회가 죽자 닥치는 감정의 붕괴를 반어적으로 탄식한 것이다. 그래서 "공자가 어찌 안회에게 정말로 자신을 끌어주기 바랐으랴. 성인의 겸양의 덕이 안회를 이처럼 깊이 칭찬한 것이다."[4]라는 호인(胡寅, 1098~1156)의 주석은 정이의 주석 못지않게 교조적이고 우스꽝스럽다.

11·05 子曰 孝哉閔子騫 人不間於其父母昆弟之言

스승님께서 말씀하시기를 : 효성스럽지, 민자건은! 제삼자는 (어느 누구도) 자신의 부모와 형제에 관한 말에 끼어들지 못하(도록 만들)었으니 말이다.

주

1) 閔子騫(민자건) : 6·09의 주) 참조. '자건'은 자이고 이름은 손(損)이다. 공자는 언제나 제자의 이름을 불렀지 자를 부르지는 않는다. 그래서 '孝哉閔子騫'은 공자가 민자건에게 대놓고 하는 말이 아니라 전해지던 말을 인용한 것이라고 흔히 설명하는데, 단정하기는 어려운 추론이다.

2) 間(간) : 사이를 벌어지게 만드는 '이간하다'의 뜻이다. '人不間~之言'은 '제삼자는 누구도 자신의 가족 사이의 일에 대해 언급하는 일이 없도록 만들었다'는 뜻이 된다. 계모와 이복형제와 함께 사는 처지로서 가족 문제로 인한 잡음이 생길 소지를 철저하게 차단했다는 뜻이다. 『논어주소』는 '非間(비간)'이라고 설명한다. 8·21의 주) 참조.

---

4   夫子之於回 豈眞以助我望之 蓋聖人之謙德 又以深贊顏氏云爾

앞 장이 안회에 대한 회상과 탄식이듯이 이 장도 민자건에 대한 회상일 것이다. 안회에 대한 회상에 이어서 민자건에 대한 회상이 나온다는 사실 때문에도 후대 유자들은 민자건을 안회 다음가는 제자로 인식하였을지도 모른다.

민자건의 효행담은 『송본(宋本) 한시외전(韓詩外傳)』, 『당본(唐本) 설원(說苑)』, 『예문유취』, 『논어혹문』 등에 실려 있는데, 줄거리가 꽤 극적이다. 민자건은 어려서 어머니를 잃고 계모 밑에서 자랐는데, 계모는 두 동생을 낳았다. 그런데 계모는 민자건을 홀대하여 추운 날에도 홑옷만을 입혔다. 어느 날 민자건이 모는 수레를 타고 가던 그의 아버지가 고삐를 놓치는 바람에 아들 손을 잡아보고서야 그 사실을 알게 되었다. 집으로 가서 계모가 낳은 두 아들의 옷과 비교한 다음 계모가 큰 아들 민자건을 학대한 사실을 알게 된 아버지가 계모를 내쫓으려고 하자 민자건은 "어머니가 계시면 한 아들만 홑옷을 입으면 되지만 어머니가 계시지 않으면 세 아들이 춥게 살게 됩니다."라면서 아버지를 말렸다고 한다. 그 말에 감동한 아버지는 계모를 내쫓지 않았고, 이후 계모 또한 뉘우치고서 세 아들을 똑같이 키우는 자애로운 어머니가 되었다고 한다.

11·06 南容三復白圭 孔子以其兄之子妻之

남용은 『시』「백규」장을 (날마다) 세 번씩 복창하였다(고 한다). (그 점을 높이 산) 공자는 자기 형의 딸을 (남용에게) 시집보냈다.

1) 南容(남용) : 공자의 제자로 성은 남궁(南宮), 이름은 괄(适: 括, 絡, 閱, 說로 적힌 곳도 있다), 자는 자용(子容)이다. 맹희자(孟僖子, 542~518

B.C.)의 아들이라는 기록도 있는데, 그것은 맹희자의 아들 '南宮敬叔 說'
과 혼동한 것이다.『좌전』소공 7년(535 B.C.)에는 맹희자가 죽음에 임하
여 그의 첩 소생의 아들 둘(孟懿子 何忌, 南宮敬叔 說)을 공자에게 보내
禮를 배우게 하라고 유촉했다고 되어 있다. 하지만 맹희자가 죽은 해는
소공 24년(518 B.C.)임에도 17년이나 앞선 대목에 그 이야기가 적혀 있
는 점은 의심하지 않을 수 없다. 설령 소공 24년의 일이라 하더라도 그때
공자의 나이는 34세밖에 되지 않으므로 사실 자체를 믿기 어렵다. 공자
는 그해에 남궁괄과 함께 주(周)의 수도에 가서 노자를 만나 禮에 관해
물었다는 기록도 있지만 역시 믿기 어렵다. 14·05에서 공자는 남궁괄을
'君子哉若人 尙德哉若人'이라고 칭찬한 적이 있고, 5·01에서도 형의 따
님을 부인으로 맞게 했다고 말했지만 거기서는 이유를 "邦有道不廢 邦
無道免於刑戮"이라고 했다. 맹희자(孟僖子, 542~518 B.C.), 맹의자(孟懿
子, 518~481 B.C.), 맹무백(孟武伯, 481~468 B.C. 이후), 맹경자(孟敬子,
?~435 B.C.)로 이어지는 맹손씨는 노나라의 이른바 삼가(三家)의 하나로
서 성씨가 남궁씨도 아니다. 그런 벌족의 아들이 신분이 낮은 공자의 조
카딸과 결혼하지도 않았을 것이다. 8·20에 나오는 순임금의 신하 열 명
가운데 한 사람의 이름도 '남궁괄'인 것을 보면 당시 '남궁괄'이라는 이름
은 흔했을 수 있다.

2) 三復(삼복) : 그 시를 하루 세 번 소리 내어 외면서 말에 실수가 없
기를 다짐했다는 뜻으로 짐작된다.

3) 白圭(백규) :『시·대아(大雅)』「억(抑)」을 가리킨다. 끝 네 구절이
"白圭之玷 尙可磨也 斯言之玷 不可爲也(하얀 옥의 흠결은 갈아 없앨 수
있지만, 이놈의 말의 흠결은 그럴 수가 없네)"라고 되어 있기 때문에 편명
의 이름을 '억' 대신 '백규'라고 부른 것이다.

「백규」는 말조심을 강조하는 내용의 시이다. 말조심을 해야 안전한 삶이 보장되는 사회였다는 것을 역설적으로 강조하는 내용이다. 말조심을 강조하는 잠언은 어느 문화권에나 있다. 하지만 권위의식으로 무장된 강력한 전제왕권이 발달하기론 중국보다 더한 나라가 없었다는 점을 감안하자면, 중국의 식자인에게 설화(舌禍)와 필화(筆禍)에 대한 경계심은 일찍부터 절실한 문제였다. 식자인들은 필화를 의식하면서 평생 자기검열을 하며 살아야만 했고, 체화된 자기검열은 언론의 자유는 물론 생각의 자유조차 누릴 수 없게 만들었다. 그리고 설화와 필화는 시대를 내려올수록 점점 더 가혹해졌다.[5]

5 　시키는 것을 받들도록 요구했을 뿐 의문을 품거나 의론하는 것을 허용하지 않았다. 비판은 물론 찬양조차 함부로 할 수 없었다. 임금에게 함부로 상소하면 죽임을 당하는 관행도 광서제(光緖帝) 때 강유위 등이 상서(上書)를 하면서야 비로소 깨졌다. 그러니 함부로 생각해서도 안 되었다. "思不出其位(군자는 자기 직위를 벗어난 일을 꾀해서는 안 된다)"(14·26)라는 공자의 말 그대로였던 셈이다. 청조(淸朝)의 경우 주희를 숭상하기는 했지만 주희의 학문을 강학하도록 하지는 않았다. 강학을 하자면 학설이 있어야 하고 학설이 있으면 따르는 무리가 생기게 되는데, 따르는 무리가 있으면 문벌이 생기고 문벌이 생기면 문벌 사이에 쟁론이 일어날 것이니, 문벌 사이의 쟁론은 태평성세를 방해하는 요소라고 여겼기 때문이다. 건륭제(乾隆帝)의 경우 명신(名臣)이라는 것도 인정하지 않았다. 자신이 영주(英主)이고 명군(明君)이므로 그 밑에 간신이란 있을 수 없으며, 간신이 없거늘 명신도 있을 수 없다고 여겼던 것이다. 백성은 물론 신하들도 모두 그저 명군을 따르기만 하면 된다고 요구했다. 한반도의 역사에서도 이런 사정은 비슷하다. 조선조에 이르기까지 헤아릴 수 없이 많은 선비들이 필화로 목숨을 잃었다. 또한 대한민국의 학자들은 남북 분단 트라우마로 인해 학술용어조차 정치적인 고려를 한 다음 선택하도록 스스로 강요당하는 실정임을 부정하지 못한다. 북한의 경우는 더 말할 것도 없다. 학문이란 것은 인간생존의 현실을 바탕으로 삼아야 하건만 순수라는 명분으로써 학문을 현실과 무관한 영역으로 몰아가기도 한다.

공자의 시에 대한 관념은 여기 외에 1·15, 2·02, 2·18, 3·08, 3·20, 8·08, 13·05, 16·13, 17·09에서 더 확인할 수 있다.

11·07 季康子問 弟子孰爲好學 孔子對曰 有顔回者好學 不幸短命死矣 今也則亡

계강자가 (스승님께) 여쭙기를 : 제자들 가운데서 누가 '호학'(이라고 부를 만한 사람)인가요? 스승님께서 대답하시기를 : 안회(라는 제자)가 호학이(라고 부를 만한 사람)이었지요. (그러나) 불행히도 명이 짧아 죽었습니다. (그래서) 지금은 (호학이라고 부를 만한 제자는) 없(다고 하겠)습니다.

주

1) 季康子(계강자) : 2·20의 주) 참조.

2) 好學(호학) : 1·14의 주) 참조.

3) 孔子對曰(공자대왈) : 원문은 제삼자 입장에서 기록한 것이기 때문에 '子對曰'이라 하지 않고 '孔子對曰'이라고 했지만 번역문은 '스승님께서 대답하시기를'로 고쳤다.

평설

질문자가 계강자 대신 애공일 뿐 같은 내용의 문답이 6·03에 있다.[6]

---

6 대조하기 위해 인용하자면 다음과 같다. "哀公問 弟子孰爲好學 孔子對曰 有顔回者好學 不遷怒 不貳過 不幸短命死矣 今也則亡 未聞好學者也(애공께서 공자께 여쭙기를, 제자들 가운데 누가 호학이라고 할 만한가요? 공자께서 대답하시기를, 안회라는 제자가 호학이라고 할 만한 사람이었지요. 그는 어떤 사람에게서 받은 노여움은 다른 사람에게 옮겨서 하풀이하는 적이 없었고, 똑같은 허물은 재차 저지른 적도 없었습니다. 불행히도 명이 짧아 죽었습니다. 이제 그 사람이 없으니 그 뒤로 호

'不遷怒 不貳過'라는 구절만 추가되어 있을 뿐 이 장과 똑같은 문장인데도 황간은 "군주는 지존하기 때문에 갖추어서 대답한 것이고 계강자는 지위가 낮기 때문에 대략 대답한 것이다."라고 설명한다. "계강자에게는 그런 점이 없었지만 애공은 자신의 노여움을 다른 사람에게 옮기거나 똑같은 허물을 두 번 저지른 적이 있기 때문에 공자가 일부러 그 사실을 꼬집은 것이다."라고 부연하기도 한다. 주희는 "애공은 군주이기 때문에 신하로서 임금께 자세하게 설명했지만 계강자에게는 그럴 필요가 없으므로 물음에 간단히 대답했을 뿐이다. 그것이 바로 공자의 가르치는 도리였다."라는 범조우(范祖禹, 1041~1098)의 설명을 인용한다. 모두 공자에게 아첨하는 주석이 아닐 수 없다. 이처럼 유치하기 짝이 없는 아첨을 진지하게 이어가는 것이 역대 주석가들의 주된 작업이었다. 신기한 일이 아닐 수 없다.

11·08 顏淵死 顏路請子之車以爲之槨 子曰 才不才 亦各言其子也 鯉也死 有棺而無槨 吾不徒行以爲之槨 以吾從大夫之後 不可徒行也

안연이 죽자 (그의 아버지) 안로는 (장례에서) 스승님의 수레를 상여로 사용하고 싶다고 청하였다. (그러자) 스승님께서 말씀하시기를 : 잘났건 못났건 각자 자기 자식을 내세우는 법이지만, (나는 내 자식) 이가 죽었을 때도 관만 썼지 상여는 쓰지 않았어. 내가 (수레를 타지 않고) 걸어가면서까지 내 수레를 (아들의) 상여로 사용하지는 않았어. 나는 대부의 뒤꽁무니는 따르(는 신분이)므로 (수레를 타지 않고) 걸어갈 수는 없었던 말이야.

학이라고 할 만한 사람은 들어보지 못했습니다)."

1) 顔路(안로) : 안연의 아버지이다. 이름은 무요(無繇)이고 자가 路라고 한다. 공자보다 6살이 적었다 한다. 주희는 공자가 처음 학생들을 가르치기 시작할 때 배운 사람이라고 하는데, 어디에 근거한 설명인지는 모르겠다. 『사기·중니제자열전』에 그의 이름은 실려 있지 않다.

2) 子之車以爲之椁(자지거이위지곽) : '以子之車爲之椁(스승님의 수레를 곽으로 삼다)'의 도치문이다. 자전에서는 곽을 外棺(외관: 덧널)이라고 한다. 공안국 이후 역대 주석은 일관되게 공자의 수레를 팔아서 외관을 사자는 뜻이라고 설명한다. 하지만 안로의 사정이 아무리 어렵기로서니 스승의 자가용 수레를 팔아서까지 아들의 장례를 치르고자 했다는 생각은 무리이다. 대화의 맥락을 보건대 곽은 관을 싣고 가는 상여로 짐작된다. 당시 규모를 갖춘 장례에서는 자가용 수레를 요즘의 장의차처럼 상여로 사용했던 모양이다. 자가용 수레를 소유하지 못한 안연의 아버지로서는 공자의 수레를 빌려서 아들의 상여로 사용하고 싶다고 청한 모양이다. 안로를 이해하는 차원에서 보자면, 아들을 위하는 마음도 있었겠지만 공자가 안연을 각별히 사랑했기 때문에 그 정도는 허락할 것으로 여겼을지 모른다. 자가용 수레를 상여로 사용하는 것이 관행이었을 수도 있다. 공자의 자가용 수레를 팔아서 장례비용을 마련하자고 청한 것은 결코 아니었다고 본다. 공자는 아들의 장례에서 자가용 수레를 상여로 사용하지 않았던 이유도 체면 때문이었다고 밝히고 있다.

3) 鯉(리) : 공자 아들의 이름이다. 자는 백어(伯魚)라고 한다. 나이 오십(483 B.C., 공자 69세 때)에 공자보다 앞서 죽었고, 이 글에서 알 수 있듯이 안회보다 일찍 죽었다. 『공자가어』에 의하면 공자는 19세에 송나라 기관씨(丌官氏)의 딸에게 장가를 들어 1년 뒤 아들을 낳았는데, 공자가 아들을 낳았다는 소식을 듣고 소공이 잉어(鯉)를 보냈기 때문에 아들의 이름을 鯉로 지었다고 한다. 공자는 어려서 미천했다고 스스로 말한

바 있는데(9·06) 미천한 20세의 청년이 아들을 낳았다고 해서 노나라 군주가 선물을 보냈을 리는 없다. 아들 이름에 맞추어 후대에 만든 이야기일 것이다. 『공자가어』에 있는 이야기라면 더욱 미덥지 못하다. 16·13과 17·10 참조.

4) 以吾從大夫之後(이오종대부지후) : 以는 원인을 나타내는 개사이다. '나는 대부의 뒤를 따르기 때문이다'라는 뜻이다. '대부의 뒤를 따르다'는 표현은 무슨 뜻일까? 공자는 당시 벼슬을 내놓았지만 아직 대부의 반열에 있었고, '後'라고 표현한 것은 겸사라고 공안국과 주희는 설명한다. 그렇다면 나는 아직 대부 반열에 있다고 스스로 강조할 필요가 있었을까? 장례에서 대부는 걷지 않고 수레를 타고 뒤따라가는 것이 당시의 禮였다고 차주환(車柱環, 1920~2008)은 설명하지만, 아무리 대부라 하더라도 아버지가 아들 장례에서 가족과 함께 상여를 따르지 않고 대부의 줄 뒤를 따라가는 것은 수긍하기 어렵다. 안연의 장례에서도 마찬가지다. 가장 총애하던 제자의 장례를 공문에서 주관한다면 스승인 공자가 제자들과 함께 상여 뒤를 따지 않고 따로 대부들의 줄 뒤를 따랐을 리는 없다. 더구나 안연은 벼슬한 적도 없는 데다 "一簞食 一瓢飮 在陋巷"(6·11)할 정도로 빈한했던 사람인데, 그런 사람의 장례에 대부들이 줄지어 따른다는 것은 생각할 수 없다. 따라서 '以吾從大夫之後'는 대부들의 줄 뒤를 따라간다는 표현은 아니라고 본다. 나의 신분이 대부는 아니지만 대부의 꽁무니를 잇는 신분이기는 하다는 표현으로 보는 것이 옳을 것이다.[7] 9·12의 평설 참조.

---

[7]   14·21에서도 공자는 '以吾從大夫之後'라고 말한다. 『예기』에 의하자면 대부는 공경과 달리 세습하지 않는다. 그렇다면 벼슬하고 있을 때는 대부이지만 벼슬에서 내려오면 '대부지후'라고 표현했을지는 모른다. 정약용도 그렇게 설명한다. 하지만 퇴임 후에도 그 사람을 재임 시 직책으로써 부르는 것이 유교문화권

공자는 안회의 장례에서는 물론 아들의 장례에서도 자신의 수레를 상여로 사용하는 것을 허락하지 않았다는 일화이다. 수레를 상여로 내주게 되면 장례에서 자기는 걸어가야 하는데 체면상 그렇게 할 수는 없다는 이유까지 설명되었다. 그처럼 극단적으로 사랑하던 제자의 장례이지만 자신의 체면을 고려하지 않으면서까지 마음을 쓰지는 않았다는 것이다. 이 사실은 공자의 인간됨을 잘 설명해주는 사례이다. 그의 자기절제를 보여주는 사례라고 말할 수도 있겠다. 그러나 그보다는, 그 어떤 정서적 유대감도 사회적 서열을 넘어설 수 없다는 그의 의식을 잘 보여주는 사례라고 본다. 실제 안연의 장례식을 어떻게 치렀는지는 알 수 없지만, 11·11을 보면 제자들은 후장(厚葬)하지 말라는 스승의 말을 거역하고서 후장했다고 하니, 수레를 다른 데서 빌려서라도 곽을 사용하지 않았을까 한다. 공자 만년 공문의 형편은 안연의 장례에서 상여로 쓸 수레 하나 없는 정도였음도 알 수 있다.

11·09 顔淵死 子曰 噫 天喪予 天喪予

안연이 죽자 스승님께서는 (애통하신 나머지) 말씀하시기를 : 아아, 하늘이 나를 버리셨구나, 하늘이 나를 버리신 거야.

의 관행이기 때문에 선뜻 수긍되지는 않는다. '從大夫之後'라는 표현은 공자의 신분에 대한 콤플렉스의 노출이거나 후대의 위장일 가능성이 더 크다. 공자가 대부 신분을 유지한 적이 없었다고 주장하는 사람들에게는 이런 대목이 좋은 증거가 될 것이다.

1) 天喪予(천상여) : '하늘이 나를 죽였다'라고 새기는 주석이 많다. 그
러나 바른 새김이 아니다. 喪은 '없어지다', '버리다', '잃다', '망각하다'
등의 의미이다. 사람이 죽는 것을 가리키게 된 것은 한대 이후의 일이다.
그렇더라도 '~을 죽이다'라는 뜻의 타동사로는 쓰이지 않는다. 공자는
평소 하늘이 자신에게 명한 바가 있다고 여기면서 살던 사람이다. 그런
데 자신이 의지한다고 표현할 수 있을 정도의 제자를 하늘이 죽게 만들
었다면 그것은 하늘이 자신에 대한 명을 거두었거나 자신을 잊은 것이라
는 차원에서 하소연하는 말이다.

"안연이 죽어서 도가 전해지지 못하게 되었으니 그것은 하늘이 자기를
버린 것과 같다."라고 주희는 설명한다. 신유학의 종사(宗師)다운 해석이
기는 하다.[8] 그러나 안연이 죽었기 때문에 이제는 자신의 도가 이어지지
못하게 되었다는 생각에서 진정 통곡했다면 공자는 한심하기 짝이 없는
인물이 아니겠는가. 주희를 비롯한 송유들이 안타까운 것은 바로 이런
대목이다. 공자는 그냥 통곡했을 뿐이다. '하늘이 나를 버렸다'라는 표현
은 안회를 잃은 고통을 드러내는 수사이다. 나의 도를 전수받을 사람이
사라졌다는 생각에서 통곡했다면 건강한 사람이 아니다. 2·09 '주)回'의
각주에서 소개한 바 있는 "顏孔自然之對物 一氣之別形 顏淵死則夫子

---

8   석가모니가 자신의 법을 특정한 제자에게 비밀하게 전승하면서 그것이 후
대에 길이 이어지도록 했다는 것은 중국의 선종불교에서 만들어진 관념이다. 그
처럼 전해지는 법을 불씨가 전해지는 것으로 비유하면서 법등이니 전등(傳燈)이
니 하는 말도 만들었다. 선종불교가 전 중국을 덮은 뒤 유자들이 자신들도 공자
에서부터 이어지는 도를 전수받았다고 생각하는 것은 자연스러운 일이었다.

體缺 故曰天喪予(안연과 공자는 자연적 대칭인물로서 육체만 다르지 같은 기이다. 그러니 안연이 죽는다는 것은 공자 몸의 한 부분이 사라지는 것이다. 그래서 안연이 죽자 공자는 하늘이 나를 버렸다고 외쳤던 것이다)"라는 유흠(劉歆, 53 B.C.~23 A.D.)의 표현이 오히려 낫다.

11·10 顏淵死 子哭之慟 從者曰 子慟矣 曰 有慟乎 非夫人之爲慟而誰爲
안연이 죽자 스승님께서 큰 소리로 통곡하셨다. 시종하던 사람이 (진정시키고자) "스승님, 너무 크게 우십니다!"라고 말하자 (스승님께서) 말씀하시기를 : (내가 지금) 너무 큰 소리로 운다고? (그래, 내가) 저 사람 죽음에 크게 울지 않는다면 누구의 죽음에 크게 울겠느냐?

주

1) 哭之慟(곡지통) : 정현은 '變動容貌(용모가 바뀜)'라 하고, 마융은 '哀過也(슬픔이 지나침)'라고 한다. '動'이라는 글자를 감안하자면 '慟'은 몸을 움직이면서 큰 소리로 우는 모습을 나타낼 것이다. 여기서는 곡의 정도를 나타내는 보어이다. 그 정도로 우는 것은 지나치다고 시종이 귀띔하자 공자는 도리어 시종을 꾸짖는다. 之는 자동사에 붙는 조사이지 목적어는 아니다.

2) 非夫人之爲慟(비부인지위통) : '非爲夫人慟'의 도치문이다. 之는 도치문을 만드는 허사이고, 夫는 지시형용사 那와 같다. 원칭지시대사로 분류되기도 하지만 근칭에도 사용된다. 11·11, 11·14, 11·25, 11·26, 14·21, 16·03, 17·09, 17·21에도 나오는데, 17·21의 "食夫稻 衣夫錦"이라는 구절이 대표적이다. '誰爲'도 '爲誰'의 도치문인데, 고문에서는 의문사가 개사나 동사의 목적어일 경우 개사나 동사의 앞으로 도치한다. 문면은 '누구 때문에'이지만 번역은 '누구의 죽음에'라고 하는 것이 좋다.

공자는 어떤 경우에도 평정을 유지하는 사람은 아니었음을, 감정을 지나치게 드러낸 적도 있었음을, 그리고 그것은 바로 안회의 죽음을 맞았을 때였음을 드러내고 있다.

11·11 顔淵死 門人欲厚葬之 子曰 不可 門人厚葬之 子曰 回也視予猶父也 予不得視猶子也 非我也 夫二三子也

안연이 죽자 (공자의) 문인들은 (장례를) 성대하게 치르고자 하였다. 스승님께서는 안 된다(고 말리셨지만) 문인들은 (스승의 말을 듣지 않고) 성대하게 치렀다. (이에) 스승님께서 말씀하시기를 : 안회는 나를 아버지처럼 대했건만 나는 그를 아들처럼 대하지 못했구나. 나(의 뜻)은 아니었다. 저 제자들(의 뜻이었으니 회야, 용서하기 바란)다.

1) 厚葬(후장) : 후장이라는 이름의 전례(典禮)는 유가 경서에 있지 않다. 그러니 '성대한 장례'라는 정도의 의미로 이해하면 될 것이다. 『묵자·절장하(節葬下)』에서는 '후장구상(厚葬久喪: 성대한 장의와 오랜 기간의 복상)'에 대해 논리적으로 비판하고 있고, 『순자·정론(正論)』에서도 태고에는 박장(薄葬)을 하였지만 지금은 후장을 한다고 비판하는데, 그런 기록들은 유가가 성립된 이후 유가의 폐해를 지적하는 사람들에 의해 제기된 비판일 것이다.

2) 非我也夫二三子也(비아야부이삼자야) : 오규 소라이는 非가 부정사가 아니라 '비난하다'는 뜻의 동사라면서,[9] '非我也夫 二三子也'로 끊

---

9   『예기·단궁상』의 다음 부분을 유사한 사례로 든다. "子游問喪具 夫子曰 稱

어 읽어야 한다고 주장한다. '다른 지방에 있는 문인들이 후장했다는 소리를 들으면 나더러 말리지 못했다고 비난하겠구나'라는 뜻이라는 것이다. 그러나 그런 뜻을 '非我也夫 二三子也'라는 문장으로 표현할 수는 없다. 문장을 해체해서 해석하려는 억지에 가깝다. 수많은 주석가들이 『예기·단궁상』의 "人豈有非之者哉"라는 문장을 모를 리도 없다. 이 문장은 어떻게 해석하더라도 '나는 아니다, 이삼자들이다'라는 뜻을 벗어날 수는 없다고 본다.[10]

평설

이유가 설명되지는 않았지만, 아마도 안회의 신분으로나 경제력으로나, 그리고 공문의 도덕 기준에 의하더라도 안회의 장례를 후장으로 치르는 것은 맞지 않다고 공자는 말렸건만 문인들이 듣지 않았다는 해명이다. 그래서 공자가 어떻게 대응했다는 말은 없고 단지 공자가 안타까워했다고만 말하는 점, 내 탓은 아니라는 해명까지 하고 있는 점을 보더라도 이 장의 목적은 해명에 있음을 알 수 있다. 공자 사후 세간의 주의를 모았던 묵가가 유가의 폐해로 후장을 거론하면서 공격하자 방어 차원에서 해명하는 내용이 편집되었을 가능성이 있다.

공자의 문인이라면 스승의 말씀을 결코 어길 리 없으니 여기서 '문인'

家之有亡 子游曰 有亡惡乎齊 夫子曰 有毋過禮 苟亡矣 斂首足形 還葬 縣棺而封 人豈有非之者哉(자유가 상례에서 갖추어야 할 것에 대해 여쭙자 부자께서는 집안 재력의 유무에 맞게 하면 된다고 하셨다. 재력의 유무에 따라 어떻게 맞추어야 하느냐고 자유가 여쭙자 부자께서는, 재력이 있더라도 지나친 예를 치러서는 안 되고, 재력이 없다면 시신의 형체만 거두고 장례도 관에 덮기만 한들 남이 어찌 그것을 비난하겠는가)."

10 정약용도 "마치 송사하는 법정에서 서로 힐난하는 듯하니 성인의 말씀은 아닐 것이다."라면서 오규 소라이의 해석을 옹호한다.

이란 공자의 문인이 아니라 안회의 문인을 가리킨다고 주희는 말한다. 주희는 이처럼 터무니없는 단순성을 가끔 노출하는데, 그것이 그가 실제 단순해서가 아니다. 한족 중심의 유학체계를 수립하고자 할 뿐 아니라 많은 제자들을 거느리는 사람으로서 일사불란한 통제력을 장악하기 위한 의도 때문이라고 본다.

11·12 季路問事鬼神 子曰 未能事人 焉能事鬼 曰 敢問死 曰 未知生 焉知死

계로가 귀신을 (잘) 섬기는 도리에 대해 여쭙자 스승님께서 말씀하시기를 : 사람 섬기기도 아직 못하면서 귀신을 어떻게 섬겨? (민망해진 계로가 다른 주제에 대해) 말하기를 : 죽음(이 뭔지)에 대해 여쭙고자 합니다. (이에 스승님께서) 말씀하시기를 : 삶도 아직 (제대로) 모르면서 죽음을 어떻게 알아?

> **주**

1) 季路(계로) : 공자의 제자 자로의 다른 이름이다. 5·25 참조.

2) 鬼神(귀신) : 2·24의 주) 참조.

3) 敢(감) : 공경하는 태도를 나타내는 부사이다.

> **평설**

안회의 죽음에 이어 '귀신'과 '죽음'이라는 초자연적인 주제에 대한 언급이다. 초자연적인 주제에 대한 공자의 견해가 어떠했는지는 중국철학사에서 의미를 갖기 때문에 여러 주석을 인용해보겠다.

① 진군(陳群, ?~237)은 "귀신 및 죽음에 관해서는 밝히기 어려우니 말을 해봤자 무익하므로 대답하지 않으셨다."[11]라고 한다. 실익 없는 주제에 매달리는 것을 경계했던 공자의 의중을 정확히 짚은 주석이다. ②

황간은 "주공과 공자의 가르침은 오직 현재만을 말할 뿐 과거와 미래에 대해서는 설명하지 않는다."[12]라고 한다. 시간을 과거·현재·미래의 삼세(三世)로 나누어 보는 불교적 시간관을 바탕으로 한 설명이다. ③ 정이는 "'죽음과 삶'은 '밤과 낮'과 같다. 삶의 도를 아는 것이 곧 죽음의 도를 아는 것이고, 사람 섬기는 도리를 다하는 것이 곧 귀신 섬기는 도리를 다하는 것이니, '죽음과 삶'이나 '사람과 귀신'은 하나이면서도 둘이고 둘이면서도 하나이다."[13]라고 설명한다.『주역』의 '주야지도(晝夜之道)'나 대승불교의 '생사일여(生死一如)'라는 개념을 번안한 설명이다. ④ 주희는 "귀신 섬기는 도리에 대해 물은 것은 아마도 제사 모시는 의의를 얻어듣고자 해서일 것이다. 그리고 죽음이란 누구에게나 닥치는 것이므로 알지 않으면 안 되는 절박한 물음이기도 하다. 그러나 살아 있는 사람을 모시기에 충분한 정도의 성(誠)과 경(敬)이 아니고서는 결코 귀신을 모실 수 없고, 原始(원시)하여서 生의 이치에 대해 알지 않고서는 결코 反終(반종)하여서 死의 이치에 대해 알 수 없는 것이다. 유계(幽界)와 명계(明界), 원시와 반종은 애당초 별도의 이치는 아니다. 다만 그것을 배울 때는 순서가 있으므로 그 순서를 뛰어넘어서는 안 된다. 그래서 부자께서는 이렇게 말씀하신 것이다."[14]라고 설명한다. ⑤ 김용옥은 "동방인의 '幽

11　鬼神及死事難明 語之無益 故不答也

12　周孔之敎 唯說現在 不明過去未來

13　程子曰 晝夜者 死生之道也 知生之道 則知死之道 盡事人之道 則盡事鬼之道 死生人鬼 一而二 二而一者也 或言夫子不告子路 不知此乃所以深告之也

14　問事鬼神 蓋求所以奉祭祀之意 而死者人之所必有 不可不知 皆切問也 然非誠敬足以事人 則必不能事神 非原始而知所以生 則必不能反終而知所以死 蓋幽明始終 初無二理 但學之有序 不可躐等 故夫子告之如此. 주희의 설명도 정이와 마찬가지로『주역』이 다음과 같은 용어를 동원한 것이다. "易與天地準 故能彌綸天地之道 仰以觀於天文 俯以察於地理 是故知幽明之故 原始反終 故

(유)와 明(명)'의 사상은 「요한복음」의 '빛과 어둠'과 동일한 사상이다. 단지 중동문명권·헬레니즘문명권에서는 어둠과 빛을 단절적으로 생각하였고, 황하문명권에서는 어둠과 빛을 연속적으로 생각하였다. 「요한복음」에서는 이 세계가 어둠이고 하늘나라가 빛인데, 동방인의 세계관에서는 이 세계가 빛이고 하늘나라가 어둠이다."라고 설명한다.

공자의 말은 주희의 주석처럼 事人(사인)을 잘해야 事鬼(사귀)를 할 수 있고 生을 잘 알아야 死를 잘 알 수 있다는 자상한 설명은 아니다. 상대의 의표를 찔러서 확철한 인식이 격발되도록 만드는 공자 특유의 화법이다.[15] 삶과 죽음이라는 대립되는 경계면을 의식할 때 어느 쪽부터 집중하는 것이 합리적인지에 대해 설명하는 것이 아니라, 단박에 확철한 인식을 얻도록 만드는 수사기교이다. 사람이라면, 살아 있다면, 그 사람의 주제 의식은 '사람'과 '삶'이어야지 '귀신'과 '죽음'이어서는 안 된다는 대답이다. 귀신과 죽음에 대한 인식은 사람과 삶을 인식할 때 상대적으로 저절로 형성된다는 대답이다. 귀신과 죽음이란 것을 부정하거나 무시하거나 없애야 할 대상이라고 여기지는 않았다. 明은 선이고 幽는 악이라고, white는 선이고 black은 악이라고, 악은 박멸시켜야 한다고 가르치지 않았다. 따라서 공자가 죽음을 무익하게 여겼기 때문에 언급하지 않았다는 설명에는 동의하지 않는다. 공자의 이러한 태도를 감안하자면, 그

知死生之說 精氣爲物 遊魂爲變 是故知鬼神之情狀 與天地相似 故不違 知周乎萬物而道濟天下 故不過 旁行而不流 樂天知命 故不憂 安土敦乎仁 故能愛 範圍天地之化而不過 曲成萬物而不遺 通乎晝夜之道而知 故神无方而易无體" 〈『주역·계사상』〉.

15   상대가 확철한 인식을 얻을 수 있도록 상대를 격발시키는 방식은 선종불교에서 꽃을 피운다. 선종불교는 인도불교와는 전혀 다른 중국적 방식인데, 그 뿌리는 이처럼 공자에게서 발견된다. 논리로써 인과를 설명하여 확철한 인식에 도달하게 만드는 방식은 아니다.

가 하늘의 뜻을 점치는『역경』이라는 책에 관심을 두고서 전(傳)을 지었
다는 전설도 믿기지 않는다.『역경』의 권위를 높이려는 사람들이 공자의
권위를 빌고자 만들어낸 이야기일 것이다. 공자는 점을 치거나 기도하거
나 하는 태도를 결코 높이 사지 않았다.[16] 실증할 수 없는 것에 대해서는
궁리하기를 보류하였다. 공자의 영향 때문인지는 모르지만 그런 태도는
유가뿐 아니라 도가나 법가에서도 공통적으로 나타난다. 공자 이후 형성
된 유교문화권의 이런 태도는 초자연적이고 실증하기 어려운 것들을 멀
리하는 데에 그치지 않고 관념적인 것이라면 일단 점수를 낮게 주는 경
향을 낳았다고 본다. 그러다 보니 종종 '가치'란 것을 멀리하기도 한다.
실익이 없다는 이유로 '가치'를 무시하는 사례는 오늘날 유교문화권에서
어렵지 않게 볼 수 있다.[17]

11·13 閔子侍側 誾誾如也 子路 行行如也 冉有子貢 侃侃如也 子樂
若由也 不得其死然
민자건이 (스승을) 모시는 태도는 치우침 없이 바르고, 자로(가 스승을 모시는
태도)는 씩씩하였으며, 염유와 자공(의 경우)는 화락하였다. 스승님께서는 (누
가 모시든 똑같이) 즐거워하셨다. (그런데 자로에 대해서는 이렇게 말씀하셨다)
"중유는 제명에 죽지 못할 것 같아(서 걱정이야)!"

---

16 7·21과 7·35가 그 사례이다.

17 유교문화권에서 관념적인 가치에 대해 주의하지 않았던 것은 아니라고 반
박할지 모른다. 인의예지 효제충신 등이 관념적인 가치가 아니고 뭐냐고 반문할
수 있다. 그러나 그런 것들은 '개인'의 자존과 권리에 기반하여 주체적으로 형성
된 관념은 아니다. '전체'의 길서 유지에 필요한 것이기에 지배 권력이 강요했던
관념들이다.

1) 閔子(민자) : 민자건(閔子騫)은 다섯 차례 나오는데,[18] 여기서만 '閔子'로 되어 있다. 이 때문에 호인은 이 장을 민자건의 문인들이 기록했을 것으로 추정한다. 그러나 다섯 차례 가운데 서너 차례 이상 '閔子'로 기록되었다면 모를까 한 군데만의 사례를 가지고 추단하는 것은 무리이다. 오히려 '騫' 자가 탈락되었을 가능성이 더 크다고 본다. 다만 정주한묘죽간본에 '䣄子(민자)'로 적힌 것을 보면 일찌감치 한대 무렵부터 '민자'로 적었던 모양이다.

2) 誾誾如(은은여), 侃侃如(간간여) : 10·02의 주) 참조.

3) 行行如(항항여) : 굳세고 강직한 모양.

4) 冉有(염유) : 정주한묘죽간본에는 '冉子(염자)'로 되어 있다. 염유를 '冉子'로 불렀던 것도 한대 이전부터의 일일 것이다.

5) 侃侃(간간) : 화락한 모습을 표현한 말로 전해진다. 정주한묘죽간본에는 '衍衍(연연)'으로 적혔는데 '衎衎(간간 : 화락한 모습)'의 오기일 것이다. 의성어는 어디까지나 소리의 표기이므로 글자를 가리지 않고 적었을 것이다.

6) 子樂(자락) : 『한서』에 이 대목이 인용되는데 거기에는 樂 다음에 '曰' 자가 있다고 홍흥조(洪興祖, 1090~1155)는 지적한다. 한편 '樂'은 '曰'의 오자라는 주장도 있다. 두 글자의 중국어음이 똑같이 [yue]이므로 타당한 지적인 듯하지만 확정할 수는 없다.

7) 不得其死然(부득기사연) : 공안국은 '不得以壽終(부득이수종: 수명대로 살다 죽을 수 없다)'이라 하고, 양백준은 '得死'가 당시의 속어로서 '善終(선종)'을 의미한다고 한다.[19] 마땅한 때에 마땅한 장소에서 마땅하

---

18 6·09, 11·03, 11·05, 11·13, 11·14.

19 그 근거로 『좌전』 희공 19년의 "得死爲幸"과 『좌전』 애공 16년의 "得死乃非

게 죽지 못하는 것을 뜻할 것이다. '제명에 죽지 못한다'는 통속적인 표현도 괜찮다. 형병은 '然'을 '焉'과 같은 뜻의 어기사라고 하지만, 정약용은 『맹자·공손추하』의 "木若以美然(관으로 사용할 나무가 너무 아름다운 것 같다)"의 경우처럼 의사(疑辭)라고 주장한다.

평설

공자는 왜 자로에게 제명에 죽지 못할 것이라고 말했는지 누구나 궁금해한다. 후대의 주석가들도 나름대로 그 답을 제시한다. 자로의 죽음에 관한 극적인 이야기는 공자라는 인물이 전설이 되면서부터 함께 포함되었을 것이다.

11·14 魯人爲長府 閔子騫曰 仍舊貫 如之何 何必改作 子曰 夫人不言言必有中

노나라에서 장부(라는 관청)을 만든다(고 하자 그 소식을 들은) 민자건이 말하기를 : 해오던 대로 하면 뭐가 어떻다고 왜 기어코 (관행을) 바꾸어서 (새로) 만들려고 할까? (이 말을 들으신) 스승님께서 말씀하시기를 : 저 사람은 (평소) 말수는 없는데 말을 했다 하면 반드시 맞(는 말이)더라.

주

1) 魯人(노인) : 양백준은 노나라의 집정대신을 가리킨다고 한다. 이 문장을 근거로 '人'은 지배계층을 가리키고 '民'은 피지배계층을 가리킨다고 설명하기도 하지만, 그런 구분이 당시에 분명했을지는 의문이다.[20]

我"라는 구전은 드는데, '得死'와 '得其死'는 구문이 다르기 때문에 동일시할 수는 없다.

따라서 '노나라 사람'이라 하지 않고 '노나라에서'라고 번역하였다.

2) 爲(위) : 뒤에서 '改作(개작)'이라고 한 것을 보면 없던 것을 새로 만드는 것은 아니고 해오던 관행을 바꾸는 것으로 짐작된다.

3) 長府(장부) : 주희는 "長府 藏名 藏貨財曰府(장부는 창고의 이름으로, 재화²¹를 갈무리해두는 곳을 부라고 한다)"라는 정현의 주를 따른다. 『좌전』 소공 25년의 "叔孫昭子如闕 公居於長府"라는 표현을 보면 기구나 관청의 이름이었던 모양이다. 그러나 정약용은 화폐를 만드는 관청의 이름이자 그 관청에서 만든 화폐 이름이라고 주장한다. 한대에 수형고(水衡庫)에서 주조한 돈을 수형전(水衡錢)이라 불렀고, 중부(中府)가 보관하던 돈을 중부전(中府錢), 소부(少府)가 보관하던 돈을 소부전(少府錢)이라 불렀듯이, 소공이 계씨를 정벌할 때 장부에 머무른 적이 있고, 민자건의 때에는 장부에서 화폐 주조를 담당했으므로 당시 화폐를 장부라고 불렀다는 것이다. 주희의 제자였던 양복(楊復)의 주장을 따른 것인데, 그렇게 보지 않는 한 해석이 되지 않거나, 그렇게 보아야 해석이 더 명료해진다면 모를까 구태여 따를 이유는 없다.

4) 貫(관) : 정현은 事(사)라고 한다. 옛일대로 따르면 되는 것을 왜 다시 바꾸려고 하느냐는 뜻으로 보는 것이다. "績緖采業服宜貫公 事也"라는 『이아』 권1의 해설을 따르더라도 무리한 주석은 아니다. 다만 貫이라는 문자에 事의 뜻이 있다고 오해할 우려가 있기 때문에 '仍舊貫'은 '옛날 일을 따르다'보다는 '예부터의 관행을 따르다'라고 번역하였다. 정약용은 長府의 해석과 연관하여 貫을 串錢(관전: 돈꾸러미)으로 새긴다. 이전보다 더 무거운 새 화폐를 만들면 세금으로 거두어 가는 화폐 꾸러미의 숫자를 종전보다 줄여야 하지만 얼마 안 있어 이내 종전 숫자대로 거

20　'人'과 '民'의 관계에 대한 설명들은 1·01의 주)와 1·05의 주) 및 평설 참조.
21　貨(화)는 금옥(金玉)을 가리키고 財(재)는 포백(布帛)을 가리킨다고 한다.

두어 갈 것이므로 세금만 올리는 결과가 될 것을 민자건은 우려했다는 것이다. 상상력은 훌륭하지만 이 문장을 그렇게 해석하지 않으면 안 되는 이유는 없다.

5) 如之何(여지하) : 대개의 주석은 걱정하는 말이라고 한다.[22] 정약용의 기발한 해석도 걱정하는 말로 보기 때문에 나오게 된다. 그런데 문장이 거기에서 끝난다면 모르지만 뒤에 '何必改作'이라는 구가 따르므로, 걱정보다는 '~하면 뭐가 어떻다고'라는 불만의 표시로 보인다. 정주한묘죽간본에 '舊貫而可 何必改作(내려오던 방식을 따르더라도 괜찮을 텐데 왜 기어코 고치려고 할까)'이라고 표현된 것을 보더라도 그렇다. 문자나 숙어의 본래의 뜻에 구속되어 해석할 필요는 없다. 그 문맥에서 어떻게 사용되었는지가 더 중요하다.

6) 夫人(부인) : '저 사람'이라는 뜻이다. 11·10의 경우와 같다. 정주한묘죽간본에는 '夫人也不言'으로 되어 있다.

7) 中(중) : 형병은 "말을 안 하면 그만이지만 했다 하면 반드시 이치에 맞는다."라고 새긴다. 정약용은 여기서도 11·19의 "億則屢中"과 『좌전』 정공 15년의 "賜不幸言而中"을 사례로 들면서 이치에 맞다는 뜻이 아니라 '나중에 증험해보면 그 말대로 되더라'라는 뜻이라고 주장한다. 中에는 當(당)의 뜻이 있으므로 '사리에 맞다'나 '나중에 그렇게 되더라'나 모두 가능한 해석이기는 하다. 13·03의 "刑罰不中"은 '형벌이 합당하지 않다'는 뜻이다. 특별히 배제하는 뜻이 명시된 글자가 있지 않는 한 의미의 외연은 최대한 확대되는 것이 중국 고문의 관행이므로 군이 상대방의 주석이 틀렸다고 고집할 필요는 없다.

---

22 如之何에 대한 설명은 2·20의 주) 참조.

　정약용은 以一當五(이일당오: 하나가 다섯에 상당하다) 또는 以一當十으로 새 화폐를 만들었던 중국 고대사의 사례를 들면서, 처음에는 새로 만든 꿰미 돈 1관(貫)을 이전의 2관 내지 3관으로 쳐서 적게 내도록 만들지만 얼마 안 있어 반드시 옛날의 수효만큼 거둘 것이므로(=仍舊貫) 그렇게 되면 결국 민(民)의 부담만 늘어나게 되리라는 걱정이 민자건의 뜻이라고 주장한다. 그러나 장부(長府)를 설령 화폐의 이름으로 본다 하더라도 화폐를 개혁하는 일을 '爲長府'라고 표현할 수 있는지는 의문이다. 마찬가지로 '何必改作'이란 표현도 화폐개혁에 대한 표현으로는 부족하다. 명백한 근거가 있지 않는 한 문장은 표현대로 순순하게 읽는 것이 순리이기 때문에 정약용의 견해는 받아들이지 않는다. 어쨌든 장부를 만든다는 것이 무슨 의미인지, 민자건이 불만을 나타낸 근거는 무엇인지, 공자가 민자건을 두둔한 근거는 무엇인지 등이 문면으로 드러나지 않기 때문에 기발한 해석들이 등장하게 된다.

11·15 子曰 由之瑟奚爲於丘之門 門人不敬子路 子曰 由也升堂矣 未入於室也

스승님께서는 (언젠가) 이런 말씀을 하셨다 : 중유는 (저렇듯 비속한) 슬 연주를 어떻게 내 문하에서 하지? (그런 핀잔을 옆에서 들었던 다른) 문인들이 자로를 공대하지 않(고 업신여기는 분위기가 감지되)자 스승님께서는 (다시) 이렇게 말씀하셨다 : 중유는 승당은 했어, 아직 입실을 못 했을 뿐이지. (너희들이 함부로 여기면 안 되는 사람이야!)

　1) 由之瑟(유지슬) : 자로의 슬 타는 솜씨가 아송(雅頌)에 맞지 않았

다는 마융의 주석을 대체로 받아들인다. "子路鼓瑟 有北鄙殺伐之聲(자로가 슬 타는 소리에는 북비의 살벌한 음악 기운이 있다)"[23]이라는 표현이 『공자가어』에 있다는 정이의 설명을 주희가 인용하는 것도 같은 생각이다. 그러나 현전 『공자가어』에는 그런 내용이 없다. 당대(唐代)에 통용되던 『공자가어』는 『한서·예문지(藝文志)』에 기록된 27권본이 아니라는 안사고(顔師古, 581~645)의 주장을 감안하자면 정이가 보았던 『공자가어』는 현전하는 것과는 다른 판본이었을지도 모른다. 『설원』 권19에도 비슷한 이야기가 있다. 자로의 슬 연주에 북비(北鄙)의 소리가 담겨 있자 공자는 "확실해, 중유가 재주 없는 것은!"이라고 탄식하고, 곁에 있던 염유가 이를 듣고 질문하자 공자는 그 이유를 설명해주며, 설명을 들은 염유가 그 내용을 자로에게 알려주자 자로는 깨닫고서 7일 동안이나 금식을 하고, 이에 공자는 자로가 뉘우쳤음을 인정했다는 줄거리의 이야기이다. 유향(劉向, 76~6 B.C.)이 지었다는 『설원』이 실제는 왕요신(王堯臣, 1003~1058)이 엮은 것임을 증공(曾鞏, 1019~1083)이 『설원서(說苑書)』에서 논증한 바 있고, 육유(陸游, 1125~1210)도 고려에 전해지던 판본을 근거로 보충한 책일 뿐이라고 고증한 바 있다. 그러므로 그 이야기는 마융의 주석을 근거로 후대에 증폭된 내용일 것이다.[24] 한편 정약용은 뒤에

---

23   북비(北鄙)는 정나라 변경의 도시 이름이라고 한다. 그러나 '北鄙之音'이니 '北鄙之樂'이니 '北鄙之聲'이니 하는 말은 은왕조 마지막 왕인 주(紂)왕의 음악, 그러니까 망국의 음악을 가리키는 말로 통용된다.

24   다만 거기에 실린 공자가 염유에게 설명했다는 음악에 관한 이론만큼은 참고할 만하므로 옮겨둔다. "夫先王之制音也 奏中聲爲中節 流入於南 不歸於北 南者生育之鄕 北者殺伐之域 故君子執中以爲本 務生以爲基 故其音溫和而居中 以象生育之氣 憂哀悲痛之感 不加乎心 暴厲淫荒之動 不在乎體 夫然者乃治存之風 安樂之爲也 彼小人則不然 執末以論本 務剛以爲基 故其音湫厲而微末 以象殺伐之氣 和節中正之感 不加乎心 溫儼恭莊之動 不存乎體 夫殺者乃

나오는 공자의 승당·입실이라는 비유를 근거로 자로의 슬 연주가 아송
에 맞지 않았다고 표현해서는 안 된다고 주장한다. 아송에는 맞기 때문
에 승당이라고 표현했고, 다만 주남(周南)과 소남(召南)에는 맞지 않기
때문에 아직 입실하지는 못했다고 했다면서 여러 근거들을 제시한다. 세
밀한 분석인 듯하지만 공자가 자로의 슬 연주를 가지고서 '升堂未入於
室'이라고 표현했을 리는 없다. 공자의 인물품평은 어디까지나 종합적이

亂亡之風 奔北之爲也 昔舜造南風之聲 其興也勃焉 至今王公述而不釋 紂爲北
鄙之聲 其廢也忽焉 至今王公以爲笑 彼舜以匹夫 積正合仁 履中行善 而卒以
興 紂以天子 好慢淫荒 剛厲暴賊 而卒以滅 今由也匹夫之徒 布衣之醜也 旣無
意乎先王之制 而又有亡國之聲 豈能保七尺之身哉(선왕께서 만드신 음악은 중
화(中和)한 소리로 연주해야 절조에 들어맞는다. 그 음악은 남쪽으로는 갔지만 북쪽
으로는 가지 않았다. 남쪽이란 생육시키는 곳이고 북쪽이란 죽이는 곳이다. 그러므로
군자는 중용 붙잡기를 근본으로 삼고 생육시키기를 토대로 삼기 때문에 군자의 음악
은 온화하면서도 중용에 거처하면서 생육시키는 기상을 드러내야 한다. 근심과 슬픔
과 비통의 감정을 가슴에 담지 말아야 하고, 사나움·재앙·음황한 동작이 몸에 있어
서는 안 된다. 그래야만 치존(治存)의 풍기(風氣)로써 안락하게 되건만, 소인배들은
그렇지를 못해서 하찮은 것을 붙잡고서 근본을 캐려 하고 굳센 것만을 토대로 삼는
다. 그래서 소인배의 음악은 추려(湫厲)하고 미말(微末)하게 되어 살벌한 기운을 띠
고, 절조에 맞추고 중정(中正)한 감정이 마음에 없으며, 온엄(溫儼)하고 공장(恭莊)
한 동작이 몸에 붙지 않게 된다. 산 것을 죽인다는 것은 난동이 일어나 망하는 기풍이
므로 북쪽에서나 하는 짓이다. 옛날 순임금은 남풍의 음악을 만들자마자 발연히 유행
하여 지금까지도 왕공들이 계속 그 음악을 연주하고 있고, 주(紂)임금은 북비(北鄙)
의 음악을 만들었지만 홀연히 사라져버려 지금까지도 왕공들이 그것을 웃음거리로
삼는다. 순임금은 필부의 신분에 불과하였으면서도 중정의 태도를 쌓고 인(仁)에 합
당한 처신을 하여 중용의 처신을 하고 선행만을 하였으므로 마침내 그 음악이 유행될
수 있었지만, 주임금은 천자의 신분이었으면서도 게으르고 음황(淫荒)하며 강려(剛
厲)하고 폭적(暴賊)하여 마침내 그 음악이 사라지게 되었다. 지금 자로는 필부의 무
리로서 벼슬 없는 신분이기는 하지만 선왕의 예악제도에는 생각이 없고 망국의 음악
에만 마음을 두니 어찌 자기 한 몸이나마 보존해낼 수 있겠는가)."

었지 기예에 대한 품평은 아니었으므로 받아들일 수 없다.

2) 升堂(승당), 入室(입실) : 공자는 제자들의 성취도를 입문(入門)·승당(升堂)·입실(入室)이라는 삼차원 공간을 형용하는 비유로써 주관적으로 품평하곤 했다. 그것은 당시 통용되던 비유였을지도 모른다. 하지만 그것은 수행의 단계를 나타내는 말은 아니다. '수행의 결과 증득하게 되는 경지'라는 개념은 불교적 개념이다. 입문·승당·입실은 권위의 중심에 어느 정도 접근했는지 또는 어디까지 접근을 허가할 것인지를 비유하는 표현이다. 자로가 비록 입실은 못했지만 승당은 했다는 표현은 자로가 지니는 권위의 범주에 대한 공자의 인가를 뜻한다.

평설

공자가 자로에게 핀잔을 주자 다른 제자들이 대뜸 자로를 경시했다는 사실은 공자의 제자들이 그처럼 단순한 사람들이었다고 볼 증거는 아니다. 공자의 공문 운영 방식이 그만큼 경직했음을 드러내는 증거로 보아야 할 것이다. 스승이 어떤 말을 내비치면 제자들은 즉각 거기에 반응을 보이지 않으면 안 되도록 학습되었기 때문일 것이다. 또한 공자는 제자의 단점을 발견하면 논리적으로 지적하거나 따뜻하게 깨우쳐서 변화를 유도하기보다는 내치는 듯이 대했을 것이라 짐작한다. 그렇기 때문에 다른 제자들로서는 공자가 자로를 인격적으로 무시한다고 느끼게 되었을 것이고, 스승의 권위에 복종하기 위해서는 자신들도 스승을 따라서 함께 자로를 무시하는 것이 도리라고 여겼을 것이다. 공자는 비록 자로의 권위를 다시 세워주기는 하지만, 자로처럼 나이도 많고 비중 있는 제자를 어린 후배들 앞에서 승당이니 입실이니 하는 용어를 사용하면서 노골적으로 그 위상과 권위를 한정해버리는 공자의 태도는 우리가 참고할 필요가 있다. 노골적으로 무조건 칭찬하기만 했던 안회에 대한 태도와, 동지와도 같았던 자로를 대하는 공자의 태도를 비교함으로써 우리는 공자를 다면적으로 이해할 수 있을 것이다.

정약용은 이 장도 독특하게 해석한다. 자로를 무고한 내용이라면서 자로의 억울함을 밝히지 않을 수 없다고 흥분한다.

11·16 子貢問 師與商也孰賢 子曰 師也過 商也不及 曰 然則師愈與
子曰 過猶不及

자공이 (스승님께) 여쭙기를 : 전손사와 복상 가운데 누가 더 현명하(다고 여기십)니까? 스승님께서 말씀하시기를 : 전손사는 (기준을) 넘고 복상은 (기준에) 못 미친다(고 할 수 있지). (그러자 자공이) 말하기를 : 그렇다면 전손사가 더 낫(다는 말씀)입니까? (이에) 스승님께서 말씀하시기를 : 넘는 것은 못 미치는 것과 마찬가지야.

1) 師(사) : 공자의 제자 자장의 이름이다. 성은 전손(顓孫)이다. 2·18 참조.
2) 商(상) : 공자의 제자 자하의 이름이다. 성은 복(卜)이다. 1·07 참조.
3) 愈(유) : 勝(승: 낫다)의 뜻과 같다.

사마천은 공자의 제자가 3천 명이라고 했다. 그러면 공자는 그 많은 제자들에게 무엇을 가르쳤는가? 가르침의 '내용(contents)'은 무엇이었는가? 그 질문에 대한 답은 찾기 힘들다. 『논어』에서는 인·지·용·예·효 등에 대한 짤막한 언급들만 찾을 수 있을 뿐이고, 그나마도 그게 뭔지에 대한 설명은 없기 때문이다. 따라서 '가르친 내용'이라기보다는 '제시한 기준' 정도로 표현하는 것이 합당하다고 본다. 소크라테스(470~399 B.C.)

나 플라톤(427~347 B.C.)이 제자들에게 '내용'을 가르쳤던 것과 견주자면 상당히 다른 점인데, 공자의 '가르침'이란 그 두 사람의 '가르침'과는 달랐기 때문이다. 그 두 사람은 자신이 탐구하고 사색한 '내용'을 전수하고자 했지만, 공자는 이미 완전한 '기준'을 가지고서 제자들을 평가하고 측정하고자만 했다. 공자에게는 그것이 가르침이었다. 제자들 또한 평가받고 측정받기 위해, 말하자면 인정받기 위해 공자에게 왔지 내용을 배우러 왔다고 말하기는 어렵다. 공자가 제시한 기준, 그러니까 지배계층으로서 갖추어야 할 소양은 이미 완전한 것이기 때문에 탐구하거나 성찰할 필요가 없었다. 이미 완전한 것을 스승에게서 '얻으면' 되었다. 자신이 제시하지 않은 것에 대해 제자들이 호기심을 보이면 공자는 엄하게 꾸짖었다. 현실 정치에 종사할 사람을 배출하고자 제자들을 받아들였으면서도 농사와 같은 과목은 물론 전쟁과 군사에 관해서까지도 언급조차 하는 것을 금하였다. 그런 것은 담당자에게 맡기면 되니까 너희들은 관심 갖지 말라고 했다.[25] 그는 오로지 주군에게 등용될 수 있는 성품, 주군을 섬기는 태도, 사람을 파악하는 능력, 대인관계의 테크닉, 이런 것들만 제시하였다. 경험적이고 실증적인 것, 자연에 대한 호기심이나 상상력 따위는 철저히 멀리했다. 탁월한 능력은 부족한 능력과 마찬가지라고 했다. 오직 '알맞음'만 강조했다. 그 알맞음을 중용이라고도 불렀다.

자공은 자하보다는 13살, 자장보다는 17살 많았다 하니 아마도 자공은 늦게 입문한 어린 후배들에 대한 공자의 평가가 궁금했던 모양이다. 공자의 방식을 익히 아는 자공으로서는 공자가 둘 가운데 누구를 더 가깝게 여기는지 알고 싶었을 것이다.[26] 그 대답을 통해 공자의 인물품평에 대한 안목을 더 배우고자 했는지도 모르겠다. 앞 장에서 승당이니 입

---

25   13 04 참조.

26   심정적 거리에 대한 관심은 결국 권력관계에 대한 관심이다.

실이니 하면서 공공연하게 자로를 평가한 것을 보더라도 둘 가운데 누가 더 현명한가를 묻는 자공의 질문은 공문의 문화적 문법을 벗어난 질문은 아니다.[27] 제자들은 공자와의 거리를 기준으로 한 서열을 서로 의식하고 있었고, 공자는 서열 관리를 통해 제자들을 장악하고 있었다. 공자의 대답은 과연 공자답다. 한 녀석은 좀 부족하고 또 한 녀석은 지나치게 영리함을 인정하지만, 그 둘에 대한 자신의 평가, 즉 자신과 그 둘 사이의 심정적 거리는 비슷하다고 대답한다. 효용이라는 기준을 가지고 평가했을수도 있다. 넘치는 두뇌나 모자라는 두뇌나 효용의 측면에서는 큰 차이가 없다는 말일 수 있다. 그러니 자공은 또 한 번 얻어맞은 셈이다. 제자들은 공자의 이런 말솜씨(?) 때문에 '過猶不及(과유불급)'이라는 모순된 표현도 대단한 명제처럼 받들게 된다. 그리고 중용은 더욱 빛나는 가치로 보이게 된다.

공자는 제삼자를 주제로 대화할 때도 방향만큼은 언제나 상대방을 향한다. 자하와 자장의 경중에 관한 대화이지만, 재주가 뛰어나다고 해서 더 낫지는 않다는 대답은 자공을 겨냥한 것이다. 모든 면에서 능력이 탁월한 자공에게 너무 튀지 말고 중용을 지키라고 지적한 것이다. 제자들은 공자의 이처럼 능란한 중층의 대화기술에 꼼짝없이 갇히고 만다. 공자의 카리스마는 이처럼 대화의 테크닉에서 나온다고 본다.

이처럼 강력한 카리스마를 가진 스승 밑에서는 스승보다 뛰어난 제자는 결코 나올 수 없다. 공자는 그 점에 대해서는 생각하지 않은 듯하다. 공자의 언어를 살펴보면 그는 자기보다 뛰어난 제자를 배출하고픈 생각이 없었던 듯하다. 위대한 자신을 떠받쳐줄 제자들만이 필요했지 자기보다 훌륭한 제자가 나오기를 기대한 흔적은 없다.[28] 이런 스승 밑의 제자

---

27 사람의 다양한 재주나 역량을 단선적 기준만으로써 '과'니 '불급'이니 하고 표현한다는 것은 얼마나 위험한가! 하지만 공문에서는 그것이 범상한 일이었다.

들은 스승이 얼마나 뛰어난 사람인지를 증명해 보이는 수단으로서만 존재가치를 갖는다. 『논어』 전편을 읽어보면 공자와 제자들 사이의 모든 대화는 그 핵심이 '내용'에 있는 것이 아니라 제자들을 거느리는 테크닉에 있거나 제자들이 스승을 칭송하는 데에 있다. 발전사관을 토대로 하는 서구의 문화에서는 다음 세대의 진척을 염두에 두지만 동아시아 문화에서는 이미 완전한 것을 발견하고 체득하기를 목표로 하기 때문에 이와 같은 차이가 나타난다. 따라서 이 장을 두고서 '공자는 지나치지도 않고 부족하지도 않은 인격, 다시 말해 중용의 경지를 높이 샀음을 알 수 있다'라고 설명한다면, 그것은 공자를 숭상하는 설명일지언정 공자를 바르게 이해한 설명은 아닐 것이다. 공자가 제자를 대하는 방법은 13·04에서도 참고할 수 있다.

11·17 季氏富於周公 而求也爲之聚斂而附益之 子曰 非吾徒也 小子 鳴鼓而攻之 可也

계씨는 주공보다도 더 부유하건만 (계씨의 가신으로 있는) 염구는 계씨를 위하여 세금을 더 거두어서 보태주(는 역할을 하)였다. (이렇게 단정하신) 스승님께서 말씀하시기를 : (염구는 이제 더는) 내 문도가 아니다. 너희들은 북을 치면서 (공개적으로) 그 녀석을 공격해도 된다.

28　안회에게도 편집적인 사랑을 보내기만 했지 안회로 하여금 자기보다 더 성취할 수 있도록 만들어주고자 노력한 흔적은 보이지 않는다. 말년에 이르러 정치를 단념하고 교육에만 전념했다고는 하지만 마찬가지였다. 자기보다 나은 인물을 키우는 데 노력했던 기미는 보이지 않는다. 어쩌면 자신의 업적만을 남기려고 하지 않았을까 한다.

1) 周公(주공) : 주희를 비롯한 많은 주석가들은 주공단(周公旦)으로 이해한다. 하지만 권력이 아닌 재력을 비교하면서 주공단을 거론했을 리는 없다. 따라서 과거의 주공단이 아니라 기내(畿內)에 있는 현재의 주공(周公)으로 이해하는 것이 옳을 것이다. 노공(魯公) 밑에 있는 계씨가 주왕(周王) 밑에 있는 주공(周公)보다 더 많은 재산을 가지고 있다는 표현이 아닐까 한다. 7·05의 주1) 참조.

2) 求(구) : 공자의 제자 염구. 자가 아닌 이름을 부르는 것을 보더라도 '季氏~益之'까지는 제삼자의 서술이 아니라 공자의 판단을 옮긴 문장으로 보인다.

3) 小子(소자) : 공자가 제자들을 부르던 호칭이다. 3·24, 5·21, 8·03 참조.

4) 鳴鼓而攻之(명고이공지) : 사람을 공개적으로 성토하고 비난하는 짓에 대한 표현인데, 사람을 비난하면서 북을 치는 것이 원래 있었던 방식은 아니고 전쟁의 방식을 빌린 표현일 뿐이라고 정약용은 설명한다.[29]

29　선유들이 이 표현을 오해한 나머지 지금 조선의 태학생들도 '공자명고지법(孔子鳴鼓之法)'이라면서 죄가 있는 사람에게 북을 짊어지게 한 다음 여러 사람들이 북을 치면서 죄인을 교문(橋門) 밖으로 몰아내곤 하는데, 잘못이라는 것이다. 명고벌죄(鳴鼓伐罪)라는 것은 전쟁의 방식이지 사람을 공격하는 방식은 아니라는 것이다. 『춘추』에 의하면 전쟁에서 종고(鐘鼓)를 울리면서 공격하는 것은 벌(伐)이고, 종고를 울리지 않고 공격하는 것은 침(侵)이라고 하였고, 『주례·대사마(大司馬)』에는 "賊賢害民則伐之 野荒民散則削之(어진 이를 학대하고 인민을 해치면 종고를 치면서 벌하고, 전야가 황폐해지고 인민이 흩어지면 영지를 깎아서 줄인다)"라는 표현이 있는데, 이것을 빌린 표현이라는 것이다. 공자의 표현에 대한 설명으로는 합리적이라고 보지만, 조선에서 실제 북을 치면서 공개적으로 성토하는 관행이 있었듯이 중국에서도 예컨대 문화대혁명 기간에 그런 방식으로 특정인에게 모욕을 주는 일이 공공연하게 자행된 것을 보면, 『논어』의 이 구절이

공개적으로 비난해도 된다고 말하기에 앞서 공자는 '非吾徒也'라고 파문을 선언한다.

계손씨가 위나라에 있는 공자에게 염구를 보내서 모셔오게 했던 것은 전부(田賦)법을 고쳐서 세금을 더 거두려는 자신의 생각에 공자가 동의해주기를 바랐기 때문이라고 『좌전』 애공 11년에는 기술되어 있다. 그러나 공자는 동의하지 않고 도리어 염구에게 반대하라는 의사를 완곡하게 표현했지만 계손씨는 결국 이듬해에 전부(田賦)를 실시한다. 『맹자·이루상』의 "염구는 계씨가의 재를 지낼 적에 계손씨의 부덕을 바로잡는 게 아니라 도리어 세금을 이전보다 갑절로 늘렸다. 그러자 공자는 염구는 내 문도가 아니니 너희들은 북을 울리면서 그 녀석을 공격해도 된다고 말씀하셨다."[30]라는 대목도 이 이야기의 반복이다.

그게 사실이라면 계강자는 공자의 귀국이라는 카드를 이용하여 정국의 국면을 쇄신한 다음 세금 인상의 정당성까지도 확보하려고 했을지 모른다. 공실 권력을 회복한다는 명분으로 자기 아버지를 비롯한 삼가(三家)를 밀어내려고 했던 공자를 받아들임으로써 정치적인 이익을 노렸을지도 모른다. 그렇다면 공자로서도 계강자의 귀국 요청[31]을 받아들이고는 싶지만 세금 인상과 같은 계강자의 정치적 이익을 자신이 정당화해주었다는 평가는 받기 싫었을 것이다. 염구로서도 벼슬을 그만두지 않

오래전부터 공개적으로 모욕을 주는 방식으로 이해되었음은 분명하다. 굳이 잘못이라고 지적할 필요는 없다.

30 求也爲季氏宰 無能改於其德而賦粟倍他日 孔子曰 求非我徒也 小子鳴鼓而攻之可也

31 실제로는 '계강자의 귀국 희청'이기만 '계강자의 귀국 요청'으로 기록되어야 했다.

는 한 계강자의 세금 인상에 대한 의지를 꺾을 수도 없었을 것이다. 공자로서는 염구를 파문한다는 제스처를 쓰지 않고는 이 난관을 돌파할 수도 없고 자신의 체면을 유지할 수도 없다고 판단했을지 모른다. 올바른 도리로써 주군을 섬기되 그게 불가하면 그만두는 것이 옳다고 주장해왔던 공자로서는[32] 염구가 계손씨의 세금 인상을 막지도 못하고 벼슬을 그만두지도 않자 염구를 파문하는 조치라도 취하지 않을 수 없었을 것이다. 재아처럼 공자에 의해 실패한 제자로 규정 받은 사람일지라도 파문당한 흔적은 보이지 않건만 공문에서 여러 모로 막중한 지위를 차지하고 또 공자의 귀국을 성사시킨 염구를 파문하겠다는 것은 공자의 정치적 선택이 아닐 수 없다. 하지만 다른 한편으로는 정서적으로 염구를 미워하게 된 탓도 더해지지 않았을까 한다.[33] 『논어』에서는 공자가 제자들을 정서적으로 대한 흔적이 많다. 자공과 같은 유능한 제자보다 안회와 같은 신실한 제자에게 무조건적인 사랑을 보인 것이 대표적인 사례이다. 공자의 파문 선언 이후 염구가 어떻게 처신했는지에 대해서는 전해진 바 없지만 염구는 그 자리에 계속 있을 수밖에 없었을 것이고, 공자와의 관계도 계속 유지되었을 것이다. 공자로서도 명분을 챙기기만 하면 되었을 것이다. 이러한 추론은 공자에 관해 구축된 전설을 기반으로 한 추론이지 순전한 허구는 아니다.

"스승은 엄하지만 벗은 친하므로, 이미 파문하였지만 오히려 문인들로 하여금 그를 바로잡게 하시니 공자께서 사람 사랑하심이 끝이 없었음을 볼 수 있다."[34]라는 주희의 설명은 주석이 아닌 아첨이다. "염유는 정

---

32 "所謂大臣者 以道事君 不可則止(대신이라면 올바른 도리로써 군주를 섬기고, 그게 안 되면 그만두는 것이다)"(11·24).

33 공자가 정서적으로 염구를 미워했을 가능성에 대해서는 5·21의 평설 참조.

34 師嚴而友親 故已絶之 而猶使門人正之 又見其愛人之無已也

치 역량을 계씨를 위해서만 베풀었기 때문에 이런 정도로 나쁜 짓을 했는데, 마음 씀씀이가 현명하지 못해서 자기반성은 못 한 채 벼슬에만 급했기 때문에 그렇게 되었다."[35]라는 범조우의 성토도 마찬가지이다. 당시 현장에 있었더라면 염구를 죽이자고 했을 법한 아첨이 아닐 수 없다. 후대의 사대부들은 유가 경전을 이런 태도로 읽고 이런 태도로 가르쳤기 때문에 자신의 정적을 죽이는 일을 아무렇지도 않게 이행할 수 있지 않았을까 한다. 그 책임을 따지자면 공자에게는 얼마만 한 책임이 있다고 해야 할까?

전쟁이 일상적으로 치러지던 춘추시대 상황에서 10분의 1 조세만으로는 재정을 유지하기 어려웠던 국가 사정을 알 수 있는 대목이기도 한데, 그런 사정은 12·09에서도 확인할 수 있다.

11·18 柴也愚 參也魯 師也辟 由也喭

(공자 제자들의 기질을 각각 한 글자로 평가하자면, 고)시는 우직하고, (증)삼은 무디며, (전손)사는 치우치고, (중)유는 거칠다.

주

1) 柴(시) : 공자의 제자로 성은 고(高), 이름은 柴, 자는 자고(子羔)이다. 『사기』에는 공자보다 서른 살 적고 키가 다섯 자가 되지 않았다고 기록되어 있지만, 『공자가어』에는 제나라 사람으로서 공자보다 40살 적었고 키는 여섯 자가 되지 않았으며 얼굴은 못생겼지만 효도를 돈독하게 했다고 기록되어 있다. 11·25에 의하면 자로가 시를 비읍의 재로 삼았

35 　冉有以政事之才 施於季氏 故爲不善 至於如此 由其心術不明 不能反求諸身 而以仕爲急故也

던 적이 있고, 『예기·단궁』에는 그를 덕을 갖춘 인물로 묘사한 대목이 서너 군데 있다. 남의 그림자를 밟지 않았으며, 동물들이 겨울잠에서 깰 무렵에는 살생을 하지 않았고, 초목이 생장할 무렵에는 가지를 꺾지 않았으며, 부모의 거상 기간에는 이를 보이며 웃지 않았다는 내용이 『공자가어·치사(致思)』에 있다. 무성(武城)의 재를 지냈다는 기록도 있지만 그것은 비읍의 재를 지낸 것과 혼동한 기록일지도 모른다. 『설원·지공(至公)』과 『한비자·외저(外儲)』에는 자고에게 형벌을 받았던 사람이 자고의 인품을 높이 샀던 탓에 위급한 상황에 처한 자고를 구해주었다는 이야기도 실려 있다.

2) 愚(우) : '어리석다'보다 '우직하다'는 번역어가 합당하다. 주희는 '知不足而厚有餘(지혜는 부족하나 도타움은 넉넉함)'이라고 설명한다. 愚에 대한 설명은 5·20의 주) 참조.

3) 參(삼) : 공자의 제자 증삼. 1·04의 주) 참조.

4) 魯(로) : 노둔(魯鈍: 미욱함)의 뜻. 공안국은 증자의 성품이 지둔(遲鈍: 느리고 미욱함)하다고 했다.

5) 師(사) : 공자의 제자 전손사. 2·18의 주) 참조.

6) 辟(벽) : 편벽(便辟: 성격이 치우치다)의 뜻. 왕필은 '僻'으로 보면서, 꾸미는 것이 지나침을 말한다고 한다. 마융은 "자장은 재주가 남보다 뛰어나지만 사벽(邪辟)하고 문(文)이 지나친 것이 단점이다."[36]라고 주한다.

7) 由(유) : 공자의 제자 자로의 이름. 2·17의 주) 참조.

8) 喭(언) : 주희는 粗俗(조속: 거칠고 속됨)이라고 주하면서, 문헌에 나오는 '喭'은 속론(俗論)을 일컫는다고 한다. 그러나 '畔喭(반언)'이라는 첩운 자의 준말로 보아야 한다는 유월의 견해[37]에 동의한다. 누구나

36　子張才過人 失在邪辟文過
37　『고서의의거례(古書疑義擧例)·어급례(語急例)』.

잘 아는 이음절연어(二音節連語)를 표기할 때는 그 낱말을 연상하기 쉬운 한 글자로만 대신하는 관례가 있으니, 『모시』에서 '溟濛(명몽)'을 '濛'이라고만 표현하고, '栗冽(율열)'을 '冽'이라고만 표현하며, '唐惶(당황)'은 '惶'으로, '燦爛(찬란)'은 '爛'으로 표기하는 것이 그 사례이다. 유월의 견해를 따르자면 '畔岸'이 '粗俗'의 뜻이라는 주희의 견해보다는 '剛强(강강: 굳고 힘셈)' 또는 '剛猛(강맹: 굳세고 사나움)'이라는 왕필(王弼, 226~249)의 견해가 더 가깝다. 다만 원문이 한 글자이기 때문에 번역도 '거칠다'라고만 했는데, '굳세다'는 뜻과 '사납다'는 뜻을 포함한다. 『시경·대아』 「황의(皇矣)」에 나오는 '畔援(반원)'을 『모시전(毛詩箋)』에서는 '跋扈(발호)'의 뜻이라 주하고 『경전석문(經典釋文)』은 '武强(무강)'이라는 『한시외전』의 주를 인용하지만, '畔援' 역시 '畔岸'과 같은 뜻이라고 본다. 이때의 畔은 6·27이나 12·15에 나오는 畔과는 다른 뜻이다. 정현은 "자로의 행실은 거친 것이 실점이다."[38]라고 주하였다. 정주한묘죽간본에는 '獻(헌)'으로 적혀 있는데, 그 죽간본은 음이 비슷한 글자를 자주 통자로 사용하고 그나마 오자를 적는 경우가 많다.

평설

제자들에 대한 공자의 '한 글자 평어'이다. 자로는 공자보다 앞서 죽었으니, 공자가 이 평어를 자로 죽기 1년 전에 했다 하더라도 62세의 자로를 23세의 자장 및 25세의 증삼과 견준다는 것은 선뜻 이해되지 않는다. 그렇다면 이 '한 글자 평어'는 공자가 한때 한자리에서 했던 것은 아니고 『논어』를 편찬하는 과정에서 공자의 단편적인 평어들을 합성했을 가능성이 크다. 증삼의 문도들이 『논어』를 편찬했을 것으로 여기는 주석가가 많은데, 여기서 증삼에 대한 평어는 증삼을 치켜세우는 내용이 아니다.

---

38   子路之行 失於畔岸

춘추필법을 적용했기 때문에 자신의 직계 스승에 대한 공자의 좋지 않은 평어조차 포함시켰다고 말할지 모르나, 증삼학파가 『논어』를 편찬했다는 가설을 검증하자면 고려할 만한 사항이라고 본다.

정이, 윤돈, 주희 등은 "마침내 공자의 도를 전수한 사람은 바탕이 우둔한 증삼일 뿐이었다."라고 말하지만, 결과론적인 해석이다. 결과론적인 해석치고 합리화 아닌 것은 없다.

11·19 子曰 回也其庶乎 屢空 賜不受命 而貨殖焉 億則屢中

스승님께서 말씀하시기를 : 안회는 거의 완벽한 사람이었지만 (쌀독이) 자주 빌(정도로 가난하)였다. (반면에) 단목사는 (자신의 가난한) 운명을 받아들이지 않고 돈을 (많이) 벌었는데, (그럴 수 있었던 것은 경제변동에 관한 그의) 예측력이 자주 적중하였(기 때문이)다.

| 주 |

1) 其庶乎(기서호) : '其~乎'는 추측을 나타내는 구문이다. '其庶乎'는 당시의 관용구로서 '거의 ~에 가깝다'는 뜻이다. 주희는 庶가 近(근: 가깝다)의 뜻이라고 한다. 이 문장처럼 목적어 없이 사람을 평가하는 말로 쓰일 경우에는 '인격적으로 거의 완성된 사람이다'라는 뜻이 된다. 그래서 왕필과 하안은 '庶幾聖道(성인의 도에 거의 다가갔다)'라 하고, 주희는 '近道(도에 가까웠다)'라 한다. 『역경·계사』에도 "顔氏之子 其殆庶幾乎"라는 표현이 있는 것을 보면 안회를 이렇게 표현하는 것은 전국시대부터 굳어진 관행이었을 것으로 짐작된다.

2) 屢空(루공) : '空匱(공궤: 궤짝이 비다)'라는 하안의 주석이 전통적으로 우세하다. 그런데 하안은 '一曰(일왈: 다른 견해는 이렇다)'이라는 단서를 달아서 "虛中(허중: 심중을 비움)으로 새기기도 한다."라고 소개한 다

음, "마음을 비우지 않으면 도를 알 수 없다."고 덧붙인다. 주희는 하안의 일차적인 주석은 도외시한 채 이차적으로 부기한 그 부분만을 가지고서 "하안이 심중을 비우고 도를 받아들인다고 새긴 것은 노장의 설에 근거한 것으로서 잘못이다."라고 비판한다.[39] 주희의 이 지적은 하안의 『논어집해(論語集解)』가 노장에 기울어진 주석이라고 평가할 때 근거로 인용되는데, 하안은 어디까지나 '空匱'라는 주석을 먼저 강조했다. 하안의 주석이 노장으로 기울어졌다는 견해는 편협하고도 교조적인 견해가 아닐 수 없다.

3) 不受命(불수명) : 자공의 어떤 점 때문에 공자가 이렇게 표현했는지는 모르지만, 안회의 경제적 어려움과 대비시키는 내용이기 때문에 가난한 운명을 받아들이지 않았다는 표현이라고 본다. '공자의 명령을 받아들이지 않다'라는 주석은 수긍되지 않는다. 命에 대한 설명은 9·01의 주) 참조.

4) 億則屢中(억즉루중) : 앞 구의 '屢空'과 운을 맞추면서 대를 이룬다. 億은 '헤아리다'는 뜻이고 中은 '적중(的中)'의 뜻이다. 『논어정의』는 "궁리진성(窮理盡性)하지는 않고 억측할 뿐이지만 다행히 그 말은 맞힌다." 하고, 주희는 "재주와 식견이 훌륭하여 料事(료사: 일을 헤아림)하더라도 맞히는 것이 많았다."[40]라고 한다. 그러나 億은 理니 性이니 事니 하는

---

39 『논어혹문(論語或問)』.

40 『논어주소』와 범조우는 자공이 예측을 잘했던 사례를 『좌전』의 다음 기사에서 찾는다. "定公十五年春 邾隱公來朝 子貢觀焉 邾子執玉高 其容仰 公受玉卑 其容俯 子貢曰 以禮觀之 二君者 皆有死亡焉 (…) 夏五月壬申 公薨 仲尼曰 賜不幸言而中 是使賜多言者也(주의 은공이 내조하였을 때 자공이 관찰하니, 은공은 옥을 높이 들어서 그 모습이 마치 우러르는 듯하고 노공은 옥을 낮게 받아서 그 모습이 마치 굽어보는 듯하였다. 자공은 '예로 보건대 두 군주는 모두 죽게 된 것 같다. (…) 여름 5월 임신날에 은공이 돌아가셨다. 그러자 공자는 '자공은 뛰어나지는 않지

것들에 대한 헤아림이 아니라 물가동향에 대한 예측을 가리킨다고 보는 것이 가장 합리적이다. 예나 지금이나 부를 축적하자면 경기에 대한 예측력이 있어야 한다.

　자공의 능력을 칭찬하는 듯하지만 안회에 대한 안타까움 쪽으로 더 기울어져 있다. 안회와 자공은 공자보다 각각 30살과 31살 적었다고 하니 공자는 거의 동년배의 이 두 제자를 자주 견주었던 모양이다. 더욱이 자공은 정치적으로 현달하고 경제적으로도 부유하건만 총애해 마지않는 안회는 정치적으로도, 경제적으로도 늘 어려움만 겪자 이같이 탄식하지 않았을까 한다.

　"자공이 재산을 늘렸다는 것은 후세의 부자와 같다는 뜻이 아니라 넉넉한 재산에 대한 생각을 버리지 않았다는 뜻이고 그나마도 젊었을 때의 일이다. 성(性)과 천도를 알게 되었을 때는 그런 짓을 하지 않았다."라는 정이의 설명은 어이없기도 하고 걱정스럽기도 하다. 고전을 자신의 믿음대로 읽으면서 타인에게 강요하는 사람은 못 할 짓이 없기 때문이다.

　제자들에 대한 짤막한 평가라는 점에서 이 장을 앞 장과 연결된 것으로 보고, 그래서 이 장의 맨 앞에 있는 '자왈'은 앞 장의 맨 앞에 붙어야 한다는 주장을 주희는 소개한다.

만 말은 들어맞는다, 이래서 자공은 말이 많게 되었다'고 말씀하셨다)." 하지만 『좌전』은 원래 『춘추』를 소설적으로 설명한 것이어서 믿기 어렵거니와 『논어』에 자공이 무엇을 예측했다는 기록은 없다. 『사기·화식열전(貨殖列傳)』을 보면 자공은 조(曹)와 노(魯) 사이의 국제무역을 통해 부를 축적했다고 하니, 경기 예측을 잘했다는 뜻으로 보는 것이 차라리 더 합당하지 않을까 한다.

11·20 子張問善人之道 子曰 不踐迹 亦不入於室

자장이 선인(이라는 사람이 살아가는) 방법론은 어떠한지에 대해 여쭙자 스승님께서 말씀하시기를 : (군자의) 자취만 따르지는 않(고 방법론도 충실하게 따르)지만 (그렇다고 해서 아직 군자의) 경지에는 도달하지 못한 사람이(라고 말할 수 있겠)다.

주

1) 善人之道(선인지도) : 善에 대해서는 2·20의 주)에서, 善人에 대해서는 7·26의 주)와 13·29의 평어에서, 道에 대해서는 1·02의 주)에서 설명한 바 있다. 공자가 '선' 또는 '선인'이라고 불렀던 대상은 군자의 아래 단계를 가리킨다. 따라서 '바탕은 훌륭하지만 아직 스승을 좇아 배우지는 못한 사람'이라는 장횡거와 주희의 견해, 성인(聖人)의 이칭이라는 한유의 견해, "善世而不伐"이라는 『역경』 구절과 "善刀而藏之"라는 『장자』의 구절을 들면서 '善'은 '繕(선: 닦아서 선하게 만들다)'으로 새겨야 하므로 '사람을 선하게 만드는 방법론'이라는 정약용의 견해 등은 모두 받아들이지 않는다. 다른 편장들과의 맥락을 무시한 단편적인 문자 해석에 불과하기 때문이다.

2) 不踐迹 亦不入於室(불천적 역불입어실) : 11·15에서 보았듯이 공자는 사람의 품평을 입문·승당·입실이라는 비유를 가지고 자기를 중심으로 한 거리감으로써 표현했다. 그런 방식이 춘추시대의 일반적인 관행이었는지 아니면 공자만의 방식이었는지는 모를 일이다. 역대의 주석가들은 이 구절을 '성인의 깊은 방에는 들어가지 못하다'라고 새기는데, 그 비유를 그대로 인용하면 오독할 가능성이 있다. 이 구절은 두 가지 해석이 가능하다. '不入於室'을 '성인의 완전한 단계에 이르지는 못했다'고 새기는 데는 이견이 없지만 접사 '亦'에 대한 해석은 '不踐迹했으므로 不入於室하다'와 '不踐迹했으나 不入於室하다'로 갈린다. 전자는 '옛 성현

의 방법론을 제대로 따르지 않았기 때문에 성인의 단계에 이르지는 못했다'는 뜻이 되고, 후자는 '옛 성현의 방법론을 겉으로 자취만 밟는 게 아니라 신실하게 실천했지만 아직 성인의 단계에는 이르지 못했다'는 뜻이 된다. 亦은 여기서 '그 위에 더'의 뜻은 아니고 강조를 나타내는 접사이다. 앞에서 不이라고 한 다음 다시 不이라고 해야 하기 때문에 亦을 붙였다. 그러니 외형상으로는 순접관계이지만 내용상으로는 역접관계이다. "비록 반드시 옛 사람의 방법론을 따라서 실천하지는 않더라도 스스로 나쁜 짓은 하지 않는다. 그러나 성인의 경지에는 들어갈 수 없다."[41]라는 주희의 해석이나, "옛 사람의 자취만을 따르는 것이 아니라 창업 능력도 조금 있다. 그러나 성인의 경지에 들어가지는 못했다."[42]는 공안국과 형병의 해석은 모두 역접관계로 본 것이다.

> 평설

공자가 '善人'이라는 표현을 먼저 꺼냈기에 자장이 물었을 것이다. 군자에 대해서는 자주 강조하셨지만 선인은 과연 어떤 사람을 가리키는지 당연히 궁금했을 것이다.

11·21 子曰 論篤是與 君子者乎 色莊者乎
스승님께서 말씀하시기를 : 독실한 논변만을 높이 사는 사람은 군자다운 사람일까, (아니면) 겉만 번듯한 사람일까?

---

41   雖不必踐舊迹 而自不爲惡 然不能入聖人之室也
42   不但循追舊迹而已 亦少能創業 然亦不入於聖人之室

1) 論篤是與(논독시여) : 여러 해석이 있지만 "단지 언론이 독실한 것만을 긍정한다."[43]라는 주희의 견해에 동의한다. '與論篤'을 구조조사 '是'를 사용하여 도치한 구문으로서, '與'는 '許與(허여: 인정하다, 높이 사다)'의 뜻이다. 일이나 사람을 변별하는 데 있어서 상황이나 맥락을 입체적으로 보지는 않고 꼼꼼한 논리만을 높이 사는 태도를 말할 것이다. 정주한묘죽간본에는 '論祝是與'로 되어 있다.

2) 色莊者(색장자) :『논어정의』는 "안색이 장엄하여 소인으로 하여금 위엄을 두려워하게 만드는 사람"이라고 해석한다. 공자는 겉과 속이 다른 처신을 강하게 부정하였는데, 여기 '色莊者'라는 표현도 '莊' 자 자체에 부정적인 의미는 없지만 외형을 반듯하게 꾸미는 사람이라는 어기가 있다. '色'에 대한 해설은 1·03 참조.

『논어정의』는 앞 장과 연결된 문장으로 보고서, '말이 독실한가, 군자다운가, 용모가 공손한가'라는 善人의 조건 세 가지를 겸손하게 예거한 것이라고 설명한다. 만약 병렬하는 세 개의 의문문이라면 대답은 없이 물음만으로 독립된 장을 이룰 수는 없다. 문장 형식을 보더라도 첫째 의문문은 의문조사가 '與'이고 나머지 둘은 '乎'라는 설명인데, 그것은 불가능하다. '論篤是與'가 의문문이라면 '是'는 잘 설명되지 않고, 이 세 문장이 앞 장과 연결된다면 '子曰'을 중복할 필요도 없다.

---

43   但以其言論篤實而與之

11·22 子路問 聞斯行諸 子曰 有父兄在 如之何其聞斯行之 冉有問 聞斯行諸 子曰 聞斯行之 公西華曰 由也問聞斯行諸 子曰 有父兄在 求也問聞斯行諸 子曰 聞斯行之 赤也惑 敢問 子曰 求也退 故進之 由也兼人 故退之

자로가 여쭙기를 : (옳은 말을) 들으면 바로 행동으로 옮겨야 합니까? 스승님께서 말씀하시기를 : 부형이 계시는데 (여쭙지도 않고) 어떻게 듣자마자 바로 행동으로 옮기니? 염유가 여쭙기를 : (옳은 말을) 들으면 바로 행동으로 옮겨야 합니까? 스승님께서 말씀하시기를 : (옳은 말을) 들으면 바로 행동으로 옮겨야지. (그러자 옆에 있던) 공서화가 말하기를 : 중유가 '들으면 바로 행동으로 옮겨야 하느냐'고 여쭐 때는 스승님께서 '부형이 계시다'고 말씀하시더니, 염구가 '들으면 바로 행동으로 옮겨야 하느냐'고 여쭐 때는 스승님께서 '들으면 바로 행동으로 옮기라'고 하시니, 저로서는 어리둥절합니다. (그 까닭을) 감히 여쭙고자 합니다. (이에) 스승님께서 말씀하시기를 : 염구는 물러나(는 성향이 있으)므로 나아가게 하였고, 중유는 남을 이기(려는 성향이 있으)므로 물러나게 한 거야.

주

1) 子路(자로) : 공자의 제자 중유. 2·17 참조.

2) 聞斯行諸(문사행저) : 포함은 斯를 궁핍한 사람을 돕는 일로 본다. 그러나 여기의 '斯'는 지시대명사가 아니라 '~하면 곧'의 뜻을 지닌 연사로 보는 것이 낫다. 諸는 '之乎'의 합음자이다. 5·02의 주) 참조.

3) 冉有(염유) : 공자의 제자 염구. 3·06, 5·21, 6·04 참조.

4) 公西華(공서화) : 공자의 제자 공서적. 5·07 참조.

5) 兼人(겸인) : 공안국, 정현, 주희는 勝人(승인: 남을 이기다)이라고 한다. 장식(張栻, 1133~1180)과 양백준(楊伯峻, 1909~1992)은 勇爲(용위: 용감하게 행동하다)라고 하는데, 동사와 목적어로 된 구문의 새김으로

는 적절하지 않다. 정약용은 한 사람이 두 사람 몫의 짐을 든다는 뜻이라고 한다. 남의 몫까지 제가 감당하려는 태도라는 점에서는 어긋나지 않는 해석이다. 어쨌든 退와 대를 이루는 표현이라야 한다.

평설

상대에 따라 가르치는 방법을 달리했던 공자의 교육방법론을 알 수 있는 대목이라는 이유로 이 장은 주목을 받아왔다. 유가에서는 공자의 그러한 교육방법론을 '인재시교(因材施敎: 상대방의 재능에 따라 가르침을 달리 베풂)'라고 설명하는데, 2·08과 4·15의 주희 주석을 보자면 그 말은 정이가 먼저 꺼낸 듯하다. 6·21의 주희 주석을 보자면, 「중용」에 있는 '因其材(인기재)'라는 말을[44] 장식이 공자의 교육방법론과 연결하여 설명하자 장식과 교분이 있던 주희가 그 해석을 채용한 것으로 짐작된다. 어쨌든 '인재시교'라는 성리학자들의 표현은 불교의 '대근설법(對根說法: 상대방의 근기에 맞추어 설법을 다르게 함)'을 의식한 표현이다.

이택후는 소크라테스나 플라톤의 논리성·보편성·실체성(=이것은 무엇인가)과 공자의 실용성·특수성·기능성(=어떻게 할 것인가)이 다른 점이 바로 이것이라고 설명한다. 그러나 그와 같이 대립적으로 비교할 경우 공자는 '어떻게 할 것인가'를 '이것이 무엇인가'보다 높이 쳤다고 오해하게 만든다. 공자와 플라톤은 각기 자기의 틀로써 세상을 보았을 뿐임에도, 마치 공자가 플라톤의 방식보다 자신의 방식이 더 우월하다고 판단했던 것처럼 오해하게 만들 수 있다. 대립적으로 비교하는 방식은 단순한 우위비교이거나 동방도 서방에 못지않다는 열등의식의 발로일 수 있다. 근대에 들어 서방문명이 비록 동방을 압도했다 하더라도 동방과 서방을 굳이 대립적인 구도로 볼 필요는 없다. 우열을 의식한 나머지 우

---

44   天之生物 必因其材而篤焉

리에게도 우월한 면이 있다거나, 우리도 너희와 대등하다고 강조하려는 의욕일 뿐이다. 그런 시각과 태도를 벗어나 자신의 문명을 주체적으로 해설하고 평가할 수 있는 역량이 중요하다.

이택후는 나아가 공자의 그런 관념이 '하나의 세계', '즐거움의 문화', '실용이성'을 관철하는 기본적인 사유라고 주장한다. 하지만 중국사에 그런 사유가 실재했다는 것은 그의 주장일 뿐이다. 중국의 문화사에는 기본적으로 사유란 없다. 사유에 대해 주의한 적이 없다. 중국의 문화, 즉 유교문화는 사유보다는 '동화'나 '공명'을 선호한다. 동화나 공명은 사유가 아니다. 물론 도덕도 아니다. 세상을 살아가는 실제적 힘이다. 나와 대등한 객체를 인식하면서 내가 객체와 '공존'하고자 하는 힘이 아니라, 나밖의 모든 것을 나와 일체화시키려는 힘이다. 달리 말하자면, 자신이 커지고자 하는 욕망이다. 이것이 중국문화의 뿌리이다. 중국의 역사는 개인의 욕망을 긍정하면서 개인의 욕망을 키우는 역사였다. 앞으로도 그럴 것이다. 중국인은 힘과 욕망에 주의하지 본질이니 원리니 하는 것에 대해 사유하려고 하지 않는다. 중국의 문화를 다각적으로 이해할 수 있는 상대적 시각이야 필요하지만 중국의 문화를 굳이 서방문화에 대비하여서만 볼 필요는 없다.

일반적으로 『논어』의 문장은 『맹자』의 문장보다 압축이 심하다고 한다. 그러나 그것은 단순히 길이만을 가지고 내린 단견이다. 예컨대 공서화가 질문하는 대목 '由也問聞斯行諸 子曰有父兄在 求也問聞斯行諸 子曰聞斯行之'에서 '聞斯行諸'는 생략해도 좋으련만 두 번이나 반복해서 적는다. 이를 보더라도 『논어』의 문장은 간략하게 표기하기 위해 짐짓 줄인 문장은 아니다. 그 시대의 글짓기 방식이 그러했을 뿐이다. 압축이 심하다는 생각은 짧은 길이에 대한 후대의 견해일 뿐이다.

11·23 子畏於匡 顔淵後 子曰 吾以女爲死矣 曰 子在 回何敢死

스승님께서 광에서 구금당하셨을 때, 안연이 나중에 도착하(여 스승님과 만나게 되)었다. (그러자) 스승님께서 (안연에게) 말씀하시기를 : 나는 네가 죽은 줄로만 알았다. (이에 안연이) 말하기를 : 스승님께서 (살아) 계시는데 제가 어떻게 죽는단 말입니까?

> **주**

1) 畏(외) : 잡혀서 갇힘. 9·05의 주) 참조.

2) 何敢死(하감사) : 주희는 '전투에 뛰어들어 죽기를 각오하지는 않는다'는 뜻이라고 한다. "스승이 죽었다면 죽기를 각오하고 광 사람들과 맞서 싸웠겠지만 스승이 살아 있었기 때문에 광 사람들의 칼날에 맞서지 않았다."라는 호인의 설명도 인용한다. 그러나 지나친 해석이다. 공자가 죽지 않고 살아 있다는 것을 안연이 어떻게 알고서 그렇게 각오했겠는가? 어디까지나 만나게 된 다음에 꺼낸 말이다. '스승님께서 이렇게 살아 계시는데 제가 어떻게 죽을 수 있단 말입니까?'라는 수사적 표현이거나, '스승님께서 이렇게 살아 계실 줄 믿고서 저 또한 기어이 스승님을 뵙고자 살아서 왔습니다'라는 표현으로 보는 것이 무난하다.

> **평설**

공자와 안연의 서로에 대한 존경과 사랑이 극적으로 표현된 대목이다. 그러고 보면 안연도 말을 잘한다. '스승님께서 살아 계시는데 제가 어떻게 죽을 수 있단 말입니까?'라는 말보다 더 상대방의 감동을 끌어낼 수 있는 말이 있을까? 『여씨춘추(呂氏春秋)·권학(勸學)』에도 같은 내용이 나오는데, 당연히 『논어』를 바탕으로 한 윤색일 것이다.

공자가 광에서 붙잡혔던 일에 대해서는 9·05의 평설 참조.

11·24 季子然問 仲由冉求可謂大臣與 子曰 吾以子爲異之問 曾由與求
之問 所謂大臣者 以道事君 不可則止 今由與求也 可謂具臣矣 曰 然則
從之者與 子曰 弑父與君 亦不從也

(계환자의 동생) 계자연이 (스승님께) 여쭙기를 : 중유와 염구는 대신이라고 일
컬을 만(한 인물들)입니까? 스승님께서 말씀하시기를 : 저는 당신께서 좀 특별
한 것을 물으실 줄 알았는데 기껏 중유나 염구에 대해 물으시는군요. 이른바 대
신은 (올바른) 도리로써 군주를 섬기되 (그게) 불가능하면 그만두는(사람인)데,
지금 (말씀하신) 중유나 염구는 (그런 사람은 아니고, 그저) 자리를 채우는 신하
라고 말할 수 있겠네요. (그러자 계자연이) 말하기를 : 그럼 (그 두 사람은 군주
에게) 복종(은 잘)하는 사람들이겠네요? (이에) 스승님께서 말씀하시기를 : (그
렇긴 하지만) 아버지나 임금을 죽이는 사람에게는 결코 복종하지 않을 겁니다.

1) 季子然(계자연) : 계평자의 아들이자 계환자의 동생.

2) 異之問(이지문) : '問異'의 도치구조이다. 주희는 '異'를 '非常(비상:
평범하지 않음)'이라고 한다.

3) 曾(증) : 주희는 乃(내: 겨우)와 같다고 한다. '기껏', '고작'으로 번역
될 수 있다.

4) 由與求(유여구) : 與는 '~과'로 번역되는 것이 정격이지만 이 문장
에서는 '~나 ~'으로 번역하는 것이 낫다.

5) 具臣(구신) : 숫자만 채우고 있는 신하일 뿐이라는, 낮춘 표현이다.

평설

공자의 전형적인 화술을 볼 수 있는 대목이다. 공자는 상대가 질문하
면 답을 하지 않고 반문으로써 선제공격을 한다. 중유와 염구가 대신감
이냐는 질문에 겨우 그런 질문을 하느냐는 투로 선제공격한다. 이 선제

공격에는 책임을 회피하려는 의도도 있다. 대단히 훌륭한 제자라면서 추천했다가는 나중에 기대에 못 미친다는 불만을 들을 수 있으므로 전략적인 대답을 한 것이다. 그러면서도 하고 싶은 말은 다 한다. 비록 대신감이라고 장담하지는 않겠지만 패륜을 저지르는 군주는 용납하지 않을 것이라고 경고한다. 마지막 한마디에 메시지를 다 실은 것이다. 이것이 공자의 전형적인 화술이다. 선제공격으로 기선을 제압한 다음 물러나는 듯한 말로써 방어막을 치고, 그다음 날카롭게 마감한다. 공자는 제자들에게도 이렇듯 전략적으로 대했다.

자로가 계씨가의 읍재가 되었다는 기록은 『좌전』 정공 12년에도 있고, 『사기·중니제자열전』에도 있다. 『사기』에는 "자로가 계씨가의 읍재가 되었을 때 계손씨가 공자께 자로는 대신이라고 할 만하냐고 물었다. 공자는 그저 구색만 갖춘 신하라고 대답하였다."[45]라고 되어 있다.

11·25 子路使子羔爲費宰 子曰 賊夫人之子 子路曰 有民人焉 有社稷焉 何必讀書 然後爲學 子曰 是故惡夫佞者

(계씨의 가신으로 있던) 자로가 자고에게 비읍의 읍재를 맡으라고 하였다. (이 소식을 들은) 스승님께서 (자로에게) 말씀하시기를 : (너는 아직 공부도 마치지 않은) 남의 자식을 망치는구나. (그러자) 자로가 대꾸하기를 : (당장 돌보아야 할) 인민이 있고 (섬기기를 중단할 수 없는) 사직이 있는데, 어째서 반드시 글공부를 해야만 (정치를) 배운 사람(이라고 인정하신단 말)입니까? 스승님께서 말씀하시기를 : (말이야 그럴싸하구나!) 이래서 (나는) 말재간 좋은 사람들을 미워한다니깐.

45 子路爲季氏宰 季孫問曰 子路可謂大臣與 孔子曰 可謂具臣矣

1) 子羔(자고) : 공자의 제자 고시. 11·18의 주) 참조.

2) 賊(적) : '다치게 하다'는 뜻인데, '망치다' 또는 '망가뜨리다'라고 새기는 것이 낫다.

3) 夫人(부인) : 특정한 대상이 아닌 타인을 가리킨다. 11·10의 경우와 같다. 夫를 원칭지시대사로 볼 수도 있다.

4) 民人(민인) : 일반적으로 民은 피지배계층을 가리키고 人은 지배계층을 가리킨다고 설명한다. 그러나 로저 에임스(Roger Ames)는 民은 복수를 가리키고 人은 단수를 가리킬 뿐이라고 주장한다. 民에 관한 자세한 설명은 1·05의 주) 참조.

5) 讀書(독서) : 『맹자』의 "盡信書", 『주역·대전(大傳)』의 "書不盡言", 『장자』의 "書道政事" 등에 나오는 書는 모두 『상서』를 가리킨다면서, 오규 소라이는 여기의 '書'도 『상서』를 가리킨다고 주장한다. 書가 『상서』를 가리키는 고유명사인 것은 분명하지만 이 문장에서마저 그렇게 한정할 이유는 없다. '글공부'로 번역하는 것이 낫다. 1·06의 '주)以學文'과 19·13 참조.

6) 爲學(위학) : 주희는 인민을 다스리고 귀신을 모시는 일이 모두 爲學이라고 한다. 하지만 자로가 스승에게 반문하는 것은 '왜 반드시 글공부를 마친 다음이라야만 정치 일선에 내보낼 수 있단 말입니까, 완전한 글공부가 정치의 필수 요건은 아니라고 봅니다'라는 뜻이다. 그렇다면 爲學은 '정치를 배웠다' 또는 '정치할 자격을 갖추었다'라고 새기는 것이 바람직하다.

7) 夫佞者(부녕자) : 夫는 주3)에서와 마찬가지로 원칭지시대사이다. 말솜씨를 이용하여 실제와는 동떨어진 주장을 하는 사람을 가리킬 것이다. 4·24의 평설과 5·04의 주) 참조.

　계씨의 가신으로 있던 자로가 동문 후배를 벼슬자리에 천거하자 공자가 나무라는 장면이다. 자로의 성격과 공자의 표현기교, 그리고 둘 사이의 긴장이 동시에 드러난 흥미로운 장면이다. 11·18을 보자면, 자고는 공자가 우직하다고 표현했던 제자이다. 공자의 생각으로는 그처럼 우직한 사람은 공부를 한참 시킨 다음에나 벼슬길에 나가도록 해야 할 텐데도 자로가 허락도 없이 일찌감치 벼슬을 시키자 심하게 꾸짖는다. 비읍은 계씨가의 속읍으로서 정치적 중요도가 높은 곳이므로 더욱 민감하게 여겼을지도 모르겠다. 그래서인지 민자건은 결단코 그곳의 읍재로 부임하기를 거부한 일도 있다(6·09).

　자로 또한 직선적으로 항변한다. 벼슬살이의 조건이 왜 완벽한 글공부이어야 하느냐고 따진다. 정치하는 데 많은 글공부가 필요하냐는 자로의 항변을 공자는 자신의 전부를 부정하는 반발로 여겼을 수 있다. 그래서 공자도 격앙된 표현으로 묵살한다. "이래서 나는 말재간 좋은 놈들을 미워한다니깐!" 이 정도면 두 사람의 대화는 더 이어지지 못했을 것 같다. 공자가 논리적으로 다독이면서 더 설명했을 리는 없다. 자고가 종당에 어떻게 처신했는지에 대한 결말도 보이지 않는다. 이런 상황에서 벼슬자리에 가겠다고 나서지는 못했을 것이다. 그러나 주희에게는 정리된 결말이 필요했다. 그래서 자로의 말은 본의가 아니었다고 한다. 논리가 딸려서 말이 막히자 방어한 것이었고, 그것을 잘 아는 공자 또한 자로를 미워하지는 않고 그의 말재주만을 미워했을 뿐이라고 정리한다. 이렇게 정리해야만 제자들의 마음이 편해질 뿐 아니라 교훈적이라고 여겼을지 모른다.

11·26 子路 曾晳 冉有 公西華侍坐 子曰 以吾一日長乎爾 毋吾以也
居則曰 不吾知也 如或知爾 則何以哉 子路率爾而對曰 千乘之國 攝乎

大國之間 加之以師旅 因之以饑饉 由也爲之 比及三年 可使有勇 且知方也 夫子哂之 求 爾何如 對曰 方六七十 如五六十 求也爲之 比及三年 可使足民 如其禮樂 以俟君子 赤 爾何如 對曰 非曰能之 願學焉 宗廟之事 如會同 端章甫 願爲小相焉 點 爾何如 鼓瑟希 鏗爾 舍瑟而作 對曰 異乎三子者之撰 子曰 何傷乎 亦各言其志也 曰莫春者 春服旣成 冠者五六人 童子六七人 浴乎沂 風乎舞雩 詠而歸 夫子喟然歎曰 吾與點也 三子者出 曾晳後 曾晳曰 夫三子者之言何如 子曰 亦各言其志也已矣 曰 夫子何哂由也 曰 爲國以禮 其言不讓 是故哂之 唯求則非邦也與 安見方六七十如五六十而非邦也者 唯赤則非邦也與 宗廟會同 非諸侯而何 赤也爲之小 孰能爲之大

자로, 증석, 염유, 공서화(, 이렇게 네 사람 제자)가 (스승님을) 모시고 앉(아서 대화한 적이 있)다. 스승님께서 말씀하시기를 : 내가 너희들보다 한 살이라도 나이를 더 먹었다고 해서 나를 너무 어려워하지 말(고 말해보)라. (너희들은) 평소에 "나를 알아주지 않는다."고 말하던데, 만약 어느 군주가 너희를 알아주(어서 등용한다)면 어떻게 하겠느냐? 자로가 선뜻 나서서 대답하기를 : 큰 나라들에 끼어 있는 데다 군사적 침공을 받으며 게다가 기근까지 겹친 (그런) 천승지국(정도 나라의 정치)를 제가 맡는다면, 삼 년쯤이면 (그 나라를) 용맹하고도 바른 법도를 아는 나라로 만들 수 있습니다. 부자께서는 (자로의 말에 비웃는 듯한) 미소만 지으시고는, 구야, 너(의 생각)은 어떠하냐고 물으셨다. (이에 염구가) 대답하기를 : (천승지국을 감당하기는 어렵고) 사방 60~70리 아니면 50~60리(정도의 작은 나라)를 제가 맡는다면, 삼 년쯤이면 인민을 풍족하게 만들 수는 있겠습니다. (다만) 예악(을 일으키는 일) 같은 것은 (제가 감당하기엔 역부족이니 훌륭한) 군자를 (따로) 모셔(서 맡겨)야 하겠지요. (스승님께서는 역시 아무 말씀도 하지 않은 채 이어서) 적아, 너(의 생각)은 어떠하냐고 물으셨다. (공서적은) 대답하기를 : (저는 무엇을) 잘할 수 있다고 말씀드리지는 못하겠고 (다만) 배우고 싶(은 것은 있)습니다. 종묘의 (조근이나 제사 같은) 일에서나 아니면 (제후들의) 회동 같은 일에서 현단복을 입고 장보관을 쓰는 등 작은 집례 역할이나 하고 싶습니다. (스승님께서는 이어서 증점을 향해 말씀하시기를) : 점아, 너(의 생각)은 어떠하냐? (그러자 점은) 연주하던 슬의 소리를 점차 작게 하다가 '땅!' 소리를 내면서 (연주를 멈춘 다음) 슬을 내려놓고는 일어나서 대답하기를 : (저의 생각은 저) 세 사람의 구상과는 다릅니다(고만 말하면서 더 말하기를 꺼렸다). 스승님께서 말씀하시기를 : 뭘 꺼리느냐? 각자 자기의 뜻만 말하는 것인데. (이에 증점은 마지못해) 대답하기를 : (나들이하기 좋은 철인) 늦은 봄(즈음)에 봄옷으로 차려입고, 어른 대여섯 명, 동자 예닐곱 명과 함께 기수에 가서 멱이나 감고 무우에 가서 바람이나 쏘이다가 시를 읊조리면서 돌아오는 것입니다. (이에) 공자는 위연히 탄식하면서 말씀하시기를 : 나는 증점한테 점수를 주겠다. 세 사람이 (방에서) 나가고 증석(만)이 뒤에 남게 되자 증석이 이르기를 : 저 세 사람이 한 말은 어떻습니까? (평가를 좀 해주십시오. 이에) 스승님께서는 : 각자 자기 뜻만 말한 것뿐이(니 평가는 필요 없)지! (증석이) 말하기를 : (그런데) 스승님께서는 왜 중유(의 말)에 비웃으셨습니까? (스승님께서는) : 나라는 예로써 다스리는 것이(고 예의 기본은 겸양이)건만 중유의 말이 겸양하지를 않아서 비웃은 거지. (증석이 말하기를) : (그렇다면) 염구(가 말한 내용)은 나라(를 다스리겠다는 말)은 아니었지 않습니까? (스승님께서는) : (천승지국만 나라인가?) 사방 60~70리 아니면 50~60리 되는(규모인)데도 나라(라고 부르지) 않는 경우를 본 적 있니? (그 정도도 나라야!) : (그렇다면) 공서적(의 경우)는 나라(를 다스리겠다는 내용이 분명히) 아니지 않습니까? (스승님께서 말씀하시기를) : 종묘(의 일)과 회동(하는 일)이 제후(의 일이) 아니고 무엇이냐? (제후의 일이라면 곧 나라의 일 아니니?) 공서적(이 말한 것)이 작(은 일이)다면 무엇을 큰(일이)다고 할 수 있겠니? (그 일도 크나큰 일이야!)

주

1) 曾晳(증석) : 공자의 제자로 이름은 점(點)이고[46] 晳은 자이다. 증삼

의 아버지라고 하지만 『사기·중니제자열전』에는 그가 증삼의 아버지라는 언급은 없다. 안회의 경우 부자가 함께 공자의 문도인 것처럼 표현되므로(11·08) 증삼의 문도들은 증삼도 그랬을 것으로 추정하지 않았을까 한다.[47] 만약 증삼의 아버지라면 증삼이 공자보다 46살 적었다 하니 증석은 그보다 대략 20~30살 많았을 것이다. 증석에 대한 묘사들은 대체로 장자와 비슷하다거나, 계무자(季武子, ?~535 B.C.)가 죽었을 때 그의 집 대문에 기대어 노래를 부른 적이 있다는 이유로 광괴(狂怪)하다는 평이 있는데, 그런 이야기들은 『논어』의 이 대목을 부연해서 만들었을 것이다.

2) 以吾一日長乎爾(이오일일장호이) : 爾는 이인칭이 아니고, 乎도 비교격조사가 아니며, ‘乎爾’가 어조사라고 오규 소라이는 주장한다. 그러나 그렇게 새기면 ‘一日’의 새김이 적절하지 않다. ‘다소’라는 뜻의 부사로 새길 수 있다면 모르지만 一日을 그렇게 볼 근거는 없다. 一日은 나이의 차이를 표현할 때 ‘하루라도’의 뜻으로 쓰던 당시의 관용적 표현으로 보인다.[48] 그렇다면 ‘乎爾’는 ‘너희들보다’로 새길 수밖에 없다. 굳이 어조사라고 고집할 이유는 없어 보인다.

3) 毋吾以(무오이) : 以를 已(이)의 통자로 보고서 止(지: 멈추다)의 뜻으로 새기기도 하고 用의 뜻으로 새기기도 하지만 모두 매끄럽지 않다. 太나 甚의 뜻으로 새기는 것이 낫다. ‘너무 어려워하지 말라’라고 새기는 것이 좋다.

46　菆(점)으로 표기된 곳도 있다.

47　『맹자·이루상』에 曾晳, 曾參, 曾元 삼 대의 이름이 나오고 『맹자·진심하』에서도 부자 관계임이 명시되는 것을 보면 맹자 시대에는 두 사람의 부자 관계를 확신했을 것이다.

48　一日을 ‘하루라도’라고 새기는 것이 합리적이기는 하지만 그런 표현이 한국어에서는 쓰이지 않는다. 日月이라는 낱말이 세월을 가리키는 것을 보더라도 日은 ‘해’로 새기는 것이 낫다고 본다. 그래서 ‘한 살이라도’라고 번역하였다.

4) 居(거) : '平居時(평소에 기거할 때)', '常居時(일상적으로 기거할 때)'의 뜻이다.

5) 率爾(솔이) : 가볍고도 갑작스러운 모습. 輕率(경솔)과 같은 뜻이겠다. 卒爾로 된 판본이 있을 뿐 아니라 『맹자·양혜왕(梁惠王)』에 "卒然問曰"이라는 구가 있고, 『장자·인간세(人間世)』에 "率然附之"라는 구가 있음을 들어서 率은 卒(졸)의 통자라는 주장도 있지만, 글자의 모양이 비슷한 데서 빚어진 오류를 합리화하는 설명이라고 본다.

6) 攝(섭) : '끼다'라는 뜻인 籋(섭), 箝(겸), 夾(협)과 통자라고 흔히 설명한다. 포함은 迫(박: 핍박)이라 하고, 주희는 管束(관속: 간여하고 속박함)이라고 한다.

7) 饑饉(기근) : 『이아·석천(釋天)』과 『설문』에서는 "곡식이 여물지 않는 것이 饑, 채소가 여물지 않는 것이 饉"[49]이라고 한다. 『묵자(墨子)·칠환(七患)』에서는 "한 가지 곡식을 수확할 수 없는 것이 饉, 두 가지 곡식을 수확할 수 없는 것이 饑"[50]라고 한다. 『곡량전』에서는 "한 가지 곡식을 수확할 수 없으면 嗛(겸), 두 가지 곡식을 수확할 수 없으면 饑, 세 가지 곡식을 수확할 수 없으면 饉, 네 가지 곡식을 수확할 수 없으면 康(강), 다섯 가지 곡식을 수확할 수 없으면 大饑(대기)"[51]라고 한다. 그런 구분들은 후대에 도식화한 구분일 따름이고, 흉년을 뜻하는 고대의 이음절어로 보는 것이 무난하다.

8) 比及(비급) : 정약용은 比를 '이르다(至)'라고 새기고, 양백준은 '기다리다'라고 새긴다. 그러나 比는 及과 같은 뜻이므로 이것도 관습적으

---

49 穀不熟爲饑 疏不熟爲饉

50 一穀不受謂之饉 二穀不受謂之饑

51 一穀不升謂之嗛 二穀不升謂之饑 三穀不升謂之饉 四穀不升謂之康 五穀不升謂之大饑

로 이음절어처럼 쓰였을 것으로 본다.

9) 知方(지방) : 方을 하안은 義方(의방: 마땅히 지켜야 할 바른 도리)이라 하고, 주희도 向義(향의: 정의에 귀의함)라고 한다. 그러나 方은 方正(방정: 행동거지와 품성이 바름)의 뜻으로 보는 것이 순조롭다. 국가의 바른 법도가 무엇인지를 알게 만들 수 있다는 뜻일 것이다.

10) 哂(신) : 마융은 笑(소: 웃음)라 하고 주희는 微笑(미소: 가벼운 웃음)라 한다. 哂은 矧(신: 잇몸)의 통자이기 때문에 잇몸이 보일 정도로 크게 웃는 것을 가리킨다는 주장도 있다. 비웃음이 담긴 웃음이라는 뜻으로 짐작된다.

11) 方六七十(방육칠십) : 고대의 토지면적 계산 방식으로서, 육칠십 평방리가 아닌 사방 육칠십 리의 면적을 가리킨다.『맹자』에서는 公과 侯는 방백 리, 伯은 방칠십 리, 子와 南은 방오십 리의 땅을 분봉 받는다 하고,『주례·대사도(大司徒)』에서는 公 오백 리, 侯 사백 리, 伯 삼백 리, 子 이백 리, 南 일백 리라고 한다.[52] 따라서 방육칠십 리의 나라라는 표현은 통념상 작은 규모의 나라, 즉 공후보다 낮은 품계의 군주가 다스리는 작은 규모의 나라를 의미한다고 본다.

12) 如五六十(여오륙십) : '如'는 '與'와 같다는 주석이 많지만, 주희가 '或'이라고 주했듯이 선택의 뜻이 있다. 즉, '60~70 아니면 50~60'이라는 뜻이다.

13) 以俟君子(이사군자) : 以는 앞의 如와 호응하여 '~로 말하자면 곧'의 뜻이다. 자기가 할 수 있는 바가 아니기 때문에 다른 군자를 기다린다는 뜻이다. 염구는 본래 겸손하지만 앞에서 자로가 비웃음을 산 바 있기 때문에 더욱 겸손해지게 된 표현이라고 주희는 설명한다.

---

52 둘의 기준이 다른 것을 보더라도 실제의 기준은 아니고 후대에 관념적으로 정리한 기준일 것이다.

14) 宗廟之事(종묘지사) : 종묘의 일에는 조근(朝覲: 제후가 천자를 알현하는 일)과 제사가 가장 큰 일이다.

15) 會同(회동) : 주희는 "諸侯時見曰會 衆覜曰同(제후가 이따금 천자를 뵙는 것이 회이고 여럿이 함께 천자를 뵙는 것이 동이다)"이라고 한다. 『예기·곡례하』에서는 "相見於郤地曰會(한극한 곳에서 제후가 서로 만나는 것을 회라고 한다)"라고 한다.

16) 端章甫(단장보) : 端은 모자를 쓰다는 뜻의 동사이고 章甫는 목적어라는 주석이 있다. 합리적으로 들리는 듯하지만 문장의 구성을 감안하자면 '衣玄端 冠章甫(현단복을 입고 장보관을 쓰다)'의 뜻이라는 정현과 주희의 견해가 낫다.

17) 相(상) : 주희는 '군주의 禮를 돕는 사람'이라고 한다.『주례·추관(秋官)』의 주에는 "出接賓曰擯 入贊禮曰相(나가서 손님을 맞는 것이 빈이요, 들어와 예를 돕는 것이 상이다)"이라고 되어 있다. 그래서 '집례 역할'이라고 번역하였다.

18) 希(희) : 稀(희: 드물어지다)와 같은 글자이다. 대답을 생각하느라고 연주 소리가 드물어진 것이라고 공안국은 설명하지만, 대답하기 위해 연주를 마치고자 타는 속도를 늦추고 소리도 작게 한 것을 표현한 말로 짐작한다.

19) 鏗爾(갱이) : 슬이 내는 소리를 표현한 의성어이다. 공안국은 슬을 내려놓는 소리라고 하지만 연주를 끝마칠 때 마지막으로 크게 튕기는 소리일 것으로 짐작된다. 악기를 내려놓는 소리를 크게 낼 리는 없다. 현대 중국어에서도 의성어로 사용된다.

20) 舍(사) : 놓다. 捨(사: 놓다)와 같은 글자이다.

21) 作(작) : 일어나다는 뜻이다. 이 때문에 나머지 세 사람도 스승 앞에서 말할 때는 일어나서 말했을 것이라고 양백준은 추정하는데, 연주를 멈췄기 때문에 자세를 가다듬는 모습을 표현한 것으로 보는 것이 어떨까

한다.

22) 撰(선) : 僎(갖출 선), 詮(갖출 전), 具(갖출 구) 등으로 새긴다. 앞사람들이 한 말은 모두 잘 갖추어진 내용이라는 뜻이다.

23) 傷(상) : '근심하다', '꺼리다'의 뜻이다.

24) 莫春者(모춘자) : 暮春(모춘: 음력 삼월)의 뜻이다. 者는 시간을 나타내는 접미사이다.

25) 旣成(기성) : '봄옷을 차려입고 나서'라는 뜻이다. '旣+동사'는 '~하고난 다음'이라는 뜻이다. 이 구절을 현토해서 읽을 때는 '春服이 旣成이어든'으로 읽는데, 그러면 成을 '옷을 만들다'로 오해하게 된다. 여기서 成은 성장(成裝: 차려입다)의 뜻이다.

26) 冠者(관자) : 관례를 치른 어른을 가리킨다. 한국에서 어른을 한자어로는 성인(成人)이라고 하는데, 그 낱말이 『논어』에서는 인격이 완성된 사람이라는 의미로 사용되기 때문에 택하지 않았다. '冠者' 앞에 '得'자가 있는 판본이 많은데, '~와 함께'라는 뜻을 정확히 하고자 한 표현일 것이다. 五六人은 30명이고 六七人은 42명이니 합하면 72인인데, 공문제자 가운데 승당한 사람이 72인이라는 말은 이 숫자에서 나왔다는 어이없이 진지한 주장을 하는 사람도 있다.

27) 浴乎沂(욕호기) : 기수(沂水)는 산동성 곡부현 남쪽에 있는데, 수수(洙水)와 합해진 다음 사수(泗水)로 흘러간다. 『한서·지리지(地理志)』에는 그곳에 온천이 있다고 한다. 왕충(王充, 27~97)은 『논형(論衡)』에서 주왕조의 삼월은 하왕조의 정월인데 어떻게 몸을 씻겠느냐고 반문하면서, 浴을 涉(건널 섭)으로 새겨야 한다고 주장한다. 한유도 옷을 벗고 몸을 씻는 것은 禮가 아니라면서 浴을 沿으로 고쳐야 한다고 한다. 주희는 浴이 상사(上巳)날 행하는 祓除(불제: 재앙을 떨치기 위한 제사)와 같은 것이라고 하지만, 정약용은 아니라고 한다. 여기서 浴의 의미가 무엇인지는 중요하지 않다. 증점의 의도가 중요하지 표현이 중요하지는 않기

때문이다. 증점의 의도는 정치에는 관심 두지 않고 산천이나 즐기겠다는 것이다. 산천에서 즐긴다는 것이 목욕하는 것이건 불제하는 것이건 크게 상관은 없다.

28) 風乎舞雩(풍호무우) : 무우는 곡부현 남쪽에 있는 기우제를 지내는 곳의 이름이다. 『수경주(水經注)』에는 "기수의 북쪽에 직문이 있는데 일명 고문이라고도 하고 우문이라고도 한다. 남으로는 물을 건너서 우단이 있는데 단의 높이는 세 길 남짓으로, 바로 증점이 바람을 쏘이고자 했던 처소이다."[53]라는 대목이 있다. 風은 흔히 諷(풍: 외다)으로 새기지만, 포함이 '風涼於舞雩之下(무우단 아래에서 시원한 바람을 쏘이다)'라고 주하고 주희가 '乘涼(시원한 바람을 맞음)'이라고 주하듯이 '바람을 쏘이다'라고 새기는 것이 낫다. 기우제를 지내는 곳이라면 풍광도 좋은 곳일 터이다.

29) 與(여) : '편들다'라는 번역은 의미가 왜곡될 우려가 있다. 그쪽을 선택하겠다는 뜻이다.

30) 唯(유) : 양백준은 어수사(語首詞)로서 뜻이 없다고 하지만, 허사로 사용되기도 한다. '그렇다면 염구의 경우에서만큼은'이라는 어기가 있다.

31) 安見(안견) : '어디서 그런 것을 본 적이 있느냐?'는 뜻이다. 방오 육십 정도의 작은 규모라면 나라를 다스린다고 말하기는 어렵지 않느냐는 염구의 물음에 그것도 나라를 다스리는 중대한 정치행위라고 강조하는 표현이다.

32) 非諸侯而何(비제후이하) : '제후(의 일이) 아니라면 무엇이겠느냐?'라는 표현이니, 그게 바로 제후의 일이라는 뜻이다. 제후의 일이란

53   沂水北對稷門 一名高門 一名雩門 廟隔水有雩壇 壇高三丈 卽曾點所欲風處也

것도 다름 아닌 나라를 다스리는 중대한 정치행위라는 강조이다. '非諸侯如之何'로 된 판본도 있는데, 문맥에 맞지 않는 표현이다.

33) 爲之小(위지소) : '之'는 '其'와 같다.

평설

이 장은 『논어』에서 가장 긴 장이고 문체나 구성도 소설적이다.[54] 두말할 것 없이 증석을 띄우는 내용이다. 그는 삶의 목표를 현실 정치에 두지 않고 초월적인 것에다 두었다는 것이다. 현전 『논어』가 증삼의 제자들이 주도적으로 편찬한 정황이 두드러짐을 감안한다면 증석을 띄우는 것은 곧 증삼을 띄우기 위한 장치라고 말할 수 있다.

최술은 이 장이 노자나 장자를 좋아하는 사람들이 지어낸 이야기를 후대 유학자들이 잘못 끼워 넣은 것이라고 추정한다. 면전에서 공자를 '夫子'라고 부르는 점도 의심스럽고, 스승의 물음이 사뭇 구체적일 때는 일어나서 대답하는 게 예의이건만 증석이 태연스럽게 앉아서 비파를 타고 있었다는 점도 이상하다고 지적한다. 공자가 노자에게서 가르침을 받았다고 기술하는 『공자가어』와 같은 책이 대거 유행했던 사실을 감안하자면 충분히 공감할 수 있는 지적이기는 하다. 더구나 김용옥이 지적하다시피 이 장의 구조가 5·07 및 5·25를 합성한 듯한 느낌이 드는 것을 감안하자면 이와 같이 소설적으로 구성된 이야기들은 다양한 버전으로 각색되어 재생산되었을 것으로 짐작한다. 다만 『논어』의 진위를 의심하자면 끝이 없다. 비록 합리적인 의심이 들더라도 일단 현재 상태를 인정하면서 읽는 태도가 기본적으로 요구된다.

---

54 『논어』의 문체는 『서(書)』와 『사(史)』, 그러니까 선진고경(先秦古經)의 문체와 비슷하다. 당시 문체를 구분하는 의식은 없었다고 보지만 『맹자』, 『장자』, 『노자』 등의 책이 나올 때마다 문장의 전범이 되었을 것이다.

하안(何晏, 193~249)은 "善點獨知時(증점만이 홀로 시대를 파악하고 있음을 좋게 여긴 것이다)"라는 주생렬(周生烈, 후한)의 주석을 옮긴다. 황간(皇侃, 488~545)은 "당시 경세지도는 소멸하고 세상은 어지러워진 나머지 경쟁만을 일삼는 시대가 되었기 때문에 모든 제자가 벼슬하기만을 마음에 담고 있었지만, 오직 증점만은 시대가 변화하였다는 것을 알고 있기에 공자는 그를 칭찬한 것이다."[55]라고 부연한다. 형병(邢昺, 932~1010)은 "중니께서는 요순을 조술하시고 문왕 무왕을 모범으로 삼으시지만 난시(亂時)에 태어나 등용될 수 없었다. 세 사람은 난시를 파악하지 못하고 정치에 뜻을 두지만 오직 증석만이 난시임을 파악하고서 몸과 덕을 깨끗이 하는 데에 뜻을 두면서 회포를 노래하고 도를 즐기므로 부자께서 그를 칭찬하신 것이다."[56]라고 한다. "仲尼祖述堯舜 憲章文武"라는 「중용」의 구절을 인용하는가 하면 '浴'을 덕을 닦는 일로까지 비유하고 있다. 이래서 형병의 주석을 한학(漢學)에서 송학(宋學)으로 넘어가는 효시라고 평가하는 것이다. 마침내 주희는 "증점의 학문적 경지는 인욕이 사라진 곳에 천리가 유행하여 도처에 충만하고 흠결이 없음을 보는 데에 이르렀다."[57]라고까지 표현하게 된다.

---

55 當時道消世亂 馳競者衆 故諸弟子皆以仕進爲心 唯點獨識時變 故與之也

56 仲尼祖述堯舜 憲章文武 生値亂時而君不用 三子不能相時 志在爲政 唯曾晳獨能知時 志在澡身浴德 詠懷樂道 故夫子與之也

57 曾點之學 蓋有以見夫人欲盡處 天理流行 隨處充滿 無少欠闕. 양신(楊愼, 1488~1559)의 『승암집(升菴集)』권45에 의하면, 주희는 자신의 과도한 해석을 고치지 못한 것을 죽을 때까지 후회하였고 제자들이 이 대목의 주석에 대해 질문하는 것도 싫어했다고 한다.

안연(顔淵) 제십이(第十二)

　제자의 질문에 공자가 답한 내용들이 많다. 등장하는 제자들은 안회, 중궁, 사마우, 자장, 자공, 번지, 증삼이다. 추상적 주제들이 단도직입적으로 질문되고 그에 대한 대답은 상당히 도식적이다.

　24개 장 가운데 19개 장이 문답형식이다. 공자와 제자들 사이의 문답이 12개, 공자와 정치가 사이의 문답이 4개, 제자와 정치가 사이의 문답이 2개, 제자들끼리의 대화가 1개이고, 공자 단독의 말씀이 4개, 증삼의 말씀이 1개로 구성되어 있다.

　문답의 주제는 仁(인), 君子(군자), 명(明), 정(政), 치도(治盜), 달(達), 숭덕변혹(崇德辨惑), 인(仁)과 지(知), 우(友) 등이다. 특히 1, 2, 3장과 22, 24장의 주제가 '仁'이라는 점이 특색이다.

　9, 11, 17, 18, 19장에서는 '공자'라는 호칭을 썼다. 그 때문에 그것들을 공문 밖에서 전승되던 자료로 보기도 한다.

　24장은 증삼 문인들의 기록이고 나머지 18개 장은 공자 만년에 공문에 모인 직전(直傳)제자들의 전송(傳誦)에 기초했을 것으로 짐작된다.

브룩스(E. Bruce Brooks & A. Taeko Brooks)는 이 편의 상당 부분에 맹자의 사상이 반영되어 있을 것이라고 말한다.

12·01 顔淵問仁 子曰 克己復禮爲仁 一日克己復禮 天下歸仁焉 爲仁
由己 而由人乎哉 顔淵曰 請問其目 子曰 非禮勿視 非禮勿聽 非禮勿言
非禮勿動 顔淵曰 回雖不敏 請事斯語矣

안연이 인(을 실천하는 방법)에 대해 여쭙자 스승님께서 말씀하시기를 : 자기
(의 사적인 욕망)을 누르고 (보편적 규범인) 예를 회복하는 것이 인(을 실천하는
방법)이다. (군자가) 단 하루를 자기(의 사적인 욕망)을 누르고 예를 회복하더라
도 천하(모두)는 (인의 덕화를 느낀 나머지) 인(의 효용)에 마음을 쏟게 될 것이
다. 인(의 실천)은 자기에게서 비롯하지, 남에게서 비롯하겠는가? 안연이 여쭙
기를 : (그렇다면) 극기복례의 (구체적인) 항목(이 무엇인지)를 여쭙고자 합니
다. 스승님께서 말씀하시기를 : 예에서 벗어난 것은 보지 않기, 예에서 벗어난
것은 듣지 않기, 예에서 벗어난 것은 말하지 않기, 예에서 벗어난 것은 하지 않
기이다. 안연이 여쭙기를 : 제가 비록 영민하지는 못하지만 (스승님의) 이 말씀
만큼은 잘 받들(어 실천하)겠습니다.

주

1) 克己(극기) : 마융은 約身(약신: 몸을 단속함), 범녕(范寧, 339~401)
은 責己(책기: 자신을 꾸짖음), 형병은 勝己(승기: 자신을 이김)라고 주한
다. '개별적이고 사적인 욕망을 누르다'는 뜻으로 이해된다.

2) 復禮(복례) : 復을 공안국은 反(반: 회복, 반복)이라고 한다. 復禮는

'보편적 규범인 禮를 따르는 생활을 회복함'이라는 뜻이다.『좌전』소공 12년에는 "중니가 이르기를, '극기복례가 인이다'라는 옛글이 있다."[1]라는 대목이 있다. 그 때문에 '극기복례'는 공자의 말이 아니라 전해지는 성어를 인용한 것이라고 왕응린(王應麟, 1223~1296)은『곤학기문(困學紀聞)』에서 주장한다.[2] 禮에 대한 설명은 1·12의 주) 참조.

3) 一日(일일) : 4·06과 11·26에서와 마찬가지로 '하루라도', 즉 짧은 시간을 의미한다.[3]

4) 天下歸仁(천하귀인) : 형병은 '천하 사람들이 군주에게 귀의한다'는 뜻이라고 한다. 주희는 歸가 與(여: 인정하다)와 같다고 한다.[4] 그런데 이

---

1   仲尼曰 古也有志 克己復禮 仁也

2   『논어』에 실린 공자의 말 가운데는 성어를 인용한 것이 매우 많다.『논어』뿐 아니라 고대 전적에 나오는 명구들 상당수가 그러하다. 그러나 최술은『좌전』의 그 문장이『논어』처럼 조리 있고 자연스럽지 않다면서 부정한다.

3   정약용은 '하루아침에 착하게 되어 예법에서 입신하는 것'을 말하지 '하루 동안'이라는 뜻이 아니라고 주장한다. 一日을 '당장'과 같은 뜻의 부사로 보는 것이다. 그러나 중국 고문에서 一日은 그런 뜻으로 사용되지도 않거니와, 설령 그런 뜻이라면 이 문장은 가정문이 아니라 '天下歸仁을 달성하자'는 권유문이 된다. 마융은 "하루만 극기복례하더라도 귀인하게 되는데 하물며 종신토록 한다면야(一日猶見歸 況終身乎)"라고 한다. 형병은 "만약 군주가 하루라도 극기복례할 수 있다면 천하 사람 모두가 이렇게 인덕을 갖춘 군주에게 귀의할 것이다(人君若能一日行克己復禮 則天下皆歸此仁德之君也)"라고 설명한다. 원문이 애매하니까 모두들 제멋대로 해석할 수밖에 없다.

4   이때의 與는 11·26 주29)의 與와 같은 뜻이다. 조식(曹植)이 지은 「명도편(名都篇)」에는 "觀者咸稱善 衆工歸我妍"이라는 구절이 있는데, '관람하는 사람들 모두들 잘한다고 칭찬하고 뭇 사냥꾼들도 나의 멋진 솜씨를 인정해주네'라는 뜻이다.『포박자(抱朴子)』「심거(審擧)」의 "親族稱其孝友 邦間歸其信義"도 '친족들은 그의 효성과 우애를 칭찬하고 나라 사람들은 그의 신용과 의리를 인정한다'는 뜻이다.

구절의 뜻은 '一日克己復禮'의 주어가 누구인지가 관건이다. 형병을 비롯한 상당수 주석가들은 주어를 군주로 본다. 공자는 문장의 주어가 군주일 때는 대체로 '君子'로 표현한다. 제자들에게도 정무를 담당할 수 있는 군자가 되라고 말한다. 그렇다면 이 문장에서 생략된 주어도 '군자'일 것이다. 그래야만 군주를 가리킬 수도 있고, 정무를 담당하는 계층을 가리킬 수도 있으며, 자기의 제자들을 가리킬 수도 있다. 공자는 이 문장에서 주어를 특정하지는 않고 포괄적으로 군자로 여긴 듯하다. 그렇다면 歸仁은 '인의 가치를 인정하면서 인으로 마음이 쏠리게 된다'는 뜻으로 새겨야 할 것이다. 군주이건 정무를 담당하는 계층이건, 윗사람이 단 하루라도 진정하게 인을 실천한다면 인의 덕화는 누구나 금세 느낄 수 있기 때문에 천하 모두가 인의 덕화를 인정하면서 인의 효용으로 마음이 쏠리게 될 것이라는 뜻이 아닐까 한다.

5) 敏(민) : 7·20에서와는 달리 여기서는 '영민(英敏)'의 뜻이다.

6) 請事斯語矣(청사사어의) : 請은 '청하다'는 뜻의 동사가 아니라 말하는 사람의 의지를 표현하는 조동사이다. 事는 '받들다', '힘쓰다'는 뜻이다. 矣는 단정하는 어기를 나타낸다. 모쪼록 이 말씀을 잘 받들어서 실천하겠다는 의지의 표현이다.[5]

---

5 『주자어류(朱子語類)』에서 주희는 이렇게 설명한다. "안자는 역시 질문도 잘한다. 요즘 사람들 같았으면 극기복례라는 스승의 말에 극기는 무엇이냐, 복례는 무엇이냐고 질문했을 텐데 안자는 오직 조목만 묻는다. 스승이 조목을 말하자 그 조목을 되묻지 않고 말씀을 실천하겠다고만 말한다. 이것이 올바른 질문 태도이다. 반대로 사마우(司馬牛)는 공자가 '인이란 말을 함부로 하지 않는 것이다'라고 말씀하시자 '말을 함부로 하지 않기만 하면 곧 인입니까'라고 되묻는다 (12·03). 사마우의 마음이 바깥으로만 향하고 자기에게 절실한 공부로 여기지 않기 때문에 그런 식으로 되묻는 것이다. 사마우는 군자에 대해 물을 때도 공자가 '군자는 불우불구하다'라고 설명하자 '불우불구하기만 하면 곧 군자입니까'라고

공자는 인·의·예·지처럼 중요한 용어도 상황에 따라 각각 다르게 표
현할 뿐 개념적으로 정리하여 단정한 적은 없다고 앞에서 설명한 바 있
다.[6] 그러니 '극기복례가 인의 실천방법이다'라는 말은 공자의 다른 말과
비교할 때 상당히 단정적이기 때문에 주목을 받아왔다. 하지만 문장 전
체의 뜻은 역시 분명하지 않다. 분명한 개념 없이 말했기 때문이다. 그래
서 다양한 해석들만 양산하게 된다. 아서 웨일리는 '一日克己復禮 天下
歸仁焉'을 '누군가 단 하루만이라도 인을 실천하기만 하면 천하 사람들
모두가 인을 갖추게 된다'라고 해석한 다음, 그래서 공자는 마술적인 효
과를 믿었던 사람이고, 그 증거가 바로 이 문장이라고 주장한다.[7] 황당

되묻는다(12·04). 마치 성인을 꺾어 넘어뜨릴 듯한 말투이다. 이런 것들이 질문
할 줄 모르는 태도이다."
　공자의 언어를 잘 풀이하는 주희다운 설명이다. 이른바 '중국은 서구와 달리 이
론을 위주로 하지 않고 실천을 위주로 한다'는 말의 실체는 이런 것이 아닐까 한
다. 이 경우 중국의 '실천'이란 것은 주체적인 행동이 아니라 '따르는 것'을 의미한
다. 스승에게 질문하는 것은 바른 태도가 아니었다. 스승이란 따라야 하는 존재이
지 의문이 생길 때 묻는 존재가 아니었다. 이와 같은 동아시아의 전통적인 관념은
근대에 들어 서구적 관념과 섞이게 되면서 많은 혼란과 충돌을 일으키고 있다.
6　「논어문답」 10' 참조.
7　H.G. 크릴의 앞의 책, 제10장 참조. 그런데 벤저민 슈워츠는 앞의 책 125쪽
에서 웨일리가 "克己復禮爲仁"을 '자신을 예에 따르게 할 수 있는 사람은 선하
다'라고 번역했다고 한다. 영문판 원전을 대조하지는 못했지만, 한국어로 번역
하는 과정에서 달라졌을 수도 있고 원전의 그 대목을 설명하는 과정에서 웨일리
가 부연한 말을 H.G. 크릴이 오해했을 수도 있다. 슈워츠는 또 허버트 핑가렛이
'자기 수양을 쌓고 항상 예에 의지하라'고 번역했다고 한다〈Herbert Fingarette,
Confucius: The Secular As Sacred, p.4〉. 이런 사례들은 모두 번역의 어려움을 대변
하는 사례이기도 하다. 중국인 주석가들도 원전에 대한 이해가 서로 다르거늘 서
구인들의 이해가 같을 리 없다. 중국학의 경우 서로 다른 이해를 바탕으로 서로

한 결론이기는 하지만 문장의 외형상 충분히 가능한 해석이다. 비단 서구 학자들만 그러한 게 아니다. 예는 사회적 도덕(政)·법률·행위이고 인은 종교적 도덕(敎)·심리·정서라고 규정한 다음, 중국의 전통은 政과 敎의 합일을 지향했다는 이택후의 설명도 마찬가지이다. 서구문화사에서 정치와 종교의 관계를 중요하게 설명하니까 그것을 중국문화사에도 대입시키려는 생각이다. 하지만 서구적 프레임을 적용하지 않는 한 설명하기 어렵다면 모르거니와 중국의 고전을 서구적 프레임으로써 설명하려는 시도는 대체로 오류로 흐르고 만다.[8] 맹자와 순자가 갈라지는 지점이 바로 이 문장의 해석이었음에도 불구하고 중국의 전통이 정교합일을 지향했다고 설명하는 것은 터무니없다.

'극기복례위인'은 '맹목적인 자기 욕망을 절제하고 예의 바르게 관계 유지를 잘하는 것이 완성된 인격이다'는 말로 바꿀 수 있는데,[9] 맹자는 이 문장에서 '극기'를 강조하는 이론을, 순자는 '복례'를 강조하는 이론을 각각 전개한다. 공자는 의를 인이나 예와 연용하여 '인의'니 '예의'니 하는 말을 사용한 적이 없음에도 맹자는 '인의'를 修養成德(수양성덕)의 핵

다른 주장을 하게 되는 사례는 많을 수밖에 없다.

8 서구문물을 중국적 프레임을 가지고 설명하는 일도 마찬가지이다. 불교가 중국에 처음 들어왔을 때 중국적 사고방식으로는 그 교리를 이해시키기 어렵자 노장사상에 빗대어 설명하는 경우가 많았다. 나중에 그런 것은 격의불교(格義佛敎)라는 이름으로 비판받게 되지만, 그럼에도 불구하고 그 영향은 후대에 오래도록 이어지면서 중국불교가 왜곡되는 결과를 가져왔다.

9 벤저민 슈워츠는 다음과 같이 설명한다. "헤겔에 있어서는 개인의 주체적 도덕과 역사적으로 실현된 객관적 윤리질서는 근대 국가가 마지막으로 탄생하는 단계에서만 조화를 이루게 되는 데 반해, 공자에게 있어서는 예의 체계를 포함하는 이른바 규범적인 객관적 사회·정치질서는 그 전체적인 윤곽에 있어서 인간의 경험 속에 이미 실현되었고 또한 상실되었다." 공자에게는 개인의 주체적 도덕과 객관적 윤리질서의 조화가 어려움 없었다는 평가이다.

심으로 강조하였고, 순자는 사회적 효용으로 '예의'를 강조했다. 仁과 禮 가운데 어느 것을 앞세우느냐의 문제에 불과하기 때문에 두 사람의 사상 이 근본적으로 달랐다고 할 수는 없지만 나가는 방향은 달랐다. "性相近 習相遠(사람의 성품은 누구나 비슷하지만 그 사람의 습관은 서로 멀어지게 만든다)"(17·02)이라는 문장에 있어서도 맹자는 性相近을 강조하고 순 자는 習相遠을 강조하는 차이를 보인다.[10] 정황이 이러함에도 불구하고 이 문장을 근거로 '중국의 전통은 政과 敎의 합일을 지향했다'고 설명한 다면 학문적 태도가 아닌 정치적 태도라고 말할 수밖에 없다. 중국의 학 문은 어느 경우, 어느 분야에서든 정치적 의도를 내포하는 경향이 있다 는 점을 우리는 유의해야 한다.

12·02 仲弓問仁 子曰 出門如見大賓 使民如承大祭 己所不欲 勿施於 人 在邦無怨 在家無怨 仲弓曰 雍雖不敏 請事斯語矣

중궁이 인(을 실천하는 방법)에 대해 여쭙자 스승님께서 말씀하시기를 : 집을 나서서(공무를 볼 때)는 (누구에게나) 큰 손님을 뵙는 듯 (몸가짐을 조심)하고, 인민을 부릴 때는 큰 제사를 모시듯 (인민을 공경)하는 것(이 첫째 방법)이다. 자신이 하고 싶지 않은 것은 남에게도 (결코) 요구하지 않는 것(이 둘째 방법) 이다. 중앙에서 일하든 지방에서 일하든 (결코 남의) 원망(을 사는 일)이 없도록 하는 것이(인을 실천하는 셋째 방법)이다. 중궁이 (다 들은 다음) 말하기를 : 제 가 비록 영민하지는 못하지만 이 말씀만큼은 잘 받들어 실천하겠습니다.

---

10   공자의 "生而知之者上也 學而知之者次也"(16·09)라는 말에 대해서도 맹 자는 思를 통해 生而知之한 도덕 주체를 찾아야 한다고 생각하였고, 순자는 學 을 통해 學而知之하는 지성 주체를 찾아야 한다고 생각했던 차이가 있다.

1) 仲弓(중궁) : 공자의 제자 염옹. 5·04 참조.

2) 在邦(재방)~在家(재가)~ : 양백준은 앞 구를 조건문으로 보고서 '일하는 곳에서 일에 대해 원망하지 않으면 일하지 않는 곳에서도 원한이 생기지 않는다'라고 해석한다. 家를 요즘의 '가정'으로 이해한 것이다. 그러나 在邦은 제후의 나라에서 벼슬하는 것이고 在家는 대부가에서 벼슬하는 것으로 보아야 할 것이다.[11] 12·20의 경우에서도 마찬가지이다. 당시 사회체제가 요즘과 다르기는 하지만 현대어로는 중앙정부에서 근무하는 것과 지방정부에서 근무하는 것으로 설명하는 것이 비교적 가까운 번역이라고 본다. 無怨은 원망이 없어지도록 정치하라는 뜻이다. 在邦~無怨을 앞 두 행동의 결과로 보아서, 그렇게 처신하면 邦에서나 家에서나 원망이 없어질 것이라는 뜻으로 이해하기도 한다.

평설

「안연」편은 비교적 추상적인 주제에 대해 제자들과 문답한 내용이 많고, 특히 12·01부터 12·03까지는 인에 대해 문답한 내용이다. 공자는 인을 실천하고 완성하는 방법을 '出門~ 使民~'과 '己所不欲 勿施於人' 및 '在邦無怨 在家無怨'의 세 가지 태도로써 비유한다. 그런데 공자는 15·24에서 '己所不欲 勿施於人'을 恕(서)라고 했으니, '出門~使民~'과 '在邦無怨 在家無怨'은 군주에 대한 忠(충)이라고 해도 무방할 것이다. 그렇다면 忠과 恕가 仁을 실천하여 완성하는 방법이라고 말할 수 있을 것이다.[12] 공자는 인을 지배계층에게 필요한 덕목으로 여겼지 피지배계

---

11   정약용도 在家는 규문(閨門)이라고 주장한다.

12   주희는 춘가 서를 이해하지 않고 '主敬行恕(주경행서: 경은 위주로 차면서 서를 실천한다)'라고 표현한다. 그래서 극기복례는 건도(乾道)이고 주경행서는

충까지 포함하는 보편적인 덕목으로 여기지는 않았다. '使民'을 가지고 비유하는 것을 보더라도 알 수 있다. 비단 이 장뿐 아니라 여러 곳에서 확인할 수 있다. 요즘 공자를 보편적인 휴머니스트로 보고자 하는 견해는 그래서 오류이다. 공자는 바람직한 지배층을 만드는 방법을 고민했던 사람이지 보편적 인간애의 실천에 관심을 둔 사람은 아니었다. 『논어』를 현대사회의 공중도덕을 구축하는 데 필요한 전통적 자원으로 삼을 만하다는 이택후의 견해에도 그래서 동의할 수 없다.

『좌전』 희공 33년의 "대문을 나서서는 손님같이 처신하고 일을 맡아서 하게 되면 제사를 모시듯이 하는 것이 인의 원칙이니라."[13]라는 구절이나, 『예기·중용』의 "충과 서는 도에서 어긋남이 멀지 않다. 나에게 베풀어지기를 바라지 않는 것은 남에게도 베풀 일이 아니다."[14]라는 구절은 모두 같은 원전에서 나온 말일 것이다.

앞 장에서는 안연이 인에 대해 물은 다음 '回雖不敏 請事斯語矣'라고 맺었고, 이 장에서는 중궁이 인에 대해 물은 다음 '雍雖不敏 請事斯語矣'라고 맺고 있다. 이를 보더라도 『논어』는 주제를 따라서도, 표현의 형식을 따라서도, 그리고 안회와 중궁이라는 차서를 따라서도 편집했음을 짐작할 수 있다.

12·03 司馬牛問仁 子曰 仁者 其言也訒 其言也訒 斯謂之仁已乎 子曰 爲之難 言之得無訒乎

곤도(坤道)라고 설명한다. 물론 안회에게는 공자가 건도를 말해주고 염옹에게는 곤도를 말해주었다는 서열의식 때문이다.

13   出門如賓 承事如祭 仁之則也
14   忠恕違道不遠 施諸己而不願 亦勿施於人

사마우가 인(을 실천하는 방법)에 대해 여쭙자 스승님께서 말씀하시기를 : 인한 사람은 말을 함부로 하지 않아. (사마우가 냉큼 받아서) 여쭙기를 : 말을 함부로 하지만 않으면 인한 사람이라고 할 수 있는 겁니까? 스승님께서는 (어이없어하시며) 말씀하시기를 : 실천이 어렵거늘 말부터 조심하지 않을 수 있니?

주

1) 司馬牛(사마우) : 『사기·중니제자열전』은 司馬耕(사마경)이라고 했지만 주희는 공안국의 주를 받아서 向魋(상퇴=桓魋)의 아우인 司馬犁(사마리)라고 한다. 사마정(司馬貞, 679~732)의 『사기색은(史記索隱)』에는 다음과 같은 설명이 있다. "『공자가어』에는 송나라 사람이며 자가 자우(子牛)라고 되어 있고, 공안국도 송나라 사람이라고 하였다. 동생 안자(安子)는 사마리이다. 牛(우)는 환퇴의 동생으로서 환퇴가 송나라의 사마 벼슬을 하였기 때문에 牛는 사마를 성씨로 삼았다."[15] 양백준은 공자의 제자 사마우는 이름이 耕(경)이고, 환퇴의 동생 사마우는 이름이 犁(리)이므로 별도의 인물이라고 주장한다. 『사기』에는 사마우가 말도 많은 데다 조급한 사람이었다고 묘사하면서 『논어』의 이 대목을 인용하고 있는데, 이 장의 대화는 사마우의 그런 성격 때문에 공자가 거기에 맞추어 대답했다는 의미일 것이다. 과연 다음 장에도 사마우는 약간 조급한 듯 공자의 설명을 받아서 되묻는 모습이 묘사되어 있다. 그런데 사마우는 공자의 제자들 가운데 신분이 가장 높은 사람이었다. 송(宋)의 세습귀족으로서 그가 송나라를 떠나 망명할 때 제(齊)에서 읍 하나를 봉할 정도로 높은 신분이었다. 그의 그런 신분의식이 공자에게 질문하는 태도에서도 드러났을 수 있지만 '물음' 자체는 기본에 충실한 물음이라고 본다.

---

15   家語云宋人字子牛 孔安國亦云宋人 弟安子曰司馬犁也 牛是桓魋之弟 以魋爲宋司馬 故牛遂以司馬爲氏也

누가 어떤 말을 하면 곧이곧대로 받아들이는 사람은 아니었던 모양이다. 그럼에도 불구하고 양시, 정이, 주희는 사마우를 비난하기 바쁘다. 사마우의 사람됨을 안회나 염옹과 대비시키기 위해 사마우와의 대담을 실은 것처럼 설명한다.

2) 訒(인) : 능동적으로 말수를 줄인다는 뜻이다. '과묵하다'라고 표현할 수 있다. 공안국은 難(난: 말하기 어려워함)이라 새기고, 주희는 忍(인: 말을 참음)과 難을 함께 말한다.

3) 得無(득무)~乎(호) : '~이 없을 수 있겠는가?'라는 구문이므로 '得無訒乎'는 '말을 조심하지 않을 수 있겠는가?'라는 뜻이다.

평설

1, 2, 3장은 인이라는 주제에 따라 묶었고, 3, 4, 5장은 질문자에 따라 묶었다.

12·04 司馬牛問君子 子曰 君子不憂不懼 曰 不憂不懼 斯謂之君子已乎 子曰 內省不疚 夫何憂何懼

사마우가 군자(란 어떤 사람인지)에 대해 여쭙자 스승님께서 말씀하시기를 : 군자는 근심하지도 두려워하지도 않는다. (사마우가) 말하기를 : 근심하지 않고 두려워하지 않기만 하면 군자라고 할 수 있는 겁니까? 스승님께서 이르시기를 : (자기) 속을 반성해보아서 허물이 없으면 무엇을 근심하고 무엇을 두려워하겠느냐? (자기 스스로 허물이 없어야 군자라는 얘기이지!)

주

1) 疚(구) : 포함은 病(병), 罪惡(죄악)이라고 새긴다. '久' 자가 들어가 있기 때문에 '오래된 병'이라고 새기기도 하는데, 그러한 훈고방식이 설

득력 있는 것처럼 들리지만 한자는 처음부터 그렇듯 원리에 의해 만들어지지는 않았다. 복잡한 문화현상을 표현하기 위해 많은 글자를 만들어야 했을 때, 그리고 한자의 점과 획이 간소화되어 새 글자를 만들기가 쉬워졌을 때 비로소 그러한 방식이 등장하게 된다.

평설

사마우의 형 환퇴가 송나라에서 난을 일으키려고 한다는 소문이 들려와 사마우가 이를 근심하자 공자가 위로한 것이라는 『논어정의』의 설명을 주희도 잇는다. 하지만 『논어』를 이해하는 데 있어 가장 방해되는 것이 이처럼 확인할 수 없는 전후관계를 역사적 사실인 양 설명하는 일이다. 『논어』 편찬과정에서부터 그런 의도가 작용했을 수 있으므로 번역과정에서나마 주의해야 한다. 이 편에서는 첫 장부터 3장까지 인이라는 주제에 대해 제자들이 질문한 것을 모았다. 12·03은 사마우가 인에 대해 질문한 내용이고, 12·04는 사마우가 똑같은 형식으로 군자에 대해 물은 것이다. 배경 설명이 필요 없는 질문일 뿐이다.

묻고 답하고 다시 묻고 답하는 패턴이 앞 장과 같은데, 이처럼 정형화한 형식 때문에 「안연」편은 초기 『논어』의 모습은 아닐 것으로 추정하기도 한다. 12·03과 12·04의 형식이 같은 것은 사마우의 개성을 드러내기에 좋은 형식이기 때문일 수 있다.

12·05 司馬牛憂曰 人皆有兄弟 我獨亡 子夏曰 商聞之矣 死生有命 富貴在天 君子敬而無失 與人恭而有禮 四海之內 皆兄弟也 君子何患乎無兄弟也

사마우가 시름에 겨워 말하기를 : 남들은 모두 형제가 있는데 나만 없구나. (사마우의 탄식을 들은) 자하가 말하기를 : (저) 복상은 이렇게 들었습니다. "죽고 사는 것은 (정해진) 운명이 있는 것이고 부귀는 하늘(의 뜻)에 달렸다. 군자가 경건하여 실수가 없고, 남에게 공손하고 예의를 갖추면 천하 사람들 모두가 형제가 된다."(그런 말이 있거늘, 당신 같은) 군자께서 왜 형제가 없다고 걱정하십니까?

주

1) 子夏(자하) : 공자의 말기 제자 복상(卜商). 1·07의 주) 참조.

2) 商聞之矣(상문지의) : 주희는 공자한테서 들었을 것이라고 말하는데, 사실이라면 공자에게 들었다고 명시했을 것이다. '이런 말이 있다'는 정도의 관용구로 보면 된다.

3) 敬(경) : 경건하고 정중한 태도를 말한다. 1·05와 1·13의 주) 참조.

4) 與人(여인) : 남들에게. 與는 '~에게'의 뜻.

5) 四海之內(사해지내) : 온 세계를 뜻하는 표현 가운데 '天下'와 더불어 가장 많이 쓰이는 표현이다. 세계는 오로지 중국이고, 중국의 사방 끝은 모두 바다일 것이라는 생각에서 나온 표현이다.

평설

『좌전』 애공 14년에 의하면, 환퇴의 동생 사마우는 환퇴 형제들 가운데 혼자 모반에 가담하지 않았기 때문에 나라 밖으로 도망갔다가 객사했다고 한다. 그렇다면 이 장은 사마우가 혼자 도망 나왔을 때의 이야기일지도 모른다. 모반 때문에 형제가 다 죽게 되었다는 뜻일 것이다. 그런데 양백준은 여기 나오는 공자의 제자 사마우는 환퇴의 동생 사마우가 아닐 가능성을 제기한다. 그 근거로는 첫째, 공자의 제자 사마우가 환퇴의 동생이라는 말이 『사기·중니제자열전』에는 없다는 점이다. 사마천은 『논어』에 나오는 이 사마우가 『좌전』에 나오는 환퇴의 동생 사마우와는 별도의 인물이라는 것을 알았다는 것이다. 둘째, 『논어』의 사마우가 곧 『좌전』의 사마우라는 설명은 공안국(?~100 B.C.경)이 처음 하였는데, 공안국은 사마우의 이름이 犁라고 하였지만 『사기』에 있는 사마우의 이름은 耕이라는 점이다. 그러니 만약 공안국의 말이 근거가 있다면 공자의 제자는 사마경이고 환퇴의 동생은 사마리이니 별도의 사람이 아니겠냐는 것이다. 하지만 이 주장도 추측에 불과하다. 사마우가 만약 환퇴의 동생이라면 나라 밖으로 쫓겨나 있었던 정황 때문에 이 문장을 읽을 때 감흥이 생길 수는 있겠지만, 아니라고 한들 이 문장의 맥락이 달라질 것은 없다. 두 사람이 동일인인지의 여부가 이 장에서 큰 관건은 아니다.

공자는 모든 사람의 이해관계가 상반되는 것이 아니라 하나의 대가족 안에 서로 연결되어 있다고 생각하였고, 가족 내의 질서를 규제하는 자극제도 공포가 아닌 공동목적의 수행에 협력하려는 능동적인 욕구로 여겼다고 H.G. 크릴은 설명하면서, 그 근거를 '四海之內 皆兄弟也'라는 말을 든다.[16] 그러나 이 장의 '四海之內 皆兄弟也'란 말은 공자가 아닌 자하가 꺼냈고, 설령 자하와 공자를 동일시한다 하더라도 이 장에서 그 표현은 상대의 의표를 찌르기 위해 동원된 수사일 따름이지 천하 사람들을 공경과 공손으로써 형제집단과 같은 공동체로 만들자는 주의나 주장은 아니다. 그 말은 당시의 속담일 수도 있고, '군자라면 ~하다'는 제한적 표현일 뿐이다. 어디까지나 상대를 설득하기 위한 수사이다. '死生有命 富貴在天'이라는 말도 마찬가지이다. 그냥 수사일 따름이지 어떤 주의나 주장으로 받아들일 수는 없다. 이런 표현을 공자의 주의나 주장으로 여긴다면 난센스이다. 서구인들이 중국의 문장을 읽을 때 가장 범하기 쉬운 오류는 이처럼 수사적 언표와 속뜻을 구분하지 못한다는 점이다.

곽점초간 가운데 '궁달이시(窮達以時)'라는 제목의 글에 '遇不遇在天'이라는 구절이 있는데, 그 글이 곧 이 장의 내용과 유사하다면서 그 글과

---

16   H.G. 크릴의 앞의 책, 제10장 참조.

유가의 연관성을 언급하기도 한다. 그러나 춘추전국시대의 글들은 주의 주장이 확고하지 않기 때문에 표현의 닮음만을 가지고서 사상적 연관성을 유추하기는 곤란하다.

자하는 자식이 죽었을 때 너무 울어 실명했다는 이야기가 전한다. 호인은 그 사실을 두고서 자식에 대한 애정에 가리어 자기가 한 말을 실천하지 못했기 때문에 그렇게 되었다고 꼬집는다. 공자와 안연과 민자건 외에는 모두 폄하하려는 송유들의 옹졸한 기질에서 나온 말이다.

12·06 子張問明 子曰 浸潤之譖 膚受之愬 不行焉 可謂明也已矣 浸潤之譖 膚受之愬 不行焉 可謂遠也已矣

'명'이라는 (평가의) 말이 어떤 뜻인지를 자장이 여쭙자 스승님께서 말씀하시기를 : 젖어들 듯 (천천히) 헐뜯는 짓도, 피부에 와 닿듯 (급박하게) 하소연하는 짓도 (모두) 통하지 않는(사람이)다면 '명하다'고 일컬을 수 있겠지. (아니야,) 젖어들 듯 (천천히) 헐뜯는 짓도 피부에 와 닿듯 (급박하게) 하소연하는 짓도 (모두) 통하지 않는(사람이)다면 (명에 그치지 않고) '원하다'고 일컬어야겠지.

| 주 |

1) 明(명) : '현명하다', '밝다'라고 번역할 수 있겠다. "서구문화권에서 '밝음'은 초월적 세계에 대한 인간의 지식, 즉 그노시스(gnosis)와 관련이 있지만 황하문명권의 사람들에게, 특히 여기서 논의되고 있는 맥락은 인간관계에 있어서의 분별력과 관련이 있다."라는 김용옥의 설명이 적절하다. 『노자』 제33장에서는 "남을 아는 것을 智(지)라 하고, 자기를 아는 것을 明(명)이라 한다"[17]라고 표현한다.

---

17   知人者智 自知者明

2) 浸潤之譖(침윤지참) : 譖은 남을 헐뜯는 짓이다. 물이 조금씩 젖어 들 듯이 상대를 자근자근 헐뜯어가는 것을 형용한 말이다.

3) 膚受之愬(부수지소) : 愬는 원통함을 공공연하게 하소연하는 짓이고, 膚受란 浸潤과 반대되는 뜻으로서 피부로 느끼는 당장의 절실함을 가리킨다. 愬를 譖과 같다고 보고서, 피부에 때가 끼는 것처럼 점차 다가오는 참소라는 『논어주소』의 견해에는 동의하지 않는다. 愬를 절박한 하소연으로 보고서, 피부에 닿는 것처럼 절박하게 하소연하면 듣는 사람은 자세한 내막을 알지도 않고서 폭발하게 된다는 주희의 주석이 더 합리적이다.

4) 遠(원) : 『상서』의 "視遠惟明(멀리 보는 것은 명철한 사람만이 가능하다)"이라는 구절을 보더라도, 공자는 明과 遠은 상관관계가 있다고 본 것이 틀림없다. 밝으면 멀리까지 비출 수 있다는 사실 때문에 공자는 明을 묻자 遠까지 대답했을 것이다.

평설

한국어로 번역할 때는 대개 현명(賢明)·명철(明哲)·분명(分明)·명석(明晳), 원려(遠慮)·심원(深遠)·고원(高遠)·원대(遠大)와 같은 이음절어를 선택하게 되는데, 그 경우 의미가 제한되거나 왜곡될 우려가 있다. 그렇다고 해서 '밝음' 또는 '멂'이라는 번역어는 추상적인 관념을 담기에는 부족하다. '젖어드는 참소와 피부로 받는 하소연이 행해지지 않는다면 밝다고 이를 만하다'라는 번역문도 뜻을 정확하게 전달하기는 어렵다. 그런 번역을 직역으로 여기면 곤란하다. 단음절어이자 뜻글자인 한자의 특징을 훼손하지 않으려면 한자를 그대로 사용하는 것이 낫다. 한자어는 한국어에 충분히 녹아 있기 때문에 이해하는 데 큰 어려움은 없다. 한자어를 한국어에서 모조리 추방해야 한다는 생각은 불필요하고도 위험하다.

12·07 子貢問政 子曰 足食 足兵 民信之矣 子貢曰 必不得已而去 於 斯三者何先 曰 去兵 子貢曰 必不得已而去 於斯二者何先 曰 去食 自古 皆有死 民無信不立

자공이 정치(의 요체)에 대해 여쭙자 스승님께서 말씀하시기를 : (인민의) 먹을 것을 충족시키고, 군사력을 충족시키고, 인민이 (군주를) 믿도록 만드는 것(, 이 세 가지)이다. 자공이 말하기를 : 어쩔 수 없이 (한 가지를) 빼야 한다면 그 셋 가운데 무엇이 먼저일까요? (스승님께서) 대답하시기를 : 군사력 충족시키는 일이지. 자공이 말하기를 : 어쩔 수 없이 (한 가지를 더) 빼야 한다면 (남은) 둘 가운데 무엇이 먼저일까요? 먹을 것을 충족시키는 일이지. (왜냐면) 예부터 (사람은) 모두 (언젠가는) 죽지만, (군주에 대한) 인민의 믿음이 없으면 (나라는) 존립할 수가 없(기 때문이)다.

주

1) 足食(족식) : 당시 경제정책의 제일 목표는 인민을 굶지 않게 만드는 것이었을 뿐 아니라 공자의 표현력을 살리기 위해서도 '경제력 높이기'보다는 '먹을 것 충족시키기'로 번역하는 것이 낫다.[18] '전쟁에 대비하여 식량을 비축하는 것'이라는 번역은 불필요한 상상력이다.

2) 兵(병) : 유보남의 설명대로 『좌전』 은공 4년의 "諸侯之師敗鄭徒兵"이라든가, 『좌전』 양공 원년의 "敗其徒兵於洧上"처럼 '병사'를 가리킬 수 있다. 그러나 유가 경서에 나오는 兵은 대체로 兵器를 가리킨다. 따라서 '군사력' 내지 '국방력'으로 번역하는 것이 좋다.

3) 民信之(민신지) : '족식', '족병'의 결과가 아니라 '족식', '족병'과 병

---

18 '먹거리'는 현재 표준어로 인정받지 못한다. 그러나 복합명사를 만들면서 '먹을거리'처럼 반드시 통사구조로 만들어야 한다면 한국어의 활용도는 떨어질 수밖에 없다. 어근만을 활용한 과감한 조어를 인정해야 어휘가 풍부해진다고 본다.

렬하는 항목이다. 따라서 "창고가 가득 차고 무기가 갖추어진 다음에 교화가 시행되면 인민이 나를 신뢰하여 배반하지 않는다."라는 주희의 주석은 오해를 일으킬 수 있다. 之는 목적어가 아니다. 이 문장은 군주에게 하는 말이므로 '인민으로 하여금 (군주를) 믿도록 만들기'라는 뜻이다. 경제나 국방보다 더 중요한 '신뢰'는 공동체 존립에 필수적인 일반적이고 사회적인 신뢰가 아니다. 군주에 대한 신뢰를 가리킨다. 그 시대의 사회적 관계는 군주를 중심으로 하는 관계이지 횡적인 관계는 생각하지 않았다. 앞의 두 항목도 군주의 책임을 말한 것이다.

4) 必不得已而去(필부득이이거) : 必이 주어 없이 문장의 앞에 나올 경우는 부사가 아니라 '꼭 ~해야 한다면'이라는 뜻의 가정을 나타낸다.

5) 何先(하선) : 의문문에서는 동사와 목적대사를 도치하는데, 이 문장에서는 본동사 去가 생략되었다. 생략되지 않았다면 先은 부사로 해석해야겠지만 생략되었기 때문에 '앞세우다'는 뜻의 동사로 해석하는 것이 좋다.

6) 去兵(거병) : '去足兵'의 생략이므로 '군사력을 제거하라'라고 번역될 수는 없다. 다만 문맥상 '군사력 충족시키는 일을 없애라'보다는 '군사력 충족시키는 일이다'라고 번역하는 것이 좋다.

평설

"朝聞道夕死可矣"(4·08), "士志於道 而恥惡衣惡食者 未足與議也"(4·09), "天下有道則見 無道則隱 邦有道 貧且賤焉 恥也 邦無道 富且貴焉 恥也"(8·13)와 같은 언표들과 더불어 유가가 오늘날까지 영향력을 발휘할 수 있는 힘이 무엇인지를 짐작케 하는 문장이다. 국가라는 공동체는 먹는 문제보다 신뢰가 더 중요하다고 강조하는 공자의 이러한 언명이 유가를 지탱해온 힘이었다. 중국 역대 왕조가 종교국가처럼 유지될 수 있었던 힘이었다. 그래서 유가는 유가에 머물지 않고 유교가 되어 지금까지 생명력을 유지할 수 있었다고 본다.

12·08 棘子成曰 君子質而已矣 何以文爲 子貢曰 惜乎 夫子之說君子
也 駟不及舌 文猶質也 質猶文也 虎豹之鞟猶犬羊之鞟

극자성이 (자공에게) 말하기를 : 군자는 질(을 갖추기만)하면 되지 뭣 때문에
문(까지 갖추)어야 합니까? 자공이 말하기를 : 안타깝군요, 대부님의 군자에 대
한 견해는. (아무리 빠른) 네 마리(가 끄는) 수레일지라도 사람의 혀는 따라잡지
못(하는 법인데, 대부께서 지금 하신 말씀은 실수인 듯)합니다. 문은 질과 같(은
정도로 중요하)고 질도 문과 같(은 정도로 중요)합니다. 범이나 표범의 털을 없
앤 가죽은 개나 양의 털 없앤 가죽이나 다름없지요. (두 가죽의 차이는 무늬 때
문입니다. 군자도 마찬가지입니다. 군자는 문 때문에 빛나는 존재입니다.)

주

1) 棘子成(극자성) : 위(衛)나라의 대부라고만 알려진 사람이다.

2) 質(질), 文(문) : '바탕'과 '무늬'로 번역될 수 있지만 이 낱말도 원어
를 그대로 사용하는 것이 이해에 더 편리하다. 이 두 글자에 대한 자세한
설명은 6·18의 주) 참조.

3) 何以文爲(하이문위) : 爲는 의문을 나타내는 어기조사가 아니다.
의문대명사 何가 동사 爲의 목적어로서 개사구조 때문에 앞으로 갔다.
즉, '문 가지고 무얼 하겠는가?'의 뜻이다.

4) 惜乎(석호) : 주희는 '夫子之說 君子也'로 끊어 읽지만, 양백준의
설명대로 '惜乎'는 술어이고 '夫子之說君子也'가 주어인 도치문으로 보
는 것이 낫다.

5) 夫子(부자) : 이 호칭에 대한 설명은 1·01의 주1)과 1·10의 주4)
참조.

6) 駟不及舌(사불급설) : 네 마리 말이 끄는 빠른 수레일지라도 말이 퍼지는 속도를 따라잡을 수는 없다는 뜻의 당시 속담일 텐데, 이 상황에 적절한 비유는 아니라고 본다.

7) 文猶質也 質猶文也(문유질야 질유문야) : 문은 질과 다름없고 질은 문과 다름없다는 말은 양자의 '효용'이 같다는 표현이다. 고대 중국인에게 '가치'라는 개념은 거의 없었다. 있다면 곧 효용을 가치로 여겼을 뿐이다. '문이 질과 다름없고 질도 문과 다름없다면~'이라는 뜻의 조건절로 보는 견해에는 동의하지 않는다.

8) 鞹(곽) : 털을 벗긴 가죽을 가리킨다.

평설

군자에게 중요한 것은 질이지 문은 아니지 않느냐는 질문은 누구나 쉽게 가질 수 있었을 것이다. 공자가 강조하는 군자란 곧 仁이라는 내적인 품덕을 갖춘 사람이기 때문이다. 더욱이 문은 꾸밈이라는 뜻이니, 꾸밈은 작위(作爲)이지 진실한 바탕은 아니라고 쉽게 생각할 수 있다. 따라서 극자성이 어떤 의도를 갖고서 이렇게 질문했다고 보지는 않는다.

이 대화는 공자 사후에 있지 않았을까 한다. 공자의 제자들은 공자 사후 주위 사람들로부터 공자가 내세웠던 의제들에 대해 꽤나 많은 질문과 공격을 받았을 것으로 짐작되기 때문이다.

12·09 哀公問於有若曰 年饑 用不足 如之何 有若對曰 盍徹乎 曰 二 吾猶不足 如之何其徹也 對曰 百姓足 君孰與不足 百姓不足 君孰與足

애공이 유약에게 여쭙기를 : 흉년이 들어 (나라의) 씀씀이가 넉넉하지 못하니 이를 어찌하면 좋은가? 유약이 대답하기를 : (소출의 십분의 일을 거두는) 철(이라는 조세제도)를 왜 시행하지 않으십니까? (애공이) 말하기를 : 십분의 이를 거두어도 나는 부족하(다고 보)는데 (십분의 일을 거두는) 철 가지고 어떡하겠는가? (이에 유약이) 대답하기를 : 백성이 넉넉하다면 군주 홀로 부족할 리 있겠으며, 백성이 부족하다면 군주 홀로 넉넉할 리 있겠습니까?

주

1) 有若(유약) : 공자의 제자인데, 자세한 행장이나 유약이 애공과 만나게 되는 배경에 대한 설명은 1·02의 주)에 있다. 1·02, 1·12, 1·13에는 '有子'로 표기되지만 여기서 '有若'으로 표기된 것은 신분이 높은 애공과의 대화이기 때문이라고 대체로 설명한다.

2) 盍(합) : 何不(하불: 어찌 ~하지 않는가)의 합자(合字)이다.

3) 徹(철) : 소출의 10분의 1을 취하는 조세제도의 이름이다. 춘추시대에는 10분의 1을 거두는 것이 적정한 조세 기준이라고 여겼다.『맹자·고자하』에서는 그보다 많이 거두는 것을 걸임금에 비유하고 그보다 적게 거두는 것을 북쪽 오랑캐 맥(貉)의 풍습에 비유한다.[19] '천하를 관철하는

---

19 "白圭曰 吾欲二十而取一 何如 孟子曰 子之道 貉道也 萬室之國 一人陶
則可乎 曰 不可 器不足用也 曰 夫貉 五穀不生 惟黍生之 無城郭 宮室 宗廟 祭
祀之禮 無諸侯幣帛饔飧 無百官有司 故二十取一而足也 今居中國 去人倫 無
君子 如之何其可也 陶以寡 且不可以爲國 況無君子乎 欲輕之於堯舜之道者
大貉小貉也 欲重之於堯舜之道者 大桀小桀也(백규가 이르기를, 내가 조세를
걷는다면 20분의 1만 걷겠는데, 그 생각은 어떻습니까? 맹자가 말하기를, 선생님
의 방식은 북쪽 오랑캐의 방식입니다. 만실이나 되는 큰 나라에서 도자기 굽는
사람이 한 사람뿐이라면 되겠습니까? 안 되겠지요. 그릇이 부족하겠지요. 맹자가
말하기를, 북쪽 오랑캐는 오곡이 나지도 않고 기장만 생장할 뿐이고, 성곽 궁실
종묘 제사의 예법도 없으며, 제후에게 폐백과 먹을 것을 올리는 예법도 없고, 백
관의 벼슬아치들도 없습니다. 그러니 20분의 1만 걷더라도 충분하겠지요. 그러나
지금 중국에서 인륜을 없애고 군자가 사라지게 되면 그게 가능하겠습니까? 도자
기가 부족해도 나라를 경영할 수 없거늘 하물며 군자가 없으면 어떠하겠습니까?

법'이라는 뜻에서 만들어진 이름이 아닐까 한다. 주희는 '通力合作 計畝 均收(힘을 합하여 함께 경작하고 면적에 따라서 고르게 거둔다)'의 뜻에서 通(통)과 均(균)의 뜻이라고 주한다.

4) 二(이) : 10분의 2라는 뜻이다. 노나라는 선공 때부터 토지에 10분의 1 세금을 매기고 그 위에 수확에도 10분의 1 세금을 매겨왔기 때문에 '10분의 2'가 된다고 주희는 설명하지만 문맥과 맞지 않다. 소출의 10분의 1을 걷는 것이 '철'인데, '철'보다 많다는 뜻에서 二를 말했으므로 소출에 대한 10분의 2의 의미로 보는 것이 옳다.

5) 百姓(백성) : '여러 성씨'라는 의미이므로 원래는 성씨를 가질 수 있는 지배계층을 가리키는 말이었을 것이다. 하지만 여기서도 조세를 부담하는 계층을 가리키는 말로 쓰이고 있는 것을 보면 일찌감치 왕을 제외한 모든 인민을 포함하는 말로 쓰였던 듯하다.

6) 百姓足 君孰與不足(백성족 군숙여부족) : '孰與'는 '與孰'의 도치이고, 與는 '더불다'는 뜻의 동사이다. 세금을 적게 내서 백성이 넉넉해지면 임금은 넉넉하지 못한 백성을 찾을 수 없다는 뜻이겠다. 주희도 '백성이 넉넉하면 임금 홀로 빈곤하지 않다'고 해석한다.

평설

적정한 조세기준은 군주의 도덕성과 연결될 수밖에 없는데, 고대 중국에서는 10분의 1을 그 기준으로 삼았다. 그런데 전쟁이 일상적으로 치러지던 춘추시대 상황에서 10분의 1 조세만으로는 국가의 재정 운용이 어려웠을 것임은 11·17에서도 확인했던 바이다. 그래서 실제로는 지역에 따라 또는 시대상황에 따라 기준보다 훨씬 더 거두었던 모양이다.

요순의 방식보다 적게 거두려고 하면 북쪽 오랑캐든이 방식이고, 요순이 방식보다 많이 거두려고 하면 걸왕과 같은 사람일 겁니다)."

1·02의 주)에서 설명했다시피 이 대화는 공자 사후 유약이 공문의 대표 자격으로 애공을 면담하는 자리에서 있었을 것으로 짐작되는데, 유약의 발언은 공문의 대표로서 손색없는 직언이다.

12·10 子張問崇德辨惑 子曰 主忠信 徙義 崇德也 愛之欲其生 惡之欲其死 旣欲其生 又欲其死 是惑也 誠不以富 亦祗以異

자장이 덕을 높이는 방법과 미혹함을 분별하(여 없애)는 방법에 대해 여쭙자 스승님께서 말씀하시기를 : 충성과 신의(, 이 두 가지)를 위주로 하면서 의로움만 좇는 것이 덕을 높이는 방법이다. '아끼면 살아 있기를 바라고, 미우면 죽(어버리)기를 바란다'(는 말이 있는데,) 살아 있어주기를 바랐다가는 죽어 없어지기를 바라는 것, 그것이 미혹함이다. '진정 재산 때문(에 다른 여자를 찾은 것)이 아니라 단지 새 여자이기 때문'(이라는 시구도 미혹함의 사례이다.)

주

1) 辨惑(변혹) : 미혹을 가려낸다는 말은 미혹을 가려서 없앤다는 뜻이겠다. 뒤 문장에 의하면 공자는 동일한 대상에 대해 상반되는 감정이 갈마드는 것을 미혹으로 규정한다. 12·21에서는 "하루아침의 분노 때문에 자신의 본분을 잊은 채 저질러버린 일이 빚은 재앙이 부모에게까지 미친다면 미혹이다."라고 한다. 이 두 사례를 보면 공자는 일관하지 않는 감정을 미혹으로 규정한 듯하다. 그렇다면 이성의 문제가 아닌 정서의 문제로 여겼다고 말할 수 있을 것이다.

2) 忠信(충신) : 『주역』에는 "忠信所以進德也(충성과 신의는 덕을 증진시키는 바이다)"라는 구절이 있다. 忠에 대한 설명은 1·04의 주) 참조.

3) 徙義(사의) : 의를 기준으로 삼고서 늘 의만을 따르는 처신을 이렇게 표현했다고 본다. 의에 대한 설명은 1·13의 주) 참조.

4) 愛之欲其生 惡之欲其死(애지욕기생 오지욕기사) : 당시의 성어일 것이다. 사물에 대한 감정의 표현일 수도 있지만 사람에 대한 감정의 표현이라고 본다. '있어주기를 바랐다가 없어지기를 바란다'라고 번역할 수도 있다.

5) 誠不以富 亦祗以異(성불이부 역기이이) : 『시·소아』 「아행기야(我行其野)」의 제3장 제5구와 제6구인데, 16·12에 들어가야 할 것이 잘못되어 여기로 왔다고 정이가 주장한 이래 주희를 비롯한 여러 주석가가 그 견해에 동의한다.[20] 원전은 다음과 같다.

我行其野 蔽芾其樗 婚姻之故 言就爾居 爾不我畜 復我邦家
(아행기야 폐불기저 혼인지고 언취이거 이불아축 복아방가)
我行其野 言采其蓫 婚姻之故 言就爾宿 爾不我畜 言歸思復
(아행기야 언채기축 혼인지고 언취이숙 이불아축 언귀사복)
我行其野 言采其葍 不思舊姻 求爾新特 成不以富 亦祗以異[21]
(아행기야 언채기복 불사구인 구이신특 성불이부 역기이이)

들판을 걷노라니 가죽나무 무성하다 / 혼인을 치렀기에 그대 집에 살지만은 / 그대 나를 돌보잖아 / 친정으로 돌아갈 밖에

들판을 걸으면서 소리쟁이 캐낸다네 / 혼인을 치렀기에 그대 집에 묵지만은 / 그대 나를 돌보잖아 / 돌아가고 싶은 맘뿐

들판을 거닐면서 순무를 캐낸다네 / 혼인한 것 생각잖고 새 여자만 찾는구나 / 재산 때문 아니라네 / 그저 다른 여자 찾자는 것

---

20 16·12의 주6) 참조
21 본문은 誠으로 되어 있지만 『시경』에는 成으로 되어 있다.

시의 주제는 버림받은 여인의 넋두리로서, 남편이 새 여자를 찾는 것은 단지 딴 여자를 밝히기 때문일 뿐이라는 내용이다.[22] 앞 문장과 매끄럽게 연결되는 시구는 아닌데, 타당한 이유 없이 조강지처를 버리고 새 여자를 맞는 일을 미혹한 짓의 사례로 들었다고 여길 수밖에 없다.

평설

숭덕과 변혹도 제자들에게 중요한 화두였던 모양이다. 12·21에서 번지도 같은 질문을 한다. 그리고 언제나 그렇듯이, 거기서 공자의 대답은 여기서의 대답과는 전혀 다르다.

12·11 齊景公問政於孔子 孔子對曰 君君臣臣父父子子 公曰 善哉 信如君不君 臣不臣 父不父 子不子 雖有粟 吾得而食諸

제나라 경공이 공자에게 정치(의 요체가 무엇인지)를 묻자 공자께서 대답하시기를 : 임금은 임금답고 신하는 신하다우며 아버지는 아버지답고 아들은 아들다운 것이(라고 생각합)니다. 경공이 말하기를 : 훌륭한(말씀이)십니다. 진정 임금이 임금답지 않고 신하가 신하답지 않으며 아버지가 아버지답지 않고 아들이 아들답지 않다면, 비록 곡식이 (쌓여) 있어도 내가 그것을 (편히) 먹을 수 있겠습니까?

22　그러나 정현은 이 시를 다르게 해석한다. '네가 禮로써 아내를 대하지는 않으면서 새 여자를 또 얻으려고 하는데 그 일이 성사되더라도 부자가 될 수는 없을 것이고, 너는 다만 남들에게 사람의 도리를 벗어난 이상한 사람이 되어 미움을 받을 것이다'라고 해석한다.

1) 齊景公(제경공, 550 B.C.~547 B.C. 즉위~490 B.C.) : 성은 강(姜), 이름은 저구(杵臼)이다. 영공(靈公)의 아들인데 대부 최저(崔杼)가 영공의 뒤를 이은 이복형 장공(莊公)을 시해한 다음 어린 나이에 세운 군주이다. 최저가 죽은 뒤 안영(晏嬰, ?~500 B.C.)을 재상으로 삼아 제나라를 중흥시켜서 환공 다음가는 번영을 이룩했다는 평가를 받기도 하지만, 궁실 건축을 좋아하고 사치하며 세금을 무겁게 부과하고 형벌을 가혹하게 했다고 사마천은 평가한다. 만년에는 대부 진원(陳桓)에게 실권을 빼앗기고 세자를 제치고 첩의 아들로 하여금 대를 잇게 하는데, 그 때문인지는 모르나 16·12에서 공자는 그를 좋지 않게 평가한다. 강씨 성의 제나라는 나중에 전화(田和, 386~384 B.C. 재위)에게 공위를 뺏겨 이후 제나라는 전씨 성의 소유가 되는데, 주희는 그 책임을 경공에게 돌린다. 『사기·공자세가』에는 경공이 노소공 20년(522 B.C., 공자 30세 때)에 노나라에 간 사실이 적혀 있는데, 최술은 『수사고신록』에서 그 사실 및 경공과 관계되는 여러 기록들의 허점을 지적한 바 있다. 3·09의 평설 및 16·12와 18·03 참조.

2) 君君(군군)~子子(자자) : 『논어정의』 이래로 "君不失君道 (…) 子不失子道(임금은 임금으로서의 도리를 잃지 않고 (…) 아들은 아들로서의 도리를 잃지 않는 것)"라고 해석해왔다. 6·06의 '角'처럼 명사 한 글자는 그 명사의 올바른 상태를 표현하기 때문에 뒤에 쓰인 君, 臣, 父, 子는 각각 앞에 쓰인 君, 臣, 父, 子의 올바른 상태를 표현하는 술어가 된다. 그래서 이 문장은 한문교재에 명사가 술어로 쓰이는 예문으로 곧잘 등장한다. 다만 일률적으로 '~답다'라고 번역하면 의미전달이 불분명하므로, 君과 臣의 경우에는 '직분을 다하다', 父와 子의 경우에는 '도리를 다하다'라고 번역하였다. 父와 子는 '부모'와 '자식'으로 번역하더라도 무방하지만 당시의 관념은 어머니와 딸은 무시되었기 때문에 '아버지'와 '아들'로

번역하였다. '君君臣臣父父子子'는 유교윤리를 극명하게 드러냈다고 평가받는 유명한 구절인데, 공자의 그러한 생각은 이후 순자의 사민론(四民論)이라는 일종의 분업사상으로 이어진다는 주장도 있다. 하지만 공자의 이 말은 사유를 거쳐 완성시킨 논리체계는 아니기 때문에 그런 주장은 적절하지 않다고 본다.[23]

3) 吾得而食諸(오득이식저) : 황간본, 고려본, 『사기·공자세가』, 『한서·무오자전(武五子傳)』에는 '吾豈得而食諸'로 되어 있고, 『경전석문』에는 '吾焉得而食諸', 『태평어람』 22에는 '吾惡得而食諸'로 되어 있다. 豈·焉·惡는 모두 같은 뜻의 의문대사이므로 어쨌든 한 글자가 빠졌다고 볼 수 있다. 다만 '吾得而食諸'라는 문장 자체가 의문문이므로 의문대사가 없다 한들 뜻이 바뀌지는 않는다. 이 구절은 앞 문장과 잘 연결되지는 않지만, 각 부문의 사람들이 맡은 바 직무를 제대로 하지 않으면 군주인 내가 밥을 편히 먹을 수 있겠느냐는 뜻으로 볼 수밖에 없다. 다만 그 해석은 경공을 현군(賢君)으로 묘사하는 해석으로 간주되기 때문에 공자를 등용하지 않은 경공을 결코 호의적으로 볼 수 없었던 후대 유자들로서는 받아들이기 어려웠다. 16·12처럼 공자가 직접 경공을 낮게 평가한 탓도 있지만, 18·03에서 보듯이 공자를 등용하려다 말았다는 이유 때문에도 후대 유자들은 경공을 명군(名君)으로 평가하기를 꺼렸다. 그래

---

23 공자의 언어는 보편적으로 적용될 수 있는 논리체계를 꾀하지는 않는다. 공자 이후 유교문화권의 식자인들도 자신의 언어에 사유를 담기보다는 상대방에게 충격을 줄 수 있는 힘을 담고자 애쓴다. 그것이 가장 극명하게 드러나는 사례는 간화선(看話禪)을 표방하는 선종에서 공안(公案)이라고도 부르는 화두이다. 임기응변적 문답으로써 상대에게 강한 임팩트를 주고자 하는 것이 간화선이다. 유교문화권 식자인이 힘을 지닌 말이나 문장을 만들고자 열중하게 되는 까닭은 한자를 기반으로 한 언어를 사용하기 때문인데, 중국의 언어 또한 서면어로서의 성격이 강하다.

서인지 공안국은 나라가 장차 위험하게 될 것이라는 뜻으로 해석하면서, 과연 진씨가 제나라를 멸하였다고 설명한다. 그러한 설명은 주희에게까지 이어진다.

평설

공자가 30세이던 해에 제경공은 안영과 함께 노나라에 왔는데, 이때 공자는 제경공을 처음 만났다고 한다. 그리고 공자가 36세이던 해에 소공이 삼환을 밀어내려다 실패하여 제나라로 망명한 일이 있었는데 그때 공자는 소공을 따라 제나라로 가서 고소자(高昭子)의 가신으로 있었다 하니, 그 무렵에 공자는 다시 제경공을 만났을 것이라고들 말한다. 둘 다 사실이라면 이 장의 대화는 그 두 차례 가운데 어느 때에 있었을 텐데, 노나라에 온 경공이 당시 한미한 신분이었던 젊은 공자를 만났을 가능성은 희박하므로 대개의 주석가들은 두 번째 만남에서 있었던 대화일 것으로 추정한다. 하지만 최술이나 H.G. 크릴은 공자가 제나라에 갔다는 사실 자체를 의심한다.

어쨌든 사마천은 이 장과 18·03을 연결하여 다음과 같이 서술한다. "경공이 공자에게 정치의 요체가 무엇인지를 묻자 공자께서 대답하시기를, 임금은 임금으로서의 직분을 다하고 신하는 신하로서의 직분을 다하며 아버지는 아버지로서의 도리를 다하고 아들은 아들로서의 도리를 다하게 만드는 것입니다. 이에 경공이 말하기를, 정말 훌륭한 말씀이십니다. 진정 임금이 임금으로서의 직분을 다하지 않고 신하가 신하로서의 직분을 다하지 않으며 아버지가 아버지로서의 도리를 다하지 않고 아들이 아들로서의 도리를 다하지 않는다면, 비록 곡식이 쌓여 있어도 내가 어찌 먹을 수 있겠습니까? 경공은 다른 날 다시 공자에게 정치의 요체에 대해 물었는데, 공자는 정치의 요체는 재화를 절약하는 데에 있다고 하셨다. 이 말을 들은 경공은 기쁜 나머지 니계(尼谿)의 땅을 공자에게 봉해주려고 하였다. 그러자 안영은 다음과 같이 말씀을 아뢰었다. 유자라는 사람들은 말재간이 뛰어나서 법규로 다스리기 어렵고, 거만하여 제 고집만 피우기 때문에 남의 밑에 둘 수도 없습니다. 상례를 존숭하고 슬픔 다하기만을 중시하며 파산이 되도록 장사를 후히 지내기 때문에 그런 것을 풍속으로 삼을 수도 없습니다. 남에게 꾸어달라고 유세하는 짓만을 일삼으니 정치를 맡길 수도 없습니다. 이제 세상은 성현께서 사라지고 주의 왕실도 쇠미한 데다 예악도 예전과 달라졌는데, 그런데도 공자는 자신의 차림새나 성대히 차리고 다니면서 오르내리는 예절이나 번잡하게 강요하고 세세한 절차나 따지고 있으니, 공자가 내세우는 그런 것들은 몇 대를 걸쳐서 배우더라도 다 배울 수 없을 뿐 아니라 禮라는 것은 죽을 때까지 터득할 수도 없습니다. 임금께서 만약 그를 데려다가 제나라의 풍속을 바꾸려고 하신다면 어려운 인민을 우선적으로 여기겠다는 방침과는 어긋날 것입니다. 이후로 경공이 공자를 만나 뵈어도 예우에 관해서는 묻지 않았는데, 어느 날 경공이 공자를 붙잡고서는 그대를 계씨 수준으로 예우하는 것은 내가 할 수 없고 계씨와 맹씨의 사이로 대접하면 제나라의 대부들이 공자를 해치려 할 것이라고 하였다. 공자는 그 말을 듣고만 있었다. 그러자 경공은, 내가 이제 늙어서 등용시킬 수 없겠다고 말하자 공자는 마침내 제나라를 떠나 노나라로 돌아갔다."[24]

<hr />

[24] 景公問政孔子 孔子曰 君君臣臣父父子子 景公曰善哉 信如君不君臣不臣
父不父子不子 雖有粟吾豈得而食諸 他日又復問政於孔子 孔子曰 政在節財 景
公說 將欲以尼谿田封孔子 晏嬰進曰 夫儒者滑稽而不可軌法 倨傲自順 不可以
爲下 崇喪遂哀 破産厚葬 不可以爲俗 游說乞貸 不可以爲國 自大賢之息 周室
旣衰 禮樂缺有閒 今孔子盛容飾 繁登降之禮 趨詳之節 累世不能殫其學 當年
不能究其禮 君欲用之以移齊俗 非所以先細民也 後景公敬見孔子 不問其禮 異
日景公止孔子曰 奉子以季氏 吾不能 以季孟之閒待之 齊大夫欲害孔子 孔子聞
之 景公曰 吾老矣 弗能用也 孔子遂行 反乎魯

주희는 "경공은 공자의 말은 좋다고 여겼으면서도 공자를 등용하지 않았는데, 그 뒤에 과연 후사가 안정되지 못해 진씨가 임금을 죽이고 나라를 찬탈하는 화를 열게 되었다."[25]라고 주한다. 공자를 등용하지 않았기 때문에 나라가 찬탈당했다는 저주나 다름없는 주석을 펴고 있다. 나라를 찬탈당한 시점은 경공이 죽은 뒤 백 년도 지난 다음의 일인데 말이다. 아무리 공자를 존경하고 공자의 역량을 아쉽게 생각한다 하더라도 역사적 인과관계를 이런 식으로 설명하는 주희의 지성을 의심하지 않을 수 없다.[26] 자신의 학문적 견해를 유일하고 절대적이라고 믿는 한, 나아가서 그 유일하고 절대적인 학문적 견해가 권력마저 갖게 되면, 그 학문은 종교권력과 다름없게 된다. 그리고 그러한 종교권력은 필연적으로 잔혹한 폭력을 수반한다.

12·12 子曰 片言可以折獄者 其由也與 子路無宿諾

스승님께서 말씀하시기를 : (길게 듣지 않고) 몇 마디 말만(듣고)도 옥사를 판결할 수 있는 사람이 (바로) 중유일 거야. 자로는 (하룻밤 넘겨) 묵히면서 결재하는 법이 없었거든.

주

1) 片言(편언) : 片은 偏(편)의 뜻이다. 『논어정의』는 편언을 송사에 있어 어느 한쪽의 말이라 하고, 주희는 半言(반언)이라고 한다. 『논어정의』의 설명이 논리적으로 들리는 듯하지만, 아무리 유능한 사람일지라도 한

---

25 景公善孔子之言而不能用 其後果以繼嗣不定 啓陳氏弑君篡國之禍

26 주희의 그런 생각은 공안국의 해석을 확대한 것일 뿐이라 하더라도 마찬가지이다.

쪽 말만 듣고서 송사를 판결할 수는 없다. 따라서 설명을 길게 듣지 않고도 판단을 내린다는 뜻으로 새기는 것이 옳을 것이다. 그 점은 자로의 기질과도 부합할 것이다.

2) 折獄(절옥) : 獄은 형이 확정되기 전 피의자를 구금하는 곳이다. 折은 斷(단)과 같은 뜻으로서, 판단한다는 뜻이다. 옥사(獄事)를 가리키는 말이기도 하다. 형사사건을 옥사(獄事), 민사사건을 송사(訟事)라고 불렀다.

3) 子路無宿諾(자로무숙낙) : 하안은 宿이 豫(예: 미리)와 같다고 한다. 정이도 동조한다. 자로는 독신(篤信)한 사람이라서 일에 닥쳐서는 변고가 많아지므로 미리 승낙하지 않았다는 뜻이라는 것이다. 정약용이 예를 들듯이, 계강자가 자로에게 내년에 모읍의 읍재를 맡으라고 요구하자 그러겠다고 대답했다면 숙낙이라는 것이다. 그러나 宿에 그런 뜻이 있다 하더라도 이 문장은 折獄(송사의 판결)에 관한 설명이고 다음 장도 역시 송사에 관한 내용이다. 그렇다면 판결에 관한 표현인 宿諾을 그렇게 해석하는 것은 맞지 않다고 본다. '宿'은 '밤을 넘기다'라는 글자 본래의 뜻으로 해석하면 무리 없다. '諾'은 공문서의 결재를 의미한다. 따라서 자로는 절옥 업무를 하면서 결재를 이튿날까지 미루지 않고 바로 매듭지었다는 말로 이해한다. 정이의 견해를 여간해서는 반대하지 않는 주희가 留(류: 머물다)라고 새기는 것도 그 때문이라고 본다. 『경전석문』 이후 이 구절을 별도의 장으로 간주하는 주석가가 많지만 공자의 말이 이어진 것으로 보아도 무방하다.

평설

소주역(小邾射)이 구역(句繹)의 땅을 가지고서 노나라로 망명해오면서, 계로가 나를 만나 약속만 해준다면 별도의 맹약은 없어도 된다고 말했다는 『좌전』 애공 14년의 기사를 윤돈은 소개한다. 천승지국의 맹약도 필요 없이 자로의 말 한마디만 듣겠다고 할 정도로 자로에 대한 세간의 신뢰도는 그만큼 높았다는 것이다. 한마디 말만 듣고도 판단해버리는 옥사를 당사자들이 거부감 없이 받아들였다는 것도 그 사람의 신뢰도가 그만큼 높았음을 의미할 것이다.

『논어』를 비롯한 여러 기록에 의하면 자로는 공자의 제자들 가운데 대중적 인기가 많았던 사람이었다. 그처럼 대중적 인기가 높은 자로를 공자가 그다지 높게 평가하지 않았다는 점도 대중적 흥미를 고조시킨다고 본다. 편언으로 옥사를 결정지을 수 있는 사람은 자로뿐일 것이라는 공자의 말 또한 칭찬은 아닐 것이다.

12·13 子曰 聽訟 吾猶人也 必也使無訟乎

스승님께서 말씀하시기를 : 송사 판결에 있어 나(의 능력)은 남들과 비슷해. (송사란 아무리 뛰어난 능력을 지닌 사람이 판결하더라도 흡족한 결과를 얻을 수 없는 거야. 그러니) 송사(자체)가 일어나지 않도록 하는 것이 필수적이지.

주

1) 吾猶人(오유인) : 포함은 與人等(여인등: 남과 같다)이라고 설명한다. 판결하는 역량이 남보다 특별하게 뛰어날 수는 없다는 뜻일 것이다. 송사를 통한 해결은 결코 만족할 수 없다는 말을 하기 위한 전제어이다.

평설

자로는 판결을 쉽게만 여길 뿐 예손(禮遜)으로써 나라를 다스려 송사 자체가 없도록 만들 줄은 몰랐기 때문에 공자는 이렇게 말했다는 양시(楊時)의 주석을 주희는 인용한다. 그러나 앞 장은 '절옥'이고 이 장은 '청송(聽訟)'이다. 절옥은 형사사건 판결이고, 청송은 민사사건 판결이니 경우가 다르다. 어떻게든 자로를 깎아내리고 공자를 치켜세우려는 치우친 견해일 뿐이다. 이와는 거꾸로 '使無訟'이라는 표현을 가지고 공자를 이상주의자라고 몰아붙이기도 한다. 그러나 공자는 소송이란 것을 통해서는 만족할 만한 결과를 얻을 수 없다고 지적했지 소송이라는 제도를 없애자고 한 것은 아니다. 송사를 통한 해결을 높이 살 수 없다는 공자의 생각은 시대를 불문하고 현명한 생각이다. 이후 중국인들 역시 그러한 가치관을 갖게 된다. 공자의 모든 선택기준은 어디까지나 실익과 실리이다. 바람직한 공동체는 갈등과 다툼을 송사를 통해 해결하기보다는 조정을 통해 해결하는 것이 실익이라는 생각인 것이다. 따라서 법과 법치에 대한 관념도 서구와는 차이가 있다. 유교문화권에서 법은 통치의 수단으로 강구된 것이지 개인의 권리나 개인 간의 약속을 보장하기 위한 수단으로 만들어진 것은 아니었다. 따라서 법은 피지배계층에게 형벌을 적용하기 위한 수단이지 지배계층에게까지 적용하는 수단은 아니었다. 그래서 법은 추상적이고 보편적인 '체계'가 아니라 사람에 따라 달리 적용되어야 하는 '수단'이었다. 오늘날 '유전무죄 무전유죄'라는 법감정이 생기게 되는 까닭은 그와 같은 전통이 아직 남아 있기 때문이라고 본다.

공자가 대사구 직책을 맡았다는 기록을 상당수의 학자는 사실이 아닐 것으로 여긴다. 그러나 중국의 학자들은 그와 반대이다. 대사구란 형사사건을 다루는 최고 직책이므로 이 대화는 그때의 것이었을지 모른다고 양백준은 설명한다. 공자에 관한 기록들 가운데 허구들을 날카롭게 지적하는 최술조차도 공자가 대사구 지위에 올랐다는 기록은 사실로 인정한다.

「대학」에는 이 장이 "子曰 聽訟吾猶人也 必也使無訟乎 無情者不得盡其辭 大畏民志 此謂知本(스승님께서 말씀하시기를 (…) 진정이 없는 사람들이 되는대로 자기의 말을 늘어놓지 못하도록 하고 백성들의 뜻을 크게 두려워하도록 만드는 것, 그것이 지혜의 근본이다)"으로 변형되어 있다.

12·14 子張問政 子曰 居之無倦 行之以忠

자장이 정치(의 요체가 무엇인지)를 여쭙자 스승님께서 말씀하시기를 : 평소 지
낼 때는 게으름 피우지 않고, 직무를 수행할 때는 충심으로. (이보다 더 특별한
것은 없다.)

주

1) 居之無倦 行之以忠(거지무권 행지이충) :『논어주소』는 居之와 行
之를 '居之於身'과 '行之於民'으로 풀이해서는, "정치를 하는 도리는 스
스로에게는 게으름이 없도록 하고 인민에게는 충성과 신의로써 하라는
말이다."[27]라는 왕숙의 해석을 잇는다. 군주에게 이르는 말로 이해한 것
이다. 그러나 이 구문을 그렇게 해석하는 것은 후대의 방식이지 춘추시
대의 구문해석 방식은 아니다. 충신(忠信)을 민을 향한 군주의 덕목으로
이해하는 것도 맞지 않다. 충신은 군주를 향한 지배계층의 덕목이다. 주
희는 居를 '存諸心(존저심: 마음에다 두는 것)', 行을 '發於事(발어사: 일
에서 표현되는 것)'로 풀이해서는, "마음을 게으르게 하지 않으면 시종여
일하고, 일할 때 충실하면 표리여일하다."[28]라고 설명한다. 하지만 그런
해석은 원문을 재조립하여 해석한 것이나 다름없는 정도이다. 정약용은
居之를 '正에 居하다', 行之를 '正을 行하다'라고 새겨서는 "政은 正이므
로, 자신을 바르게 하여 외물(外物)도 바르게 만들라는 뜻"이라고 한다.
관념적인 해석일뿐더러 之는 지시대사가 아니고 자동사 뒤에 관행적으
로 붙는 조사일 뿐이므로 구문상 그렇게 해석될 여지는 없다. 居之와 行
之는 대를 이루는 문장이므로 평범하게 해석하는 것이 낫다. 居之는 업
무를 수행하지 않는 상태를 말하고 行之는 직무를 수행하는 상태를 말

---

27   言爲政之道 居之於身 無解倦 行之於民 必以忠信也
28   居謂存諸心 無倦則始終如一 行謂發於事 以忠則表裏如一

한다고 본다. 무겁게 의리적으로 해석하기보다는 '일상생활에서는 게으름 피우지 말고 직무수행에서는 충신하라'는 주문으로 보는 것이 무난할 것이다.

평설

　공자는 제자의 질문을 받고서는 '~하는 것이 정치의 요체이다'라고 대답하지는 않는다. '네가 정치를 잘하고자 하면 ~하라!'라는 명령문으로 대신한다. "자장은 인이 부족하여 성심이 없으니 민을 아끼는 일에 있어서도 반드시 나태하면서 마음을 다하지 않으므로 이 말을 했다."[29]라는 정이의 설명은 해설도 아니고 판단도 아니다. 자장에 대한 폭언이요 모욕이다. 이런 짓을 학문이라는 이름으로 엄숙하게 수행했던 것이 송유들이다.

12·15 子曰 博學於文 約之以禮 亦可以弗畔矣夫
스승님께서 말씀하시기를 : (군자가) 문을 넓게 배우고 (그 위에 자신을) 예로써 단속하기만 하면 크게 어긋나지는 않을 거야.

평설

　'군자'라는 낱말만 없을 뿐 6·27의 중복이다. 제자들이 각각 들은 바를 적었기 때문에 중복되었을 것이라고 『논어정의』는 말하지만, 하필 이 문장이 중복된 이유로는 부족한 설명이다.

29　子張少仁無誠心 愛民則必倦而不盡心 故告之以此

12·16 子曰 君子成人之美 不成人之惡 小人反是

스승님께서 말씀하시기를 : 군자는 남의 좋은 점을 (도와서) 이루도록 만들지 남의 나쁜 점을 (도와서) 이루도록 만들지는 않아. (그러나) 소인은 이와 반대이지.

주

1) 成(성) : 부족한 것을 채워서 완성되도록 돕는다는 뜻이다. 주희는 "誘掖獎勸以成其事也(유도하고 부축하고 장려하고 권하여 그 일을 완성시킨다)"라고 한다.

평설

『곡량전』은공 원년의 전(傳)에는 "춘추는 남의 좋은 점을 완성시키지 남의 나쁜 점을 완성시키지는 않는다."[30]라는 표현이 있다. 『설원·군도(君道)』에는 애공이 "훌륭하도다. 군자는 남의 좋은 점을 완성시켜주고 남의 나쁜 점을 완성시키지는 않도다. 공자가 아니었더라면 내가 어찌 이 말을 들을 수 있었을까."[31]라는 표현이 있다. 『대대례기』에는 "군자는 남의 허물을 말하지 않고 남의 좋은 점을 이루어준다."[32]라는 표현이 있다. 『순자』에는 "군자가 남의 덕을 높이고 남의 좋은 점을 드날리는 것은 아첨이 아니다."[33]라는 표현이 있다. 춘추전국시대에는 이와 유사한 말이 많이 유통되었음을 알 수 있는 증거들인데, 그것들의 원조는 바로 『논어』이다.

惡에 대한 설명은 4·03과 4·04 참조.

---

30 春秋成人之美 不成人之惡

31 善哉 君子成人之美 不成人之惡 微孔子吾焉得聞斯言哉

32 君子不說人之過 成人之美

33 君子崇仁之德 揚人之美 非諂諛也

12·17 季康子問政於孔子 孔子對曰 政者 正也 子帥以正 孰敢不正

계강자가 공자께 정치(의 요체가 무엇인지)에 대해 여쭙자 공자께서 대답하시기를 : 政(이라는 글자)는 正(이라는 뜻)입니다. (그러니) 당신께서 바르게 통솔하기만 한다면 누가 감히 바르지 않(은 짓을 하)겠습니까?

주

1) 政者 正也(정자 정야) : 고대 중국에서 어떤 글자의 뜻을 풀이할 때 그 글자와 발음이 같거나 비슷한 다른 글자를 동원하여 설명하는 경우가 많은데, 그런 방식을 성훈(聲訓) 또는 음훈(音訓)이라고 한다. 문자학에서 '성훈' 방식을 설명할 때는 으레 이 구절을 인용한다. 이 장을 보자면 성훈 방식은 공자 당대부터 이미 보편적으로 사용되었던 듯하다. 그런데 이 방식은 전체 한자의 80퍼센트 정도를 차지하는 형성자(形聲字)를 풀이할 때는 가능하지만 나머지 한자에는 적용할 수 없다. 문자 발생의 측면에서 전혀 타당하지 않은 주관적인 억측이 대부분이다. 청대에 고증학이 일면서 '인성구의(因聲求義: 소리를 기준으로 뜻을 찾음)'니 '음근의통(音近義通: 음이 비슷하면 뜻을 통용함)'이니 하는 기준을 만들기도 했지만 근본적인 한계를 넘을 수는 없었다. 그럼에도 불구하고 성훈은 글쓰기에서뿐 아니라 언어생활에서도 여전히 동원되는데, 그 이유는 1·15와 7·08에서 설명한 바 있는 '유비(類比)' 사유 때문이라고 본다. 표의문자의 특성상 모양이건 발음이건 닮은 것을 제시하는 것보다 더 설득력 있는 것은 없기 때문이다.[34]

---

34 중국에서는 글자를 적을 때 발음이 같거나 모양이 비슷한 다른 글자를 실수로 적었을지라도 그 글자를 통자(通字)라고 인정해주는 경우가 많다. 성훈이란 그와는 반대로 그 글자에 대한 자신만의 의도적인 해석에 대한 설득력을 확보하고자 짐짓 다른 글자를 가지고서 그 글자의 뜻을 규정해버리는 방식이다.

2) 子帥以正(자솔이정) : 공자의 계강자에 대한 호칭이 '子'로 표현되었는데, 이것이 후대처럼 이인칭 호칭인지 아니면 대부에 대한 존칭인 '夫子'를 약칭한 것인지는 구분하기 어렵다.[35] 帥은 率(솔)과 같다.『논어정의』는 "康子 魯上卿 諸臣之帥也(강자는 노나라의 상경으로서 모든 신하의 우두머리이다)"라는 정현의 주석을 잇는다.

평설

『춘추』에 의하면 계강자는 애공 3년(492 B.C., 공자 61세 때)에 7월에 계환자의 뒤를 잇는다. 그렇다면 이 장과 아래 두 장의 대화는 당연히 그 뒤이면서 공자가 노나라로 돌아온 뒤에 있었을 것이다. 계강자는 군주는 아니지만 최고 실권자였다. 공자는 대부가 군주를 누르고서 실권을 잡은 노나라의 현실을 여러 차례 비판한 바 있다. 그랬던 공자가 계강자를 직접 만나서는 "그대가 바르게 처신하면 모두가 바르게 됩니다."고 말했다면 그것을 어떻게 이해해야 할까?[36]『좌전』에는 계강자가 아버지가 유촉한 동생을 죽이고 그 자리에 올랐음을 암시하는 내용이 있는데, 역대 주석가들은 공자가 '바름(正)'을 강조한 것이 계강자의 그런 짓을 염두에 둔 것이라는 말로써 의문을 지우고자 한다.

이택후는 자신부터 바르게 처신한다는 윤리가 곧 정치임을 강조한 것이라고 설명한다. 수기(修己)를 근본으로 하는 씨족사회의 정치관념이라는 설명이나 다름없는데, 그러한 관념은 자기와 집단을 동조화시키는 관

---

35 1·01의 주1)에서 설명했듯이 '子'를 이인칭대명사로 사용하는 것은 전국시대 이후이다.

36 3·01, 3·02, 3·06과 같은 계씨를 비판하는 내용은 당대에 실제 있었던 대화가 아니라 계씨에 대한 공자의 견해를 나중에 정리한 것으로 본다면 모순되지 않는다고 할 수 있다.

넘이라고 할 수 있다. 자신이 바르게 처신해야 남도 바르게 할 수 있다는 말은 『상서』를 비롯한 고대문헌들에 많이 보이는 평범한 경구이다. 아마도 공자는 당시의 성어를 되풀이했을 것이다.

H.G. 크릴은 서구문명에 끼친 중국의 영향을 설명하는 과정에서 제퍼슨(Thomas Jefferson, 1743~1826)의 사상을 공자의 사상과 비교하는 것이 흥미롭다고 전제한 다음, '정치의 기술이란 성실의 기술에 불과하다'는 제퍼슨의 말은 공자의 이 말과 놀라울 정도로 비슷하다고 말한다. 민주주의를 방어하기 위해 무상교육 및 공공교육을 포함한 3단계의 교육제도 법안을 1779년 제출했던 제퍼슨의 발상은 중국 과거제도의 영향을 받았을 가능성이 농후하고, 그는 이미 1776년 이전에 중국의 관료제도를 찬양했던 볼테르의 저서를 읽고서 그 책에 주석한 사실이 있다고도 설명한다.[37]

12·18 季康子患盜 問於孔子 孔子對曰 苟子之不欲 雖賞之不竊
계강자가 도적(떼 일어나는 것)을 근심한 나머지 공자께 (그 대책을) 여쭈었다. 공자께서 대답하시기를 : 당신께서 탐욕을 부리지 않으시면 (인민들은) 상을 주더라도 남의 것을 훔치지 않을 것입니다.

| 주 |

1) 子之不欲(자지불욕) : 공안국은 欲을 '정욕(情慾)이 많음'으로 이해

---

37 중국에 파견된 선교사들을 통해 서구의 지성계가 중국의 고전과 공자에 관한 정보를 수입하여 보급시킨 역사에 대해서는 「논어문답」 20'의 각주와 『공자와 세계』(황태연, 청계, 2011) 및 『공자, 잠든 유럽을 깨우다』(황태연·김종록, 김영사, 2015) 참조.

한다. 윗사람이 정욕이 많으면 인민도 정욕이 많아져서 명령을 듣지 않고 자기 맘대로 한다는 것이다. 주희는 '탐욕하지 않으면'이라고 새긴다. 호인(胡寅, 1098~1156)은 "계씨가는 노나라의 정권을 훔쳤고 계강자는 적자의 자리를 빼앗았기 때문에 백성들도 본받은 것이라는 뜻이다."[38]라고 주한다. 나아가 호병문(胡炳文, 1250~1333)은 "계강자는 노나라의 큰 도적이다. 부자께서 '네가 도적질하지 않으면'이라고 표현하지 않은 것은 완곡한 표현일뿐더러 깊은 뜻이 있는 말이다."라고 설명한다. 하지만 계강자는 본인이 직접 정권을 탈취하지는 않았다. 선대부터 누대 이어져오는 권력을 세습했을 뿐이다. 황간본과 고려본에는 '之' 자가 없다.

평설

성읍(城邑)국가의 기반이 흔들림에 따라 기존 지배체제의 가혹한 수탈을 거부하고 새로운 취락을 형성한 것이 도(盜)의 출발이라고 흔히 설명한다. 盜는 애당초 균분(均分)을 지향하면서 집단생활을 하는 등 기존의 가치체계를 부정하고 새로운 질서를 추구하던 진보적 집단이었다는 것이다. 신분에 관계없이 다양한 사람들을 제자로 받아들여서 이상세계를 추구하며 생활하였던 공자의 대답에는 盜로 규정되는 사람들에 대한 공감이 깔려 있다는 견해도 있는데, 그건 너무 나아간 생각이다. 공자는 盜의 근절을 바라는 계강자의 생각을 반대해서 그렇게 말한 것은 아니다. 盜를 제거해야 할 사회악으로 인식한 것은 의심의 여지가 없다.

H.G. 크릴은 공자가 중국문화의 최고 거장임은 인정하지만 만약 그에게 국가 운영의 책임을 맡겼더라면 망치고 말았을 것이라면서, 그 이유

---

38 2·20의 주1) 참조. 이 이야기는 『급총쇄어(汲冢瑣語)』에서, 계강자가 도둑을 잡아들여 무추하자 "당신은 대부인 주제에 정권을 도둑질했으면서 어째서 내가 도둑질한 것만 꾸짖는가?"라고 했다고 바꾼다.

를 공자의 이런 대답에서 찾는다. 이런 대답이 훌륭한 설교가 될지는 몰라도 범죄의 만연을 해결하기 위한 실제적인 조언으로서는 전혀 의미 없기 때문이라는 것이다. H.G. 크릴의 지적은 논리적으로는 옳지만 역시 공자의 화법을 이해하지 못한 데서 비롯한 지적이다. 공자는 도둑을 예방하는 정책에 대해 조언한 것이 아니다. 그는 그럴 생각조차 갖지 않았을 것이다. 그는 단지 권력자에게 모든 것을 자기 책임으로 돌리는 태도를 가지라고 설교하고자 한다. 그래서 상대방의 말을 받아서 '책임은 당신에게 있다'고 역공한 것이다. 왜? 자신은 최고 권력자를 향해 이처럼 직접적인 설교를 할 수 있는 사람임을 드러내고 싶었기 때문이다. 공자가 그러한 의도를 가지고 이런 언행을 했을지는 의문이지만, 군주를 가르치는 스승이 되는 것이 공자 삶의 목표였던 것만은 분명하다.

12·19 季康子問政於孔子曰 如殺無道 以就有道 何如 孔子對曰 子爲政 焉用殺 子欲善而民善矣 君子之德風 小人之德草 草上之風 必偃

계강자가 공자께 정치(의 요체)에 대하여 여쭙기를 : 무도한 놈들을 죽여(없애)서 유도한 세상을 만들면 어떨까요? (이에) 공자께서 대답하시기를 : 당신께서는 정치를 하면서 왜 사람 죽이(는 수단)을 사용하려고 하신가요? (최고 권력자) 당신이 착하고자 하면 인민은 (저절로) 착해지(는 법)입니다. 군자의 덕은 바람(과 같)고 소인의 덕은 풀잎(과 같)아서, 풀잎 위로 바람이 지나가면 (풀잎은) 반드시 자빠지(는 법)입니다.[39]

---

39   이 비유는 『상서·군진(君陳)』에서는 "爾惟風 下民惟草"로 나오고, 『맹자· 등문공』에서는 "君子之德風也 小人之德草也 草上之風必偃"으로 나온다. 맹자는 공자를 본떴을 테고, 위서인 그 『고문상서』도 『논어』의 이 구절을 원용하여 만들었을 것이다.

1) 殺無道以就有道(살무도이취유도) : 공안국은 就를 成으로 새긴다. 이 구절을 '무도한 사람을 죽여 없애서 유도지방을 달성하다'는 뜻으로 보기 때문이다. 無道 또한 '무도지인'이 아닌 관념으로 볼 수 있을 듯하지만, 뒤에서 공자가 '焉用殺(언용살)'이라면서 수단을 가지고 반박하는 것을 보면 '殺無道'만큼은 무도지인을 죽이는 것을 가리키는 것이 분명하다.

2) 君子(군자) : 이 장에서 군자와 소인은 다른 곳과는 달리 군주와 인민, 그러니까 지배자와 피지배계층을 가리킨다. 1·01의 '주)君子' 참조.

3) 上(상) : 황간본과 고려본에는 '尚(상: 높이다)'으로 되어 있는데, 서로 통자이다. 공안국은 '加(가: 더하다)'라고 하지만, '바람'이라는 주어의 술어이기 때문에 '더해지다'보다는 '지나가다'라는 번역어가 낫다.

4) 偃(언) : 공안국은 仆(부: 쓰러지다)라고 한다. 뒤로 넘어지는 것이 偃이고 앞으로 넘어지는 것이 仆라는 구분이 있기는 하지만, 이 문장에서 그런 구분은 의미 없다.

평설

사람을 죽이는 방법을 서슴없이 거론하는 것을 보더라도 계강자는 아버지 계환자처럼 독선과 편견이 심한 데다 거칠기까지 했던 모양이다. 하지만 계강자는 공자의 제자들을 등용했을 뿐 아니라 나라 바깥에서 떠돌던 공자가 귀국할 수 있도록 해준 사람이다. 공자는 자신에 대한 계강자의 그러한 태도를 이용하여 난폭한 권력자를 적절하게 다루고자 했는지도 모르겠다. 공자는 자기도 지배계층의 교체를 열망하면서, 지배계층을 교체하려는 계강자의 목적에 동의한다는 언급은 하지 않은 채 사람을 죽이겠다는 계강자의 수단만을 문제 삼는다. 목적을 위해 수단을 가리지 않는 태도의 오류를 지적함으로써 상대를 제압하되, 권력자의 의도나 목표를 부정하지는 않음으로써 신임은 유지하려는 계산이었을 것이다. 공자의 이러한 어인술(御人術)이 어린 계강자에게 잘 통했을지도 모른다.[40] 공자는 나라 밖에 있을 때부터 계씨를 향한 명분론적 비판을 끊임없이 던짐으로써 계씨의 주목을 끌고자 했을지도 모른다.

한편 12·17에서 언급하였듯이, 대부 신분이면서 군주를 능멸하는 참람한 짓을 한다고 그토록 계씨를 질타했던 공자였건만 정작 계강자를 만나서는 '당신이 착하기만 하면 인민은 저절로 착해질 것이다'고 말한다. 굽힘으로 보지 않을 수 없다. 공자의 이런 모순된 처신에 대해서는 여러 가지 설명이 가능할 것이다.[41] 공자는 '나의 방법론은 일이관지이다'라고 말한 바 있지만[42] 『논어』를 통틀어 보았을 때 그는 평생 언행을 일치시키려고 했던 윤리주의자나 철학자는 아니었다. 그렇기 때문에 공자를 오류가 없는 윤리주의자나 철학자로 보고자 하는 사람은 『논어』의 이와 같은 모순된 기록에 대하여는 편집상의 오류라고 주장하게 된다.

이 장은 "善人爲邦百年 亦可以勝殘去殺矣(선인이 백 년 정도 나라

---

40 "哀公問曰 何爲則民服 孔子對曰 擧直錯諸枉則民服 擧枉錯諸直則民不服(애공이 공자께 여쭙기를, 어떻게 해야 인민이 복종할까요? 공자께서 대답하시기를, 굽은 사람을 빼내고 그 자리에 곧은 사람을 천거하여 앉히면 인민이 복종할 것이고, 곧은 사람을 빼내고 그 자리에 굽은 사람을 천거하여 앉히면 인민이 복종하지 않겠지요)"이라는 2·19의 대화도 『사기·공자세가』에는 애공과의 문답이 아닌 계강자와의 문답으로 되어 있다. 대화 내용이 이 장과 비슷하기 때문에 생긴 착오일 수 있지만, 사마천으로서는 공자가 같은 내용의 대화를 애공과 계강자 모두와 나누었다고 이해했을 수 있다.

41 「팔일」편에서 공자가 계씨를 비롯한 삼환을 비난하는 내용들이 많이 실린 것은, 계환자의 압박 때문에 노나라를 떠나야 했고 또한 제자들을 통해서 계강자에게 입국을 보장받으려 했던 자신의 처신을 보다 명분 있게 만들기 위한 배려라고 본다.

42 4·15 참조.

를 다스려야 잔악한 일도 일어나지 않게 되고 살인도 사라지게 할 수 있다)"
(13·11)와 더불어 공자가 극형을 통한 통치를 거부했다는 증거로 인용
되곤 한다. 유가의 정치관이 인이나 덕을 기초로 하는 것은 그것이 혈연
관계의 윤리 위에 세워졌기 때문이다. 종족에게 온정을 베풀지 않으면
조상신의 노여움을 초래할 위험이 있다는 것을 지배계층은 늘 의식했다.
지배계층 전부를 커다란 가족으로 간주하기는 했지만 통치의 대상인 피
지배계층은 그렇게 여기지 않았다. 자기와 조금이라도 연(緣)이 있는 사
람과 없는 사람 사이에 구분이 명확한 관행은 지금도 유교문화권에 이어
진다.

12·20 子張問 士何如斯可謂之達矣 子曰 何哉 爾所謂達者 子張對曰
在邦必聞 在家必聞 子曰 是聞也 非達也 夫達也者 質直而好義 察言而
觀色 慮以下人 在邦必達 在家必達 夫聞也者 色取仁而行違 居之不疑
在邦必聞 在家必聞

자장이 (스승님께) 여쭙기를 : 선비는 어떻게 (처신)해야 '통달했다'고 일컬을
수 있을까요? 스승님께서 말씀하시기를 : 네가 말하는 '통달'이란 게 뭐지? 자
장이 대답하기를 : (예컨대) 중앙에 있어도 (그 사람의 이름이 반드시)알려지고
지방에 있어도 (그 사람의 이름이 반드시)알려지는 경우입니다. 스승님께서 말
씀하시기를 : 그것은 '이름난다'이지 '통달했다'는 아니다. 통달했다는 것은 바
탕이 곧고 의를 좋아하며, (다른 사람과 대할 때 그 사람의) 말과 (그 사람의) 얼
굴빛까지도 (건성으로 보아 넘기지 않고) 잘 살필 뿐 아니라 사려 깊은 태도로
남 앞에 (자신을) 낮추는 사람이다. (그런 사람은) 중앙에 있어도 반드시 통달하
게 되고 지방에 있어도 반드시 통달하게 된다. (하지만) 이름이 난다는 것은 얼
굴빛은 인을 취하지만 행실은 (인과는) 어긋나며 (자신의 그러한 처신에 대해 조
금도) 의문을 갖지 않(은 채 태연하게 살아가)는 사람이다. (그런 사람은) 중앙에

있어도 반드시 이름이 나고 지방에 있어도 반드시 이름이 나더라.

주

1) 士(사) : 士에 대한 설명은 4·09의 주) 참조.

2) 達(달) : '현달(顯達)' 내지는 '통달(通達)'로 번역될 수 있겠다. "賜
也達 於從政乎何有"(6·08)라는 구절을 참고하더라도 사물의 이치나 사
람과의 관계에 능통하는 것을 뜻할 것이다. 주희는 '덕을 닦아서 남의 신
뢰를 얻어 하는 일에 걸림이 없는 것'이라고 한다. 14·23 참조.

3) 邦(방), 家(가) : 당시 사회제도의 용어로서 제후가 다스리는 큰 나
라와 대부가 다스리는 작은 나라를 구분하는 이름이다. 따라서 '중앙정
부'와 '지방정부'라고 표현하는 것이 요즘의 문화와 비교적 가까운 개념
이 된다고 본다. 12·02의 경우와 마찬가지이다. 家는 요즘의 '가정'이 아
니다.

4) 聞(문) : 이름이 나는 것을 말한다. 이 문장에서는 達과 대비되는 부
정적인 뜻으로 쓰였다. '명성을 날리다'는 현대어에서 긍정적인 뜻이 되
므로, '이름이 나다'라고 번역하였다.

5) 直(직) : 13·18의 주) 참조.

6) 義(의) : 1·13의 주) 참조.

7) 察言(찰언), 觀色(관색) : 상대의 말과 상대의 얼굴빛을 관찰한다는
뜻이다.

8) 下人(하인) : 동사와 목적어의 구조로서, 남에게 자신을 낮춘다는
뜻이다.

9) 居之不疑(거지불의) : 居之는 평소의 생활을 의미한다. "安居其僞
而不自疑(허위의 삶에 안주하면서 자신의 허위를 의심해보지도 않는 것)"
라는 마융의 주석이 적실하다.

공자 제자들의 질문은 대체로 두 가지 형식으로 표현된다. 본질을 물을 때는 '問政', '問仁', '問孝' 등으로 표기된다. 방법론을 물을 때는 '何如斯可謂~', '何如斯可以~' 등으로 표기된다. "子貢問曰 何如斯可謂之士矣"(13·20), "子路問曰 何如斯可謂之士矣"(13·28), "子張問於孔子曰 何如斯可以從政矣"(20·02) 등이 그 사례이다. 이 장에서는 방법론을 물었기 때문에 답변도 비교적 논리적이다. 達이 무엇인지를 聞과 대비하면서 비교적 자세하게 설명한다. 다른 곳에서 보이는 공자의 대답과 비교하자면 개념을 설명하려는 노력이 돋보인다.

12·21 樊遲從遊於舞雩之下 曰 敢問崇德 修慝 辨惑 子曰 善哉問 先事後得 非崇德與 攻其惡 無攻人之惡 非修慝與 一朝之忿 忘其身 以及其親 非惑與

번지는 스승님을 모시고 무우 아래에서 노닐 때에 (스승님께) 이렇게 여쭈었다. : 덕을 높이는 방법, 못된 마음을 닦아 없애는 방법, 미혹함을 분별하는 방법에 대해 감히 여쭙고자 합니다. (이에) 스승님께서 말씀하시기를 : (정말) 좋은 질문이다! (설명할 테니 들어보렴.) 일을 먼저 하고 얻을 것은 나중으로 돌리는 것이 (곧) 덕을 높이는 (좋은) 방법이 아니겠느냐? 자신의 나쁜 점만 성토할 뿐 남의 나쁜 점은 성토하지 않는 것이 (자기 내면의) 못된 마음을 닦아서 없애는 방법이 아니겠느냐? 하루아침의 분노 때문에 자신(의 본분)을 잊고서 (실수한 나머지 그 재앙이) 부모에게까지 미친다면 (그것이 곧) 미혹함 아니겠느냐?

1) 樊遲(번지) : 공자의 제자. 번지의 사람됨에 대해서는 2·05의 주) 참조.

2) 舞雩(무우) : 지금의 산동성 곡부현 남쪽에 있는, 하늘에 제사를 지내고 기우제를 지내는 장소의 이름이다. 풍광을 둘러보기 좋은 제단도 있고 수목이 우거져 있어서 당시 공자와 제자들은 그곳에 가서 바람을 쏘이곤 했던 모양이다. 11·26 참조

3) 從遊(종유) : 遊는 '놀다'는 뜻이 아니라 집을 나가서 돌아다니는 것을 말한다. 여기서는 스승을 모시고 밖으로 나간 것을 의미한다.

4) 崇德(숭덕), 辨惑(변혹) : 12·10에서도 자장이 이 두 가지 주제에 대해 질문한 바 있다.

5) 修慝(수특) : 공안국은 '治惡爲善(나쁜 점을 다스려 좋게 만듦)'이라고 새겼다.

6) 先事後得(선사후득) : 6·22의 "先難而後獲(먼저 힘든 일을 하고 보상은 나중으로 돌림)"과 같은 뜻으로 보인다.

7) 攻(공) : '책망하다', '성토하다'의 뜻이다.

8) 一朝之忿 忘其身 以及其親(일조지분 망기신 이급기친) : 표현이 분명하지는 않지만 "잠깐의 분노는 매우 작은 일이지만 그로 인한 화가 부모에게까지 미치는 것이 매우 큰 일이라는 것을 안다면 미혹함을 분별하여 분을 눌러야 할 이유가 있는 것이다."[43]라는 주희의 해석이 무난하다.

﹝평설﹞

앞 장처럼 추상적 개념에 대한 설명이다. 숭덕·수특·변혹이라는 세 가지 주제에 대해 대화 형식으로 설명하였다. 12·10에서도 자장이 숭덕과 변혹에 대해 물은 바 있는데, 이처럼 같은 주제에 대해 제자들이 돌아가면서 반복 질문하는 것은 그 주제를 공자가 강조했기 때문일 수도 있고 그 주제가 당대 사회에서 뜨거운 주제였기 때문일 수도 있다.

---

43 知一朝之忿爲甚微 而禍及其親爲甚大 則有以辨惑而懲其忿矣

추상적 개념에 대한 질문을 특히 번지가 자주 하는 것을 보면 번지는 아마도 고지식하거나 논리를 좋아했던 사람이었나 보다. 그렇지만 주희는 번지를 麤鄙近利(추비근리: 비루하고 잇속을 가까이함)하다고 평한다. 스승이 말한 바를 순순히 받아들이는 게 아니라 거듭 되묻고, 그러면서 다시 자하에게 묻고(12·22), 그리고 공자가 번지를 소인이라고 직접 말한 것(13·04) 등을 가지고서 그렇게 단정했을 것이다. 누가 더 우월한지의 여부에만 관심을 두는 주희로서는 당연한 평가일 것이다.

12·22 樊遲問仁 子曰 愛人 問知 子曰 知人 樊遲未達 子曰 擧直錯諸枉 能使枉者直 樊遲退 見子夏曰 鄕也吾見於夫子而問知 子曰 擧直錯諸枉 能使枉者直 何謂也 子夏曰 富哉言乎 舜有天下 選於衆 擧皐陶 不仁者遠矣 湯有天下 選於衆 擧伊尹 不仁者遠矣

번지가 '인'(이 무엇인지)를 여쭙자 스승님께서는 사람을 아끼는 것이라고 하셨다. (이어서) '지'(가 무엇인지)를 여쭙자 스승님께서는 사람 볼 줄 아는 것이라고 대답하셨다. (하지만 그 말을) 번지는 이해할 수 없었다. (그러자) 스승님께서는 "곧은 사람을 굽은 사람 대신 앉히면 굽은 사람을 곧게 만들 수 있다."라고 (부연 설명)하셨다. (여전히 이해되지 않았지만) 번지는 물러날(수밖에 없었)는데, 자하를 만나자 (번지는 이렇게) 말하였다 : 접때 내가 스승님을 뵙고 지(가 무엇인지)를 여쭈었더니 스승님께서 "곧은 사람을 굽은 사람 대신 앉히면 굽은 사람을 곧게 만들 수 있다."라고 말씀하시던데, (그건 도대체) 무슨 말씀이실까? 자하가 말하기를 : 대단(히 많은 뜻을 함축)한 말이라네. 순임금이 천하를 차지한 다음 여러 사람 가운데서 고요를 뽑(아 등용하)자 어질지 못한 사람들이 멀(리 사라)졌고, 탕임금이 천하를 차지한 다음 여러 사람 가운데서 이윤을 뽑(아 등용하)자 어질지 못한 사람들이 멀(리 사라)졌지 않은가. (스승님의 '지'에 대한 그 설명은 역사적 진실을 반영하는 대단한 말씀이라고 생각되네.)

1) 擧直錯諸枉(거직조저왕) : 錯(조)는 措(조)와 통자이다. 어떤 것을 빼고 그 자리에 대신 다른 것을 놓는다는 뜻이다. 굽은 사람을 빼고 그 자리에 곧은 사람을 둔다는 뜻이다. 2·19에서도 나왔던 표현이다. 이 장에서는 '能使枉者直'이라는 구가 추가되어 있기 때문에 정약용을 비롯한 많은 주석가들은 '곧은 사람을 천거하여 굽은 사람 윗자리에 앉힌다'는 뜻으로 오해한다. 주희는 諸를 '衆也'라고 하였지만 '之於'의 합자로 보는 것이 타당하다.

2) 子夏(자하) : 공자의 제자. 이 사람에 대한 정보는 1·07, 2·08, 3·08, 6·13, 11·03, 11·16, 12·05, 12·22, 13·17 및 19편의 여러 곳에 있다. 번지는 공자보다 46살 아래이고 자하는 44살 아래이다.

3) 鄕(향) : 曏(향)의 통자로서, '앞서', '접때'의 뜻이다.

4) 富哉言乎(부재언호) : 황간본과 고려본에는 言 앞에 是가 있다. 공안국은 富를 盛(성: 다 채움)이라고 했다.

5) 選(선), 擧(거) : 2·19와 2·20에서도 나온 바 있는 인재의 천거에 대한 언급인데, 선발하여 등용한다는 뜻이다. '선거'라는 낱말은 여기서 유래하였다. 요즘의 '선거'는 17세기 이후 서구에서 대의제가 등장하면서 보편화한 'election'의 번역어이지만 중국의 選擧는 여기서 보듯이 'election' 방식은 아니다. 동등한 권리를 가진 대중이 주체적으로 의견을 내서 다수결로 정하는 방식이 아니라 군주 한 사람이 유능한 사람을 알아보고서 발탁하는 것을 의미했다. 현대 중국의 주류사회는 서구 의회제도에서 채택하는 선거 방식을 과두정치나 군맹(群氓)정치로 타락할 수 있는 방식이라고 여긴다. 그런 방식은 정치를 정치시장으로 만들고 정치가를 정객으로 만들어 국가의 원대한 이익이 사라진다고 여긴다. 따라서 제도의 순결성보다는 제도의 유효성을 강조하는 선현임능(選賢任能) 체제[44]가 중국사회에는 더 적합하다고 여긴다. 현재 중국의 집권당도 국민

의 직접선거가 아닌 현능 체제를 통해서 최고 권력을 구성한다. 공산주의라는 서구 이데올로기를 받아들인 정당이면서도 최고 권력의 구성 방식은 서구의 틀을 거부하는 것이다. 그것이 자기 문화에 적합한 방식을 찾기 위해 집단적으로 고민한 끝에 선택한 방식인지, 아니면 기득권층이 권력의 영속을 위해 편의적으로 옹호하기 시작했던 방식인지는 속단하기 어렵다. 다만 동아시아 여러 나라들에서 선거제도가 운용되는 실상을 보자면 군맹정치로 타락하기 쉽다는 지적만큼은 편견이 아니라고 본다.

6) 皋陶(고요) : 순(舜)의 신하로서 형과 법을 관장하는 이관(理官)에 임명되었고 감옥을 처음 만들었다고 전해지는 사람이다.

7) 遠(원) : 시간적으로나 공간적으로나 중심에서 멀어지는 것을 뜻한다. 순임금에게서 멀어졌다는 표현이니 인하지 못한 사람들이 순임금 주변을 떠났다는 뜻이겠다.

8) 伊尹(이윤, 1649~1549 B.C.) : 탕왕을 도와서 걸왕을 치고 은왕조를 세우는 데 공을 세웠다는 인물로서, 伊는 성이고 尹은 우상(右相)이라는 뜻이라고 한다. 湯(탕), 外丙(외병), 仲壬(중임), 太甲(태갑), 沃丁(옥정) 등 5대의 군주를 50여 년 동안 섬겼다고 한다. 탕왕과 이윤을 함께 제사한다는 내용이 새겨진 갑골문이 있다고 중국에서는 발표하지만, 탕왕이 옥백마피(玉帛馬皮) 등속의 예물을 여러 차례 보내서 그를 재상으로 맞이했다는 등의 이야기는 『상서·상서(商書)』가 만들어지는 과정에서 형성되었을 것으로 짐작한다. 중국사 최초로 제왕의 스승으로 그려진 인물인데, 그에 관한 이야기는 『상서』의 편찬을 통해 정립되었을 것으로 추측된다. 특히 탕왕의 적장손 태갑을 3년간 유폐시켜 개과천선하게 만든 다음 왕권을 돌려주었다는 이야기는 제왕의 권위는 인정하되 능력과

---

44 '현명한 사람을 뽑고 능력 있는 사람을 임명함'이라는 뜻. '현능(賢能) 체제'라고도 함.

덕망을 갖춘 인물이 제왕의 권력을 제어하거나 위임받아서 통치하는 것이 이상적이라는 생각이 구체화한 것으로 짐작된다.[45] 주문왕에 의해 발탁되었다는 태공망(太公望) 이야기의 틀도 기본적으로는 이윤 이야기의 틀과 비슷한데, 진(秦)의 목공이 백리해(百里奚)를 발탁하여 성공하고 제(齊)의 환공이 관중(管仲)을 발탁하여 성공한 역사적 사례가 신화처럼 전해지면서 앞 시대 인물들에 대한 이야기들도 꾸며지지 않았을까 한다. 공자는 이와 같은 신화적인 재상 반열 가운데 주공단을 자신의 롤모델로 설정한다.

평설

역시 극적인 스토리이다. 앞 장은 무우에서 노닐면서 나누는 대화로 설정하더니 이 장은 공자가 번지에게 했던 '접때의 이야기'를 자하가 풀어서 설명하는 설정이다. 앞 장에서는 공자가 '善哉問'이라고 감탄하더니, 여기서는 자하가 '富哉言乎'라고 감탄한다. 일종의 미니 소설 형식이다. 그 시대 직(直)한 사람의 본보기로 고요와 이윤이라는 사람도 등장시킨다. 이러한 구성은 『논어』가 그 시대의 주요한 읽을거리, 즉 대중매체

---

45 『상서』「태갑하(太甲下)」 제7의 "惟天無親 克敬惟親 民罔常懷 懷于有仁 鬼神無常享 享于克誠 天位艱哉(하늘은 특정한 임금을 가까이하는 것이 아니라 공경하는 임금을 가까이할 뿐이고, 인민은 특정한 임금에게 귀부하는 것이 아니라 인자한 군주에게 귀부할 뿐이며, 귀신도 특정한 임금의 제사만 받는 것이 아니라 정성스러운 임금의 제사를 받는 것입니다. 그러니 천자의 자리는 어려운 것입니다)"라는 대목이 제왕을 훈계하는 내용임을 보더라도, 제왕을 대신해 권력을 행사했던 사람들의 이야기는 『상서』를 통해 일반화되었다고 본다. 공자가 『상서』를 찬정(撰定)했다는 이야기가 정말이라면 그러한 구도의 이야기들은 공자의 창작일 가능성도 높다. 명재상에 대한 이야기들이 젊은 날 공자의 의욕을 북돋았을 것으로 짐작한다.

로 간주할 수 있는 또 하나의 증거라고 본다. 지금이야『논어』를 사상서나 철학서 또는 아포리즘집으로 규정하고자 하지만 그 시대로서는 그저 종합 매체이자 흥미를 주는 읽을거리이면서 교재로 사용될 수도 있었을 것이다. 중국문학계에서는『세설신어』를 중국 문언소설의 원조로 간주하는데, '읽을거리'로서의 전통은『논어』에서 비롯한다고 말할 수 있다.[46] 후대에 와서는『논어』를 경전으로 떠받들지만 처음에는 이렇듯 식자층에게 어필하는 유력한 대중매체였을 것으로 짐작한다.

공자의 답변을 정리하자면 이렇다. 남을 차별 없이 고루 소중히 여기는 마음은 인이지만 곧은 사람과 굽은 사람을 구분하는 능력은 지이다. 즉, 인은 통합적인 시각에서 인간을 대하는 능력, 지는 개별적인 시각에서 인간을 대하는 능력이라고 표현할 수도 있을 듯하다. 공자는 제자들에게 이처럼 정리해서 말해준 적은 없다. 그저 퉁명스럽게 한마디 던지고 말 뿐이었다. 번지처럼 순진하고 고지식한 사람에게 친절하게 설명한 적이 없다. 그러니 번지는 자하에게 다시 묻지 않을 수 없었던 것이다. 무릇 춘추시대의 화법이 다 그러했는지, 아니면 공자의 이처럼 독특한 화법이 이후 중국인들의 표준화법으로 고정되었는지는 알 수 없다. 어쨌거나 중국인들의 화법은 물론 중국어 자체도 이러한 특성이 많은데, 원인의 상당 부분을 공자에게 돌리더라도 무방할 것이다. 하지만 이 장은 어디까지나 공자의 말씀을 그대로 전한 것이 아니라는 점을 유의할 필요가 있다. 공자의 말에다 고요와 이윤을 보태서 윤색한 것은 어디까지나 후대의 보충일 것이다.

---

46 5·09 평설의 각주, 7·29 평설의 각주, 18·07 평설의 각주 참조.

12·23 子貢問友 子曰 忠告而善道之 不可則止 毋自辱焉

자공이 벗(과 사귀는 도리)에 대해 여쭙자 스승님께서 말씀하시기를 : 충고하여 잘 인도하(는 것이 으뜸이기는 하)지만, (선도가) 불가능하면 바로 그만두어서 자기가 욕을 당하지는 말아야겠지.

주

1) 道(도) : 導(도: 이끌다)의 뜻이다.

2) 焉(언) : '於是'의 줄임말이다. 그렇다면 是는 '忠告而善道之'일 것이다.

평설

역시 앞 장을 이어서 추상적 개념을 다룬 내용이다. 이택후는 오륜 가운데 네 가지는 폐하고 친구 사이의 윤리 하나만을 남길 필요가 있다고 주장했던 담사동(譚嗣同, 1865~1898)을 거론하면서, 공자학 가운데 친구 사이의 도리가 독립·자주·평등적 개인 사이의 관계에 기초를 둔 현대의 '사회적 공중도덕'에 가장 적합하다고 말한다. 그의 견해는 중국의 전통문화에 서구의 근대적 가치와 부합하는 것이 무엇이 있는지를 찾아서 현창하려 했던 근대 중국의 학자들이 노력했던 바가 지금도 이어지고 있음을 보여주는 증거이지만, 안타까울 따름이다.

'붕우유신'으로 대변되는 유가의 친구 사이의 도리는 오늘날의 '사회적 공중도덕'과는 근본적으로 견주기 어려운 대상이다.[47] 중국의 전통문화에서 서구의 근대적 가치와 유사한 것을 찾으려고 할 것이 아니라, 먼저 자기네 전통문화를 바르게 이해할 수 있는 안목과 솔직하게 비판할 수 있는 태도부터 갖추어야 한다고 본다. 그 위에서 미래사회를 주도할 수

---

47   이에 대한 설명은 「논어문답」 12'와 2·06의 평설 참조.

있는 창조적인 가치, 동서 어디에서든 통할 수 있는 보편적인 가치를 창출할 수 있어야 할 것이다. 그렇지 않고서 자기네 전통에서 서구적 가치와 유사한 것만을 찾아내려고 하는 것은 일종의 허위의식이다. 그러한 시각으로써 전통문화를 보게 되면 전통을 왜곡하는 일도 서슴지 않게 된다.

공자와 자공이 생각하는 '친구와의 관계'는 상호관계가 아니다. 상대보다 우월한 입장에서 상대에게 충고해줄 수 있는 위치를 생각한다. 그나마도 상대방이 충고를 받아들이지 않으면 그만두라고 한다. 도리어 욕을 입을 수 있으니 손해를 보아서는 안 된다고 권한다. 어디까지나 우월적 입장을 유지하라는, 그리고 적어도 손해는 보지 말아야 한다는 생각이다. 상호 신뢰하고 상호 존중하는 친구 관계를 생각하는 것이 아니라 도움이 되는 관계를 찾으라고 권한다. 관계에서 손실이나 위험을 입을 가능성을 알아차리는 예지가 필요하다고도 말한다. 그것은 친구 관계를 어디까지나 전략적으로 생각하라는 말이다. 16·04의 '익자삼우(益者三友)'니 '손자삼우(損者三友)'니 하는 표현도 마찬가지이다. 요즘 우리가 생각하는 우정과는 많이 다르다. 친구를 신뢰함으로써 자아를 확대시킨다는 생각은 하지 않는다.[48] 보편적인 인간애라는 것에 대한 생각이 기본

---

48 지금 당장 나의 충고가 먹히지 않더라도 나에게 진심이 있으면 언젠가는 먹힌다는 그런 태도를 공자는 말하고 있고, 이런 태도는 동방적 인간관의 심오함이며, 이것과 비교할 때 기독교류의 전도주의(evangelism)는 유치하고 무리한 생각이라고 김용옥은 강조한다. 그런데, 공자나 자공의 발언 가운데 '지금 당장 나의 충고가 먹히지 않더라도 나에게 진심이 있으면 언젠가는 먹힌다'는 생각이 드러난 발언이 있는가? 감추어져 있기라도 하는가? 아니다. 공자의 말을 무조건 긍정하려는 데서 나오는 본인의 상상력일 뿐이다. 김용옥은 「안연」편에서만도 공자의 말에 대하여 '천하의 명언', '공자의 섬세한 언어감각이 놀랍다', '지구상의 모든 위정자에게 공자가 던지는 위대한 메시지', '우리가 하고 싶은 말을 만세에 대변해준 공자에게 감사하지 않을 수 없다', '가슴을 시원하게 만드는 공자이 만고이 명언', '내가 살아가면서 공자를 존경하게 만드는 공자의 위대한 발언' 등의 찬탄

적으로 없기 때문이다.

공자와 그의 제자들은 이처럼 친구와의 관계에 있어서도 손익이 기준이다. 공자가 말하는 '지혜'라는 것은 이처럼 어떤 관계에서든 위험이나 손해로부터 자기를 지킬 수 있는 안목과 역량이다. 모든 인간관계가 위험에 노출된 사회였기 때문에 나오게 된 사고방식이라고 이해할 수도 있다. 자식이 잘못되면 자식을 탓하는 게 아니라 자식이 친구를 잘못 만난 탓으로 돌리는 사례는 『논어』의 이런 가르침을 알게 모르게 받아들이기 때문일 것이다.

12·24 曾子曰 君子以文會友 以友輔仁
증자께서 말씀하시기를 : 군자는 문으로써 벗을 만나고, 벗으로써 인을 북돋는다.

주

1) 曾子(증자) : 공자의 제자. 1·04의 주) 참조.

2) 以文會友(이문회우)~ : 군자의 교우 수단은 문이고 벗은 인을 완성하도록 북돋아주는 존재라는 뜻의 캐치프레이즈인데, 번역은 쉽지 않다. '문 때문에 벗이 생긴다'고 번역하면 뒤 문장도 '벗 때문에 인을 북돋우다'라고 해야 하므로 적절하지 않다. '군자는 문을 지녀야 벗이 생기게 되고 벗이 있어야 인의 구축에 도움 된다'는 번역은 캐치프레이즈로서 적절하지 못하다. 文을 풀어서 설명하면 의미가 한정될 수 있고, 文化라고

을 늘어놓는다. 『논어』를 비판적으로 보지 않고 찬탄으로만 일관한다. 학문적 입장이라는 것이 절대적 객관성을 담보할 수는 없다 하더라도 이처럼 개인의 감성에만 의지하면 곤란하다. 공감은 얻을 수 있을지 모르나 신뢰를 얻을 수는 없다. 그런 태도는 그가 비판하는 전도주의나 다름없다.

번역하면 '문화(culture)'와 충돌하게 된다. 文은 武의 대(對), 質의 대, 문헌에 대한 강학, 예악의 대칭 등 다양한 뜻을 포괄하는 문자인데, 여기서는 '문헌에 대한 강학'이라는 뜻과 '武의 대'라는 뜻을 합한 의미로 보면 될 듯하다.[49] 공안국의 "友以文德合(벗은 문덕으로써 만난다)"이라는 설명도 적절하다.

3) 輔仁(보인) : 輔는 '북돋아서 이루도록 돕다'라는 뜻이다. 하안은 "友相切磋之道 所以輔成己之仁(벗끼리 서로 절차탁마하는 도리가 자신의 인을 보조하여 완성시켜준다)"이라는 공안국의 주를 인용한다.

> 평설

증삼의 아포리즘 가운데 가장 괜찮은 것이다. 벗을 전략적인 관계로 보라는 공자의 멘트보다 낫다. 공안국과 하안의 주석도 손익을 기준으로 삼아서 벗을 사귀라는 말은 아니다.

---

49 『논어』에 나오는 '文'에 대한 설명은 1·06의 주)에 자세하다.

자로(子路) 제십삼(第十三)

앞부분 삼분의 이 정도는 정치에 관한 주제가 집중되어 있고, 나머지는 士에 관한 주제가 대부분이다.

안회는 입실하였기 때문에 앞 편으로 두고, 자로는 승당하였을 뿐이기 때문에 뒤에 두었다고 『논어정의』는 설명한다.

13·01 子路問政 子曰 先之勞之 請益 曰 無倦

자로가 정치(의 요체)에 대해 여쭙자 스승님께서 말씀하시기를 : (인민보다) 앞장서고 (인민을) 위로해라. 더 말씀해주시기를 요청하자 (스승님께서) 말씀하시기를 : (그런 일의 실천에) 싫증내지 않아야겠지.

주

1) 先之勞之(선지로지) : 공안국과 형병은 "먼저 인민을 덕으로써 이끌어 인민으로 하여금 군주를 믿게 만든 다음 인민을 수고하게 하라는 것이다."[1]라고 해설한다. 『주역·태괘단사(兌卦彖辭)』의 "인민을 즐겁게 만들면서 일을 시키면 인민은 온 힘을 다하면서도 힘든 줄을 잊는다."[2]라는 구절을 예로 든다. 주희도 소식(蘇軾, 1037~1101)의 "인민을 움직여야 할 때 군주 자신이 앞장서면 군주가 시키지 않아도 인민은 움직이게 되고, 인민에게 일을 시켜야 할 때 군주 자신이 몸소 수고를 하면 인민은 아무리 힘들더라도 군주를 원망하지 않는다."[3]라는 주석을 인용한다. 그러나 先之를 '先導之以德 使民信之'로 해석하는 것은 비약이다. 무슨

---

1   先導之以德 使民信之 然後勞之

2   說以使民 民忘其勞

3   凡民之行 以身先之 則不令而行 凡民之事 以身勞之 則雖勤不怨

일에서든 앞장서라는 뜻이다. 리더의 자격 요건으로 그것보다 더 중요한 것은 없다. 정치의 요체를 물었는데 인민을 기술적으로 부리라고 대답했다면 동의하기 어렵다. 勞之도 『맹자·등문공상』의 '勞之來之(위로하고 오게 하다)'를 고려하더라도 '인민을 수고롭게 하다'가 아닌 '인민을 위로하다'는 뜻으로 보는 것이 옳다. 先과 勞는 자동사이므로 之는 목적어가 아니다.

2) 無倦(무권) : 先之勞之하기를 싫증 내지 말라는 뜻이다. 倦의 번역어로는 '게을리하다' 또는 '싫증 내다'가 적절하다. 공자는 12·14에서 자장이 정치에 대해 물었을 때도 '居之無倦'하라고 했다.

평설

통치자의 입장에서 정치라는 것의 요체는 솔선수범과 백성을 아끼는 일, 그리고 그 책무에 싫증 내지 않는 일이라는 말이겠다.

13·02 仲弓爲季氏宰 問政 子曰 先有司 赦小過 擧賢才 曰 焉知賢才而擧之 子曰 擧爾所知 爾所不知 人其舍諸

중궁이 계씨의 재가 되어 (부임을 앞두고 가르침을 받고자 스승님께) 정치(의 요체)에 대해 여쭈었다. 스승님께서 말씀하시기를 : 담당자(를 제쳐두고 다른 사람에게 시키거나 직접 나서거나 하지 말고 담당자)를 앞세우기, 사소한 허물은 용서하기, 현재를 등용하기(, 이 세 가지를 명심하렴). (중궁이) 말하기를 : (앞의 두 가지는 어렵지 않을 듯합니다만,) 어떻게 현재를 알아보고서 등용하지요? 스승님께서 말씀하시기를 : (우선) 네가 알아낸 현재부터 등용해. 네가 알아내지 못한 현재는 남들이 내버려두겠느냐? (알아본 사람들이 추천할 때 등용하면 돼.)

주

1) 仲弓(중궁) : 공자의 제자 염옹. 5·04의 주) 참조.

2) 先有司(선유사) : 先은 '앞세우다'는 뜻의 동사이다. 有司는 직분에 따른 여러 직책이고, 재(宰)는 유사들을 총관하는 직책이다. 재가 유사들을 제치고 직접 나서지 말고 유사들로 하여금 일하게 한 다음 재는 유사들에 대한 평가만을 하는 방식으로 통치하라는 것이다. '유사들에게 먼저 모범을 보이라'라는 해석은 맞지 않다.

3) 賢才(현재) : 주희는 "賢有德者 才有能者(현은 덕을 갖춘 사람, 재는 능력을 갖춘 사람이다)"라고 한다.

4) 其舍諸(기사저) : 諸는 之乎의 합음자이다. 즉, '그 사람을 버리겠는가?'의 뜻이다. 공자는 6·06에서도 "山川其舍諸"라고 말한 바 있다.

평설

행정은 담당 공무원에게 맡기고 간섭하지 않기, 담당 공무원이 소신껏 일할 수 있도록 사소한 허물은 탓하지 않기, 유능한 인재를 발탁할 수 있는 방안을 고민하기, 이 세 가지 요청은 요즘에도 맞는 금언이다. 대화 내용을 보건대 중궁으로서는 앞의 두 가지는 자신하지만 인재의 발탁에 대해서는 잠시 고민했던 듯 재차 묻는다. 자신이 알고 있는 인재부터 발탁하면 남들이 사심 없이 다른 인재들을 추천할 것임을 믿으라고 공자는 충고하지만, 그 점은 공자의 지나친 낙관이다. 공직자의 역량은 한 사람의 주관적 판단만으로는 검증이 어려울뿐더러 아무리 유능한 사람일지라도 실수나 오류를 보정할 수 있는 제도적 장치가 필요하다. 공자는 오류가 없는 완벽한 현인을 기대하지만, 그건 자신이 완벽한 현인이라는 생각과 다름없다. 공자는 그만큼 개별 인간에 대한 이해가 부족했다고 본다.[4] 그가 곧잘 절망하거나 탄식하는 것은 그 때문이다.

13·03 子路曰 衛君待子而爲政 子將奚先 子曰 必也正名乎 子路曰 有
是哉 子之迂也 奚其正[5] 子曰 野哉 由也 君子於其所不知 蓋闕如也 名
不正 則言不順 言不順 則事不成 事不成 則禮樂不興 禮樂不興 則刑罰
不中 刑罰不中 則民無所錯手足 故君子名之必可言也 言之必可行也 君
子於其言 無所苟已矣

자로가 (스승님께) 여쭙기를 : (만약) 위나라 군주가 스승님을 모셔서 정치를
맡기면 스승님께서는 무엇부터 하시겠습니까? 스승님께서 말씀하시기를 : (반
드시) 명분부터 바로잡아야지! (그러자) 자로가 말하기를 : 이렇다깐, 우리 스
승님 답답하심! 어째서 그런 것부터 바로잡아요? 스승님께서 말씀하시기를
: (그래서) 촌스러운 거야, 너는. 군자는 자기가 모르는 것에는 (설쳐대지 않고)
내버려두는 거야. (명분부터 바로잡아야 하는 이유를 내가 설명할까? 군자의) 명
분이 바르지 않으면 (그의) 말이 순조로울 수 없고, (군자의) 말이 순조롭지 않
으면 (그 나라의 어떤) 일도 제대로 되질 않아. (나랏)일이 제대로 되지 않으면
예악이 일지 못하고, 예악이 일지 않으면 형벌이 균형을 잃게 되지. (그럼 어떻
게 되겠어?) 형벌이 균형을 잃으면 인민은 어떤 처신도 할 수가 없게 돼. 그래
서 군자가 명분을 내세울 때는 반드시 말로 표현해야 하고, 말로 표현했다 하면
반드시 실행해야만 해. 군자는 자기가 하는 말에 어물쩍거리는 바가 있으면 안
되는 거야.

주

1) 衛君(위군) : 역대의 주석은 모두 위나라의 출공(出公)을 가리키는

---

4   문화란 한 사회가 인간을 이해하는 조망이라고도 볼 수 있다. 동아시아에서
는 공동체나 우주와 같은 '전체'만을 조망하려고 했지 개별 인간을 조망하거나 이
헤아리려는 노력은 거의 없었다. 개별 인간에 대해서는 오직 품평하려고만 들었다
5   『사기·공자세가』에는 '奚其正'이 '何其正也'로 되어 있다.

것으로 본다. 출공은 할아버지 영공(靈公)이 사망한 해인 노애공 2년(493 B.C.)에 즉위한다.

2) 必也正名(필야정명) : 공자가 정명을 내세운 것은 아버지의 귀국을 막고서 왕위를 차지하고 있는 출공의 처사가 명분 없기 때문이라고 역대의 주석은 설명한다. 아버지의 명분은 '세자'이건만 나라 밖으로 쫓겨나 있고, 세자의 아들이 도리어 군주가 되어 있는 현실에 대한 지적이라는 것이다. 그러나 이어지는 공자의 설명을 보면 일반론을 말한 것이지 반드시 위나라의 현실에 빗대어 말한 것 같지는 않다. 공자는 명분을 바로 한다는 것이 '언표할 수 있는 명분, 실천할 수 있는 언표'라고 설명하고 있기 때문이다. 이름을 짓는 자, 곧 명분을 정하는 자는 지배 권력을 지닌 자인데, 지배 권력을 지닌 자는 '실천할 수 있는 말을 분명하게 하는 것'이 가장 중요하다고 강조하고 있다. 그렇다면 굳이 위나라의 사정을 짚었다기보다는 일반론으로 보는 것이 더 합당할 듯하다.[6] '必也~'의 구문은 '(반드시)~부터 ~해야지'로 번역된다. 5·14와 7·15 참조.

3) 有是哉 : '豈有若是哉(어찌 이렇게 하실 수 있단 말입니까)'의 뜻이라는 『논어주소』의 설명은 자로의 다듬어지지 않은 표현을 순화한 해석이다.

4) 子之迂 : 迂는 邁(지름길)의 반대어인데, 나아가 '回避'와 '邪'의 뜻을 담기도 한다.[7] '스승님 방법은 돌아가는 방법이다'라는 생각을 다듬지 않고 표현했기 때문에 자로의 화법대로 번역하였다. 자로는 스승에게 조

---

6 언어의 생산과 사용은 정치적 권력과 직결된다. "동물의 세계에 먹고 먹히는 자가 있다면 인간 세계는 말을 만드는 사람, 즉 정의하는 자와 정의당하는 자가 있다. 언어는 차별의 결과가 아니라 차별의 시작이다."는 말이 참고할 만하다〈정희진, 『페미니즘의 도전』(교양인, 2013) 참조).

7 포함은 '遠과 같다'고 한다. 유보남은 '狂'이라고 주하면서, 狂의 뜻은 疎闊(소활: 실제와 거리가 멀면서 엉성함)이라고 한다.

심하면서 극존칭을 사용하는 사람은 아니었다.『논어』의 문장이 후대 문장보다 짧지만 이처럼 직설적이고 과격한 어기는 충분히 전달한다.

5) 野 : 공안국은 '不達(이해하지 못함)'이라 했고, 주희는 '鄙俗'이라면서 闕疑(의심나는 것은 그대로 놔둠)하지 못함을 꾸짖은 것이라고 한다.[8] 현대어로는 '다듬어지지 못했다'는 표현이 적절하다. 세련되지 못하고 촌스럽다는 뜻이다.

6) 事不成(사불성)~ : 범조우는 이 부분을 다음과 같이 설명한다. "일이 질서를 얻는 것이 禮이고 물질이 조화를 얻는 것이 樂인데, 일이 이루어지지 않으면 질서도 없고 조화도 사라져서 예악이 일어날 수 없게 된다. 예악이 일어나지 못하면 정사를 베풀더라도 모두 정도를 벗어나서 형벌이 균형을 갖추지 못하게 된다."[9] 범조우의 이런 설명은 한자로 만드는 문장이 아니고선 나오기 어려운 표현인데, 한자로 만드는 문장은 이렇듯 내용보다는 형식에 치중하게 된다. 名부터 刑까지 풀어가는 공자의 연환논리(連環論理)도 마찬가지이다. 논리가 아닌 文(꾸밈)을 위주로 한 글이다.『사기·공자세가』에는 '故君子名之必可言也 言之必可行也'가 "夫君子爲之必可名 言之必可行(군자가 하는 일은 반드시 명분이 있어야 하고, 군자의 발언은 반드시 실행되어야 한다)"으로 바뀌어 있다.

7) 順 : '순리로움', '순조로움'의 뜻이다. 남이 시비를 걸 수 없을 만큼 합당하고 조리 있는 말에 대한 표현이다.

8) 錯(조) : 措의 통자이다. 손발을 둘 데가 없다는 말은 처신이 어렵다는 뜻이다.

---

8   주희는『예기·중니연거(仲尼燕居)』에서 野를 "敬而不中禮(공경하지만 예에 맞지 않음)"라고 규정한 바 있다.

9   事得其序之謂禮 物得其和之謂樂 事不成 則無序而不和 故禮樂不興 禮樂不興 則施之政事 皆失其道 故刑罰不中

9) 苟 : '구차함', '애매하게 어물쩍거림' 등의 뜻이 있다.

공자는 63세이던 B.C. 489년에 초나라에서 위나라로 왔다고 하는데,[10] 대화의 분위기를 보자면 아마도 자로는 공자가 위나라로 오자마자 공자에게 앞으로의 계획에 대해 물었던 듯하다. 자로는 물론이거니와 공자조차도 위나라 군주가 자신을 등용해주기를 기대했기 때문에 이런 대화가 가능했을 것이다. 당시 자로는 위나라 대부 공리(孔悝) 밑에서 일하고 있었기 때문에 자신이 공자의 등용을 음으로 양으로 추진하면서 그 결과를 자신했을 것이다. 하지만 그것은 기대에 그쳤을 뿐 공자는 B.C. 484년 계씨의 가신이 된 염유가 주선하여 고국으로 모셔갈 때까지 위나라에 그저 머물고 있어야만 했다.

흔히 이 장에 근거하여 공자는 正名사상을 가졌다고 설명한다. 정치제도를 실행하거나 윤리규범을 제창하거나 상벌제도를 수립하자면 명분부터 바로잡아야 한다는 것이 공자의 주장인데, 공자의 이런 생각을 굳이 철학 용어로 표현하자면 유심론이자 형이상학이라고 할 수 있겠고, 정치 용어로 표현하자면 보수적 태도라고 말할 수 있을 것이다. 하지만 '~사상'이라고 이름하기에는 적절하지 않다. 비단 이 장 외에도『논어』에 실린 공자의 발언 가운데 '~사상'이라고 이름할 만한 것은 없다. 이는 공자에 대한 폄하가 아니다. 공자는 장면마다 그때그때 단편적으로 '발언'했을 뿐인데, 그 단편적인 '발언'에다 '~사상'이라는 이름을 붙이는 것이 적절하지는 않다. 공자는 서구인들의 방법론처럼 어떤 '사상'이라는 틀을 가지고서 세상을 보려고 하지 않았다. 자기만의 틀로써 세상을 재단하거나 정리하려고 하지도 않았다. 그는 그저 보이는 대로(어쩌면 느끼는 대

---

10   그러나 주희는 그보다 뒤인 애공 10년(485 B.C.)에 위나라로 왔다고 한다.

로) 발언했을 뿐이다. 이 장 또한 통치자의 언행이 국가의 예악과 형벌에 어떤 결과를 가져오는지를 마치 자신의 눈으로 보는 것처럼 말하고 있다. 당시 위나라는 국외로 도주한 아버지가 귀국하게 되면 자신이 군주의 지위를 내놓아야 하기 때문에 아들 출공은 아버지의 입국을 막고자 할아버지 영공의 사당을 죽은 아비의 사당이라고 우기면서 제사까지 지내던 참이었다.[11] 위나라 군주가 만약 나에게 정사를 맡긴다면 그처럼 코믹할 정도로 名과 實이 맞지 않은 현실, 그리고 그런 현실이 가져다줄 위험성, 이런 점들을 최우선으로 바꾸겠다는 생각인데, 설령 공자가 그런 각오로써 위와 같이 발언했다 하더라도 그 발언에서 어떤 사상이란 것을 끌어내기는 어렵다. 다만 공자는 기본적으로 모호성을 선호하는 사람이기는 하지만 正名에 관한 그의 설명을 듣자면 개념이란 것에 대한 생각이 없지는 않았던 듯하다. 합리라는 것에 대한 생각이 없어서 모호성을 선호했던 것이 아니라 실익을 위한 지혜에서 태도만을 모호하게 취했을 뿐이라고 본다.

한편 이택후는 다음과 같이 설명한다. "유학은 감정을 본체로 하므로 논리는 당연히 용납되지 않는다. (…) 중국에서는 가치(value)와 사실(fact)이 분리되지 않고 이론(인식)과 실천이 분리되지 않으며 이름과 실질이 분리되지 않는데, 그 근저에는 다음과 같은 언어학적 토대가 있다. ① 글말(문자)은 입말의 기록이 아니고 역사경험(指事)의 기록이다. ② 따라서 문자는 사람으로 하여금 직접 행동하도록 하는 중요한 기능을 한다. 이것 또한 무속의 연원과 관계가 있는데, 역사경험의 기록과 무속의 례는 본래 얽혀 있기 때문이다. (…) 이런 것들은 똑같이 실용이성을 구성하는 중요한 측면이자 요소였으며, 그리스와 히브리로 대표되는 서양의 전통과는 크게 다르다." 유학을 서양의 문화와 단순하게 대비시키는

---

11 7·15의 주) 참조.

그의 상대주의적 설명은 유학을 부각시키는 효과를 거둘 수 있다는 점에서는 전략적이다. 반사효과를 노리는 전략으로 보인다. 그의 상대주의적 서술은 그런 점에서 의도가 순수하지 못하다. 자생적이지 못하고 기생적인 학술이라는 비판을 받을 만하다.

한편 웨일리와 크릴은 '~則~'과 같은 변증 방식의 구문은 『논어』가 편찬될 당시의 구문이 아닌 후대의 구문이고 또 이 장에서만 유일하게 나타나기 때문에, '蓋闕如也' 다음은 후대의 가필일 것으로 추정한다. 이름과 대상에 대한 논리적 관심을 보였던 명가(名家)가 등장한 뒤에 가필했거나 「정명(正名)」을 하나의 장으로 다룬 『순자』 이후에 가필했을 것이라고 주장한다.

『논어』는 외형은 비록 대화집이지만 문장은 입말을 적는 체계가 아니기 때문에 실재했던 대화를 복원하자면 한계가 있다. 한자로 문장을 만드는 체계는 아무리 객관적으로 묘사한 글이라 하더라도 사실의 묘사보다는 적는 사람의 주관이 중심이 된다. 지은이의 권력의지가 들어가게 된다. 더욱이 언표만 가지고서는 지은이의 의지를 바르게 이해하기도 어렵다. 그러니 '正名'이라는 글자만 갖고서 명가나 『순자』 「정명」과 결부시키려는 생각은 중국 글의 그러한 사정을 이해하지 못한 생각이다. 언표와 속뜻은 일치하지 않는다는 것을 모르는 생각이다.

이 장은 『사기·공자세가』에도 그대로 나오는데, 허사 몇 글자가 다르고 '君子於其所不知 蓋闕如也'라는 구절만 빠져 있다.

13·04 樊遲請學稼 子曰 吾不如老農 請學爲圃 曰 吾不如老圃 樊遲出 子曰 小人哉 樊須也 上好禮 則民莫敢不敬 上好義 則民莫敢不服 上好 信 則民莫敢不用情 夫如是 則四方之民襁負其子而至矣 焉用稼

번지가 (스승님께) 알곡 농사에 대해 배우기를 청하자 스승님께서는 "(알곡 농

사라면) 나는 숙련된 농사꾼만 못해!"라고 대답하(실 뿐 더는 말씀하지 않으)셨
다. (그러자 번지는) 채소 농사에 대해 배우기를 청했는데, (스승님께서는 역시)
"나는 숙련된 채소 농사꾼만 못해!"라고 말씀하실 뿐이었다. 번지가 (방에서)
나가자 스승님께서는 (다른 제자들에게 이렇게) 말씀하셨다. "소인이란 말이야,
번수(란 녀석)은! 윗사람이 예를 좋아하면 (아래) 민은 누구도 감히 (윗사람을)
공경하지 않을 수 없고, 윗사람이 의를 좋아하면 (아래) 민은 누구도 감히 (윗
사람에게) 복종하지 않을 수 없으며, 윗사람이 신을 좋아하면 (아래) 민은 누구
도 감히 (윗사람에게) 진정을 다하지 않을 수 없거든. (윗사람이란) 무릇 이렇
(듯이 예, 의, 신을 좋아하)기만 하면 사방에서 민이 자기 자식을 포대기에 업고
서 오게 되어 있어. (정치란 그렇게 하는 것이거늘, 윗사람으로서) 어찌 농사(를
직접 지을 방도)를 사용한단 말인가?

주

1) 樊遲(번지) : 공자의 제자. 2·05와 6·20의 주) 및 12·21의 평설 참조.
2) 稼(가), 圃(포) : 알곡 농사와 채소 농사. 정현은 『주례』 주에서 "곡
식을 심는 것을 稼라고 하는데, 딸을 시집보내어 소생이 있게 되는 것과
같기 때문에 그렇게 불렀다."[12]라고 설명한다. 『주례·천관(天官)』 주에
의하면 圃는 과일과 소채를 심는 땅을 가리키고 그 울타리를 원(園)이라
고 한다.
3) 義(의) : 1·13의 주) 참조.
4) 用情(용정) : 진정(眞情)을 다한다는 의미일 것이다. 用은 '행하다'
는 뜻이다. 『논어』에서 '情'이라는 글자는 여기와 19·19 두 군데에서만
나오는데, 情 또한 『논어』뿐 아니라 중국 고전을 읽을 때 주의해야 하는
추상명사이다. 공안국은 情을 '情實(정실)'이라 하고 주희는 '誠實(성실)'

---

12 種穀曰稼 如嫁女以有所生也

이라고 한다. 앤거스 그레이엄(A.C. Graham)은 전한시대의 情은 '실질'을 가리키지 '정서'를 가리키지는 않는다고 한다.[13] 아마도 19·19의 용례 때문에 그렇게 단정했을 것이다. 특정한 상황과 관련할 때는 그 상황과 관련된 사실(facts) 혹은 진실(what is genuine)을 의미하고, 특정한 대상과 관련할 때는 그 대상의 본질(essence)을 의미한다는 큉로이 슌(Kwong-loi Shun, 信廣來)의 해석도 비슷하다.[14] 아마도 "情者 性之質也(정이란 성의 바탕이다)"라는 순자의 말을 참고했을 것이다. 그러나 19·19의 용례에서도 情은 단지 객관적인 사실만을 가리키지는 않는다. 또한 『순자·정명』에서는 "'성' 가운데서 좋아함, 싫어함, 기쁨, 노여움, 슬픔, 즐거움 따위를 '정'이라 일컫는데, '정'이 일어나서 '마음'이 그 가운데 하나를 선택하는 것을 '생각'이라고 일컫는다."[15]라고 하여 情은 감정임을 분명히 하고 있다. 종합하자면, 고대 중국에서 情은 객관적 실질과 그 기저를 이루는 정서까지 두루 포함하는 용어로 쓰였다고 본다. 그때그때 임의적으로 사용한 것이지 보편적인 개념하에 사용된 용어는 아니다. 다른 추상명사들도 모두 그렇다.

　5) 襁(강) : 어린아이를 등에 지는 포대기.

　┌──────┐
　│ 평설 │
　└──────┘
　공자의 정치론이라고 할 수 있다. 공자의 이 견해를 유물론에 대응되는 유심론이라고 설명하는 주석가가 있지만, 온당치 않다. 지배층은 피지배층의 일에 관심 가질 필요가 없다는 말이지 마음이 모든 것을 주관

13　*Studies in Chinese Philosophy and Philosophical Literature*(Albany, N.Y. : State University of New York Press, 1990).

14　*Mencius & Early Chinese Thought*(Stanford University Press, 1997), p.184.

15　性之好惡喜怒哀樂謂之情 情然而心爲之擇謂之慮

한다는 견해는 아니다. "병농지학(兵農之學)도 경세의 실무로서 군자가 알아야 하지만 배우는 사람이 이것에만 오로지 생각을 두면 신심성명지학(身心性命之學)에 해가 있을 것이므로 공자는 그 폐단을 가볍게 말한 것이다."라는 정약용의 설명도 지나치다. '上好禮~ 上好義~ 上好信~'라고 명시했듯이 지배계층이 해야 하는 일의 범주에 대해 지적한 것이지 일반적인 충고는 아니기 때문이다. 신심성명지학에 해가 있을 우려가 있으므로 농업에 마음을 쏟지 말라는 생각은 더욱 아니다. 지배계층의 관심사는 예, 의, 신에 한정해야지 피지배층의 일인 산업에 직접 뛰어들어 훈수해서는 안 된다는 뜻이다. 요즘으로 말하자면 산업은 전문가에게 맡겨야지 관료들이 직접 산업에 뛰어들어서는 안 된다는 생각과 견줄 수는 있다. 지배계층은 피지배계층에게서 세금만 거두고 산업활동은 피지배계층 소관으로 두어야 한다는 생각일 것이다. 한편 뒤집어보자면, 번지가 산업의 중요성에 대해 인지했다고 볼 수도 있다. 그는 관념적인 것에만 치중해가지고는 부국강병을 도모하기 어렵다고 생각했을지 모른다. 이후 농가나 묵가에서 농업생산에 대해 강조했음을 감안하자면 춘추시대에 모두가 공자처럼 생각하지는 않았다고 본다.

H.G. 크릴은 공자의 교육방식에 대해 의미 있는 지적을 한다. 즉, 공자는 제2의 공자는 결코 나올 수 없는 교육을 했다고 지적한다. 공자라는 위대한 사람이 나올 수 있었던 것은 청년 시절부터 스스로 분투하지 않으면 안 되는 미천한 환경에서 자랐기 때문인데, 공자는 자신의 젊은 날의 고투를 별로 중시하지 않으면서 거의 전적으로 정치술과 정치철학 및 궁정생활에만 관심이 집중된 교육을 주장했기 때문에 점차 제자들이 주변의 백성들로부터 유리되는 경향을 띠게 되었다는 것이다. 그런 교과과정을 통해서 교육받은 청년이, 더욱이 자기가 대단한 일을 할 운명을 걸머졌다고 여기는 청년이, 귀족티를 내는 속물이 되지 않기란 어렵다고 덧붙인다.[16] 공자는 안정된 정치질서를 염원했다. 그가 생각했던 안정된

정치질서란 지배계층과 피지배계층의 관계가 안정되고, 지배계층 내부의 서열이 정연한 상태이다. 그래서 지배계층의 자격요건과 통치 기술에만 관심을 두었지 피지배계층의 사무에 대해서는 관심을 둘 필요가 없다고 여겼던 것이다.

공자는 제자들과 어떤 주제를 놓고 토론한 적이 거의 없다. 권위나 화술로써 제자들의 질문에 역공을 하거나 자기 견해의 우위를 확보하는 데만 진력했다. 제자들에게 진정으로 의견을 구한 적이 없다. 제자들에게 구하는 것이 있다면 제자의 대답에서 오류를 지적하고자 짐짓 던지는 물음일 뿐이었다. 그러한 공자에게 번지처럼 고지식한 질문을 진지하게 들이대는 제자가 높은 평가를 받았을 리 없다. 스승이란 오로지 따라야만 하는 존재이지 의문하거나 토론하는 존재는 아니었다.[17] 한편 유보남은 번지의 질문에 이유가 있었을 것이라고 추정한다. 춘추시대 경대부의 지위는 세습되었으므로 아무리 현명한 사람이라도 봉록을 받기 어려웠으므로, 번지는 농사에 대해 물음으로써 공자의 의중을 넌지시 떠본 것이라고 해석한다. 번지의 질문에 배경이 있었을 수는 있지만 그런 배경이었다고 단정하기는 어렵다.

16 그의 책, 제11장 참조.

17 그래서 조선에서는 군사부일체(君師父一體)라는 말도 만들어졌다. 임금과 스승과 부모는 그 자체로 완벽한 존재들이었기 때문이다. 君師父一體라는 말은 율곡이 만들었다고 전해지지만 『동책정수(東策精粹)』에 실린 1514년 별시문과에 병과로 급제한 기준(奇遵, 1492~1521)의 책문(策文) 제목이 '군사부일체라는 말은 임금과 스승과 어버이를 똑같이 섬긴다는 뜻인데 상제(喪制)가 서로 다른 이유는 무엇이며, 스승과 제자 사이의 진정한 윤리관계는 무엇인가'라는 것을 보면 그보다 먼저 만들어졌다고 본다.

13·05 子曰 誦詩三百 授之以政 不達 使於四方 不能專對 雖多 亦奚
以爲

스승님께서 말씀하시기를 : 시 삼백 편 왼다기에 (등용하여 국내) 정치를 맡겨
도 잘하지 못하고, 나라 밖으로 내보내(외교를 맡겨)도 (혼자서) 오롯이 대응할
줄도 모른다면, 비록 (외는 시가) 많다고 한들 어디에다 쓰겠느냐?

1) 誦(송) : 대개 '諷誦(외우기)'으로 새긴다. 『주례』 주에서는 "글을 암
기하는 것을 풍이라 하고, 글을 곡조에 맞추어 소리 내어 읽는 것을 송이
라 한다."[18]라고 구분하지만, 암기한 바를 드러내자면 어차피 소리를 내
야 하므로 일반적으로는 두 글자를 합하여 '외다'는 뜻을 표현한다.

2) 詩三百(시삼백) : 후대에 '시경'이라고 부르게 되는 '시 삼백다섯 편
모음'을 당시에는 이렇듯 대수(大數)를 가지고서 고유명사처럼 '시삼백'
이라고 불렀다. 물론 '시'라고도 불렀다. 1·15의 주)와 2·02의 주) 참조.

3) 達(달) : '달통하다', '잘하다'의 뜻이다. 6·08, 6·30, 12·20, 14·23
참조.

4) 專對(전대) : '혼자서 오롯하게 대응하다'는 뜻이다. 요즘이야 통신
사정이 좋으므로 임지에 나간 외교관이 본국과 충분히 조율을 거친 다음
결정할 수 있지만, 당시의 외교관은 부여받은 사명 이외는 모두 현장에
서 오롯이 임기응변적으로 해내야 했으므로 그런 상황을 이렇게 표현하
였다.

평설

『시』라는 것이 춘추시대에 어떤 기능을 하던 책인지를 알 수 있는 대

---

18 倍文曰諷 以聲節之曰誦

목이다. 당시 『시』는 정치와 외교 등 국가행정을 위한 교재와 같은 기능을 하였다. 인재의 선발도 그 교재에 대한 숙지의 정도를 기준으로 했다. 그러한 사정은 『좌전』에서도 확인할 수 있다. 당시 국가행정을 위한 교재는 어쩌면 그것뿐이었을 것이다. 따라서 춘추시대 외교 무대에서는 의사소통의 수단이 시였다는 설명은 오해를 일으킬 수 있다. 외교 무대에서 시를 사용했던 이유는 첨예한 외교 의제를 다루는 데 있어서 시라는 수단이 직접적인 충돌을 예방할 수 있는 유용한 수단이기 때문이라는 설명은 더욱 그렇다. 나라마다 언어가 달랐기 때문에 『시』, 『서』, 『예』와 같은 문언문으로 된 고전이 국가행정을 위한 교재로 점차 확대되었을 것이다.[19]

19　7·18 참조.

　루소(Jean Jacques Rousseau, 1712~1778)는 『언어기원론』에서 "최초의 인간들은 우리가 지금 일상적으로 사용하고 있는 언어가 아니라 시와 음악으로 서로 이야기했다."라고 설명한다. 나카자와 신이치(中澤新一)는 인간이 현재 사용하고 있는 언어는 시의 구조와 동일한 원리를 가진 지성이 활동할 수 있음으로써 생겨났다고 한다. 현생인류의 뇌에 기능이나 카테고리가 다른 영역들에 대한 상호연결을 가능케 하는 뉴런 조직의 재구성에 의해 인류의 결정적인 진화가 일어났다는 것이다. 네안데르탈인의 뇌에서는 은유나 환유와 같은 '비유' 능력이 발달되지 않았던 것으로 추정되고, 이질적인 영역 사이를 자유로이 돌아다닐 수 있는 '유동적 지성'이 발생함으로써 인류는 모든 걸 '기호'가 아닌 '의미'로서 이해할 수 있게 되었으며, 이를 계기로 언어라는 것이 지금과 같은 형태로 조직화되었다고 본다. 인간이 알고 있는 모든 언어는 은유의 축(Paradigma)과 환유의 축(Sintagma)의 조합에 의해 이루어지는데, 언어를 가능하게 하는 '비유' 능력이야말로 인간의 징표이며, 나아가 그것을 가능케 한 유동적 지성의 활동이야말로 가장 근원적인 인간의 징표라고 한다. 언어의 이러한 '비유' 능력은 일상 언어에서는 거의 전면에 나타나지 않지만 '비유' 기능을 전면으로 끌어내서, 오히려 은유나 환유 작용만으로 짜임새 있는 의미를 만들려는 언어활동이 詩라고 주장한다〈나카자와 신이치, 『곰에서 왕으로』(동아시아, 2003), pp.97~98〉.

그런데 고대 중국의 시는 요즘 우리가 이해하는 시와는 많이 다르다. '개인의 진솔한 정서적 감동이나 생각을 음악적 운율을 지닌 언어로 간결하게 정련한 문예작품'이 아니다. 음악적 운율을 지닌 간결한 언어 형식이기는 하지만 힘을 지닌 어떤 '말씀', 그러니까 마치 점괘와도 같은 기능을 하는 것이었다. 그것이 힘을 지니는 까닭은 개인의 창작이 아니라 대중에 의해 세월을 거치면서 형성된 것이라는 점, 그리고 모두에 의해 노래로 불린다는 점이다. 또한 그 '말씀'들은 비유와 풍자가 가득하므로 개인이나 집단 사이의 여러 문제를 해결하는 데 유용한 지침의 기능을 할 수 있었다. 정치나 외교 등 국가적 의제나 풍속과 관련하여 해석될 수 있는 여지가 풍부했다. 그래서 정치나 외교에서 자신의 의사를 표현하고자 할 때 또는 자신의 행위를 정당화하고자 할 때 모두가 알고 있는 특정한 시, 즉 노래에 가탁해서 자기의 의중을 표현하는 은유적인 방식이 의사소통 방식으로 사용되었던 것이다.[20] 이렇듯 모두가 알고 있는 시나 고사성어 등에 가탁하여 자기 의사를 표현하지 않고 생각과 감정을 직설적으로 표현하는 것은 미성숙한 아이들이나 하는 짓으로 여겼다.

　　시를 인용할 때는 그 시의 주제와는 상관없이 부분만을 떼어서 편의적으로 의미를 부여하기도 한다.[21] 『시』 외에 『서』나 禮에 관한 문헌의 구절이나 항간의 성어도 정치나 외교에서 자주 인용됨을 『논어』나 『좌전』 등

20　그런 방식이 외교에서도 공공연하게 사용되었다고 본다. 중국 묘족(苗族)의 경우 그들은 오늘날에도 생활상의 여러 자잘한 가르침을 노래로써 후손들에게 전승한다. 고유한 문자가 없기 때문에 택한 구술 방법이기도 하지만 단순한 구술이 아니라 시와 음악이 지니는 효용을 잘 이용한 방법이기도 하다. 요즘도 초등학교에서 어린이들에게 암기해야 할 것들을 노래 가사로 만들어 부르는 방식으로써 외우게 하는 것과 마찬가지의 방식일 것이다. 그렇지 않고 개인이 의식적으로 시를 짓기 시작한 것은 한말(漢末) 무렵부터이다

21　그것을 단장취의(斷章取義)라고 부른다.

에서 확인할 수 있는데, 그것은 그것들의 효용이 비슷하다는 증거일 것이다. 즉, 그것들은 모두 중국 고대사회에서 하늘의 권위를 비는 수단으로 전해지던 '말씀'들이거나, 아니면 그것을 모방한 말씀들이다. 갑골문으로 남은 문자기록들이 모두 점사(占辭)이고, 고대 중국사회에서 지배층의 정치적 행위들의 준거가 점괘나 꿈 그리고 제사 같은 것이었음을 감안하면 그런 말씀들이 지닌 권위는 충분히 이해할 수 있을 것이다. 그러니까 고대 중국의 시는 당시 사회를 관장하였던 여러 무속의식의 송찬에서 시작한, 메시지를 담은 상징언어에서 출발했을 것이다. 주희는 "시는 인정에 근거하고 사물의 이치를 담으니 풍속의 성쇠를 징험할 수 있고 정치의 득실을 들여다볼 수 있다. 시의 언어는 온후 화평하여 풍유하기에 좋으니, 그러므로 시를 외는 사람은 반드시 정치에 통달하여 말을 잘할 수 있게 된다."[22]라고 한다. 주희 당대에 이르게 되면 시라는 형식이 주는 효용보다는 시에 담긴 서정이 주는 효용에 더 주목하게 되었을지 모르겠다.[23]

중국 시에 대한 공자의 관념은 여기 외에 1·15, 2·02, 2·18, 3·08, 3·20, 8·08, 11·06, 16·13, 17·09에서 더 확인할 수 있다. 3천 편이나

---

22 詩本人情 該物理 可以驗風俗之盛衰 見政治之得失 其言 溫厚和平 長於風諭故誦之者必達於政而能言也

23 정이는 "窮經將以致用也 世之誦詩者果能從政而專對乎 然則其所學者章句之末耳 此學者之大患也(경전을 파고드는 것은 쓸모 때문이다. 그런데 요즘 시를 왼다는 사람들은 과연 정치에 나갈 수 있고 외교에서도 전대할 수 있을까? 그렇다면 그들이 배웠다는 것은 장구와 같은 말단일 뿐이다. 이것이 배우는 사람들의 큰 병폐이다)"라고 말하는데, 사실 정이와 같은 생각이 가장 큰 병폐이다. 자기만이 온전한 사람이고 요즘 사람들은 모두 틀렸다고 여기는 신념, 그런 신념이야말로 가장 큰 병폐이다. 송학의 병폐는 정이에서 시작한다고 말하겠다. 학문을 하는 것이 아니라 종교적 신념과 도그마에 탐닉하던 시기였다.

되는 시를 공자가 산정하여 삼백 편으로 만들었다는 이야기가 전해지지만, 이 장의 내용으로 볼 때 세간에서 두루 통용되는 교과서적 기능을 하는 시의 수효는 공자 당시에 이미 삼백 편 정도로 정착되었다고 보는 것이 타당할 듯하다. 공자가 만약 시에 손을 댔다면 시의 수효를 줄이기보다는 표현을 다듬었을 것으로 짐작된다.

13·06 子曰 其身正 不令而行 其身不正 雖令不從

스승님께서 말씀하시기를 : (군주) 자신이 바르(게 처신하)면 (인민은) 명령하지 않아도 (잘) 움직이지만, (군주) 자신이 바르(게 처신하)지 않으면 명령해도 (인민은) 따르지 않는다.

주

1) 身(신) : 『이아·석고』에서는 "身 我也"라고 하는데, 그것의 주석은 "今人亦自呼爲身(요즘 사람들은 스스로를 신이라고 부르기도 한다)"이라고 하며, 그 소(疏)는 "身自謂也(신은 스스로를 일컫는 말이다)"라고 한다. 身은 '자기 자신'을 가리키는 말로 쓰였던 것이다. 여기서는 군주 한 사람을 가리킬 수도 있고 군자 일반을 가리킬 수도 있다.

2) 行(행) : '令이 통하다'는 뜻이다. 뒤 문장의 '從'과 견주더라도 '行'의 주어는 '인민'이다.

평설

정치의 좋고 나쁨을 군주의 개인윤리와 연결시키는 것이 유가적 관념인데, 한대에 유행하였던 '천인합일(天人合一)'이라는 관념도 결국 공자의 이와 같은 발언에서 유추하지 않았을까 한다.

13·07 子曰 魯衛之政 兄弟也

스승님께서 말씀하시기를 : 노나라와 위나라의 정치는 (두 나라 군주의 조상이
형제였듯이) 형제(처럼 비슷하)구나.

6·24에서 공자는 제나라와 비교하여 노나라가 우월하다고 강조한 바
있는데, 여기서는 위나라와 노나라가 형제라고 말하고 있다. 노나라에
봉해졌던 주공단은 문왕의 넷째 아들이었고, 위(衛)나라에 봉해졌던 강
숙(康叔)은 일곱째 아들이었기 때문에 형제의 나라라고 말할 수는 있다.
하지만 공자가 이 말을 무슨 맥락에서 무슨 의도로 꺼냈는지는 알 수 없
다. 두 나라가 원래 형제국이었다는 사실을 단순하게 말한 것도 아니고
두 나라의 정치가 형제라고 하니 분명 어떤 배경이 있을 것이다. 그래서
주희는 두 나라의 현재 정치 상황이 똑같이 나쁘다는 탄식이라고 설명한
다.[24] 하지만 반대로 두 나라 정치 상황을 긍정적으로 표현한 말일 수도
있다.[25]

13·08 子謂衛公子荊 善居室 始有 曰 苟合矣 少有 曰 苟完矣 富有 曰
苟美矣

---

[24] 『논어혹문』에 의하면, 애공은 주(邾)나라로 도망가고 위출공은 송으로 도망
갔다가 월에서 죽은 것을 두고 주희는 두 군주의 상황이 흡사하다고 여겨서 그렇
게 설명했다고 한다. 정약용도 주희의 견해에 동의한다.

[25] 이 장부터 13·09까지는 모두 위나라에 관한 언급인데 특히 다음 장에서 공
자형(公子荊)을 칭찬하는 것을 보자면, 노나라에만 자신과 같은 군자가 있는 것
이 아니라 형제국인 위나라에도 공자형과 같은 군자가 있음을 말하고자 한 것은
아닌지 모른다.

스승님께서는 위나라 공자 형에 대해 다음과 같이 말씀하셨다 : 가산을 잘 꾸리(는 사람)이다. (그는 가산을 처음) 소유하게 되었을 때는 '그런대로 맞추었다'고 표현하고, (가산을) 다소 갖게 되었을 때는 '그런대로 갖추었다'라고 표현하더니, (충분히) 부유하게 되었을 때도 '그런대로 볼만하다'고만 표현하더라.

주

1) 荊(형) : 위나라의 공자로, 헌공(獻公, 576~559 B.C. 재위)의 아들이다. 『좌전』 양공 29년에는 오나라 계찰(季札)이 거원(蘧瑗)·사구(史狗)·공자형(公子荊)·공숙발(公叔發)·공자조(公子朝)의 이름을 들면서 "위나라에는 군자들이 많아서 국가적인 환난이 없었다."라고 말했다는 대목이 있다. 노나라에도 공자형이 있었기 때문에 구분하기 위해 위공자라고했다.

2) 居室(거실) : 양백준은 '居室'에는 다음의 네 가지 뜻이 있다고 한다. "① 살림집을 뜻하는데, 『예기·곡례』에 '군자가 궁실을 지을 때는 종묘를 먼저 짓고 그다음 마구간과 창고를 지으며 살림집은 나중이다'[26]라고 한 것이 그 예이다. ② 부부가 동거하는 것을 뜻하는데, 『맹자·만장』에 '남녀가 함께 사는 것은 인간의 큰 질서이다'[27]라고 한 것이 그 예이다.③ 한대에는 감옥의 다른 이름이었으니, 『사기·위청전(衛靑傳)』에 '제가일찍이 감천의 감옥에 들어간 이후'[28]라고 한 것이 그 예이다. ④ 가업을꾸린다는 뜻이니, 이 장이 그 예이다." 『논어정의』는 '居家理(살림을 잘꾸리다)'라고 한다.[29] 오규 소라이는 居는 居貨(거화: 재물을 쌓아둠)의 뜻

---

26 君子將營宮室 宗廟爲先 廄庫爲次 居室爲後

27 男女居室 人之大倫

28 靑嘗從入甘泉居室

29 '居'의 뜻에 대해서는 1·14의 주) 참조.

이고, 室은 기재(器財)·복완(服玩)·거마(車馬)·노복(奴僕) 등 가재(家財)를 가리킨다고 한다.[30] 居와 室이 각각 그런 뜻으로 사용되기도 하지만 여기서는 동사와 목적어의 구문이므로 나누어 설명할 수는 없다.

3) 苟(구) : '聊且粗略(마음에 차지는 않지만 그런대로 대강)'의 뜻이라는 주희의 주석이 합당하다. 유월은 誠(성: 참으로, 진실로)의 뜻이라고 하지만 맞지 않다. '구차하게'라고 번역할 수도 있지만 '그런대로'라는 번역어가 낫다. 13·03에는 "君子於其言 無所苟已矣"라는 표현이 있다.

4) 合(합), 完(완), 美(미) : 가산이 늘어가는 과정을 시유·소유·부유라는 세 단계로 나누면서 각각의 단계마다 공자형이 구합·구완·구미라고 한 것은 겸손한 표현이라는 뜻이다. 合은 취합(聚合)의 뜻이 아니라 급족(給足)의 뜻이라는 유월의 지적과, 적의(適宜)의 뜻이라는 정약용의 지적에 동의하여 '맞추다'라는 번역어를 택하였다.

평설

자신의 부유함을 부풀리거나 자랑하지 않고 겸손하게 표현하는 것이 가산을 잘 꾸리는 것이라는 평가이다. 넉넉하더라도 부족한 듯 표현하라는 권유인데, 단지 겸손이 미덕이라는 이유 때문에 그렇게 권유한 것은 아니다. 전략적으로 사고하고 전략적으로 대비하라는 말이다. 많이 가지고 있더라도 적게 가진 것처럼 표현해야 위험하지 않다는 것이다. 공자가 강조하는 지는 이처럼 전략적 태도를 취할 수 있는 지혜에 다름 아니다. 채웠으면서도 덜 채운 것처럼 처신해야 앞으로 더 얻을 가능성이 많아지고 잃을 가능성은 적어진다는 것을 체득하는 것이 지혜이다. 그런 지혜를 공자는 '善居室(살림을 잘 꾸린다)'이라는 사례를 통해 설명하고

30　『사기·여불위전(呂不韋傳)』의 "此奇貨可居(이 기이한 재화는 쌓아둘 만하다)"와,『좌전』소공 13년의 "奪其室(그 가재를 탈취했다)"을 예문으로 든다.

있는 것이다.

중국인의 지혜는 이렇듯 명과 실을 달리하는 것임을 안다면 중국문화의 핵심을 이해한 셈이다. '명실상부'는 명과 실의 부합을 귀히 여기자는 외침이 아니라 명과 실이 다른 현실의 반어에 불과함을 알 수 있어야 한다. 말이 아닌 글에서도 명과 실은 다르기 일쑤다. 천하의 간신일지라도 그 사람이 죽은 뒤 세워진 비문은 온갖 찬사로 덮여 있다. 역적일수록 군주에게 충성하는 글은 잘도 짓는다. 변경에는 가보지도 않고서 변경을 지키는 군인들의 고통을 잘도 시로 표현한다. 이처럼 실과 다른 명을 내세우는 것은 실리를 위한 전략이다. 삶의 모든 영역은 전장이고, 전장인 만큼 모든 선택은 당연히 전략적이어야 한다. 그래서 곧잘 구호가 동원되고 체면이 중시된다. 체면은 '존경'처럼 남이 세워주는 것이 아니라 자신이 세우는 것이다. 힘을 지닌 사람은 힘이 곧 체면이지만, 힘없는 사람이 자신을 지키기 위한 가련한 수단이 체면이다. 구호는 집단의 체면을 세우는 데 유용한 수단이다. 구호는 집단의 실천목표가 아니라 그 집단을 지켜주는 보조수단이다. 부실함을 가리거나 힘이 없어도 있는 것처럼 위장할 때 유용한 수단이다. 구호는 입으로 외쳐도 힘이 되지만 글로 써 붙이면 부적과 같은 힘을 발휘한다. 그래서 유교문화권에서는 어떤 일을 시작하기 전에 구호부터 내세운다. 실천으로 이어지지 않더라도 부적을 써서 붙이듯이 구호를 내거는 것만으로도 위안을 얻을 수 있기 때문이다.

13·09 子適衛 冉有僕 子曰 庶矣哉 冉有曰 旣庶矣 又何加焉 曰 富之
曰 旣富矣 又何加焉 曰 敎之

스승님께서 위나라에 가실 때 염유가 수레를 몰았다. (위나라에 도착하자) 스승님께서는 "(인구가 대단히) 많구나!"라고 말씀하셨다. 염유는 "인구가 많다면 그 위에 무엇을 더(하는 것이 바람직)할까요?"라고 여쭙자, (스승님께서는) "(인민을) 부유하게 만들어야지."라고 하셨다. (염유는 다시) "(인민이) 부유해지면 그 위에 무엇을 더(하는 것이 바람직)할까요?"라고 여쭙자, (스승님께서는) "(인민을) 가르쳐야지."라고 대답하셨다.

주

1) 僕(복) : '수레를 모는 사람'이라는 뜻의 명사에서 '수레를 몰다'는 뜻의 동사로 전용되었다.

2) 庶矣哉(서의재) : 庶는 인구가 많다는 뜻이고, 矣는 상황의 변화를 나타내는 어기조사이다. 정치를 잘하면 이웃 나라에서 인민이 모여들어 인구가 많아지고, 인구가 많아지면 세금을 많이 거두어 병력을 증강시킬 수 있으므로 고대 중국에서는 강대국의 토대를 많은 인구로 여겼다.

3) 教之(교지) : 誨(회)는 정보나 지식을 전해주는 일이고, 敎는 대상을 의도대로 이끄는 강제성을 가진 행위이다. 따라서 개인의 각성이나 변화, 개인의 형성을 목표로 하는 요즘의 교육과는 개념이 다르다. 주군의 의도를 실천하도록 만드는 일이다.

평설

경제가 우선이라는 공자의 생각은 "무릇 나라 다스리는 방법론은 인민을 부유하게 만드는 것을 첫째로 삼아야 한다."[31]라는 『관자(管子)·치국(治國)』의 표현이나, "흉년이 안 들더라도 내내 고생만 하고, 흉년이 들면 죽음을 면키 어려우니, 이런 상황은 오직 살아남고자 급급하기에도 부족한 형편이라서 어느 여가에 예의를 닦겠습니까."[32]라는 『맹자·양혜왕상』의 표현과 연결되는 생각이다. 등소평의 선부론(先富論)도 이렇듯 관자·

31 凡治國之道 必先富民
32 樂歲終身苦 凶年不免於死亡 此惟救死而恐不贍 奚暇治禮義哉

공자·맹자를 이은 생각일 뿐이다.[33]

경제적 토대가 정치의 기초라는 대명제는 이렇듯 공자 때부터 확립되었지만 중국사에서는 그와 반대로 절개를 잃는 것이 더 큰 일이지 굶어죽는 것은 큰 일이 아니라는 생각이 압도하는 때가 많았다. 상식을 누르는 신념이 지배하던 시대가 더 길었다. 그런 신념이 개인 차원에 머물지 않고 통치의 원리가 될 때는 비극이 더 컸다. 신유학의 이념이 강하게 일어났던 남송대의 경우 관리의 봉록을 박하게 하고 관리의 청렴을 강하게 요구한 결과 나라의 사정은 도리어 나빠졌다. 더구나 행정실무를 담당하는 아전들에게는 아예 봉록을 주지 않았기 때문에 그들은 생계를 위해 기술적으로 백성을 착취할 수밖에 없었다. 그러한 송나라를 모델로 삼아서 문치국가를 이루고자 했던 조선의 경우도 마찬가지였다. 중화인민공화국 초기에도 이념의 홍수 때문에 인민이 굶어죽거나 피곤한 때가 많았다.

『사기』「공자세가」와 「연표」에는 노나라를 떠난 공자는 맨 먼저 위나라로 갔다고 했다. 『맹자·만장상』에는 이런 대목도 있다. "공자께서 위에 계실 때는 옹저(癰疽)의 집에서 머무르셨고 제에 계실 때는 시인(侍人) 척환(瘠環)의 집에서 머무셨다고 어떤 사람이 일컫던데, 과연 그랬느냐고 만장이 여쭈었다. 그러자 맹자께서 말씀하시기를 : 아니, 그런 일 없다. 호사자들이 만든 말이다. 위나라에 계실 때는 안수유의 집에 머무셨다. 미자의 처와 자로의 처가 형제였으므로 미자는 자로에게 공자께서 자기 집에 머무신다면 위나라에서 경의 자리쯤은 얻게 해드릴 수 있다고 말하자, 자로가 그 말을 공자께 고했더니 벼슬이란 천명대로 따르는 법

---

33   경제성장 초기에는 불평등이 증가하지만 일정 수준의 경제성장 단계를 넘어가면 오히려 경제적 불평등이 줄어든다는 '쿠즈네츠의 이론'을 중국인들은 이처럼 오래전부터 확신했다고 말할지도 모르겠다. 하지만 중국사의 실제에서 그 이론이 맞은 적은 없었다. 불평등은 언제나 갈수록 더했다.

이라면서 공자는 거절하셨다. 공자는 나아갈 때는 禮에 맞아야 했고 물러날 때는 의에 맞아야 했으며 벼슬자리를 얻고 못 얻고는 천명에 따를 뿐이라고 하셨으니, 그런 분께서 옹저나 시인 척환 같은 사람의 집에 머무신다면 의도 아니고 명을 따른 것도 아니다."[34]

13·10 子曰 苟有用我者 期月而已可也 三年有成

스승님께서 말씀하시기를 : 나를 등용시켜주기만 한다면 열두 달 만에 괜찮은 나라로 만들 수 있고, 삼 년이면 (목표를) 완성할 수 있다.

주

1) 苟(구) : '誠(성: 진실로)'의 뜻이다. 가정문에 사용하는 관용구이다.

2) 有(유)~者(자) : '~하기만 하면'의 뜻이다.

3) 期月(기월) : 朞月과 같은 표현으로서 '1년'을 뜻한다. 朞는 '돌다'라는 뜻이니 열두 달을 다 돈다는 뜻에서 나온 말이다. 정약용을 비롯한 일부 주석가들은 '한 달'을 가리킨다고 하지만, 설령 문자학적으로 그렇게 해석될 여지가 있다 하더라도, 그리고 공자가 아무리 정치를 자신하는 사람이었다 하더라도, 한 달 만에 괜찮은 나라로 바꿀 수 있다고 장담하지는 않았을 것이다.

4) 已可也(이가야) : 『사기·공자세가』에는 可也가 없고, 『춘추공양전』 정공 14년 소(疏)에는 "朞月則可 三年乃有成"이라고 되어 있다. 已는

34   萬章問曰 或謂孔子於衛主癰疽 於齊主侍人瘠環 有諸乎 孟子曰否不然也 好事者爲之也 於衛主顏讎由 彌子之妻與子路之妻兄弟也 彌子謂子路曰 孔子主我衛卿可得也 子路以告 孔子曰有命 孔子進以禮退以義 得之不得曰有命 而主癰疽與侍人瘠環 是無義無命也

'이미', '벌써'로 새기는 것이 좋다.

평설

『사기·공자세가』는 공자가 52세에 정공에 의해 중도의 재에 임명되고 이어서 사공 자리를 거쳐 대사구로 승진했다고 기록하는데, 노나라에 중도(中都)라는 이름의 읍이 있었다는 기록이 어디에도 없는 등 여러 이유 때문에 많은 학자들은 그 기록을 의심한다. 무엇보다 『논어』에 공자의 벼슬과 관계되는 기록이 없다. 공자가 대사구 직위에 올랐다는 『사기』의 기록을 사실로 받아들인다 하더라도, 3년 뒤 노나라를 떠날 때까지 공자의 업적이라고 할 만한 정치적 성과도 드러난 바는 없다. 진정 소정묘(少正卯)를 죽였거나 삼도(三都)를 허물고자 했다면 그 일은 오히려 실패한 나머지 공자가 노나라를 떠나지 않을 수 없었던 계기였다고 판단하는 학자들도 많다.[35] 13·04를 보더라도, 관중처럼 인민에게 농업교육을 할 생

---

[35] 공자가 노나라의 대사구가 된 지 7일 만에 소정묘라는 노나라의 명망 있는 대부를 죽였다는 이야기는 『사기·공자세가』, 『순자·유좌(宥坐)』, 『여씨춘추』, 『회남자(淮南子)』, 『설원』, 『백호통』, 『논형』, 『공자가어』 등에 나온다. 그러나 소정묘를 죽인 이유가 설명된 곳은 없다. 오직 그를 추상적으로 비난하기만 한다. 그러니 만약 사실이었다면 정치적 장애물을 제거한 것으로 평가받을 만하고, 공자는 그 때문에 궁지에 몰렸을 것으로 추측할 수도 있다.

『사기·공자세가』에는 이렇게 기술되어 있다. "定公十四年 孔子年五十六 由大司寇行攝相事 有喜色 門人曰 聞君子禍至不懼 福至不喜 孔子曰有是言也 不曰樂其以貴下人乎 於是誅魯大夫亂政者少正卯 與聞國政三月 粥羔豚者弗飾賈 男女行者別於塗 塗不拾遺 四方之客至乎邑者不求有司 皆予之以歸(정공 14년, 공자 나이 56세에 대사구 지위에서 재상의 일을 겸하게 되자 기쁜 기색을 드러냈다. 이에 문도 한 사람이, '군자의 재앙은 두려워하지 않은 데서 오고 군자의 복은 기뻐하지 않은 데서 온다고 들었습니다'라고 말씀드리자 공자는, '그런 말이 있지. 그러나 자기 자신을 기뻐함으로써 아랫사람을 귀하게 여긴다는 말도

각도 없었던 듯하고, 인재의 선발에 있어서도 '직'과 '왕'의 기준 외에는 달리 제시한 바 없다. 경제는 비상한 수단을 써야 발전한다는 점도 알지 못했던 듯하고, 군사에는 음모를 써야 하고, 외교에는 겉과 속이 달라야

있지 않느냐?'라고 대답하였다. 이에 노나라 대부로서 정치를 어지럽혔던 소정묘를 죽였다. 그가 국정을 담당한 지 3개월 만에 가축을 파는 사람은 가격을 속이지 않고 남녀는 길을 구분하여 다니며 길에 떨어진 남의 물건을 주워가지 않게 되었다. 사방에서 노나라 도시로 온 사람들은 담당자를 찾지 않아도 모두 정착하도록 허락하였다)."

『순자·유좌』에는 이렇게 기술되어 있다. "孔子爲魯攝相 朝七日而誅少正卯 門人進問曰 夫少正卯魯之聞人也 夫子爲政而始誅之 得無失乎 孔子曰 居吾 語女其故 人有惡者五 而盜竊不與焉 一曰心達而險 二曰行辟而堅 三曰言僞而 辯 四曰記醜而博 五曰順非而澤 此五者有一於人 則不得免於君子之誅 而少正 卯兼有之 故居處足以聚徒成羣 言談足以飾邪營衆 强足以反是獨立 此小人之 桀雄也 不可不誅也 是以湯誅尹諧 文王誅潘止 周公誅管叔 太公誅華仕 管仲 誅付里乙 子産誅鄧析史付 此七子者 皆異世同心 不可不誅也(공자가 노나라 의 재상에 올라 조정에 나간 지 7일 만에 소정묘를 죽였다. 그러자 공자의 문인이 여쭙기를, 소정묘는 노나라의 유명한 사람인데 부자께서는 정치를 담당하자마자 그 사람 죽이는 일부터 하시니 실수가 아닌가 합니다. 이에 공자는 이렇게 대답 하셨다. 앉거라, 내가 너에게 그를 죽인 까닭을 말해주마. 사람에게는 나쁜 점이 다섯 가지가 있는데 남의 물건을 훔치는 짓은 거기에 들어가지도 않는다. 첫째는 마음은 달통하면서 음험한 것, 둘째는 행실이 치우치면서도 견고한 것, 셋째는 거 짓말을 달변으로 하는 것, 넷째는 추잡한 것들을 많이 기억하는 것, 다섯째는 틀 린 일만 하면서도 반지르르한 것이다. 이 다섯 가지 가운데 하나만 있어도 군자 에게 죽임 당하는 것을 면하기 어렵거늘 소정묘는 다 갖추고 있었다. 그러니 그 의 거처에는 사람들이 떼로 모이고, 그의 말에는 대중을 꼬이는 삿된 수식이 있 으며, 그의 씩씩함은 독립할 수 있을 정도이니, 이런 사람은 소인 가운데 걸웅이 기 때문에 죽이지 않을 수 없다. 그래서 탕임금은 윤해를 죽였고 문왕은 반지를 죽였으며, 주공은 관숙을 죽였고 태공망은 화사를 죽였으며, 관중은 부리을 죽 였고 자산은 등석사부를 죽였다. 이 일곱 사람은 살던 세상은 달랐지만 품었던 마음이 다 같은 사람이라 죽이지 않을 수 없었던 것이다)."

한다는 것도 몰랐다는 항간의 비판은 충분히 근거가 있다. 그는 그저 주례(周禮)를 회복해야 한다는 주장만을 내세웠고, 자신이 내세우는 이데올로기를 실천하기만 하면 치국평천하할 수 있다고 믿었던, 편향된 이상주의자로 보일 뿐이다.

그럼에도 불구하고 공자는 이처럼 집권에의 의욕을 강하게 표출한다. 위령공이 늙어서 정치에 게으른 탓에 자신을 등용하지 않자 이렇게 탄식했다고 『사기·공자세가』는 기술하지만, 『논어』의 다른 곳에서 보이는 공자의 정치 참여 염원을 감안하자면 공자가 이 말을 한 것은 의심의 여지 없는 사실이라고 본다.[36] 1년 내지 3년 만에 정치적 성과를 낼 수 있다는 순진하고도 간절한 마음까지 다 읽힌다. 공자가 13년 동안 천하를 주유한 것이 자신을 등용해줄 군주를 찾기 위해서였다는 이야기도 공자의 이러한 언급을 바탕으로 해서 만들어졌을 것이다. 한편, 이 장은 공자가 스스로 잘난 척하는 내용이므로 성인께서 그처럼 잘난 척했을 리는 없으니 의심스럽다고 말하는 진지한(?) 주석가도 있다.

13·11 子曰 善人爲邦百年 亦可以勝殘去殺矣 誠哉是言也
스승님께서 말씀하시기를 : '선인이 백 년 정도 나라를 다스려야 잔악한 일도 일어나지 않게 하고 살인도 사라지게 할 수 있다'라는 그 말은 참으로 옳다.

| 주 |

1) 善人(선인) : 7·26의 주) 및 13·29의 평설 참조.

2) 爲邦百年(위방백년) : 백 년 정도 나라를 통치함.

3) 勝殘(승잔) : 잔인한 사건이 일어나지 않게 된다는 뜻일 것이다.

---

36 9·13의 대화가 대표적인 사례라고 할 수 있다.

4) 去殺(거살) : 살인 사건이 일어나거나 죄인을 죽이는 형벌을 사용하지 않게 된다는 뜻일 것이다.

5) 誠(성) :『논어』에서 誠은 형용사나 부사로만 쓰이지 추상적인 관념을 담지 않는다.『맹자』에서 비로소 관념적인 뜻으로 바뀐다.[37]「중용」에 이르면 관념적인 언어로써 윤리적 실천을 강조하는 차원으로 바뀌고,[38] 송대 이학자들에 이르면 더욱 증폭된다.

---

[37] 「이루상」의 다음과 같은 대목에서 확인할 수 있다. "居下位而不獲乎上 民不可得而治也 獲於上有道 不信於友 弗獲於上矣 信於友有道 事親弗悅 弗信於友矣 悅親有道 反身不誠 不悅於親矣 誠身有道 不明乎善 不誠其身矣 是故誠者天之道也 思誠者人之道也 至誠而不動者未之有也 不誠未有能動者也(신하로서 군주의 부름을 받지 못하면 인민을 다스릴 수 없다. 군주의 부름을 받는 데에는 도리가 있으니, 대인관계에서 신뢰를 얻지 못하면 군주의 부름을 받지 못한다. 신뢰를 얻는 데에는 도리가 있으니, 부모 섬기기를 기꺼워하지 않으면 대인관계에서 신뢰를 얻지 못한다. 부모 섬기기를 기꺼워하는 데에는 도리가 있으니, 자신에게 성실하지 않으면 부모께서 기꺼워하시지 않는다. 자신에게 성실한 데에는 도리가 있으니, 선에 대한 관념이 흐릿하면 자신에게 성실하지 않게 된다. 그러므로 성은 하늘의 도리이지만 성하려는 생각은 인간의 도리이다. 지극히 성실했는데도 움직이지 못할 것은 이 세상에 없고, 성실하지 않았는데도 움직일 수 있는 것 역시 이 세상엔 없다)."

[38] "誠身有道", "誠者天之道也 誠之者人之道也"라는『맹자』의 표현을 반복한 다음 "自誠明謂之性 自明誠謂之敎 誠則明矣 明則誠矣(성에서 명에 이르는 것을 성이라 일컫고, 명에서 성에 이르는 것을 교라 일컫는데, 성하면 명해지고 명하면 성해진다)", "唯天下至誠 爲能盡其性 (…) 唯天下至誠爲能化(오직 천하의 지극한 성만이 성을 다 발휘할 수 있으며 (…) 오직 천하의 지극한 성만이 화할 수 있다)", "至誠如神(지극한 성은 신과 같다)", "誠者自成也 而道自道也 誠者物之終始 不誠無物 是故君子誠之爲貴(성은 스스로 이루는 것이고 도도 스스로 가는 것이다. 성은 사물의 시작과 끝이니 성하지 않으면 사물도 없게 된다. 그러니 군자는 성하는 것을 귀히 여긴다)", "唯天下至誠 爲能經綸天下之大經 立天下之大本 知天地之化育(오직 천하의 지극한 성이라야 천하의 대경을 경륜할 수 있고 천하의 대본을 세울 수 있으며 천지의 화육을 알게 된다)"과 같은 관념적인 표현이 넘치게 된다.

항간의 말을 새삼스럽게 강조하는 듯한데, 어떤 상황에서 이 말을 꺼
냈는지는 알 수 없다. 선인이 정치를 담당하기를 희망하는 말로 볼 수도
있고, 그런 일은 조만간에 생길 것 같지 않다는 반어적인 탄식일 수도 있
으며, 자신이야말로 정치를 잘할 수 있는 선인이라는 생각에서 뱉었을
수도 있다.

선인의 공덕도 이와 같으므로 성인 같으면 백 년을 기다릴 것도 없고
그 교화도 이런 정도에 그치지 않을 것이라는 윤돈의 해설은 순진한 낙
관을 넘은 교조이다. 윤돈의 교조를 인용하는 주희 역시 교조를 신봉하
는 사람이다. 서구에서 신념(faith)의 제국이 탄생한 지 천여 년 뒤에 중
국에서 생겨난 신념이 곧 이학(성리학)이라고 불렀던 신유학이다.[39] 서기
2000년, 로마가톨릭교회의 수장 요한 바오로 2세는 "진리를 구한다는 구
실로 치른 폭력과 다른 종교를 따르는 사람들에게 보인 불신과 적의에
대해 용서를 구한다."라는 말로써 지난 2천년 동안 가톨릭교회가 저질렀
던 다른 종교에 대한 박해, 유대인에 대한 박해, 기독교의 분열, 여성 억
압, 인종 차별 등에 대해 용서를 구한 바 있다. 자발적인 반성이든 압박
에 의한 불가피한 반성이든, 자신이 저질렀던 죄악에 대한 가톨릭교회의
인정은 어느 정도 의미를 지닌다고 본다. 그렇다면 동아시아 유자들 가
운데 성리학적 신념하에 자신들이 저질렀던 죄악과 오류에 대해서 반성
한 사람이 있었는가? 걸핏하면 사문난적이요, 불충이요, 불의라면서 수
많은 선비들을 죽였던 유자들은 그것을 왕도정치로 이끌기 위한 거룩
한 과업이었다고 믿었을지 모른다. 지금 혹 유자를 자처하는 사람이 있
다면, 그들은 혹시 유가의 역사는 무오류의 역사였다고 생각하지는 않을
까?

---

39 주희는 마호메트 이후 가장 널리 영향력을 끼친 종교인이라고 할 수 있다.

13·12 子曰 如有王者 必世而後仁

스승님께서 말씀하시기를 : 왕자가 나와(서 천하를 다스린)다면 한 세대(정도만 지나)면 인(정이 완성)될 텐데.

주

1) 必世(필세) : 必은 여기서 '확보하다'라는 뜻의 동사로 쓰였다. 한 세대 정도는 '반드시 넘겨야' 한다는 뜻이다. 世는 '한 세대'를 가리키므로 하안 이후 대체로 '30년'이라고 새긴다.[40]

2) 仁(인) : 용언이 한 글자 추상명사일 경우에는 번역도 해석도 어렵다. 공안국 이후 고주들은 '仁政이 완성된다'라고 새기고, 주희는 '교화가 두루 미치다'라고 새긴다. 공자는 인에 대해서는 자기도 자신하지 못한다고 말한 바 있으므로 '세상 사람들 모두가 인하게 된다'라고 새길 수는 없다.

평설

적어도 30년은 지나야 한다는 강조임에는 분명하지만 어떤 맥락에서 나오게 된 말인지 분명하지 않아 번역도 어렵다. 아무리 왕도를 갖춘 군주가 나오더라도 한 세대는 지나야 한다는 의미인지, 왕도를 갖춘 군주만 나온다면 30년이면 仁政이 보편화할 것이라는 의미인지, 분명하지 않다. 다만 세상 사람들 모두가 인하게 된다는 뜻은 아니다. 인은 완성된 단계가 아닌 실천의 목표이기 때문이다.

주희는 이렇게 설명한다. "13·10에서 공자는 자신이 등용되면 3년 안에 공적을 이룰 수 있다고 했으나 여기서는 성인이 나오더라도 30년은 되어야 한다고 한다. 속도가 왜 이렇게 달라졌느냐고 어떤 사람이 정자

---

40   2·23에서처럼 한 왕조를 의미하기도 했다.

에게 묻자 정자는 답하기를, 앞에서 공자가 3년이면 공적을 이룬다고 한 것은 법도와 기강이 완성되고 교화가 시행되는 기간을 말한 것이지만 여기서 말한 30년은 인의가 백성의 피부에 젖고 골수에 스며들어 예악이 일어나게 되는 데 필요한 세월이다. 인이라는 것은 오래 쌓이지 않고서는 어떻게 도달할 수 있겠는가."[41] 정이의 유치하고도 교조적인 해석을 스승의 해석이기 때문에 기꺼이 인용한 주희도 딱하기만 하다.

13·13 子曰 苟正其身矣 於從政乎何有 不能正其身 如正人何

스승님께서 말씀하시기를 : 자기 자신을 바로 하기만 한다면 정무에 종사하더라도 무슨 문제가 있겠는가. 자기 자신을 바로 하지 못한다면 남을 어떻게 바로 하겠는가.

┌───┐
│ 주 │
└───┘

1) 何有(하유) : '~하는 데에 무슨 어려움이 있겠느냐'는 뜻. 4·13의 주) 참조.

2) 從政(종정) : 士나 대부가 정치실무에 종사하는 것을 가리킨다. 세습하는 공경이 정치하는 것은 爲政(위정)이라고 표현한다.

3) 正人(정인) : 미야자키 이치사다는 '政'을 두 글자로 오인했다고 한다. 그래야 앞 문장과 맞게 된다는 주장인데, 지나친 형식논리이다. 12·17에서 "政者正也"라고 말한 것을 감안하더라도 '正人'이라는 표현을 틀렸다고 할 수는 없다.

---

41 或問 三年必世遲速不同 何也 程子曰 三年有成 謂法度紀綱有成而化行也 漸民以仁 摩民以義 使之浹於肌膚 淪於骨髓 而禮樂可興 所謂仁也 此非積久 何以能致

13·14 冉子退朝 子曰 何晏也 對曰 有政 子曰 其事也 如有政 雖不吾
以 吾其與聞之

염자께서 조정에서 퇴근하(여 돌아오시)자 스승님께서 말씀하시기를 : 왜 (이
리) 늦었느냐? (염자께서) 대답하시기를 : 정무가 있(어서 늦)었습니다. 스승님
께서 말씀하시기를 : (네가 말하는 바) 그것은 (정무가 아니라 그냥) '일'이야. 만
약 (나라에 진정) 정무가 있었다면 비록 내가 (현재 나라의 정무에) 간여하지 않
고 있다 해도 내가 정무(내용)이야 들(어서 알고 있)었겠지.

주

1) 冉子(염자) : 6·04와 여기서는 '염유'를 '염자'로 적는다. 그래서 번
역도 존대어로 하였다.

2) 朝(조) : 조정이라는 뜻이다. 당시 염유는 계씨의 재로 있었기 때문
에 朝는 노나라 공실의 조정이 아닌 계씨가의 사조(私朝)라고 정현 이후
로는 설명한다. 하지만 3·01의 경우와 마찬가지로 계씨가 공실과 무관
하게 사조를 경영했을지는 의문이다.

3) 晏(안) : 늦다는 뜻이다.

4) 政(정), 事(사) : 두예(杜預, 222~284)는 "군주의 일은 政이고 신하
의 일은 事이다."[42]라고 설명한다. 계씨는 국정을 조정에서 의논하지 않
고 사실(私室)에서 가신들과만 도모하기 때문에 대부인 내가 모르는 것
을 논의했다면 그것은 국정이 아니라 계씨의 가사(家事)일 것이라는 의
미 깊은 말을 던진 것이라는 주희의 주석은 정현과 두예의 해석을 이은
것이다. 만약 그렇다면, 공자는 염유를 꼬집은 것이 된다. 한편 마용은
"政은 고쳐서 바로잡는 바가 있는 것이고, 事는 일상적으로 하는 일"[43]이

---

42   在君爲政 在臣爲事
43   政者 有所改更匡正 事者 凡行常事

라고 주한다. 공자가 염유에게 정치적 업무와 일상적 업무를 구분하라고 일렀다는 것이다. 만약 그렇다면, 공자는 시시한 잡무를 국가의 정무로 여기지 말라고 충고했을 수도 있고, 잡무에 매달리지 말라고 충고했을 수도 있다.

5) 以(이) : 마융과 주희는 '用(등용)'이라고 새기지만 그럴 경우 '以'라는 문자 자체에 '등용'의 뜻이 있는 것처럼 오해할 수 있다. 글자 본래의 뜻대로 '종사하다' 내지는 '관계가 얽이다'의 뜻으로 새기는 것이 낫다.

6) 與聞之(여문지) : 자신도 소식을 들어서 알았을 것이라는 뜻이다. 대부는 직책을 맡지 않더라도 국가의 정무는 함께 아는 것이 당시의 관행이었기 때문에 공자는 이렇게 말했다고 흔히 설명한다. 그러나 聞之는 공자가 업무의 내용을 안다는 것이 아니라, 늦게까지 회의해야 할 정도로 중요한 사무가 나라에 발생했다는 사실 자체를 알게 되었을 것이라는 뜻으로 짐작된다. 내가 모르는 일이라면 네가 말하는 것은 분명 정무라고 할 수 없는 사소한 일이지 않겠느냐는 반문일 것이다.

평설

염유가 계씨의 재로 있던 시절의 이야기 한 토막이다. 유교문화권 역사에서 자주 있었던 권신들의 행태를 감안하자면 주희의 해석이 무리는 아닐 듯도 하다. 그러나 계씨가 비록 대부의 신분으로서 국정을 농단하기는 했지만 별도로 사사로운 조정을 꾸렸다는 주장에는 선뜻 동의하기 어렵다. 3·06, 6·04, 11·17을 보더라도 염유가 계씨에 의해 재로 임명된 것은 공실의 일정한 업무를 맡은 것이지 국정과 무관한 계씨가의 일만 맡은 것은 아닐 것이다. 계씨가 하는 일이 곧 국정이니 염유가 하는 일도 국정일 수밖에 없다. 그럼에도 불구하고 공자가 염유를 꼬집는 이유는 뭘까? 왜 염유에게 하찮은 꼬투리를 잡을까?

염유는 공자가 추천하여 등용된 것이 아니다. 공자가 노나라 바깥에 있을 때 계씨에 의해 등용되었다. 사실인지는 모르겠지만, 공자를 등용하려다 반대 의견에 부닥쳐 대신 염유를 발탁했다고 한다. 그리고 염유는 등용된 뒤 공자의 귀환을 주선했다고 한다. 그 과정에서 벼슬하게 되면 스승의 귀환을 주선하라고 자공이 염유에게 부탁했다는 이야기도 있고, 이 무렵 공자가 제자들을 탐탁지 않게 여겼다는 이야기도 있다. 3·06의 주)에서 설명한 바 있지만, 염유에 대한 공자의 감정은 특히 좋지 않다. 심지어 염유를 파문한다고까지 선언한 적이 있다. 자신의 허락 없이 계씨가의 재가 된 사실, 계씨의 정권에 참여하고 있다는 사실, 자신은 정작 아무도 불러주는 사람이 없는 현실, 이런 여러 정황 때문에 빚어진 불편한 마음에서 공자는 염유의 말꼬리를 잡았을지도 모른다.[44] 공자는 결코 마음이 너그럽고 따뜻한 사람은 아니었다. 이렇듯 제자에게도 자주 까탈을 부리고 심통을 부렸다. 그런 정황을 짐작케 하는 이야기들은 실제가 아니고 후대 사람들이 만들었을 가능성이 없지는 않지만 말이다.

염유가 퇴조한 다음 공자를 찾아뵙기로 약속했지만 늦었기 때문에 이런 상황이 빚어졌는지, 아니면 통상적으로 퇴조하는 시각보다 염유가 늦게 오자 공자가 이렇게 말했는지도 알 수 없다. 만약 후자라면 염유는 벼슬살이를 하면서도 공자와 한 공간에서 생활했다는 것인데, 과연 그랬을지 의문이다. 이야기 자체가 꾸며졌을 가능성이 있다고 본다.

13·15 定公問 一言而可以興邦 有諸 孔子對曰 言不可以若是其幾也 人之言曰 爲君難 爲臣不易 如知爲君之難也 不幾乎一言而興邦乎 曰 一言而喪邦 有諸 孔子對曰 言不可以若是其幾也 人之言曰 予無樂乎爲 君 唯其言而莫予違也 如其善而莫之違也 不亦善乎 如不善而莫之違也

---

44   이런 정황에 대해서는 5·21의 평설을 참조.

不幾乎一言而喪邦乎

(노나라) 정공이 (스승님께) 여쭙기를 : 나라를 일떠세울 수 있는 한마디 말, 그런 말이 있을까요? 공자께서 대답하시기를 : '바로 이 말이다'라고 할 수는 없지만, 그것에 가까운 말은 있습니다. 사람들 말에 "군주 되기 어렵고, 신하 되기 쉽지 않다."는 말이 있는데, 만약 (군주가 진정) 군주 되기의 어려움을 안다면 (그 말이 곧) 나라를 일떠세울 수 있는 한마디 말에 가깝지 않겠습니까? (정공이 다시) 묻기를 : (그렇다면) 나라를 망하게 만들(수 있는) 한마디 말도 있을까요? 공자께서 대답하시기를 : '바로 이 말이다'라고 할 수는 없지만, 그에 가까운 말은 있습니다. 사람들 말에 "나는 군주 된 것보다 더 좋은 게 없다. 말만 하면 아무도 나를 어기지 못하니까."라는 말이 있는데, 만약 군주의 말이 착할 경우 아무도 어기지 않는다면 참 좋지 않겠습니까만, 만약 (군주의 말이) 착하지 않은데도 아무도 어기지 않는다면 (그것이 곧) 나라를 망하게 만들(수 있는) 한마디 말에 가깝지 않겠습니까?

주

1) 定公(정공) : 노나라 군주. B.C. 509~494년(공자 43~58세 때) 재위.

2) 言不可以若是其幾也(언불가이약시기기야) : 幾를 기계의 뜻으로 보아서 '말이란 이처럼 간단한 기계 같지 않다'(양백준)라든가, 幾를 기약으로 보아서 '말은 이와 같이 효과를 기약할 수 없다'(주희)라는 해석이 지배적이다. 그러나 幾는 어디까지나 뒤 문장의 不幾乎와 호응하므로 '가깝다'는 뜻의 용언으로 보는 것이 옳다. 그렇다면 '不可以若是其幾'는 '바로 이것이라고 할 수는 없지만 거의 가까운 그것'이라는 뜻으로서, '言'의 보어가 된다. 즉, '당신이 말한 바에 정확히 부합할지는 모르겠지만 그것에 거의 가까운 말'이라는 뜻이다.

3) 予無樂乎爲君(여무락호위군) : 일반적으로 '다른 것은 즐길 것이 없고 오직 이것만 즐길 뿐이다'는 주희의 주석을 받아들인다. 그런데 '乎'

는 '~에 대해서'의 뜻인 처소격조사보다 비교를 나타내는 조사로 보는 것이 낫다. '군주가 다른 것은 즐기지 않고 사람들이 자기 말을 어기지 않는 것만 즐긴다'고 해석하자면 '唯其言而莫予違'가 '樂'의 목적어가 되어야 하는데, 이 문장은 그렇지 않다. 황간본과 고려본에 '唯其言而樂莫予違'로 되어 있기 때문에 그렇게 해석한 듯한데, '나는 군주 되는 것보다 더 좋은 게 없다'는 해석이 의미상으로나 어법상으로나 적합하다.[45] 『한비자·난일(難一)』에는 다음과 같은 내용이 있다. "진평공이 뭇 신하들과 술을 마시다가 취기가 오르자 큰 소리로 '임금 되는 것보다 더 좋은 것이 없구나, 말만 떨어지면 아무도 그 말을 거스르지 못하니 말이야'라고 말했다. 그러자 눈이 먼 사광이 앞에 앉았다가 거문고를 들어서 던졌다. 평공은 옷자락을 들어서 피했기 때문에 거문고는 벽에 부딪쳤다. 평공이 사광에게 누구를 향해 던졌느냐고 묻자 사광은 '방금 어떤 소인배가 옆에서 말을 하기에 던졌습니다'라고 말했다. 평공이 바로 나였다고 말하자 사광은 '이런! 그 말은 임금이 할 말이 아닙니다'라고 말하였다. 좌우 사람들이 사광을 제거하려고 하자 평공은 놓아주라고 말하면서 과인의 훈계로 삼겠다고 말하였다."[46]

---

45 이 문장은 민중에서 유행하는 속담으로 보더라도 가능하다. 군주는 아무나 될 수 없으므로 감히 그런 생각을 품는 인민은 없을 것이라는 생각 때문에 주희의 주석이 통용될 터인데, 아무리 전체주의적인 사회에서일지라도, 실제적인 위험성이 없는 민중의 속담조차 통제할 정도로 살벌한 사회를 유지할 수는 없다.

46 晉平公與群臣飲 飲酣 乃喟然歎曰 莫樂爲人君 惟其言而莫之違 師曠侍坐於前 援琴撞之 公披衽而避 琴壞於壁 公曰太師誰撞 師曠曰 今者有小人言於側者故撞之 公曰寡人也 師曠曰 啞是非君人者之言也 左右請除之 公曰釋之以爲寡人戒

평설

공자와 정공의 대화는 3·19와 여기에서 두 차례 나오는데, 모두 정치적 실무에 관한 대화는 아니고 이처럼 추상적인 대화이다. 물론 비단 정공과의 대화뿐 아니라 다른 군주와 나누었던 대화들도 거의 그렇다.[47] 공자는 55세인 B.C. 497년에 노나라를 떠나 13년에 걸친 유랑을 시작하므로 정공과의 이 대화는 유랑을 시작하기 전에 있었을 것이다. 51세인 B.C. 501년에 중도의 재가 되고 52세인 B.C 500년에 대사구가 되었다는 것이 사실이라면 그즈음이었겠다.

공자의 마지막 말을 요즘 말로 바꾸자면, '비판이 허용되지 않는 나라는 위험해진다'고 말할 수 있을 텐데, 범조우는 이렇게 표현했다. "군주는 날로 교만해지고 신하는 날로 아첨만 하고도 망하지 않은 나라는 없었다."[48]

13·16 葉公問政 子曰 近者悅 遠者來

(초나라) 섭공이 정치(의 요체)에 관하여 여쭙자 스승님께서 말씀하시기를 : (군주) 가까이 (살고) 있는 사람들이 즐겁(도록 만들)고, 먼 데 (살고) 있는 사람들이 와(서 살고 싶도록 만드)는 것입니다.

주

1) 葉公(섭공) : 7·19의 주) 참조.

2) 悅(열), 來(래) : 주희는 "군주의 은택을 입으면 사람들이 즐거워하고, 군주의 은택이 크다는 소문을 들으면 이웃 나라에서 온다."[49]라고 주

---

47 제나라를 징벌하자는 14·21의 대화만은 예외이다.

48 君日驕而臣日諂 未有不喪邦者也

한다. 세금을 적게 거두고 전쟁의 재앙이 적은 나라로 인민이 옮겨 가는 것은 당시의 관행이었다. 그래서 양백준은 '투분(投奔: 의탁할 곳을 찾아 감)'이라고 한다.

평설

섭공과 공자의 만남은 7·19와 13·18에도 나오는데, 7·19에서 설명했다시피 공자가 초나라에 가서 만난 것은 아니다. 섭공이 채와의 병합 업무를 위해 채에 가 있는 동안 공자가 채의 수도인 부함(負函)에 있게 되어 만남이 이루어진 것이다. 『사기』에 의하자면 공자 64세의 일이다.

近者悅은 살고 있는 인민을 행복하게 만드는 것이고 遠者來는 와서 살고 싶은 나라로 만드는 것인데, 이는 13·13, 13·15와 더불어 공자 정치철학의 기초라고 할 수 있다. 『사기·공자세가』에는 공자가 "政在來遠附邇(정치의 요점은 먼 데 있는 사람은 오게 하고 가까이 있는 사람은 들러붙게 만드는 데 있다)"라고 답했다고 하고, 『한비자·난삼(難三)』에는 공자가 섭공의 물음에 "政在悅近而來遠(정치의 요점은 가까이 있는 사람을 기쁘게 만들고 먼 데 있는 사람은 오고 싶게 만드는 데 있다)"이라고 답했다 하며,[50] 『묵자·경주(耕柱)』에는 "善爲政者 遠者近之 舊者新之(정치를 잘한다는 것은 먼 데 있는 사람은 가까이 오게 하고 오래 있는 사람은 새롭게 느끼도록 만드는 것)"라고 답했다고 되어 있는 것을 보면, 전국시대 무렵에는 공자에 대한 전설이 증폭되면서 이 말도 여러 형태로 유행하게 되지 않았을까 한다. H.G. 크릴은 정치의 고유한 목적이 백성의 행복에

---

49 被其澤則說 聞其風則來

50 오규 소라이는 '近者說 遠者來'가 대구가 아니고 說과 遠 사이에 則이 들어가야 한다고 주장하지만 『사기·공자세가』와 『한비자·난삼』을 보면 그렇지 않다. 앞 구절을 군이 조건절로 볼 필요는 없다.

있다는 18세기 프랑스의 사상은 중국의 사상과 공통된 바가 있다면서 그 근거로 이 장을 든다.[51]

13·17 子夏爲莒父宰 問政 子曰 無欲速 無見小利 欲速 則不達 見小利 則大事不成

자하가 거보의 읍재가 되어 정(무에 참고할 사항)을 여쭙자 스승님께서 말씀하시기를 : (무슨 일이든) 빨리하고자 하지 말고 작은 이익에 눈 돌리지 말거라. 빨리하고자 하면 (도리어) 달성하지 못하게 되고, 작은 이익에 눈 돌리면 큰일을 이룰 수 없단다.

주

1) 莒父(거보) : 노나라의 읍인데, 『산동통지(山東通志)』에 의하면 高密縣(고밀현)의 동남에 있었다고 한다.

평설

자공이 정치의 요체에 대해 물었을 때 공자는 "足食足兵民信之矣"(12·07)라고 대답하고, 자장이 물었을 때는 "居之無倦 行之以忠"(12·14)이라고 대답하며, 자로가 물었을 때는 "先之勞之 ~ 無倦"(13·01)이라 대답하고, 중궁이 물었을 때는 "先有司 赦小過 擧賢才"(13·02)라고 대답하였다. 비단 정치에 관한 물음뿐 아니라 인·의·예·지·효·제·충·신 등 추상적인 것들을 물을 때도 공자는 이렇듯 언제나 다르게 대답한다. 6·21에서 설명하였듯이 송유들은 공자의 그런 방식을 '인재시교

51   중국이 정치사상이 16세기 이래 유럽, 특히 프랑스에 어떤 내용으로 소개되었는지에 대해서는 H.G. 크릴의 앞의 책 제15장과, 12·17 평설의 각주를 참조.

(因材施教: 상대방의 재능에 따라 가르침을 베풂)'라고 부르지만, 공자는 상대방의 재능보다 상황과 맥락에 따라 최대한 힘(효과)을 발휘할 수 있는 언어를 사용했다고 본다.

공문은 석가모니의 불문과는 공동체 성격이 달랐다. 석가모니는 차안과 절연하고 피안으로 가려는 목적으로 삭발과 수계라는 서약의식을 통해 제자를 받아들인 다음 그 서약을 기초로 해서 섬세하고도 엄격한 공동체 생활을 요구했다. 그러나 공자는 지배계층에 편입되기를 욕망하는 제자들과 자발적인 사제관계를 느슨하게 맺었던 것으로 짐작한다. 따라서 공문은 공자라는 개인의 권위를 중심으로 해서 모인 이익집단 비슷한 성격이기에 제자들에게 벼슬자리 하나씩 주선해주는 것이 목표였을 것이다. 교육방식도 목표를 정해놓고 일정한 과목을 두어 정례적으로 강학하는 요즘의 제도교육과는 달리 일상생활 속에서 임의로 훈시하는 정도의 방식이었던 듯하다. 제자들의 특정한 역량을 제고하려는 방식이 아니라 깨우침을 통해 교양을 높이는 방식이었기 때문에, 묻는 사람과 묻는 정황에 따라 교육의 내용은 각각 달라질 수밖에 없었다. 과제 중심이 아닌 정황 중심의 교육이었던 것이다.

13·18 葉公語孔子曰 吾黨有直躬者 其父攘羊 而子證之 孔子曰 吾黨之直者異於是 父爲子隱 子爲父隱 直在其中矣

(초나라) 섭공께서 공자께 말씀하시기를 : 우리 고장에는 고지식쟁이(로 불릴 만큼 곧은 사람이) 있는데, 자기 아버지가 (남의 집) 양(한 마리)를 훔치자 아들이면서도 아버지(의 죄)를 고발했답니다. (이 말을 들은) 공자께서 말씀하시기를 : 우리 고장에서 곧(다는 소리를 듣)는 사람(의 처신)은 그것과는 다릅니다. 아버지는 아들(의 죄)를 숨겨주고 아들은 아버지(의 죄)를 숨겨줍니다. 곧다는 것은 그런 처신 속에 들어 있는 겁니다.

1) 葉公(섭공) : 7·19의 주) 참조.

2) 黨(당) : 공이 다스렸던 섭현은 작은 현이었기 때문에 黨이라고 표현하지 않았을까 한다. 뒤에서 공자가 말한 黨도 5·21에서처럼 반드시 자신의 문도를 가리키는 것이 아니라 단순히 '우리 쪽' 또는 '우리 고장'이라는 뜻의 표현일 것이다. 6·05 참조.

3) 直躬(직궁) : 육덕명과 유월은 躬을 사람 이름으로 본다. 直을 초나라의 성씨 이름이라고 설명하는 주석가도 있다. 모두 '망문생훈(望文生訓: 글자만 보고서 엉뚱한 새김을 만듦)'이다. 18·05에서 接輿는 공자의 수레에 다가갔던 사람이라는 표현임에도 接과 輿를 성과 이름으로 여기는 경우와 마찬가지이다. 『논어정의』에서 躬을 身이라고 했듯이, 여러 전적을 참고하자면 躬은 현대 한국어의 '~쟁이'처럼 특정한 성향으로 똘똘 뭉친 사람을 조롱하여 부르던 접미사로 보인다. 그래서 '고지식쟁이' 또는 '고지식 덩어리'로 번역하는 것이 낫다. 直이 초나라 말로는 直躬이라는 설명도 있지만 확실하다고 볼 근거는 없다. 直에 대한 설명은 2·19의 주) 참조.

4) 攘(양) : '훔치다'는 뜻이다. 남의 집에 짐짓 들어가서 훔쳐오는 것이 아니라 남의 집 가축이 저절로 자기 집으로 왔을 때 돌려주지 않고 차지해버리는 것과 같은 훔침이라고 주희는 주하는데, 『맹자』에서는 그냥 '훔치다'는 뜻으로 사용된다.[52]

---

52 今有人日攘其鄰之雞者 或告之曰 是非君子之道 曰請損之月攘一雞 以待來年然後已 如知其非義 斯速已矣 何待來年(이웃집 닭을 매일 훔치는 사람이 있다고 합시다. 어떤 사람이 그 사람에게 훔치는 짓은 군자의 도리가 아니라고 하자 그 사람은 '내가 점차 줄여서 한 달에 한 마리씩만 훔치다가 내년이 되면 훔치기를 완전히 그만두겠습니다'라고 말했다고 칩시다. 그것이 옳지 않은 짓임을 알았다면 바로 그만두어야지 왜 내년까지 기다린단 말입니까)〈『맹자·등문공하』〉.

5) 而子(이자) : ‘아들이면서도’라는 뜻이다.

6) 證(증) : 『설문』에는 “證 告也(증은 ‘알리다’이다)”라고 되어 있다. 『한비자·오두(五蠹)』와 『여씨춘추·당무(當務)』에도 본문과 비슷한 내용의 이야기가 실려 있는데, 거기에는 ‘謁之吏(관리에게 보고하다)’, ‘謁之上(윗사람에게 보고하다)’이라고 되어 있다. 관청이나 윗사람에게 알린다는 뜻이다. 현대어 ‘증명하다’의 뜻은 고문에서 徵이라고 했다.

평설

가족 가운데 한 사람이 국법을 어겼을 경우 그 가족을 고발해야 하는지에 대한 문제는 고대 중국사회에서 중요한 이슈였다. 사회구성체의 기본 단위는 가족이고 국가는 가족의 확장일 뿐이라고 인식했던 공자로서는 가족구성원 사이의 유대가 국가의 법질서보다 기초적이라는 자신의 관념을 구체적인 사례로써 설명할 필요를 느꼈을 것이다. 이 장은 4·18과 더불어 그 사례에 해당한다.

문화대혁명 기간에 자식으로 하여금 부모를 고발하게 만든 사례가 많았던 것을 보더라도 중국사에서 국가권력은 대체로 가족질서에 우선하는 힘을 행사했다. 국가의 질서가 우선이라는 입장은 법가적인 생각이고 가족의 유대가 우선이라는 입장은 유가적인 생각이라고 흔히 이해하는데, 공자의 이 말은 법제가 윤상을 넘는 강제력을 지녀서는 안 된다는 주장이다. 국가의 법질서가 우선이라는 견해를 지배계급인 섭공이 먼저 제기하자 공자가 반박하는 것을 보더라도, 이 의제는 피지배계급보다 지배계급에서 더 민감했을 것이다. 맹자 또한 제자에게서 유사한 질문을 받은 적이 있다. ‘순임금의 아버지가 살인죄를 저질렀다면 순임금은 어떻게 했을까’라는 질문을 받자, 순임금은 임금 지위도 버리고 아버지를 업고 도주하여 남모르는 바닷가에서 평생을 살았을 것이라고 맹자는 대답한다.[53]

유교를 국교로 채택한 한왕조 이후 중국에서는 공자의 생각을 잘 받아들인 탓에, 모반이나 대역죄가 아닌 한 아무리 무거운 죄라 하더라도 가족 간에 서로 범죄를 고발하는 것을 금지하였을 뿐 아니라 가족의 범행을 감추어도 문책하지 않았다. 그런 제도를 '용은(容隱: 숨겨줌을 용납함)'이라고 부른다. 한선제(漢宣帝)는 직계친족과 배우자 사이의 용은을 인정하였고, 당나라 때는 그 범위가 넓어져 함께 사는 친척까지, 명청대는 동족동성의 친척뿐 아니라 외족의 친척에까지 확대된다. 국가가 용은을 보장한 것은 반드시 공자의 생각을 존중해서는 아니었다고 본다. 가족 간의 고발을 용인하게 되면 사회적 신뢰의 붕괴로 인한 손실이 국가의 법질서를 지키는 이익보다 훨씬 더 커질 것을 염려했기 때문일 것이다.[54]

『한비자·오두』, 『여씨춘추·당무』, 『장자·도척(盜跖)』, 『회남자·범론훈(氾論訓)』에도 이 '직궁(고지식쟁이)'의 이야기가 나오는데, 그것은 중국 고대사회에서 국가질서와 가족 유대 사이의 충돌 문제가 줄곧 세인의 관심 의제였음을 나타내는 증거일 것인데, 그 의제는 이처럼 『논어』에서 비롯했다. 비단 이 '직궁' 이야기뿐 아니라 『논어』에 등장하는 스토리 중심의 의제들 가운데 상당수는 이후 제자백가를 비롯한 다른 저술에서 끊임없이 반복된다. 이를 보더라도 공자는 자기가 살던 시대의 정치적 의제들을 끌어내는 데 성공한 사람이었고,[55] 그의 제자들은 그런 의제들을 집대성한 『논어』라는 매체의 편찬을 통하여 정치적 의제의 주도권을 지

---

53   『맹자·진심상』.
54   현대 한국의 형법에서도 직계존속의 형사고발은 금하고 가족이 증언을 거부할 수 있는 소극적인 권리도 인정된다. 일본의 형법에서도 친족 간이라면 범인을 숨기거나 증거를 은닉 혹은 위그했을 때 형벌이 면제된다.
55   후대까지 오래 지속될 수 있는 의제들을 잘 짚어냈다고 볼 수 있다.

속적으로 장악할 수 있었다고 본다. 예컨대 6·05의 자공과 원헌 사이의 이야기도 『장자』, 『사기·중니제자열전』, 『한시외전』, 『신서』 등에 나온다. 후대로 갈수록 스토리가 보태지기는 하지만 유가는 여전히 정치적·사회적으로 중요한 의제들을 지속적으로 독점할 수 있었다고 본다.

13·19 樊遲問仁 子曰 居處恭 執事敬 與人忠 雖之夷狄 不可棄也
번지가 인(의 실천 방법)에 대해 여쭙자 스승님께서 말씀하시기를 : 평소 처신은 공손하게, (제사에서나 윗사람에게나) 섬기는 일은 경건하게, 남에게는 충실하게 하는 것이(인을 실천하는 방법)이다. (그러한 실천은) 오랑캐 땅에 가더라도 버려서는 안 된다.

주

1) 居處(거처) : 업무를 보지 않는 상태를 말하니 '평소의 처신'이라는 번역이 나올 듯하다.

2) 執事(집사) : 흔히 '일을 담당함에 있어서는'이라고 번역하지만 事는 '일'이 아니라 '섬김'으로 보는 것이 옳다. 5·15의 "其行己也恭 其事上也敬(자신의 몸가짐은 공손히, 윗사람 섬기기는 경건히)"이라는 말을 보더라도 알 수 있다. 따라서 주희의 "恭主容 敬主事"라는 주석도 '공은 몸가짐을 위주로 한 것이고, 경은 섬김을 위주로 한 것이다'라고 새기는 것이 낫다.

3) 與人(여인) : 與는 '~에게'의 뜻이다. 12·05 참조.

4) 夷狄(이적) : '동이'와 '북적'이라고 설명할 수도 있지만 변방을 낮추어 부른 범칭으로 보는 것이 낫다.

번지는 6·22와 12·22에서도 인이 무엇이냐고 공자에게 질문한 바 있으니 대조해보는 것도 좋다. 공자가 이적에 대해 언급한 것과 관련한 설명은 3·05의 평설에 있다.

13·20 子貢問曰 何如斯可謂之士矣 子曰 行己有恥 使於四方 不辱君命 可謂士矣 曰 敢問其次 曰 宗族稱孝焉 鄕黨稱弟焉 曰 敢問其次 曰 言必信 行必果 硜硜然小人哉 抑亦可以爲次矣 曰 今之從政者何如 子曰 噫 斗筲之人 何足算也

자공이 (스승님께) 여쭙기를 : 어떻게 (처신)해야만 사라고 일컬을 수 있겠습니까? 스승님께서 말씀하시기를 : 스스로의 처신에서는 염치를 갖추고, 외국에 사신으로 나가서는 군주가 시킨 바를 욕되게 하지 않아야 사라고 일컬을 수 있겠지. (자공이 더) 여쭙기를 : 그다음(조건으로는 어떤 것이 있는지)를 여쭙고자 합니다. (스승님께서) 말씀하시기를 : 종족한테서는 효성스럽다는 평가를 듣고, 마을사람들한테서는 (윗사람을) 공경한다는 평가를 들어야겠지. (자공은 또) 여쭙기를 : 그다음(조건으로는 어떤 것을 들 수 있는지)를 여쭙고자 합니다. (스승님께서) 대답하시기를 : (한번 꺼낸) 말은 반드시 지키려고 하고 (일단) 실행한 것은 반드시 성과를 내고자 하면 '꼼꼼한 소인이다!'(라는 말을 들을지는 모르나), 그렇더라도 그다음 조건은 된다. (자공은 화제를 바꾸어서) 말하기를 : (그렇다면) 요즘 정무에 종사하는 사람들은 어떻습니까? (사라고 할 만합니까?) 스승님께서 말씀하시기를 : 아서라, 조무래기들을 따질 게 뭐 있니?

1) 士(사) : '士'에 대한 설명은 4·09의 주) 참조

2) 行己有恥(행기유치) : 行己는 '동사+목적어' 구조이지만 결국 자신

의 행동이나 처신을 형용하는 말이다. 자신의 처신에서 염치를 갖춘다는 뜻이겠다. 공안국은 "염치를 가지면 하지 않는 행동이 있다."[56]라고 설명한다.

3) 宗族(종족) : 동종(同宗)의 족속.

4) 果(과) : 정현의 "실행하고자 하는 바는 반드시 과감하게 한다."[57]라는 주를 흔히 따른다. 뒤에 나오는 小人이 부정적 의미이기 때문에 다소 부정적 의미인 '과감하게'로 해석하는 것이다. 하지만 이 문장에서 言必信과 行必果는 부정적인 맥락이 아니다. 부정적이지 않은 처신이지만 사람들은 얕잡아 볼 수 있는 처신을 가리킨다. 따라서 "말은 반드시 믿을 만하고 행실은 반드시 성과를 기약해야 한다."[58]라는 황간의 주석이 옳다고 본다. 즉, '성과'의 뜻으로 보아야 한다. 공자의 영향을 받은 "대인은 말대로 지키려고 하거나 성과를 내는 행실만 해서는 안 된다. 오직 의로움이라는 기준에 따라서 처신해야 한다."[59]는 맹자의 말에서도 果는 '성과'를 뜻한다.

5) 硜硜然(갱갱연) : 원래는 돌의 단단한 성질을 표현한 말인데, 여기서는 사람의 태도가 고지식하고 꼼꼼함을 형용한다.[60]

6) 斗筲之人(두소지인) : 筲는 대나무로 만든 밥그릇인데, 주희는 용량

---

56 有恥者 有所不爲

57 所欲行必果敢爲之

58 言必合乎信 行必期諸成

59 大人者言不必信 行不必果 惟義所在〈『맹자·이루하』〉.

60 한유는 소인의 모습이 아니라 반대로 과감하고 용기 있는 모습을 가리키는 말이라고 하면서, '小'는 '之'의 오기라고 주장한다. 정약용은 이에 대해 『논어필해(論語筆解)』가 정말 한유의 저작이 맞는지 의심스럽다면서 부정한다. 그는 14·43에서도 똑같은 소리를 한다. 그러나 책은 의심하면서 한유는 의심하지 않는 정약용의 태도도 이상하다.

이 일두이승(一斗二升)이라 했지만 양백준은 오승(五升)이라고 한다. 斗와 筲 모두 용량이 작은 그릇이라는 뜻으로 사용되었는데, 뒤에 나오는 筲는 앞에 나오는 斗보다는 작은 단위일 것이다. 斗筲之人이란 결국 평가할 것도 없는 조무래기라는 의미이다.

7) 算(산) : 算 대신 選으로 기록된 본이 많은데, 『노논어』에 選으로 되어 있었던 듯하다고 추측하는 사람들이 많다. 그러나 『노논어』와 같은 계통으로 추정되는 정주한묘죽간본에는 數로 되어 있다.

 평설

지배계층을 혁신해야 한다는 사명감으로 집권에의 꿈을 꾸었던 공자는 자신을 포함하여 새로운 지배계층이 되고자 하는 사람들의 신분을 士로 규정한 다음, 士의 자격요건에 대해 여러 가지로 설파하였다. 이 장에서는 다른 어느 곳에서보다도 분명하게 士의 자격을 규정하고 있다. 정무를 담당할 수 있는 소양이 첫째, 가족과 지역사회에서 효제에 어긋나지 않은 사람이라는 평가가 둘째, 다소 고지식하다는 평을 듣더라도 언행을 진솔하게 하는 것이 셋째 조건이라는 설명이다. 공자의 정치철학이란 것을 찾는다면 이 정도가 핵심일 것이다.

13·21 子曰 不得中行而與之 必也狂狷乎 狂者進取 狷者有所不爲也

스승님께서 말씀하시기를 : 중용의 처신을 하는 사람과 함께하지 못할 바에는 광견하기라도 하는 사람이라야 한다. 광한 사람은 진취적(인 장점이)(있고 견한 사람은 (해서는 안 될 짓은 결코) 하지 않는(장점이 있기 때문이)다.

 주

1) 中行(중항) : 6·29에서 공자가 언급한 바 있는 '중용'을 실천하는

사람을 가리킨다고 본다. 균형 잡힌 사고를 할 줄 알고 괴이한 짓은 하지 않는 사람을 가리키겠다. 『맹자·진심하』에서는 이 장을 인용하면서 中行이 아닌 中道로 표현하는데, '중용의 실천'이라는 뜻을 단지 다른 글자로 표현했다고 본다. 그래서 주희도 行을 道라고 설명한다. 불교에서 中道라는 낱말을 광범위하게 사용하게 되자 이후 유가에서는 '중용의 실천'을 '중도'라고 표현하기는 어려웠을 것이다.

2) 狂狷(광견) : 5·21의 주)에서 설명한 바 있듯이 원래 '狂狷', '狂獧', '狂簡' 등으로 적는 이음절어이지만 한자의 특징 때문에 공자도 한 글자씩 나누어 설명하게 된다고 본다.[61] 맹자 또한 『맹자·진심하』에서 狂을 "뜻은 대단해서 입만 열었다 하면 옛날 사람을 들먹거리지만 정작 평소의 본인 행실을 살펴보면 자신이 한 말조차 지키지 못하는 사람"[62]이라 하고, 狷[63]을 "不屑不潔之士(불결한 것을 달가워하지 않는 선비)"라고 설명한다. 그래서 주희는 '광은 뜻은 매우 높지만 행실이 따라가지 못하는 것이고, 견은 지혜는 미치지 못하지만 지키는 일은 충분히 잘하는 것'이라고 주한다.[64] 狂이라는 글자는 후대에는 점차 부정적인 의미로 쓰이게 된다.

평설

앞 장에서는 士의 자격에 대해 논하더니 여기서는 동지의 자격에 대해 강조한다. 중항하는 사람과 함께하는 것이 바람직하지만 그러한 사람

---

61 이음절어로 사용하면서도 이해하거나 설명할 때는 한 글자씩 떼어서 하는 것은 공자 당시에도 자연스러운 방식이었음을 알 수 있다.

62 其志嘐嘐然 曰古之人古之人 夷考其行而不掩焉者也

63 獧으로 표기되었다.

64 狂者志極高而行不掩 狷者知未及而守有餘

을 얻지 못할 경우 적어도 광견한 사람이라야 한다고 강조한다. 그러나 주석에서 보았듯이 공자는 어느 정도 인정했던 광견한 사람을 맹자는 낮게 평가한다. 한대 이후 사회가 점차 전체주의 사회로 바뀌면서 그런 사람은 아예 체제를 거스르는 사람으로 이해되었을 것이다. 점점 개성을 용인하지 않는 사회로 바뀌었다고 본다. 중국에서 출발한 유교와 성리학을 한반도에서 마침내 완성했다고 자부했던 사대부들이 이끌어간 조선의 사회는 어떠했는가? 자기들이 완성한 사고체계에 조금이라도 의심을 품는 사람이면 그들은 사문난적으로 몰아 처단하지 않았는가? 인간에게 마성(魔性)이란 것이 있다면, '회의할 줄은 모르면서 신념에만 몰두하는 태도'가 가장 그것에 가깝지 않을까 한다.

13·22 子曰 南人有言曰 人而無恒 不可以作巫醫 善夫 不恒其德 或承之羞 子曰 不占而已矣

스승님께서 말씀하시기를 : 남방 사람들 말에 "사람이 꾸준함이 없으면 무의에게 점을 (쳐서 고)칠 수도 없다."는 말이 있는데, 옳(은 말이)다. (그리고 『역』에는) "품덕이 꾸준하지 않으면 수치(스러운 지경)에 빠질 수 있다."(는 말도 있다). 스승님께서 말씀하시기를 : (그렇지, 사람이 꾸준하지 못하면) 점을 칠 수도 없지.

주

1) 南人有言(남인유언) : 중원지역에서는 장강 남쪽을 멸시하는 관행이 있기 때문에 南人이라는 말은 단지 남쪽 사람이라는 뜻 외에 멸시하는 뜻을 포함한다. 송대에는 문관들이 남쪽으로 유배 가는 것조차 수치로 여겼는데, 그런 관행은 청대까지 존속했다.

2) 恒(항) : 한 글자로 된 한자어는 의미 전달이 어렵기 때문에 대개는 恒心으로 번역한다. 하지만 여기의 恒을 恒心으로 한정하면 뜻이 왜곡

될 수 있다. 무엇에든 꾸준한 태도를 유지한다는 뜻이라야 한다. 恒의 뜻에 대해서는 7·26의 주) 참조.

3) 不可以作巫醫(불가이작무의) : 정현은 뒤의 공자의 말과 연결 지어서는 "言巫醫不能治無恒之人(무의도 무항한 사람은 고칠 수 없다는 말이다)"이라고 풀이한다. 형병은 정현의 주석을 수용하여 "性行無恒 巫醫不能治(성행에 항상됨이 없는 사람은 무의도 고칠 수 없다)"라고 풀이한다. 황간은 "항심이 없는 사람은 무의를 만들 수 없다."고 풀이하는데, 구문상으로는 가능하지만 뜻이 통하기는 어렵다. 주희 또한 "무는 귀신과 만나는 사람이고 의는 생사를 맡는 사람이니, 둘 다 비록 천역일지언정 항상되지 않으면 안 된다."[65]라고 설명한다. 그런데 『예기』「치의(緇衣)」에는 "스승님께서 말씀하시기를, 남방 사람들 말에 '사람이 꾸준함이 없으면 점을 칠 수도 없다'는 말이 있는데 아마도 옛날부터 내려오던 말일 것이다. 거북점이나 시초점으로도 알 수 없는 것을 사람이 어떻게 알 수 있겠는가."[66]라는 대목이 있다. 그 대목은 이 장을 정현과 형병의 의견대로 이해한 문구라고 본다. 따라서 주희의 의견에 동의하지 않는다.

4) 不恒其德 或承之羞(불항기덕 혹승지수) : 『역·항괘(恒卦)』구삼효(九三爻)의 효사인데, 품덕이 꾸준하지 않으면 수치에 빠질 수 있다는 뜻이다. 承을 주희는 進의 뜻이라고 한다.[67] 『논어』에 『역』의 문구가 인용된

---

65   巫所以交鬼神 醫所以寄死生 故雖賤役 而猶不可以無常. 고대에는 '巫醫'로 통칭하였지만 주희 당대에는 사회적으로 '巫'와 '醫'가 분리되었기 때문에 그렇게 설명했을 것이다.

66   子曰 南人有言曰 人而無恒 不可以爲卜筮 古之遺言與 龜筮猶不能知也而況於人乎

    곽점초묘죽간에도 『예기』「치의」가 있는데, 거기에는 '南人'이 '宋人'으로 되어 있다.

67   내각판언해본에서는 '이 羞를 承하리라'라고 새기고, 율곡본은 '羞로 承한

332

것은 이것이 유일한데, 7·17에서 설명하였듯이 공자는 역을 언급한 적이 없다. 따라서 많은 주석가들은 『역』의 이 문구가 후대에 삽입되었을 것으로 본다. 앞에서는 '남인유언'이라고 인용 근거를 밝히면서도 여기서는 『역』이라고 출전을 밝히지 않은 점도 후대의 삽입으로 의심하는 조건이다. 『역』이 책으로 형성되는 시기는 대체로 공자 이후일 것으로 추정한다.

5) 不占(부점) : 점을 쳐서 해결될 수 있는 문제가 아니기 때문에 '그런 경우에는 점도 치지 못한다'고 말하지 않았을까 한다. 그렇다면 점괘를 받는 사람의 입장이 아닌 점을 치는 사람의 입장에서 한 말일 것이다.

> 평설

'사람은 恒을 지녀야 한다'는 메시지인 것은 분명하지만, 구문도 문맥도 정확하지 않다.

13·23 子曰 君子和而不同 小人同而不和

스승님께서 말씀하시기를 : 군자는 (남과) 어울리(고자 하)지 같아지(고자 하)지는 않는다. (반면에) 소인은 (남과) 같아지(고자 하)지 어울리(고자 하)지는 않는다.

> 평설

'화와 동'이라는 추상적 개념을 '군자와 소인'과 등치시켜 해석하는 것이 일반적이다. 예컨대 하안은 "군자의 마음은 화평하지만 소견이 각기 다르기 때문에 부동이라고 말하고, 소인은 기호하는 바가 같지만 각기 이익을 다투기 때문에 불화라고 말한다."[68]라고 설명한다. 부동과 불화를

다'고 새긴다. 수치로 나아가게 된다는 뜻이다.

결과로 해석하는 것이다. 그런데 주희는 "군자는 의를 높이기 때문에 부동함이 있지만 소인은 이익을 높이니 어떻게 화합할 수 있겠는가."[69]라고 설명한다. 이렇게 되면 화는 좋은 것이고 동은 좋지 않은 것이 되어버린다. 그래서 주희는 화를 '어긋나거나 튀는 마음이 없는 것', 동을 '아첨하고 편들려는 뜻이 있는 것'이라고 새기게 된다.[70]

이 장을 해설할 때는 종래로 『좌전』 소공 20년(522 B.C.)에 나오는 다음 이야기가 동원된다. 제나라 경공이 사냥터에서 돌아오는데 양구거(梁丘據)가 마중을 나오니 경공이 기뻐하면서 "唯據與我和矣(양구거만이 나와 잘 맞아!)"라고 말하자, 안영(晏嬰, ?~500 B.C.)이 그것은 동이지 화는 아니라면서 다음과 같이 말한다. "군주가 옳다고 말한 것에도 그른 점은 있는 법이니 신하로서는 그 그른 점을 군주에게 아뢰어 옳은 것을 완성시켜야 하고, 군주가 그르다고 말한 것에도 옳은 점은 있는 법이니 신하로서는 그 옳은 점을 군주에게 아뢰어 그른 부분을 없애야 합니다. (…) 그러나 양구거는 군주가 옳다고 말한 것에 대해 자기도 옳다고 말하고, 군주가 그르다고 말한 것에 대해 자기도 그르다고 말합니다. 만약 물에다 물로 간한다면 누가 그것을 맛있게 먹을 것이며, 금과 슬이 한 가지 소리만 낸다면 누가 그 소리를 들으려 하겠습니까? 동해서는 안 되는 이유가 바로 이렇습니다."[71]

68　君子心和 然其所見各異 故曰不同 小人所嗜好者同 然各爭利 故曰不和

69　君子尚義 故有不同 小人尚利 安得而和

70　和者無乖戾之心 同者有阿比之意

71　"君所謂可 而有否焉 臣獻其否以成其可 君所謂否 而有可焉 臣獻其可以去其否 (…) 君所謂可 據亦曰可 君所謂否 據亦曰否 若以水濟水 誰能食之 若琴瑟之專一 誰能聽之 同之不可也如是". 그렇다면 공자는 안영의 말에서 착안하여 그렇게 말했을지도 모른다. 다만 『좌전』에 실린 위 이야기의 핵심은 和와 同의 차이에 있지는 않다. 안영이라는 재상이 군주를 다루는(?) 노련한 말솜씨에 있

『좌전』의 이야기를 의식하지 않더라도, '小人同而不和'에서 '동'은 '같음'으로 새기기보다 '같아지려고 함'으로 새기는 것이 적절하다. 화는 '오미(五味)의 조화'나 '팔음(八音)의 화해(和諧)'처럼 같지 않은 재료나 같지 않은 성조(聲調)를 가지고서 맛과 소리를 좋게 만드는 것을 의미한다. 1·12의 "禮之用和爲貴"에서도 마찬가지 의미가 되겠다. 和가 주는 의미는 개성의 존중에 있고, 同이 주는 의미는 개성의 말살에 있다고 설명할 수도 있을 듯하다.

이처럼 네 글자로 된 성어나 격언을 사용하는 것은 당시 중국인들의 언어습관일 뿐 아니라 현대 중국어에서도 매우 자주 통용되는 방식이다. 이는 한자라는 문자를 기반으로 발달한 언어이기 때문에 생긴 관행이라고 본다. 한자라는 문자는 구어를 표기하려는 목적에서 시작된 것이 아니고, 중국어 또한 문자를 기반으로 해서 발달한 언어이기 때문이다.

13·24 子貢問曰 鄕人皆好之 何如 子曰 未可也 鄕人皆惡之 何如 子曰 未可也 不如鄕人之善者好之 其不善者惡之

자공이 (스승님께) 여쭙기를 : 고을 사람들 모두가 좋아하(는 그런 사람이라)면 어떻습니까? (괜찮은 사람 아니겠습니까? 이에) 스승님께서 말씀하시기를 : (그렇다고 해서) 괜찮다고 할 수는 없지. (자공이 다시 여쭙기를) : (그렇다면) 고을 사람들 모두가 미워하(는 그런 사람이라)면 어떻습니까? (너무 강직하면 고을 사람들 모두가 미워할 수도 있지 않겠습니까?) 스승님께서 말씀하시기를 : (그런 사

다. 안영이 和와 同이 다르다고 지적한 설명을 보면 두 낱말의 개념에 차이가 있지도 않다. 경공을 깨우치기 위해 안영이 和와 同의 차이를 설명했다는 전통적인 해석은 안영을 부각시키는 효과만 거둘 뿐이다. 그러니 유능한 군주라면 안영처럼 말재간으로써 군주를 휘감으려는 신하의 시도를 적절히 누를 수 있어야 했다고 본다.

람도 역시) 괜찮다고 할 수는 없어. 고을 사람들 가운데 좋은 사람은 좋아하지만 좋지 않은 사람은 미워하는 그런 사람만은 못하지.

1) 鄕(향) : 5백 호를 黨(당)이라 부르고 1만 2천5백 호를 鄕이라고 불렀던 제도를 감안하지 않더라도, 그 사람이 살고 있는 고장을 가리킬 것이다.

2) 不如(불여) : '~만 못하다'는 뜻인데, '~이 더 낫다'라고 번역할 수도 있다.

고대 중국의 문언문은 장면을 묘사하거나 대화를 옮기는 데는 적당하지 않은 체계이다. 객관적인 사실이나 내용을 표현하기 위한 수단으로서보다는 주관적인 의지나 권위를 표현하기 위한 수단으로서 발달해온 체계이기 때문이다. 그래서 문면대로만 번역하다 보면 장면이 사실적으로 표현되지 못하고 밋밋한 문장이 되거나 두루뭉술한 내용이 되기 쉽다. 문맥을 살펴서 대화의 분위기나 맥락을 살려내지 않으면 안 된다.

'鄕人皆惡之何如'는 '고을 사람들 모두가 미워하면 그 사람은 나쁜 사람 아니겠습니까'라는 뜻이라고 주장하기도 한다. 그 구절만 떼어놓는다면 가능한 해석이지만 이 문장의 맥락은 어디까지나 괜찮은 사람을 찾아내는 것이다. 고장 사람들 모두가 인을 추구하는 좋은 사람은 아닐 것이니 그처럼 평범한 사람들이 싫어하는 사람이라면 오히려 괜찮은 사람일 수 있지 않겠느냐는 뜻으로 보는 것이 옳을 것이다. "고장 사람들 모두가 나쁠 경우 그들이 칭찬한다면 그 사람은 나쁜 사람일 것이고, 고장 사람들 모두가 착할 경우 그들이 싫어한다면 그 사람은 나쁜 사람일 것이기 때문에 안 된다."라는 『논어정의』의 해설은 그래서 나오게 된다.

이 장의 핵심은 누구에게나 칭찬받는 사람이라고 해서 반드시 좋은 사람은 아니라는 것이다. 좋은 평판 속에 숨은 위선과 나쁜 평판 속에 묻힌 곧음을 살필 수 있어야 한다는 말일 수도 있다. "뭇사람들이 싫어하는 사람일지라도 반드시 그 사람을 잘 살핀 다음 판단하고, 뭇사람들이 좋아하는 사람일지라도 반드시 그 사람을 잘 살핀 다음 판단하라."[72](15·28)는 말과도 통하는 뜻이다. 여론의 함정을 주의하라는 말일 수도 있고, 공자가 살았던 시대가 간단치 않았다는 증거일 수도 있다.

관인술(觀人術)에 대해서는 2·10, 5·15, 5·17, 14·09, 14·25, 14·29의 평설을 참조.

13·25 子曰 君子易事而難說也 說之不以道 不說也 及其使人也 器之
小人難事而易說也 說之雖不以道 說也 及其使人也 求備焉

스승님께서 말씀하시기를 : 군자는 모시기는 쉬워도 기쁘게 만들기는 어려(운 사람이)다. 올바른 방법론으로 기쁘게 만들지 않는 한 기뻐하시지 않(으니까 기쁘게 만들기는 어렵)고, (아랫사람을) 부릴 때는 역량을 헤아려(서 부리기 때문에 모시기는 쉽)다. (그와는 반대로) 소인은 모시기는 어려워도 기쁘게 만들기는 쉬(운 사람이)다. 올바르지 않은 방법론으로 기쁘게 만들어도 기뻐하(니까 기쁘게 만들기는 쉽)고, (아랫사람을) 부릴 때는 (역량을 고려하지 않고 모든 것을 다) 갖추기를 바라(니까 모시기는 어렵)다.

주

1) 及其使人也(급기사인야) : 及은 '~에 이르게 되면' 또는 '~할 때는'으로 번역된다.

72　衆惡之 必察焉 衆好之 必察焉

2) 器之(기지) : 그 사람의 역량이 얼마나 되는지를 헤아린다는 뜻이다. 2·12, 5·03, 6·25 참조. 之는 목적어로 쓰인 지시대사가 아니라 자동사에 관습적으로 붙는 허사이다.

3) 備(비) : 모든 것을 갖춤.

평설

양자를 대비시키는 인물품평 방식은 앞 장과 비슷하다. 『설원·아언(雅言)』에는 "증자께서 말씀하시기를 : 스승님께서는 누가 한 가지 잘하는 것을 보시면 그 사람의 백 가지 잘못도 잊어버리신다. 그래서 스승님 모시기는 쉬웠다."[73]라는 대목이 있다.

위계가 분명한 사회에서 윗사람을 잘 모시는 것은 중요한 이슈였을 것이다. 어떤 사람이 모시기 어려운 사람인지를 구분하는 능력도 중요한 관심사였을 것이다. 당연히 윗사람의 인품과 관계되는 문제였다. 공자는 모시기 어려운 윗사람이 소인이라고 강조하고 있다.

13·26 子曰 君子泰而不驕 小人驕而不泰
스승님께서 말씀하시기를 : 군자(의 태도)는 태연할지언정 교만하지는 않지만, 소인(의 태도)는 교만할지언정 태연하지는 않다.

주

1) 泰(태), 驕(교) : 번역하기 어려운 형용사이다. 泰는 현대 한국어에서 '태연'이라는 낱말로 쓰이듯이 안정되고 여유로운 태도를, 驕는 현대 한국어에서 '교만'이라는 낱말로 쓰이듯이 남을 업신여기면서 스스로 씩

---

73   曾子曰 夫子見人之一善而忘其百非 是夫子之易事也

씩하고 뻣뻣한 태도를 뜻한다. 『논어정의』는 "군자는 스스로 얽매이지 않고 태연하기 때문에 교만한 듯 보이지만 실제로는 교만하지 않다. 소인은 실제로는 교만하고 뻐기면서도 억지로 자신을 구속할 뿐이므로 진정으로 넉넉하거나 너그러울 수는 없다."[74]라고 해설한다. 주희는 "군자는 도리를 따르기 때문에 편안하고 느긋할 뿐 뻐기거나 방자하지 않지만 소인은 욕심이 많아서 이와는 반대이다."[75]라고 해설한다. "군자는 스스로 뽐내지 않고 세상과 소통하지만 소인은 스스로를 옳다고 여기고서 남과 소통하려고 하지 않으니 이것이 교와 태의 구분이다."[76]라면서, 通이라는 글자로써 驕와 泰를 구분한 초순의 해설도 괜찮다. 泰의 의미에 대한 추가적인 설명은 7·26의 주) 참조. 驕의 뜻에 대해서는 1·15와 8·11의 주) 참조.

13·23에서는 和와 同을 가지고서 군자와 소인을 대비시키더니 여기서는 泰와 驕를 가지고 군자와 소인을 대비시킨다. 和와 同이 반대 개념은 아니면서도 대비되는 개념이듯이 泰와 驕도 반대 개념은 아니지만 대비되는 개념이다. 단음절어의 특징을 잘 활용한 표현기법이라 하겠다. 20·02에는 "군자가 사람이 많든 적든, 일이 크든 작든, 나서지도 않고 게으름 피우지도 않으면 그것이 곧 태연하되 교만하지는 않는 것 아니겠는가."[77]라는 대목이 있고, 「대학」에는 "그러므로 군자가 지니는 대도는 반

---

74 君子自縱泰 似驕而實不驕 小人實自驕矜 而强自拘忌 不能寬泰也

75 君子循理 故安舒而不矜肆 小人逞欲 故反是

76 君子不自矜而通之於世 小人自以爲是而不據通之於人 此驕泰之分也 〈『논어보소(論語補疏)』〉.

77 君子無衆寡 無小大 無敢慢 斯不亦泰而不驕乎

드시 충신 때문에 얻게 되고 교태 때문에 잃게 된다."[78]라는 구절이 있다. 이를 보자면 泰과 驕는 당시 사람들의 의제로 자주 거론되던 명사인 듯하다.

13·27 子曰 剛毅木訥近仁

스승님께서 말씀하시기를 : '굳셈', '과감', '질박', '과묵', (이런 것들이) 인과 가까(운 덕목들)다.

주

1) 剛(강) : 하안이 5·10의 표현을 근거로 無慾(무욕)이라고 주한 뒤로 흔히 그 주를 따른다. 그러나 "慾(욕)한 사람을 剛하다고 할 수는 없다."는 5·10의 표현을 근거로 剛의 뜻 자체를 無慾이라고 말할 수는 없다. 剛이 柔(유: 휘어지기 쉬움)의 반대어라는 점을 고려하더라도 剛의 뜻 자체는 '無慾'이 아니다. 자신의 욕심에 굴하지 않는 이성적인 굳셈을 뜻할 것이다.

2) 毅(의) : 왕숙은 '과감'이라 하고, 『이아·석고』의 주는 得勝(득승)이라 하지만, '强而能斷(강하여 결단할 수 있음)'이라는 포함의 주가 합당하다. 증삼은 "士不可以不弘毅"라고 말한 바 있다(8·07).

3) 木(목) : 질박함을 일컫는다. 오행(五行)의 목기(木氣)를 표현한 것은 아니다.

4) 訥(눌) : 하안과 정이는 遲鈍(지둔: 느리고 굼뜸)이라고 주하는데, 동작에 대한 표현이 아니라 말에 대한 표현이다. 그래서 '과묵'이라고 번역하였다.

---

78 是故君子有大道 必忠信以得之 驕泰以失之

"巧言令色 鮮矣仁"(1·03)이 인에 대한 네거티브적 정의라면 이 장은 인에 대한 포지티브적 정의라고 할 수 있다. 강·의·목·눌은 낱낱이 일음절 어휘이지만 나중에는 剛毅와 木訥처럼 이음절 어휘로 사용되기도 하는데, 그 경우에는 '강인한 정신력', '경솔하지 않고 과묵함'으로 번역될 수 있을 것이다.

13·28 子路問曰 何如斯可謂之士矣 子曰 切切偲偲 怡怡如也 可謂士 矣 朋友切切偲偲 兄弟怡怡

자로가 여쭙기를 : 어떻(게 처신)해야만 사라고 일컬을 수 있을까요? 스승님께서 말씀하시기를 : (언제나) 간절하게 서로 권면하고 화순(和順)하게 지내야 선비라고 일컬을 수 있겠지. 동무 사이에는 간절하게 서로 권면하고, 형제 사이에는 화순하게 지내야(한다는 말이)지.

주

1) 切切(절절) : 매우 정성스럽게 간절한 태도를 표현하는 말로 짐작된다.

2) 偲偲(시시) : 벗이나 동지 사이에 서로 격려하며 권장하는 모습을 형용하는 말로 짐작된다. 마융은 切切偲偲를 '相切責之貌(서로 절실하게 꾸짖는 모습)'라고 주한다. 정주한묘죽간본에 切切偲偲가 '志志辛辛'으로 적혀 있는 것을 보더라도 이 낱말은 낱개의 글자에 뜻이 있는 것이 아니라 의태어와 같은 낱말이었을 것으로 짐작된다. 『논어』에는 그러한 낱말들이 꽤 있다.

3) 怡怡如(이이여) : 화순하게 기뻐하는 모습을 뜻하는 글자를 중복한 표현이다. 좋아서 날뛴다는 뜻은 아니다. '切切如 偲偲如 怡怡如'를 줄

여서 '切切偲偲怡怡如'로 표현했을지도 모른다. 怡怡는 정주한묘죽간본에서 飴飴로 표기되고 있다.

13·20에서 자공이 했던 질문과 같은 질문이다. 공문은 자기들을 士로 규정했기 때문에 士의 개념과 그 주체적 도덕의식에 대해 내부적으로 많은 대화를 했던 모양이다. 자공과 자로가 대표적인 초기 제자들인 것을 감안하면 공자는 처음부터 士라는 정체성으로써 제자들을 모으지 않았을까 한다. 다만 언제나 그러하듯이, 제자들의 물음에 대한 공자의 대답은 이렇듯 그때그때 달랐다.

13·20에서 자공이 물었을 때나 12·20에서 자장이 물었을 때와 비교하자면 이 장의 대답은 약간 맥이 빠진다. 士를 설명하면서 형제와 붕우에 관한 도리를 강조한 것을 보면 공자는 士의 차별성이 형제와 붕우의 윤리에서 두드러진다고 여겼을지도 모르겠다. 그러나 호인과 주희는 인재시교라는 것을 의식한 나머지 자로의 부족한 점을 공자가 지적한 것이라고 설명한다.

13·29 子曰 善人敎民七年 亦可以卽戎矣

스승님께서 말씀하시기를 : 선인이 (집정하여) 7년 정도 인민을 가르쳐야 전쟁을 치를 수 있다. (그만한 정도로 인민 통합에 대한 노력 없이 전쟁을 치러서는 안 된다.)

1) 善人(선인) : 7·26의 주) 참조.

2) 敎民(교민) : 여태 지배계층 양성을 위한 가르침에 대해서만 말하

다가 피지배층인 民을 가르친다는 말이 처음 나왔다. 하지만 民에게 가르쳐야 할 내용이 무엇인지에 대한 설명은 없다. 『논어주소』는 그것이 '예의와 신(信)'이라고 하는데, 그렇다면 지배계층에게 가르치는 내용과 다를 바 없다. 『논어집주』는 "敎之孝悌忠信之行 務農講武之法(백성에게 효제충신의 행실과, 농사에 힘쓰고 무예를 닦는 방법을 가르친다)"이라고 한다. 비록 '무농강무'를 덧붙이기는 했지만 주희 역시 민에게도 효제충신을 가르쳐야 한다고 생각한 것이다. 하지만 이 장의 핵심은 가르침의 내용이 아니다. 한 나라가 인민을 데리고 다른 나라와 전쟁을 치르자면 적어도 7년 정도 인민을 단합시키는 과정이 필요하다는 것이다. 인의예지나 효제충신과 같은 덕목을 가르치는 일과는 전혀 다르다. 오늘날의 국가들이 국민 일반에 대해 제도교육을 실시하는 것과도 다르다. 敎는 '교육(educate)'이 아니라 '교시(orient)'이다. 공동체 구성원으로서의 정체성을 확립시켜 일치된 힘을 내도록 만드는 일을 가리킨다.

3) 卽戎(즉융) : 포함은 卽을 就(취: 나아가다), 戎을 兵(병: 군대)이라고 주하면서, 그들을 데리고 공격하는 전투를 한다는 뜻이라고 새긴다. 평범한 군주가 아닌 선인이 7년 정도 인민을 단합시키는 훈련을 한 다음 국가의 명운을 건 전쟁을 수행한다면 위험하지 않을 것이라는 뜻이다. "인민이 윗사람을 친애하고 군장을 위해 죽을 줄 알게 되면 그들을 데리고 전쟁할 수 있다."[79]라는 주희의 설명은 합당하다.

> **평설**

이 장의 핵심은 敎의 내용이 아니다. 전쟁에 대한 대비책이다. 선인이 집정하여 7년 정도의 오랜 세월 동안 국민통합을 위한 훈련을 했을 때만이 전쟁으로부터 나라를 지킬 수 있다는 것이다. 따라서 7·26의 주)를

---

79 民知親其上 死其長 故可以卽戎

다시 참고하는 것이 좋다.

한편 맹자는 이렇게 말한다. "선정한다는 것은 선교를 통해 백성의 마음을 얻는 것보다는 못하다. 선정은 백성으로 하여금 군주를 경외하게 만들지만 선교는 백성으로 하여금 군주를 아끼게 만든다. 선정으로는 백성의 재물을 얻을 수 있지만 선교로는 백성의 마음을 얻을 수 있다."[80]

13·30 子曰 以不教民戰 是謂棄之

스승님께서 말씀하시기를 : 교육시키지 않은 민을 데리고 전쟁하는 것은 민을 버리는 짓이다.

주

1) 以(이) : 用(용)과 같다.

2) 不教民(불교민) : 명사어로 사용되었다. 양백준은 이와 유사한 예로 『시·패풍』「백주(柏舟)」의 "心之憂矣 如匪澣衣"에서 匪澣衣가 '빨지 않은 옷'이라는 뜻의 명사어라고 설명한다. 마융은 不習之民(익히지 않은 인민)이라고 하였다. 習(습)의 내용을 적시하지는 않았지만 '교육'이 아닌 '연습'이라는 뜻임은 분명히 하였다.

평설

앞 장과 연결되는 내용이다. 군주가 인민과 공동체적 정체성으로써 융합되지 않은 채 다른 나라와 전쟁을 감행하면 이기지도 못할 뿐 아니라 인민을 무고하게 사지에 몰아넣는 결과만 초래하게 된다는 강조이다.

80　善政不如善教之得民也 善政民畏之 善教民愛之 善政得民財 善教得民心 〈『맹자·진심상』〉.

"백성에게 계속해서 군사훈련을 하지 않는 것은 그들을 버리는 것이다."라는 주석이 있는데, 그렇게 해석되려면 '以'가 들어갈 필요 없다. 아마도 『논어』의 이 구절을 인용한 『백호통·삼교(三教)』과 유협(劉勰, 약 465~538 이후)의 『신론(新論)·열무(閱武)』에 '以' 자가 없는 점, 『후한서·부섭전(傅燮傳)』, 『후한서·정태전(鄭太傳)』, 『수서·경적지(經籍志)』 등에 '不教人戰 是謂棄之'라고 되어 있는 점 때문에 그렇게 해석하고자 했을 텐데, 그렇다 하더라도 教를 군사훈련으로 국한할 수는 없다. 『진서·유곤전(庾袞傳)』에서 이 구절을 '不教而戰 是謂棄之'라고 한 것을 보더라도 이 구절은 사람마다 다양하게 받아들여졌을 것이다.

헌문(憲問) 제십사(第十四)

44개의 장이 있는, 가장 많은 장으로 된 편이다. 대체로 짧은 경구들이 모여 있다.

각 편의 성격에 대해 규정하거나 설명하는 일은 비단 이 편뿐 아니라 전편에 걸쳐 대체로 무의미하다.

14·01 憲問恥 子曰 邦有道 穀;邦無道 穀 恥也 克伐怨欲不行焉 可以
爲仁矣 子曰 可以爲難矣 仁則吾不知也

원헌이 (사로서는 어떤 것이) 수치(인지)에 대해 여쭙자 스승님께서 말씀하시기
를 : 나라(의 정치 환경)이 경위 바르게 돌아갈 때도 녹미를 받아먹고, 나라(의
정치 환경)이 경위 바르게 돌아가지 않을 때도 녹미를 받아먹는 것이 수치이지.
(원헌이 이어서 여쭙기를 :) 남을 이기려 들고, 남에게 뽐내고, 남을 원망하고,
남의 것을 탐내는 짓들을 하지 않으면 인하다고 할 수 있겠습니까? 스승님께서
말씀하시기를 : 하기 어려운 일이기는 하지만 (그것만으로) 인하다고 할 수 있
을지는 모르겠다.

> 주

1) 憲(헌) : 공자의 제자 원헌. 6·05의 주) 참조.

2) 穀(곡) : 벼슬에 나가서 받는 곡식, 즉 녹미를 말하는데 여기서는 동
사로 쓰였다.

3) 克伐怨欲(극벌원욕) : 마음은 好勝人(호승인: 남 이기기를 좋아함),
自伐其功(자벌기공: 스스로 공을 자랑함),[1] 忌小怨(기소원: 자잘한 원한

---

1 『노자』는 "自伐者無功(스스로 뽐내는 사람은 공적이 없다)"이라 했다. 스스
로 공적을 자랑하는 행위는 마치 나무를 베어버리는 것처럼 공적이 사라지게 되

으로 미워함), 貪慾(탐욕)이라 주하고, 주희는 '호승(好勝)', '자긍(自矜)', '분한(忿恨)', '탐욕(貪慾)'이라고 주한다. 아마도 공자는 이런 것들에 대해 제자들과 자주 대화했던 모양이다. 정약용은 克伐을 동사로 보고 怨欲을 목적어로 본다. 그렇게 새기더라도 문장이야 성립되지만 그렇게 새겨야만 뜻이 통하는 것은 아니다. 克 자에 대한 천착 때문에 그렇게 보고자 했을 것이다.

4) 可以爲仁矣(가이위인의) : 형식은 평서문처럼 보이지만 동의를 구하는 의문문이다.

평설

士의 자격에 관한 언급이라고 볼 수 있는데, 그것은 다음 장에도 이어진다.

『논어』에는 '邦有道~ 邦無道~'의 구문이 많은데, 세상을 유도와 무도의 두 상황으로 나누어서만 보려는 공자의 사고방식을 보여주는 단면이라고 하겠다.[2] 공자의 이분법적 사고가 흥미롭기는 하지만 그가 권장하는 처신은 딱히 가르치지 않아도 사람들은 대체로 그렇게 살아가는, 그런 처신들이 대부분이다. 평균적이고(=中) 일상적인(=庸) 선택이라고 할 수 있는 것들이다.

하기 어려운 일이기는 하지만 그것만으로 인을 담보할 수는 없다는 공자의 말은 인을 선양하는 말로는 역시 효과적이다. 무엇을 어떻게 하는 것이 인이라고는 결코 말하지 않으면서 '그것만으로는 충분하지 않아'라고만 반복하니 제자들로서는 궁금증이 더욱 간절해질 수밖에 없다. 그것

므로, 그래서 자신의 공적을 자랑하는 것을 伐이라고 하게 되었다고 한다.

2   1·02의 '주)道'의 가주, 1·14의 '주)就有道而正焉'의 가주, 5·20의 평설, 8·13의 평설 참조.

이 공자의 테크닉이다. 끊임없이 '그보다는 더 높게'를 요구하는 기술이다. 만세의 사표라고 불리게 된 공자의 저력은 그런 테크닉에서 나왔다고 본다.

14·02 子曰 士而懷居 不足以爲士矣

스승님께서 말씀하시기를 : 선비라는 사람이 안락하게 살기를 꿈꾼다면 선비 되기에는 부족하다.

주

1) 懷居(회거) : '懷安其居(자신의 기거가 안락하기를 꿈꾸다)'의 뜻이다. 『논어』에서 쓰이는 居의 뜻에 대해서는 1·14의 주) 참조.

평설

13·20, 13·28 및 앞 장을 이은 士의 자격에 대한 언급인데, 1·14의 "居無求安"과 통하는 뜻이다. 자신들을 士로 규정했던 공문은 士의 도덕성에 대해 종교적이라 할 정도로 강조했던 모양이다. 士에 관한 자세한 설명은 4·09 참조.

14·03 子曰 邦有道 危言危行 邦無道 危行言孫

스승님께서 말씀하시기를 : (士는) 나라(의 정치 환경)이 경위 바르게 돌아갈 때는 반듯하게 말하고 반듯하게 처신해야 하지만, 나라(의 정치 환경)이 경위 바르게 돌아가지 않을 때는 처신은 반듯하게 하더라도 말은 겸손하게 해야 한다.

1) 危(위) : 포함은 厲(려: 바르고 엄숙함)로 새기고, 주희는 『예기』의 "危 高峻也(위는 높다는 뜻이다)"라는 주석을 인용한다. 왕념손(王念孫, 1744~1832)은 『광아소증(廣雅疏證)』에서 『논어』의 이 장을 취하면서 "危 正也(위는 바르다는 뜻이다)"라고 설명한다.

2) 孫(손) : 遜과 통자이다. 『논어정의』는 順(순)이라 하고, 주희는 卑順(비순)이라 한다. 직언을 하지 못하고 굽혀서 따르게 된다는 뜻으로 새긴 것이다. 7·36 참조.

세상을 '유도'와 '무도'라는 기준으로만 보는 공자가 던지는 핵심적인 메시지이다. '사람들은 그렇게 처신하더라'라는 뜻이 아니라, '너희는 그렇게 처신하라'는 뜻이다. '위험한 정치 환경에서는 말을 조심하라'는 주문이다. 죽음의 위험이 일상적으로 도사렸던 시대를 살았던 사람으로서는 절실한 처세훈이 아닐 수 없는데, 그렇다면 공자의 그런 처세훈을 요즘 우리는 어떻게 받아들여야 할까? 죽음의 위험에 대비하는 것은 시대를 초월하여 유효한 주문이다. 승산 없는 싸움에 돌진하여 무모한 희생을 내는 것은 전략적으로도 무모하다. 하지만 정치 환경이 좋지 않을 때 자기를 낮추라는 주문은 나쁜 상황을 주체적이고 능동적으로 변화시키려고 하지는 말고 수동적으로 기회를 기다리라는 주문이다. 자신의 노력과 희생을 각오할 필요는 없다는 주문이기도 하다. 그래서 공자는 사회 변동을 주체적이고 능동적으로 하려는 의욕을 꺾었다고 비판할 수 있다.

14·38을 보면 공자를 '知其不可而爲之者(안 될 줄 알면서도 해보는 사람)'라고 평가한 사람들이 있었던 모양이다. 그렇다면 공자는 제자들에게는 자기를 낮추라고 가르치면서 정작 자신은 반대로 처신했을까? 그건 아니다. 공자를 '안 될 줄 알면서도 해보는 사람'으로 평가한 것은 나

라가 경위 바르지 않게 돌아가는데도 바른 소리를 하는 사람이라고 평가한 표현은 아니다. 재상이 되고자 애쓰던 공자의 욕망을 조롱하는 말이었을 것이다.

14·04 子曰 有德者必有言 有言者不必有德 仁者必有勇 勇者不必有仁

스승님께서 말씀하시기를 : 덕을 지닌 사람은 훌륭한 말도 지니지만, 훌륭한 말을 지닌 사람이 반드시 덕을 지니는 것은 아니다. 인자는 용기도 있지만, 용기 있는 사람이 반드시 인하지는 않다.

주

1) 德(덕) : 1·09의 주) 참조.

2) 有言者(유언자) : '말을 지닌 사람'이란 훌륭한 말을 뱉는 사람을 가리킨다. 주희는 '便佞口給(말재간으로써 입에 발린 말을 함)'이라는 공자의 표현을 인용하지만, 여기서의 문맥은 그처럼 나쁜 의미의 말솜씨를 가리키지는 않는다. 言을 '자기주장'이라고 새기기도 하는데, 가능한 새김이기는 하지만 여기서의 문맥은 덕과 언, 인과 용의 집합 관계를 나타내기 때문에 적절한 새김은 아니다.

3) 仁(인) : 1·02의 주) 참조.

4) 勇(용) : 2·24의 주) 참조.

평설

덕과 언의 집합 관계와 인과 용의 집합 관계를 설명한다. 공자가 좋은 말솜씨에 대해 그토록 강한 거부감을 보였던 것은 언어의 속성이나 한계 때문이 아니라 말을 꾸미는 사람의 의도 때문이었다. 당시 중국인의 언어현실이 그만큼 실제와는 어긋나 있었다는 증거이기도 하고, 자신의 내면과 유리될지라도 지켜야만 하는 체면(面子)이란 것을 그토록 소중히 여기는 중국인의 문화현상이 그 증거이기도 하다.[3] 공자는 언어를 의사

---

3   중국인의 특성을 이해하는 관건은 그들이 소중히 여기는 面子(체면)라는 것의 함의를 이해하는 것이라고 흔히 말한다. 임어당(林語堂, 1895~1976)은 "중국에서 臉面(낯)은 그 어떤 세속의 재산보다 소중하다. 그것은 목숨과 은혜보다 힘이 있고 헌법보다 존경을 받는다."고 말한 바 있다. 노신(魯迅, 1881~1936)은 낯을 중시하는 중국인의 이런 성향을 극놀음을 하는 것(做戲)이라고 혹평하면서 "이와 같은 보편적인 극놀음은 진짜 극놀음보다 나쁘다. 진짜 극놀음은 한때에 불과하여 극이 끝나면 평상으로 돌아갈 수가 있지만 보편적인 극놀음은 그렇지 않다."고 말한다. 좋은 처지에서 극놀음을 하면 체면이 있게 되고 극놀음이 실패하거나 아무도 주의하지 않거나 남에게 중단을 당하면 체면을 잃는 것이 된다. '面子'라는 말은 원래 중국 전통적인 戲에 있는 한 세트의 얼굴(譜)로서 여러 얼굴의 '본'을 가리킨다. 사람의 진정한 얼굴이란 있을 수도 있을 필요도 없고, 오직 극놀음을 하는 무대에서 보이는 얼굴만 중요하다는 생각이 곧 체면을 중시하는 일이다. 체면만 보전하면 되지 진정한 얼굴을 잃는 것은 상관없다. 그러니까 阿Q처럼 얻어맞는 것은 중요하지 않고 뒤에서 '애가 노인을 때렸다'라고 말하기만 하면 된다. 그래야 진정한 얼굴을 잃더라도 체면은 살게 된다. 이것을 중국어로는 '要面子不要臉(체면이 중요하지 낯이 중요하지는 않다)'이라고 한다. 이런 태도는 일반 중국인의 인생철학이라고도 할 수 있는데, 중국 바깥에서는 중국인의 이런 성향을 이해하기 힘들다. 속마음과는 다른 얼굴로 살아야만 하는 엄혹한 환경이 빚은 슬픈 관습이 아닐까 한다. 실제적인 자존감을 유지할 수 없는 환경에서 거짓으로라도 자존감을 지키려는 생각이 만들어낸 관습이다. 중국인들 서로는 그와 같은 '面子'의 특성을 너무 잘 안다. 중국인은 다른 사람의 면전에서 面子를 드러내거나 우월함을 보이면 面子가 서는 것으로 여기고 그 반대이면 面子를 잃는 것으로 여긴다. 面子를 잃는 것은 목숨을 잃는 것이나 다름없다. 그러니 옆에 있는 사람은 그 사람이 극놀음을 한다는 것을 알면서도 진지하게 보아주어야 한다. 그렇지 않으면 그 사람의 面子를 잃게 만드는 짓이 된다. 그러나 다른 문화권, 특히 서구인들은 그러한 관념을 이해하기 어렵다. 극놀음을 하는 얼굴 본을 실제의 얼굴로 인식하기도 하고, 실제의 얼굴이 아닌 얼굴 본에 불과했음을 알게 되었을 때 당황하기도 한다. 속았다고 분노할 수도 있고 비굴한 행동이라고 비난할

소통을 위한 수단으로 보지 않았고, 중국인의 언어관습도 언표보다는 언표 속에 담긴 의미를 알아차리는 쪽으로 발달해왔다.

덕, 언, 인, 용을 모두 '有'의 목적어로 사용하면서도 '有德者', '有言者'라고는 표현해도 '有仁者', '有勇者'라고는 표현하지 않는다. 당시 仁과 勇을 체언으로 사용하지는 않았다는 증거이다. 이렇듯 짜임새 있는 대구는 번역하게 되면 아무래도 짜임새가 흐트러진다. "덕을 지닌 사람은 반드시 (훌륭한) 말씀도 지니지만 (훌륭한) 말을 지닌 사람이라고 해서 반드시 덕을 지니지는 않는다. 인자는 반드시 용기도 지니지만 용자가 반드시 인을 지니지는 않는다."라고 번역하면 짜임새는 갖추어지지만 공자의 표현력은 줄어들기 때문에 피하였다.

14·05 南宮适問於孔子曰 羿善射 奡盪舟 俱不得其死然 禹稷躬稼而有天下 夫子不答 南宮适出 子曰 君子哉若人 尙德哉若人

남궁괄이 공자께 여쭙기를 : 예는 활을 기막히게 잘 쏘는 사람이었고, 오는 적진에 혼자 들어가 분탕질할 정도의 무용을 지녔던 사람이었는데도 두 사람은 (모두) 제명에 죽지 못하였습니다. (그러나) 우와 직은 몸소 농사나 지었는데도 (나중에) 천하를 차지하였습니다. (그랬지요?) 스승님께서는 (남궁괄의 물음에 아무런) 대꾸를 하지 않으시더니만, 남궁괄이 밖으로 나가자 말씀하시기를 : 군자로다, 저런 사람은! 덕을 높이 사는구나, 저 사람은!

수도 있다. 面子를 차리는 일에는 규율이 있는 것도 아니다. 그러니 중국인의 '面子 차리기'를 이해하려면 구체적인 사례에서 구체적으로 분석할 수밖에 없다. 따라서 중국인에게 面子를 세워주는 일은 일종의 특수한 은혜일 수 있다. 예컨대 관리를 죽일 때 관복을 입혀서 참수하는 것도 面子를 살려주기 위한 시혜이다. 어쨌든 일상을 극(戲)으로 살아야 한다는 것은 피곤한 일에 틀림없다.

1) 南宮适(남궁괄) : 11·06의 주)에서 설명한 바 있듯이 이 이름을 가진 사람은 여럿이기 때문에 누구인지 확정하기 어렵다. 5·01에 나오는 제자 남용일 수도 있지만 대화의 내용으로 보자면 신분이 높은 사람일 가능성도 있다. 그래서인지 공안국은 노나라의 대부 남궁경숙(南宮敬叔)이라고 한다. 5·01의 주)와 평설 참조.

2) 問(문) : 남궁괄이 물은 것도 아닌데 問이라고 한 것은 오류라는 지적이 있다.[4] 그러나 뒤에서 '夫子不答'이라고 한 데서 알 수 있듯이 남궁괄은 공자에게 자신의 의견에 대한 동의 여부를 구했다고 본다. 공자도 명시적으로 대답하지는 않다가 그가 나간 다음에야 주변에 있던 제자들에게 그를 칭찬하는 것으로써 대답을 대신한다.

3) 羿(예) : 중국의 전설에는 세 사람의 '예'가 나오는데 모두 활쏘기의 명수이다. 첫째는 『설문』에 나오는 제곡(帝嚳)의 활쏘기 스승이고, 둘째는 『회남자·본경훈(本經訓)』에 나오는 사람으로서 열 개의 태양이 동시에 출현하자 그 가운데 아홉 개를 활로 쏘아서 떨어트렸다는 당요(唐堯) 때의 사람이다. 셋째는 『좌전』 양공 4년에 나오는 유궁국(有窮國)의 군주로서, 하왕조 임금 상(相)의 지위를 찬탈하였다가 그의 신하인 寒浞(한착)에게 죽음을 당한 사람이다. 이 장과 『맹자·이루』에 나오는 '예'는 이 사람을 가리킨다.

4) 奡(오) : 예를 죽인 신하 한착이 예의 아내를 취하여 낳은 아들이라고 전한다. 『춘추』에는 '澆'로 적혀 있다. 예와 오의 관계에는 다음과 같은 이야기가 있다. 예는 하왕조 말년에 정권을 잡았으나 활 잘 쏘는 것만 믿고 정사를 돌보지 않자 예의 재상으로 있던 한착이 속임수를 써서 예의 처를 가까이한 다음 유력자를 매수하여 나라를 빼앗았다. 예는 그것

---

4   『논어회전(論語會箋)』(徐英 編著, 上海: 正中書局, 1948).

도 모르고 사냥에서 돌아오다가 붙잡혀 죽임을 당하였고, 그를 삶은 고기를 아들에게 먹게 하자 아들은 죽음을 택하였다. 예의 부하 靡(미)는 有鬲(유력)씨의 고장으로 도망하였다. 한착은 예의 처를 데리고 살면서 오와 獢(희)를 낳았고, 나중에 오를 시켜 군사를 일으켜 斟灌(침관)씨와 斟鄩(침심)씨를 쳐서 멸망시켰다. 오는 침심씨와 濰(유)에서 맞서 싸울 때 침심의 배를 뒤집어엎어 대승리를 거두었다. 그 후 오는 過(과)에 머물렀고, 한착도 정사에 소홀하여 백성을 돌보지 않았다. 유력씨의 고장으로 도망가 있던 미는 유궁(有窮)과 유력 두 나라의 남은 힘을 모아 가지고 한착을 토멸한 다음 少康(소강)을 임금으로 세웠다. 소강은 過(과)에서 오를 토멸한다.

5) 盪舟(탕주) : 주희는 盪을 推의 뜻으로 새기는 『논어주소』의 견해를 좇아서 '力能陸地行舟(뭍에서도 배를 끌 수 있는 힘)'라고 새긴다. 『좌전』은 배를 뒤집어엎는 것이라고 한다. 하지만 "옛날에는 이리저리 마구 찔러 죽이는 것을 盪(탕)이라고 했고, 접전하기 전에 먼저 날랜 군사들을 적진 속으로 보내서 이기는 것을 跳盪(도탕)이라 일컬었으며, 그런 임무를 맡은 별동부대의 장수를 盪主(탕주)라고 일컬었다. 여기의 盪舟도 아마 그런 뜻을 겸하고 있을 것이다."[5]라는 고염무(顧炎武, 1613~1682)의 설명이 훨씬 합리적이다. 어느 군대와 마주쳐도 혼자 뛰어 들어가 좌충우돌 분탕질할 수 있는 용맹을 의미하는 표현일 것이다. 뭍에서 배를 끌고 다닌다는 표현은 허탄한 말일 뿐이다.

6) 禹(우) : 禹稷(우직)은 后稷(후직)의 잘못이라는 주장이 있다. 우는 치수의 공으로 왕위를 선양 받은 사람이지 몸소 농사(躬稼)를 지은 결과 천하를 차지했던 사람은 아니라는 생각 때문에 그렇게 주장할 것이다.

---

5   古人以左右衝殺爲盪 陳其銳卒 謂之跳盪 別帥謂之盪主 盪舟蓋兼此義
〈『일지록(日知錄)』〉.

그러나 순임금의 신하로서 여러 곡식을 심어 농업발전에 기여한 공이 있다는 후직도 천하를 차지한 적은 없다. 그의 15대 후손 무왕이 주를 창업했을 뿐이다. 농사짓던 사람이 천자가 되었다니까 우는 해당되지 않는다는 생각 때문에 후직으로 추정했을 텐데, 우가 치수의 공적으로 왕위에 올랐다면 농업국가에서 결코 이상한 일은 아니고, 또 치수라는 것이 넓게는 농업의 일이니 우더러 농사짓다가 왕이 된 사람이라고 표현해도 잘못은 아니다. 사실과 꼭 부합하지는 않아도 사실과 연관 지을 수 있으면 '사실이다'라고 말하는 것이 양해되는 것이 중국의 언어관습이다. 중국의 고전을 읽자면 주석과 고증이 필수적인데, 주석은 출발점이고 고증은 종결이다. 마융 역시 "우는 치수사업에 진력했고 직은 백곡을 파종하였으니 몸소 농사를 지었다고 한 것이다."[6]라고 말한다.

7) 稷(직) : 후직(后稷)을 가리킨다. 제곡(帝嚳)의 원비인 강원(姜嫄)이 거인의 발자국을 밟았다가 잉태하여 낳은 아이이다. 사람들이 불길하게 여겨 들에다 버리기도 하고 숲에 버리기도 하고 얼음판에 버리기도 했지만 그때마다 동물들이 보호하여 죽지 않자 마침내 엄마에게 주어 키우게 했는데, 아이의 이름은 그 때문에 棄(기)로 삼았다 한다. 어려서 산야에 버려졌다는 사실에서 추측할 수 있듯이 기는 자연에 눈을 떴을 것이고, 그래서인지 요임금 때는 농사(農師)가 되어 농업을 담당하였다 하며, 순임금 때도 후직(后稷)이라는 농업담당관이 되었다 한다. 후직은 나중에 그의 이름이 되었고, 그의 15세손 무왕이 주왕조를 건국했다 한다.

평설

공자에게서 '저런 사람이 군자이다'라는 평가를 받은 사람은 자천(5·02), 자산(5·15), 거백옥(15·07), 그리고 여기의 남궁괄, 이렇게 네 사

---

6   禹盡力於溝洫 稷播百穀 故曰躬稼

람뿐이다. 7·33이나 14·28에서는 자신도 군자로 자처하지는 못한다던 공자가 남궁괄더러 군자라느니 덕을 숭상한다느니 하면서 극찬하는 이유는 뭘까? 대개의 주석은 남궁괄이 무를 숭상하지 않고 덕을 숭상했기 때문이라고만 설명하는데, '무용이 뛰어난 예와 오는 군주가 되었다가 제명에 죽지 못했지만, 몸소 농사나 짓던 우와 직은 천하를 차지하였다'는 말을 가지고 어떻게 덕을 숭상한다고 평가할 수 있을까?

그것은 남궁괄과 공자 사이의 교감이다. 남궁괄의 말은 일반론이 아니다. 집권의 꿈을 가지고 있는 공자에게 천하를 차지했던 우와 직에 대해 언급한다는 것은 공자를 그 두 사람과 견준다는 뜻이다. 공자는 즉답할 수 없었다. 만약 남궁괄의 질문에 공자가 어떤 대답을 했다면 매우 위험한 대화가 될 수 있기 때문이다. 두 사람은 위험한 발언을 우아하게 주고받은 셈이다. '尙德(덕을 높이다)'이라는 공자의 표현은 위험한 대화를 우아하고도 안전하게 처리하는 기술이었던 것이다.

14·06 子曰 君子而不仁者有矣夫 未有小人而仁者也

스승님께서 말씀하시기를 : 인하지 않은 군자는 있겠지만, 인한 소인은 없다.

평설

군자 가운데 예외적으로 인하지 못한 사람은 있을 수 있어도 소인 가운데 예외적으로 인한 사람은 있을 수 없다고 단정하는 말이다. 그런데 이 말이 공자의 육성이라면 어떤 배경에서 이처럼 싱겁고 유치한 말을 뱉게 되었을지 궁금하다.

군자이면서도 인하지 못한 사례를 관중에게서 찾는 『논어정의』의 주석은 딱하다. 공자는 '군자'를 이미 가치지향적인 용어로 사용하였거늘, 군자이면서 인하지 않은 사람을 누구로 여겼을까 하는 생각이 왜 필요할까? "군자는 인에 뜻을 두지만 잠깐이라도 마음이 인에서 벗어나면 불인(不仁)을 면할 수 없다."[7]라는 사량좌의 주석은 더 딱하다.

14·07 子曰 愛之 能勿勞乎 忠焉 能勿誨乎

스승님께서 말씀하시기를 : (군주가 인민을) 사랑한다고 해서 (놀게만 하고) 노동하지는 말라고 할 수 있겠는가? (신하가 군주에게) 충성한다고 해서 (따르기만 하고 군주에게 실정을) 알리지는 않을 수 있겠는가?

주

1) 勞(로) : 양백준은 『국어·노어(魯語)』의 "인민은 수고로워야 생각을 하게 되고 생각을 해야 착한 마음이 생긴다. 하는 일이 없으면 황음하게 되고, 황음하면 착함을 잊게 되며, 착함을 잊으면 나쁜 마음이 생긴다."[8]라는 대목을 들면서, '군주가 인민을 수고롭게 만드는 것'이라고 새긴다. H.G. 크릴도 "애정이 있으면 항상 엄격하게 대하기 마련 아니겠는가?"[9]라면서 비슷한 취지로 해석한다. 소철(蘇轍, 1039~1112) 또한 "아끼기만 하고 수고롭지 않게 하는 것은 짐승들의 사랑이고, 충성하기만 하고 군주에게 실정을 알리지 않으면 부녀자나 내시의 충성이다. 아끼면서도 수고롭게 만들 줄 알아야 깊은 사랑이요, 충성하면서도 실정을 알려줄 줄 알아야 커다란 충성이다."[10]라고 설명한다. 그런데 『논어주소』는 공안국

7　君子志於仁矣 然 豪忽之間 心不在焉 則未免爲不仁也

8　夫民勞則思 思則善心生 逸則淫 淫則忘善 忘善則惡心生

9　그의 책, 제6장 참조.

10　愛而勿勞 禽犢之愛也 忠而勿誨 婦寺之忠也 愛而知勞之 則其爲愛也深矣 忠而知誨之 則其爲忠也大矣

의 "人有所愛 必欲勞來之(사랑하는 사람이 생기면 반드시 힘들여서라도 그를 맞이하고자 한다)"라는 주석을 인용하여 '맞이하다'라는 뜻으로 새긴다. 하지만 그 문장에서 '맞이하다'라는 뜻은 來에 있고 勞는 '힘들여서라도'의 뜻이다.

2) 誨(회) : '가르쳐주다'라고 새겨도 무방하지만 2·17에서 설명했듯이 教(교)와는 달리 자신이 알고 있는 정보나 지식을 상대에게 알려준다는 뜻이다.

평설

병렬한 두 개의 문장은 주어는 물론 동사의 목적어가 없다. 맥락을 가늠하여 생략된 부분을 복원해주어야만 번역이 매끄럽게 된다. 『논어』를 단지 처세훈이나 아포리즘 정도로만 받아들인다면 생략된 부분을 읽는 사람이 주관적으로 가늠하더라도 무방하겠지만, 중국문화의 토대를 이룬 막중한 책이기 때문에 최대한 정밀하게 맥락을 복원할 필요가 있다.

이 문장의 형식은 중국 고문의 두드러진 특징인 대구(對句)이다. 대(對)의 주체가 무엇인지를 파악하는 것이 중요하다. 愛之와 忠焉이라는 두 동사로써 군주와 신하를 대비시키고 있다. 忠焉은 신하의 군주에 대한 태도이고 愛之는 군주의 인민에 대한 태도이다. 군주의 신하에 대한 태도는 아니다. '사랑에는 수고로움이 따른다'거나, '사랑에는 상대의 성장에 도움을 주려는 노력이 필요하다'는 번역이 흔한데, 앞 구절만 있다면 그렇게 해석될 여지도 있겠지만 어디까지나 대구이기 때문에 곤란하다. 단장취의가 되어서는 안 된다.

14·08 子曰 爲命 裨諶草創之 世叔討論之 行人子羽修飾之 東里子産潤色之

스승님께서 말씀하시기를 : (정나라는) 외교문서를 만들 때에 비심이 초고를 만들면 세숙은 그것에다 토론을 하고, 행인 자우는 그것에다 수식을 하며, 동리 자산은 (마지막으로 그것에다) 윤색을 한다. (그래서 정나라는 외교에서 실패가 적었다.)

주

1) 爲命(위명) : 갑골문과 금문에서 命과 令은 같은 글자이다. 命은 군주가 발하는 '정령(政令)'이라는 뜻이다. 양백준은 『좌전』 양공 31년의 다음 기록을 근거로 命은 '외교사령'이라고 한다. "정나라에서 이웃 나라와 외교업무가 생기면 자산은 자우에게 여러 나라들의 처신에 관해 물은 다음 외교사령을 많이 만들게 하고, 그다음 비심과 함께 수레를 타고 들판으로 나가서 사행을 보낼지 말지에 대한 검토를 하며, 풍간자에게 결단하게 한다. 보내기로 결정되면 사령을 자태숙에게 주어서 사행을 나가 빈객을 응대하게 한다. 이렇듯 꼼꼼하게 처리하기 때문에 외교에서 실패하는 일이 적다."[11] 하지만 命이라는 글자에서 파생한 뜻일 뿐 그 글자의 본뜻이 '외교사령'은 아니다. 외교사령도 군주의 발령이기 때문에 命이라고 했을 것이다. 정약용은 命은 외교문서이고 辭는 외교언사라고 구분한다. 命에 대한 설명은 9·01의 주) 참조.

2) 裨諶(비심) : 정나라의 대부. 이름은 竈(조), 자는 煁(심, 諶과 통자)이다. 혜성이 나타났을 때 비심은 화재가 발생할 징조이니 제사를 지내자고 주장하지만, 자산(子産)은 비심을 지혜로운 사람으로 인정하면서도 미신이기 때문에 거부했다는 기록이 『좌전』 소공 17년과 18년에 나온다.

---

11 鄭國將有諸侯之事 子産乃問四國之爲於子羽 且使多爲辭令 與裨諶乘以適野 使謀可否 而告馮簡子使斷之 事成 乃授子太叔使行之 以應對賓客 是以鮮有敗事

비심은 들판에서 정사를 계획하면 괜찮았지만 도성에서 계획하면 그렇지 않았기 때문에 정나라에서는 외교업무가 발생하면 비심에게 수레를 타고 들판에 가서 외교문서를 작성해오라 했다고 공안국은 설명한다.

3) 草創(초창) : '초'는 간략의 뜻이고, '창'은 지어낸다는 뜻이라고 주희는 설명한다.[12]

4) 世叔(세숙) : 정나라의 대부로, 이름은 游吉(유길)이다. 『좌전』에는 子太叔(자태숙)으로 되어 있는데, 고대에 太와 世는 통용되었다. 강대국 진(晉)과 초(楚) 사이에 낀 정나라를 40여 년 동안 뛰어난 외교 수완으로 전란의 피해가 없도록 만들었다는 평가를 듣는다. 그가 죽었을 때 공자가 눈물을 흘렸다는 말이 있다.

5) 討論(토론) : 討를 마융은 治(치: 다스림)라 하고 주희는 尋究(심구: 꼼꼼이 따짐)라 한다. 論을 주희는 講義(강의: 의미를 설명함)라 한다.

6) 行人子羽(행인자우) : 行人은 사신을 담당하는 직책 이름이다. 子羽는 公孫揮(공손휘)의 자이다.

7) 修飾(수식) : 주희는 增損(보태기와 덜기)이라고 한다.

8) 東里子産(동리자산) : 東里는 지명으로서 지금의 鄭州(정주)시에 있으며, 자산의 거처였다고 한다. 자산은 정나라의 대부 公孫僑(공손교)의 자이다. 5·15의 주) 참조.

9) 潤色(윤색) : 주희는 '문채를 더하는 것'이라고 한다.

[평설]

제후지사(諸侯之事)라고 일컫기도 했던 당시 제후들의 외교 각축에서는 문서가 중요한 역할을 했음을 알 수 있다. 국가의 명운이 걸린 중요한 외교문서는 초창, 토론, 수식, 윤색의 과정을 전문적으로 담당하는 사람

---

12   草略也 創造也

들이 단계별로 참여하여 만들었음도 알 수 있다.

중국의 문자와 글쓰기는 이처럼 정치에서 출발하였다. 교역의 필요나 약속의 확인 등 실용 목적에서 탄생한 것이 아니다. 그래서 중국의 글은 대등한 상대와 교류하고 소통하기를 위주로 하지 않는다. 권력과 위엄을 담아서 상대적 우위를 점하고자 애쓰면서 지어진다. 심지어 서정적인 글도 마찬가지이다. 자신의 기량을 펴보이고자 애를 쓴다. 그래서 한자를 가지고서 짓는 모든 글에는 언제나 정치적 긴장이 담기기 마련이다. 그리고 정치적 긴장이 담긴 글은 언제나 사실과는 거리가 있는 과장으로 채워지기 마련이다.

14·09 或問子産 子曰 惠人也 問子西 曰 彼哉 彼哉 問管仲 曰 人也 奪伯氏騈邑三百 飯疏食 沒齒無怨言

어떤 사람이 (스승님께) 자산(에 대한 평가)를 여쭙자 스승님께서 대답하시기를 : 은혜로운 사람이었지(! 라고만 대답하셨다). (다시) 자서(에 대한 평가)를 여쭙자 대답하시기를 : 그만그만한 사람이지(! 라고만 대답하셨다). (다시) 관중(에 대한 평가)를 여쭙자 대답하시기를 : (대단한) 인물이지. (관중은) 백씨의 (봉토였던) 병읍 삼백 호를 빼앗아버려 (백씨가) 거친 밥을 먹(을 정도로 몹시 쪼들)렸는데도 (백씨한테서는) 늙어 죽을 때까지 (관중을) 원망하는 소리가 나오지 않았거든.

주

1) 子産(자산) : 앞 장과 5·15에서 나온 바 있는 정나라 대부이다. 공자는 자산이 죽었다는 소식을 듣고 눈물을 흘리면서 "古之遺愛也(옛날의 유풍을 지닌 인자함을 지닌 사람이었도다)"라면서 슬퍼했다는 기록이 『좌전』 소공 20년에 있는데, 惠人(혜인)이라는 표현은 바로 그 뜻이라고

공안국은 설명한다. 5·15의 주) 참조.

2) 子西(자서) : 춘추시대에 '子西'라는 이름의 인물은 셋을 찾을 수 있다. ① 정나라 公孫夏(공손하)이다. 자산과 같은 집안의 형제로서, 자산이 그의 뒤를 이어 정나라 정치를 담당했다. ② 초나라 鬪宜中(두의중)이다. 노나라 희공과 문공 무렵에 살았다. ③ 초나라 영윤(令尹)을 지낸 公子申(공자신)으로, 공자와 동시대 사람이다. 주희 등 대부분의 주석가는 공자신으로 지목하지만 양백준은 공손하로 지목한다. 두의중은 공자와 너무 멀고 공자신은 너무 가깝다는 이유이다. 마융도 공손하로 지목한다. 공자는 여기서 명백히 子西를 경시하고 있다. 공자신이라면 공자가 경시할 만하지만 공손하라면 수긍하기 어렵다. 그래서 마융과 양백준의 견해에는 동의하지 않는다. 주희는 공자신이 초나라의 권력을 쥐고서도 자신이 오로지하지는 않고 소왕(昭王)을 세운 사실로 보자면 현대부이지만, 참람되게 왕호(王號)를 사용한 점, 소왕이 서사(書社) 7백으로써 공자를 봉하려 하자 저지했던 사실, 나중에 백공(白公)을 불러들여 화란을 초래한 점 등은 비판한다.

3) 彼哉彼哉(피재피재) : 마융은 '일컬을 가치가 없음'을 표현한 것이라 하고, 주희는 외면하는 말이라고 한다. 모기령(毛奇齡, 1623~1713)은 『논어계구편(論語稽求篇)』에서 당시의 성어일 것이라고 한다. 彼가 아닌 '佊(피: 사악하다)'라는 주장도 있지만 억지이다. 아무튼 높게 평가하지 않는다거나 평가를 보류하겠다는 뜻의 표현으로 짐작된다. "그 사람 말이지~, 그 사람 말이지~" 하는 식으로 얼버무리는 표현일 수도 있고, '그만그만하다' 또는 '그 사람이 그 사람이다'라는 한국어 관용구로 번역하는 것이 적당할 듯하다.

4) 管仲(관중) : 3·22의 주) 참조.

5) 人(인) : 자산을 '惠人'이라고 표현했듯이 앞에 관형어 한 글자가 빠졌다는 주장도 있다. 하지만 명사 한 글자가 그 명사의 완전함을 나타내

는 사례로 볼 수 있지 않을까 한다. 진순신(陳舜臣, 1924~2015)은 16·08 에 나오는 '大人'으로 추정하지만 근거는 없다. 정현은 『시경』에 나오는 '伊人'이라 하고, 『논어주소』는 '此人'과 같다고 한다.

6) 伯氏(백씨) : 황간은 제나라 대부로서 이름은 偃(언)이라고 한다. 伯氏의 騈邑(병읍)은 지금의 산동성 臨朐縣(림구현) 柳山寨(류산채)에 있었다고 한다. 공안국은 관중이 백씨의 식읍을 빼앗았다 하고, 주희는 환공이 백씨의 허물을 들어 그의 봉토인 병읍을 빼앗아 관중에게 주었다 고 한다.

7) 沒齒(몰치) : 이가 빠져 없어진다는 표현은 늙어 죽는 것을 뜻한다.

[평설]

인물품평은 중국문화사에서 매우 중요한 과목인데, 이 장은 인물품평 에 대한 공자 당대의 사정을 알 수 있는 대목이다. 중국의 인물품평은 우 열을 가지고 서열을 매기거나[13] 두 사람을 놓고서 상대적인 장점을 대비 시키는 방법이 주로 사용된다. 주희 역시 "관중의 덕은 재능을 이기지 못 했고, 자산의 재능은 덕을 이기지 못했다. 하지만 두 사람 다 성인의 학 문에 대해서는 알려진 바 없다."[14]라고 품평한다. 공자의 인물품평은 지 극히 주관적이었고 대체로 박하였다. 2·10, 5·15, 5·17, 13·24, 14·25, 14·29 참조.

14·10 子曰 貧而無怨難 富而無驕易

스승님께서 말씀하시기를 : 가난하면서 (남을) 원망하지 않기는 어렵지만, 부

---

13   나중에는 상중하의 삼품으로 품평하기도 한다.

14   管仲之德 不勝其才 子産之才 不勝其德 於聖人之學則槪乎其未有聞也

유하면서 교만하지 않기는 (상대적으로) 쉽다.

<u>평설</u>

　내용은 평범하다. 하지만 14·06처럼 대구로 만든 아포리즘으로는 유용하다고 여겨서 수록했을 것이다. 가난하면 원망하지 않는 일에 그치지 않고 모든 게 힘들고, 부유하면 교만하지 않는 일에 그치지 않고 모든 게 쉬운 법이다. '빈이무원'을 안연에 비유하고 '부이불교'를 자공에 비유하기도 하지만, 지나치게 진지한 해석이다.

　공자의 언급은 언제나 이런 정도에 그칠 뿐이다. 가난한 사람이 남을 원망하지 않게 만들 수 있는 방안이나, 부유한 사람이 남을 업신여기지 않게 만들 수 있는 방안에 대해서는 언급하지 않는다. 현상을 진단하기는 하지만 현상을 고치는 처방은 하지 않는다. 혹시 자신이 이렇게 만든 '말'이 널리 퍼지는 것 자체가 세상을 바꾸는 힘이 된다고 생각했을지도 모르겠다. 그렇다면 『논어』의 '말'들은 세상을 바꾸는 결과를 냈는가? 바꾸었다면 어떻게 바꾸었는가? 교언과 영(佞)을 싫어한다고 그토록 강조했으면서도 정작 자신은 이처럼 밋밋한 내용을 교묘하게 표현하는 일에 치중하지는 않았는가?

14·11 子曰 孟公綽爲趙魏老則優 不可以爲滕薛大夫
스승님께서 말씀하시기를 : 맹공작은 조·위(처럼 큰 나라)의 가로(家老)가 되면 넉넉히 잘하겠지만 등·설(처럼 작은 나라)의 대부가 되어서는 안 된다.

<u>주</u>

　1) 孟公綽(맹공작) : 노나라 대부이다. 14·12에서 공자는 그를 욕심 없는 사람의 대명사처럼 말한 바 있다. 『좌전』 양공 25년에 그에 관한 이

야기가 짧게 실려 있다. 사마천은 『사기·중니제자열전』에서 공자가 존경하였던 인물들은 주(周)의 노자, 위(衛)나라 거백옥, 제나라 안평중, 초나라 노래자(老萊子), 정나라 자산, 노나라 맹공작이었다고 열거한다.

2) 趙魏(조위) : 趙와 魏는 원래 진(晉)의 경(卿)이었다. 진이 나중에 조·위·한의 세 나라로 나뉘었다. 공자 당시부터 이미 별개의 나라로 인식되었기 때문에 진이라 하지 않고 조와 위로 나누어서 표현하였다. 나뉜 뒤에도 조와 위는 여전히 큰 규모의 나라로 간주되었다.

3) 老(로) : 주희는 가로(家老: 가신의 우두머리)라고 한다. 대부의 가신을 老 또는 室老(실로)라고 부르기도 했다.

4) 滕薛(등설) : 노나라 부근에 있던 작은 나라들의 이름이다. 滕의 고성(故城)은 지금 산동성 滕縣(등현) 서남쪽 25리에 있다 하고, 薛의 고성은 지금 산동성 滕縣 남쪽 44리에 있다 한다.

평설

연속되는 인물평이다. 큰 나라의 수석 벼슬아치로는 넉넉하지만 작은 나라의 실무직으로는 적합하지 않다는 평가이다. 자잘한 실무를 꼼꼼히 챙겨야 하는 작은 나라의 대부 직책은 일이 많고, 가신들의 인간관계만 조절하면 되는 큰 나라 실로의 직책은 일이 적다고 공안국부터 설명해왔다. 사마천의 평가도 그렇거니와 다음 장을 보더라도 공자는 분명 맹공작을 높이 여겼고, 제자들에게 자주 맹공작을 칭송했던 듯하다.

14·12 子路問成人 子曰 若臧武仲之知 公綽之不欲 卞莊子之勇 冉求之藝 文之以禮樂 亦可以爲成人矣 曰 今之成人者何必然 見利思義 見危授命 久要不忘平生之言 亦可以爲成人矣

자로가 성인(이란 어떤 사람인지)에 대해 여쭙자 스승님께서 대답하시기를 : 장무중 같은 지혜를 갖추고, 맹공작처럼 욕심도 안 부리며, 변장자 같은 용기에다 염구 같은 솜씨도 있고, 그 위에 예악까지 잘 익힌다면 성인이(라고 할 수 있)겠지. (그 말을 들은 자로가 난감해하자) 말씀하시기를 : 요즘 성인이야 어찌 반드시 그렇겠어? 이익을 마주하면 (내가) 챙기는 것이 옳은지 생각하고, (공동체의) 위기를 마주하면 목숨을 던져(서라도 막아내려고 하)며, 어려운 여건이 오래 지속되어도 평소의 신념을 저버리지 않(는 사람)이면 성인이라고 해도 되겠지.

주

1) 成人(성인) : 공자는 인물 품평을 하면서 聖人(성인), 賢人(현인), 仁者(인자), 大人(대인), 君子(군자), 成人(성인), 善人(선인), 中行(중항), 狂者(광자), 狷者(견자), 知者(지자), 有恒者(유항자), 野人(야인), 小人(소인), 鄙夫(비부), 鄕原(향원) 등 여러 표현을 사용하였다. 聖人·賢人·仁者는 도달하고자 하는 인격 표준의 이상으로, 大人·君子·成人·善人은 실행해야 할 인격의 표준으로 생각했다는 설명도 있지만[15] 대체로 그 때그때 편의적으로 사용한 '표현'일 뿐이지 개념적으로 규정한 이름은 아니었다. 여기의 成人도 '완전한 사람'이나 '인격을 완성한 사람' 정도의 표현이다.

2) 臧武仲(장무중) : 노나라 대부 臧孫紇(장손흘). 武는 시호이고 仲은 항렬이다. 5·17에서 거론된 臧文仲(장문중)의 손자이다. 지혜로웠다는 평판이 있는 사람인데, 계씨에게 아부하여 장자를 폐하고 유자(幼子)를 옹립하는 데 편을 들었던 사건 때문에 제나라로 도주한 일이 있다. 『좌전』 양공 23년(550 B.C.)에 그에 관한 기사가 있다. 공자는 14·14에서는 좋지 않게 평가한다.

15　陳立夫, 『중국철학의 인간학적 이해』(정인재 역, 민지사, 1986), pp.143~147.

3) 公綽(공작) : 앞 장에서 나왔던 맹공작이다.

4) 卞莊子(변장자) : 노나라 변읍(卞邑)을 지키던 대부로,**16** 두 마리의 범을 찔러 죽인 용맹으로 이름을 떨쳤다는 사람이다. 『순자·대략』과 『한시외전』에 그의 용맹에 관한 기사가 있다. 어머니를 봉양하느라고 세 차례 전쟁에서 모두 패하여 친구들과 군주의 비난을 샀지만, 어머니 돌아가시고 3년이 지나 노나라가 제나라를 공격할 때 종군하여 적의 목을 세 차례나 베어다 바치면서, 그것으로 세 번 패한 책임을 면했다고 말한 다음 적진으로 들어가 70여 명을 죽인 뒤 죽었다고 한다. 그 때문에 용맹한 사람의 대명사가 되었던 듯하다.

5) 冉求之藝(염구지예) : 공자는 염구더러 '藝'라고 평가한 바 있는데(6·08) 여기서 다시 언급한 것을 보면 일시적인 평가는 아니었던 모양이다. 제자들 내부에서도 염구를 대표 제자로 인식하였고(11·13) 맹무백(孟武伯)과 계자연(季子然)이 공자에게 제자들에 관해 물을 때도 자로와 염구에 대해서만 물었던 사실을 보자면(5·07, 11·24), 자로와 염구는 공문 밖에서도 상당한 평판이 있었다고 본다. 5·07과 11·24의 대화는 자로와 염구가 벼슬을 지냈기 때문에 있었던 대화이기는 하지만 어쨌든 객관적인 평판이었다고 본다. 다만 염구의 어떤 능력을 藝라고 표현했는지는 『논어』의 기록만으로는 짐작하기 어렵다. 염구에 관한 설명은 3·06의 주) 참조. 藝에 관한 설명은 6·08의 주) 참조.

6) 文(문) : '꾸미다'라는 표현인데, 예와 악을 잘 익혔다는 뜻이겠다. 『논어』에 나오는 '文'에 대한 해설은 1·06의 주) 참조.

7) 思義(사의) : 내가 이익을 취하는 것이 옳은지를 생각하라는 뜻. 1·13의 주) 참조.

---

16 변읍은 지금의 산둥 성 泗水縣(사수현) 동쪽에 있있는데, 세가 노를 지고사 해도 변장자의 용맹이 무서워 변읍을 지나지 못했다고 한다.

8) 久要不忘平生之言(구요불망평생지언) : 주희는 공안국을 따라 久要를 '오래된 약속'이라고 새긴다. 이 때문에 久要不忘平生之言은 흔히 '오래된 약속을 잊지 않는다'라고 번역한다. 그러나 이 문장에서 忘의 목적어는 平生之言이지 久要는 아니므로 그렇게 번역될 수는 없다. 要는 約의 차자(借字)이고 約은 '곤궁'의 뜻이라는 양백준의 설명이 타당하다고 본다. '오래도록 곤궁하게 지낼지라도 평생의 말은 잊지 않는다'는 뜻이 되겠다. 平生을 공안국은 '소시(少時)'와 같다 하고 주희는 '평일'이라고 새기지만, 우리말로는 '평소'가 무난하다.

| 평설 |

호인은 '曰' 이후 뒷부분은 공자의 말이 아니라 자로가 聞斯行之(들으면 바로 실천함)하는 용기를 회복하지 못하고 終身誦之(종신토록 외기만 함)하는 고질만 생겼기 때문에 한 말이라고 한다.[17] 하지만 앞부분 '子曰' 이후는 공자가 자로의 질문에 시큰둥하게 대꾸한 것이고, 뒤의 '曰' 이후는 자로가 공자의 시큰둥한 반응에 적응하지 못하자 생각을 바꾸어서 친절하게 정리해준 말일 가능성이 있다.[18]

'曰' 이후의 발언자가 누구인지는 문장의 해석에 큰 영향을 미치지 않는다. 다만 공자와 자로의 다른 대화들을 보건대 자로가 반대 의견을 말

---

17   '聞斯行之'는 11·22에 나오는 이야기를 말하고, '終身誦之'는 9·27에 나오는 이야기를 말한다.

18   8·13의 평설에서 설명한 바 있듯이, 공자가 見危授命과 같은 직절(直截)한 말을 했을 것 같지는 않다. 그런데 '曰' 이후 뒷부분은 19·01에서 자장의 말로 반복되고 있는데, 그렇다면 공자의 말이 자장의 말로 바뀌었을 가능성과 자로의 말이 자장의 말로 바뀌었을 가능성을 비교하여 판단할 필요가 있다. 공자의 말을 자장의 말로 오기하기는 쉬워도 자로의 말을 자장의 말로 오기할 가능성은 적지 않을까 한다. 확정하기 어려울 뿐이다.

하면 공자는 반드시 자로를 꾸짖거나 수긍하는 말로 매듭을 짓지만 여기서는 그렇지 않은 것으로 보면 자로가 한 말일 가능성도 있다. 만약 그렇다면 그 부분은 이렇게 번역되어야 할 것이다. "(공자의 설명을 들은 자로가) 말하기를 : 요즘 성인이란 사람이 어떻게 꼭 그러하겠습니까? 이익을 보면 (그걸 내가 챙겨도) 되는지를 생각하고, (공동체의) 위기를 마주하면 목숨을 던져(서라도 막고자 하)며, 어려운 환경이 지속되어도 평소의 신념을 저버리지 않는 정도면 성인이라고 해야지요."

14·13 子問公叔文子於公明賈曰 信乎 夫子不言 不笑 不取乎 公明賈 對曰 以告者過也 夫子時然後言 人不厭其言 樂然後笑 人不厭其笑 義 然後取 人不厭其取 子曰 其然 豈其然乎

스승님께서 (공숙문자의 제자인) 공명가에게 공숙문자에 관해 물으시기를 : 정말입니까, (당신의) 스승께서는 말도 안 하고 웃지도 않고 (남이 주는 것을) 받지도 않는다는 것이? (이에) 공명가가 대답하기를 : 알려드린 사람이 잘못 알려드렸나 봅니다. 저희 스승님께서는 (말씀을 안 하시는 것이 아니라) 시의적절할 때에만 말씀하시니 남들이 그분의 말에 싫증 내지 않고, (웃지 않으시는 것이 아니라) 즐거울 때에만 웃으시니 남들이 그분의 웃음에 싫증 내지 않으며, (결코 안 받는 게 아니라) 합당한 것만 받으시니 그 분이 (재물을) 가져도 남들이 싫어하지 않는 것입니다. 스승님께서 말씀하시기를 : 그렇다고요? 어찌 그럴 수가 있단 말입니까? (대단하십니다.)

주

1) 公叔文子(공숙문자) : 衛獻公(위헌공)의 손자로 이름은 拔(발)이다. 시호가 文이기 때문에 이렇게 불렀다. 이름이 枝(지)루 된 판본은 오류임을 완원(阮元, 1764~1849)이 고증한 바 있다. 위령공 31년(504 B.C.)에

이미 늙어서 물러난 상태였다는 기록이 있는 것으로 보면 공자보다 20년 정도 나이가 많았던 사람으로 추정된다. 공숙문자가 죽었을 때 그의 아들이 시호를 청하자 위공(衛公)은, 위나라가 기근이 들었을 때 죽을 만들어 주린 사람들에게 준 적이 있으므로 惠(혜)에 해당하고, 위나라에 변고가 일었을 때 목숨을 걸고 임금을 지킨 적이 있으니 貞(정)에 해당하며, 위나라의 정치를 담당하면서 외교를 잘하여 사직을 욕되게 하지 않았으므로 文(문)에 해당하므로 '貞惠文子'라고 하는 것이 옳겠다고 말했다는 이야기가 『예기·단궁하』에 실려 있다. 14·18에서 공자는 그의 덕을 다시 칭찬한다.

2) 公明賈(공명가) : 公明은 복성이고 이름이 賈이다. 대화의 내용으로 보아 공숙문자의 측근으로서 그를 스승으로 모시는 제자였을 것으로 짐작된다.

3) 不笑(불소) : 웃음은 권위를 무화시키기 때문에 권위를 중시하는 사람은 대체로 웃음을 멀리한다. 樂然後笑(즐거워야 웃는다)라는 말이 암시하듯이 권력을 가진 자들은 대체로 웃음이 허용되는 상황 외에는 남의 웃음을 보는 것도, 자신이 웃는 것도 거부했을 것이다. 3·08과 17·04 참조.

4) 以(이) : 양백준은 以가 此의 뜻을 가진 지시대사라고 한다. 상당수의 자전에서도 그렇게 새긴다. 하지만 '以' 자 자체를 지시대사로 규정할 필요는 없다. 허사는 문장에서의 쓰임에 따라 해석이 달라질 뿐이다. 각각의 쓰임마다 품사로 규정할 필요는 없다. 원래의 뜻과 원래의 품사대로 해석하더라도 충분하다. 以告者는 '그러한 내용을 가져다가 알려준 사람'이라는 뜻이다. 以 자체에 此의 뜻이 있다고 볼 것이 아니라 以 다음에 此가 생략된 것으로 보는 것이 순리이다.

5) 義然後取(의연후취) : 합당해야 취한다는 뜻이니, 앞 장의 見利思義와 비슷한 의미이다.

6) 其然豈其然(기연기기연) : 주희는 이 말을 공자가 의심한 말이라고 본다. 군자는 남들과 잘 지내야 하기 때문에 정면으로 부딪히기 싫어서 이렇게 의심하는 표현을 했을 뿐이지 공숙문자가 실제 그런 사람은 아니라는 것이다. 주희의 그런 설명은 두말할 것 없이 공자보다 더 훌륭한 사람, 공자가 감탄하는 훌륭한 사람이란 있을 수 없다는 생각에서 나온다. 다음 장에서 보듯이 공자는 주로 남의 흠결을 지적하기만 했지 남을 칭찬하는 경우가 거의 없기는 하다. <u>스스로 완벽한 사람이라고 자부했기</u> 때문이다.

14·14 子曰 臧武仲以防求爲後於魯 雖曰不要君 吾不信也
스승님께서 말씀하시기를 : 장무중은 (자신의 봉읍) 방읍(의 힘)을 믿고 (자신의 뜻대로) 후계자를 세우고자 노(양공)에게 요구하였다. 비록 군주에게 강요하지는 않았다지만 나는 (그가 진정 강요하지 않았다고) 믿지는 않는다.

| 주 |

1) 臧武仲(장무중) : 14·12에서 공자는 장무중을 지혜로운 사람의 대명사처럼 거명하더니만 여기서는 군주에게 부당한 강요를 했던 사람으로 묘사하고 있다. 『좌전』을 통해 짐작할 수 있는 이유는 이렇다. 장무중은 맹씨와 계씨 사이에서 꾀를 부리다가 계씨의 공격을 받자 주(邾)로 도주하였는데, 당시의 법도에 따르자면 도주할 경우 봉읍을 빼앗기고 후사가 끊기게 된다. 그래서 장무중은 얼마 뒤 노나라로 돌아와 자신의 봉읍인 방(防)을 되찾은 다음, 자신이 후사가 끊길 만한 죄는 짓지 않았으니 자기 대신 이복형 臧爲(장위)를 후계자로 봉해달라고 양공에게 요구하여 성사시킨다. 속읍의 후계자를 세우는 것은 군주의 권한인 데다, 더구나 죄를 얻어 도주한 상태인데도 후사조차 자신의 뜻대로 한 것이다.

이때 장무중은 자신의 요구를 들어주지 않으면 반란을 일으킬 기세를 보였기 때문에 양공은 하는 수 없이 그의 요구를 들어주었다고 한다. 공자는 이 사실 때문에 장무중이 군주에게 강요하지 않았다는 말은 믿을 수 없다고 했을 것이다. 이 때문에 이 장은 행위가 드러나지는 않았어도 의도가 나쁘면 그것을 벌해야 한다는 이른바 춘추주의지법(春秋誅意之法)을 공자가 말한 것이라고 전통적으로 평가한다.

2) 以防求爲後(이방구위후) : 防은 장무중의 봉읍이었다. 지금 산동성 費縣(비현) 동북 60리에 있다고 한다. 以는 用의 뜻과 같다. 求는 요구, 爲後는 후계자로 삼다는 뜻이다.

평설

동일 인물에 대해 이처럼 상반된 평가를 하는 이유를 알 수는 없지만 어쨌든 이런 데서도 공자의 기질을 엿볼 수 있다. 그는 좀처럼 남을 인정하지 않았고, 진정으로 흠모하는 사람도 없었던 듯하다. 꿈에서까지 주공단을 그렸다지만 그것은 진정 주공단을 존경해서가 아니라 주공단을 닮고 싶은 자신의 욕망 때문이었다. 그는 오로지 자신만이 가장 높은 곳에서 세상을 굽어본다고 여기던 사람이었다. 유가의 적통을 이었다고 자부하는 사람치고 공자를 그렇게 여기지 않은 사람은 없었을 뿐 아니라 공자 스스로도 그렇게 생각하였다.

14·15 子曰 晉文公譎而不正 齊桓公正而不譎
스승님께서 말씀하시기를 : 진문공(이 패주가 되었던 방법론)은 속임수였지 바르지는 않았고, 제환공(이 패주가 되었던 방법론)은 발랐지 속이지는 않았다.

1) 晉文公(진문공, 636~628 B.C. 재위) : 헌공의 둘째 아들로 성명은 姬重耳(희중이)이다. 헌공의 총희인 여희(驪姬)가 자신의 아들을 후계자로 삼고자 태자 申生(신생)을 자살시킨 다음 자신마저 죽이려 하자 제·송·초 등 여러 나라로 도피하였다. 43세에 떠나 19년 만에 돌아와 62세에 공에 오른 다음 많은 권모를 사용하여 패주(覇主) 노릇을 하게 된다. 초를 공벌할 때 순수라는 명목으로 천자를 河陽(하양)에 불러다 놓고 제후로 하여금 와서 천자를 만나게 한 일과, 초를 공격하고자 하나 명분이 없자 동맹국인 위(衛)나라를 공격하여 초를 끌어들인 일 등이 권모의 사례로 꼽힌다. B.C. 635년에는 반란 때문에 수도에서 도망해 온 襄王(양왕)을 보호한 다음 반란을 토벌하였고, B.C. 632년에는 초나라를 공격하여 이김으로써 마침내 패주의 지위를 얻게 된다.

2) 齊桓公(제환공, 685~643 B.C. 재위) : 희공의 아들이자 양공의 동생으로, 양공의 뒤를 이어 공위를 차지한 다음 춘추시대 처음으로 패주 노릇을 했던 사람이다. 성명은 姜小白(강소백)이다. 양공의 동생 공자규(糾)와 공자소백(小白)은 황음무도한 양공이 공손무지에 의해 살해당하자 자신들도 연루될까 두려워 각각 노(魯)와 거(莒)로 망명하였다. 공손무지가 살해당하자 서로 먼저 제나라로 들어가 공위를 차지하고자 다툼을 벌이다 결국 소백이 차지하게 된다. 이때 포숙아는 소백을 섬겼고 관중은 召忽(소홀)과 함께 규를 섬겼지만, 환공은 포숙아의 추천을 받아들여 자기에게 활을 쏘기까지 했던 관중을 죽이지 않고 상국으로 삼는다. 이후 관중의 개혁정책으로 제나라가 힘을 키우자 제후들은 제후 사이의 문제를 환공에게 묻게 되면서 환공이 패주 노릇을 하게 된다. 현재의 호북성을 중심으로 한 지역을 기반으로 삼아 남방으로 세력을 늘려 초를 공격하였는데, 초를 공격할 때 昭王(소왕)이 남정(南征)했다가 돌아오지 못하게 된 책임,[19] 주왕실에 공물을 보내지 않은 책임을 물었던 일은 그

가 사용했던 정당한 방법론의 사례로 꼽힌다. B.C. 651년, 마침내 환공은 제후들을 한자리에 불러 모을 수 있는 패주로서의 힘을 갖게 되는데, 이 때 자만심이 생겨 천자가 행하는 의식인 봉선의식을 환공이 거행하려고 하자 관중이 충고하여 멈춘 바 있다고 한다. 관중의 사후에는 국정을 돌보지 않다가 후계자 싸움이 일어나는 가운데 숨을 거두는데, 사체가 67일이나 방치되어 구더기가 나올 정도였다고 한다. 이후 진(晉)과 초도 제환공의 사례를 모방하여 차례로 패권을 행사하게 된다.

3) 譎(휼), 正(정) : 춘추시대 대표적 패주였던 제환공과 진문공이 패권을 행사하는 방법이 달랐다고 생각하는 공자가 두 사람을 대비시킨 표현이다. '正'은 정정당당한 방법, '譎'은 속임수를 사용하는 술수를 의미한다. 공자는 진문공이 휼하다고 평가했는데, 정현(鄭玄, 127~200)은 휼을 나쁜 것으로 규정하여 詐(사)라고 새겼다. 그러나 왕인지(王引之, 1766~1834)는 『경의술문(經義述聞)』에서 휼을 權詐(권사)로 새긴 『설문』을 예로 들면서, 詐로 새기면 악덕이지만 權으로 새기면 미덕이라고 설명한다. 나쁜 의미의 '속임수'로만 볼 것이 아니라 '권모'의 뜻으로도 보자는 견해이다. 그러나 여기서 문자학적인 뜻보다는 공자가 어떻게 판단했는지가 중요하다. 공자는 악덕으로 판단한 것이 분명하다.

평설

대표적인 두 패주에 대한 공자의 역사적 평가이다. 그는 제환공은 여러 차례 칭찬하지만 진문공은 칭찬한 적이 없다. 여기서도 마찬가지이다. 제환공을 높이고자 진문공을 끌어들여 상대적으로 평가할 뿐이다.

---

19 성왕(成王)의 손자인 소왕(昭王)은 남방을 순수하면서 한수(漢水)를 건너다가 배가 부서져 익사하였다. 그러나 그 사실을 주인(周人)들이 숨겼기 때문에 제후들은 알지 못했다고 한다.

'흉'과 '정'을 사용하여 대를 이룬 문장인데, 역사적 평가를 하는 글에 있어서도 이처럼 양자를 대비시키는 수사법을 사용한다. "君子周而不比 小人比而不周"(2·14), "君子和而不同 小人同而不和"(13·23), "君子泰而不驕 小人驕而不泰"(13·26), "邦有道危言危行 邦無道危行言孫"(14·03), "有德者必有言有言者不必有德 仁者必有勇勇者不必有仁"(14·04) 등도 같은 수사법이다.

14·16 子路曰 桓公殺公子糾 召忽死之 管仲不死 曰 未仁乎 子曰 桓公九合諸侯 不以兵車 管仲之力也 如其仁 如其仁

자로가 (스승님께) 말하기를 : 환공이 공자규를 죽이자 (공자규를 함께 모셨던 관중과 소홀 가운데) 소홀은 공자규를 따라 죽지만 관중은 (따라) 죽지 않(고 환공 밑에서 벼슬을 살)았습니다. (자로의 말에 스승님께서 대꾸를 아니 하시자 자로는 다시) 여쭙기를 : (관중의 그런 처신은) 인하지 못하지요? 스승님께서 (마지못해) 말씀하시기를 : 환공이 여러 차례나 제후를 불러 모으(는 패권을 행사하)면서 (한 번도) 무력을 사용하지 않았던 것은 관중의 힘이었지. 그 정도의 인이라면…… 그 정도의 인이라면…….

주

1) 公子糾(공자규) : 제양공(齊襄公, 697~685 B.C. 재위)의 동생이자 환공(桓公, 公子小白)의 이복형이다. 양공이 나라를 잘 다스리지 못하자 포숙아는 공자소백을 모시고 莒(거)로 피신하였고, 양공이 종제 公孫無知(공손무지)에게 피살되자 관중과 소홀(召忽)은 공자糾를 모시고 노나라로 피신한다. 공손무지도 피살되자 노나라에서는 공자규를 들여보내 제나라의 공위를 잇게 하고자 했지만, 거에 있던 공자소백이 먼저 제나라로 들어가 공위를 차지해버린다. 이에 규는 노나라 군사를 빌려 소백

과 전투를 벌이지만 패배 끝에 죽는다. 이때 소백은 규와 함께 소홀을 죽이지만 관중은 포숙아의 설득에 따라 죽이지 않았고, 나중에 상국을 맡기기까지 한다. 이후 제나라가 열국 가운데 가장 강국이 되어 환공이 패주 노릇을 할 수 있었던 것은 관중의 공이라는 평가를 받게 된다.

2) 死之(사지) : 여기서 死는 남을 위해 순절(殉節)하는 것을 말한다. 之는 자동사에 붙는 허사이다.

3) 九合(구합) : 환공이 제후를 한자리에 불러 모은 것은 11차례였으니 '九'는 실제의 숫자가 아니라 많은 횟수를 가리키는 말로 보아야겠다. 주희는 『좌전』에 '糾合(규합)'으로 적혀 있음을 들어서 糾와 九는 통용된다고 한다.

4) 不以兵車(불이병거) : 以는 用의 뜻이다. "싸움마다 이기는 것이 가장 잘 싸우는 것이 아니다. 싸우지 않고도 적의 군사력을 굴복시키는 것이 가장 잘 싸우는 것이다."[20]라거나 "최상의 병법은 적이 도모하는 것을 치는 것이고, 그다음은 적의 동맹군을 치는 것이며, 그다음은 적의 군사력을 치는 것이고, 가장 하책의 병법은 적의 성을 치는 것이다."[21]라는 『손자·모공(謀攻)』의 표현은 결국 공자의 이런 생각을 부연한 것이다. 제갈량 휘하 馬謖(마속)의 "마음을 치는 것이 상책이고 성을 치는 것은 하책이며, 심리전이 상책이고 병력전은 하책이다."라는 소위 '열여섯 자 방침'[22]이나, 성도(成都)의 무후사(武侯祠)에 조번(趙藩, 1851~1927)이 써서 걸어놓은 '攻心聯'[23] 가운데 '자고로 병법을 아는 자는 싸움을 좋아

---

20 百戰百勝 非善之善者也 不戰而屈人之兵 善之善者也

21 上兵伐謀 其次伐交 其次伐兵 其下攻城

22 攻心爲上 攻城爲下 心戰爲上 兵戰爲下. "敵進我退 敵退我追 敵駐我擾 敵疲我(적이 진격하면 우리는 퇴진하고 적이 퇴진하면 우리는 추격하며, 적이 주둔하면 우리는 흔들고 적이 피로하면 우리는 공격한다)"라는 모택동의 16자전법이란 것도 내용이 다를 뿐 형식은 이런 슬로건들을 조술하였다.

하지 않는다'는 구절도 같은 취지를 부연한 말들이다. 공자는 군사에 농사에 관한 것은 말하지 않았다고 하지만 이런 대화를 보더라도 군사력의 효용 자체를 부정하지는 않았음은 이해해야 한다. 군사력을 앞세울 필요는 없다고 말했을 뿐이다. 12·07에서 식량 문제와 군사 문제를 거론했던 것도 그 증거이다.

5) 如其仁(여기인) : 여러 해석이 있다.[24] 군주를 따라 죽지 않은 그의 처신을 인하다고 할 수는 없지만 이후의 행적은 그만큼 인한 사람이 없다는 견해를 망설이는 표현이 아닐까 한다. 그래서 '誰如其仁(누가 그이만큼 인할까)'이라는 주희의 주석이 가깝다고 본다. '如其仁'을 반복하는 것은 망설임의 표현일 것이다. 양백준은 왕인지의 『경전석사』를 들어 如는 乃와 같다고 한다. 『논어』를 패러디한 양웅의 『법언』에도 이러한 구법(句法)이 세 차례나 사용된다.

> ### 평설
>
> 관중의 사람됨에 대해서는 3·22의 주)에서 설명한 바 있지만, 관중과

---

23 能攻心則反側自消 從古知兵非好戰 不審勢卽寬嚴皆誤 後來治蜀要深思 (상대로 하여금 자신의 역량이 부족하다고 알아차려서 감히 덤빌 생각을 하지 못하도록 마음을 공략할 수 있으면 상대가 나를 배반하려는 생각은 저절로 사라지는 법이니, 자고로 병법을 아는 자는 싸움을 좋아하지 않는다. 상대방의 추세를 살피지 않으면 상대방을 관대하게 대해주거나 엄하게 대해주거나 간에 모두 소용없다. 나중에 촉나라를 다스리게 되는 사람은 이러한 점을 깊이 생각해야 할 것이다).

24 정약용은 '其'를 소홀로 보고서, "관중은 비록 죽지 않았지만 그의 공적은 주군을 따라 죽은 소홀의 인에 해당한다는 뜻이다."라고 주장한다. 기발하지만 구문을 뛰어넘는 해석이다. 중국인이라면 도저히 생각할 수 없는 기발한 해석을 자주 내놓는 것이 정약용과 오규 소라이이 닮은 점인데, 그것은 두 사람 모두 중국인이 아니라서 한문의 규범이나 관행을 벗어난 해석을 시도하기 때문이라고 본다.

관련한 이 내용에 관해서는 『좌전』 장공 8년과 9년에 이렇게 설명되어 있다.

제양공 재임 시 태자 책립의 문제를 놓고 혼란이 벌어졌을 때 양공의 포악함을 익히 아는 동생 공자규와 공자소백은 각각 피신을 한다. 두 사람은 이복형제였다. 자기 외가가 있는 노나라로 망명하는 규를 관중과 소홀이 모셨고, 자기 외가인 위나라로 가지 않고 거로 망명하는 소백은 관중의 벗인 포숙아가 모셨다. 이윽고 양공의 사촌형인 공손무지가 양공을 죽이지만 곧이어 공손무지도 살해당한다. 그러자 거에 있던 소백이 재빨리 제나라 수도로 들어가 자리를 차지하는 데 성공하니 이 사람이 환공이다.[25] 노나라는 규를 군사와 함께 제나라로 보내 양공의 후사로 삼으려 했지만 乾時(건시)의 전투에서 소백의 군대에 패함으로써 무산된다. 승전한 포숙아는 환공이 차마 직접 이복형을 죽일 수는 없으니 노나라가 대신 규를 죽여주고 관중과 소홀은 인수해서 원수를 갚겠다고 요구한다. 이에 소홀은 규를 따라서 자살하지만 관중은 죽지 않고 포로 되기를 청하고, 이윽고 관중의 친구 포숙아는 환공에게 관중의 능력을 설명하면서 재상으로 기용할 것을 건의하여 성사시킨다. 관중은 안으로는 개혁을 하고 밖으로는 북적과 초나라를 막음으로써 제후들을 보호했다는 평을 들었고, B.C 651년, 葵丘(규구)에서 환공이 제후들을 불러 모으는 패권을 행사할 수 있도록 만든다.

---

25 노나라에 있던 관중은 거에 있는 소백이 먼저 제나라로 진입할 것을 예상하고 급히 제나라로 가는 길목을 지키고 있다가 소백을 향해서 화살을 쏘았다고 한다. 관중이 쏜 화살은 대구(帶鉤)에 맞아 다치지 않았는데도 소백은 죽은 척하면서 자신의 행렬을 운구행렬로 위장하여 제나라로 들어가 자리를 먼저 차지했다고 한다. 관중은 소백이 죽은 줄 알고 느긋하게 노나라의 군대와 함께 제나라로 들어갔지만 결국 이기지 못했던 것이다. 환공은 자신을 쏘기까지 했던 사람이지만 포숙아의 말을 듣고 관중을 재상으로 기용한다.

관중이 나중에 아무리 많은 공을 세웠다 하더라도 주군을 따라 죽지 않고 도리어 반대쪽의 재상까지 지낸 처신을 자로로서는 도저히 받아들일 수 없다고 여긴 나머지 질문하지만, 공자는 자로의 질문을 묵살한다. 인간관계에서 묵살하거나 딴청을 피우는 것만큼 효과적인 억압은 없다. 상대가 스스로 견디지 못하기 때문이다. 더구나 자로처럼 다혈질인 사람에게 묵살은 더할 나위 없는 압력이 될 것이다. 이에 참지 못한 자로가 직언으로써 거듭 묻자 공자는 하는 수 없이 관중의 공적을 설명한다. 그 장면에서 '如其仁 如其仁'이라는 독백의 의미가 무엇인지는 중요하지 않다. 함의는 충분히 드러나기 때문이다. 그보다 더 훌륭한 공적을 이룬 사람은 없다는 긍정적인 평가는 맹자를 비롯한 후대 유자들의 견해와 자못 다를 뿐 아니라, 3·22에서 자신이 내렸던 평가와도 다르다. 아마도 공자는 나이가 든 다음에는 젊었을 때와는 달리 관중의 업적을 긍정적으로 평가하게 되었을지도 모르겠다. 그렇다면 자로가 관중을 용납할 수 없다고 생각한 것은 과거 스승의 견해를 여전히 고수했기 때문은 아니었을까?

14·17 子貢曰 管仲非仁者與 桓公殺公子糾 不能死 又相之 子曰 管仲相桓公 霸諸侯 一匡天下 民到于今受其賜 微管仲 吾其被髮左衽矣 豈若匹夫匹婦之爲諒也 自經於溝瀆而莫之知也

자공이 (스승님께) 여쭙기를 : 관중이 인자는 아니지요? 환공이 공자규를 죽일 때에 (신하로서) 따라 죽지도 않았거니와 도리어 환공을 도와(재상을 지내)기까지 했으니 말입니다. 스승님께서 말씀하시기를 : 관중이 환공을 도와 제후를 거느리고 천하를 온통 바로잡았기 때문에 인민이 지금까지 그 은덕을 받고 있는 것이다. 관중이 아니었더라면 우리는 아마 (오랑캐 풍속을 따라) 머리도 풀고 옷깃도 왼쪽으로 하게 되었을 것이다. 그러니 관중의 선택이 어찌 필부필부들이 하찮은 신의 때문에 도랑에서 목매어 죽어도 아무도 알아주지 않는 (그런) 선택과 같겠느냐?

1) 相(상) : 돕다(輔)는 뜻의 동사이다. 집정하는 경(卿)을 가리키는 명사로 볼 수도 있다.

2) 覇(패) : 패권을 쥔다는 뜻이다. 주희는 '백(伯)과 같고 장(長)의 뜻이다'고 한다.

3) 一匡(일광) : 匡은 바로잡는다는 뜻이다. 一은 '온통', '모조리', '일제히'의 뜻이다.

4) 微(미) : 이미 이루어진 일과 상반된 상황을 가정하는 조건문에서 '~이 없었더라면'이라는 뜻을 나타내는 접속사이다.

5) 其(기) : 1·02, 1·10, 1·15, 3·11, 5·06, 8·01, 9·20, 11·19에서와 마찬가지로 추측을 나타내는 부사로 쓰였다.

6) 被髮左衽(피발좌임) : 머리를 다듬어 올려서 묶지 않고 푼 채 다니는 풍속과 옷깃을 왼쪽으로 여미는 풍속을 말한다. 당시 중원에서 이민족의 풍속을 낮추어 말할 때 관행적으로 사용하던 표현이었다. 被는 披(피)와 같다.

7) 諒(량) : 하찮은 신의를 가리킨다. 주희는 小信(소신)이라고 주하였다. 15·37, 16·04 참조.

8) 自經(자경) : 스스로 목을 맴.

9) 溝瀆(구독) : 왕부지(王夫之, 1619~1692)는 『사서패소(四書稗疏)』에서 『좌전』의 '句瀆'이라는 지명과 『사기』의 '笙瀆'이라는 지명, 즉 공자규와 소홀이 죽은 지명을 가리킨다고 주장한다. '自經於溝瀆'은 소홀이 공자규를 따라 죽은 것을 가리킨다는 주장이다. 본인의 추측이지 그렇게 보아야 할 필연성은 없다.

10) 莫之知(막지지) : 『후한서·응소열전(應劭列傳)』에 인용된 이 문장에는 '人莫之知'로 되어 있다.

자로에 이어 자공도 똑같은 질문을 한다. 자로와 자공은 명실공히 공문의 대표 제자이다. 그렇다면 그들은 자기의 사견을 내비쳤을 수도 있지만 제자들의 공론을 모아서 질문했을 수도 있다. 관중의 처신에 대해 공문 안에서는 논란이 많았을 것이다. 하지만 공자의 두 차례 대답은 단호하다. 관중의 선택에 대해 논란이 있을 수는 있지만 관중의 공적은 그 논란을 훨씬 뛰어넘는다는 취지로 대답한다. 공자의 이와 같은 확언에도 불구하고 맹자를 비롯한 후대 유자들의 관중에 대한 평가는 부정적인 쪽으로 기울어진다.

환공을 패주로 만든 관중은 춘추시대 최고 화제의 인물이었다. 관중과 같은 유능한 재상감을 등용하여 열국의 패주가 되고픈 제후들에게는 물론이고, 그 공훈의 주인공이 되고자 하는 수많은 풍운아들에게도 최고의 롤모델이었다. 재상이 되어 집권하기를 꿈꾸는 공자라는 인물이 나온 것도 1백50여 년 전 관중의 성공이 크게 자극을 주었다고 보고, 이후 진(秦)이라는 통일제국이 등장할 때까지 똑같은 꿈을 꾸던 수많은 풍운아들의 행적은 오늘날 제자백가라는 이름으로 남아 있다.

그렇다면 관중을 긍정해야 한다고 단언하는 공자의 근거는 무엇인가? 관중의 공적이 크기 때문에 주군을 따라 죽지 않았던 선택도 용인해야 한다는 입장을 후대 이학자들은 거부한다. 나중에 공적을 세우기만 하면 이전의 불충행위도 덮어진다는 논리가 되기 때문에 의리를 내세우는 이학자들로서는 용납할 수 없었다. 공자는 문화를 내세운다. 피발좌임이 그 사례이다. 왕이 힘이 약한 상황에서 패주라도 구실 역할을 했기 때문에 주왕조의 문화가 유지될 수 있었다는 것이다. 제환공(685~643 B.C.

재위)이 열국의 패권을 쥐던 명분이 존왕양이(尊王攘夷: 임금을 높이고 이적을 물리침)였고, 그 때문에 주왕조와 주문화를 지켜낼 수 있었으니 그것은 결국 관중의 공적이 아니냐는 평가이다.[26] 더 나가면 관중이 공자 규를 따라 죽지 않은 선택도 결국 그 목적을 위해서였다고 설명했을지도 모른다.

하지만 공자의 그러한 견해는 어디까지나 결과론적 합리화이다. 그런 논리라면 계씨의 집권을 비난했던 자신의 논리도 옹색할 수밖에 없다. 또한 B.C. 221년 진에 의한 열국의 통일도 이적을 막기 위한 조치라고 평가해야 한다. 진시황은 주왕조와는 차별화되는 사회와 문화를 만들었는데도 말이다. 관중이 살던 때부터 공자가 살던 때까지 줄곧 이민족의 위협이 실재했다 하더라도 이민족의 위협을 이유로 내부의 부조리를 그처럼 묵인하거나 합리화하는 것은 전형적인 '공안몰이 수법'이 아닐 수 없다. 공자의 견해를 그대로 따르자면 진시황의 창업은 공자의 소망을 이룬 것이 되고, 이후 역대 창업 군주들도 모두 공자의 소망을 이룬 사람이라고 말할 수 있게 된다. 지금 중국공산당 영도(領導)들이 내세우는 '中國夢'이라는 슬로건도 역시 그 범주를 벗어나지 않는다. '위대한 중국', '위대한 중국문화의 보전'과 같은 슬로건은 결국 내부권력을 다지기 위한 용도이고 공자에서부터 시작된 '존왕양이'라는 슬로건의 변형에 불과하다.

---

26 존왕양이라는 대의명분은 관중과 제환공이 내걸었던 슬로건으로, 『춘추공양전』에 처음 등장한다. 제환공 이후 등장하는 진문공 등 나머지 4대 패주들도 모두 같은 슬로건을 내세우면서 패권을 행사한다. 하지만 그 슬로건이 왕을 위한 것이 아니라 동주(東周) 이후 미약해진 왕권을 대신하려는 제후들을 위한 것임은 누구나 안다. 진·한 등 통일제국이 수립된 뒤에는 전체주의를 뒷받침하는 명분으로 활용되었고, 청왕조가 기울 때는 애국주의의 명분으로 활용되었다.

14·18 公叔文子之臣大夫僎與文子同升諸公 子聞之 曰 可以爲文矣

공숙문자의 가신이었던 대부 선은 (공숙문자의 추천으로) 공숙문자와 함께 공의 반열에 올랐다(고 한다). 스승님께서 그 사실을 듣고서 말씀하시기를 : (공숙문자의 그러한 처신은 진정) 문이라는 시호를 받을 만하구나.

1) 公叔文子(공숙문자) : 14·13의 주) 참조.

2) 諸(저) : '之於'의 합음자이다. 원래 공은 주왕조의 공자들에 대한 호칭이고 봉토건국한 군주의 호칭은 후(侯)이다. 여기서는 대부를 올려서 공으로 삼았다고 하니 원래 후보다 높은 지위의 이름인 공을 제후국에서는 상대부 직위의 이름으로 사용했던 듯하다.

3) 爲文(위문) : '문으로 하다', '문으로 삼다'는 뜻이다. '文'에 대한 설명은 1·06과 5·14의 주) 참조.

평설

자기보다 아래 신분의 사람을 자기와 같은 반열로 추천한다는 것은 무척 어려운 일이었음에도 공숙문자는 그렇게 했고, 공자는 그의 그러한 처신을 매우 높이 평가했다는 내용이다. 그러한 처신 때문에 그에게 文이라는 시호를 주었을 것이라고 공자는 평가한다. 이러한 이야기를 보자면, 당시 사회가 아무리 신분 구분이 엄격한 분위기였다 하더라도 신분을 뛰어넘는 인간의 능력에 대해서도 상당히 평가를 해주는 사례는 있었음을 알 수 있다. 다만 공자가 공숙문자의 그러한 처신을 높이 평가했다는 사실 자체를 공자의 신분에 대한 관념이 느슨했다고 볼 만한 증거가 되기에는 부족하다. 한편 공자는 지혜로운 유하혜(柳下惠, 720~621 B.C.)를 추천하지 않았다는 이유로 장문중(臧文仲, ?~617 B.C.)을 꾸지람하기도 한다(15·14).

14·19 子言衛靈公之無道也 康子曰 夫如是 奚而不喪 孔子曰 仲叔圉
治賓客 祝鮀治宗廟 王孫賈治軍旅 夫如是 奚其喪

스승님께서 위나라 영공의 무도함에 대해 (계강자에게) 설명하자 계강자는 말
하기를 : 그런 지경인데도 어떻게 (군주) 자리를 잃지 않았을까요? 공자께서
말씀하시기를 : 중숙어가 외교 업무를 담당하고, 축타가 종묘 업무를 맡으며,
왕손가가 군사 업무를 맡고 있었습니다. 그(처럼 훌륭한 대신들이 각각 맡은 바
업무를 잘하고 있었으)니 어떻게 (군주) 자리를 잃을 수 있었겠습니까?

주

1) 衛靈公(위령공, 540~493 B.C.) : 위나라 헌공(獻公)의 손자로 이름
은 元(원)이다. B.C. 534년부터 B.C. 493년까지 42년간이나 재위하였는
데, 그를 무도하다고 평가하는 공자의 기준은 15·01에 나온다. 부인 南
子(남자)의 행실 때문에 더욱 낮은 평가를 얻었는데, 남자에 관한 기록은
6·28과 7·15 참조.

2) 康子(강자) : 계강자일 것이다.

3) 奚而(해이) : 어째서. 무엇 때문에.

4) 喪(상) : '나라를 잃어버리다'라고 새길 수도 있지만 임금 자리를 잃
는 것으로 보는 것이 낫다.

5) 仲叔圉(중숙어) : 5·14에서 나온 바 있는 위나라의 대부 공문자이
다. 공자는 그를 '敏而好學 不恥下問'했다고 평하였다.

6) 治(치) : 직책을 맡아서 일을 처리하는 것을 표현한 말이다.

7) 祝鮀(축타) : 6·16에서 나온 바 있는 위나라의 대부이다.

8) 王孫賈(왕손가) : 3·13에서 나온 바 있는 위나라 대부로서, 영공을
도와 군사를 담당했다.

이 대화의 시점은 계강자가 아버지의 뒤를 이은(492 B.C.) 다음일 테고, 공자는 B.C. 484년에야 노나라로 돌아오니 그보다 뒤였을 것이다. 그렇다면 위령공은 B.C. 493년에 이미 죽었으니, 두 사람의 대화는 위나라의 현재사가 아닌 과거사에 대한 대화가 된다.

H.G. 크릴은 중국의 역대 왕조가 행정의 중심을 군주가 아닌 대신에게 두었던 전통이 공자의 영향 때문이라고 설명하면서 그 근거를 공자의 이런 말에 두는데,[27] 공자가 위령공의 무도함에 대해 먼저 언급한 것은 의도적이었다고 본다. 나라를 지탱하는 데는 군주의 역량보다 대신의 역량이 더 중요하다고 처음부터 꺼냈더라면 계강자를 설복하기 어려웠을 것이다. 공자의 노련한 화술이 다시 돋보인다.

공자가 계강자나 노공에게 다른 나라에서 검증된 바 있는 위와 같은 인재들을 스카우트하자고 말한 흔적은 보이지 않는다. 대신들을 자신이 직접 공급하려는 계획 아래 제자들을 기르고 있었던 사람으로서 그런 제안은 할 수도 없었을 것이다. 자신도 계강자에게 등용되지 못하는 처지였다.

14·20 子曰 其言之不怍 則爲之也難

스승님께서 말씀하시기를 : 망설임 없이 쉽게 나오는 말은 실천되기 어렵다.

1) 怍(작) : 作(작)으로도 쓴다. 망설이면서 꺼내기 어려워하는 태도를 표현하는 글자이다. 『순자·유효(儒效)』에 '無所疑怍'이란 구절이 있는

27　그의 책, 제10장 참조.

것을 보면 나중에는 '疑怠'이라는 이음절어로도 사용되었던 모양이다.

2) '則' 뒤에 '其'를 더한 판본도 있다.

공자는 기본적으로 말에 대해서는 낮게 평가한다. 과감하고 단호하게 말하거나 구변이 좋은 사람을 낮게 평가할 뿐 아니라 위험한 사람으로 경계하기까지 한다. 어떤 일을 실천할 수 있는 사람은 그 일에 대해 먼저 다방면으로 검토하고 합리적인 의심부터 하지 망설임 없이 발언부터 하지는 않는다고 생각했던 듯하다. 공자가 인간의 말에 대해 이렇게 낮게 평가하는 이유는 말의 본질에 대한 자신의 통찰 때문일 수도 있겠지만 당시 사회의 일반적인 신뢰도가 매우 낮았기 때문이라고 본다. 발언을 통해 자신의 관념을 정리할 수 있다는 점, 발언을 통해 자신의 관념을 남에게서 평가받을 수 있다는 점조차 외면할 정도로 인간의 언어에 대한 신뢰도가 현저하게 낮았다고 볼 수밖에 없다. 성리학이 일기 전까지 유가가 기본적으로는 제례나 의례에만 함몰되었던 원인도 언어에 대한 공자의 그러한 관념이 크게 작용하지 않았을까 한다.

"망설임 없이 목소리만 크게 낸다는 것은 그 일을 반드시 수행하겠다는 의지도 없거니와 자신이 그 일을 해낼 수 있는지의 여부도 헤아리지 않는 것이다. 그러나 그런 사람은 자신의 말을 실천하려고 해도 어려울 수밖에 없다."[28]라는 주희의 해설은 공자의 생각을 잘 드러낸다.

14·21 陳成子弑簡公 孔子沐浴而朝 告於哀公曰 陳恆弑其君 請討之
公曰 告夫三子 孔子曰 以吾從大夫之後 不敢不告也 君曰告夫三子者

---

28 大言不怍 則無必爲之志 而自不度其能否矣 欲踐其言 豈不難哉

之三子告 不可 孔子曰 以吾從大夫之後 不敢不告也

(제나라에서) 진성자가 간공을 시해(한 사건이 발생)하였다. (그 소식을 들은) 공자는 목욕(재계)를 한 다음 조정에 들어가서 애공에게 고하기를 : 진항이 자기 임금을 시해하였는데 (내버려두면 안 됩니다.) 그를 토벌하십시오. (애)공은 말하기를 : 세 대부에게 말해보시지요(, 하면서 무시하였다). 공자는 (퇴조하면서 혼잣말로) 말하기를 : 나는 대부 뒤꽁무니는 잇는 사람이기 때문에 아뢰지 않을 수 없었건만 주군께서는 (그저) '세 대부에게 말해보시지요'라고만 말씀하시는구나. (하는 수 없이 공자는) 세 대부에게 가서 (똑같이) 말하였더니 (그들은) 안 된다고 하였다. (낙담한) 공자는 이렇게만 말(할 뿐이)었다. 나는 대부 뒤꽁무니는 잇는 사람이기 때문에 아뢰지 않을 수 없었어.

주

1) 陳成子(진성자) : 제나라 대부 陳文子(진문자)의 증손자로서 성은 田(전), 이름은 恒(항), 成은 시호이다. 『사기』에는 한문제의 이름을 피하여 田常으로 기재된다. 환공 때 그의 선조 陳敬仲(진경중)이 陳에서 제나라로 도망 와서 陳이라는 성을 하사받은 뒤 陳氏家는 세력을 키웠다. B.C. 489년 景公(경공)의 뒤를 이어 오른 태자 荼(도)를 살해한 다음 노나라에 도주해 있던 경공의 다른 아들 悼公(도공)을 세웠으나 호락호락하지 않자 4년 만에 그를 살해한 다음 簡公(간공)을 세운다. 진성자는 B.C. 485년 아버지 乞(걸)의 뒤를 잇는데, 闞止(감지)가 간공의 총애를 믿고 자신을 쫓아내려 한다는 말을 듣고서 노애공 14년(481 B.C., 공자 71세 때) 감지를 죽인 다음 아예 간공까지 죽이고 그의 동생 平公(평공)을 세운다. 진성자는 이후 鮑(포), 晏(안) 등 벌족을 누르고 제나라의 권력을 차지한다. 진성자의 증손자 田和(전화)는 마침내 제나라 군주의 자리마저 탈취하여 이후 제나라는 姜(강)씨에서 田씨의 나라로 바뀐다.

2) 簡公(간공, 484~481 B.C. 재위) : 제경공의 아들로 이름은 壬(임)이

다. 노나라에 망명하던 시절에 감지를 총애하였다가 공위에 오르자 그에게 정치를 맡겼지만 진항에게 죽임을 당한다.

3) 沐浴而朝(목욕이조) : 머리 감고 몸을 씻는 것은 재계한다는 뜻이다. 고대에는 머리 감기를 沐, 몸 씻기를 浴, 발 씻기를 洗(세), 손 씻기를 盥(관)이라고 하여 각각 동사를 달리하였다.

4) 請討之(청토지) :『좌전』애공 15년조에는 이 이야기가 이렇게 실린다. "제나라의 진항이 자신의 군주 임을 서주에서 시해하자 공구는 사흘 동안 재계한 다음 애공을 찾아가 제나라를 치자고 청하였다. '노나라가 제나라 때문에 약해진 지 오래되었는데도 그대는 치자고 하니 장차 어떻게 되겠는가' 하고 애공은 말하였다. 공자는 대답하기를 '진항이 자기 임금을 시해한 것에 대해 제나라 사람의 절반은 찬성하지 않습니다. 제나라 사람의 절반에다 노나라 사람들을 더하면 제나라를 이길 수 있습니다'라고 말했다. 애공은 공자더러 계손씨에게 말하라고 하였다. 공자는 물러 나와서 사람들에게 말하기를 '나는 대부의 뒤를 잇는 사람이기에 말하지 않을 수 없었다'라고 했다."[29]

---

[29] "齊陳恒弑其君壬于舒州 孔丘三日齊 而請伐齊三 公曰 魯爲齊弱久矣 子之伐之 將若之何 對曰 陳恒弑其君 民之不與者半 以魯之衆加齊之半 可克也 公曰 子告季孫 孔子辭 退而告人曰 吾以從大夫之後也 故不敢不言".『좌전』의 이 기록을 두고서 양백준은, 공자가 제를 치자고 했던 것은 단지 명분 때문이 아니라 실제적인 계산도 했음을 보여주는 것이라고 주장한다. '제나라 사람 절반이 반대하니 그 절반에다 우리 모두를 합하면 이길 수 있다'는 말은 현실적인 계산이었다는 것이다. 공자가 실제 그런 말을 했는지의 여부는 차치하더라도, 그처럼 관념적인 수사에 불과한 말을 현실적인 계산이라고 주장하는 것은 터무니없다. 제나라 사람 절반이 반대한다는 말도 근거라곤 없는 정서적 추정일뿐더러, 노나라 사람들 전부가 제나라와의 전쟁에 찬성한다는 것도 근거 없는 추정이다. 만약 공자가 실제 그런 계산을 바탕으로 전쟁하자고 주장했다면 위험하기 짝이 없는 주장이 아닐 수 없다. 조선 후기에 북벌을 주장했던 유생들의 논리도 혹시 공

5) 以吾從大夫之後(이오종대부지후) : 이 구절이 공자가 자신의 신분을 표현한 대목이라고 여기는 사람들은 '나는 끝자리나마 대부이기 때문에'라고 번역한다. 하지만 그런 뜻으로 번역될 수는 없다. 대부의 끝자리를 가리키는 下大夫라는 말이 있는데도 그렇게 표현했을 리 없다. '나는 대부의 뒤꽁무니는 잇는 사람이기 때문에'라고 번역되어야 한다. 11·08 참조.

6) 三子(삼자) : 당시 노나라 실권을 쥐고 있던 계손, 중손, 맹손 세 대부를 말한다. 『좌전』에는 三子가 아닌 季孫(계손)으로 되어 있다.

7) 孔子曰(공자왈) : 『좌전』에는 공자가 이 말을 애공의 면전에서 하지 않고 퇴조한 다음 다른 사람에게 한 것임을 명시하고 있다. 당연히 그랬을 것이다.

평설

당시 공자는 71세로 이미 고로(告老: 늙어서 은퇴함)한 상황이었는데 이 말을 하려고 특별히 입조했다고 전해진다. 공자가 현실 정치에 개입했던 유일한 흔적이 이것이라고 평하는 사람도 있다. 하지만 공자가 제나라와 전쟁하자고 권유하기 위해 애공과 삼자를 차례로 만났다는 것이 사실인지는 의문이다. 그 이유는 다음과 같다. 당시 노나라에서 애공의 정치적 위상은 전쟁을 결정할 위치가 아니었다. 그럼에도 애공에게 가서 전쟁을 치르자고 했다면 공자의 의도는 무엇이었을까? 형식적 주군인 애공에게 먼저 건의하는 것이 도리이기 때문에 애공부터 만난 다음 삼자를 만나서 진지하게 의논했다 하더라도, 아래 신분으로서 주군을 능멸한다는 점에서는 삼자나 진성자나 비슷한 처지이거늘 삼자가 어떻게 공자의 그와 같은 명분에 동의하겠는가? 그럼에도 불구하고 그러한 명분을

자의 이러한 정서적 추론을 본받았던 것은 아닐까 한다.

들어서 전쟁을 치르자고 건의했다면, 공자는 전쟁을 클라우제비츠(Karl Clausewitz, 1780~1831)의 지적처럼 '무력의 물리학'이 아닌 '인간 정신의 과학'으로 확신하기 때문이었을까? 아니라면 공자는 전쟁이란 것에 대해서는 전혀 감을 잡지 못하는 딱한 사람이었을까? 당시 노나라의 국력이 제나라보다 훨씬 못하다는 것은 상식이었다. 그럼에도 불구하고 공자가 실제 애공과 삼자를 만나서 전쟁을 건의했다면, 그리고 목욕을 하고서 입조했다느니, 자신의 신분은 대부의 뒤를 잇는다느니, '나는 말하지 않을 수 없었어'라고 중얼거렸다는 점 등을 헤아리자면, 공자의 전쟁관이 어떤 것이었을지 대강은 짐작할 수 있을 것이다.[30]

정이(程頤, 1033~1107)는 노나라의 군주와 신하들이 공자의 말을 듣지 않은 것이 애석하다고 한다. 호인(胡寅, 1098~1156)은 "춘추의 법으로는 군주를 시해한 사람은 누구나 토벌할 수 있으니 중니는 먼저 거사를 발동하고 나중에 보고했어도 된다."라고 한다. 당시 중니가 거사를 발동할 수 있는 위치에 있거나 그럴 힘을 가지고 있었는지를 생각해보기나 했는지 의문스러운 발언이 아닐 수 없다. 주희(朱熹, 1130~1200)는 두 사람의 그러한 견해를 『논어집주』에 정성스럽게 인용한다. 이들 세 사람의

30　실제가 아니라면 유가의 상상력이 만들어낸 전설에 불과할 것이다. 이웃 나라의 집권세력이 도덕적으로 무도한 경우 다른 요소들은 고려하지도 않은 채 전쟁을 불사해야 한다는 유가의 상상력은 서구 역사의 종교전쟁을 떠올리게 만든다. 세상을 빛과 어둠, 선과 악으로 나누어 보는 종교관이 주도했던 전쟁과 차이가 없다. 6·24의 '노나라를 일변시키면 선왕지도에 이를 수 있다'는 말처럼 종교적 신념을 드러내는 발언이 아닐 수 없다. 그런 점에서 유가의 종교적 성격이 드러나고 공자의 교주로서의 색채나 권력 지향적 색채도 드러난다. 공자가 주왕조의 문물을 찬양하고 주공단을 높였던 것도 결국 그의 권력 지향적 성향을 잘 드러낸다. 순수하게 이상적인 정치에 대해서만 고민했더라면 하필 과거의 가치관을 표준으로 내세울 필요는 없었을 것이다. 6·24 참조.

의식구조가 이처럼 신기할 정도로 유치하고 권위에 대해 무조건적인 신뢰를 보이는 이유는 뭘까? 한대부터 유지되었던 유교체제가 송대 무렵이면 개인 차원에서는 조금도 회의해볼 수조차 없을 정도로 권위를 확보하게 되었기 때문일 것이다. 송유들이 자기의 시대상황에서 갖게 된 무의식적인 심리와 『논어』에서 볼 수 있는 공자의 심리가 일치했기 때문일 수도 있다. 그 일치의 에너지가 종교적 열정이라고 부를 수 있을 정도로 분출하던 사회가 송대이지 않았을까 하는데, 종교적 열정이란 것의 본질도 권력욕에 불과하다고 본다.

14·22 子路問事君 子曰 勿欺也 而犯之

자로가 군주를 섬기는 도리(가운데 무엇이 중요한지)에 대해 여쭙자 스승님께서 말씀하시기를 : (신임 받고자) 속이(려 하)지 말고, 차라리 거스르(게 되더라도 바른 말로써 간언하)라.

주

1) 欺(기) : 사실을 감추거나 사실과 다르게 말하는 것을 의미할 것이다.

2) 犯(범) : '犯顔諫爭(범안간쟁: 군주의 얼굴을 쳐다보고 간쟁하는 것)'의 뜻이라는 공안국과 주희의 설명은 犯이라는 글자를 너무 기계적으로 해석한 것이다. 군주를 섬기는 것은 공경이건 대부이건 신하로서의 도리이다. 또한 춘추시대에는 후대의 황제처럼 얼굴을 쳐다볼 수 없다는 예법이 있지도 않았다. 따라서 犯은 군주의 얼굴을 쳐다본다는 뜻으로 볼 것이 아니라 본래의 뜻인 '거스르다'로 새기는 것이 적절하다. 예컨대 군주의 명령이 불합리하면 그대로 따르지 말고 반대의견을 제시하라는 적극적인 뜻이다. 13·15의 違(위: 어기다)와 비슷한 개념이다 『예기·단궁상』의 "부모 섬기는 도리에 숨기는 것은 있을지언정 범하는 것은 없어야

한다. 가까이에서 수단을 가리지 않고 봉양하고, 죽도록 부지런히 복종하며, 돌아가시면 삼 년 동안 정성을 다해 상을 치른다. 군주 섬기는 도리에 범하는 바는 있을지언정 감추는 바는 없어야 한다. 가까이에서 수단을 가리지 않고 봉양하고, 죽도록 부지런히 복종하며, 돌아가시면 삼 년 동안 부모상에 준하여 치른다. 스승 섬기는 도리는 범하는 것도 숨기는 것도 없어야 한다. 가까이에서 수단을 가리지 않고 봉양하고, 죽도록 부지런히 복종하며, 돌아가시면 삼 년 동안 마음으로 상을 치른다."[31]라는 대목이 비교할 만하다.

[평설]

공자는 14·07에서 "신하가 군주에게 충성한다고 해서 복종하기만 하고 군주에게 실정을 알리지는 않을 수 있어?"[32]라고 말한 바 있고, 13·15에서는 정공의 질문에 매우 직설적으로 대답한 바 있다. 이 장은 공자의 그런 태도와 연결된다.

H.G. 크릴은 이 장을 억압을 받으면 혁명하는 것이 신성한 권리임을 암시하는 내용이라고 한다. 犯을 군주에 대한 배반으로 해석한 결론이다.[33] 중국에 파견되었던 예수회 선교사들이 본국에 보낸 보고서에 중국의 군주는 혁명에 대한 위험성을 늘 인식하고 있기 때문에 중국에서는 폭정이 견제된다는 내용이 있다는데, 그런 인식은 중국의 문장이나 화법을 평면적으로 이해한 서구인의 오해이다. 봉건 중국에서 혁명의 가능성

---

31 事親有隱而無犯 左右就養無方 服勤至死 致喪三年 事君有犯而無隱 左右就養有方 服勤至死 方喪三年 事師無犯無隱 左右就養無方 服勤至死 心喪三年

32 忠焉 能勿誨乎

33 그의 책, 제15장 참조.

은 언제나 열려 있고 군주도 그것을 인지하면서 지낸다는 말은 경험적으로는 참이지만, 그렇다고 해서 신하들이 혁명할 수 있는 권리가 있다고 스스로 의식할 수는 없었다. 만약 혁명 가능성을 의식하는 군주가 있었다면 그 군주는 더욱 심한 압제와 전횡을 했던 것이 역사적 실제이다.

공자의 이 말은 이렇게 표현할 수 있다. "인사권자에게 잘 보이려고 진실을 감추거나 왜곡하지 말고, 인사권자에게 밉보이게 될 우려가 있더라도 자신이 아는 진실을 바로 말하는 것이 공동체 전체의 이익을 위해 일하는 사람으로서 옳은 태도이다. 그렇게 하지 않는다면 패거리의 윤리를 따르는 것이나 마찬가지일 것이다." 8·06의 평설 참조.

14·23 子曰 君子上達 小人下達

스승님께서 말씀하시기를 : 군자는 위로 통달하(고자 하)고 소인은 아래로 통달하(고자 한)다.

주

1) 達(달) : '사무치다'의 고어인 '᧐못다'가 원래의 새김이지만, 현대어 '사무치다'는 '᧐못다'와 의미가 약간 달라졌다. '~쪽으로 뻗어나가 통함'이라는 뜻이다. 『논어주소』는 '曉達(효달: 밝게 이해하다)'이라 하고, 주희는 '日進(일진: 나날이 ~쪽으로 나아가다)'과 '日究(일구: 나날이 ~를 파헤치다)'라는 말로 설명한다. 6·08, 6·30, 12·20, 13·05 등에 나오는 達과 비교할 필요가 있다.

평설

『논어주소』는 上과 下를 '인의'와 '재리(財利)', 또는 '고명(高明)'과 '오하(汚下)'처럼 대립되는 관념으로 해석한다. 『논어집주』도 "군자는 천리를 좇기 때문에 나날이 높고도 밝은 곳으로 나아가지만, 소인은 인욕을 좇기 때문에 나날이 더럽고 낮은 것만 찾는다."[34]라고 설명한다. 아마도 "君子喩於義 小人喩於利"(4·16)를 의식해서 그렇게 해석할 것이다. 공자는 언제나 군자다움을 강조하였고, 그와 상반되는 가치를 소인이라고 규정하면서 부정하였기 때문에 그런 해석에 무리는 없다. 다만 추상명사로 번역하기보다는 글자의 본뜻대로 '위'와 '아래'로 번역하면 신분 개념이든 가치 개념이든 공간 개념이든 두루 포괄하게 된다. 군자는 지향해야 할 가치를 늘 추구하고, 소인은 지양해야 할 욕망을 늘 추구한다고 표현할 수도 있다. 군자는 위 계급의 사람과만 소통하려 하고 소인은 아래 계급의 사람과만 소통하려고 한다는 뜻은 아니다.

이택후는 達을 '현달(顯達)'로 보고서는, 군자는 큰일에서 공을 이루고 소인은 작은 일에서 공을 이룬다는 뜻이라고 해석한다. 그런 해석은 소인도 긍정하는 뜻이 되어 군자와 소인이 가치적으로 평등하다는 말로 들릴 수 있다. 공자는 소인을 그렇게 여긴 적이 없다.

14·24 子曰 古之學者爲己 今之學者爲人

스승님께서 말씀하시기를 : 옛날의 배우는 사람들은 (모두) 스스로를 위해(배우는 사람들이었)지만 요즘의 배우는 사람들은 (모두) 남을 위해(서만 배우)더라.

주

1) 爲己(위기), 爲人(위인) : 요즘에는 爲己를 이기적인 것으로, 爲人을 이타적인 것으로 이해하지만 공자 당시에는 달랐다. 자기를 성장시키기 위한 실천적인 배움을 爲己之學이라고 했고 남에게 보이기 위한 헛

---

[34] 君子循天理故日進乎高明 小人徇人欲故日究乎汚下

된 배움을 爲人之學이라고 했다. 공안국의 "자기를 위한다는 것은 실천하여 행동하는 것이고, 남을 위한다는 것은 공연히 말만 하는 것이다."[35]라는 주석이나, 정이의 "爲己는 자기가 터득하려는 것이고 爲人은 남에게 알려지고자 하는 것이다. 古之學者爲己는 종당에 外物을 완성시키는 결과에 이르게 되지만 今之學者爲人은 종당에 자기를 상실하는 결과에 이른다."[36]라는 주석은 바로 그런 견해를 부연한 것이다. 그러니까 공자의 이 말은 당시의 세태를 꼬집은 것이다. 공자는 문화의 표준을 古에 두었기 때문에 매사를 이렇듯 古와 今으로 나누어 대비시키기를 좋아한다.

평설

공자 화법의 특징이 연속된다. 상반되는 어휘 둘을 대비시키는 것만으로 자신이 전하고자 하는 메시지를 대신한다. 앞 장에서는 군자와 소인, 上達과 下達로 대비시키더니 여기서는 古와 今, 爲己와 爲人으로 대비시킨다. 爲己가 무슨 뜻이고 爲人은 무슨 뜻인지에 대해서는 설명하지 않는다. 설명할 필요가 없다. 단지 두 낱말을 대비시켜놓기만 하면 그 단순성으로 인해 메시지는 강해지기 때문이다. 다만 이 경우 이분법이라는 단순화의 위험은 피할 수 없게 된다.

"학문의 사회적 종속을 경계하고 학문의 자율성을 강조한 말이다."라고 설명하는 주석가가 있는데, 공자가 學이라고 하는 것은 학습이지 '학문'이 아니다. 공자에게는 순수학문이라는 생각 자체가 없었다.

---

35 爲己履而行之 爲人徒能言之
36 爲己欲得之於己也 爲人欲見知於人也 古之學者爲己其終至於成物 今之學者爲人其終至於喪己

14·25 蘧伯玉使人於孔子 孔子與之坐而問焉 曰 夫子何爲 對曰 夫子
欲寡其過而未能也 使者出 子曰 使乎 使乎

거백옥이 공자께 사람을 보냈다. 공자는 심부름 온 사람과 자리에 앉은 다음
(거백옥의) 안부를 여쭙기를 : 선생께서는 (요즈음) 어떻게 지내십니까? (심부
름 온 사람이) 대답하기를 : 부자께서는 자신의 허물을 줄이고자 하시지만 아직
잘되지는 않으신 듯합니다. 심부름 온 사람이 돌아가자 스승님께서 말씀하시기
를 : 훌륭한 심부름꾼이야! (심부름시키는 사람의 뜻을 저렇게 잘 표현하다니, 참
으로) 훌륭한 심부름꾼이구만!

> 주

1) 蘧伯玉(거백옥, 585 B.C. 전후~484 B.C. 이후) : 위(衛) 대부 蘧瑗(거
원). 자는 子玉, 伯은 항렬, 시호는 成子이다. 헌공(獻公), 상공(殤公), 영
공(靈公) 3대에 걸쳐 현대부로 이름났고 공자와의 교분이 깊었다고 알려
진 사람이다. 사마천은 공자가 위나라에 갔을 때 그의 집에서 머물렀다
하고, 15·07에서는 공자가 거백옥에게 "나라의 정치 환경이 경위 바르
게 돌아갈 때는 벼슬을 살았지만, 나라의 정치 환경이 경위 바르게 돌아
가지 않자 자신의 재능을 거두어서 감출 수 있었다."[37]면서 군자라고 칭
찬한다. 공자가 거백옥을 칭찬하는 배경은 『좌전』에 나오는데, 다음과 같
다. 양공 14년(559 B.C.) 위나라의 집정 孫文子(손문자)가 헌공을 축출할
생각을 갖고서 거백옥에게 의견을 묻자 그는 반대한 다음 위나라를 떠나
버렸다. 이때는 공자가 태어나기 8년 전이다. 손문자는 끝내 헌공을 축출
하고 公孫剽(공손표)를 내세웠지만 제후들의 인가를 받을 수 없었고 12
년 뒤 헌공은 복위하게 되는데, 이때 헌공이 환국을 앞두고 거백옥의 의
견을 묻자 임금의 출국을 듣지도 못하였는데 입국을 감히 얘기할 수 없

37　邦有道則仕 邦無道則可卷而懷之

다면서 다시 위나라를 빠져나갔다. 공자는 아마도 거백옥의 그런 처신을 '可卷而懷之(재능을 거두어서 감출 수 있었다)'라고 표현한 듯하다.[38] 거백옥은 공자보다 적어도 30년 이상 나이가 많았을 것으로 추정되기 때문에 『사기』와 『공자가어』는 그를 공자의 제자라고 할 수 없었지만, 당나라 때 지은 『문옹도(文翁圖)』에는 그를 72제자의 한 사람으로 올렸다. 시대가 내려올수록 교조적인 생각은 더욱 굳어졌던 것이다.

2) 與之坐(여지좌) : 심부름 내용을 전달받기만 하고 돌려보낸 것이 아니라 예우를 갖추어 대접했다는 표현이다. 유보남은 坐를 座로 새기면서, 공자가 그에게 앉으라고 방석을 내주었다는 뜻으로 해석한다.

3) 何爲(하위) : '부자께서는 무엇 때문에 이처럼 군자의 명예를 얻게 되었습니까?'[39]라는 『논어주소』의 해석은 15·07에서 공자가 거백옥을 군자로 일컬었던 것을 의식한 해석일 것이다. '(요즘) 무슨 일을 하면서 지내시는가?'라고 번역해도 무방하다.

4) 使乎使乎(사호사호) : 공안국 이래 주희까지 모두 '使乎'를 중복한 구문으로 본다. '使乎'의 중복이라면 君子라는 명사가 '군자답다'라는 형용사로 쓰이듯이 '使답구나'라는 칭찬을 반복한 것으로 보아야 할 것이다. 심부름을 시킨 주인의 뜻을 효과적으로 전달하면서도 상대방까지 기쁘게 만드니 심부름하는 사람으로서의 역할을 잘했다는 칭찬이 되겠다. 그러나 '使乎使'에 허사 '乎'를 붙인 구문으로 볼 수도 있다. '使乎使'로

---

38 『회남자·원도훈(原道訓)』에는 "거백옥은 나이 오십이 되자 사십구 년의 잘못을 알았다."라는 말이 있고, 『장자·즉양(則陽)』에는 "거백옥은 나이 육십이 되도록 육십 번이나 변화하였다."라는 말이 있다. 그는 항상 오늘의 나는 어제의 나보다 나아야 한다고 생각하면서 살았고, 해마다 그해 부족했던 점에 대해 생각하기를 나이 오십이 넘어서도 했기 때문에 '年五十而知四十九年非(나이 오십이 되어 사십구 년의 잘못을 알게 되다)'라는 말이 생겼다고 한다.

39 夫子何所云爲而得此君子之名譽乎

본다면 '好使 중의 好使(좋은 심부름꾼 가운데서도 좋은 심부름꾼)'라는 뜻이 된다. 고문에서 '賤乎賤', '微乎微', '時乎時'와 같은 구법은 흔히 사용된다. 다만 '使乎使' 다음에 다시 '乎'라는 허사를 붙이는 것이 가능할지는 의문이다.

평설

거백옥의 심부름을 왔던 사람의 언행을 칭찬하는 내용인데, 결국 거백옥에 대한 칭찬이다. 심부름 온 사람의 자질을 통해서 심부름을 보낸 사람의 품격을 짐작하는 공자의 품평 능력을 소개하는 것이 목적임은 물론이다. 마치 중국의 그림 기법에서, 주변을 그림으로써 대상이 드러나도록 만드는 홍탁(烘托)의 기법과도 같다.

거백옥이 공자에게 사람을 보낸 배경은 드러나지 않았다. 거백옥이 공자에게 위나라에서 벼슬할 수 있도록 주선하겠다고 약속하였지만 아직 결과가 없자 사람을 보내 그 점을 사과한 것이라고 아서 웨일리는 추측한다. 그러나 벼슬자리 주선 약속이 이루어지지 못한 것을 過라고 표현하지는 않았을 것이다. 심부름 온 사람의 표현에 의하자면 무언가 미안하다는 뜻을 공자에게 전하고자 하는 듯하지만, 거백옥이 공자에게 빚이 있지 않는 한 過라고 표현하지는 않았을 것이다. 공자가 위나라에 오자 거백옥이 거처를 마련해주면서 사자를 보내 안부를 물었던 것은 아닐까 한다.

『좌전』에 거백옥에 관한 기사가 노양공 29년(544 B.C., 공자 8세 때) 이후로는 보이지 않는 점을 들어서 최술은 거백옥과 공자가 만났다면 소공 즉위 초반, 즉 공자가 젊을 때의 일이었을 것이라고만 추정한다. 그러나 주희는 공자가 노나라로 돌아간 다음일 것이라고 추정한다. 그렇다면 『좌전』의 기록보다 60여 년 뒤가 되는데, 아무리 거백옥이 100세를 살았다 하더라도 가능했을지 의문이다. 채옹(蔡邕, 133~192)의 글에 "蘧瑗

保生(거원은 목숨을 길이 보전하였다)"이라는 구절이 있는 것을 보더라도 거백옥이라는 이름은 후대에 장수하는 사람의 대명사가 된다.

14·26 子曰 不在其位 不謀其政 曾子曰 君子思不出其位
스승님께서는 "그 직위에 있지도 않으면서 그 직위의 정무를 도모해선 안 돼."
라고 말씀하셨고, 증자께서는 "군자는 자기 직위를 벗어난 일을 꾀해서는 안 된다."라고 말씀하셨다.

1) 曾子(증자) : 공자의 제자 증삼. 1·04의 주) 참조.
2) 思不出其位(사불출기위) : 여기의 思는 앞 구의 謀(모)와 같은 뜻이다. 고대 중국에서 思(생각하다)라는 낱말의 함의가 어떤 것인지 짐작할 수 있는 문장이다. 요즘의 '사유'와는 다르다. 마음이 그곳으로 가서는 안 된다는 뜻이다. 2·15, 9·31, 15·31 참조.

평설

공자의 말은 8·14의 중복이고, 증삼의 말은 『주역』 간괘(艮卦)의 상사(象辭)인 "君子以思不出其位"와 거의 같다. 증삼의 말을 돋보이게 하고자 그것과 비슷한 공자의 말을 앞에 둔 것인지, 공자의 말을 실으면서 그것과 비슷한 증삼의 말을 곁들였는지는 분간하기 어렵다. 『주역』의 문장은 평서문이고 증삼의 말은 규범적으로 요구하는 문장이라는 점이 다르기는 하지만, 어떻게 보더라도 공자 말의 증삼 버전은 분명하다. 더구나 공자의 말은 직책의 책임성을 강조하면서 월권에 대한 경계의 의미를 드러내지만 증삼의 말은 사람의 사고를 제한하는 강제성을 드러낸다. 증삼의 고루한 기질이 보일 뿐 아니라 '따라쟁이'라는 비판을 면하기 어렵다.⁴⁰ 송유들은 증삼을 존경하고자 해서인지 이 장을 둘로 나누는데, 정수덕이 지적했듯이 불필요한 짓이다.

14·27 子曰 君子恥其言而過其行

스승님께서 말씀하시기를 : 군자는 말이 행동보다 넘치는 것을 부끄럽게 여긴다.

평설

주희는 '恥'와 '過'를 동사의 병렬로 본다. 恥의 목적어는 '其言'이고 過의 목적어는 '其行'으로 본다. 恥는 '不敢盡之意(감히 다 표출하지 않으려는 뜻)'이고 過는 '欲有餘之辭(넉넉하고자 하는 표현)'라는 것이다. '군자는 말은 적게, 행동은 남게!'라는 대구로 보는 해석인데, 그러한 해석은 문장을 '읽는' 것이 아니라 문장을 '자기의 관념에다 맞추는' 것이다. 대구로 보고자 한들 恥와 過가 대를 이루지는 못한다. 따라서 구문상 그렇게 해석될 여지는 도무지 없다. 而는 구조조사 之와 같고 '其言而過其行'은 恥의 목적어일 수밖에 없다. 황간본과 족리본에는 而가 아예 之로 되어 있다.

이 장은 "古者言之不出 恥躬之不逮也(옛날 사람들이 말을 함부로 내밀지 않았던 것은 자신의 행실이 그 말에 미치지 못할까 봐 부끄러워서이다)"(4·22)와 같은 취지이다. "말만 있고 행동은 없는 것을 군자는 수치

---

40 오규 소라이는 '思不出其位'가 직위를 가지고 하는 말이 아니라 종묘에서 제사를 지낼 때 경건함을 요구하는 내용이라고 주장한다. 그는 '患無位'도 지위가 없는 것을 걱정한다는 뜻이 아니라 조정에서 자신이 설 자리가 없음을 가리킨다고 주장한 바 있는데, 4·14를 보면 그렇게 해석될 여지는 없다. 경건함으로 말한다면야 禮를 강조하는 유가로서는 모든 면에서 경건함을 요구하지 증삼의 이 말에 한정되지는 않는다. 독특한 해석을 좋아하는 오규 소라이의 지나친 견해이다.

로 여긴다."⁴¹라는『예기·잡기하(雜記下)』의 표현과, "군자는 말만 있고 덕이 없는 것을 부끄러워하고, 덕은 있되 행동은 없는 것을 부끄러워한다."⁴²라는『예기·표기(表記)』의 표현은 공자의 이 말이 다른 형태로 적힌 것이다.

14·28 子曰 君子道者三 我無能焉 仁者不憂 知者不惑 勇者不懼 子貢曰 夫子自道也

스승님께서 말씀하시기를 : 군자의 방법론은 세 가지인데, 내가 해낼 수 있는 건 (하나도) 없구나. 인은 근심하지 않게 만들고, 분별력은 미혹하지 않게 만들며, 용기는 두려워하지 않게 만드(는데 말이)다. (옆에 있던) 자공이 말하기를 : (그 세 가지는) 스승님 고유의 방법론입니다.

주

1) 君子道(군자도) : 군자로서 지녀야 하는 방법론이라는 뜻이다. 군자가 되기 위한 방법론이라는 뜻은 아니다. 5·15의 君子之道와 비슷한 표현이다. 道를 由로 새겨야 한다는 주장에는 그래서 동의하지 않는다. 道에 관한 설명은 1·02의 주) 참조.

2) 我無能焉(아무능언) : '나는 세 가지 모두 감당하기 어렵다', '세 가지 가운데 내가 자신할 만한 것은 없다'는 표현이다. 能은 '감당하다', '갖추다'의 뜻이므로 '내(耐)'로 읽어도 무방하다. 정주한묘죽간본에서는 아예 耐로 되어 있다. 공자는 자신감 있고 과감한 발언을 자주 하는 편이지만 7·34에서도 그렇듯이 인이나 군자라는 주제에 대해서는 이처럼 겸양

---

41   有其言無其行 君子恥之

42   君子恥有其辭而無其德 恥有其德而無其行

한다. 『예기』 「중용」에도 "군자의 도에는 네 가지가 있는데 나는 한 가지도 갖추지 못했다."[43]라는 대목이 있다.

3) 仁者不憂(인자불우) : '인한 사람은 근심하지 않는다'거나, '인하면 근심하지 않게 된다'라는 문맥은 아니다. '인이란 것은 사람으로 하여금 근심하지 않도록 만든다'라는 문맥이다.

4) 自道(자도) : 주희는 여기의 道를 앞의 道와는 달리 言의 뜻이라고 한다. 自道는 겸사라는 것이다. '夫子自道也'는 '부자께서 스스로 (낮추어) 말씀하셨다'라는 뜻이라는 설명인데, 그런 뜻은 아니라고 본다. 道 뒤에 也가 있음을 고려하더라도 道는 동사보다는 명사로 새기는 것이 낫다. 스승이 스스로를 낮추어 표현하자 스승을 배려하고 치켜세우는 데 뛰어난 감각과 표현력을 지닌 자공이 그것을 부정하는 말로 보인다. 즉, '夫子自道也'는 '스승님께서는 스스로 해낼 수 있는 것이 없다고 말씀하시지만 지금 거론하신 그 세 가지는 스승님께서 이미 스스로 갖추고 계시는 도리입니다'라는 뜻으로 보인다. 그래야 道는 앞의 君子道와 상응하는 명사가 된다. '스승님은 지금 자기 이야기를 하고 계십니다'라는 번역은 맞지 않다.

평설

공자는 인·지·용에 대해 각각 설명하기도 하고 각각 강조하기도 하지만 대체로는 여기서처럼 그것들의 상호관계를 말하거나 종합적으로 말한다. 여기서도 인·지·용을 별도의 독립된 영역으로 설명하지는 않는다. 군자라면 갖추어야 하는 면모들이라고 짚을 뿐이다. 그래서 그는 지와 인을 (때로는 용까지 포함하여) 대체로 동시에 언급한다. 인이 지나 용보다는 상위의 덕목인 것처럼, 또는 인이 가장 기초적인 덕목인 것처럼

---

43   君子之道四 丘未能一焉

표현할 때도 있지만, 그 셋은 모두 군자의 기본적인 면모라고 강조한다. 9·29와 6·23 및 2·24의 주) 참조. 스승을 옹호하고 치켜세우는 자공의 말솜씨는 여기서도 돋보인다.

14·29 子貢方人 子曰 賜也賢乎哉 夫我則不暇

자공이 남을 품평하자 스승님께서 말씀하시기를 : 단목사는 (엄청나게) 현명하나 보지? 나 같으면 (남을 품평할) 겨를이 없던데.

주

1) 方人(방인) : 『경전석문』에는 "정현이 주석한 『논어』에는 '謗人'으로 되어 있으며, 정현의 주석 또한 '謂言人之過惡(남의 과오를 말하는 것을 일컬음)'라고 했다."고 되어 있다. 方은 남의 단점을 지적하는 뜻이라는 것이다. 그러나 주희는 方을 比라고 한다. 현대 중국어에서도 '比方'은 비유라는 뜻이다. 따라서 남의 단점을 지적하는 일만을 가리키는 게 아니라 품평하는 것으로 이해하는 것이 낫다고 본다.

2) 賜(사) : 자공의 이름이다. 이인칭 '女' 대신 이름을 부르는 것을 보면 자공에게 대놓고 한 말은 아닌 듯하다.

3) 乎哉(호재) : 주희는 의사(疑辭)라고 한다.

평설

이 장의 중심어는 '賜也賢乎哉'인데, 허사 乎哉의 어기가 중요하다. '夫我則不暇'라는 뒤 구절을 감안하지 않더라도 공자는 묻는 게 아니라 비꼬고 있다. 공자는 대체로 제자들을 이처럼 까칠하게 대한다. 5·11에서도 마찬가지이다. 공연히 트집을 잡는 것처럼 느껴질 정도이다. '나는 남을 품평할 겨를이 없다'고 말하지만 실제 공자는 타인에 대한 품평을 전업으로 삼았다 해도 과언이 아닐 정도로 인물품평을 많이 했던 사람이다.[44] 공자의 인물품평이나 관인술에 대해서는 2·10, 5·15, 5·17, 13·24, 14·09, 14·25를 참조할 필요가 있다.

謗은 諫과 같은 뜻이지만 세속에서는 점점 그것을 誣(무: 사실을 굽혀서 말함)로 여기게 되었다는 주석도 있다.[45] 그래서 후대의 유자들은 타인에 대한 훼예(毁譽: 비난함과 칭찬함)를 경계할 때 자주 『논어』의 이 구절을 든다. 方을 謗으로 이해했던 탓에 이 문장을 대인관계에서 오해를 일으킬 소지를 만들지 말라는 처세훈으로 받아들였던 것이다.

고려본, 족리본, 당본, 정평본에는 哉가 我로 되어 있고 황본(皇本)은 '賢乎我夫哉 我則不暇'로 되어 있는데, '자공은 나보다 더 현명한가 보지?'라는 뜻이라면 너무 유치한 문장이 된다. 노골적으로 유치한 해석을 단호한 해석으로 보려는 경향은 분명 있어왔다.

14·30 子曰 不患人之不己知 患其不能也
스승님께서 말씀하시기를 : 남들이 나를 알아주지 않는다고 아파하지 말고 (남들이 나를 알아줄 만큼) 내가 잘하지 못했음을 아파하라.

주

1) 患其不能也(환기불능야) : '患其無能也'로 된 판본이 많다. "人不知

44　그는 자공에게 너와 안회를 견주면 누가 더 나으냐고 물은 적도 있고(5·08), 자공 또한 공자에게 자장과 자하 가운데 누가 더 나은지를 물은 적도 있다(11·16). 더구나 공자는 안회를 제외한 모든 제자에게 칭찬은 인색했던 사람이다. 역사인물들에 대한 품평도 공자의 주업이라고 할 수 있다.
45　『좌전』소공 4년에 "鄭人謗子産"이라고 되어 있는 점과 『國語』에 "厲王虐 國人謗王"이라고 되어 있는 점을 예로 든다.

而不慍 不亦君子乎"(1·01), "不患人之不己知 患不知人也(1·16), "不患
無位 患所以立 不患莫己知 求爲可知也"(4·14), "君子病無能焉 不病
人之不己知也"(15·19) 등 비슷한 문장들을 참고하자면 '不能'은 '不能
知'에서 知가 생략된 것으로 보아야 한다. '남이 나를 알아줄 정도로 내
가 뛰어나지 못했음을 아파하라'는 뜻이라야 한다.

평설
1·16의 주)에 자세한 설명이 있다.

14·31 子曰 不逆詐 不億不信 抑亦先覺者 是賢乎
스승님께서 말씀하시기를 : (상대가 나를) 속일 것이라고 넘겨짚지도 말고, (상
대를) 미덥지 않(은 사람이)다고 억측하지도 말라. 그렇지만 (속임수나 신뢰할
수 있는지의 여부를) 미리 알아차릴 수는 있어야 현명하다고 하겠지.

주

1) 逆(역) : 주희는 '未至而迎之也(아직 오지 않았는데도 맞아들이는
것)'라고 했다. 미리 넘겨짚는 것을 말한다.

2) 詐(사) : 속임수.

3) 億(억) : 억측. 주희는 '未見而意之也(보지 않고서 짐작하는 것)'라
고 했다.

4) 不億不信(불억불신) : 상대를 믿을 만하지 못하다고 억측하지 말라
는 뜻이다. 주희는 '남이 나를 불신하는 것으로 의심하지 말라'고 해석하
는데, 아마도 앞 구절이 상대가 나에게 하는 행동에 대한 표현이므로 이
구절도 그렇게 맞추고자 한 듯하다. 자기가 먼저 위험성을 깨닫는다는
말이 뒤에 나오는 것을 보자면 이 구절에서 불신의 대상은 내가 아니라

남이어야 할 것이다. 『대대례기』「증자입사(曾子立事)」에도 "군자는 남을 나쁘다고 미리 여기지도 않고 남을 믿을 만하지 못하다고 의심하지도 않는다."[46]라는 대목이 있다.

5) 先覺(선각) : 자신이 먼저 상대방의 위선이나 나쁜 의도를 간파하는 것을 가리킨다.

평설

상대를 나쁜 사람으로 지레 짐작하지는 말되 상대의 나쁜 점은 알아차릴 수 있어야 한다는 말이다.

14·32 微生畝謂孔子曰 丘何爲是栖栖者與 無乃爲佞乎 孔子曰 非敢爲佞也 疾固也

미생무가 공자더러 일컫기를 : 구(여, 자네)는 어째서 그처럼 (이 나라 저 나라로) 쏘다니기만 하는고? 말재주 피우는 것 아닌가? 공자께서 말씀하시기를 : 구태여 말재주 피우는 것은 아닙니다. (사람들의) 고루함을 미워해서(그것을 깨트리고자 하는 것일 뿐)입니다.

주

1) 微生畝(미생무) : 전기가 전해지지 않는 사람인데, 微生은 복성이고 이름은 畝일 듯하다. 『한서』「고금인표(古今人表)」의 '尾生畝'와 동일인으로 간주하기도 하고, 5·23의 微生高와 동일인으로 간주하기도 한다. 공자의 이름을 부르면서 존대어를 사용하지 않은 것으로 보건대 공자보다 나이가 많거나 덕망 있는 은자였을 수도 있고 후대에 만들어진

46　君子不先人以惡 不疑人以不信

가공인물일 수도 있다.

2) 是 : '이처럼'이란 뜻의 부사로 쓰였다. 과거에 대한 표현이기 때문에 한국어 문맥에 맞추어 '그처럼'이라고 번역하였다.

3) 栖栖(서서) : 첩자로 된 형용어는 번역하기 어려운데, 정수덕의 『논어집석』에 나오는 여러 설명들 가운데 '皇皇(황황: 움직임이 일정하지 않게 돌아다니는 모습)'이라는 설명과, '위의를 성대하게 차린 모습'이라는 설명이 가장 가깝다고 본다. 『시』에 나오는 "濟濟多士"처럼 '棲棲', '萋萋', '濟濟'와 같은 뜻으로 짐작된다.

4) 無乃爲佞乎(무내위녕호) : '無乃~乎'는 '바로 ~이 아닌가?'라는 뜻의 구문이다. 『논어』에 나오는 佞은 대체로 '좋은 말재주'를 뜻한다. 5·04, 6·16, 11·25, 15·11, 16·04 등에서 모두 그렇다. 이 문장에서는 栖栖에 대한 설명으로 쓰였다. 佞에 대한 설명은 4·24의 평설과 5·04의 주) 참조.

5) 疾(질) : 괴로워서 참지 못한다는 뜻이다.

6) 固(고) : 주희는 '執一而不通(한 가지에만 집착하여 통창하지 못함)'이라고 주한다. 노인에게 禮는 차리면서도 이처럼 직언을 해서 깨우치게 하고자 했다고 이어서 설명하는 것을 보면 주희는 공자가 미생무더러 고루하다고 말한 뜻으로 본 듯하다. 하지만 아무런 배경 설명도 없는 인물인 미생무를 공자가 고루하다고 꼬집어야 할 이유는 없다. 그래서 '疾世固陋(세상 사람들의 고루함을 미워함)'라는 포함의 주석이 더 타당하다고 본다. 고루함의 당사자는 미생무가 아닌 세상 사람들이나 군주로 보인다. 정약용은 자신의 고루함을 싫어한 것이라고 한다. 자신의 고루함이 싫어서 쏘다닌다는 표현이라면 문맥에 맞지 않다.

평설

미생무라는 사람이 공자의 처신을 꼬집자 공자가 반박한 내용인데,

'栖栖', '佞', '固' 등의 뜻이 정확하지 않은 탓에 문맥이 썩 잘 통하지는 않는다.

미생무라는 사람은 공자에게 이름을 부를 수 있는 정도의 노장이었고, 또 공자에게 직설적으로 물을 수 있는 사람이었던 듯하지만 그의 전기는 알 수 없다. 그래서 일반적으로는 은일이었을 것이라고만 추정할 뿐이다. 『맹자·공손추하』의 "세상 어디에서나 통하는 존경받을 자격이 세 가지 있으니, 벼슬, 나이, 덕망이다."[47]라는 말을 굳이 따르지 않더라도, 미생무는 벼슬이 높았거나 공자보다 나이가 많았거나 덕망이 높다는 평판을 듣던 사람으로 여기면 될 것이다.

공자의 미생무에 대한 태도 또한 정중하다. 그러나 이름 없는 사람이 위대한 성인을 기롱했다고 생각하는 유학자들도 있다. 그런 사람들은 疾固를 미생무처럼 고집이 센 사람을 공자가 꼬집은 말이라고 해석한다. 미생무가 공자를 꼬집었기로서니 그 때문에 공자가 공격적으로 나올 이유는 없고, 미생무를 고집이 센 사람이라고 단정할 근거도 없다. 미생무는 그저 질문 형식으로 공자를 꼬집은 것인데, 그에 대한 공자의 대답은 결국 자신을 높이는 효과를 노린다. 이 이야기를 『논어』에 실은 것은 그 효과 때문이지 공자의 옹졸함을 드러내려는 의도는 아니다. 그나마도 가공인물이라면 생각할 필요조차 없다.

14·33 子曰 驥不稱其力 稱其德也
스승님께서 말씀하시기를 : 기(마라는 이름)는 그 말이 지닌 힘에 대한 이름이 아니라 그 말이 지닌 덕에 대한 이름이다

---

47   天下有達尊三 爵一齒一德一

1) 驥(기) : 뛰어난 주력을 가진 말에 붙이는 고대 중국의 이름이다. 천리를 달린다는 뜻에서 세간에서는 천리마라고 부르기도 한다.

2) 德(덕) : 정현 이래로 調良(조량: 잘 길들여짐)을 가리킨다고 주한다. 말에 대한 수식어이기 때문에 그렇게 해석했을 것이다.

평설

말이 지닌 덕이란 무엇일까? 조련 결과 얻어진 능력을 가리키는 것인가? 그렇다면 기가 기인 까닭은 혈통보다는 후천적인 조련에 의한다는 강조일 것이다. 당연히 말을 가지고서 사람에게 비유한 것이다.

14·34 或曰 以德報怨 何如 子曰 何以報德 以直報怨 以德報德

어떤 사람이 (스승님께) 여쭙기를 : '원한에 은덕으로 갚는다'는 (말이 있는데, 그 말을 스승님께서는) 어떻(게 평가하)십니까? 스승님께서 말씀하시기를 : (원한에 은덕으로 갚는다면) 은덕에는 무엇으로 갚지? 원한에는 그대로 갚고, 은덕에는 은덕으로 갚아야(옳은 게)지.

주

1) 或曰(혹왈) : 『노자』 63장에는 報怨以德(보원이덕: 덕으로써 원한을 갚기)이라는 말이 있다. 그 때문에 여기의 或은 노자일 것이라고 주장하는 주석가들이 중국에는 많다. 주희처럼 고지식한 사람도 "혹인이 질문한 내용은 『노자』서에 보인다."[48]라고만 말할 뿐인데도 비슷한 내용이 『노자』에 있다는 이유만으로 或을 노자로 단정하는 편의적인 사고방식

48　或人所稱 今見老子書

이 학문이라는 이름으로 널리 퍼지는 것은 이해하기 힘들다. 중국학을 하려면 그러한 점을 예상하고 또 짚을 수 있어야 한다. 以德報怨은 누구나 쉽게 생각할 수 있는 '뒤집기 생각'일 뿐이지 노자만이 제기할 수 있는 생각도 아니다. 또한 『노자』의 報怨以德은 이어서 나오는 "圖難於其易 爲大於其細(쉬울 때 어려울 때를 준비하고, 세세한 것에서 큰 것을 만들어라)"라는 구절을 보더라도 문제의 해결책을 상반된 것에서 찾아야 한다는 주장이다. 공자가 여기에서 말하는 것과는 맥락이 다르다.

2) 何以報德(하이보덕) : 상대의 말을 부정하기 위한 반문이다. '남에게 원망을 받을 때 은덕으로써 갚는다면, 남에게 은덕을 받았을 때는 무엇으로써 갚을 거니?'라는 뜻이다. 둘 사이에는 구분이 엄격해야 한다는 뜻이다. 德은 하안 이후 모두 '은덕'으로 풀이한다.

3) 直(직) : 두 글자 낱말로 번역하는 관행 때문에 대개 '정직'이라고 번역한다. 그러나 '정직'이라는 번역어는 이 문장에서 直의 의미를 왜곡할 수 있다. 直은 '받았던 그대로'라는 뜻이지 '정직'이라는 뜻은 아니다. 원한을 받게 된 원인 그대로 되갚으라는 뜻이다. 보복을 정당화하는 것처럼 들리는 공자의 이 발언은 후대 유자들을 다소 당황하게 만들었을 것이다. 그래서 주희는 "원한이 있는 사람에게 사랑하건 미워하건 주건 받건 한결같이 매우 공평하여 사사로운 바가 없게 하게 하는 것이 直이다. 덕을 입은 사람에게는 반드시 덕으로 갚아야 함을 잊어서는 안 된다."[49]라고 부연한다. 하지만 이 문장에서 直은 '至公而無私'라는 뜻은 아니다. 13·18의 '주)直' 참조.

---

49   於其所怨者 愛憎取舍 一以至公而無私 所謂直也 於其所德者 則必以德
報之 不可忘也

"스승님께서 말씀하시기를, 원한을 은덕으로 갚는다면 자신을 너그럽게 만드는 인한 사람이고, 은덕을 원한으로 갚는다면 형벌을 받아야 할 사람이다."[50]라는 『예기·표기』의 기록을 보더라도, '원한에 은덕으로 갚는다'는 생각은 인한 사람이나 할 수 있는 고원한 행위라고 여길 수도 있다. 하지만 누구나 쉽게 생각할 수 있는 뒤집기 발상일 뿐이다.[51] 공자에게 질문했던 사람은 단순한 뒤집기 발상으로써 물었다고 본다. '이덕보원'이라는 말이 당시 사회에서 통용될 수 있었던 것은 그처럼 단순한 발상이기 때문이다.

어쨌든 공자는 '이덕보원'을 단호히 반대한다. '원수를 사랑하라'고 가르치지는 않는다. 인과를 초월하려는 생각을 하지 않는다.[52] 상대의 악행에 선심으로 대하는 것은 전략적 태도이거나, 회피이거나, 굴복이거나, 심지어 악행에 대한 방조라고 생각했을지도 모른다. 정이를 비롯한 성리

---

50   子曰 以德報怨 則寬身之仁也 以怨報德 則刑戮之民也

51   뒤집기 발상이 아니라면 갈등 자체를 피하고 싶은 나머지 인과를 무시한 채 무조건 덮고자 하는 정서에서 나온 발상일 수는 있다. '원인이야 어쨌든 다투지 말라'거나, '과거는 잊으라'거나, '무조건 서로 한 발씩 양보하라'는 정서일 수 있다. 갈등이라는 현상만을 무화시키려는 정서일 것이다. 그런 것은 '관용'과는 차원이 다르다. 그런데 강유위는 『논어주』에서, 너무 높은 경지를 말하면 실천할 수 있는 사람이 드물어서 큰 도를 행할 수 없기 때문에 공자는 '이덕보원'이라는 고언(高言)을 말하지 않고 '이직보원'이라고 말했을 뿐이라고 말한다. 요즘 중국의 언론에서 논어 해설가로 유명한 이중천(易中天, 1947~)도 그 생각에 찬동한다 〈『中國智慧』(『이중톈, 사람을 말하다』, 심규호 역, 중앙북스, 2013), p.91〉. 그러나 그런 해석들은 공자에게 아첨하는 '공자 띄우기'일 뿐이다. '띄우기'는 중국 학술의 전통이다. 요즘에도 이어지는 것이 신통할 따름이다.

52   귀신의 존재를 믿고 섬길지언정 인간의 욕망을 귀신에게 함부로 비는 짓을 공자는 수용하지 않았다. 7·35의 평설 참조.

학자들이 『노자』의 도덕에는 권사(權詐)가 섞여 있다고 비판했던 것도 공자의 이런 태도를 추종하기 때문은 아닐까 한다. 5·22의 평설 참조.

14·35 子曰 莫我知也夫 子貢曰 何爲其莫知子也 子曰 不怨天 不尤人 下學而上達 知我者其天乎

스승님께서 말씀하시기를 : (이 세상) 아무도 나를 알아주지 않는구나. (이 탄식을 들은) 자공이 (스승님께) 말하기를 : 어째서 아무도 스승님을 알아주지 않는다고 여기십니까(, 저희 제자들도 있지 않습니까)? 스승님께서는 (자공의 말에는 대꾸도 않으시면서) 말씀하시기를 : (그래, 나는 지금껏 살아오면서) 하늘을 원망하지도 남을 탓하지도 않았다. 자잘한 것부터 배워서 높은 생각에 이르렀다. (그러니) 나를 알아주는 자는 하늘이겠구나.

주

1) 莫我知也夫(막아지야부) : 아무도 나를 알아주지 않는다는 탄식이다. 안회와 자로 등 유능한 제자들도 죽고 자신의 이상이 명료하게 후세에 전해지는 것도 없음을 느끼자 이렇게 한탄했을 것이라고 H.G. 크릴은 설명한다. 이미 사마천부터 그렇게 설명했다. 그런데 정약용은 달리 해석한다. "당시 사람들이 모두 부자의 성덕을 칭찬하자 부자께서는 그 소리를 듣고서 '저 사람들은 모두 나를 알지도 못하고서 하는 소리일 뿐이야'라고 말씀하셨다."[53]라고 한다. '남이 나를 알아주지 않음을 아파하지 말라'고 말했던 분이 그런 탄식을 했을 리는 없다고 여긴 나머지 그렇게 해석했을 것이다. 하지만 당시 사람들이 모두 공자를 칭찬했다는 설정은 당치 않을뿐더러, 知를 왜곡한 해석이다. 공자는 기본적으로 자신

---

53   時人皆稱夫子盛德 夫子聞之曰 彼皆不知我而言之耳

이 천명을 받은 인물임에도 알아주는 사람이 없다는 생각을 가졌던 사람이다. 남이 나를 알아주지 않더라도 아파하지 말라고 자주 강조했던 것은 자기를 두고 하는 말이었을지도 모른다.

2) 下學上達(하학상달) : 공안국은 "아래로 인사를 배우고 위로는 천명을 안다."[54]라고 새긴다. 황간은 "하학이란 인간사를 배우는 것이고 상달이란 천명에 통달하는 것이다. 나는 이미 인간사를 배웠는데, 인간사에는 막히는 운수도 있고 열리는 운수도 있더라. 그러니 사람을 탓할 것은 없다. 나는 이미 위로 천명에 통달하였는데, 천명에는 막히는 것도 있고 뚫리는 것도 있더라. 그러니 나는 하늘을 원망하지도 않는다."[55]라고 새긴다. 하지만 學과 達의 목적어를 인사와 천명으로 한정할 수는 없다. 어려서 미천했기 때문에 자질구레한 일들을 잘하게 되었다는 9·06의 언급과 연결하는 것이 차라리 나을 것이다.

3) 天(천) : '하늘을 원망하지 않았다'와 '하늘은 나를 알 것이다'라는 두 문장에서 공자가 말하는 天이 동일한 대상일지는 의문이다. 앞의 天은 '천운'이나 '천명'으로 이해되고, 뒤의 天은 주재천(主宰天)으로 이해되기 때문이다. 중국 고문에서는 다른 대상을 같은 글자로 표현하는 형식논리의 충돌에 대해 그다지 민감하지 않기 때문에 번역할 때는 어려움을 겪게 된다.

평설

자공은 공자에게 자기를 비롯한 제자들이 있거늘 왜 알아주는 사람이 아무도 없다고 하시느냐는 반문을 겸한 위로를 보낸다. 하지만 공자는

---

54 下學人事 上知天命
55   下學學人事 上達達天命 我旣學人事 人事有否有泰 故不尤人 上達天命
天命有窮有通 故我不怨天也

아랑곳하지 않고 하늘만이 나를 알아줄 것이라고 독백한다. 공자는 자공 뿐 아니라 어느 제자의 말이든 경청한 적이 없다. 제자에게서는 항상 나무랄 거리만 찾았지 제자와 깊은 대화를 하려고 한 적은 없다. 제자들이 자기를 어떻게 보는지에 대해서도 주의하지 않았다. 이해하기 어려울 정도로 집착해 마지않았던 안회와도 상호 교감했던 흔적은 없다. 공자가 일방적으로 사랑했을 뿐이다. 공자는 군주의 인정에서만 자신의 존재감을 느낄 수 있었던 사람이었지 제자들의 인정으로는 만족할 수 없었던 사람이었다. 그래서 공자는 자주 하늘을 향해 절규한다. 하늘을 향한 절규는 상처받은 사람이 하는 짓이다. 그래서 주석가들은 공자가 무엇 때문에 상처받았는지만을 설명하고자 한다.

이처럼 자신들을 무시하는 스승을 제자들은 야속하다고 여겼을까? 아마도 자공과 같은 고지식한 제자는 그 반대였을 것이다. 그럴수록 더욱 스승을 받들어 모시고자 전전긍긍했을 것이다. 그런 스승을 야속하다고 느낀 제자들이 있었다면 공자의 족적은 오늘날까지 전해지지 못했을 것이다. 스승이 아무리 자기를 무시하고 꾸짖기만 하더라도 그럴수록 더욱 스승 받들기에 전념하는 고지식한 제자들 덕분에 공자의 이름은 오늘날까지 전해질 수 있었다. 공자의 어인술(御人術)이 그만큼 뛰어났다고 해야 할지도 모르겠다.

14·36 公伯寮愬子路於季孫 子服景伯以告 曰 夫子固有惑志於公伯寮 吾力猶能肆諸市朝 子曰 道之將行也與 命也 道之將廢也與 命也 公伯寮其如命何

공백료가 (계씨의 가로로 있던) 자로를 계손씨에게 참소한(일이 있)었는데, 자복경백이 그 사실을 (스승님께) 알리면서 말하기를 : 대부(계손씨)께서는 틀림없이 공백료한테 혹해 있을 겁니다. 제 힘이 아직 (공백료 같은) 놈을 (죽여서 송장을) 저자거리에 걸어놓을 수는 있습니다. (가만두지 않겠습니다.) 스승님께서 말씀하시기를 : (세상에 바른) 도가 행해진다 해도 천명이고 (세상에 바른) 도가 사라진다 해도 천명이야. 공백료 그 녀석이 천명을 어떡하겠니? (내버려둬라!)

1) 公伯寮(공백료) : 公伯은 복성이고 자는 子周(자주)이며 이름은 寮인데, 繚로 적기도 한다. 마융은 노나라 사람이며 공자의 제자라고 했다. 『사기·중니제자열전』에 포함된 사람인데도 자로를 참소했다는 이유로 공자의 제자가 아니었을 것이라고 추측하거나, 아예 제자적에서 이름을 빼기도 한다. 당대에 『사기·중니제자열전』에 실린 인물들을 모두 봉할 때 이 사람은 任伯(임백)으로 봉했고, 송대에는 壽長侯(수장후)로 봉했다. 그러나 명대에는 위 이유 때문에 공묘에서 내쫓는 바람에 지금은 그의 제사를 지내지 않는다고 한다. 같은 스승 밑에서 함께 배우는 사이일지라도 서로 반목하거나 비난하는 경우는 생기기 마련이다. 그런데도 자로를 참소했다고 단정하면서 공백료를 죽이겠다고 덤벼드는 자복경백의 태도만 가지고서 공백료를 제자적에서 빼는 것을 보면 공자의 제자가 3천 명이었다는 말의 신빙성도 짐작할 만하다. H.G. 크릴도 이 장을 근거로 공자의 제자가 3천 명이나 되었다는 『사기』의 기록은 과장이라고 말한다. 공자와 관계되는 작은 인연만 찾을 수 있어도 제자로 계산했을 것이다.

2) 愬(소) : 讒(참: 헐뜯음)이라는 마융의 주석대로 '참소'의 뜻으로 본다. 어떤 내용의 참소였는지는 알 수 없지만, 최술은 공자가 노나라를 떠나고 자로가 계씨가를 떠난 것이 이 비방과 관계있을 것이라고 『수사고신여록』 권2에서 추정한다. 공자가 노나라를 떠나야 했던 이유가 계환자의 압박 때문인 것은 분명하다고 보지만 그 계기가 자로에 대한 참소

때문이었을지는 의문이다. 자로가 계씨가에서 벼슬 살다가 그만두게 된 이유로는 충분할 것이다.

3) 子服景伯(자복경백) : 노나라의 대부. 子服은 복성이고 景은 시호이며 伯은 자이다. 공안국은 孟獻子(맹헌자)의 현손이자 子服惠伯(자복혜백)의 손자이며 子服昭伯(자복소백)의 아들인 子服何忌(자복하기)라고 하지만, 주희는 『논어주소』의 견해를 받아서 子服何(자복하)라고 한다. 『좌전』에는 子服何忌와 子服何 두 사람이 보이는데, 유보남은 子服何라고 고증한다. 그렇다면 맹손씨는 아니다. 공자의 으뜸제자라고 할 수 있는 자로를 공백료가 참소했다고 단정하면서 그를 죽이겠다고 흥분하는 것을 보면 이 사람은 공자와 공문을 소중히 여기면서 의분에 넘치는 기개를 가진 사람이었을 텐데, 『사기·중니제자열전』에 이름은 없다. 19·23에도 나오고, B.C. 480년에 자공과 함께 제나라에 사신으로 갔다는 기록도 있다.

4) 夫子(부자) : 여기서는 계손씨를 가리킨다.

5) 力(력) : 정현은 '세력'이라면서, 자복경백은 맹손씨이므로 계손씨에게 편하게 말할 수 있는 위치이기 때문에 계손씨에게 자로의 무죄를 말하여 공백료가 벌을 받도록 만들 수 있다는 뜻이라고 설명한다. 자복경백이 맹손씨가 아님은 앞에서 설명한 바 있고, 자복경백이 어떤 힘을 가졌는지는 본문에서 중요한 요소가 되지 못한다.

6) 肆(사) : 형을 받아서 죽은 죄인의 송장을 여러 사람이 보도록 공공장소에 버려두는 일.

7) 市朝(시조) : 죄인의 시신을 사람들이 많이 다니는 장소에 걸어두는 고대 형법이다. 市는 저자거리이고 朝는 조정이니, 대부의 경우 朝에다 내걸고 士의 경우 市에다 내걸었다고 설명하기도 한다. 사람이 많이 다니는 공개적인 장소를 가리키는 표현으로 보면 될 것이다.

8) 道之將行(도지장행) : 양백준은 '나의 주장이 장차 실현된다 해도

~'라고 번역하지만, 천명에 가탁하는 것이 '나의 주장'이라면 어울리지 않는다. 세상이 바르게 돌아가느냐의 여부로 보는 것이 낫다. 道에 관한 설명은 1·02의 주) 참조.

9) 公伯寮其命如何(공백료기명여하) : 其는 '장차 ~하려고 하다'는 뜻의 부사로 쓰였다.

평설

공백료가 자로를 참소했다면서 격분하는 자복경백을 공자가 말리는 내용이다. 공자가 말린 이유는 드러나지 않았지만, 어느 쪽이 진실인지 섣불리 판단할 수 없다는 생각, 한쪽의 잘못이 명백하더라도 저절로 판명되기를 기다리는 것이 낫다는 생각, 자복경백의 흥분을 일단 가라앉히는 것이 급하다는 생각 등 여러 이유가 있었을 것이다. 어쨌든 공자는 천명을 핑계로 진정시킨다. 그저 천명에 맡기자는 것이 아니라 한 사람의 참소로 인해 공동체의 운명이 바뀔 리는 없다는 자신의 생각을 천명에 가탁하여 표현한다. 그러니 공자의 이 말을 가지고 그를 운명론자로 단정하는 것은 적절하지 않다.

14·37 子曰 賢者辟世 其次辟地 其次辟色 其次辟言 子曰 作者七人矣
스승님께서 말씀하시기를 : 현자는 (혼탁한) 세상을 피한다. 그러지 못할진댄 (혼탁한) 지역을 피하고, 그도 못할진댄 (혼탁한) 사람을 피하며, 마지막으론 (혼탁한) 말을 피한다. 스승님께서는 (이어서) 말씀하시기를 : 그러했던 사람으로는 일곱 사람이 있다.

주

1) 辟(피) : 避의 고자(古字)이다.

2) 其次(기차) : '그렇게 하지 못할 경우 차선책으로는'이라는 뜻이다. 차등을 염두에 둔 '그다음 사람은'의 뜻은 아니다. 공자가 '作者七人矣'라고 말하는 것을 보더라도 그렇게 처신했던 사람을 의미한다고 본다. 만약 '그다음 현명한 사람은'이라는 뜻이라면 일곱 사람에 대해 설명할 수 없게 된다.

3) 辟世(피세), 辟地(피지), 辟色(피색), 辟言(피언) : 천하가 무도하면 세상을 피하고, 특정한 나라의 정치가 어지러우면 그 나라를 피해서 다른 나라로 가고, 군주의 용색이 예의염치를 모르는 사람이면 조정에 나가지를 않고, 험악한 말을 하는 사람과는 말을 섞지 않는 태도를 가리킬 것이다.[56] '교언영색'이라고 자주 표현했듯이 공자는 色과 言을 자주 묶어서 거론한다. 이 문장에서 色을 '여색'으로 새길 여지는 없다. '色'에 대한 해설은 1·03 참조.

4) 作者七人(작자칠인) : 作은 '일어나다'는 뜻이므로 그렇게 실천했던 사람을 가리킬 것이다. 그래서 포함은 作을 爲라고 한다. 그래서 그렇게 실천했던 일곱 사람이 누구였는지를 설명하는 주석가도 많은데, 포함은 장조(長沮)·걸닉(桀溺)·장인(丈人)·신문(晨門)·하괴(荷蕢)·의봉인(儀封人)·초광접여(楚狂接輿)를 든다. 왕필은 백이(伯夷)·숙제(叔齊)·우중(虞仲)·이일(夷逸)·주장(朱張)·류하혜(柳下惠)·소련(少連)을 든다. 정현은 七이 十의 오자라면서 백이(伯夷)·숙제(叔齊)·우중(虞仲)(이상 避世者), 하조(荷蓧)·장조(長沮)·걸닉(桀溺)(이상 避地者), 류하혜

---

56 정약용은 "악언(惡言)이 있으면 떠난다."라는 공안국의 주석을 부정하면서, "한마디 말을 듣고서 장차 동란이 일어날 것을 알고서 떠나는 것이 피언이다."라고 주장한다. 또한 辟世는 도시에 살면서 은거하는 대은(大隱)이고 辟地는 산림에 은거하는 소은(小隱)이라고 설명한다. 지나치도록 진지하게 생각한 결론이 아닐 수 없다.

(柳下惠)·소련(少連)(이상 避色者), 하괴(荷蕢)·초광접여(楚狂接興)(이상 避言者)의 열 사람을 든다. 하지만 『논어집주』에 소개된 이욱(李郁, 1086~1150)의 지적처럼 7명이 누구인지를 헤아려보려는 시도는 무의미한 짓이다. 作이 '술이부작'의 作이라는 주장은 과도한 상상력의 소치이다.

평설

공자를 세상을 매우 적극적으로 살았던 사람으로 여기는 주석가가 꽤 있는데, 그의 이런 말을 참고하자면 그 반대라고 여기지 않을 수 없다. 자신을 둘러싼 환경, 특히 자신을 억압하는 부당한 힘에 저항하거나 불이익을 감수하려는 자세도 없었고 제자들에게도 그런 자세를 가지라고 권하지도 않는다.[57] 최소한의 비용으로 최대한의 이익을 내는 것이 지혜라고 여겼으며, 그것을 하늘의 도리로 여겼다. 자기를 알아주는 군주를 만나서 선왕지도를 펴보고자 했던 그의 꿈은 어쩌면 위와 같은 본인의 태도 때문에 원천적으로 실현 불가능했을지도 모른다. 위와 같은 공자의 태도를 고려하자면 그를 사회를 혁신하고자 '실천했던' 사람으로 보기는 어렵다. 정치권력을 바꾸고자 '바라기는' 했지만.

---

57 그래서 공자는 소크라테스처럼 독배를 들게 되지는 않았다. 중국의 글에는 공자 때문인지는 모르나 대체적으로 저항이 없다. 풍자가 있기는 하지만 권력에 저항하는 풍자는 아니다. 보편적이고 상대적인 관점에서 가치를 향한 저항도 없다. 비판이나 풍자를 담은 글은 대개 체제 옹호를 위한 것들이다. 둔세나 피세, 은둔을 표방하기도 하고 초월적 세계관을 내걸기도 하지만 기회만 되면 현실 권력으로 달려간다. 중국에서는 기본적으로 글이란 것 자체가 지배 권력끼 떨어질 수 없는 관계이다.

14·38 子路宿於石門 晨門曰 奚自 子路曰 自孔氏 曰 是知其不可而爲
之者與

자로가 석문(밖)에서 묵(은 적이 있)었다. (다음 날 문안으로 들어오려는데) 문
지기가 어디서 오(는 분이)냐고 물었다. 자로가 공씨(문하)에서 온다고 하였
더니 (문지기는) 말하기를 : (공씨라면,) '안 될 줄 알면서도 해보는' (그) 사람
(말)인가요?

주

1) 石門(석문) : 정현은 노나라 성 남쪽의 바깥문이라고 주하고, 『태평
환우기(太平寰宇記)』에서는 남쪽의 두 번째 문이라고 한다. 지명으로 보
는 주희의 견해는 오류라고 입증하는 주석가가 많다.

2) 晨門(신문) : 새벽에 성문 여는 일을 담당하는 사람일 것이다. 저녁
이면 성문을 닫기 때문에 문밖 숙소에서 묵은 뒤 이튿날 새벽 문지기의
검문을 받은 다음 성안으로 들어갔을 것이다. 晨門 앞에 '石門' 두 글자
를 다시 넣은 판본이 많다.

3) 奚自(해자) : '自奚來'에서 동사 '來'가 생략되고 개사 '自'와 목적어
'奚'가 도치되었다.

4) 知其不可而爲之者(지기불가이위지자) : 흔히 '안 되는 줄 알면서도
하는 사람'이라고 번역한다. 그러나 그 번역문은 금지된 짓을 하는 사람
이라는 뜻으로 읽힐 수 있다. '가능성이 없다는 것을 알면서도 기꺼이 해
보는 사람'이라는 뜻이라야 한다. 니체는 "되지 않을 일을 시도하다가 파
멸한 인간을 사랑한다."라고 말한 바 있다. 그렇다면 니체가 표현하는 '되
지 않을 일을 시도하는 인간이 시도하는 것'과, 문지기가 표현하는 '知其
不可而爲之者의 爲之'는 비슷한 것인지 생각해볼 필요가 있다. 안 될 줄
알면서도 공자가 해보았던 것은 과연 무엇이었을까?

　　문지기의 말을 빌려서 공자에 대한 세간의 평가를 소개하고 있다. 물론 공자를 띄우려는 의도인데, 효과는 괜찮다. 공자의 열정적인 실천력을 찬미하기보다는 조롱하는 표현이지만 효과는 오히려 긍정적이다.[58] 그뿐 아니다. 되지 않을 줄 알면서도 공자가 굳이 하려고 했던 것은 무엇이었을까 하는 의문까지 갖게 만든다.[59] 그 의문에 대한 답은 알 수도 없고 알 필요도 없지만 말이다. 하지만 『논어』를 읽는 사람들에게 궁금증을 키우는 효과는 크다. 그래서 '知其不可而爲之者'라는 표현은 성공적인 카피가 된다.

　　효과는 더 있다. 공자와 유가를 조롱하는 사람들을 문지기와 동일한 수준의 딱한 식견을 지닌 부류로 낙인 찍는 효과를 거둔다. 공자와 유가의 흠결을 설득력 있게 지적하는 도가가 표적일 것이다. 그렇다면 이 장을 『논어』에 편입한 것은 도가에 대한 반격일 수 있다.

14·39　子擊磬於衛 有荷蕢而過孔氏之門者 曰 有心哉 擊磬乎 旣而曰 鄙哉 硜硜乎 莫己知也 斯己而已矣 深則厲 淺則揭 子曰 果哉 末之難矣

58　공자가 은둔과 피세를 하지 못함을 비난하는 말이라고 형병은 주하지만 비난보다는 조롱이다. 문지기는 공자를 불가능, 절망, 운명 등과 싸우는 불굴의 투지를 가진 사람으로 표현한 것이 아니다. 어리석고 안타까운 사람으로 표현했을 뿐이다. 하지만 읽는 사람은 반대로 읽게 된다. 석문지기이기 때문에 더욱 반대로 읽게 된다고 본다. 경대부와 같은 높은 지위의 사람이 조롱했다면 그런 효과를 거둘 수 없을지도 모른다. 비속한 사람들에게 조롱의 대상이 되는 사람은 높은 사람들에게 존경의 대상이 되는 것과 마찬가지의 효과를 낸다.

59　되지 않을 줄 알면서도 하는 것은 백성은 버리지 못하기 때문이라고 소 □ 소라이는 설명한다. 공자를 현실의 군주로 여기는 황당한 생각이다.

스승님께서 위나라에 계실 때에 경쇠를 연주하신 적이 있었는데, (그때) 삼태기를 메고서 스승님 묵으시던 집을 지나던 사람이 (연주 소리를 듣더니만 스승님께) 말하기를 : (뭔가 표현하고픈) 마음을 갖고서 경쇠를 연주하시는구료! 얼마간 더 듣고 나서는 말하기를 : 촌스럽지요, (그렇듯) '깽깽' 연주하면! 아무도 나를 알아주지 않으면 자기 혼자로 그만인 게지요. "깊으면 옷 입고 건너고, 얕으면 옷 걷고 건너지."(라는 노래처럼 살면 되지, 불만을 표현하면 촌스럽지요. 이 말을 들은) 스승님께서 말씀하시기를 : 그렇지! (그렇게 살아야) 어려움이 없지!

주

1) 擊磬(격경) : 고대 중국의 악기는 재료에 따라 金(금: 쇠붙이)·石(석: 돌)·絲(사: 비단실)·竹(죽: 대나무)·匏(포: 바가지)·土(토: 흙)·革(혁: 가죽)·木(목: 나무)의 여덟 가지로 나뉘는데**[60]** 각각의 대표 악기에는 종(鐘)·경(磬)·현(絃)·관(管)·생(笙)·훈(壎)·고(鼓)·축어(柷敔)가 있다. 경은 요즘의 편경처럼 옥이나 특수한 돌로 만든 악기일 것이다. 요즘의 편경은 합주에서만 연주되지만 공자 당시에는 이처럼 독주악기로도 쓰였던 모양이다. 공자는 29세 때 노나라의 악사인 사양자(師襄子)에게 거문고를 배웠고, 34세 때는 낙양에 가서 장홍(萇弘)에게 전통적인 왕실 음악을 배웠으며, 36세 때는 제나라에 가서 태사에게 순임금의 음악으로 알려진 소(韶)를 듣고 심취하여 석 달이나 고기 맛을 몰랐다고 할 정도로 음악에 대한 조예가 깊었다고 전해진다. 따라서 제자들에게도 음악을 강조하여 가르쳤던 듯하니, 17·04 같은 데서 확인할 수 있다. 63세 때 초나라를 가는 도중에 진·채 두 나라 사이를 지나다 양식이 떨어져 7일 동안 굶주리는 가운데서도 제자들에게 강의를 하고 음악을 연주하는 일을 게을리하지 않았다고 하며, "내가 위나라에서 노나라로 돌아온 다음 음

---

60 이를 팔음(八音)이라고 한다.

악이 바로잡혀, 조정의 음악인 아(雅)와 종묘의 음악인 송(頌)도 각각 제 자리를 찾았다."(9·15)라고 말하기도 한다.

2) 荷蕢(하괴) : 蕢는 풀로 엮은 기구이기 때문에 '삼태기'라고 번역하였다. 삼태기를 메고 가던 이 사람은 나중에 은일의 대표로 꼽히는데, '荷蕢'가 이름을 대신하게 된다.

3) 孔氏之門(공씨지문) : 공자가 위나라에서 제자들과 지내던 처소를 가리킨다.

4) 有心(유심) : 연주 소리를 듣건대 연주자가 어떤 의중을 갖고서 연주하는 듯하다는 표현이다. '성인의 마음은 천하를 잊어본 적이 없다'는 주희의 주석이나, '有心은 백성들의 교화에 마음이 있다는 것이다'라는 오규 소라이의 주석은 군주를 모시는 신하와 같은 태도로 해석한 것이다. 心에 대해서는 2·04의 주) 참조.

5) 旣而(기이) : 동사 뒤에 而가 오면 '~하고 난 다음'이라는 뜻이지만 旣라는 부사 뒤에 오면 '얼마간 더 있다가'라는 뜻이다.

6) 硜硜(갱갱) : 경쇠를 연주하는 소리를 표현하는 의성어이다. 그런데 "硜硜然小人哉!(꼼꼼한 소인이로다)"(13·20)에서는 소인의 특징을 표현하는 형용사로 쓰였다. 그렇다면 융통성 없고 답답한 소리를 표현하는 의성어일 것이다.

7) 莫己知(막기지) : 『논어』에서 '아무도 나를 알아주지 않는다'라는 표현은 기본적으로 등용되지 못한 것을 가리킨다.

8) 斯己(사기) : 『십삼경주소(十三經註疏)·교감기(校勘記)』에는 "당석경에는 己(기)로 되어 있으나 송유들이 已(이)로 읽기 시작하였다."라고 되어 있다. 문맥으로는 已로 읽는 것이 나은 듯하지만 원전대로 己의 뜻으로 번역하였다.

9) 深則厲 淺則揭(심즉려 천즉게) : 『시경·패풍』「포유고엽(匏有苦葉)」제1장의 제3구와 제4구이다.[61] 주희는 포함의 주를 인용하여 "以衣

涉水曰厲 攝衣涉水曰揭"라고 주하는데, 이 주석의 뜻도 정확하지 않은 탓에 다시 여러 해석이 나오게 된다. 『이아·석수(釋水)』에서는 "허리띠 위는 려이고 무릎 아래는 게이며 무릎 위는 섭이다."[62]라고 설명하고, 『문선주(文選注)』에서는 "려는 흠뻑 젖는 것이고 게는 조금 젖는 것이다."[63]라고 한다. 여러 설명을 감안하자면 '옷을 입은 채~ 옷을 걷어 올린 채~'로 번역하는 것이 옳을 듯하다. '옷을 벗어 들고 물을 건너는 것이 려이다'는 해석은 아무래도 적절하지 않다. 하괴가 인용한 이 시구는 굴원(屈原, 343?~278? B.C.)의 「어부사」에 나오는 "滄浪之水淸兮 可以濯吾纓 滄浪之水濁兮 可以濯吾足(창랑 물이 맑으면 갓 끈을 씻고, 창랑 물이 흐리면 발을 씻으면 되지)"과 일치하는 함의를 지닌다.

10) 果哉(과재) : "嘆其果於忘世(세상 잊기에 과감함을 감탄함)"라는 주희의 주석에 동의한다. 미야자키 이치사다는 果는 '과'가 아닌 '발가벗을 라'로 읽어야 한다고 주장한다. 유자들은 나체생활을 찬양하는 도가적인 해석에 동의할 수 없어서 '과감'의 뜻으로 고집한다는 주장인데, 동의하기 어렵다. 너무 천착한 해석이다.

11) 末之難矣(말지난의) : 末之는 無之(무지)와 같다. 難은 末之의 보어가 되어 '어려움이 없겠지'의 뜻이다. 세상을 그런 태도로만 살 것 같으면 어려울 바는 없겠다는 뜻이다. 難을 '비난하다'는 뜻의 동사로 해석해서는, '그런 사람인 하괴를 나무랄 수 없다'라고 해석하기도 하나 동의하지 않는다.

---

61   주희는 「패풍(邶風)」이 아닌 「위풍(衛風)」이라고 했다. 착오했을 수도 있지만, 衛·邶·鄘 세 나라가 나중에 衛로 통합되었기 때문에 「위풍」이라고 했을 수도 있다.

62   繇帶以上爲厲 繇膝以下爲揭 繇膝以上爲涉

63   厲深霑 揭淺霑

고대 중국에서는 악기의 연주 소리를 듣고서 연주자가 전달하고자 하는 뜻을 이해할 수 있다고 생각하였다. 노래의 가사인 시에 대한 관념도 마찬가지였다. 모든 시에는 속뜻이 담겨 있으니, 속뜻을 헤아리지 못하면 그 시를 이해하지 못하는 것으로 여겼다. 그런데 문자로 표현되는 시의 속뜻에 대해서는 어느 정도 객관적인 합의를 이룰 수 있지만 악기의 연주 소리를 듣고서 연주자의 속뜻을 짐작한다는 것은 아무래도 객관성을 인정받기 어려웠을 것이다. 하지만 객관적이지 않은 평가라는 점 때문에 오히려 힘을 더 갖게 된다. 더구나 알기 쉽게 설명하지 않고 하괴처럼 알쏭달쏭한 시구를 인용하여 연주자의 마음이 이러이러하다고 평가한다면 연주자 자신도 놀랄 수밖에 없다. 그래서 중국에서 음악에 대한 품평은 매우 관념적으로 흐르게 된다.

14·40 子張曰 書云 高宗諒陰 三年不言 何謂也 子曰 何必高宗 古之人皆然 君薨 百官總己以聽於冢宰三年

자장이 (스승님께) 여쭙기를 :『상서』에 "(상왕조) 고종 임금께서는 (부모님) 거상하는 삼 년 동안 입을 열지 않으셨다."라는 구절이 있는데, 무슨 말입니까? (입을 열지 않고서 어떻게 정무를 처리했을까요?) 스승님께서 말씀하시기를 : 고종 임금만이 아니라 옛날 분들은 다 그랬단다. 임금이 돌아가시면 모든 관리는 (각자) 자기 직분을 총섭하여 (후임 군주가 아닌) 총재(라고 부르는 재상)에게 재가받기를 삼 년 동안 하였단다. (그러니 새 임금이 입을 열지 않아도 정무는 처리될 수 있었지.)

주

1) 書云(서운) :『상서』의 상왕조 고종에 관해 적은 대목을 가리킨다.

『상서·상서(商書)』「설명상(說命上)」에는 "고종 임금께서는 상을 당하여 양암에서 슬퍼하며 지내시기를 삼 년 동안 하셨고, 상을 벗은 다음에도 똑같이 말씀을 하지 않으시자 뭇 신하들이 임금께 간(諫)을 하였다."[64]라고 되어 있다. 같은 내용이 『상서·주서(周書)』「무일(無逸)」에는 "고종 임금 재위 기간의 사정을 말할 것 같으면, 고종 임금께서는 일찍이 바깥에서 힘들게 일하며 지내면서 평민들과도 어울려 살다가 즉위하셨는데, 즉위하자 상을 당하여 삼 년 동안 말을 하지 않으셨다. 대체로는 말하지 않았지만 했다 하면 도타운 말만 하셨기 때문에 신하들이 일을 팽개치고 게으름을 피울 수가 없어 만방이 안정되고 다스려져 위아래 사람들 모두가 원망하는 때가 없었다. 이렇게 고종께서 나라를 다스리시기를 59년이나 하였다."[65]라고 되어 있다. 자장의 물음이 『상서』의 원문과 다른 것은 축약 때문이지 『상서』에 없는 내용을 자장이 물은 것은 아니다.

2) 高宗(고종) : 상왕조의 중흥왕으로 일컬어지는 무정(武丁, 1250~1192 B.C. 재위)의 묘호이다. 부왕 소을(小乙, 1252~1250 B.C. 재위)의 뒤를 이어 즉위하였다.

3) 諒陰(량암) : 陰은 闇(암)과 동자이다. '梁闇'으로 쓰기도 한다. 梁은 楣(미: 처마)를 뜻하고 闇은 廬(려: 집)를 뜻하니 흉려(凶廬)와 같은 의미로서, 임금이 거상(居喪)하는 임시 처소를 가리킨다. 여기서는 임금이 거상하다는 뜻의 동사로 쓰였다는 것이 정현 이후의 주석이다. 공안국은 信黙(신묵: 말없이 지킴)의 뜻이라 하고 정약용도 동의한다. 『예기·단궁하』의 기록 때문에 그렇게 새긴 듯하지만, '말을 하지 않는다'는 뜻은 '三年不言'에 표현되어 있기 때문에 굳이 그 뜻으로 볼 필요는 없다.[66]

---

64   王宅憂 亮陰三祀 旣免喪 其惟弗言 羣臣咸諫于王
65   其在高宗時 舊勞于外 爰暨小人 作其卽位 乃或亮陰 三年不言 其惟不言 言乃雍 不敢荒寧 嘉靖殷邦 至于小大 無時或怨 肆高宗之享國五十有九年

4) 人(인) : 1·01의 주)에서 人은 지배계층이 자신들을 民이라는 피지배계층과 구분할 때 사용하기도 한다고 설명한 바 있는데, 이 문장에서 人은 확실히 상왕조 때의 왕들을 가리킨다.

5) 冢宰(총재) : 주왕조 때 육관의 우두머리 직위 이름이다. 『이아』에서 冢은 大라고 하듯이 冢宰를 太宰라고 부르기도 한다. 9·06의 '주)太宰' 참조.

평설

자장이 『상서』를 보다가 의심이 들어 질문했다는 상황 설정은 군주의 거상에 관한 공자의 의견을 피력하기 위한 설정일 것이다. 예론의 으뜸으로 자부하던 공자 예론의 핵심은 삼년거상이었고, 그것은 당연히 군주에게도 적용되어야 한다고 여겼을 것이다. 그렇다면 군주가 거상하는 동안 정사는 어떻게 처리할 것인지의 문제가 제기되었을 텐데, 그에 대한 공자의 해법은 재상이었다. 거상하는 동안 재상이 정치를 총괄한다는 것이다. 이상적인 통치도 군주가 직접 하는 것이 아니라 재상에게 맡기는 것으로 여겼던 공자는 군주의 거상도 재상을 활용한 것이다. 모든 제도의 기준을 선왕에다 두었던 공자로서는 그 선례도 선왕에게서 찾아야 했는데, '高宗諒陰 三年不言'이라는 『상서』의 구절이 바로 자신의 견해를 담보하는 대목이라고 여겼을지 모른다. 그래서 공자는 『상서』의 그 구절을 확대하여 군주가 거상하는 동안에는 총재가 정무를 담당했다고 설명하고, 나아가 그런 방식은 고종 때만 그랬던 것이 아니라 모든 군주가 다 그랬다고 일반화하지 않았을까 한다. 고전을 이용하여 자기 견해의 정당성을 확보하려는 공자로서는 고전에 대해서, 특히 예에 대해서는 자신이 가장 밝은 사람임을 선전할 필요가 있었을 것이다. 그리고 그 선전은 이

---

66   평설의 각주67) 참조.

렇듯『논어』라는 책으로 문자화되면서 건드릴 수 없는 권위를 확보하게 되었다고 본다.

이 이야기는『예기·단궁하』에서도 이렇게 중복된다. "자장이 질문하기를, 상서에 보면 고종은 거상하는 삼 년 동안 말을 하지 않으셨고 말을 하면 꾸짖으셨다는데, 그런 일이 있었습니까? 중니가 대답하기를, 왜 그렇지 않았겠느냐. 옛날에는 천자가 돌아가시면 왕세자가 총재에게서 정사 보고받기를 삼 년이나 하였단다."[67] 약간 더 자세하게 묘사된 것이다. 『논어』의 보충서라고 할 수 있는『공자가어·정론해(正論解)』에서는 더욱 세밀하게 묘사된다. "자장이 묻기를, 상서에 고종은 삼 년 동안 말을 하지 않았는데 말을 했다 하면 도타운 말만 했다고 되어 있습니다. 그런 일이 있었습니까? 공자께서 말씀하시기를, 어찌 그렇지 않았겠는가. 옛날에는 천자가 돌아가시면 세자가 정치를 총재에게 삼 년 동안 위임했단다. 성탕이 돌아가신 다음 태갑왕은 이윤에게서 정사를 들었고, 무왕이 돌아가시자 성왕은 주공에게서 정사를 들었는데, 그 취지가 동일하다."[68] 라고 되어 있다. 춘추시대의 출판물들은 정치적·문화적 상황과 연결하여 보지 않으면 안 된다.『논어』를 제외한 유가의 다른 경전들과 제자서들은 한대 이후에야 본격적으로 등장하는『논어』의 주석서들보다도 훨씬 더『논어』를 이해하는 데 도움이 된다.

우리는 이 세 고전의 행간도 읽어낼 수 있다. 수백 년 전인 상왕조 때의 상황을 자장이 이해하지 못했다는 이야기 설정이나, 옛날 사람들은

---

67 子張問曰 書云 高宗三年不言 言乃讙 有諸 仲尼曰 胡爲其不然也 古者天子崩 王世子聽於冢宰三年. 공안국과 정약용의 諒陰에 대한 주석은 아마『예기』의 이 구절에 근거했을 것이다.

68 子張問曰 書云 高宗三年不言 言乃雍 有諸 孔子曰 胡爲其不然也 古者天子崩 則世子委政於冢宰三年 成湯旣沒 太甲聽於伊尹 武王旣喪 成王聽於周公 其義一也

다 그랬다고 공자가 일반화시키는 설정은 공자 당시에는 그런 관행이 없었다는 증거라고 본다. 공자 당시에 그런 관행이 있었다면 자장이 이해하지 못할 바 없었을 것이고, 공자 또한 설명할 필요가 없었을 것이다. 따라서 이 장은 군주가 거상하는 동안 재상이 정무를 담당하는 것이 옳다는 공자의 생각을 적극적으로 구현하기 위한 수단이라고 본다.[69] 그냥 자신의 생각이 그렇다고 말하면 설득력이 부족하게 되므로『상서』에 가탁하지 않았을까 한다. 공자 이후에 만들어지는 유가의 여러 간행물은 공자 및 유자들의 의도와 연관되지 않은 것이 없다. 이 장에서 인용된『상서』는 그것들의 대표이다.『상서』라는 책이 진정 공자 이전부터 완정한 서물(書物)의 형태로 내려왔는지부터 의문이다. 가짜『고문상서』가 오랫동안 유통되었던 정황을 감안하자면 유가의 경서들이 성립되는 배경이나 과정은 유가가 발흥하는 시기와 연결하여 보지 않으면 안 될 것이다.

14·41 子曰 上好禮 則民易使也

스승님께서 말씀하시기를 : 윗사람이 예를 좋아하면 민을 부리기도 쉬워진다.

평설

13·04에서 공자는 "윗사람이 예를 좋아하면 아래 민은 누구도 감히 공경하지 않을 수 없다."[70]라고 말한 바 있고,『예기·예운』에는 "예가 통

---

69 군주가 세상을 뜨면 거상 기간 동안 재상이 정무를 총괄한다는 관행이 유가적 시스템이 확고해진 한대 이후에야 비로소 정착했다 할지라도, 거상 기간 동안 군주는 정사에 관여하지 않고 재상이 홀로 국정을 오로지한 사례는 없었다고 본다. 더욱이 공자가 살던 춘추시대에는 결코 그런 적이 없었다고 본다.

달되면 각자의 분수가 정해진다."⁷¹라는 말이 있다. 이 장은 전통적으로 그 두 구절을 인용하여 설명한다. 예를 확립하면 각자의 분수가 정해지니 그렇게 되면 아랫사람을 부리기 쉬워진다는 것이다.⁷²

14·42 子路問君子 子曰 修己以敬 曰 如斯而已乎 曰 修己以安人 曰 如斯而已乎 曰 修己以安百姓 修己以安百姓 堯舜其猶病諸

자로가 군자(의 자격)에 대해 여쭙자 스승님께서 대답하시기를 : '공경'이라는 주제를 가지고서 자기를 수양해야겠지. (자로가 다시) 여쭙기를 : 그렇게만 하면 됩니까? (이에 스승님께서) 대답하시기를 : '남을 편안케 해주기'라는 주제를 가지고서 자기를 수양하(면 더 낫)겠지. (자로가 또) 여쭙기를 : 그것뿐입니까? (이에 스승님께서) 말씀하시기를 : (궁극적으로는) '백성(의 삶)을 편안케 해주기'라는 주제를 가지고서 자기를 수양하는 것이란다. (그러나) '백성(의 삶)을 편안케 해주기'라는 주제를 가지고서 자기를 수양하는 일은 요순 같은 임금님도 오히려 고심하지 않았는가?

> 주

1) 修己以敬(수기이경) : '경으로써 자기를 닦으라'라는 번역문은 이해

---

70   上好禮則民莫敢不敬

71   禮達而分定

72   다만 아랫사람을 부린다는 것이 노역이나 전쟁을 뜻하는 것은 아니라고 정약용은 부연하는데, 군이 한정하여 강조할 필요는 없는 문장이다. 공자가 禮를 강조했던 근본적인 이유나 목표는 지배와 피지배의 관계를 안정시키는 것임을 『예기』의 편찬자를 비롯한 유자들은 잘 알기 때문에 이 문장의 이해는 하등 어려움이 없다. 공자가 강조했던 예치(禮治)의 목표가 인간다움의 구현에 있었을 것으로 여기는 사람은 오늘날 인문주의자로 자처하는 사람들뿐이다.

하기 어려운 문장이다. 以는 수기의 수단이므로 '경이라는 주제를 가지고서 자기를 닦아나가기'라고 번역하는 것이 한국어의 통사구조와 맞다. '자기를 닦아서 공경하게 되다'라는 번역 역시 의미 전달이 어렵다. 주희는 "한 가지에만 집중하고 다른 데로 빠지지 않는 것을 경이라 일컫는다."[73]라고 주한다.

2) 人(인), 百姓(백성) : 공안국은 人을 '벗과 구족(九族)'이라고 한다. 정약용은 백성을 '백관과 만민(萬民)'이라고 한다. 그러나 이 문장에서 己, 人, 百姓은 순서대로 확대되는 범주를 표현한 말이다. 서로 구분되는 영역이 아니라 백성은 人을 포괄하고 人은 己를 포괄한다.[74]

3) 堯舜其猶病諸(요순기유병저) : 6·30에서도 나왔던 표현이다. '修己以安百姓'은 곧 6·30의 "博施於民而能濟衆"을 의미한다고 양백준은 설명하지만, 6·30에서는 인에 관한 대답이었고 여기는 군자의 자격에 관한 대답이다. 내용상 통한다고 볼 수는 있지만 '修己以安百姓'이 곧 '博施於民而能濟衆'의 뜻이라고 말할 수는 없다. 病은 '괴로워하다', '어렵게 여기다'의 뜻이다. 諸는 之乎의 합음자이다.

평설

'敬'을, 그다음으로는 '安人'을, 최종적으로는 '安百姓'을 목표로 삼고서 자기 자신을 닦아나가는 것이 군자라는 설명이다. 그렇다면, 요순 같은 성군도 고심했던 주제인 '安百姓'을 공자는 왜 자신의 제자들에게까지 요구했을까? 앞 장에서는 군주가 禮를 잘 지키면 각자의 분수가 정해져서 백성을 잘 부릴 수 있다고 말하더니만, 여기서는 요순임금도 해내

73　主一無適之謂敬
74　그래서 정약용은 수신, 제가, 치국평천하의 치자를 가리키는 것으로 이해하지만 그렇게 대입해야만 할 필요는 없다. 1·05의 '주)愛人'의 각주 참조.

기 어려운 일을 제자들에게까지 하라고 한다. 이를 어떻게 해석해야 할까?

공자의 꿈이 '安百姓', 바로 그 주제였기 때문이다. 공자는 군주의 스승이 되거나 아니면 몸소 군주가 되는 꿈을 가졌던 사람이다. 그리고 자기 제자들을 모두 정무를 담당하는 직위에 앉히고자 했다. 자신이 권좌에 오르기만 하면 백성을 편안하게 만들 수 있다고 장담하기도 했다. 그렇다면 공자는 허황된 꿈을 가진 사람이었는가? 아니면 아사노 유이치의 주장처럼 지하에서 비밀결사를 조직하여 혁명을 기도했던 사람이었는가?[75] 그건 아니다. 공자를 비롯한 고대 중국인의 사고방식이 그랬다. 객관적이고 시스템적으로 사고하지 않고 모든 문제를 언제나 '나라면 어떻게 하겠는가?'의 방식으로 접근하기 때문에 나오게 된 발언이다. 그래서 제자들에게도 '내가 군주라면 이렇게 하겠다'라는 방식으로 설명하게 되고, 요순임금도 하지 못한 것에 대해 애써 설명하고자 했던 것이다. 군주의 권좌를 빼앗으려는 불순한 생각 때문에 그렇게 말하는 것은 아니다.

물론 아무나 그런 꿈을 꾸지는 않는다. 설령 꾼다 하더라도 공자처럼 구체적으로 말하는 사람은 공자 이전에 없었다. 더구나 공자는 자신의 꿈을 실현하고자 제자들을 모아서 가르치는 실천을 했다는 점에서 굉장한 힘을 갖는다. 바로 그 이유 때문에 비슷한 꿈을 갖게 되는 후세 사람들의 전범이 된다. 공자는 단지 자신의 훌륭한 꿈을 인정하여 등용해주는 현명한 군주가 나타나주기를 바랐다. 명시적으로 표현되지만 않았을 뿐 『논어』는 이처럼 군주가 되고자 하는 사람의 스토리가 담긴 책이다. 그러니 권력을 향한 꿈을 조금이라도 가진 사람이라면 누구나 빨려 들어갈 수 있는 책이 된다. 특별히 출중한 사람이 아니더라도 보편적인 남성

---

75   1·02의 '주)有子'의 각주에서 언급한 바 있는 아사노 유이치와 같은 사람은 공자를 몽상가로 치부한다.

이 갖는 권력욕을 자극하기에 충분한 책이다.

통일된 전제국가가 탄생한 뒤에 이런 책이 만들어졌다면 유통되기 어려웠을지도 모른다. 최고 권력에 대항하는 불손한 책으로 단죄되었을 가능성이 있기 때문이다. 어디까지나 비전을 담은 책이지 실제 음모를 꾀하는 책은 아님을 누구나 쉽게 알 수 있기 때문에 널리 유통될 수 있었다고 본다. 공자의 영향력이 그만큼 크지도 않았기 때문에 현실 권력이 주의할 필요도 없었고, 그의 언행이 유행하게 된 것 또한 그가 죽은 뒤 한참 지나서였으니 현실 권력이 그를 주목할 필요도 없었다. 요즘 우리가 이해하는 공자의 역량은 『논어』와 같은 미디어에 의해서 형성된 것이지 그의 생전의 사회적 지위나 정치적 경력 때문은 아니라고 본다. 많은 학자들이 의심하듯이 그런 것들은 대체로 과장된 것일 뿐이다. 설령 그가 권력을 차지하고픈 욕망이 담긴 위험한 발언을 생전에 공공연하게 하고 다녔다 할지라도 그의 실제 영향력은 군주의 입장에서 전혀 위협적이지 않았기 때문에 공자는 무사했을 것이다. 그의 13년의 외유가 타의에 의한 정치적 압박이었다면 기껏 그 정도의 어려움만 겪었다고 보면 된다. 『논어』라는 책은 치국이나 부국강병의 방법론들이 한껏 쏟아져 나오던 춘추전국시대라는 사회적 분위기에 맞추어서 기획된 출판물이었고, 공자라는 인물은 그때 비로소 전설로 부각되기 시작했을 것이다.

14·43 原壤夷俟 子曰 幼而不孫弟 長而無述焉 老而不死 是爲賊 以杖
叩其脛

(스승님의 오랜 친구) 원양이라는 사람이 (누군가를) 기다리는 듯 다리를 펴고서 앉아 있자, 스승님께서는 "어려서는 버릇없고, 커서는 이렇다 할 행실도 없다가, 늙어서는 (남에게 폐만 끼치면서) 죽지도 않는 이런 놈은 도적이지!"라고 하시면서 (짚고 있던) 지팡이로 (그의) 정강이를 쳐(서 다리를 오므리게 하)셨다.

1) 原壤(원양) : 『예기·단궁하』[76]와 『공자가어·굴절해(屈節解)』[77]에 공자의 친구로 묘사된 사람이다. 어릴 적부터의 친구이기 때문에 공자는 말도 함부로 하고 지팡이로 정강이를 치는 정도의 장난도 할 수 있었던 모양이다. 공자가 방내(方內)의 성인임에 견주어 그는 방외(方外)의 성인이라고 황간이 설명하자, 육조시대에는 도가의 학설이 성행했기 때문에 그렇게 주했을 것이라고 정수덕은 설명한다. 어머니가 죽었는데도 노래를 불렀다는 『예기』와 『공자가어』의 기록을 근거로 주희도 그를 '老氏之流(노자의 부류)'라고 단정하는데, 실존했던 인물인지 아니면 이야기 자체가 가공된 것인지는 알기 어렵다.

---

76 孔子之故人曰原壤 其母死 夫子助之沐槨 原壤登木曰 久矣予之不託於音也 歌曰貍首之班然 執女手之卷然 夫子爲弗聞也者而過之 從者曰 子未可以已乎 夫子曰 丘聞之 親者毋失其爲親也 故者毋失其爲故也(공자의 오래된 친구에 원양이라는 사람이 있는데, 그의 어머니가 돌아가시자 스승님께서 상여 만드는 일을 도와주셨다. 그런데 원양은 상여 나무 위에 올라가서는 "오래됐구나, 내가 노래 불러본 지."라고 말하고는 '貍首之班然 執女手之卷然(너구리 머리는 알록달록, 아가씨 잡은 손 보들보들)'이라는 노래를 불렀다. 스승님께서 못 들은 사람처럼 넘기자, 스승님을 모시고 따라갔던 사람이 "스승님께서 그만두도록 하시면 안 되나요?"라고 말했다. 그러자 스승님께서는 "친한 사람과는 친한 정을 잃어서는 안 되고 오래 사귄 사람과는 오랜 정을 잃어서는 안 된다고 나는 들었다!"라고 말씀하시면서 내버려두셨다).

77 孔子之舊曰原壤其母死 夫子將助之以沐槨 子路曰 由也昔者聞諸夫子曰 無友不如己者 過則勿憚改 夫子憚矣 姑已若何 孔子曰 凡民有喪 匍匐救之 況故舊乎 非友也吾其往 及爲槨 原壤登木曰 久矣予之不託於音也 遂歌曰 貍首之班然 執女手之卷然 夫子爲之隱 佯不聞以過之 子路曰 夫子屈節而極於此 失其與矣 豈未可以已乎 孔子曰 吾聞之親者不失其爲親也 故者不失其爲故也(공자의 오랜 친구에 원양이라는 사람이 있었는데 그의 어머니가 돌아가시자 스승님께서는 상여 만드는 일을 도우셨다. 자로가 "저는 예전에 스승님에게서 자기만 못한 사람과 친구하지 말고 허물 고치기를 꺼리지 말라고 들었습니다. 그런데 지금 스승

2) 夷俟(이사) : 夷를 마융은 踞(거: 걸터앉음), 주희는 蹲踞(준거: 쪼그리고 앉음)라고 주한다. 무릎을 세우고 앉는 것이 蹲이고 발을 펴고 앉는 것이 踞이니, 혼자 편히 지내는 좌법이지 남 앞에서 취한다면 불손한 좌법이라는 뜻이겠다. 俟는 대체로 '기다림'의 뜻이라고 주한다. 두 글자 모두 그럴듯한 해석이라고 느껴지지는 않지만 정약용의 지적처럼 딱히 별다른 해석을 찾기도 어렵다.

3) 孫弟(손제) : 遜悌와 같다. 겸손하고 윗사람을 공경하는 태도를 가리킨다.

4) 述(술) : '말하다'(=陳述), '적다'(=記述)의 뜻이다. 術(술)의 통자로 쓰였다면 '바른 도리'라고 새길 수 있겠지만 그처럼 딱딱하게 새겨야 할 문맥은 아니라고 본다. '앞사람의 뒤를 잇다'는 뜻이기도 하지만, 이 문맥과는 맞지 않다. 미야자키 이치사다는 怵(출: 두려워하다)의 통자로 보는데, 그렇게 보아야 할 필연성은 없다. 따라서 '無述焉'은 '이렇다 할 행실은 아무것도 없음'이라는 뜻으로 보는 것이 어떨까 한다.

5) 賊(적) : 남에게 해만 끼치는 사람이라는 뜻으로 유머를 섞어 이렇게 표현했을 것이다.

6) 以杖叩其脛(이장고기경) : 세게 때리는 것이 아니라 가볍게 두드리

님께서는 허물 고치기를 꺼리십니다. 저분 도와주는 일을 그만두시는 것이 어떻습니까?"라고 말하였다. 그러자 공자는 "상을 당하면 기어가서라도 도와주어야 하거늘 하물며 오랜 친구임에랴. 친구가 아니더라도 나는 가서 도왔을 것이다."라고 말씀하셨다. 상여가 다 만들어지자 원양은 상여 나무 위에 올라가서는, "내가 노래 부른 지가 오래되었군!" 하더니 마침내 노래를 불렀다. '너구리 머리는 알록달록, 아가씨 잡은 손 보들보들' 부자께서는 이런 모습을 감추고자 못 들은 척하고 그를 지나갔다. 그러자 자로가 말하기를 "스승님께서 절개를 이 정도로 심하게 굽히시면 안 됩니다. 그만두도록 하면 안 되나요?" 공자께서 말씀하시기를 "친한 사람끼리는 친친 정을 잃으시면 안 되고, 오래 사귄 사람과는 오랜 정을 잃어서는 안 된다고 나는 들었어").

는 동작으로 짐작된다. 공자가 지팡이로 남을 쳤다는 표현을 도저히 받아들일 수 없었는지 한유는 叩가 指(지)의 오기라고 주장한다. 『논어필해』는 정말 한유가 지은 것이 맞는지 의심스럽다는 정약용의 지적처럼 한유의 해석에는 엉뚱한 곳이 많다.[78]

평설

원양에 관한 이 이야기가 『예기』와 『공자가어』에도 들어 있는 것을 보면 이 이야기가 나중에 조작되어 삽입되었다고 보기는 어렵다. 처음부터 포함되었을 것이다. 편집자가 이 이야기를 하찮은 이야기로 여겼다면 공자와 관계있는 이야기라면 빠짐없이 수집하겠다는 차원에서 편집했을 것이고, 중요한 이야기로 여겼다면 공자를 다면적으로 설명할 수 있는 중요한 일화로 여긴 나머지 편집했을 것이다. 이 장의 묘사와는 달리 『예기』와 『공자가어』에서 원양이 어머니 상여 위에 올라가 노래를 불렀다고 한 것은 원양을 앞에 나온 바 있는 하괴나 신문과 같은 부류의 사람으로 묘사하려는 생각이었을 것이다. 하지만 그 이유 때문에 『논어』에 도가의 영향을 받은 대목이 있다고 말하는 것은 지나치다. 그런 견해는 어디까지나 후대에 만들어지는 견해이다.

14·44 闕黨童子將命 或問之曰 益者與 子曰 吾見其居於位也 見其與 先生並行也 非求益者也 欲速成者也

(스승님께서는 고향인) 궐당(에서 데려온 어떤) 동자에게 손님맞이 일을 시키셨다. (어느 날,) 어떤 손님이 (스승님께) 여쭙기를 : (저 아이는) 장차 발전 가능성이 있는 아이인가요? 스승님께서 말씀하시기를 : 그 녀석이 (언젠가 어른) 자

---

78   13·20 주5)의 각주 참조.

리에 함부로 앉아 있는 것을 본 적도 있고, 어른과 다닐 때에 (어른보다 뒤에서 가지 않고) 나란히 가는 것을 본 적도 있는데, (그것으로 미루어 보면 저 녀석은) 발전하고자 하는 사람은 아니고 (뭔가) 빨리 되고자 하는 사람인 것 같습니다.

주

1) 闕黨(궐당) : 지금의 산동성 곡부에 있는 공자가 살던 마을은 闕里(궐리)라고 불렸는데, 여기의 궐당은 궐리를 가리킨다고 대체로 이해한다. 『일지록』이나 『수경주』에서는 공자묘의 동남쪽 오백 보 되는 곳에 한 쌍의 석궐(石闕)이 있기 때문에 붙여진 이름이라고 한다. 마을 입구에 궐문(闕門)을 세웠기 때문에 그 마을을 궐리 또는 궐당이라고 불렀을 것이다. 공자의 고향이 궐리라는 첫 기록은 『한서·매복전(梅福傳)』이라고 하는데, 여기에 궐당이라는 이름이 나오고 『순자·유효(儒效)』에 '居於闕黨'이라는 표현이 있는 것을 보면 黨을 里로 바꾸어 부르게 되었을 뿐 공자 고향의 이름이 '闕'이라는 것은 오래전부터 전해지던 사실이지 않을까 한다. 里는 원래 黨보다 작은 단위의 이름이다.

2) 童子(동자) : 관례를 치르지 않은 미성년자에 대한 호칭이다.

3) 將命(장명) : 주인과 손님 사이에서 말 심부름 하는 사람이다. 將은 奉(봉)의 뜻이다.

4) 益者(익자) : 장차 지금보다 진척이 있을 사람이라는 뜻이다.

5) 居於位(거어위), 與先生並行(여선생병행) : 『예기·단궁』에는 "증자께서 병이 깊자 동자가 모퉁이에 앉아(隅坐) 촛불을 들었다."라는 대목이 있고, 『예기·왕제』에는 "아버지의 연배는 뒤를 따라간다(隨行)."라는 대목이 있다. 미성년자의 행실은 그래야 하는데 그 동자는 어른과 함께 있을 때 모퉁이에 앉지도 않고 어른 자리를 함부로 차지하여 앉는가 하면, 어른과 함께 다닐 때도 뒤를 따르지 않고 어른과 나란히 걷더라는 뜻이다. 先生은 2·08과 마찬가지로 나이 많은 어른을 가리킨다.

공자의 관인술을 소개하는 대목이다. 공자가 제자를 비롯한 아랫사람들을 가르치는 방식은 감싸주고, 칭찬하고, 격려하는 방식은 아니었다. 그는 언제나 흠을 잡고, 지적하고, 꼬집었다. 인정하더라도 마지못해 해주는 정도였다. 예외는 단 한 사람, 안회뿐이었다. 제자가 아닌 다른 사람을 대할 때도 그는 언제나 비판적인 눈으로써 '관찰'하는 것을 자신의 소임으로 여겼다.

주희는 공자의 관인술을 이렇게 설명한다. 동자에게 말 심부름을 시킨다는 것은 그 동자의 발전 가능성을 인정한 것으로 여겨서 손님은 물었지만, 공자는 그 동자의 단점을 이미 파악하고서 고치게 하고자 손님을 맞이하는 심부름을 시켰다는 것이다. 꿈보다 더 좋은 해몽이 아닐 수 없다.

위령공(衛靈公) 제십오(第十五)

제자와의 대화 내용은 적고, '子曰'로 시작하는 경구 성격의 단문이 많다.

15·01 衛靈公問陳於孔子 孔子對曰 俎豆之事 則嘗聞之矣 軍旅之事
未之學也 明日遂行

위나라 영공이 공자께 군사 문제에 대해 질문하자, 공자께서 대답하시기를 : 제
례에 관한 일은 들은 적이 있(어서 조금은 알고 있)습니다만 군사에 관한 일이라
곤 배운 적이 없습니다. (그렇게 사양하고서) 이튿날 (위나라를) 떠나버리셨다.

> **주**

1) 陳(진) : 陣(진)과 같은 글자이다. 『사기·공자세가』에는 '兵陳'이라
고 되어 있다. 공안국은 '軍陣行列之法'이라고 주하지만, 이어지는 문장
에서 공자가 '軍旅之事'라고 표현하는 것을 보더라도 군사에 관한 문제
를 가리키는 글자이다.

2) 俎豆之事(조두지사) : 희생물을 올려놓는 도마 비슷한 그릇이 俎이
고,[1] 국물이 있는 음식을 담는 그릇이 豆이다. 둘 다 예기(禮器)의 이름
이니 俎와 豆를 군이 나누지 않고 '의전에 관한 일'이라고 표현할 수 있
다. 제례나 국빈을 초대하는 연향례를 가리킬 것이다. 8·04의 '籩豆之事
(변두지사)'도 같은 의미이다.

1 　俎는 원래 혼자 먹기 위해 음식을 놓는 소반과 같은 용도의 그릇인데, 한대
부터는 여럿이 먹는 식안(食案)이 사용되면서 자취를 감추게 되었다고 한다.

3) 軍旅之事(군려지사) : 원래 1만 2천5백 명의 병사를 軍, 5백 명의 병사를 旅라고 부른다. 여기서 '군려지사'는 군대를 움직이는 일을 가리킨다. 甲兵之事(갑병지사)라고도 한다.

평설

군사 문제에 대해 상의하려는 위령공의 의도에 공자는 휘말리지 않았을 뿐 아니라 무력의 사용을 적극적으로 반대하고자 위나라를 떠나기까지 했다는 내용이다. 『사기·공자세가』에는 위 내용이 거의 그대로 실려 있고, 『좌전』 애공 11년(공자 68세 때)에는 이런 배경까지 실려 있다. 위나라의 상경 공문자가 대부 태숙질에게 송조의 딸을 내쫓게 한 다음 자신의 딸과 강제로 결혼시켰는데, 태숙질이 송조의 딸과 계속 관계를 유지하자 자신의 딸을 데려와 버린 다음 태숙질을 칠 생각을 하고서 공자를 방문하여 도움을 청했다고 한다. 그러나 공자는 의전에 관한 일은 배웠어도 군사에 관한 일은 모른다면서 거절하였다. 뒤이어 공자는 "새가 나무를 가려 앉지 나무가 새를 가릴 수는 없지."라고 말하면서 수레를 챙겨 위나라를 떠나려 하자, 그 소식을 들은 공문자가 만류했지만 마침 노나라에서 계강자가 예물을 보내면서 불렀기 때문에 노나라로 돌아가고 말았다고 한다.[2] 『좌전』의 내용은 앞뒤 관계 설명이 있어서 이해하기 쉽

---

2 원문은 다음과 같다. "衛大叔疾出奔宋 初 疾娶于宋子朝 其娣嬖 子朝出 孔文子使疾出其妻 而妻之 疾使侍人誘其初妻之娣寘於犂 而爲之一宮 如二妻 文子怒 欲攻之 仲尼止之 遂奪其妻 或淫于外州 外州人奪之軒以獻 耻是二者 故出 衛人立遺 使室孔姞 疾臣向魋 納美珠焉 與之城鉏 宋公求珠 魋不與 由是 得罪 及桓氏出 城鉏人攻大叔疾 衛莊公復之 使處巢 死焉 殯於鄖 葬於少禘 初 晉悼公子憗亡在衛 使其女僕而田 大叔懿子止而飲之酒 遂聘之 生悼子 悼子卽 位 故夏戊爲大夫 悼子亡 衛人翦夏戊 孔文子之將攻大叔也 訪於仲尼 仲尼曰 胡簋之事 則嘗學之矣 甲兵之事 未之聞也 退 命駕而行 曰 鳥則擇木 木豈能擇

고 믿을 만하다. 위령공이 공자에게 전쟁에 관해 물었던 것은 위령공 스스로의 생각이 있어서가 아니라 공문자가 자신의 사적인 감정 때문에 위령공을 움직인 결과였음을 암시하는지도 모르겠다.

공자는 집권 의지가 강했던 사람으로서 정치에서 군사력이 얼마나 중요한지 몰랐을 리는 없다. 제나라를 토벌하자고 주장한 적도 있으며 (14·21), 전쟁에 관한 자신의 견해를 밝히기도 했다(13·29, 13·30). 『사기·공자세가』에 "염유가 계씨가의 군대를 거느리고 제나라와 郎(랑) 지역에서 전쟁하여 이긴 적이 있는데, 그때 계강자가 '그대가 군대를 통솔하는 능력은 배운 것인가 아니면 타고난 것인가?'라고 묻자 염유는 공자에게서 배운 것이라고 대답하였다."[3]라는 기록도 있다. 비록 문학적 허구가 더해지기는 했지만, 이를 보더라도 공자를 군사에 관한 한 문외한이었다고 단정할 수는 없다고 본다. 공자는 무력을 내세우는 것을 부정하였고, 자신이 군사 전문가로 일컬어지는 것을 거부했다고 보는 것이 옳을 것이다.

따라서 이 장의 의도는 공자가 문을 숭상하고 무를 누르려 했음을 드러내는 데에 있다고 본다. 위령공은 무도한 군주인 데다 전쟁과 정벌에만 관심을 가지고 있자 그런 것은 모른다고 대답하고선 떠나버린 것이라는 주희의 견해도 마찬가지일 것이다. 한편 이런 해석도 가능하다고 본다. 공자는 당시 가장 중요한 정치수단인 군사력의 사용에 있어서는 정작 효용이 적은 사람이었기 때문에 어느 나라에서나 환영받을 수 있는 사람은 아니었다고 말이다.

烏 文子遽止之 曰 圍豈敢度其私 訪衛國之難也 將止 魯人以幣召之 乃歸".

3   再有爲季氏將師 與齊戰於郎 克之 季康子曰 子之於軍旅 學之乎性之乎
再有曰 學之於孔子

15·02 在陳絕糧 從者病 莫能興 子路慍見曰 君子亦有窮乎 子曰 君子
固窮 小人窮斯濫矣

(공자가 제자들과 위나라를 떠나 조나라와 송나라를 거쳐) 진나라에 머물게 되었
을 무렵, 양식도 떨어지고 시종하는 사람조차 병이 나서 일어나지도 못하(는 상
황이 되)었다. 자로는 화가 치민 나머지 (스승님을 찾아) 뵙고서 "군자(라는 사
람)도 (이처럼) 궁할 수 있나요?"라고 (퉁명스럽게) 말하였다. (이에) 스승님께
서 말씀하시기를 : 군자는 궁하더라도 한결같지만 소인은 궁하면 곧바로 선을
넘지.

> **주**

1) 從者(종자) : 공안국은 '제자'라고 설명한다. 원래 시종하는 노복을
가리키는 말인데, 제자가 시종하기 때문에 결국 내용적으로는 제자를 가
리키게 된다.

2) 慍(온) : 노엽거나 섭섭하여 속이 더워지는 상태를 말한다. 1·01의
'(주)慍' 참조.

3) 君子固窮(군자고궁) : 窮은 목적어로서 '막힘' 또는 '한계상황'이
라는 뜻이다. '쪼들리다', '궁핍하다'라는 번역어는 주로 경제적 상황만
을 가리키므로 피하였다. 固는 용언으로서 '한결같이 안정되게 하다'라
는 뜻이다. 따라서 君子固窮은 '군자는 궁한 상황을 안정되게 유지한다'
는 뜻이지 '군자는 본디 궁핍하다'거나, 정이처럼 '군자는 궁핍함을 고수
한다'는 뜻으로 새길 수는 없다.[4] "可以久處約(검약한 상황에 처하더라도
오래 버틸 수 있다)"(4·02)과 통하는 뜻이라고 할 수 있다. '군자라야 진실
로 궁할 수 있다'거나 '군자는 궁함에서 해답을 찾는다'는 번역도 곤란하
다. 원문의 뜻을 넘는 언어적 사치는 번역에서 경계해야 한다. 군자가 궁

---

4   固窮者 固守其窮

하다는 것은 이치에 맞지 않다고(=非理) 자로는 여겼고 공자는 일상적인 이치라고(=常理) 대답했다고 정약용은 설명하는데, 공자가 '君子固窮'이라고만 대답했다면 가능한 설명이지만 뒤에 '小人窮斯濫'이라면서 꾸짖고 있기 때문에 불가능하다고 본다. 이 장의 핵심은 자로에 대한 꾸지람이다. 君子固窮은 그 전제일 뿐이다.

4) 斯(사) : 조건에 따른 결과임을 표현하는 연사(連詞)이다. 5·02의 주) 참조.

5) 濫(람) : '넘치다'는 뜻이다. '선을 넘다'라는 표현이 적절하다.

평설

11·02에서도 나온 바 있는 이른바 진채지간에서 있었던 일이다. 공자는 애공 2년(493 B.C., 공자 59세 때)에 위나라를 떠나 진나라로 간 것으로 알려져 있는데, 『사기·공자세가』에는 그 무렵의 상황이 이렇게 묘사되어 있다. "공자가 채나라로 옮긴 지 삼 년이 될 무렵 오나라가 진나라를 공격하자 초나라가 진을 구원하고자 성부에 군사를 출동시켰다. 공자가 진과 채의 사이에 있다는 말을 듣고 초나라가 사람을 보내 공자를 초빙하자 공자는 가려고 하였다. 그러자 진채의 대부들은 모의하기를, '공자는 현자로서 그가 꼬집는 바는 모두 제후의 아픈 곳들입니다. 그는 진채 사이에서 오래 머물렀는데 여러 대부들의 일이 모두 그의 뜻에 맞지 않았을 겁니다. 지금 초라는 대국이 공자를 초빙하는데, 그가 만약 초나라에 등용된다면 진채에서 일했던 대부들은 위험하게 될 것입니다'라고 말하였다. 이에 진채의 대부들이 서로 상의하여 사람을 동원하여 공자를 들에서 나오지 못하도록 가두었고, 그러자 공자는 움직이지도 못하였으며 식량도 떨어지고 종자들도 병이 나서 움직일 수조차 없게 되었다. 그런 상황에서도 공자는 글이나 강송을 하고 음악을 연주하기를 그치지 아니하였다. 그러자 자로가 화가 나서 공자를 만나 이르기를, 군자도 궁할

수 있습니까 하고 말하자 공자는, 군자는 궁해도 한결같지만 소인은 궁하면 바로 선을 넘는다고 말씀하셨다."[5]

한편『묵자』와『장자』에도 이 무렵에 관한 기록이 있는데, 묘사는 사뭇 다르다.『묵자·비유(非儒)』에는 "공아무개가 채나라와 진나라 사이에서 어려움을 겪던 동안, 곡물도 넣지 않은 나물국만 먹은 지 열흘 무렵 되었을 때 자로가 그를 위해 돼지고기를 삶아서 바치자 공아무개는 그 고기가 어디서 났는지 묻지도 않고 먹었다. 남의 옷 가져다가 술을 사서 바쳐도 공아무개는 그 술이 어디서 났는지 묻지도 않고 마셨다."[6]라고 되어 있다.『장자·양왕(讓王)』에는 "공자가 진나라 채나라 사이에서 궁핍할 적에, 이레나 화식을 먹지 못해 곡기 없는 나물국만 먹어 안색이 몹시 초라했건만, 그런데도 방 안에서 금을 타면서 노래나 부르고 있었고 안회는 바깥에서 산나물만 뜯고 있었다. 그러자 자로와 자공이 서로 말하기를, 부자께서는 노나라에서 두 번이나 쫓겨나고 위·송·주·진·채 등지에서도 버림받아서, 지금 누가 부자를 죽인다 해도 죄가 안 될 정도이고 부자를 깔아뭉개도 말리는 놈이 없는 지경인데, 그런데도 노래나 부르고 악기 타기를 그만두지 않으니, 군자의 무치가 이런 정도란 말인가."[7]라고

---

5   孔子遷于蔡三歲 吳伐陳 楚救陳 軍于城父 聞孔子在陳蔡之間 楚使人聘孔子 孔子將往拜禮 陳蔡大夫謀曰 孔子賢者所刺譏皆中諸侯之疾 今者久留陳蔡之間 諸大夫所設行皆非仲尼之意 今楚大國也 來聘孔子 孔子用於楚 則陳蔡用事大夫危矣 於是乃相與發徒役圍孔子於野 不得行 絶糧 從者病 莫能興 孔子講誦弦歌不衰 子路慍見曰 君子亦有窮乎 孔子曰 君子固窮 小人窮斯濫矣

6   孔某窮于蔡陳之間 藜羹不糂 十日 子路爲享豚 孔某不問肉之所由來而食 號人衣以酤酒 孔某不問酒之所由來而飲

7   孔子窮於陳蔡之間 七日不火食 藜羹不糝 顏色甚憊 而猶弦歌於室 顏回擇菜於外 子路子貢相與言曰 夫子再逐於魯 削迹於衛 伐樹於宋 窮於商周 圍於陳蔡 殺夫子者无罪 藉夫子者无禁 弦歌鼓琴 未嘗絶音 君子之无恥也若此乎

되어 있다.

공자가 진채지간에서 겪었던 어려움에 대한 이야기는 여러 버전으로 퍼져나갔을 것이고, 이 장은 그 가운데서 특별히 선택한 하나일 것인데, 동일한 장면에 대한 세 책의 묘사가 이처럼 다르다는 사실에서 우리는 여러 가지를 유추해낼 수 있다. '군자라는 사람도 궁할 수가 있느냐?'라는 자로의 말에서, 공자의 제자들은 군자를 관념적인 지향으로만 본 것이 아니라 지배계층으로서의 지위와 그에 따른 경제적 여유까지 함께 유지하는 존재로 여겼음을 알 수 있다.[8] 또한 『묵자』나 『장자』와 같은 책들은 공자와 유가를 비방하기 위해 디테일하게 작업한 결과 나온 것들임도 짐작할 수 있다.

공자는 논리에 바탕한 연역적 설명을 통해 상대를 설득하기보다는, 상대의 언어를 되받음으로써 상대의 의문을 무화(無化)시키는 방법을 곧잘 사용한다. 그런 방법은 도가나 현학의 대화에서 심화되지만 중국화한 불교라고 할 수 있는 선종의 간화선(看話禪)에서 절정을 이룬다. 절묘한 반전이나 되받기를 통해서 문제의 본질이 드러나도록 만드는 방법이라고 할 수 있다.

15·03 子曰 賜也 女以予爲多學而識之者與 對曰 然 非與 曰 非也 予一以貫之

스승님께서 (자공에게) 말씀하시기를 : 사야, 너는 내가 많이 배워서 많이 알게 된 사람이라고 생각하느냐? (자공이) 대답하기를 : 그렇습니다만, 아닌가요? (스승님께서) 말씀하시기를 : 아니다. 나는 (많이 배워서 많이 알게 된 사람은 아

---

8   자로가 공자에게 비꼬았다고 볼 수도 있지만, 자로가 아무리 공자에게 함부로 말하는 편이었다고 해도 대놓고 비꼬지는 않았을 것이다.

니고, 평생을) 한 가지만을 관철하(는 사람이)다.

주

1) 多學而識之者(다학이지지자) : 多는 學과 識를 모두 수식한다. 많이 배워서 많이 알게 된 사람이라는 뜻이다. 정주한묘죽간본에서는 識가 志로 되어 있다.

2) 一以貫之(일이관지) : 以一貫之의 도치이다. 多가 아님을 강조하고자 一을 내세웠다. 많이 배우는 게 중요하지 않고 한 가지를 관철하는 것이 중요하다는 강조이다. 4·15의 주) 참조.

평설

나는 많이 배워서 많이 아는 사람으로 인식되기를 거부한다, 나는 한 가지만을 관철하는 사람으로 인식되고자 한다, 한 가지만을 관철하면 많은 지식을 얻게 된다, 한 가지만을 관철하는 것이 많이 배우는 것보다 훨씬 더 중요하다, 이런 메시지들을 담는 말이다. 공자는 4·15에서도 증삼에게 "吾道一以貫之"라고 말한 바 있다.

정이의 제자 윤돈은 이렇게 해석한다. 공자는 자공에게는 의문이 생기는 말을 먼저 꺼낸 다음 '일이관지'를 말했지만 증삼에게는 바로 말했고, 증삼도 질문 없이 그저 '네'라고 대답하면서 받아들인 것을 보면 자공보다 증삼의 학문이 더 깊다는 것이다. 주희는 윤돈의 그 주석을 『논어집주』에 인용한다. 정이, 윤돈, 주희는 모두 성리학의 줄기를 세운 사람들인데, 이 사람들의 관심이란 결국 이처럼 누가 더 높고 누가 더 낮은지 서열을 매기는 일이었다. 의리를 중시하기 때문에 내용을 따지는 것 같지만 그 내용이란 것은 결국 이처럼 서열 매기기이다. 이 장은 그 예증이다.[9]

생각이 거기에 미치면, 성리학의 이념인 '주경궁리(主敬窮理)'라든가의(義)라든가 하는 것의 지향점이 결국 무엇이었는지를 다시 생각하지 않을 수 없다. '누가 더 높은가'처럼 단순하기 짝이 없는 비교기준을 평생토록 공부하여서는, 그 단순하기 짝이 없는 비교기준을 가지고서 지배계층에 올라선 다음, 그 단순하기 짝이 없는 비교기준에 반하는 사람들을 가뭇없이 처단하면서 이상사회를 만들겠다고 부르짖었던 사람들이 바로 성리학 신봉자들이었다. 비록 그러할지라도 중국에서는 일정 기간 체제 유지 수단으로서의 기능을 발휘한 다음 다른 사조에게 주도권이 넘어가기도 한다. 하지만 조선에서는 성리학이 집권층의 도그마로 정착하여 5백 년을 넘도록 주도권이 바뀌지 않았다. 도그마의 종파 싸움을 통해 집권한 붕당은 세도정치로 귀결되고, 종당에는 갖은 무능과 상처만 남긴 채 나라조차 팔아먹는다. 왕이라는 존재는 집권 사대부들이 세도를 부리기에 유용한 장치였을 뿐이었다. 왕에 대한 절대적 충성이라는 명분으로써 자기 권력의 정당성을 확보한 다음, 자신의 권력은 문약한 왕의 입을 통해서 나오도록 만드는 구조가 바로 성리학적 이상사회라고 자부했던 조선의 정치구조였다.[10] 명왕조의 질서체계에 의지하여 성리학적 이상사회를 이루겠다고 창업했다가, 명왕조가 망하자 청왕조에게 하는 수 없이 칭신하면서도 대내적으로는 이제 중화의 적통이 조선에만 남았다는 이중적인 태도를 선전함으로써 권력을 더욱 공고히 하였다. 추상적인 이념

---

9   『주자어류』에는 15·11에 관하여 주희와 제자가 나눈 우스운 대화가 있다. "안연이 나라를 다스렸더라면 공자와 비교해서 어땠을까요?"라고 제자가 묻자 주희는 "안연은 맹자보다는 뛰어났겠지만 공자에는 미치지 못했을 것이다."라고 대답한다. 그 밖에도 유자들의 최대 관심사는 오직 위아래를 정하는 서열이었음을 알 수 있는 사례는 숱하다. 서열 매기기에 분명한 기준이 있는 것도 아니다. 단순하기 짝이 없는 주관적 편견만을 가지고서 함부로 재단하였을 뿐이다.

10   그러한 정치구조는 앞서 여러 차례 언급했듯이 공자가 이상으로 여겼던 정치구조이다.

의 구현을 강조하는 권력치고 자기와 생각을 달리하는 사람들에게 고통을 안기지 않았던 역사는 없다. 성리학적 이상사회라는 이념의 구현만을 부르짖었던 조선왕조 말기의 전통을 그대로 이은 나라가 바로 국호조차 그대로 사용하는 조선민주주의인민공화국이라는 이름의 왕조체제인데[11] 그 나라 인민의 현재 실상을 보더라도 분명하게 확인할 수 있을 것이다.

『사기·공자세가』에는 이 대목이 "孔子曰 賜爾以予爲多學而識之者與 曰然 非與 孔子曰非也 予一以貫之"라고 기술되어 있다.

15·04 子曰 由 知德者鮮矣

스승님께서 (자로에게) 말씀하시기를 : 유야, 덕(의 가치)를 잘 이해하는 사람은 거의 없구나.

평설

고주와 신주 모두 첫 장부터 여기까지를 한때에 있었던 이야기로 본다. 심지어 자로가 얼굴을 붉히면서 말을 했기 때문에(15·02) 공자가 이

---

11 광복 이후 남쪽 대한민국은 외세의 영향을 더 많이 받은 탓인지 성리학적 전통에 대한 교조주의적 경향이 북쪽보다는 덜하다. 다만 최근 경제적 위상이 높아지면서 과거를 적잖이 긍정하고 자부하는 분위기가 짙어진다. 고려왕조에서 조선왕조로 바뀌듯 권력 중심만 바뀐 것이 아니라 나라가 통째로 외세에 넘어간 사태를 맞았으면 그에 대한 점검과 반성이 있어야 하건만 그런 통과의례가 아직 제대로 이루어진 바는 없다. 식민지와 군정을 거치느라 그럴 여유가 없었다면 이제라도 해야 한다. 국망에 대한 점검과 반성은 물론 일제 강점기의 청산마저 제대로 이루어지지 못한 것은 대한민국 주류사회의 정당성이 부정당할 수 있는 근거가 된다. 그런 상황에서 먹고살 만해지니까 그저 "우리 것이 좋은 것이여!"라고만 외치면서 과거를 덮고자 한다면, 추상적 이념이나 맹목적 신념을 이용한 나쁜 권력이 다시 주도세력으로 나오게 될 것이다.

렇게 말했다고 설명하기도 한다. 하지만 한번 꾸지람했으면 됐지 덕을 알지 못한다고 다시 꾸지람했을지는 의문이거니와, 첫 장은 위나라에서의 일이고 둘째 장은 진나라에서의 일이므로 동일한 장소에서 있었던 대화로 보이지는 않는다. 이 문장 자체만 놓고 보더라도 자로를 꾸지람하는 내용이기보다는 자기처럼 덕 있는 사람을 남들이 알아주지 못한다는 공자 스스로의 탄식일 가능성이 더 크다고 본다.

덕에 대한 자세한 설명은 1·09의 주) 참조.

15·05 子曰 無爲而治者其舜也與 夫何爲哉 恭己正南面而已矣
스승님께서 말씀하시기를 : (부러) 하는 일 없이도 나라를 잘 다스렸던 분, 그분은 (바로) 순임금이잖은가? 그분이 (부러) 하신 일이 뭔가? 자신을 공손히 하고서 똑바로 남면만 하셨을 따름이지.

주

1) 無爲而治(무위이치) : 군주가 부러 작위를 하지 않아도 나라가 잘 다스려진다는 표현인데, 그 취지에 대해서는 해석이 갈린다. 군주가 자기 위치에서 덕을 쌓기만 하면 나라는 저절로 잘 굴러가게 된다는 취지라는 견해[12]와, 군주는 유능한 신하를 임명하여 그에게 정치를 맡기기만 하면 된다는 취지라는 견해[13]로 갈린다. 어쨌든 이 말은 『관자·승마(乘

---

12   주희의 해설인데, "爲政以德 譬如北辰居其所 而衆星共之(정치는 덕으로써 하는 것이라는 말은 비유컨대 북극성은 움직이지 않고 자기 자리를 차지하고만 있으면 뭇 별들이 북극성을 중심으로 하여 둘러싸는 것처럼 하라는 뜻이다)"(2·01)와 비슷한 취지일 뿐 아니라, 도가에서 말하는 무위이치와 기본적으로 다르지 않다.
13   하안과 형병의 해설인데, 법가에서 강조하는 무위이치도 바로 이것이다. 『한비자·외저설(外儲說)』에서 말하는 "明主治吏不治民(현명한 군주는 벼슬아치

馬)』에서 "무위하는 존재는 제(帝)이고, 위하되 위하는 말미는 없는 존재가 왕(王)이며, 위하되 귀하지는 않은 존재는 백(伯)이다."[14]라는 표현으로 나오기도 하고, 『한서·동중서전』에서는 "순은 천자 자리를 피할 수 없음을 알고 천자의 지위에 올랐는데, 우를 재상으로 삼아서 요임금의 보좌를 잇고 그 통업을 이은 까닭에 수공한 채 무위하여도 천하는 잘 다스려졌다."[15]라고 표현되기도 하는 등 이후 동아시아 유학사에서 무수히 재인용된다. 특히 순임금의 통치를 상징하는 표현으로 자주 쓰인다.

2) 其(기)~也與(야여) : '그 사람은 바로 ~이잖은가?'의 뜻이다.

3) 夫(부) : 여기서는 3인칭대사로 사용되었다.

4) 南面(남면) : 임금이 조정에서 신하를 대할 때 북쪽에서 남쪽을 보면서 앉는 자리를 말하기도 하고, 임금이 제자리를 차지하고서 앉는 것을 말하기도 한다. 군주를 하늘의 북극성에 견주었기 때문에 군주는 북쪽에 앉아서 남쪽을 보아야 한다고 생각하던 것이 당시 관념이었다.

평설

이 장과 유사한 표현은 여러 고전에서 찾을 수 있다. "그 자리에 맞는 사람을 임명했기에 넉넉하게 편안할 수 있었다."[16], "옛날 순임금은 왼쪽에는 우를, 오른쪽에는 고요를 두었기 때문에 자리에서 내려오지 않고도 천하가 잘 다스려졌다."[17], "그러므로 임금은 인재 구하는 일에만 힘을 들

들만 다스릴 따름이지 직접 민을 다스리지는 않는다)"이라는 표현도 그것이다. 요즘 말로 바꾸자면 인치가 아닌 법치, 즉 시스템을 통한 통치를 주장하는 말이라고 표현할 수도 있다.

14   無爲者帝 爲而無以爲者王 爲而不貴曰伯

15   舜知不可辟 迺卽天子之位 以禹爲相 因堯之輔佐 繼其統業 是以垂拱無爲而天下治

16   所任得其人 故優游而自逸也〔『삼국지·오지(吳志)』「누현전(樓玄傳)」〕.

일 뿐 현재만 얻으면 할 일이 없다. 순임금은 여러 현재들을 뽑아서 자리에 앉혔기 때문에 의상만 차려입고 점잖게 앉아서 아무런 일을 하지 않았어도 천하는 잘 다스려졌다."[18] 등이 그것이다. 하안(何晏, 193~249)은 조기(趙岐, 108~201)의 『맹자주(孟子註)』에 있는 "그 자리에 맞는 사람을 앉히기 때문에 임금은 아무런 작위를 가하지 않아도 잘 다스려진다고 말하는 것이다."[19]라는 구절을 인용하여 주를 달기도 한다.

'무위이치'를 그런 내용으로 이해하게 된 것은 아무래도 세습군주가 아닌 재상에게 정치를 맡기자는 공자의 생각이 보편화한 탓도 있겠지만, 법에 의한 시스템적 통치를 해야 한다는 법가적 사고방식이 일어난 것도 배경이 되지 않았을까 한다. 어쨌든 '무위이치'라는 말 자체는 유가, 도가, 법가를 가릴 것 없이 춘추시대에 통용하던 생각이자 구호였다고 본다. 2·01 참조.

15·06 子張問行 子曰 言忠信 行篤敬 雖蠻貊之邦 行矣 言不忠信 行不篤敬 雖州里 行乎哉 立則見其參於前也 在輿則見其倚於衡也 夫然後行 子張書諸紳

자장이 (스승님께 자신의 뜻이) 통용(될 수 있는 방법)에 대해 여쭙자 스승님께서 말씀하시기를 : '말은 성실하고 믿음직하게! 행실은 진지하고 조심스럽게!' (이렇게 처신)하면 비록 (문화가 없는) 오랑캐 땅에서라도 (그 사람의 뜻은) 통용될 것이다. (그러나) 말은 성실하지도 믿음직하지도 않고 행실은 진지하지도 조

17　昔者舜左禹而右皐陶 不下席而天下治〈『대대례·주언(主言)』〉.

18　故王者勞於求人 佚於得賢 舜擧衆賢在位 垂衣裳恭己無爲而天下治〈『신서·잡사(雜事)』3〉.

19　言任官得其人 故無爲而治

심스럽지도 않으면 비록 (자기가) 사는 동네에서일지라도 (그 사람의 뜻이) 통용되겠느냐? 서 있을 때도 (내가 해준 이 말이) 내 앞에 나타나는 듯이 보이고, 수레에 타고 있어도 (내가 해준 이 말이) 손잡이에 기대고 있는 듯이 보이는 정도로 처신한다면 (그 사람의 뜻은 어디에서든) 통용될 것이다. 자장은 (스승님의) 그 말씀을 허리띠 자락에 써두었다.

주

1) 問行(문행), 行矣(행의), 行乎(행호), 然後行(연후행) : 이 네 '行'은 行篤敬(행독경)의 行과는 의미가 다르다. 행독경의 行은 '행실'의 뜻이지만 이 네 行은 '전파됨', '통용됨', '시행됨'의 뜻이다. 현대 중국어 '行得通'의 行과 비슷한 뜻이다. 12·20에서 자장이 질문했던 達의 의미라는 주희의 견해도 비슷하다. '외교관의 품행'을 가리킨다는 오규 소라이의 견해는 빗나갔다. 교령(教令)이 시행될 수 있음을 뜻한다는 정약용의 견해는 정치에 있어서의 경우로만 한정하는 견해이다.

2) 忠信(충신) : 1·04의 주) 참조.

3) 州里(주리) : 자신이 거처하는 마을을 가리킨다. 정현은 1만 2천5백 家가 1州, 5家가 1鄰(린), 5鄰이 1里라고 한다. 『정의』는 5家가 1比, 5比가 1閭(려), 4閭가 1族, 5族이 1黨, 5黨이 1州라는 『주례·大司徒』를 근거로 들면서 2천5백 家가 州라고 한다.

4) 參於前(참어전) : 포함은 '參然在目前(선하게 눈앞에 있다)', 황간은 '森森滿亘於己前(빽빽하게 자기 앞에 가득 차 있음)', 주희는 '毋往參焉(가서 끼어들지 말라)이라는 말처럼 상관하는 것', 유보남은 '直', 유월은 '많이 쌓여 있다'고 주하는데,[20] 포함의 주석이 가장 합당하다.

---

20 "參은 厽(루)를 잘못 읽은 것이고, 『설문』에 厽는 '흙이 뭉쳐 덩징저럼 된 것을 상형한 글자'라고 되어 있다. 『상서』의 '乃罪多厽在上'은 '너 紂(주)의 죄는 위

5) 倚於衡(의어형) : 衡은 수레에 타고 있는 동안 균형을 잡기 위해 손을 잡도록 가로로 걸친 막대이다. 수레를 타면 항상 눈으로 보게 되는 곳이다. 그런 곳에 그 말씀이 새겨진 나무 조각이 기대어져 있는 것을 보는 듯이 항상 명심하라는 뜻으로 짐작된다.[21]

6) 書諸紳(서저신) : 諸는 '之於'의 합음자이다. 紳은 '大帶之垂者(허리띠의 드리워지는 부분)'를 말한다. 종이가 없던 당시 환경에서는 메모할 필요가 있을 때 허리띠 자락을 사용했음을 알 수 있는 대목이다. 이 사실을 보자면 공자의 제자들은 공자 생전부터 스승의 말씀을 잘 갈무리하는 것이 습관화되었음을 알 수 있다. 이를 보더라도 최초의 『논어』는 특정한 제자가 임의로 편찬한 것이 아니라 여러 제자가 수시로 기록한 것을 수집한 형태였을 것으로 짐작된다.

평설

추상적인 개념에 대해 곧잘 진지하게 파고들던 자장의 면목은 여기서도 드러난다. 그뿐만 아니라 그에게는 스승의 말씀을 즉시 메모하는 진지함도 있었다. 자장은 12·20에서 達에 대해 질문한 바도 있는데, 주희는 여기의 行이 거기의 達과 같다고 한다. 그러나 공자의 설명에 의하자면, 達은 자신이 타인을 대하는 주체적인 태도이고, 行은 타인의 입장에서 받아들여질 수 있는 객관적인 조건들을 말한다. 즉, '言忠信 行篤敬'이라는 객관적인 조건을 갖추면 세상 어디에서도 통용될 수 있고, '質直

에 많이 쌓여 있다'는 뜻이니 이 구절도 '그것이 앞에 쌓여 있는 것을 보다'는 뜻이다."라는 주장이다. 앞에 見이라는 동사가 없다면 합당한 해석이 될 수 있지만 見 때문에 불가능하다.

21　종이가 없던 시절에 긴 문서는 죽간이나 비단에 쓰지만 단편적인 기록은 길다란 목고(木觚: 나무 조각)에다 썼으므로 그 내용을 적은 목고가 기대어 있는 것처럼 보이는 것을 의미한다고 본다.

而好義 察言而觀色 慮以下人'한다면 세상을 통달할 수 있다는 말이다.

忠에 대한 자세한 설명은 1·04의 주) 참조. 오랑캐에 대한 공자의 관념은 3·05의 평설 참조.

15·07 子曰 直哉史魚 邦有道 如矢 邦無道 如矢 君子哉蘧伯玉 邦有道 則仕 邦無道 則可卷而懷之

스승님께서 말씀하시기를 : 곧(은 사람이)지, (위나라 대부) 사어는. (그는) 나라(의 정치 환경)이 경위 바르게 돌아갈 때도 화살같(이 곧)았고, 나라(의 정치 환경)이 경위 바르게 돌아가지 않을 때도 화살같(이 곧)았다. 군자다(운 사람이)지, (위나라 대부) 거백옥은. (그는) 나라(의 정치 환경)이 경위 바르게 돌아갈 때는 벼슬을 살았지만, 나라(의 정치 환경)이 경위 바르게 돌아가지 않을 때는 (자신의 재능을) 거두어서 감추었다.

주

1) 史魚(사어) : 위나라 대부 史鰌(사추)이다. 자가 子魚(자어)이기 때문에 史魚라고 불렀다. 주희는 史가 벼슬 이름이라고 하는데, 벼슬 이름에서 유래한 성씨일지도 모른다.[22] 『공자가어·곤서(困誓)』에 있는 사어의 고사는 다음과 같다. 위령공은 현명한 거백옥은 등용하지 않고 불초한 미자하를 임용했다. 사어가 자주 간하였으나 따르지 않았다. 사어가 병들어 죽게 될 때 아들에게 이르기를 "내가 위나라 조정에서 거백옥을 내세우고 미자하를 물리치는 일을 하지 못했으니 이것은 내가 신하 노릇을 하면서 임금을 바로잡지 못한 것이다. 살아서 임금을 바로잡지 못하였으니 죽어서 禮를 닦을 수는 없다. 그러니 너는 상례를 치르지 말

---

22 史에 대한 설명은 3·07의 주) 참조.

고 내 시체를 엇살창 밑에다 놓아두면 그만이다."라고 했고, 아들은 아비가 죽자 그대로 했다. 영공이 조문을 왔다가 이상한 모습을 보고서 물었더니 아들이 아버지의 유언을 설명하였다. 영공은 놀라고 질려서 자신의 잘못이라고 말한 다음 사어의 시체를 객위(客位)에다 놓게 했다. 그러고는 거백옥을 등용하고 미자하를 물리쳤다고 한다. 공자는 이 이야기를 듣고 "이전의 간하는 사람은 죽으면 그만이었지 사어처럼 죽어서까지 시체로써 간하는 사람은 없었다. 충성이 군주를 감동시켰으니 직(直)하다 이르지 않을 수 없다."라고 말했다고 한다. 이것이 이른바 '사어의 시간(屍諫)'이라는 고사이다. 『한시외전』 권7과 『몽구(蒙求)』, 『신서·잡사(雜事)』 등에도 유사한 이야기가 실려 있고, 「천자문」에도 '史魚秉直(사어병직)'이라는 구가 있다.

2) 如矢(여시) : 『시경·소아』「곡풍지십(谷風之什)·대동(大東)」에 "周道如砥 其直如矢"라는 구절이 있다.

3) 蘧伯玉(거백옥) : 위나라 대부 거원을 가리킨다. 14·25의 주) 참조.

4) 卷而懷之(권이회지) : 주희는 懷를 藏(장)이라고 새긴다. 거두어서 마음속에 갈무리한다는 뜻이겠다. 포함은 '시정(時政)에 참여하지 않고 유순하여 남에게 거스르지 않음'[23]이라고 한다. 당석경에는 '卷而懷也'로 되어 있다.

평설

直한 인물의 전범과 군자다운 인물의 전범을 한 사람씩 거론했다. 제자들에게 인물평을 가르친 내용이 아닐까 한다. 정수덕의 『논어집석』에는 거백옥의 有道之時의 처신은 어느 때이고 無道之時의 처신은 어느 때인지에 대한 논란이 길게 소개되어 있는데, 공자의 평가 자체가 워낙

---

23   不與時政 柔順不忤於人

주관적이기 때문에 공론으로 합의하여 구분할 수 있는 성질은 아니라고 본다. 예컨대 거백옥은 위령공 때에 벼슬한 것이 분명한데, 위령공에 대한 평가는 일반적으로 부정적이므로 그때가 과연 有道之時였는지를 따지자면 논란이 생길 수밖에 없다.

15·08 子曰 可與言而不與之言 失人 不可與言而與之言 失言 知者不失人 亦不失言

스승님께서 말씀하시기를 : 함께 대화할 만한 사람인데도 그 사람과 대화하지 않으면 (그) 사람을 잃게 된다. 함께 대화할 만하지 않은 사람인데도 그 사람과 대화하면 말을 잃게 된다. 지자는 사람도 잃지 않고 말도 잃지 않는다.

| 주 |

1) 知者(지자) : 9·29 참조.

| 평설 |

정보를 공유하면 유익할 가능성이 있는 사람은 놓치지 말라, 좋지 않은 후과(後果)를 낼 가능성이 있는 사람과는 정보를 공유하거나 상의하지 말라, 현명한 사람은 유익한 사람을 놓치지도 않고 말실수도 하지 않는다는 뜻이다.[24] 공자의 발언은 대체로 제자들, 즉 앞으로 정치를 담당하게 될 사람들을 향한 발언이다. 이 장은 그런 사람들에게 해주었던 경구 가운데 요즘의 인간관계에서도 귀담아들을 만한 내용이다.

---

24 "美質不入道則失人 忠告不見用則失言(훌륭한 자질을 지닌 사람을 올바른 노로 이끌지 못하면 사림을 잃은 깃이고, 충고해子이도 닝데에게 빋이틀어지지 못힌다면 말을 잃은 것이다)"이라는 정약용의 표현이 좋다.

사람도 말도 잃지 말라는 충고는 역시 손해를 피하라는 주문이다. 공자 생각의 바탕은 본질적으로는 이처럼 '손익'이다. 성숙한 인간은, 또는 세상을 균형 있게 이해하기 위해서는, 나와 대척점에 있는 사람의 견해도 이해하고 때로 수용하지 않으면 안 된다고 공자는 가르친 적이 없다. 손해는 피하고 이익만을 꾀하고자 한다면 인간을 온전하게 이해하기는 어렵다고 말한 적도 없다.

6·21의 내용과 대조할 필요가 있다.

15·09 子曰 志士仁人 無求生以害仁 有殺身以成仁
스승님께서 말씀하시기를 : (바른 도에) 뜻을 둔 선비나 인(을 추구)하는 사람은 제 목숨 살겠다고 인(의 가치)를 훼손(하는 짓을)해서는 안 되고, 제 몸을 죽여서라도 인의 가치를 지켜내(겠다는 태도로 살아)야 한다.

| 주 |

1) 志士(지사) : 세습지배계층을 대신하여 나라의 정무를 전문적으로 담당할 수 있도록 교육을 받은 새로운 계층을 공자는 士라고 불렀는데, 유도지방을 만든다는 그들의 지향 목표를 강조하고자 '지사'라고 표현했을 것이다. 그렇다면 '이념 지향적 태도로 살아가는 지식인'이라고 번역할 수 있을 텐데, 공자가 자신의 문도들을 독려하는 차원에서 불러준 이름일 것이다. 공자는 대체로 '인자'와 '지자'를 병칭하였다는 점을 들면서 유월은 여기의 志士를 知士로 읽어야 한다고 주장하는데, 그런 의미와 통한다고 해설할 수는 있을지언정 志士가 곧 知士라고 주장하는 것은 무리이다. 그는 『맹자·등문공』의 "志士不忘在溝壑 勇士不忘喪其元"이라는 구절도 '知士'로 읽어야 한다고까지 주장하는데, 외형상 유사한 것끼리 연결하려는 안목만으로 고전을 이해할 수는 없다.

2) 仁人(인인) : 뒤 구절을 보더라도 이 문장에서 仁人이란 '인을 완성한 사람'이 아니라 '인을 추구하는 사람'으로 보아야 한다. 내용상 志士와 동일한 인물이지만 표현을 달리하면서 반복했다. 다음 장의 '友其士之仁者'에서도 士와 仁者는 별개의 인물이 아니라 동일 인물이다.

3) 害仁(해인) : 당석경(唐石經)에는 仁이 '人'으로 되어 있다. 人으로 새기면 '너 살고자 남 해치지 말라'는 표현이 되는데, 그런 표현은 '인의 가치를 훼손하면서까지 살려고 하지는 말라'는 표현보다 전파력은 더 강하겠지만 '有殺身以成仁'이라는 뒤 구절을 감안하면 맞지 않다. 害仁이 적절하다.

평설

'無~'와 '有~'를 대조시키는 수사법을 사용하였다. 자신의 교육목표는 제자들을 志士仁人으로 만드는 것이고, 그 구체적인 교육이념은 '無求生以害仁 有殺身以成仁'이라는 뜻이다. 그런데 공자의 이 말은 목숨 살겠다고 인을 해쳐서는 안 된다는 주문이지 목숨을 버리면서라도 인을 완성하라는 적극적인 주문은 아니다. 그럼에도 불구하고 공자의 이 언명은 "朝聞道 夕死可矣"(4·08)와 더불어 후대 유자들이 극단적으로 남을 죽이거나 자신이 죽는 선택을 하는 배경이 되었다고 본다. 황간은 그런 위험성을 예견한 듯 '이는 일상적이지 않은 경우이다'라고 주한다.

15·10 子貢問爲仁 子曰 工欲善其事 必先利其器 居是邦也 事其大夫之賢者 友其士之仁者

자공이 인(의 실천)에 대해 여쭙자 스승님께서 말씀하시기를 : 장인은 일을 잘하고자 하면 자기 연장부터 벼린다. (그와 마찬가지로 선비가 인을 실천하고자 한다면) 자기가 사는 나라의 대부 가운데 어진 사람을 (찾아서) 섬겨야 하고, 선비 가운데 인한 사람을 (찾아서) 벗 삼아야 한다.

1) 工(공) : 황간은 巧師(교사)라고 하지만 匠人(장인)으로 해석해도 무방하다.

2) 利(리) :『노논어』에는 厲(려: 갈다)로 되었다고 한다. 중국어음은 똑같이 [lì]이다.

3) 士(사) :『논어』에 나오는 士는 "士志於道"(4·09)에서처럼 현재 벼슬자리에 있지는 않지만 경세지도에 뜻을 둔 사람을 가리키기도 하고, "使於四方 不辱君命 可謂士矣"(13·20)에서처럼 세습 지배계층은 아니지만 일정한 정무를 맡은 사람을 가리키기도 하며, "雖執鞭之士 吾亦爲之"(7·12)처럼 신분에 관계없이 일정한 직책을 맡은 사람을 가리키기도 한다. 대부는 섬기고 士는 벗하라는 말을 보더라도, 당시의 士는 일정한 신분이나 계급을 나타내는 용어는 아니었다고 본다. 4·09의 주) 참조.

인을 실천하는 방법을 물으니까 인자를 벗하라고 대답한다. 공자의 대답은 대개 이런 식이다. 공자의 언어는 왜 이럴까? 논리라는 개념이 없었기 때문일까? 이런 식으로 대답하는 것이 논리적인 설명보다 더 본질을 잘 드러낸다고 생각해서일까? 언어를 신뢰하지 않기 때문에, 언어의 한계 때문일까? 인을 아무리 언어로써 묘사해봐야 인에 접근할 수는 없다, 인을 이해하고 실천하자면 인자에게 접근하는 것이 가장 확실한 방법이다, 그렇게 생각하기 때문이었을까?

그럴 수는 있다. 그렇게 하는 것이 실제 가장 확실한 방식일 수는 있다. 그러나 그런 방식은 교육의 방식으로서는 문제점을 지닌다. 그 사람이 어떤 기준에 도달하는지 아니한지를 가려내기 위한 방식으로는 유효

할지 몰라도 '교육'의 방식으로는 부적합하다. 확실히 공자는 그랬다. 제자들의 개인적인 변화나 향상을 도모하기보다는 제자들 가운데 누가 호학하는지, 누가 인한지, 누가 쓸 만한지, 도저히 가망 없는 녀석은 누구인지, 가장 나은 녀석은 누구이고 가장 못한 녀석은 누구인지, 우열에 따른 그들의 서열은 어떠한지, 이런 기준으로써만 제자들을 '다루는' 사람이었지 제자들을 사랑하면서 '가르치는' 사람은 아니었다.

정이는 공자의 대답이 형식논리상 모순이라고 의식했는지 다음과 같이 설명한다. 자공이 인에 대해 물은 것이 아니라 인을 실천하는 것(爲仁)에 대해 물었기 때문에 그렇게 대답했다는 것이다. 절묘한 합리화이다. 자공이 자기만 못한 사람을 좋아하기 때문에 공자가 이렇게 말했다는 주희의 설명은 합리화도 못 되는 설명이다. 자공을 모욕하면서까지 공자를 높이려는 아첨이자 종교적 맹목이다. 이런 대목에서는 주희를 도저히 눈이 열려 있는 학자로 볼 수 없다. 중국을 중심으로 한 동아시아 학문의 역사를 우리 시대의 안목으로써 다시 보아야 하는 이유는 그것이다.

15·11 顏淵問爲邦 子曰 行夏之時 乘殷之輅 服周之冕 樂則韶舞 放鄭聲 遠佞人 鄭聲淫 佞人殆

안연이 나라 경영(하는 방법)에 대해 여쭙자 스승님께서 말씀하시기를 : 하왕조의 책력을 시행하고, 은왕조의 수레를 타며, 주왕조의 복식을 입고, 음악은 (순임금의 음악인) 소와 (주무왕의 음악인) 무(를 표준으로 하면 된)다. 정나라 음악을 추방하고 말재간 좋은 사람을 멀리해야 하니, 정나라 음악은 선을 넘었고 말재간 좋은 사람은 (나라를) 위태롭게 만들(기 때문이)다.

| 주 |

1) 顏淵問爲邦(안연문위방) : 안연은 노나라 사람으로서 노나라 다스

리는 법을 스승에게 물었다는 황간의 주석에 대해 주희는 반박한다. 호칭도 '안연'이 아닌 '안자'라고 부르면서, 안자는 왕을 돕는 재목이기 때문에 천하를 다스리는 법을 물은 것이지 노나라 다스리는 법을 물은 것이 아니라고 반박한다. '爲邦'이라고 한 것은 겸사라는 주장이다. 특별한 의도가 보이지 않는 평범한 서술임에도 주희의 반응은 생뚱맞을 정도로 날카롭다. 주희에게 중요한 것은 '사실'이나 '주제'보다는 '격식'이기 때문일 것이다. 안연이라는 사람은 제후국을 다스릴 사람이 아니라 천하를 다스릴 사람이라는 것이다. 송대 이학자(理學者)들이 내세웠던 理란 결국 이처럼 자리매김(서열, 질서)이나 그릇의 크기와 같은 형식일 뿐이다. '위방'은 '치국'과 같은 개념이다. 춘추시대 위방이라는 말의 실제는 요즘의 '국가 경영'과는 차이가 있지만, 짐짓 번역어로 선택하였다.

2) 夏之時(하지시) : 하·은·주 각 왕조의 책력은 세수(歲首: 한 해의 시작)를 각각 달리했다. 하는 寅月(인월: 구력 1월)을, 은은 축월(丑月: 구력 12월)을, 주는 자월(子月: 구력 11월)을 시작으로 삼았다. 다만 주는 설날만큼은 동짓날로 삼았다. "하늘은 자회(子會)에서 열리고 땅은 축회(丑會)에서 열리며 사람은 인회(寅會)에서 태어난다."[25]라고 하기 때문에 하늘을 기준으로 삼든(=天正) 땅을 기준으로 삼든(=地正) 사람을 기준으로 삼든(=人正) 어느 것을 기준으로 삼더라도 무방하다고 주희는 설명한다. 하지만 다음의 이유 때문에 각 왕조의 책력은 달랐을 것으로 짐작한다. 책력을 처음 만들 때는 천문학적 기준보다는 농사를 기준으로 해서 만들었기 때문에 농사를 시작해야 하는 봄, 즉 1월을 첫 달로 삼았을 것이다. 이후 천문학이 발달하자 책력은 하늘의 움직임을 위주로 만들어야 한다는 생각에서 해(陽)의 길이가 길어지기 시작하는 동지를 한 해의 시

25 　"天開於子 地闢於丑 人生於寅". 이것이 이른바 삼정설(三正說)이다. 정약용에 의하면 선진시대에는 이런 말이 없었고 한대 이후에야 정립된다고 한다.

작으로 삼는 것이 옳다고 바뀌었을 것이다. 그런데 동지는 대체로 음력 11월 하순에 해당하므로 동지 뒤에 오는 새 달(즉, 12월)을 세수로 삼기도 하고, 비록 하순에 해당할지라도 동지가 포함되는 달(즉, 11월)을 세수로 삼기도 하는 것으로 바뀐 것이다. 전자가 은왕조의 경우이고 후자가 주왕조의 경우이다. 그런데 한번 사용하게 된 책력은 바꾸기 어려우므로 주왕조에서도 새 책력이 보편화되지는 못했다고 한다.

3) 殷之輅(은지로) : 나무로 만든 큰 수레를 '輅'라고 한다. 이전에는 '車(거)'를 만들었을 뿐이지만 은왕조 때 비로소 '輅'를 만들었다고 한다. 주왕조의 수레는 금옥으로 장식을 하는 등 사치스러워졌기 때문에 공자는 은왕조의 질박한 수레제도를 권했다고 해석하기도 한다.

4) 周之冕(주지면) : 제사복식으로서 모자의 종류와 제도는 주왕조 때 비로소 갖추어졌다고 한다. 주왕조의 모자는 이전보다 화려하지만 공자는 禮를 차리는 데 있어서는 화려하고 아름다운 것이 좋다고 생각해서 그렇게 여겼던 모양이다.

5) 韶舞(소무) : 韶는 순임금의 음악이고, 舞는 武와 같은 글자로서 주무왕의 음악을 가리킨다. 후대의 기록이기는 하지만 황제(黃帝)의 음악을 운문(雲門), 요의 음악을 함지(咸池), 순의 음악을 대소(大韶), 하우의 음악을 대하(大夏), 은탕의 음악을 대호(大濩), 주무왕의 음악을 대무(大武)라고 불렀다 한다. 사실일 것 같지는 않지만 주왕조에서는 이 6대의 음악을 모두 사용했다고 한다. 『맹자·공손추상』에서 자공이 "그 나라의 예법을 보면 그 나라의 정치가 어떠한지를 알 수 있고, 그 나라의 음악을 들어보면 그 나라 군주의 덕이 어떠한지를 알 수 있다."[26]라고 한 말을 감안하자면, 특정한 군주를 상징하는 음악을 통해서 그 군주의 덕을 평가하는 관행은 공자 이후에도 지속되었던 모양이다. 3·25와 7·14 참조.

---

26 見其禮 而知其政 聞其樂 而知其德

6) 放鄭聲(방정성) : 放은 '추방'의 뜻이다. 鄭聲은 정나라의 음악을 가리키는데, 공자는 정나라의 음악을 덕을 해치는 음악으로 단정한다.²⁷ 공자의 심미관에 따른 도덕규범일 것이다. 『시경』 「정풍」에 여자가 남자를 유혹하는 내용의 시가 많기는 하지만 공자가 그렇게 규정하는 것이 가사 때문인지 아니면 악곡 때문인지는 분명하지 않다. 그래서 가사인 鄭詩와 악곡인 鄭聲을 구분해야 한다는 주장도 있다. 음악이나 시가를 자신의 심미적 기준에 따라 비평할 수는 있겠지만 도덕규범을 적용하여 추방하라고까지 말하는 것은 일종의 폭거이다. 요즘 기준으로 말하자면 문학과 음악에 대한 이해나 포용력이 부족한 정도가 아니라 사상과 감정의 자유조차 제한하려는 폭압이라고 할 만하다. 따라서 '시삼백'은 모두 성현이 지은 바로서 그 안에 음시(淫詩)란 없다는 정약용의 견해는 진보적이라고 할 수 있다. 17·18참조.

7) 佞人(녕인) : 佞에 대한 공자의 평가는 좋지 않다. 4·24의 평설과 5·04의 주) 참조.

8) 淫(음) : 일정한 선을 넘어 정도가 지나친 것을 淫이라고 한다. 대체로 남녀 사이의 지나친 색정을 가리킨다.

---

27 『예기·악기』에는 자하의 "鄭音好濫淫志 宋音燕女溺志 衛音趨數煩志 齊音敖辟喬志 此四者皆淫於色而害於德 是以祭祀弗用也(정나라 음악은 곧잘 넘쳐서 사람의 심지를 음탕하게 만들고, 송나라 음악은 여인을 그리는 내용이 많아서 사람의 의지를 가라앉게 만들며, 위나라 음악은 박자가 급촉하여 사람의 심정을 어지럽게 만들고, 제나라 음악은 방자하여 사람의 의지를 교만하게 만듭니다. 이 네 나라의 음악은 모두 색정에 치우치므로 사람의 도덕에는 해롭습니다. 그래서 제사에서는 사용하지 않습니다)"라는 발언이 있다. 네 나라 음악의 특징을 종합하여 '익음(溺音)'이라고 규정하는 것은 당연히 공자의 심미관에 따른 평가일 것이다.

공자는 국가 경영의 핵심을 책력·수레·복식·음악 등 '제도'로 여기고
있다. 역대 제도 가운데서 좋은 평가를 받았던 왕조의 것을 채택하는 것
이 바람직하고, 음란한 음악과 현란한 말재주는 시대에 관계없이 경계해
야 한다고 첨언한다. 공자는 국가가 나아가야 할 목표라든가 추구해야
할 이념과 같은 것에 대해 언급한 적은 없다. 공자의 관념으로는 그런 것
을 생각할 필요도 없었겠지만 설령 생각한다 한들 과거 선왕들의 것을
확인하기만 하면 된다고 여겼을 것이다. 지배 권력의 정당성을 피지배층
이 받아들이도록 만드는 데 일단 성공하기만 한다면 이후 국가를 통치하
는 데 있어서는 정연한 질서와 실제적 효용 외에 더 요구되는 것은 없다
고 여겼을 것이다. 국가권력을 쥔 사람들의 최고 목표는 현재의 권력이
변화 없이 지속되는 것이기 때문이다.[28]

공자는 음악에 대해서도 권장되어야 할 음악과 추방되어야 할 음악으
로 구분하는 생각을 가졌는데, 플라톤 또한 마찬가지였다.[29] 공자의 음악

---

28 조선왕조는 세계사에 드물게 5백 년을 넘겨 지속한 대단한 나라였다고 칭
송하는 사람들이 있다. 그런데 생각해보자. 백성들은 거의 매년 초근목피로 보릿
고개를 넘겨야 하고, 죄 없는 선비들은 이따금 떼로 몰살당하는 사회를 겪어야
하며, 왜란과 호란 등 국토가 초토화되는 외침을 여러 차례 겪어도 지배층은 바
뀌지 않았던 왕조가 단지 오래 유지되었다는 이유만으로 대단했다고 평가하는
것이 합당할까? 고난의 행군이라는 이름 아래 백성들은 굶어 죽는데도 '민주주의
인민공화국'이라는 이름의 왕조체제를 3대나 유지하고 있는 북한을 대단한 나라
라고 칭송해야 할까?

29 플라톤은 이오니아의 가락과 리디아의 가락을 퇴폐음악으로 꼽은 적이 있
다. 그는 눈을 즐겁게 해주는 그림을 아름다운 것으로 여기지 않았고 귀를 즐겁
게 해주는 음악을 천박한 음악으로 여겼다. 음악이 가진 미적 자율성을 철저히
배격하면서 음악을 통해 대중은 조정할 수 있다고 믿었고, 음악의 가치를 상상의
공동체를 만들기 위한 수단으로만 여겼다. 음악을 인간 조정의 도구로 보았던 플

에 관한 견해는 3·23과 8·08, 8·15, 9·15 등에서도 확인할 수 있다.

15·12 子曰 人無遠慮 必有近憂

스승님께서 말씀하시기를 : 사람은 먼 데까지 생각하지 않으면 반드시 가까운 데서 근심거리가 생기(기 마련이)다.

주

1) 遠(원), 近(근) : 대개는 시간적인 거리로 이해한다. 미래에 대한 준비가 없으면 머잖아 근심이 닥친다고 새긴다. 그러나 소식(蘇軾, 1037~1101)은 공간에 대한 표현으로 이해한다. 둘 다 통용될 수 있다고 본다.

2) 慮(려) : 헛된 생각이 아니라 준비하는 생각을 가리킨다.『곤학기문』에는 "생각은 가깝게 해야 하니 가까워야 생각이 정밀해지는 법이고, 근심은 멀게 해야 하니 멀어야 근심에 두루 대비할 수 있다."[30]라는 말이 있다.

평설

공자 사고의 토대는 실리를 위해 위험에 대비하는 것이라고 말할 수 있다. 그것은 '방유도엔 어떻게 처신하고 방무도엔 어떻게 처신하라'는 메시지로 나오게 된다. 그가 강조하는 知(분별력)라는 것의 본질도 위험이나 손실에 대비할 수 있는 예지라고 말할 수 있다. 이처럼 중국문화의

라톤의 음악관은 1970년대 이후 음악을 이용한 인간행동 조정이론을 통해 다시 부활한다.

30 思欲近 近則精 慮欲遠 遠則周

토양에는 '공포'라는 것이 두텁게 자리 잡는다. 사회적 환경이 그만큼 가혹했고 인간관계가 그만큼 힘들었기 때문일 것이다. '호환(虎患)보다 폭정이 더 가혹하다'는 말은 그러했던 상황을 대변하는 말일 것이다.³¹

공자의 이 말도 어떤 일을 도모할 때 멀리까지 고려하지 않으면 실패 확률이 높다는 단순한 경구는 아니다. 살아가는 동안 언제나 재앙이 닥칠 수 있는 경우의 수를 최대한 생각하라는 주문이다. "安(안) 가운데서도 危(위)를 생각하고, 治(치) 가운데서도 亂(란)을 생각하라."는 말이나, "근심과 즐거움은 서로 돌고 이익과 손해는 서로 의지한다. 해는 일중 뒤에는 기울고 달도 차면 이지러지는 것이 자연의 수이다."³²라는 말도 마찬가지이다. 대비할 수 없는 위험과 손실을 자연의 원리(=하늘의 뜻)로 받아들이라는 말도 비슷하다.

15·09와 마찬가지로 '無~'와 '有~'를 대비시키는 수사법을 사용하고 있다.

15·13 子曰 已矣乎 吾未見好德如好色者也

스승님께서 말씀하시기를 : (이 세상은) 끝났구나! 여색을 좋아하는 정도로 덕을 좋아하는 사람을 내가 여태 보지 못했으니 말이다.

주

1) 已矣乎(이의호) : 이것으로 그만이다, 더 기다릴 필요는 없다는 절망감의 표현으로 들린다. 공자는 이 탄식을 5·26에서도 하는데, 거기서

---

31 『예기·단궁하』.

32 憂樂相循 利害相倚 日中則昃 月盈則虧 自然之數. 정수더이 『논어집석』에 인용된 『사서석지삼속(四書釋地三續)』에 나오는 글이다.

뒤이어 나오는 말도 역시 '吾未見~'이다.

9·18과 동일한 내용인데, 다만 거기서는 '已矣乎' 세 글자가 빠져 있다. 6·28에서 인용한 바 있는 『사기·공자세가』에는 공자가 위나라에 있을 때 이 말을 했다고 했는데, 이야기의 줄거리를 보자면 믿을 만하지는 않다. 차라리 계환자가 제나라에서 보내온 여악을 받아들이면서 정사를 게을리했다는 18·04의 내용과 연결된다면 더 그럴듯해질 것이다.

15·14 子曰 臧文仲其竊位者與 知柳下惠之賢而不與立也

스승님께서 말씀하시기를 : 장문중(이란 사람)은 지위를 훔친 사람이다. 유하혜가 현명한 줄을 알고서도 (그를 추천하여) 그와 함께 벼슬하지는 않았으니 말이다.

1) 臧文仲(장문중, ?~617 B.C.) : 노나라 대부로서 5·17에 나온 바 있다. 본문에 의하자면 그의 지위와 권력은 현인을 천거하여 벼슬자리에 오르게 만들 수 있었던 모양이다.

2) 柳下惠(유하혜, 720~621 B.C.) : 역시 현자로 칭송되던 노나라의 대부로서 성은 展(전), 이름은 獲(획) 또는 季(계), 자는 禽(금)이다. 惠는 시호라고 알려져 있다.[33] 柳下는 식읍 이름인지 호(號)인지 분명하지 않은데, 조기는 『맹자주』에서 호라고 했다. 18·02와 18·08을 보더라도 공자는 이 사람을 장문중과 대비시키면서 매우 높게 평가했는데, 그더러

33　양백준은 『열녀전』의 내용을 근거로, 국가에서 준 시호가 아니라 부인 때문에 받게 된 사적인 시호일 것이라고 추정한다.

인하다고 칭찬한 적은 없지만 18·08에서는 그를 일민이라고 표현하면서 "言中倫 行中慮(말은 윤상에 맞고 행동은 사려에 맞다)"라고 평가한다. 맹자도 공자의 평가를 존중한 나머지 『맹자·진심상』에서는 "유하혜는 삼공 벼슬과 자신의 절개를 바꾸지 않았다."[34]라고 말하고, 『맹자·만장하』에서는 "백이는 성인의 淸(청: 맑은 이름)을 이룬 사람이요, 이윤은 성인의 任(임: 임무)을 이룬 사람이며, 유하혜는 성인의 和(화: 화목)를 이룬 사람이고, 공자는 성인의 時(시: 시기)를 이룬 사람이다."[35]라고 평가하며, 『맹자·공손추상』에서는 "유하혜는 (…) 유일(遺佚)로 지내면서도 원망하지 않고 막다른 처지에서도 근심하지 않았다."[36]라고 평가한다.

3) 不與立(불여립) : 立은 位(위)와 같다. 與는 '허여'의 뜻과 '함께'의 뜻을 이중으로 갖는다고 본다. 즉, 不與立은 '함께 벼슬하는 것을 허여하지 않았다'는 뜻이다.

평설

현명한 사람인 줄 알면서도 그를 천거하여 벼슬에 올려서 함께 국정을 도모하려고 하지 않은 행실은 자신의 지위를 훔쳐서 차지하고 있는 것이나 다름없다는 말인데, 심한 표현이 아닐 수 없다. 천거를 받지 못한 자신의 처지에 가탁하여 증폭된 감정으로 읽힐 수 있다.

5·17에서도 보았듯이 공자의 장문중에 대한 평가는 확실히 인색하다. 『국어·노어상(魯語上)』에는 이런 기록도 있다. "원거라는 바닷새가 노나라 도성 동문 밖에 와서 사흘이나 머물자 장문중은 신령스럽게 여긴 나머지 제사를 지내도록 했다. 이에 유하혜는 '장문중의 위정은 지나치다.

---

34 柳下惠不以三公易其介

35 伯夷聖之淸者也 伊尹聖之任者也 柳下惠聖之和者也 孔子聖之時者也

36 柳下惠 (…) 遺佚而不怨 阨窮而不閔

제사는 나라의 대절이고 절이란 정사의 성공 여부에 달린 것이므로 국가가 주관하여 지내는 제사는 신중해야 하거늘 지금 아무런 근거 없는데에다 국가적 의전을 베푸는 것은 올바른 정사를 베푸는 게 아니다'라고 비판하였다."[37] 춘추시대에 만들어진 전적들은 신뢰도가 낮기는 하지만 『국어』가 『논어』 이후에 편찬된 것은 확실시되므로 『국어』의 이 기록도 아마 장문중을 비판하는 『논어』의 기준에 따라 만들어지지 않았을까한다. 어쨌든 장문중과 유하혜 사이의 스토리는 후세에 널리 전해진다. 14·18에서 공자는 자신의 가신을 추천하여 자신과 같은 반열로 오르게한 공숙문자의 처신을 칭찬한 바 있다.

한 사람의 어떤 견해나 훈시는 남과 소통할 수 있는 여지가 좁다. 그래서 반발이나 다툼을 유발할 가능성이 있다. 그러나 단순한 이야기는 그구체성 때문에 사람마다 자신과 접촉되는 면이 많다고 여기게 된다. 따라서 남과의 소통에는 교훈보다도 이야기가 훨씬 유리하다.[38] 종교 경전에 스토리가 많은 것도 사람들과 소통하기에 유리한 수단을 찾은 선택이라고 본다. 그런 측면에서 볼 때 『논어』에는 소통에 유용한 스토리가 많은 편은 아니다. 공자는 물론 제자들이나 다른 등장인물들의 말도 대개

---

37 海鳥曰爰居 止於魯東門之外三日 臧文仲使國人祭之 展禽曰越哉 臧孫之爲政也 夫祀國之大節也 而節政之所成也 故愼制祀以爲國典 今無故而加典 非政之宣也

38 진화생물학자들의 의견에 따르자면 인간에게는 흉내 내기 성향이 잠재되어 있기 때문에 몸을 움직이는 놀이가 인간의 신체 근육을 단련시키듯이 이야기는 정신의 근육을 단련시킨다고 설명한다. 그래서 그들은 '이야기는 삶의 거대한 난제를 시뮬레이션하는 강력하고도 오래된 가상현실 기술이다'라면서 효능을 예찬한다. 한편, 사람은 이야기 속의 인물이나 줄거리에 정서적으로 빠져들면 쉽게 영향받고 조작될 수 있기 때문에 조심해야 한다는 경고도 덧붙인다. 인간은 이야기를 즐기는 차원을 넘어 그것을 자신에게 유리하게 만들어내는 존재이기 때문이다(조너선 갓셜, 『스토리텔링 애니멀』(노승영 역, 민음사, 2014) 참조).

는 상대를 움직이려는 의지를 가진 말들이다. 그만큼 일방적이다.

15·15 子曰 躬自厚而薄責於人 則遠怨矣

스승님께서 말씀하시기를 : 자기 책망은 두텁게 하고 남 책망은 얕게 하면 원망이 멀어진다.

주

1) 躬自厚(궁자후) : '躬自'는 '몸소', '스스로'라는 뜻의 이음절어 부사이다.[39] '厚' 뒤에는 '責'이 생략되었으니 '躬自厚'는 '스스로에게 후덕하게 대하다'는 뜻이 아니다. 자기에게는 무겁게 책하고 남에게는 가볍게 책하라는 뜻이다.

2) 遠怨矣(원원의) : '원망을 멀리하다'라는 뜻의 동사와 목적어 구조이기는 하다. 하지만 이 구는 조건에 따른 결과구이기 때문에 '원망이 멀어진다'라고 번역하는 것이 낫다.

평설

15·12가 우환에 대한 대비책이라면 이 장은 원망에 대한 대비책이다. 공자는 이렇듯 실제적인 손해나 위험에 대한 대비책을 가르쳤지 추상적인 이념이나 의지나 비전 따위를 제시하는 가르침에는 소홀하였다. 『논어』에는 주로 공자가 제자들을 지배계층으로 만들기 위한 가르침이 들어 있지만 그 가르침은 이처럼 실제적이기 때문에 현대인들은 『논어』를 처세훈이나 교양서로 읽을 수 있다.

공안국은 "자기 책망은 두텁게 하고 남 책망은 얕게 해야 원망과 허물

---

39 『시경·위풍』「맹(氓)」의 "靜言思之 躬自悼矣"에 사례가 있다.

을 멀리할 수 있다."[40]라고 주하고, 황간은 "자기는 잘하지 못하는 것을 남에게 잘하라고 요구하면 원래 사람의 마음은 복종하지 않는 법이고, 자기의 덕은 두텁게 하면서도 남에게 많은 것을 요구하지 않으면 원망이 오지 못하게 된다."[41]라고 주하며, 주희는 "자기 책망은 두텁기에 자신은 더욱 수양이 되고 남 책망은 얇기에 남들은 쉬 따르게 되니, 남이 원망할 수가 없다."[42]라고 주한다. 본문과 이 세 주석을 나란히 놓고 보면 한자를 가지고서 문장을 만드는 방식이 춘추시대에서 송대에 이르기까지 어떻게 바뀌는지 어렴풋이나마 짐작할 수 있게 된다. 중국인의 미문의식의 진화 방향을 알 수 있는 좋은 표본이다.

15·16 子曰 不曰 如之何 如之何者 吾末如之何也已矣

스승님께서 말씀하시기를 : "이를 어떡하나, 이를 어떡하나" (하면서 고민)하지 않는 사람, 나는 그런 사람이야말로 어떻게 해볼 수 없더라.

주

1) 如之何(여지하) : 如何라는 의문사에 목적어 之를 더한 구문인데, 여기서는 해결책을 고민하는 모습을 표현한 말이다. 따라서 '之'는 특정한 대상을 가리키는 목적어는 아니다. 공안국은 '奈是何(내시하: 이를 어쩌나)'와 같다고 하는데, '如之何'의 용법에 대해서는 9·24의 주) 참조.

2) 吾末如之何也已矣(오말여지하야이의) : 똑같은 표현이 9·24에 있다. 末은 無의 뜻.

40　責己厚 責人薄 所以遠怨咎

41　若己所未能而責物以能 固人心不服 若自厚其德而不求多於人 則怨路塞

42　責己厚故身益修 責人薄故人易從 所以人不得而怨之

　무엇에든 열정적으로 합리적 의문을 던지는 자세가 없는 사람은 제아무리 훌륭한 스승일지라도 가르칠 수 없다는 말이겠다. 공자는 남의 말재주는 미워하면서도 정작 본인의 말재주는 이처럼 돋보인다.

　고주의 독법은 "'이를 어쩌나'라고 말하지 말라. '이를 어쩌나'라고 말하는 경우는 화난이 이미 이루어진 다음이기 때문에 나도 어쩔 수 없다."[43]라고 끊어 읽는다. 그러나 동의하지 않는다.

15·17 子曰 羣居 終日言不及義 好行小慧 難矣哉
스승님께서 말씀하시기를 : 떼 지어 모여서 종일토록 의에 관한 대화라고는 (한마디도) 하지 않고 잔머리 굴리는 짓만 즐긴다면, (그런 사람들은) 어떻게 해 보기 어렵지.

　1) 羣居(군거) : 居는 일정한 처소를 정하여 편히 기거하는 것을 뜻하는데, 여기서는 여럿이 모여서 하는 일 없이 한가한 시간을 보내는 것을 낮추어서 표현했다.

　2) 言不及義(언불급의) : 대화의 화제에 의라고는 없다는 뜻이다. 義에 대해서는 1·13의 주) 참조.

　3) 小慧(소혜) : 慧는 惠로 된 판본도 있고 정주한묘죽간본에도 惠로 적혀 있다. 여러 전적에서 두 글자는 서로 통용할 뿐 아니라, 왕응린에 의하면 두 글자의 전서(篆書)도 원래 같다고 한다. 사소한 지혜나 재능을 말할 것이다.

43　不曰如之何 如之何者吾末如之何也已矣

4) 難(난) : 하안은 "終無成功(종당에 공을 이루는 바는 없다)"이라고 주하고, 주희는 "덕에 들어갈 수가 없으니 장차 환해(患害)만 생길 것이다."라고 주한다. 그처럼 막연하고 추상적인 해설보다는 '그런 사람은 어떻게 해보기가 어렵다'라고 새기는 것이 낫다.

평설

정치에 뜻을 두고 연찬하는 제자들을 경책하기 위한 말이라는 점을 감안할지라도, 공자는 혹시 제자들이 잡담하면서 노는 꼴도 용납하지 못했던 엄숙주의자는 아니었는지 모르겠다.

고염무의 『일지록』에는 다음과 같은 해학이 있다. "'종일 배부르게 먹고는 마음 쓰는 곳이라곤 없으면 곤란하다'는 말은 오늘날 북방의 학자들에게 해당하는 말이고, '종일 모여서 하는 말이라곤 의에 관한 것은 없고 잔머리 굴리기나 하면 곤란하다'는 말은 오늘날 남방의 학자들에게 해당하는 말이다."[44] 『논어』의 두 구절을 이용하여 시절 풍속을 꼬집은 것이다.

"의에 관해 말하지 않으면 함부로 비뚤어지고 사악하며 분수에 넘치는 마음이 생겨나고, 잔머리 굴리기를 좋아하면 위험한 짓을 감행하면서 요행이나 바라는 버릇만 커진다."[45]는 주희의 주석은 공자의 생각을 다른 문장으로 표현했을 뿐이다. 중국문화에서 중요한 것은 '좋은 생각'이 아니다. 이처럼 '좋은 문장'이다. 그래서 중국인들은 좋은 문장을 만드는 일에 진력하게 된다. 좋은 행동을 유도하는 좋은 생각에 대해서는 그다지

---

44 飽食終日 無所用心 難矣哉 今日北方之學者是也 群居終日 言不及義 好行小慧 難矣哉 今日南方之學者是也. '飽食終日 無所用心 難矣哉'는 17·22에 나오는 구절이다. 『일지록』은 구두를 달리했다.

45 言不及義 則放僻邪侈之心滋 好行小慧 則行險僥倖之機熟

유의하지 않는다.

15·18 子曰 君子義以爲質 禮以行之 孫以出之 信以成之 君子哉

스승님께서 말씀하시기를 : 군자는 (모든 일에서) 의를 바탕으로 삼고, 행동거지는 예에 맞게, 자기표현은 겸손하게, 임무 완성은 신의 있게 해야 한다. (그래야만) 군자답다.

주

1) 義以爲質(의이위질) : 以義爲質에서 목적어를 강조하고자 義를 앞으로 냈다. 이하 '禮以行之', '孫以出之', '信以成之'도 모두 '以禮行之', '以孫出之', '以信成之'를 거꾸로 한 것이다. 義는 '공공선'으로 번역하는 것이 적절하지만 당시 중국에 오늘날의 공공 개념은 없었으므로 취하지 않고 그대로 사용한다. 義에 대한 설명은 1·13의 주) 참조.

2) 出之(출지) : 정현과 하안은 '말을 꺼내는 것'이라고 하지만 언어뿐 아니라 행동을 포함한 모든 표현을 가리킨다. '行之', '出之', '成之'는 모두 목적어가 생략되었으므로 적절히 번역하였다. 차주환(車柱環, 1920~2008)은 "禮行此 孫出此 信成此"라는 정이의 주석을 따라서 之를 義로 보는데, 之는 허사이지 타동사의 목적어가 아니다. 더구나 義라는 것이 行하고 出하고 成할 수 있는 것도 아니다.

평설

중국 고대의 문장은 형식이 중요하다. 아니, 형식이 내용을 능가한다. 중국사에서는 그러한 특성을 바꾸려는 노력도 한때 등장하기는 하지만[46]

---

46 당말(唐末)부터 한동안 유행했던 고문운동이라는 움직임이 있기는 했지만

한자와 한문의 특성상 원천적으로 불가능한 일이다. 중국 문장의 그와 같은 특징을 번역에서도 가능한 한 살릴 수 있어야 한다. 형식적 특성을 빼버린 채 내용만 전달하는 것으로는 의미나 분위기를 제대로 표현할 수 없기 때문이다. '禮以行之 孫以出之 信以成之'는 세 개로 된 문장 형식이기 때문에 번역도 '~는 ~하게, ~는 ~하게, ~는 ~하게'로 하였다.

완원은 앞의 '君子'가 연문(衍文)이라고 하지만 중국 고문의 문법에서 그와 같은 형식논리가 필수적이지는 않다. 어떤 낱말이 문장의 앞과 뒤에서 중복되더라도 오류라고 할 수는 없다. 의도적으로 중복할 수 있기 때문이다.

15·19 子曰 君子病無能焉 不病人之不己知也

스승님께서 말씀하시기를 : 군자는 (자기의) 무능을 아파하지 남이 자기를 알아주지 않는 것을 아파하지 않는다.

1) 病無能焉(병무능언) : 포함은 無能을 '성인지도가 없음'이라고 새기고 정약용은 '예능이 없음'이라고 새기지만, 다른 곳의 공자 말들과 비교하자면 남들이 자기를 알아주도록 만들 능력이 없음을 자책하라는 뜻으로 새겨야 할 것 같다. 자신의 재능 없음을 탓하라는 막말이 아니다.

"不患人之不己知 患不知人也"(1·16), "不患無位 患所以立 不患莫己知 求爲可知也"(4·14), "不患人之不己知 患己不能也"(14·30) 등과

한계가 분명했다.

같은 내용이다. 1·16의 평설 참조.

15·20 子曰 君子疾沒世而名不稱焉

스승님께서 말씀하시기를 : 군자는 죽은 뒤에 (자신의) 이름이 알려지지 않을 것을 걱정하(는 법이)다.

주

1) 疾(질) : 『사기·공자세가』에 '君子病沒世而名不稱焉'이라고 되어 있는 것을 보면 病은 당시에 疾과 같은 의미로 쓰였음을 알 수 있다. 病은 또한 15·19의 평설에서 보듯이 患과도 통용했다. 이 세 글자는 모두 '아파하다', '싫어하다', '~할까 봐 걱정하다' 등으로 해석될 수 있다. 몹시 염려한다는 뜻이겠다.

2) 沒世(몰세) : '죽은 뒤'라는 해석과 '죽을 때까지'라는 해석이 상충한다. 정약용은 후자를 강력하게 주장한다. '沒階(몰계)'는 계단이 끝나는 것이고 '沒世不忘(몰세불망)'은 종신토록 잊지 않는다는 뜻이며, 공자는 나이 오십이 되어도 이름이 알려지지 않은 사람이라면 존경받을 수 없다고 말한 적이 있으니(9·23) '죽을 때까지'라는 뜻이 분명하다고 주장한다. 오규 소라이도 '종신토록'이라고 해석한다. 문자풀이를 하자면 그렇게 풀이할 수 있다. 하지만 중국의 문자는 문맥에서 얼마든지 다른 뜻으로 전용이 가능하다.[47] 문자풀이를 하자 해도 9·23에서는 聞이지 稱은 아니다. '이름이 알려지다'와 '일컬어지다'의 차이는 크다. 더구나 '沒

---

47 한국어에서도 마찬가지이다. 한국어의 관용적인 표현에 '문 닫고 나가거라'라는 말이 있다. 그 말은 문을 닫은 다음에 나가라는 말이 아니다. 그럼에도 그 문장은 문을 닫은 다음 나가라는 뜻이 분명하다고 주장한다면 어떻겠는가?

世'가 아닌 '沒世而~'라고 되어 있으므로 '죽고 나서도~'의 뜻으로 보는 것이 순리이다. '죽을 때까지'라는 뜻을 나타내고자 했다면 15·24에서처럼 '終身(종신)'이라고 표현했을 것이다. 죽을 때까지 이름이 알려지지 않을까 봐 걱정한다는 뜻이라면 공자가 여러 차례 강조했던 바인 '남이 나를 알아주지 않는다고 걱정하지 말라'는 말과도 상충된다. 이 장은 죽은 뒤에도 칭송될 수 있도록 처신하는 것이 군자에게는 중요하다는 뜻으로 보는 것이 타당하다. 육신은 죽더라도 그 사람이 계속 살아 있는 것처럼 여기는 고대 중국의 관념과도 상통하는 말이다. 강유위(康有爲, 1858~1927)도 『논어주』에서 그렇게 해석하고 있다.

3) 名(명), 稱(칭) : 稱은 원래 저울의 균형을 뜻하므로 실제의 자신과 남이 평가하는 자신이 부합하는 것을 말한다. 그러나 속뜻은 결국 자기의 이름이 날리는 것을 가리킨다.

[평설]

"이 문장은 시법(諡法)을 말한 것으로서, 춘추시대 열국의 대부들이 자신의 실제 삶과 맞지 않은 커다란 시호를 받은 적이 많으므로 공자가 그것을 지적한 것이다."라고 유월은 주장한다. 稱을 '대칭'의 뜻으로 해석한 것이다. 그 사람의 시호가 그 사람의 삶과 대칭하지 않는다고 다른 사람이 비판할 수는 있겠지만, 자신이 죽은 다음 자신에게 무거운 시호가 주어질까 봐 걱정하라고 공자가 요구했다는 것은 상식을 벗어나는 해석이다. 증자와 같은 제자나 후대 유자들 가운데는 그 정도로 고지식한 사람이 나왔을지도 모르나, 공자가 그처럼 답답했던 사람은 아니었다.

15·21 子曰 君子求諸己 小人求諸人

스승님께서 말씀하시기를 : 군자는 (잘못의 원인을) 자기에게서 찾고, 소인은 남에게서 찾는다.

평설

포함(包咸, 6 B.C.~65 A.D.) 이래 대개의 주석가들은 求를 책망의 뜻으로 새긴다. 그러나 정약용은 인을 구하는 것이라고 주장한다.[48] 김용옥도 다산의 영향을 받은 듯 "유교는 자력구원만을 말하고 타력구원을 말하지 않는다."라고 한다. 이강재도 '군자는 자기완성을 기준으로 행동하고, 소인은 남의 평가를 기준으로 행동한다'고 번역한다. 그러나 이 문장에서 求는 자기 행동의 기준을 찾는 것이 아니라 핑계나 책임을 찾는 것이다. 바로 앞 장에서 공자는 군자의 기준으로 '名不稱焉'을 들었는데, 그 말은 곧 남의 평가를 기준으로 한다는 말이다. 그러니 '小人求諸人'을 '소인은 남의 평가를 기준으로 행동한다'고 해석할 수는 없다. 포함에 이어 하안이 '군자는 자신을 꾸짖고 소인은 남을 꾸짖는다'고 했듯이 求는 허물의 단초나 문제의 원인을 자기에게서 찾느냐 아니면 남에게서 찾느냐의 뜻으로 보는 것이 순조롭다. 자신이 책임지는 자세를 갖추지 않으면 지배계층의 자격이 없다는 뜻일 것이다. 「중용」에도 "스승님께서 말씀하시기를, 활쏘기는 군자의 자세와 닮은 점이 있다. 정곡을 맞추지 못하면 그 원인을 돌이켜 스스로에게서 찾으니 말이다."[49]라는 구절이 있다.

---

48 다산은 박식하고 열정적인 사람이지만 독특하게 답답한 면을 지니기도 했다. 과연 어떻게 하는 것을 '자기에게서 인을 구하는 것'으로 여겼기에 이처럼 종래의 해석이자 보편적인 해석을 거부하면서 자신의 견해를 고집했는지 궁금하다. 주희 주를 비롯한 종래의 권위 있는 해석을 뛰어넘어야 한다는 압박감을 가졌던 것은 아닌지 모르겠다.
49 子曰 射有似乎君子 失諸正鵠 反求諸其身

15·22 子曰 君子矜而不爭 羣而不黨

스승님께서 말씀하시기를 : 군자는 자신을 견지할지언정 (남과) 다투지는 않으며, (남과) 모일지언정 패거리 짓지는 아니한다.

1) 矜(긍) : 포함, 하안, 정약용 등은 矜莊(긍장: 근엄하고 장중함)의 뜻이라고 주하지만, 자신을 높이는 것이 矜이고 자신의 공을 자랑하는 것이 伐이다. 주희의 "당당하게 자신의 태도를 유지하는 것을 긍이라고 하는데, 남과 어긋나는 마음은 없으므로 다투지는 아니한다."[50]라는 주석이 적절하다.

2) 黨(당) : 주희는 "화목하게 여러 사람과 함께하는 것을 羣(군)이라고 하는데, 아첨하는 뜻은 없으므로 패거리를 짓지는 아니한다."[51]라고 한다. 공안국은 助의 뜻이라면서 "군자는 비록 여럿이 모여도 사사로이 서로 도와주지 않고 의로움을 기준으로 한다."[52]라고 한다. 하지만 黨이라는 글자의 뜻이 '돕다'인 것처럼 설명해서는 안 된다. 사사롭게 끼리끼리만 도모하면서 사는 패거리 행태를 말한다. 2·14의 '周而不比'에 대한 설명 참조.

평설

거꾸로 말하자면, 군자가 아닌 사람들이 긍지를 지니면 다투기 쉽고, 모이면 패거리 짓기 쉽다는 뜻이 되겠다. 矜과 羣은 성(聲)이 같고, 爭과 黨은 운(韻)이 같다.

---

50 莊以持己曰矜 然無乖戾之心 故不爭

51 和以處衆曰羣 然無阿比之意 故不黨

52 君子雖衆 不相私助 義之與比

15·23 子曰 君子不以言擧人 不以人廢言

스승님께서 말씀하시기를 : 군자는 말(솜씨 좋다는 이유)로 사람을 천거하지는 않고, 사람의 외모(가 빠진다는 이유)로 (그 사람의 훌륭한) 말까지 묵살하지는 않는다.

평설

다시 관인술이다. 以人은 내면의 됨됨이가 나쁜 사람을 가리키는 것이 아니라 외형이 훌륭하지 못한 사람을 가리킨다.[53] 교언영색은 믿을 게 못 된다는 말이나 다름없다.

15·24 子貢問曰 有一言而可以終身行之者乎 子曰 其恕乎 己所不欲 勿施於人

자공이 (스승님께) 여쭙기를 : 종신토록 실천할 만한 한 글자가 있을까요? 스승님께서 말씀하시기를 : 아마도 '서'(라는 글자)이겠지! 자기가 하고 싶지 않은 것은 남에게도 시키지 않는 것 말이지.

주

1) 一言(일언) : '한 글자'를 가리킨다. 다섯 글자로 된 시를 오언시라고 하듯이 고대 중국에서는 字를 言이라고 했다. 단음절어를 사용하는 중국이기 때문에 가능한 표현이다.

2) 其恕乎(기서호) : "己欲立而立人 己欲達而達人(자신이 나서고 싶

---

53   왕숙은 "不可以無德而廢善言(덕이 없다고 해서 그 사람의 좋은 말까지 묵살해서는 안 된다)"이라고 주희기만, 덕이 없는 사람의 말도 좋은 말이면 받아든이라는 뜻은 아니다.

으면 남도 나서게 해주고, 자신이 현달하고 싶으면 남도 현달시켜 준다)'은 忠인데, 이것은 적극적인 도덕으로서 모든 사람이 실행할 수 없다. '己所 不欲 勿施於人(자신이 하고 싶지 않은 것은 남에게도 요구하지 않는다)' 은 恕인데, 소극적인 도덕이기 때문에 누구나 실천할 수 있으므로 공자 는 忠을 말하지 않고 恕를 말했다."라고 양백준은 설명한다. 그러나 6·30 을 보더라도 '己欲立而立人 己欲達而達人'은 仁者에 대한 설명이지 忠 에 대한 설명이라고 할 수 없다. 비슷한 것끼리 묶어서 이해하려는 시도 일 뿐이다. 其는 추측의 어기를 나타낸다.

3) 己所不欲 勿施於人(기소불욕 물시어인) : 12·02에서도 나온 바 있 는데, 거기서는 恕가 아닌 仁을 설명하는 말이었다. 공자의 언어는 이처 럼 분명하지 않다. 상황에 따라 이렇게 말했다 저렇게 말했다 하는가 하 면 의미가 겹치기도 한다. 언어를 논리적으로 사용하려는 노력이 없었다.

평설

5·11에서 자공은 "나는 남이 나에게 뭔가를 끼치는 것도 싫고 내가 남 에게 뭔가를 끼치고 싶지도 않다."[54]라고 공자에게 토로한 바 있는데, 자 공이 한 그 말은 공자의 '己所不欲 勿施於人'과 다를 바 없는 내용이다. 그런데 거기서 공자는 자공에게 "非爾所及也(그건 네가 미칠 수 있는 바 가 아니다)"라고 단언했으면서도 여기서는 자공에게 그것을 요구한다. 이 장과 5·11 가운데 어느 대화가 먼저 있었는지는 알 수 없지만 표면적으 로 볼 때 공자의 언어는 앞뒤가 맞지 않는 경우가 많다. 수십 년간의 어 록을 한데 모았기 때문이라는 점을 감안하더라도 『논어』를 편집할 때나 마 주의했더라면 하는 아쉬움이 있다. 대개의 주석가들이 공자 언어의 불일치에 대해 주의하지 않는 것은 공자를 떠받들기에만 바쁘기 때문이

54　我不欲人之加諸我也 吾亦欲無加諸人

다. 공자를 떠받들어야만 자신의 이름도 나기 때문이다.

15·25 子曰 吾之於人也 誰毁誰譽 如有所譽者 其有所試矣 斯民也 三
代之所以直道而行也

스승님께서 말씀하시기를 : 내가 남을 대할 때에 누구는 깎아내리고 누구는 치
켜세우더냐? 만약 (내가) 치켜세운 적이 있다면 아마도 (직접) 겪은 사실이 있
는 경우이(지 사심 때문은 아니)다. (지금의) 이 백성은 (하·은·주) 삼 대를 거치
면서 곧이곧대로 살아온 사람들이(기 때문에 사심을 가지고 움직일 수는 없)다.

> 주

  1) 吾之於人也(오지어인야) : '내가 남을 대하는 방식에 있어서는'의
뜻으로 짐작된다. 之는 주어와 전치사구 사이에서 서술코자 하는 바를
강조하는 기능을 하는 구조조사이다. 이 문장에서는 於人을 강조한다.
『맹자·양혜왕상』의 "寡人之於國也 盡心焉耳矣(과인은 나라에 있어서만
큼은 마음을 다할 따름입니다)"나, 『열자(列子)·설부(說符)』의 "天之於民
厚矣(하늘은 백성에 대해서만큼은 후합니다)"의 용례와 같다.[55]

  2) 誰毁誰譽 如有所譽者(수훼수예 여유소예자)~ : '誰毁誰譽'는 '毁
誰譽誰'의 도치이다. 이 구문은 미래시제로 볼 것인지 과거시제로 볼 것
인지에 따라 해석이 달라진다. 미래시제라면 '내가 누구를 깎아내리고
누구를 치켜세우겠느냐? 나는 그럴 수 없다. 앞으로 내가 만약 누군가를
치켜세운다면 그것은 그를 시험해보기 위해서일 것이다'라는 뜻일 것이
고, 과거시제라면 '내가 누구를 치켜세우고 누구를 깎아내리고 한 적이
있더냐? 내가 누군가를 치켜세운 적이 있었다면 그 사람을 시험해본 것

---

55   류종목, 『논어의 문법적 이해』(문학과지성사, 2000) 참조.

이었지 사심 때문은 아니었다'라는 뜻일 것이다. '其'는 추측의 뜻을 나타내는 부사이다.

3) 三代之所以直道而行也(삼대지소이직도이행야) : 三代는 하·은·주를 가리킨다. 지금의 백성은 정직하게 살아온 사람들이기 때문에 사심을 가지고 조종할 수는 없다는 뜻을 표현한 듯하다.

평설

어떤 배경에서 공자는 이 말을 하게 되었을까? 공자가 누군가를 추천했다는 사실이 이슈가 되자 그에 대해 해명하려던 것이었을까? 특정인을 추천해달라고 요구받자 이런 말로써 회피했을까? 어쨌든 자기가 누군가를 추천했다면 시험해본 사람인 경우였지 결코 사적인 이유로 추천한 적은 없다는 답변이다.

譽에 대해서만 말하고 毁에 대해서 말하지 않은 것은 "남의 나쁜 점 미워하는 일은 머뭇거렸기 때문에 이전의 나쁜 점을 알더라도 종당에는 비방하지 않았다."[56]라고 주희는 덧붙이지만, 불필요한 찬사이다.

15·26 子曰 吾猶及史之闕文也 有馬者借人乘之 今亡矣夫

스승님께서 말씀하시기를 : 사관이 (의심스러운 대목은 함부로 적지 않고) 비워두는 관행이나, 말을 (새로) 소유한 사람이 (말을 잘 다루는) 사람에게 빌려주(어서 길들이도록 하)는 관행을 나는 (예전에는) 보았지만, 요즘은 (그런 좋은 관행들이 모두) 사라지고 없구나!

---

56 若其惡惡則已緩矣 是以雖有以前知其惡而終無所毁也

1) 猶及(유급) : 여러 주석가들의 견해를 종합하자면 '猶及見之(~조차도 본 적이 있다)'의 뜻으로 짐작된다.

2) 史之闕文(사지궐문) : 포함은 "옛날의 훌륭한 사관들은 문자를 적어나갈 때 의심스러운 대목이 있으면 비워두어서 나중에 잘 아는 사람이 채울 수 있도록 하였다."[57]라고 주하는데, 아마도 "君子於其所不知 蓋闕如也"(13·03)를 원용한 견해일 것이다. 오규 소라이는 '闕文' 두 글자는 원래 주석이었던 것이 나중에 본문으로 오인되어 들어갔을 것으로 추측한다. '史之' 이후로 글자가 빠졌음을 표시했던 주석이라는 것이다. 미야자키 이치사다는 그 주장을 받아서 빠진 문장을 상상하여 채워보기까지 한다. 그러나 '也'가 없다면 그런 상상이 가능하겠지만 '也'가 있기 때문에 불가능하다고 본다. 고전을 읽으면서 원전에다 뭔가를 가감해서 읽으려는 상상력은 피하는 것이 좋다. 해석되지 않는 부분은 차라리 그대로 두는 게 낫다. 史의 뜻에 대해서는 3·07의 주) 참조.

3) 有馬者借人乘之(유마자차인승지) : 착간이 확실하지 않는 한 "말을 소유하여도 잘 조련할 수 없으면 조련을 잘하는 사람에게 빌려주어서 훈련을 하게 만든다."[58]라는 포함의 주석이 문맥에 가장 가깝다고 본다.

4) 今亡矣夫(금망의부) : '今亡已夫', '今則亡矣夫', '今則亡矣' 등 판본에 따라 약간씩 다르다.

해석이 쉽지 않아 각종 주석이 나오게 되는 장인데, 착간이 있다고 단정할 수 없기 때문에 포함의 해석을 바탕으로 번역하였다. 자기를 고집하

57　古之良史 於書字有疑則闕之 以待知者
58　有馬不能調良 則借人乘習之

지 않고 훌륭한 제삼자가 나타나기를 기다린다, 말도 남에게 빌려주는 넉넉한 관습이 예전에는 있었다, 내 생전에 직접 겪은 일이었다, 하지만 지금은 그런 좋은 관행이 없어졌다, 이런 탄식으로 볼 수밖에 없을 듯하다.

호인(胡寅, 1098~1156)도 이 장은 의심스럽기 때문에 억지로 해석해서는 안 된다고 주장한다. 섭몽득(葉夢得, 1077~1148)은 『석림연어(石林燕語)』에서, 『한서·예문지』에 '有馬者借人乘之' 일곱 글자가 없는 것을 보면 이 일곱 글자는 연문(衍文)일 것이라고 주장한다. 그런데 정주한묘 죽간본은 현전 원본과 같다. 만약 착간이 생겼다면 그보다 앞의 일일 것이다.

15·27 子曰 巧言亂德 小不忍 則亂大謀

스승님께서 말씀하시기를 : (진실과는 다르게) 꾸민 말은 덕을 어지럽히고, 자잘한 것을 참지 못하면 커다란 계획을 망가뜨린다.

주

1) 小不忍(소불인) : 자잘한 것을 참아내지 못한다는 것은 婦人之仁(부인지인)과 匹夫之勇(필부지용)과 같은 것이라고 주희는 설명한다. 婦人之仁이란 예컨대 자식 사랑과 같은 것을 극복하지 못하는 인이고, 匹夫之勇이란 예컨대 노여움 때문에 말을 참지 못하는 용이라는 것이다.

평설

주희가 생각하는 의리는 이처럼 부인과 필부에게는 적용할 필요 없는 것이었다. 지배와 피지배를 당연시했던 공자의 차별관은 공자의 우주관에 따른 것이었지만, 부인과 필부라는 이름으로써 가치적 차별을 하는 주희의 차별관은 공자의 차별관보다 훨씬 좁고 훨씬 나쁜 영향을 끼쳤다고 본다. 끊임없이 남을 배제하고 소외시키고 압박하는 기제로 작용했다.

앞뒤 문장의 연결이 역시 매끄럽지는 않다. 이와 같은 아포리즘들은 전해 내려오면서 또는 문자로 기록되는 과정에서 다듬어졌을 텐데, 혹시 완성도가 떨어지는 것들을 「위령공」편에 모아놓은 것은 아닌지 모르겠다.

15·28 子曰 衆惡之 必察焉 衆好之 必察焉

스승님께서 말씀하시기를 : 여러 사람이 (그를) 싫어하더라도 반드시 잘 살펴야 하고, 여러 사람이 (그를) 좋아하더라도 반드시 잘 살펴야 한다.

| 평설 |

또 관인술이다. 다수의 여론에 휩쓸리지 말고 사람을 관찰해야 한다는 충고이다. 다중이 한 패거리가 되어 좋다고 말할 수도 있고, 남과 어울리지 않는 특출함 탓에 남의 미움을 받을 수도 있기 때문이라고 왕숙은 설명한다. 그런데 이 말이 『관자·명법해(明法解)』에서는 무도한 군주를 경계시키는 말로 설명되고,[59] 『논어집주』에서는 "인자라야 사심에 가리지 않고 남을 좋아하거나 싫어할 수 있다."[60]라고 설명된다. 13·24와 견줄 필요가 있다.

---

59 亂主不察臣之功勞 譽衆者則賞之 不審其罪過 毀衆者則罰之 如此者則邪臣無功而得賞 忠臣無罪而有罰 故功多而無賞 則臣不務盡力 行正而有罰 則賢聖無從竭能(무도한 군주는 신하의 공로는 따져보지도 않고 여러 사람이 칭찬하면 상을 주고, 죄과는 따져보지도 않고 여러 사람이 헐뜯으면 벌을 준다. 이렇게 되면 삿된 신하가 공로도 없이 상을 받고 충신은 죄도 없이 벌을 받게 된다. 공로가 많은데도 상을 받지 못하면 신하들이 힘을 다하여 일하지 않게 되고, 행실이 발랐는데도 벌을 받게 되면 어진 사람도 능력을 발휘하지 않게 된다)

60 惟仁者能好惡人

15·29 子曰 人能弘道 非道弘人

스승님께서 말씀하시기를 : 사람이 도를 키우는 것이지 도가 사람을 키우는 것은 아니다.

주

1) 弘(홍) : 형병은 '大'라 하고, 주희는 '廓而大之(넓혀서 키움)'라 한다. 왕숙은 "재주가 크면 도도 따라서 커지고, 재주가 작으면 도도 따라서 작아지기 때문에 도가 사람을 크게 할 수는 없는 것이다."라고 설명한다.[61] 춘추시대에 '弘' 자는 요즘의 '强' 자였다고 8·07에서 지적한 바 있는데, '强'으로 해석한다면 의미는 달라질 것이다.

2) 道(도) : 추상적인 의미로 쓰였지만 '올바른 방법론'이라는 의미범주를 벗어나지는 않는다고 본다. 道에 관한 설명은 1·02의 주) 참조.

평설

주희는 "사람 바깥에 도가 있는 것은 아니고 도 바깥에 사람이 있지도 않다. 그러나 사람의 마음에는 지각이라는 것이 있건만 도의 본체는 무위이다. 그래서 사람은 도를 키울 수 있지만 도는 사람을 키울 수 없는 것이다."[62]라고 주한다. 깨달음이 있는 인심(人心)과 무위의 도체(道體)로 나누어서 보는 주희의 관념은 '현상'과 '현상을 담지하는 본체'로 나누어서 보는 근본불교의 관념과 확실히 유사하다.[63] 하지만 공자는 주희처

---

61 才大者道隨大 才小者道隨小 故不能弘人

62 人外無道 道外無人 然人心有覺 而道體無爲 故人能大其道 道不能大其人也

63 근본불교에서는 현상계 일체를 환(幻)으로 보면서, 환을 담지(擔持)하는 본체인 'dharma(법)'를 상정한다.

럼 인심과 도체를 구분하여 생각하지는 않았다. 공자가 말한 도는 불교적 관념의 '본체'와 비슷한 개념도 아니다. 우주의 생성원리나 운행원리도 아니고 초월적인 진리도 아니다. 공자가 말하는 도는 현실에서 유의미하고 실용적인 '방법론'이었다. 그래서 이 장의 내용도 자신이 주체적으로 방법론을 확장하려 하지는 않으면서 기존의 방법론에만 얽매여 행동하려는 사람을 경계한 말이라고 본다. 공자는 절대적인 본체나 초월적인 진리나 도덕 같은 개념을 생각한 적이 없었다.

이택후는 공자의 이 말을 인격신이 없는 인문정신을 말하는 것이라고 풀이한다. 개인의 외부에 의지할 하느님이 있는 문화에 비해 돌아갈 곳도 없고 의지할 바도 없는 비극적 기초 위에 선 인문정신에 충만한 것이 중국의 문화라고 설명하지만, 공자의 말을 서구적 개념에 가탁하여 중국적 미문의식으로 포장한 아리송한 표현일 뿐이다.

이 문장의 수사기법은 "君子 不以言擧人 不以人廢言"(15·23)과 비슷하다.

15·30 子曰 過而不改 是謂過矣
스승님께서 말씀하시기를 : 허물을 저지르고도 고치지 않는 것, 그것이 (분명한) 허물이다.

평설

"過則勿憚改(잘못을 저질렀거든 고치기를 꺼려 말아야 한다)"(1·08)라든가, "過而改之 是不過也(잘못을 저질렀지만 고친다면 허물이 아니다)" 〈『한시외전』 권3〉라는 표현이 일반적인 화법이건만, 이 문장의 화법은 모순화법이라고 할 수 있다. 공자는 위와 같은 모순화법을 곧잘 사용한다. 2·17, 3·15, 2·21, 15·16의 경우도 그러하다.[64]

모순화법은 한자를 가지고 만드는 문장이기 때문에 더욱 효과를 지닌다. 관념적이고 추상적인 이름의 본질을 드러내 보이는 효과를 낸다. 음가를 적는 문자라면 그 문자는 언어를 따르기만 하면 된다. 하지만 뜻을 표현하는 문자인 한자는 문자가 언어와 화법을 종속시킨다. 중국어의 이러한 특징은 중국불교에서도 독특하게 나타난다. 인도에서 불교를 수입한 중국은 종당에 중관학(中觀學)과 유식학(唯識學)이 기반인 대승불교를 제치고 중국의 언어와 문자에 기반한 간화선(看話禪) 방식을 종지로 삼는 선종이라는 종단이 주도권을 잡게 된다.[65]

---

64   2·17 : 知之爲知之 不知爲不知 是知也(아는 것은 안다 하고 모르는 것은 모른다 하는 것, 이것이 안다는 것이다).

3·15 : 孰謂鄹人之子知禮乎 入大廟每事問 子聞之曰 是禮也(누가 추인 아들더러 예를 잘 안다고 말했지? 태묘에 들어서서부터 단계마다 묻기만 하던걸? 스승님께서 그 말을 전해 들으시고는 말씀하시기를, 단계마다 절차를 확인한 다음 진행하는 것, 바로 그것이 예인 것이다).

2·21 : 或謂孔子曰 子奚不爲政 子曰 書云 孝乎惟孝 友于兄弟 施於有政 是亦爲政奚其爲爲政(어떤 이가 공자께, 당신 같은 분이 왜 정무를 담당하지 않으시냐고 일컫자 스승님께서 말씀하시기를, 『서』에 '부모에게 효도하고 형제에게 우애하여 정치에까지 연장한다'라고 하였으니, 효도하고 우애하는 것도 정무를 담당하는 것입니다. 어찌 직위에 앉는 그런 것만이 정무를 담당하는 것이겠습니까).

15·16 : 不曰如之何如之何者 吾末如之何也已矣(이를 어떡하나, 이를 어떡하나 하면서 고민하지 않는 사람, 나는 그런 사람이야말로 어떻게 해볼 수 없더라).

65   중국 불교의 주도권이 언어 위주의 간화선을 종지로 삼는 선종으로 넘어가는 과정과 배경에 대해 필자는 「중국불교 看話禪의 본질과 변화양상」(『인문언어』 제11권 2호, 국제언어인문학회, 2009. 12) 및 「詩禪一致와 선종 어록의 관계」(『불교학보』 제66호, 동국대학교불교문화연구원, 2013. 12)를 통해 발표한 바 있다.

15·31 子曰 吾嘗終日不食 終夜不寢 以思 無益 不如學也

스승님께서 말씀하시기를 : 나는 언젠가 종일 먹지도 않고 밤새 눕지도 않으면서 (오로지) 사유(만)한 적이 있는데, (그런 짓은 결국) 보탬이 없더라. (그 시간과 노력을 차라리) 배우는 (일에 쏟는) 것만 못하더라.

| 주 |

1) 思(사) : 2·15와 9·31 참조.

| 평설 |

공자는 2·15에서 "스승에게 배우기만 하고 자기 나름으로 생각해서 정리하지 않으면 남는 게 없게 되고, 자기 나름으로 생각만 하고 스승을 좇아 배우지는 않으면 결단력이 없게 된다."[66]라고 말한 바 있다. 거기서나 이 문장에서나 思(사)는 명상을 가리키지도 지혜를 얻기 위한 소크라테스적 사유를 가리키지도 않는다. 공자는 그와 같은 이성적 사유에 대해 생각이 미친 적이 없다. 자신의 도덕에 대해 의심해본 적이 없기 때문이었을 것이다. 그처럼 순수한 이성적 사유는 필연적으로 도덕과 관계되기 때문에 남에게 배우지 않아도 할 수 있다고 여겼을 것이다. 이 문장의 思를 '호기심'이나 '의문'으로 볼 수도 있다. 그러나 호기심이나 의문조차도 공자는 혼자서 해결할 게 아니라 스승을 좇아 기존의 것을 배워야 한다고 생각했다. '술이부작'이 곧 그것이다. 그 점만을 보더라도 공자는 보수주의자일 수밖에 없다.

공자의 이 '말씀'은 여러 버전으로 퍼져나간다. 『대대례기·권학(勸學)』에는 공자가 "내가 일찍이 종일토록 사유만 한 적이 있었는데, 잠깐이나마 배우는 것만도 못하더라."[67]라고 말했다는 대목이 있다. 『순자·

---

66   學而不思則罔 思而不學則殆

권학편』에는 "내가 일찍이 종일토록 사유만 한 적이 있었는데, 잠깐이나마 배우는 것만도 못하더라. 내가 일찍이 발돋움을 하고 바라본 적이 있었는데, 높은 데에 올라가 두루 보느니만 못하더라."[68]라는 대목이 있다. 『공총자·잡훈(雜訓)』에는 자사가 "나는 일찍이 깊이 사유해보았지만 아무 소득은 없었고, 배우니까 깨우침이 있었다. 나는 일찍이 발돋움을 하고 쳐다보았지만 아무것도 볼 수 없었고, 높은 데 올라가니까 보이는 게 있더라. 그러므로 본성이 있더라도 배움을 더해야만 미혹됨이 없어진다."[69]라고 말했다는 대목이 있다. 『잠부론·찬학(讚學)』에는 "공자께서 말씀하시기를, 내가 일찍이 종일토록 먹지도 않고 밤새도록 자지도 않고 생각해본 적이 있었지만 보탬은 없었고 배우는 것만 못했다. 농사를 지어도 배고플 수 있지만 배우면 녹을 얻을 수 있다. 군자는 도를 걱정하지 가난을 걱정하지는 않는다."[70]라는 대목이 있다. 이들은 모두 자기 생각은 없이 남의 문장을 가공하기만 한 것들이다. '學而不思(학이불사: 배우기만 하고 자기 생각은 하지 않음)'라 할 수도 없고 '寫而不思(사이불사: 베끼기만 하고 자기 생각은 하지 않음)'라고 할 것들이다. 이런 점에서도 우리는 중국 고전들의 본질을 파악할 수 있는 역량을 길러야 한다.[71]

67　吾嘗終日而思矣 不如須臾之所學也

68　吾嘗終日而思矣 不如須臾之所學也 吾嘗跂望矣 不如登高之博見也. 다만 화자가 누구인지는 명시되어 있지 않다.

69　吾嘗深有思而莫之得也 於學則寤焉 吾嘗企有望而莫之見也 登高則睹焉 是故雖有本性而加之以學 則無惑矣

70　孔子曰 吾嘗終日不食 終夜不寢 以思無益 不如學也 耕也餒在其中 學也祿在其中矣 君子憂道不憂貧

71　순자는 『논어』가 「학이」에서 시작하여 「요왈」로 끝나는 것을 본받아서 자신의 저서를 「권학」에서 시작하여 「요문(堯問)」으로 끝낸다. 제나라 직하학궁의 좨주(祭酒: 우두머리)를 세 차례나 지냈던 당대 최고의 학자였던 사람도 이렇듯 '흉내 내기'를 하는 것이 중국의 학문 방식이었다. '술이부작'이란 바로 이런 것을 말

15·32 子曰 君子謀道不謀食 耕也 餒在其中矣 學也 祿在其中矣 君子
憂道不憂貧

스승님께서 말씀하시기를 : 군자는 도를 꾀하지 밥을 꾀하지는 않는다. (밥을
꾀하여) 농사를 짓더라도 굶주릴 수 있지만, (도를 꾀하여) 공부를 하면 (벼슬을
하여) 녹봉을 받게 되(니 굶주릴 일은 결코 없)다. (그래서) 군자는 도를 걱정하
지 가난을 걱정하지는 않는다.

주

1) 餒(뇌) : 굶주리다. 직접 농사를 짓는다고 해서 먹는 문제를 완벽하
게 해결할 수는 없다고 표현하고자 사용한 말이다. 정주한묘죽간본에는
飢로 되어 있다.

2) 祿(록) : 정주한묘죽간본에는 '食'으로 되어 있는데, 뜻은 비슷하지
만 餒와 상응하는 더 직접적인 표현이 되겠다.

평설

공자는 재물이나 호의호식을 탐하는 것이 군자의 일은 아니라고 자주
말했다. 재물이나 호의호식을 탐하는 것은 '밥을 꾀하는 일'에 속하므로
이 장의 취지는 다른 곳에서의 발언과 다르지는 않다. 하지만 공부를 농
사와 바꿀 수 있는 선택수단으로 표현한다. 농사를 짓는다고 해서 굶주
림을 완전히 해결할 수는 없지만 배워서 벼슬하게 되면 굶주림이 완전히
해결된다는 보충설명이 그렇다. 공자의 이 말을 어떻게 해석해야 할까?
당시의 배움이란 것이 오늘날의 직업교육과 같은 성격의 것이 아니었음
에도 불구하고 배움에는 안전한 녹봉이 따른다고 공자는 단언하고 있으
니 말이다. 농사에는 실패 위험이 있지만 공부에는 실패 위험이 없으니

한다. 7·01 주1)의 각주 참조.

공부를 선택하라고? 그렇다면 공자는 철밥통을 권장한 선구자가 아니겠는가? 식자인으로서의 책임감 같은 것에 대해서는 전혀 생각하지 않는다는 것 아닌가? 그는 지배계급이 유능해야 한다고는 강조했지만 지배계급이 책임의식을 가져야 한다고 강조한 적은 없다.[72]

공자에게 배웠던 제자들은 모두 철밥통을 챙겼는가? 공자가 가장 총애했을 뿐 아니라 '문일지십'의 재능을 가졌던 안회는 어찌하여 쌀독이 자주 비었으며(11·19), 어찌하여 '일단사 일표음'으로 지내야 했단 말인가?(6·11) 공자의 이 가르침을 듣는 제자들이 농사와 공부 가운데 선택할 수 있는 사람들이라면 그들은 모두 지배계급은 아니지 않은가? 그렇다면, 배움에는 녹봉이 따른다는 공자의 말은 제자들을 끌어모으기 위한 구호에 불과했을까? 祿을 學과 연결하지 않고 道와 연결하는 것도 의문스러운 표현이 아닐 수 없다.

15·33 子曰 知及之 仁不能守之 雖得之 必失之 知及之 仁能守之 不莊以涖之 則民不敬 知及之 仁能守之 莊以涖之 動之不以禮 未善也
스승님께서 말씀하시기를 : 분별력이 충분하더라도 인이 (벼슬을) 지켜낼 만큼 충분하지 않으면 (벼슬을) 얻었을지라도 반드시 잃게 된다. 분별력도 충분하고 인도 (벼슬을) 지킬 만하더라도 (인민에게) 엄숙하게 임하지 않으면 인민은 (그 사람을) 공경하지 않는다. 분별력도 충분하고 인도 (벼슬을) 지킬 만하며 (인민에게) 엄숙하게 임하더라도, 예에 맞게 처신하지 않으면 훌륭하다고 할 수 없다.

---

72 지배계급은 禮·의·신을 잘 갖추고서 정치만 잘하면 된다는 13·04와 비교할 만하다.

1) 知及之(지급지) : '머리가 따라주다'라는 통속적인 표현이 적합하다. 知에 대해서는 9·29 참조. 이 장의 '之'는 모두 목적어가 아니고 자동사에 관용적으로 붙는 허목적어이다.

2) 仁不能守之(인불능수지) : 『역』에는 "何以守位曰仁(무엇으로써 지위를 지키는가 하면 인이다)"이라는 말이 있고, 『맹자·이루상』에는 "천자가 인하지 못하면 사해를 지켜낼 수 없고, 제후가 인하지 못하면 사직을 지켜낼 수 없다."[73]라는 말이 있다. 춘추시대 무렵에 널리 통용되던 말이었을 것이다. 守의 목적어가 명시되지는 않았지만 문맥을 보자면 벼슬자리(지위)이다.

3) 莊以涖之(장이리지) : '엄숙함으로써 인민에게 임한다'는 포함의 주석을 대체로 따른다. 정주한묘죽간본에는 涖가 位로 되어 있다.

4) 動之(동지) : 주희는 '動民'이라고 주하는데, 之를 목적어로 보기 때문이다. 설령 '動民'으로 읽는다 한들 '禮로써 인민을 동원한다'는 말은 성립될 수 없다. 인민을 부리는 것을 『논어』에서는 '使'라고 하지 '動'이라고 하지도 않는다.[74] 정약용은 '動之不以禮'는 '齊之不以禮'의 뜻이라고 새긴다. 군주가 인민을 규제한다는 뜻으로 새긴 것인데, 이 문장은 앞에서부터 군주의 자질에 대해 층차적으로 서술하고 있으므로 군주가 인민을 규제하는 내용으로 해석될 수는 없다. 왕숙의 견해도 필자와 같다.

---

73 天子不仁 不保四海 諸侯不仁 不保社稷
74 이상하게 여긴 탓인지 주희는 '動民(동민)'이라고 한 다음 '鼓舞而作興之(고무하여 일어나게 함)의 같다'고 설명한다. 하기만 군주가 인민을 고무하여 인어나게 하는 것이 있다는 생각은 아무래도 지나치다.

군주가 갖추어야 할 자질에 대한 언급이다. 훌륭한 군주가 갖추어야 할 자질은 지, 인, 위엄, 예의 순서로 중요하다는 생각이다. 그래서 이 장은 종래로 치민지도(治民之道)를 가르친 장이라고 일컫는다. 군주를 교육한 내용이라는 것이다.

이처럼 공자는 군주의 스승 노릇을 자임하였는데, 우리는 그것을 어떻게 해석해야 할까? 어떤 군주도 공자를 중요한 인물로 여기지 않았건만 스스로는 군주의 스승이 되고자 했던 이 사람을 어떻게 이해해야 할까? 『논어』에 실린 공자의 이와 같은 언행은 실제일까? 군주의 스승을 자임하는 그의 언행은 과연 당대에 통용될 수 있었을까? 혹시, 우리가 보고 있는 『논어』는 그를 군주의 스승이자 만세의 스승으로 떠받들려는 사람들이 기획한 완전한 허구는 아닐까?

어쨌든 군주의 스승이 되려는 공자의 꿈은 한무제가 유가를 치국의 이념으로 받아들이면서 실현된 셈이다. 이후 공자는 일약 만세의 스승이 되고, 천자 가운데에도 공자의 사당에 가서 절을 하는 사람이 나오는가 하면, 유자들의 강의를 진저리나게 들으면서 왕 노릇을 해야만 하는 나라도 생겼다.

15·34 子曰 君子不可小知而可大受也 小人不可大受而可小知也
스승님께서 말씀하시기를 : 군자는 (자잘한 것을 따지는) 소지는 될 수 없어도 (모든 것을 수용하는) 대수는 될 수 있다. (반면에) 소인은 (모든 것을 수용하는) 대수는 될 수 없어도 (자잘한 것을 따지는) 소지는 될 수 있다.

1) 小知(소지) : 자잘한 것을 따지는 분별력 또는 그러한 사람을 가리

킨다고 본다. 하찮은 사람을 소인이라고 부르듯이 하찮은 지를 소지라고 불렀을 것이다.

　2) 大受(대수) : 사람을 품평을 그릇으로써 비유하는 것이 당시의 관행이었는데, 그것은 그 사람의 수용력을 의미한다. 대수는 그릇이 크다는 말과 같은 표현이라고 본다.

[평설]

　이런 글귀는 주석이나 설명이 필요 없다. 의미보다는 표현에 중점을 둔 글귀이기 때문이다. 중국의 고문이 대개 그렇지만, 소지와 대수, 군자와 소인이라는 대(對) 자체가 중요하지 어떤 사람이 군자이고 어떤 사람이 소인이며, 무엇이 소지이고 무엇이 대수인지는 이 문장에서 중요하지 않다. 역대의 주석가들이 다양하게 설명하지만 내용이 거의 비슷한 것은 그 때문이다. 이 장을 관인법(觀人法)이라고 규정한 다음, "군자는 자잘한 일에서 볼 만한 결과를 내놓지는 못하더라도 자질과 덕성은 무거운 임무를 맡을 만하고, 소인은 비록 그릇은 작더라도 취할 만한 장점이 한 가지도 없는 것은 아니다."[75]라는 주희의 주석이 그래도 밋밋하지는 않다.

　『회남자·주술훈(主術訓)』의 "이런 까닭에 웅대한 책략을 지닌 사람에게 잔재주 없다고 책망해서는 안 되고, 자잘한 지혜를 가진 사람에게 커다란 임무를 맡겨서도 안 됩니다. 사람은 각자 자기의 깜냥을 지니고 사물은 각각 자기의 꼴을 지니는 법이니, 한 가지를 맡겨도 너무 무거운 경우가 있고 백 가지를 맡겨도 오히려 가벼운 경우가 있습니다. 그러므로 세세한 것을 따지는 사람은 천하의 대수를 반드시 놓치게 되고 자질구레한 것을 놓치지 않는 사람은 대사의 거동은 모르는 법입니다. 비유컨대

76　君了於細事 未必可觀 而村德足以任重 小人 雖器量淺狹 而未必無 ·長可取

여우에게 황소를 잡으라고 할 수는 없고 범에게 쥐를 잡으라고 할 수 없는 것과 마찬가지입니다."[76]라는 문장은『논어』의 이 글귀를 응용한 문장일 것이다.

15·35 子曰 民之於仁也 甚於水火 水火 吾見蹈而死者矣 未見蹈仁而死者也

스승님께서 말씀하시기를 : 백성에게 인은 물이나 불보다도 월등하(게 절실하)다. (백성이) 물이나 불을 밟다 죽는 경우는 내가 보았어도 인을 밟다가 죽는 경우는 본 적이 없다.

| 주 |

1) 民之於仁甚於水火(민지어인심어수화) : 民에게 仁이 절실하게 요긴함은 물불보다 더하다는 뜻이겠다. 그러나 왕필은 '민이 인을 멀리하는 정도가 물불보다 더하다'는 뜻으로 새긴다. 또한 마융은 '민이 우러르는 세 가지 가운데 인이 가장 심하다'고 새긴다. 정약용은 왕필의 견해에 동의하면서 마융의 견해를 부정하지만 문맥과 맞지 않다. 단순한 비유를 너무 심각하게 고려하면 오해에 이르게 된다.

2) 蹈(도) : '~을 따라서 그대로 밟아나가다'라는 뜻이다. 정주한묘죽간본은 앞 구에서는 '蹈' 대신 '游(유)'로, 뒤 구에서는 '蹈仁' 대신 '游於仁'이라고 되어 있다. 蹈라는 동사가 비유로는 적절하지 않다고 여겨 바꾼 모양이다.

---

76 是故有大畧者 不可責以捷巧 有小智者 不可任以大功 人有其才 物有其形 有任一而太重 或任百而尚輕 是故審豪釐之計者 必遺天下之大數 不失小物之選者 惑於大事之擧 譬猶狸之不可使搏牛 虎之不可使搏鼠也

民에게 仁은 물이나 불보다 더 절실하게 요긴한 것이라는 말이다. 『논어』의 문장 가운데는 이처럼 유치한 비유를 사용한 문장이 꽤 있다. 시대 환경의 차이 때문에 요즘 유치하게 들릴 뿐인 것도 있겠지만 대체로는 문장의 구성을 위해 억지로 비유하기 때문에 유치하게 된다. 공자가 이처럼 유치한 비유를 사용했을 리 없다는 생각에서 공자의 실제 발언은 아니라고 강변하는 경우도 있다.

왕필(王弼, 226~249)과 마융(馬融, 79~166)의 주석처럼 정반대로 해석될 수 있는 점은 중국 고문의 치명적인 약점이다. 아무리 학문의 대가이며 문장의 대가라고 자부하는 이들도 이처럼 서로 다른 해석을 내놓으면서 상대의 해석을 공박하는 것이 실상이다.

지금까지 공자는 仁을 民이 아닌 지배계층에게 요구되는 덕목으로 강조했다. 더욱은 자기도 인에 대해서만큼은 자신하기 어렵다고까지 말했다. 그런데 여기서는 仁이 民에게 물이나 불보다도 절실한 것이라고 강조한다. 실수일까? 아니면, 이 문장은 공자의 육성이 아니라고 봐야 할까?[77]

15·36 子曰 當仁 不讓於師

스승님께서 말씀하시기를 : 인(을 실천하는 일)이라면 스승에게도 양보하지 마라.

1) 當仁(당인) : 當은 '~의 경우에 있어서는'이라는 뜻으로 새기는 것이 무난하다. '인을 감당하다'라는 번역은 뒤 문장을 고려할 때 적절하지

77　人, 民, 百姓의 의미에 관해서는 1·05 주4)의 각주에 자세한 설명이 있다.

않다. '인의 경우에 있어서는'이라는 번역은 뜻이 분명하지 않게 된다. '~은 ~에 대해 ~보다 더 심하다'는 앞 장의 문장과 비슷한 정도로 애매해진다. 그래서 공안국은 '當行仁之事(인을 실천하는 일에 있어서는)'라고 설명한다. 주희는 '以仁爲己任(인을 자기의 임무로 삼는다)'이라고 설명하는데, 그것은 8·07에 나오는 증자의 말을 원용한 설명이다.

보기 평설

앞 장에서는 인을 강조하고자 물과 불을 동원하더니만 여기서는 스승을 동원한다. 그럴싸한 비유를 억지로 동원하려다 보니 역시 유치한 내용이 되고 말았다. 공자가 제자들과 담소하면서 '다른 일이라면 몰라도 인을 실천하는 일만큼은 나한테도 양보하지 마라!'라고 농담처럼 말했다면 그런대로 괜찮은 표현이라고 할 수 있겠지만, '스승은 모든 것을 양보해야 하는 대상이지만 인의 실천에 있어서는 스승에게 양보하지 말라'는 취지로 말했다면 진지하게 유치한 표현이 아니겠는가? 따라서 이 문장도 하수(下手)에 의해 억지로 만들어진 문장일 가능성이 많다. 공자의 비권위주의를 드러낸 대목이라느니, 인에 관해서는 스승도 나의 경쟁자일 뿐이라느니 하는 해설들은 "인을 실천하는 일은 자기 안의 일이니까 남에게 양보할 바라곤 없지만, 훌륭하다는 평판은 자기 밖의 일이니까 양보하지 않으면 안 된다."[78]라는 정이의 해설보다 더 진지하게 웃기는 해설이다.

15·37 子曰 君子貞而不諒
스승님께서 말씀하시기를 : 군자는 곧더라도 완고하지는 않다.

78　爲仁在己 無所與遜 若善名在外 則不可不遜

1) 貞(정) : 공안국은 '正'이라 하고, 주희는 '正而固(바르면서 굳음)'라 한다. 뒤에 나오는 諒(량)과의 관계를 생각하면 '貞而'는 '곧을지언정'보다는 '곧더라도'라고 번역하는 게 낫다.

2) 諒(량) : 정약용은 '信而堅(바르면서 단단함)'이라 하고, 주희는 '不擇是非而必於信(옳고 그름을 따지지도 않으면서 신의만을 고집함)'이라고 한다. 14·17에서 나온 바 있듯이, 하찮은 것을 신의로 여기면서 맹목적으로 고수하는 태도를 뜻한다고 본다. 諒은 이곳과 14·17에서는 부정적인 뜻으로 사용되고 있지만 16·04에서는 긍정적인 뜻으로 사용된다.[79]

대(對)라는 형식에 중점을 둔 문장에 이어서 비유라는 수사에 무게를 둔 문장이 나오더니만, 이번에는 문자에 무게를 둔 문장이 나왔다. '貞'은 처음 나오는 글자인데, 공자가 과연 불변한다는 뜻의 이 글자를 가지고서 군자에게 비유했을지는 의문이다.

중국사회가 문자를 다루는 사람이 많아지는 사회 환경으로 바뀌면서, 그리고 공자의 말씀이 적힌 기록물이 대거 유행하게 되면서, 원전을 다양한 버전으로 꾸미려는 노력도 있었을 것이고 복제한 문장도 많이 만들어졌을 것이다. 이 편의 짧은 문장들 가운데는 그런 것들이 적지 않을 것으로 짐작한다.

---

79 14·40에 나오는 '諒陰'은 글자의 의미가 완전히 다른 경우이다. 『맹자·고자하』의 "君子不亮惡乎執(군자가 신실하지 못하면 자신이 생각하는 가치를 어떻게 지켜나갈 수 있겠는가)"이라는 문장에서의 亮은 여기의 諒과 같다는 주장도 있다.

15·38 子曰 事君 敬其事而後其食

스승님께서 말씀하시기를 : 주군을 섬기는 (바른) 도리는 자신의 업무만을 잡도리할 뿐 (녹을 받아서) 먹는 문제는 뒤로 돌리는 것이다.

> **주**

1) 敬其事(경기사) : 유월은 '急其事'의 뜻이라고 주장한다. 敬은 '苟'와 '攵'의 형성자(形聲字)로서 의부(意部)가 苟이므로 苟의 뜻과 통한다고 볼 수 있는데, 『설문』에서는 苟를 '自急敕(스스로 급하게 채찍질하는 것)'이라고 했으니 '急其事'로 새겨야 한다는 것이다. 그렇게 새기면 '後其食'과 대를 이룰 뿐 아니라 『예기·유행(儒行)』의 "先勞而後祿(수고를 앞세우고 녹은 뒤로하라)"과도 통한다는 설명이다. 공안국과 하안도 "先盡力 然後食祿(먼저 힘을 다하고 그다음에 녹을 받아먹어라)"이라고 주하는 것을 보면 합당한 설명인 듯하다. 그렇다면 여기의 敬은 '공경'의 뜻이 아님은 분명하므로 '잡도리하다'라고 번역하였다.

2) 食(식) : 조공무(晁公武, 1105~1180)의 『군재독서지(郡齋讀書志)』에 의하면 촉석경(蜀石經)에는 '而後食其祿'으로 되어 있다고 한다. '식읍을 갖다'라거나 '녹봉을 받다'라는 해석보다는 '먹는 문제'라고 번역하는 것이 낫다.

15·39 子曰 有敎無類

스승님께서 말씀하시기를 : (사람을) 가르치는 일에서는(누구는 가르치고 누구는 가르치지 않는) 부류(에 따른 차별)은 없(어야 한)다.

> **주**

1) 類(류) : 群(군)·黨(당)·隊(대)·衆(중)은 성격이 다른 사람들의 집

합을 가리키고 類는 성격이 같은 사람들의 집합을 가리키는 말이다. 마융은 "사람이 가르침을 받는 곳에는 종류가 있어서는 안 됨을 말한 것이다."[80]라고 한다. 정약용은 "類에는 귀천을 가지고 백관과 만민으로 구분하는 類가 있고, 거리를 가지고 구주(九州)와 사이(四夷)로 구분하는 類가 있다. 그러나 가르침만 받으면 모두 대도(大道)에 나갈 수 있으므로 無類라고 했다."라고 설명한다. 자신이 이(夷)로 구분되었던 조선의 선비에게서 나올 수 있는 설명이다.

평설

'無類(부류가 없다)'라는 말은 '부류가 있을 수 없다', '부류가 있어서는 안 된다'는 뜻이다. 어떤 부류에게는 가르쳐주고 어떤 부류에게는 가르쳐주지 않는 차별이 있어서는 안 된다는 뜻이다. 다만 공자가 특정한 類를 염두에 두고 이렇게 말한 것 같지는 않으므로 그것이 어떤 類일지에 대해서는 궁금해할 필요가 없다고 본다. 귀천, 빈부, 지우(智愚) 등으로 설명하는 주석은 그래서 불필요하다.

이 말을 가지고 공자가 보편적인 교육의 필요성을 강조했다고 말한다면 비약이다. '공자 띄우기'가 필요한 사람들은 곧잘 공자를 평등한 인간관을 가졌던 사람으로 묘사하지만 공자는 인간이 가치적으로 평등하다고 생각한 적도 없고 계급적으로 평등하다는 생각은 더욱 없었던 사람이다. 지배와 피지배의 계층 구분에 대해 의문을 가진 적이 없던 사람이다. 이 문장은 그저 "건포 열 가닥 이상 가져오기만 하면 나는 가르쳐주지 않은 적이 없었다."[81]라는 말과 상통한다고 보면 된다. 1·05의 평설 참조.

---

80 言人所在見教 無有種類
81 自行束脩以上 吾未嘗無誨焉(7·07).

15·40 子曰 道不同 不相爲謀

스승님께서 말씀하시기를 : (가는) 길이 같지 않은(사람이라)면 (그런 사람과 는) 함께 도모할 수 없(는 법이)다.

주

1) 道不同(도부동) : 道는 지금까지처럼 '방법론'이라고 번역할 수 있지만 '방법론이 같지 않다'는 표현은 목표만큼은 같다는 뜻을 내포할 수 있으므로 적절한 번역이 못 된다. 이 문장에서 '길이 같지 않다'는 말은 방법론뿐 아니라 목표도 다르다는 뜻이다. 저열한 사람과는 같은 가치를 도모할 수 없다는 차별적인 의지가 담긴 문장이다. 방법론은 다를지라도 목표만 같으면 된다는 맹자의 말[82]과는 구분된다. 사마천은 『사기·백이열전(伯夷列傳)』에서 이 구절을 인용하면서 '각자 자기 뜻을 따른다'고 했는데, 그것은 이 구절을 맹자의 말처럼 해석한 것이다. 사마천은 『사기·노장신한열전(老莊申韓列傳)』에서도 "요즘 세상에서 노자를 공부하는 사람은 유학을 물리치고, 유학을 공부하는 사람은 역시 노자를 물리친다. '길이 같지 않으면 함께 도모하지 않는다'는 말이 어찌 이런 것일까?"[83]라고 말한다. 역시 이 구절을 맹자의 말처럼 해석한 것이다. 하지만

---

82   居下位 不以賢事不肖者 伯夷也 五就湯 五就桀者 伊尹也 不惡汙君 不辭 小官者 柳下惠也 三者不同道 其趨一也 一者何也 曰仁也 君子亦仁而已矣 何 必同(아래 지위에 처해 있으면서도 현명하기 때문에 불초한 사람을 섬기지 않았던 사람은 백이이고, 다섯 차례나 탕왕에게 벼슬 살았고 다섯 차례나 걸왕에게 벼슬 살 았던 사람은 이윤이다. 더러운 군주를 미워하지도 않고 작은 벼슬도 사양하지 않았던 사람은 유하혜이다. 이 세 사람은 방법론은 달랐지만 나아간 방향은 같았다. 같았던 것은 곧 인이다. 군자는 인하면 됐지 방법론이 같아야 할 필요는 없다)〈『맹자·고자 하』〉.

83   世之學老子者則絀儒學 儒學亦絀老子 道不同不相爲謀 豈謂是耶

이 장에서 '도부동'은 가치관과 지향이 모두 다른 것을 말한다.

2) 不相爲謀(불상위모) : '~할 수 없는 법이다'라는 단정적인 어기이다. 相은 이 문장에서만큼은 '서로'보다는 '함께'로 번역하는 것이 낫다.

평설

가치관이 다른 사람과는 소통할 수 없을 뿐 아니라 소통을 도모하려다 간 도리어 위험하게 된다는 어기까지 들어 있다. 가치적 차별이 전제된 말이다. 맹자처럼 방법론은 다르지만 목표가 같다면 함께 도모할 수 있다는 생각은 가치적 평등을 전제할 때나 할 수 있는 말이지만, 공자의 말에는 차별이 전제된다. 공자뿐 아니라 공자를 뒤이어 나타났던 제자백가 모두 배타적 독존을 내세울 뿐 타자의 방법론을 서로 용납하지 않는다. 공자 또한 타당한 타자로 인정했던 사람은 전설적인 성왕이나 현자들이었을 뿐 동시대의 사람 중에는 거의 없었다. 더구나 공자는 동시대를 사는 사람 가운데 방법론을 달리하는 사람들과 소통을 위해 노력한 흔적도 보이지 않는다. 그래서 공자가 만나는 사람은 대부분 제자들뿐이었고, 수평적인 교유관계는 거의 드러나지 않는다. 공자가 만나고자 애를 썼던 사람들은 모두 권력자들이었다.

앞 장의 '유교무류'는 공자라는 사람이 차별을 거부했음을 드러내는 표현이다. 그러나 '유교'의 상황에서는 차별을 거부했을지 몰라도 '유모(有謀)'의 상황에서는 이렇듯 차별을 했다. 가치관이나 방법론이 다른 사람과는 소통하지 말라는 주문이나 다름없다. '비례부동'이라는 말로 상징되는 유자의 뻣뻣한 자세, 목숨을 걸고 지켜야 할 것이 있다는 성리학자의 곧은 자세는 이처럼 자기와 다른 사람이나 자기보다 열등하다고 여기는 사람을 향해서는 결코 마음을 열지 않는 자세로 곧잘 변형되곤 했다. 공자의 이 말에서 은연중 힘입었을 것이다.

15·41 子曰 辭達而已矣
스승님께서 말씀하시기를 : 말이란 (뜻을) 전달할 수 있으면 그만이다.

평설

달(達) 이외의 것은 중요하지 않다는 뜻이다. '말에서 수식은 중요하지 않다'는 뜻이다. "말은 뜻이 통하면 충분하다. 화려하게 꾸미는 말은 불필요하다."[84]라는 공안국의 주석이나, "말은 뜻을 전달하는 선에서 멈추어야지 화려하게 꾸며서는 안 된다."[85]라는 주희의 주석이 바로 그런 취지이다. 오규 소라이는 사(辭)가 외교문서인 사명(辭命)이라면서, 춘추시대 사명을 담당하는 사람들의 문장 꾸미는 습속을 지적한 것이라고 주장한다. 그러나 그런 독법은 『논어』의 구절을 전문적이고 세부적인 주제로 국한시키는 독법이다. 고전에 박식함을 자랑하는 사람들이 빠지기 쉬운 함정이다. 達에 대한 공자의 개념은 6·08, 6·30, 12·20, 13·05, 14·23 등을 참조.

15·42 師冕見 及階 子曰 階也 及席 子曰 席也 皆坐 子告之曰 某在斯 某在斯 師冕出 子張問曰 與師言之道與 子曰 然 固相師之道也
(장님) 악사 면이 (스승님을) 뵈(러 왔)는데, (그가) 계단 가까이에 다가서면 스승님께서는 (곁에서) "계단입니다."라고 일러주시고, 좌석 가까이에 다가서면 스승님께서는 (곁에서) "좌석입니다."라고 일러주시며, 모두가 자리에 앉고 나면 스승님께서는 악사에게 "아무개는 여기 (앉아) 있고 아무개는 여기 (앉아) 있습니다."라고 알려주셨다. (면회가 끝나고) 악사 면이 밖으로 나간 다음 자장

---

84   辭達則足矣 不煩文豔之辭
85   辭取達意而止 不以富麗爲工

508

이 (스승님께) 여쭙기를 : (아까 스승님께서는 악사에게 일일이 일러주시던데, 그렇게 하는 것이 눈이 먼) 악사와 대화하는 방식입니까? 스승님께서 말씀하시기를 : 그렇지, (단계마다 말로 일러주는 것이 눈이 먼) 악사를 상대하는 방식이지.

주

1) 師冕(사면) : 이름이 冕인 악사를 가리킨다. 옛날에는 청각이 발달한 장님을 악관으로 충당하는 경우가 많았다.

2) 某(모) : 경이나 전(傳)에서 '某' 자는 피휘할 경우, 누구인지 모를 경우, 모두 언급할 경우에 사용된다고 고염무는 『일지록』에서 설명한다. 여기서는 세 번째에 해당하는 경우이겠다.

3) 固(고) : 짐짓 그렇게 하는 것을 뜻한다.

4) 相(상) : 마융은 導(도: 이끌다), 정현은 扶(부: 붙들다), 주희는 助(조: 돕다)라고 주한다. 짐짓 도와주는 것이 아니라 소경을 상대할 때는 그처럼 안내해주는 방식으로 상대하는 것이 예법이라는 의미이므로 '상대하다'라고 번역하였다. 『예기·중니연거』의 "禮가 없는 치국은 相이 없는 장님과 같다."[86]라는 구절과, 『순자·성상(成相)』의 "군주에게 현명함이 없는 것은 장님에게 안내자가 없는 것과 같다."[87]라는 구절을 보면, 相은 장님을 인도하는 사람을 가리키는 명사로도 쓰였음을 알 수 있다. 정약용은 "相이란 글자는 木과 目의 합자인데 그것은 소경이 지팡이(木)를 눈(目)으로 삼는 것과 같다."라는 해설을 소개한다. 우스개나 다름없는 그런 이야기를 왜 소개하는지 모르겠다.

---

[86] 治國以無禮 譬猶瞽之無相與

[87] 人主無賢 如瞽無相

여기서도 호기심 많고 진지한 질문을 자주 했던 자장의 모습이 여실히 드러난다.

계씨(季氏) 제십육(第十六)

이 편은 다른 편들과는 다른 독특한 점이 있다. 첫째, 공자의 말임을 표기하는 관용구를 '子曰'이라 하지 않고 '孔子曰'이라 한다. 이를 두고 많은 학자들은 공자 직전(直傳)제자의 기술이 아니고 공자를 제삼자로 여기는 사람의 기술이기 때문일 것으로 추측한다. 둘째, 十世, 五世, 三世, 三桓, 三友, 三樂, 三愆, 三戒, 三畏, 九思, 問一得三 등 수를 가지고 설명하는 대목이 많다. 수를 이용하여 설명하는 방식은 불교가 들어온 다음에 유행한 방식이기 때문에 이 장은 후대의 위작으로 의심된다고 주장하는 사람도 있다. '生而知之 學而知之 困而學之 困而不學'과 같은 점층적 수사법도 등장한다.

홍흥조(洪興祖, 1070~1135)는 「계씨」편이 이름만 전해지는 『제논어』일지 모른다고 추측한다. 자공, 자유, 자하, 자장 및 증삼의 삼전(三傳)제자인 맹자(孟子, 372~289 B.C.)까지도 모두 제나라에서 활동했던 것을 감안하자면, 그리고 제나라가 학자들을 특히 융숭하게 대접했던 역사적 사실을 감안하자면, 노나라에서 만들어진 『논어』가 제나라에서 다듬어졌을 가능성은 있다. 그러나 『제논어』와 『노논어』는 기본적으로 같은 내용이지 어느 부분만이 독립적으로 유통되었을 리는 없다고 본다. 그래서인지 시라카와 시즈카(白川靜, 1910~2006)는 제나라 유가의 손을 빌려서 정리된 것으로 추측한다. 김용옥은 자장의 후학이 만들었을 가능성이 있다고 추측한다. 특히 제경공과 백이숙제를 비교하는 장, 진항과 백어의 대화, 마지막 장이 그렇다고 주장한다. 하지만 모두 주관적인 추측일 뿐 근거는 없다. 마지막 장은 호칭에 대한 비망록일 뿐이므로 전승의 단서를 찾을 수도 없다.

「계씨」이후 다섯 편이 앞의 열다섯 편과 다르다는 지적은 최술(崔述, 1740~1816)을 비롯한 많은 사람들이 한 바 있다. 최술은 어떤 것은 『곡례』와 비슷하고, 어떤 것은 『장자』와 비슷하며, 어떤 데는 고금잡사를 기록한 것이라고 말한다. 17·04와 17·07은 공자 면전에서 '夫子'라는 호칭을 쓰고 있는데 이는 전국시대 어투로서 앞 10편이나 『춘추좌전』에 그런 표현은 전혀 없다고 강조한다. 전국시대 유세객들이 자신들의 제멋대로인 행동을 남들이 꼬집을까 봐서 성인도 그런 적이 있었다고 둘러대는 일이 많았던 것을 편찬자가 알지 못하고 기록했을 것이라고 한다. 그래서 『춘추』에 「속경(續經)」, 『맹자』에 「외편(外篇)」, 『주례』에 「고공기(考工記)」를 넣어서 보충하려고 했던 것처럼 후세 사람들이 『논어』에 끼워넣은 대목으로 여겼다. 그는 다음과 같이 평한다. "유흠이 『한서·예문지』를 지을 때 『맹자』는 11편이라고 했는데, 그것은 「양혜왕」·「공손축」·「등문공」·「이루」·「만장」·「고자」·「진심」의 7편에다 외집(外集)이라고 하는 「성선변(性善辯)」·「문설(文說)」·「효경(孝經)」·「위정(爲政)」 4편이 첨가된 숫자이다. 그러나 뒤에 조기(趙岐, 108~201)가 주를 달 때 외집을 가탁이라고 여겨 과감히 제외시켰기 때문에 오늘날 『맹자』는 순수하게 유지될 수 있었다. 하지만 『논어』의 경우 장우·마융·하안·정현을 거치면서도 뒤범벅이 된 상태 그대로 두었다. 그러다 보니 세월이 갈수록 존승하기만 하여 주희 같은 현인도 왜곡하여 해석할 수밖에 없게 되어버렸다. 그러니 조기는 맹자의 공신이다."

H.G. 크릴도 「계씨」 이후 다섯 편은 후대의 첨가일 것으로 추정한다.

16·01 季氏將伐顓臾 冉有 季路見於孔子曰 季氏將有事於顓臾 孔子曰 求 無乃爾是過與 夫顓臾 昔者先王以爲東蒙主 且在邦域之中矣 是社稷之臣也 何以伐爲 冉有曰 夫子欲之 吾二臣者皆不欲也 孔子曰 求 周任有言曰 陳力就列 不能者止 危而不持 顚而不扶 則將焉用彼相矣 且爾言過矣 虎兕出於柙 龜玉毁於櫝中 是誰之過與 冉有曰 今夫顓臾 固而近於費 今不取 後世必爲子孫憂 孔子曰 求 君子疾夫舍曰欲之而必爲之辭 丘也聞有國有家者 不患貧而患不均 不患寡而患不安 蓋均無貧 和無寡 安無傾 夫如是 故遠人不服 則修文德以來之 旣來之 則安之 今由與求也 相夫子 遠人不服 而不能來也 邦分崩離析 而不能守也 而謀動干戈於邦內 吾恐季孫之憂 不在顓臾 而在蕭牆之內也

계씨가 전유국을 정벌하려고 하자 염유와 자로는 (함께) 공자를 찾아뵙고서 "계씨가 장차 전유국에 대해 일을 꾸미려 하고 있습니다."라고 말씀을 드렸다. 공자께서 말씀하시기를 : 구야, (그렇다면) 잘못이 네게 있지 않느냐? 전유국은 옛날 선왕께서 동몽산 제사를 주관하는 나라로 삼으셨고, 또한 (우리 노)나라의 영역 안에 있으며 사직(을 받드는) 신하(의 나라)이다. (그런데 그런 나라를) 어떻게 정벌한단 말이냐? 염유가 말씀 드리기를 : 계씨가 (정벌)하고 싶어하는 것이지 저희 두 사람 가신은 모두 바라지 않습니다. 공자께서 말씀하시기를 : 구야, 주임이란 분이 이런 말씀을 하셨다. "힘을 다해 벼슬자리에 나아가되 해낼 수 없으면 그만둔다."라고. (나라가) 위태로운데도 붙잡지 않고 넘어지는데도 받치지 않는다면 그런 신하를 어디에 쓰겠느냐? 게다가 너의 말은 틀렸다. 범이나 외뿔소가 우리에서 뛰쳐나오고 구갑이나 옥이 함 속에서 훼손되었다면 그것은 누구의 허물이겠느냐? 염유는 (비로소 자신의 속마음을) 말씀드리기를 : 전유국은 (지세가) 견고하고 (계씨의 식읍인) 비읍과 가깝기 때문에 지금 취하지 않으면 후세에 반드시 자손들의 근심거리가 될 것입니다. (염유의 속마음을 알아차린) 공자께서 말씀하시기를 : 구야, 군자는 '내가 하고 싶다'고 말하지 않고 '반드시 해야 합니다'라고 말하는 것을 미워한단다. 나는 이렇게 들었다. 국이나 가의 군주는 (인민이) 가난할까 봐 걱정하는 것이 아니라 (인민의 재산이) 고르지 못할까 봐 걱정하고, (인민의 수효가) 적을까 봐 걱정하는 것이 아니라 (인민의 삶이) 안정되지 못할까 봐 걱정한다고 말이다. 대체로 (인민의) 재산이 고르기만 하면 가난(이란 문제)는 없는 것이고, (인민이) 화합하기만 하면 (인민의 수효가) 적어도 문제없으며, (인민의 삶이) 안녕하기만 하면 (나라가) 기울어질 걱정은 없는 것이다. 이렇기 때문에 먼 데 있는 인민이 복종하지 않으면 문덕을 닦아서 그들을 오게 해야 하고, 오게 한 다음에는 그들을 안정되게 해야 한다. (그런데) 지금 (그런 가르침을 받은 나의 제자인 너희) 중유와 염구는 (둘씩이나) 계씨를 도우면서도 먼 데의 인민이 복종하지 않는데도 그들을 오게 만들 수 없(었다고만 말하)고, 나라가 갈라지고 무너지고 흩어지는데도 지킬 수 없(었다고만 말)할 뿐 아니라 도리어 같은 나라 안에서 전쟁이나 일으킬 생각을 하고 있으니, 나는 계손씨의 근심은 전유국에 있는 것이 아니라 (집 안의) 담장 안에 있지 않은가 한다.

<hr>

주

1) 顓臾(전유) : 노나라 강역 안에 있던 부용국(附庸國)[1]의 이름으로

---

1   『예기·왕제』에 이하면 천자이 조회에 참여하지 못하고 제후에게 붙어아 차는 방오십 리가 되지 못하는 작은 나라를 부용국이라고 부른다고 한다(天子之田

서 복희씨의 후예인 풍(風)씨 성의 나라라고 한다. 현재 산동성 費縣(비현)의 서북 80리 부근에 있는 顓臾村(전유촌)이 당시의 위치라고 한다.

2) 有事(유사) : 『좌전』 성공 13년에 "나라의 큰일은 제사와 전쟁이다."²라고 쓰여 있듯이, 유사란 당시 군대를 일으켜 전쟁하는 것을 표현하는 관용어였다.

3) 爾是過(이시과) : 고대의 인칭대사 표시영역에 다른 허사를 또 더하는 경우는 거의 없기 때문에 '너의 허물'로 해석해서는 안 된다고 양백준은 설명한다. 그렇다면 '過'는 명사가 아닌 동사일 것이고, '是'는 도치시키는 역할을 하므로 '過爾', 즉 '허물이 너에게 있다'는 의미이다.

4) 先王(선왕) : 여기서는 주왕조를 창업한 왕들을 가리키겠다.

5) 東蒙主(동몽주) : 蒙山(몽산)의 제주(祭主)를 가리킨다. 몽산은 지금의 산동성 蒙陰縣(몽음현) 서남쪽 비현 경계에 있는 산인데 東蒙山(동몽산) 또는 東山(동산)으로도 불렸다. 몽산과 동몽산 두 개의 산이 있다고도 한다.

6) 何以伐爲(하이벌위) : '무슨 이유로 공격하는가?'라는 뜻으로, 공격할 근거가 없다는 말이다. 여기서 爲는 의문을 나타내는 어기사이다. '공격해서 무엇하겠는가'라는 번역은 곤란하다.

7) 夫子欲之(부자욕지) : 여기서 夫子는 계손씨를 가리킨다.

8) 周任(주임) : 마융은 옛날의 훌륭한 사관이라고 한다. 주왕조 대부의 이름이라는 설명도 있다.

9) 陳(진) : 펼치다. 능력을 펼쳐 지위에 나감을 뜻한다.

10) 列(열) : 位와 같은 뜻이니, 벼슬자리를 가리킨다.

方千里 公侯田方百里 伯七十里 子男五十里 不能五十里者不合於天子 附於諸侯曰附庸).

2   國之大事 在祀與戎

11) 柙(합), 櫝(독) : 짐승을 가두는 우리와 보물을 보관하는 궤짝을 가리킨다. 우리와 궤짝을 지키는 사람의 책임임을 강조하는 말이다.

12) 龜(구) : 점을 치는 데 사용하는 구갑이다. 소중하기 때문에 궤짝 속에 넣어서 보관한다.

13) 固而近於費(고이근어비) : 固를 마융은 '성곽이 굳건하고 군사력이 강하다', 주희는 '성곽이 튼튼함'이라고 주한다. 그러나 '지세가 견고하다'라고 새기는 것이 옳을 것이다. 비는 당시 계손씨의 채읍 이름인데, 자세한 설명은 6·09의 주) 참조.

14) 舍曰欲之(사왈욕지) : 舍는 捨와 같다. 舍의 목적어는 '曰欲之'이니 '~라고 말하지 않고'의 뜻이다. 그래서 퇴계는 '舍曰'이 '不曰'과 같다고 한다.

15) 不患(불환)~患(환)~ : 통용본 『논어』에는 '不患寡而患不均 不患貧而患不安'으로 되어 있다. 하지만 동중서의 『춘추번로(春秋繁露)·왕제편(度制篇)』과 유월의 『군경평의(群經平議)』 및 양백준의 주석을 따라서 본문을 위와 같이 바로잡았다. 均은 평균이 아닌 균분을 뜻한다.

16) 遠人(원인) : 여기서는 전유국의 인민을 말한다.

17) 文德(문덕) : 『논어』에 나오는 文의 의미는 1·06, 5·14, 14·18의 주) 참조.

18) 分崩離析(분붕리석) : 공안국은 "인민의 마음이 다른 것이 分이고, 인민이 나라를 뜨고자 하는 것이 崩이며, 모이게 할 수 없는 것이 離析이다."³라고 설명한다.

19) 動干戈(동간과) : 干은 방패이고 戈는 창인데, 무기를 가리키는 대명사로 쓰인다. 무기를 움직인다는 말은 전쟁을 일으킨다는 말이다.

20) 蕭墻之內(소장지내) : 소장은 군주가 사용하는 병풍을 뜻한다.⁴

---

3   民有異心曰分 欲去曰崩 不可會聚曰離析

'소장의 안'이라 하면 군주와 그를 둘러싼 신하들을 말한다. 염구와 자로를 포함한 신하들에게 잘못이 있다는 지적이다. 양백준은 노나라 군주와 계손씨와의 갈등을 배경으로 설명하면서 '소장의 안'은 계씨와 가신들을 가리키는 것이 아니라 노나라 군주를 가리킨다고 주장한다. 하지만 이 장의 대화는 처음부터 계씨를 대상으로 시작하였고 공자의 표현 또한 분명히 '계손씨의 근심'이라고 했으며, 계손씨는 이미 몇 대 전부터 노나라 공실의 실제적 권력뿐 아니라 형식적인 권력까지 모두 장악한 노나라의 중심이었으므로 그렇게 생각할 여지는 없다고 본다.

평설

『좌전』과 『사기』에 의하면 자로는 정공 12년(498 B.C., 공자 54세 때)에 계씨의 재가 되고 염구는 애공 11년(484 B.C., 공자 68세 때)에 계씨의 재가 되었다고 한다. 사실이라면 두 사람이 동시에 벼슬자리에 있었던 기간은 없었을 듯한데도 여기서는 두 사람이 동시에 벼슬자리에 있었던 것처럼 표현되었다. 그래서 주희는 자로가 위나라에서 돌아온 다음 두 번째 벼슬살이를 하다가 다시 위나라로 간 듯하다고 설명하지만 설득력은 부족하다. 그리고 『춘추』에 전유국이 정벌 당한 기록도 없다. 홍흥조는 공자의 이 꾸지람 때문에 계획을 중단했을 것이라고 말하지만 최술은 다른 장과는 달리 문장이 번거롭고 길다는 점, 자로는 정공 때 계씨의 재를 지냈지만 염구는 애공 때 지냈다는 점 등 다섯 가지 이유를 들면서 이 장의 내용을 믿을 수 없다고 주장한다. 문장이 정연하고 서술에 무리가 없는 점이 후대의 문장처럼 보이기는 한다.

---

4   정현은 蕭를 肅(숙: 엄숙)의 뜻으로 풀이한다. 정현은 '소장의 안에 근심이 있다'는 말을 "나중에 계씨의 가신 양호가 과연 계환자를 구금하는 사건이 발생하였다."는 해설로써 인과관계를 설명한다.

16·02 孔子曰 天下有道 則禮樂征伐自天子出 天下無道 則禮樂征伐
自諸侯出 自諸侯出 蓋十世希不失矣 自大夫出 五世希不失矣 陪臣執國
命 三世希不失矣 天下有道 則政不在大夫 天下有道 則庶人不議

공자께서 말씀하시기를 : 천하의 경세지도가 잡히면 예악이나 정벌(에 관한 명
령)이 천자에게서 나오지만, 천하의 경세지도가 잡히지 않으면 예악이나 정벌
(에 관한 명령)이 제후에게서 나온다. 제후에게서 (예악이나 정벌이) 나오게 되
면 대개 열 세대쯤 내려가서 끊어지지 않는 경우가 드물고, 대부에게서 나오게
되면 대개 다섯 세대쯤 내려가서 끊어지지 않는 경우가 드물며, 배신이 나라의
명운을 잡을 경우에는 세 세대쯤 내려가서 끊어지지 않는 경우가 드물다. 천하
의 경세지도가 잡히면 정치권력이 대부의 손에 있지 않으며, 천하의 경세지도
가 잡히면 서인들이 (정사에 대해) 따지지 않게 된다.

| 주 |

1) 天下有道(천하유도) : '방유도~ 방무도~'의 경우 '나라(의 정치 환
경)이 경위 바르게 돌아가면~, 나라(의 정치 환경)이 경위 바르게 돌아가
지 않으면~'이라고 번역하였다. '천하유도~'는 '천하의 경세지도가 제대
로 잡히는지의 여부'로 번역하는 것이 낫다.

2) 十世(십세), 五世(오세), 三世(삼세) : 공안국·마융·황간·형병 등
여러 주석가들은 공자의 이 말을 역사에서 징험해 보이고자 한다. 그래
서 桓公(환공)이 패권을 잡은 뒤 孝公(효공)·昭公(소공)·懿公(의공)·惠
公(혜공)·頃公(경공)·靈公(령공)·莊公(장공)·景公(경공)·悼公(도공)·
簡公(간공)까지 십세를 내려간 다음 간공이 陳恒(진항)에게 죽은 제나라
의 사례, 文公(문공)이 패권을 잡은 뒤 襄公(양공)·靈公(령공)·成公(성
공)·景公(경공)·厲公(려공)·平公(평공)·昭公(소공)·頃公(경공)·惠公
(혜공)의 구세를 거친 다음 여섯 경(卿)이 권력을 전단했던 진(晉)나라의
사례가 '十世希不失'에 들어맞는 사례라고 설명한다. 季友(계우)가 정권

을 차지한 뒤 文子(문자)·武子(무자)·平子(평자)·桓子(환자)를 거친 다음 陽虎(양호)에게 권력이 넘어간 노나라는 '五世希不失'에 맞는 사례이며, 계씨의 가신인 南蒯(남괴)·公山弗擾(공산불요)·陽虎(양호) 등은 모두 당세에 패망했으니 '三世希不失'이라는 표현은 넉넉히 잡아서 말한 것이라고도 설명한다. 이처럼 교조적이고 우스꽝스러운 해석을 주희는 회피한다. 하지만 현대의 양백준은 다시 반복한다. 공자의 말을 역사법칙으로 선전하고픈 욕심은 아닌지 모르겠다.

3) 庶人不議(서인불의) : 議를 공안국은 非議(비의: 비난하는 의논)라 하고 형병은 謗訕(방산: 헐뜯음)이라고 한다. 서인들이 정치에 관해 사사롭게 의논하지 않게 된다는 말인데, "위에서 정치에 실패하지 않으면 아래에서 사사로이 정치에 관해 의논할 일이 없게 된다는 말이다. 입을 틀어막아 감히 말도 못 하게 만든다는 뜻은 아니다."[5]라는 주희의 설명이 비교적 분명하다. 책임 있는 자들의 정치에 관한 의논은 공의(公議)나 정의(正議)라고 불렀지만 그렇지 않은 자들의 의논은 사의(私議)나 횡의(橫議)라고 불렀다. 강유위는 '不在大夫'와 '不議' 모두 不 자가 잘못 들어갔거나 후대 사람이 집어넣었다고 주장한다. 천하가 태평하면 정치권력이 군주가 아닌 대부에게 있는 것이 옳고 백성들의 의견이 분분해야 옳다는 주장인데, 서구의 입헌군주제를 의식한 자신의 희망을 드러낸 해석일 것이다. 밀려오는 서구적 가치들을 대하는 청조말기 지식인들의 의식은 이런 데서도 나타난다고 하겠다.

평설

봉건질서를 무너뜨리면 언젠가는 망하게 된다는 공자의 역사법칙이다. 그래서 평소처럼 '방무도~ 방유도~'의 범주만을 말하는 것이 아니라

---

5   上無失政 則下無私議 非箝其口使不敢言也

'천하유도즉~ 천하무도즉~'이라고 말한다. 공자는 군주의 스승을 자임했던 사람이므로 십세를 넘도록 관통하는 역사법칙을 예언하는 것이 자신에게 버거운 일은 아니라고 여겼을 것이다. 하늘의 일과 땅의 일 모두를 관찰한다고 여겼던 사람이고, 그의 그런 자세는 후대 유자들에게 그대로 모사된다.

그런데 현실적으로 생각해보았을 때 "그런 짓을 하면 십세 뒤에는 망할 것이다."라는 말이 과연 제후들에게 경종이 될까? 대략 3백 년 뒤에는 망할 것이라는 경고인데, 십세를 넘겨 유지하는 왕조 자체가 그다지 많지 않은 형편에서 그 말이 경종이 될 리는 없다. 따라서 이 말이 입론이라면 의미 없는 논리이고, 예언이라면 우스운 예언이다. 이런 점도 이 장과 「계씨」편 전체의 진위를 의심하게 만든다고 본다.

중국 고문은 시대에 따른 문장의 특징이 있다. 학자들은 이 장의 문체가 아무리 양보해도 『논어』의 초기 형태는 아니라고 짐작한다. 특히 「계씨」편은 '子曰' 대신 모두 '孔子曰'이라고 되어 있는 점도 별다르다. 그래서 이 편은 직전 제자들의 기록은 아니고 제삼자의 기록일 것으로 추측하는 사람이 많다. H.G. 크릴도 마찬가지인데, 다만 그는 다른 근거들을 제시한다. 공자는 봉건제를 부정한 적도 없지만 이처럼 지지한다는 말도 구체적으로 한 적이 없다는 것이 첫째 이유이다.[6] 봉건적 위계질서를 강조하는 것이 법가사상만의 특징이라고 할 수는 없지만 정치권력으로써 만사를 재단하려는 전체주의적 군주의 면모가 보이는 점은 후대 법가사상의 영향이 분명하다는 이유도 든다.[7] 또한 공자는 『논어』에서 王이라는 용어를 주로 사용했지 天子라는 용어를 사용한 적이 없고,[8] 陪臣(배

---

6   그의 책, 제10장 참조.

7   그의 책, 제13장 참조.

8   「팔일」편에 나오기는 한데 그 경우는 『시경』의 인용문이지 공자의 언급은

신)이라는 용어도 여기 외에는 사용된 적이 없을 뿐 아니라 『맹자』에서 조차 사용된 적이 없다는 점도 든다. 따라서 이 장을 가지고서 공자가 주왕의 권력을 회복시키려고 노력했다든가, 왕의 권위주의적인 독재를 찬성하였다든가, 봉건제도의 옹호자였다든가 하는 식의 견해를 그는 거부한다. 합리적인 의견이 아닐 수 없다.

벤저민 슈워츠는 '天下有道則禮樂征伐自天子出'이라는 구절에 대해 "도가 행해지면 권력을 가진 사람들, 특히 천자는 사회도덕화의 궁극적 원천이 된다는 점을 분명히 밝혔다."라고 설명한다. 아마도 그는 그 구절을 '예악이란 사회도덕화라고 할 수 있는데, 천자에서 나온다는 표현은 사회도덕화의 원천이 천자라는 뜻이며, 제후와 경대부를 거쳐 퍼져나간다는 설명이구나'라고 이해한 듯하다. 하지만 그렇게 이해하는 것은 서구식 오독이다. 그 구절의 함의는 문이건 무이건(=예악이건 정벌이건) 국가의 모든 움직임이 계급질서에 따라서 흘러야 한다는 강조이지 사회도덕화라든가 그것의 원천이라든가 하는 데에 있지 않다. 사회도덕화라는 개념 자체가 없었으니 그것의 원천에 대한 생각은 더욱 없었다. 공자에게 의미 있는 것은 질서가 '유지되는 것'이지 질서의 '원리'나 '원천'과 같은 것은 아니었다. 신유학이라는 것을 내세웠던 유자들이 '理'라는 것에 대해 주의하기는 하지만 적어도 공자는 그런 식으로 접근하지는 않았다.[9]

16·03 孔子曰 祿之去公室五世矣 政逮於大夫四世矣 故夫三桓之子孫
微矣
공자께서 말씀하시기를 : (작위와) 녹봉(을 부여하는 권한)이 (노나라) 공실에서

아니었다.

9   9·01 참조.

떠난 지 오세가 되었고, (노나라 행)정(의 권한)이 대부의 손으로 옮겨진 지 사세가 되었다. 그래서 삼환의 자손은 쇠미해질 것이다.

주

1) 祿(록) : 봉록은 작위에 따르므로 작위와 녹봉을 함께 부여하는 권한을 뜻한다.

2) 公室(공실) : 제후가 다스리는 권부(權府)를 일컫는 이름이다.

3) 五世(오세) : 문공이 죽은 뒤 東門襄仲(동문양중)이 문공의 아들 赤(적)을 죽이고 선공을 세운 다음 성공·양공·소공·정공에 이르기까지 오세 동안 작록을 주는 권한이 공실에서 떠나 있었음을 가리키는 말이라고 대부분의 주석가들은 받아들인다.

4) 四世(사세) : 대부 계무자가 국정을 오로지한 이후 계도자·계평자·계환자에 이른 것을 가리키는 말이라고 대부분의 주석가는 설명한다.[10] 계환자에 이르러 가신 양호가 계환자를 구금하고 정권을 잡는 사태가 발생한다.

5) 三桓(삼환) : 당시 노나라의 실권을 장악하고 있던 중손씨·숙손씨·계손씨 삼가를 가리키는데, 이들에 대한 설명은 3·02의 주) 참조.

평설

앞 장을 이은 법칙이자 예언이다. '五世', '四世', '三桓'이라는 층차적 숫자를 이용하여 설명하는 것이 더욱 그런 느낌을 준다. 층차적인 숫자를 사용하여 설명하게 되면 마치 수학자들이 수식을 가지고서 우주의 움직임을 설명하는 것처럼 받아들이기 쉽다. 이 문장도 그런 점을 의식한 문장인데, 문장의 중심은 삼환이 쇠미해질 것이라는 점이다. 앞으로 삼

---

10   공안국은 계문자, 계무자, 계도자, 계평자를 거론한다.

환의 자손은 이러이러한 법칙에 따라 쇠미해질 것이라는 메시지이다. 그 메시지를 천명처럼 받아들이도록 만들고 싶었을 것이고, 그 메시지를 전하는 사람은 천명을 아는 사람으로 여기도록 만들고 싶었을 것이다.

「계씨」편 이후를 후대의 삽입으로 간주하는 또 하나의 이유는 숫자를 이용한 표현들은 불교의 영향을 받은 수사방식이라는 점이다. 그렇지만 현전『논어』에 비록 후대에 삽입한 것이 분명한 대목들이 보인다 할지라도 숫자를 이용하는 표현을 모두 불교의 영향을 받은 방식이라고 단정할 수는 없다.『논어』에는 숫자를 이용한 표현들이 많다. 예컨대 "吾日三省吾身"(1·04), "三年無改於父之道"(1·11), "詩三百一言以蔽之"(2·02), "聞一以知十 聞一以知二"(5·08) 등과 같은 것은 일반적이고, "有君子之道四焉"(5·15), "君子所貴乎道者三"(8·04), "子絶四 毋意 毋必 毋固 毋我"(9·04), "君子道者三"(14·28)처럼 16·04나 16·05에 나오는 것과 유사한 표현도 「계씨」편 이전에 몇 군데 있다. 더구나 "苟有用我者 期月而已可也 三年有成"(13·10), "賢者辟世 其次辟地 其次辟色 其次辟言"(14·37), "子路問君子 子曰修己以敬 曰如斯而已乎 曰修己以安人 如斯而已乎 曰修己以安百姓 修己以安百姓 堯舜其猶病諸"(14·42), "子曰 知及之仁不能守之 雖得之必失之 知及之仁能守之 不莊以涖之則民不敬 知及之仁能守之 莊以涖之 動之不以禮 未善也"(15·33)와 같은 표현은 층차적인 수사표현이라는 점에서 이 장의 수사표현과 결코 판이하다고 볼 수 없다. 위와 같은 표현들을 모두 불교적인 표현이라고 할 수는 없다. 「계씨」 이후의 편들이 후대에 삽입되었을 것이라는 의심이 합리적이기는 하지만, 불교적인 수사기교와 중국적인 수사기교의 차이에 대한 이해가 먼저 있어야 할 것이다.

16·04 孔子曰 益者三友 損者三友 友直 友諒 友多聞 益矣 友便辟 友善柔 友便佞 損矣

공자께서 말씀하시기를 : 보탬이 되는 친구도 세 부류, 손해가 되는 친구도 세 부류(가 있다). 곧은 사람, 고지식한 사람, 견문이 많은 사람을 벗하면 보탬이 된다. (균형 있게 사고하지 못하고) 곧잘 치우치는 사람, 곧지 못하고 쉬 휘는 사람, 말재간에만 의존하는 사람을 벗하면 손해가 된다.

주

1) 直(직) : 13·18의 주) 참조.

2) 諒(량) : 『설문해자』는 '信'이라고 한다. "君子貞而不諒(군자는 곧되 맹목적으로 완고하지는 않는다)"(15·37)과 "豈若匹夫匹婦之爲諒也(어찌 필부필부들이 하찮은 신의를 지키는 것과 같겠느냐)"(14·17)에서는 부정적인 뜻으로 쓰이지만 여기서는 긍정적인 뜻으로 쓰였다. '고지식하다'는 표현이 낫다.

3) 便辟(편벽) : 辟의 음과 새김에 대한 이견이 많다. 마융은 避(피)로 새기고, 정현은 譬(비)로 새기며, 반고는 嬖(폐)로 새긴다. 고려본에는 僻으로 되어 있다. 마융은 "남이 꺼리는 바를 교묘하게 피하면서 비위를 맞추어 아첨하는 것"[11]이라고 한다. 辟을 避로 새긴 것이다. 주희는 "위의를 갖추는 데만 젖어서 정직하지는 못함"[12]이라고 한다. '直'의 반대로 새긴 것이다.

4) 善柔(선유) : 주희는 "아양 떨기는 잘하지만 미덥지는 못하다"[13]라고 주한다. 문장 그대로 보자면 곧지 못하고 곧잘 휘는 성향을 뜻할 것이다.

---

11 巧辟人之所忌 以求容媚

12 習於威儀而不直

13 工於媚悅而不諒

5) 便佞(편녕) : 주희는 "입버릇에만 젖을 뿐 실제 견문에서 나오는 진실함이라곤 없는 것"[14]이라고 한다. 앞에 나오는 多聞의 반대로 새긴 것이다. 정현은 便을 辯(변)으로 새기면서 '佞而辯'의 뜻이라고 한다. 그러나 이런 주석들에는 동의하기 어렵다. 便은 '쉽게 ~하는 경향'을 뜻하므로 便辟은 '곧잘 치우치는 경향', 便佞은 '쉽게 말재간에만 의존하는 경향'의 뜻으로 새기는 것이 좋다. 정주한묘죽간본에는 '辨年'으로 되어 있는데, 뜻을 모르면서 비슷한 음으로 적은 오기일 것이다.

평설

공자가 세상을 인지하는 기본 패턴은 '손이냐 익이냐'의 여부였다. 상대가 나에게서 멀어지는 힘인지 아니면 다가오는 힘인지를 감지하는 것이었다. 공자에게 '손익'은 경험적으로 훈육된 ─ 어쩌면 선험적일지도 모르지만 ─ 인지 패턴이었다. '음양'이라는 것도 표현의 결만 다를 뿐 기본적으로는 손익과 다름없는 인지 패턴이다. 본질주의적 입장을 취하지 않는 공자에게 상대적 손익보다 더 확실하게 세상을 인지하는 패턴은 없었다고 본다. 그러나 그것을 가지고 그를 실리주의자로 규정할 수는 없다. 益은 利와는 다르기 때문이다.

공자는 義(의: 옳음)를 강조하기도 했지만 그것은 특정한 기준에 대한 옳음, 즉 군주에 대한 충성을 기준으로 한 옳음이지 본질주의적 입장에서의 옳음은 아니었다.[15] 도덕적 절대성이나 존재론적인 선악 같은 개념도 공자에게는 없었다. 오직 다가오느냐(=익) 멀어지느냐(=손)의 여부만이 공자가 세상을 느끼거나 세상을 설명하는 가장 설득력 있는 기준이었다.

---

14 ꮰ於口語而無聞見之實

15 1·13의 주2) 및 2·24의 평설 참조.

16·05 孔子曰 益者三樂 損者三樂 樂節禮樂 樂道人之善 樂多賢友 益矣 樂驕樂 樂佚遊 樂晏樂 損矣

공자께서 말씀하시기를 : 보탬이 되는 즐김이 세 가지 있고 손해가 되는 즐김이 세 가지 있다. 예악의 절도를 맞추기, 남의 장점을 말하기, 어진 벗을 많이 갖기, 이런 것들을 즐기는 것은 보탬 되(는 즐김이)고, 방자한 환락, 질탕한 유람, 술자리 풍류, 이런 것들을 즐기는 것은 손해 되(는 즐김이)다.

주

1) 三樂(삼요) : 이 장에서 '樂'는 '禮樂(예악)'과 '驕樂(교락)'과 '晏樂(안락)'을 제외하고는 모두 '요'로 읽는 것이 낫다.

2) 節(절) : 모든 행동거지를 예악의 절도에 맞추는 일.

3) 道(도) : '말하다'라는 뜻의 동사이다. '導(이끌다)'의 뜻으로 보는 견해가 있지만 '人之善'이 導의 목적어가 되기에는 부적합하기 때문에 취하지 않는다.

4) 驕樂(교락) : 공안국이 "자신의 존귀함을 믿고 방자함"[16]이라고 주했듯이 예악의 절도가 없는 방자한 환락을 가리킨다고 본다.

5) 佚遊(일유) : 하안은 '遊' 자에 주목한 듯 "절도 없이 집을 들락거리는 것"[17]이라 하고, 주희는 '佚' 자에 주목한 듯 "게을러서 좋은 말 듣기를 싫어함"[18]이라고 한다. 집을 나가 돌아다니든 하는 일 없이 게으름을 피우든 어쨌든 무책임한 태도를 가리킬 것이다.

6) 晏樂(안락) : 집주본에는 '宴樂'으로 되어 있다.

---

16 恃尊貴以自恣

17 出入不知節

18 惰慢而惡聞善

역시 손익을 기준으로 해서 만든 아포리즘이다. 다만 앞 장의 주제는 '벗하기'이고 이 장의 주제는 '즐기기'이다. 인간 감성의 즐김은 긍정하지만 결과의 손익은 예측하는 즐김이라야 한다는 내용이다.

16·06 孔子曰 侍於君子有三愆 言未及之而言謂之躁 言及之而不言謂之隱 未見顏色而言謂之瞽

공자께서 말씀하시기를 : (군주를) 모시는 일에서 군자가 (주의해야 할) 세 가지 실수가 있다. (군주의) 말씀이 아직 떨어지지 않았는데도 (자기가 먼저) 말을 꺼내는 '조급함'(이 첫째이고), (군주의) 말씀이 떨어졌는데도 (아무런 대답을) 말하지 않는 '숨김'(이 둘째이며), (군주의) 얼굴빛을 살피지도 않은 채 말하는 '눈멂'(이 셋째)이다.

1) 侍於君子(시어군자) : 흔히 '군자를 모심에 있어~'라고 새기는데, 그런 뜻이라면 '於'가 들어갈 이유가 없다. 구문으로나 내용으로나 '군자에게 있어서 (군주를) 모시는 일'이라는 뜻이다. 다만 번역은 문맥에 맞추어 '(군주를) 모시는 일에서 군자가~'로 바꾸었다.

2) 愆(건) : 공안국 이래 '過(과: 허물)'라고 주한다. 요즘 표현으로는 '주의해야 할 실수'라고 하는 것이 좋다.

3) 躁(조) : 성급함. 정현은 '불안정'이라고 한다.

4) 隱(은) : 공안국은 "숨기고서 정실을 다 말하지는 않음"[19]이라고 한다.

19　隱匿不盡情實

평설

『순자·권학』에는 이런 내용이 있다. "禮에 맞지 않는 것을 묻는 사람에게는 알려주지를 마라. 禮에 맞지 않는 것을 알려주는 사람에게는 묻지를 마라. 禮에 맞지 않는 것을 설명하는 사람의 말은 듣지를 마라. 다투려고 덤비듯 하는 사람과는 따지지 마라. 그러니 도리에 맞게 다가오는 사람과만 만나고 그렇지 않으면 만나지 말고 피하라. 그러므로 공손하게 禮를 차리는 사람과만 도의 방법에 대해 이야기를 나눌 수 있고, 내뱉는 말이 유순한 사람과만 도의 이치에 대해 이야기 나눌 수 있으며, 얼굴빛이 순종적이라야 도의 궁극에 대해 이야기 나눌 수 있다. 그러므로 함께 대화할 수 없는 사람과 대화하는 것은 떠들어대는 것이고, 함께 대화할 수 있는 사람과 대화하지 않는 것은 숨는 것이며, 상대의 기색을 살피지도 않은 채 말하는 것은 눈먼 것이다. 군자는 떠들지도, 숨지도, 눈멀지도 않으면서 자신을 삼간다. 『시경·소아』「채숙(采菽)」의 '호들갑 떨지도 않고 게으름 피우지도 않는 것이 천자가 허락하신 바이다'[20]라는 구절이 곧 이것을 일컬은 것이다."[21]

『한시외전』권4에는 이런 내용이 있다. "묻는 사람에게는 일러주지 말고 일러주는 사람에게는 묻지 말며 다툴 기세로 말하는 사람과는 말하지 말라.[22] 도리에 맞게 다가오는 사람과만 만나고 그렇지 않으면 만나지 말

---

20   『시경』에는 '彼交匪紓 天子所予'로 되어 있다.

21   問楛者勿告也 告楛者勿問也 說楛者勿聽也 有爭氣者勿與辯也 故必由其道至然後接之 非其道則避之 故禮恭而後可與言道之方 辭順而後可與言道之理 色從而後可與言道之致 故未可與言而言謂之傲 可與言而不言謂之隱 不觀氣色而言謂之瞽 故君子不傲不隱不瞽 謹順其身 詩曰 匪交匪舒 天子所予 此之謂也

22   이 대목은 누가 보더라도 『순자』의 "問楛者勿告也 告楛者勿問也 說楛者勿聽也 有爭氣者勿與辯也"를 원용한 문장이다. 아마도 '楛'의 의미를 몰랐거나 문

고 피하라. 그러니 공손하게 禮를 차린 사람이라야 도의 방법에 대해 이야기를 나눌 수 있고, 내뱉는 말이 유순한 사람이라야 도의 이치에 대해 말할 수 있으며, 얼굴빛이 순종적이라야 도의 궁극에 대해 이야기를 나눌 수 있다. 그러므로 대화할 수 없는 사람과 대화하는 것은 눈이 먼 것이고 대화할 만한 사람과 대화하지 않는 것은 숨는 것이니, 군자는 눈이 멀지도 않고 말도 삼가면서 조리가 있어야 한다. 시경의 '호들갑 떨지도 않고 게으름 피우지도 않는 것이 천자가 허락하신 바이다'라는 구절은 사람과의 대화는 반드시 나의 뜻과 맞는지를 확인한 다음이라야 한다는 뜻이다."[23]

위 두 문장은 이 장과 15·08의 "可與言而不與之言失人 不可與言而與之言失言 知者不失人亦不失言" 구절을 적절히 조합하여 만들었을 것이다. 이런 사례들을 세밀하게 연구하면 춘추시대 문장의 수사기교가 발달하는 과정을 짐작할 수 있다고 본다.

16·07 孔子曰 君子有三戒 少之時 血氣未定 戒之在色 及其壯也 血氣方剛 戒之在鬪 及其老也 血氣旣衰 戒之在得

공자께서 말씀하시기를 : 군자는 (나이에 따른) 세 단계의 경계사항이 있(으니 다음과 같)다. 어릴 적에는 혈기가 아직 안정되지 못하니 (그때) 경계할 것은 여색이다. 장성하면 혈기가 바야흐로 굳건해지므로 (그때) 경계할 것은 (이기고

맥을 이해하지 못했기 때문에 자기가 표현할 수 있는 방식으로 축약했을 것이다. 이런 점 때문에 『한시외전』의 신뢰도는 떨어진다.

23 問者不告 告者勿問 有諍氣者勿與論 必由其道至然後接之 非其道則避之 故禮恭然後可與言道之方 辭順然後可與言道之理 色從然後可與言道之極 故未可與言而言謂之瞽 可與言而不與言謂之隱 君子不瞽 言謹其序 詩曰 彼交匪紓 天子所予 言必交吾志然後予

자 하는) 다툼이다. 늙으면 혈기가 쇠약해지니 (그때) 경계할 것은 얻고자 하는 (탐욕의) 마음이다.

주

1) 血氣(혈기) : 辭氣(8·04)와 食氣(10·08)에 이어 血氣라는 표현도 사용되었다. 범조우는 군자는 지기(志氣)를 기르기 때문에 혈기에 따라 움직이지는 않는다 하고, 주희는 理로써 氣를 이기면 혈기가 시키는 대로 움직이지는 않는다고 한다. 氣에 관한 설명은 8·04의 주) 참조.

2) 老(로) : "七十曰老而傳"이라는 『곡례』의 구절이나, "七十者衣帛食肉", "老者衣帛食肉"이라는 『맹자』의 구절을 인용하면서 老는 70세를 가리킨다고 새기는 주석가가 많다. 그런데 『논어』에 나오는 老는 '家老'를 가리키는 14·11의 경우와 '숙달된 사람'을 가리키는 13·04의 경우를 제외하고는 7·19, 14·43 18·03 등에서는 단지 '늙다'는 용언으로만 사용된다. 따라서 70세라는 나이를 가리키는 명사로 사용된다고 확언하기는 어렵다. 황간은 少를 '29세 이하'로 보고 老를 '50세 이상'으로 보는데, 의학적 지식까지 동원한 견해이지만 역시 주관적인 견해일 뿐이다.

3) 得(득) : 공안국은 '貪得(탐득)'이라고 한다.

평설

삶의 주기에 따른 교훈이다. 30세와 50세를 매듭으로 삼아서 삶의 주기를 소·장·로의 세 단계로 나누는 인식방법은 인체에 대한 의학적 지식과 더불어 전국시대 무렵에 보편화되었을 것으로 짐작한다. "무릇 사람의 천성은 어려서는 날뛰고 젊어서는 강폭하며 늙어서는 이익을 좋아한다."**24**는 『회남자·전언훈(詮言訓)』의 구절은 이 장을 부연한 것이고,

---

24 凡人之性 少則猖狂 壯則强暴 老則好利

"성인이 보통 사람과 같은 점은 혈기이고 다른 점은 지기인데, 혈기는 나이가 들면 쇠해지지만 지기는 나이 든다고 해서 쇠해지지 않는다. 어려서는 안정되지 않다가 젊어서는 굳건해지고 늙어지면 쇠해지는 것이 혈기이지만, 여색을 경계하고 다툼을 경계하며 탐욕을 경계하는 것은 지기이다. 군자는 지기를 기르기 때문에 혈기에 따라서 행동하지는 않는 법이니, 그러므로 나이가 많아질수록 덕도 높아지는 것이다."[25]라는 범조우의 주석도 이 장을 잘 부연한 설명이다.

이 장은 여러 가지로 변용되기도 한다. 윤회일(尹會一, 1691~1748)의 『독서필기(讀書筆記)』에는 고반룡(高攀龍, 1562~1626, 景逸先生)의 다음과 같은 말이 인용되어 있다고 정수덕은 『논어집석』에서 소개한다. "공자는 기를 기르라는 말을 하지는 않았지만 그가 제시한 세 가지 금계는 곧 기를 기르는 법이다. 여색을 삼가면 원기(元氣)를 기르게 되고 다툼을 삼가면 화기(和氣)를 기르게 되며 이득을 삼가면 정기(正氣)를 기르게 된다. 맹자가 지지(持志)를 말한 것은 志를 지니는 것을 삼가라는 것이다."[26] 고려의 추적(秋適, 1246~1317)은 『명심보감(明心寶鑑)』을 지으면서 『논어』의 이 장을 그대로 집어넣었다.

16·08 孔子曰 君子有三畏 畏天命 畏大人 畏聖人之言 小人不知天命而不畏也 狎大人 侮聖人之言

공자께서 말씀하시기를 : 군자에게는 경외해야 할 세 가지가 있다. 천명에 대

---

25 聖人同於人者 血氣也 異於人者 志氣也 血氣 有時而衰 志氣則無時而衰也 少未定 壯而剛 老而衰者 血氣也 戒於色 戒於鬪 戒於得者 志氣也 君子 養其志氣 故 不爲血氣所動 是以 年彌高而德彌邵也

26 孔子不言養氣 然三戒卽養氣之法 戒色則養其元氣 戒鬪則養其和氣 戒得則養其正氣 孟子言持志 戒卽持志也

한 경외, 대인에 대한 경외, 성인의 말씀에 대한 경외(가 그것)이다. 소인은 천명(이란 것)을 알지 못하니 (어느 것이든) 경외하지 않을 뿐 아니라, 대인도 함부로 여기고 성인의 말씀도 업신여긴다.

주

1) 畏天命(외천명) : 하늘, 즉 조상신은 인간세계를 주재하므로 인간은 조상신을 섬겨야 한다는 생각이 공자 사고의 바탕인데, 조상신이 인간세계를 주재하는 명령이 곧 천명이다. 畏는 하늘에 대한 두려움과 공경의 뜻을 아우르는 글자이다. 천명에 대한 원시적 정서가 문화의 영향으로 이성화된 것이 유학의 '敬'이라고 이택후는 설명한다. 敬의 최고 형태가 畏라는 말이겠다.[27] 따라서 '두려움'은 畏의 번역어로 적절하지 않다. 그래서 한자어 '경외'를 사용하였다. 畏에 대한 설명은 9·23의 주) 참조. 命에 대한 설명은 9·01의 주) 참조.

2) 大人(대인) : 大人이라는 이름은 시대에 따라 지역에 따라 개념이 달랐던 탓인지 주석가들마다 설명이 다르다. 아랫사람이 윗사람을 부르던 호칭임은 분명한데, 지위를 가진 사람을 가리킨다는 견해, 지위도 덕

27　천명은 순길역흉(順吉逆凶: 따르면 길하고 거스르면 흉하다)이라고 유가는 가르친다. 그런데 천명을 안다고 말하거나, 이것이 천명이라고 제시하는 사람은 누구인가? 지상의 권력자이다. 그가 하늘이라는 보이지도 않는 대상을 들먹이는 것은 자기 권력의 정당성을 확보하는 데 가장 유리하다고 여기기 때문이다. 따라서 천명은 합리적인 의심조차 용납하지 않는 폭압의 도구가 되곤 한다. 중국에서 '天'이라는 이름은 아마도 거룩한 이름보다는 폭력과 억압을 정당화시키는 이름으로 등장했을 것이다. 하늘에 대한 인간의 태도라는 敬이니 畏니 하는 것도 본질적으로는 힘(권력)을 대하는 태도이다. 따라서 천명이 무엇인지를 알고자 한다면 천명을 말하는 사람이 어떤 사람인지를 보면 된다 예외 없이 권력은 행사하고자 하는 사람일 것이다.

도 지닌 사람을 가리킨다는 견해, 경우에 따라 성인, 천자, 제후 혹은 경대부를 가리킨다는 견해 등 다양한 주석이 있다. 天이란 命으로써만 드러나는 존재이고 聖人이란 言으로써만 드러나는 존재임에 견주어 大人이란 지위로써 드러나는 존재를 가리키는 이름으로 여기지 않았을까 한다. 『주역·건괘』에는 "대인이라는 존재는 덕은 천지와 같고 밝음은 일월과 같으며 질서는 사시와 같고 길흉은 귀신과 같다. 하늘을 앞서더라도 하늘이 어긋나게 여기지 않으며 하늘을 뒤따르면 천시를 받든다. 하늘도 어긋나게 여기지 않는 사람이거늘 하물며 사람이나 귀신이 어긋나게 여기는 사람이겠는가!"[28]라는 대목이 있다.

[평설]

聖人을 내세우는 사람은 자신을 성인과 동일시하는 사람이다. 천명을 언급하는 사람은 자신이 천명을 내리고 싶어 하는 사람이다. 결국 권력에의 의지를 가진 사람이다. 자신의 말이 힘을 지니기를 바라는 사람이다. 공자는 천명을 안다고 자부했던 사람이고, 제자들에 의해 성인으로 불렸던 사람이다. 아마도 제자들은 공자가 성인으로 불리기를 바란다는 사실을 부지불식간에 느끼게 된 나머지 스승을 성인과 동일시했을 것이고, 어언 자신들도 언젠가 동일시되고 싶었을 것이다.

천명이란 것을 모르니 경외하지도 않고 대인도 함부로 여기며 성인의 말씀도 업신여기는 게 소인이라고 규정한다. 그렇다면 소인이라는 이름은 자신의 권위나 힘이 잘 먹혀들지 않거나 자신에게 저항하는 사람에게 붙이는 '불량'이라는 딱지와 같은 기능을 수행했을 것이다. 체제유지에 걸림돌이 되는 사람에게 붙이는 낙인과 같은 기능을 수행했을 것이다.

28 　夫大人者 與天地合其德 與日月合其明 與四時合其序 與鬼神合其吉凶 先天而天弗違 後天而奉天時 天且弗違 而況於人乎 況於鬼神乎

적극적이고 능동적이지만 않았을 뿐이다.

16·09 孔子曰 生而知之者上也 學而知之者次也 困而學之 又其次也
困而不學 民斯爲下矣
공자께서 말씀하시기를 : 선천적으로 분별력을 갖춘 사람은 (가장) 윗길이고,
배워서 분별력을 갖추게 된 사람은 그다음이며, 가쁜 나머지 (분별력을 갖추고
자) 배우는 사람은 또 그다음이다. (그리고) 가쁜데도 배우지 않는 사람인 민은
그 때문에 (가장) 아랫길이 된다.

| 주 |

1) 生而知之者(생이지지자) : '태어나면서부터 저절로 지식을 가진 사
람'이라는 황간의 주석을 좇아서 '나면서부터 지식을 갖춘 사람' 또는 '나
면서부터 아는 사람'이라고 흔히 번역한다. 그러나 그러한 번역은 원전
의 의미를 전달하기에 부족하다. 아무리 자질이 뛰어나더라도 태어나면
서부터 지식을 갖추지는 못한다. '선험적으로 알게 된다'거나 '도를 안다'
는 새김도 마찬가지이다. 知之는 '인지하다'는 뜻이 아니라 '분별력을 갖
추다'라고 새겨야 한다.

2) 困(곤) : 공안국, 하안, 주희는 '통하지 않는 바가 있음'이라고 새
긴다. 전목(錢穆, 1895~1990)은 '어려움을 겪는 것', 고홍명(辜鴻銘,
1857~1928)은 '소화하지 못함'이라고 새긴다. 그러나 '힘겨워하다'라는
뜻이다. 따라서 '가쁘다'라는 형용사를 번역어로 택하였다.

| 평설 |

이 장을 의심하는 사람들은 다음과 같이 주장한다. 이 장에서는 '생이
지지자'를 말하고 있는데, 그런 사람이 있다면 당연히 공자일 수밖에 없

지만 공자는 7·20에서 자신은 생이지지자가 아니라고 했으니 이 장은 공자의 말과 부합하지 않는다는 것이다. 그러나 그 논리를 가지고 이 장을 의심하기는 어렵다고 본다. 『논어』에 실린 공자의 말씀들에는 상호모순인 것들이 많다. 중국의 글은 지을 때 일반적으로 형식논리를 고려하지 않을 뿐 아니라, 『논어』는 한 사람의 일관된 저술도 아니니 논리적인 일관성을 애초에 기대하기 어렵다. 또한 공자는 자신을 생이지지자로 특정한 적도 없다.

네 단계는 신분과 관계없다. 學과 분별력의 관계를 가지고 나누었을 뿐이다. 따라서 '학이지지'는 경(卿)에 해당하고 '곤이학지'는 사대부에 해당한다는 계급적 해석은 맞지 않다.

16·10 孔子曰 君子有九思 視思明 聽思聰 色思溫 貌思恭 言思忠 事思敬 疑思問 忿思難 見得思義

공자께서 말씀하시기를 : 군자에게는 아홉 가지 생각이 있(어야 한)다. (무언가를) 볼 때는 분명하게 보고자 생각하고, (무언가를) 들을 때는 똑똑하게 듣고자 생각하며, 얼굴빛은 온화하고자 생각하고, 외모는 공손하고자 생각하며, 말을 할 때는 진심을 (표현하고자) 생각하고, (윗사람을) 섬길 때는 공경하고자 생각해야 한다. (그리고) 의문이 생기면 질문을, 분노가 일면 (닥치게 될) 곤란한 사태를, 이득이 생기면 (내가 가져도) 옳은지를 생각해야 한다.

> 주

1) 思(사) : 형병은 마음을 써서 생각하여 예의에 맞도록 만들라는 뜻이라고 한다. 정약용은 마음을 써서 찾아 구하는 것이라고 한다. 한편 맹자는 思를 이목(耳目)의 담당이 아닌 심(心)의 담당이라고 말한 적이 있다.[29]

2) 視思明(시사명) : 視는 '눈으로 그저 보는 것'을 뜻하고 明은 '미세

한 것까지 보아내는 것'을 뜻한다고 형병은 설명한다. 정약용은 그 설명을 부정하면서, 「대학」의 "心不在焉 視而不見 聽而不聞(마음이 가 있지 않으면 보아도 보이지 않고 들어도 들리지 않는다)"이라는 구절을 들면서 마음의 작용을 강조한다.

3) 聽思聰(청사총) : 聽은 '귀로 그저 듣는 것'이고, 聰은 '먼 데의 소리도 들어내는 것'이라고 형병은 설명한다.

4) 色思溫(색사온) : 황간은 色을 靜容(정용: 정숙한 용모), 溫은 柔暢(유창: 부드럽고 통창함)이라고 주한다. 주희는 色을 '얼굴에 나타나는 것'이라고 한다.

5) 貌(모) : 황간은 動容(동용: 동작의 모습)이라 하고, 주희는 擧身而言(몸가짐을 말하는 것)이라고 한다.

6) 難(난) : 정약용은 후환(後患)이라고 한다.

7) 見得思義(견득사의) : 14·12의 "見利思義"와 같은 뜻이겠다. 다자이 슌다이는 見이 遇와 같다고 하는데, 見得이라는 표현이 遇有所得(우연히 소득이 생기다)의 뜻이라 할지라도 見이라는 문자에 遇의 뜻이 있는 것처럼 설명할 수는 없다.

평설

공자의 언어는 대체로 구체적이거나 각론적이기보다는 관념적이고 총론적이지만 이 장은 비교적 구체적이다. 공자의 말씀으로 전해지지

---

29 耳目之官不思而蔽於物 物交物則引之而已矣 心之官則思 思則得之 不思則不得也(사람의 귀와 눈은 생각이 주관하는 것이 아니기 때문에 사물에 가리게 된다. 그래서 사물과 사물이 교차되어 나타나는 대로 귀와 눈은 끌리게 되어 있다. 그러나 마음이라는 것은 생각이 주관하기 때문에 생각을 하게 되면 마음은 얻을 수 있고 생각을 하지 않으면 마음을 얻을 수 없다)〈『맹자·고자상』〉.

만『논어』에는 편입되지 못한 허다한 기록물들 가운데 이처럼 구체적이
고 각론적인 禮에 관한 세절(細節)들을 정비한 결과물이『예기』,『의례』,
『주례』와 같은 책이라고 짐작한다.

『상서·홍범』에는 홍범구주(洪範九疇)라는 것이 있는데 그 두 번째는
다음과 같은 오사(五事)이다. "첫째는 용모, 둘째는 말씨, 셋째는 보는 것,
넷째는 듣는 것, 다섯째는 생각하는 것인데, 용모는 공경해야 하고, 말씨
는 숙부드러워야 하며, 보는 것은 밝아야 하고, 듣는 것은 또렷해야 하
며, 생각은 깊고 밝아야 한다. 공경함은 엄숙을 일으키고, 부드러움은 다
스림을, 밝음은 분명함을, 또렷함은 도모함을, 깊고 밝음은 성을 일으킨
다."[30]

춘추시대 이후 만들어지는 유가의 여러 경서들은 史와 書를 바탕으로
해서 만들어졌다고 보는데[31] 이 장과『상서·홍범』의 유사점은 그런 추측
을 뒷받침한다.

16·11 孔子曰 見善如不及 見不善如探湯 吾見其人矣 吾聞其語矣 隱
居以求其志 行義以達其道 吾聞其語矣 未見其人也
공자께서 말씀하시기를 : "선을 보면 따라잡아야 할 것처럼, 불선을 보면 끓는
물에서 건져내듯."(이라는 말이 있는데), 나는 그 말만 들은 게 아니라 그(렇게
처신하는) 사람도 보았다. "숨어 살면서 자신의 의지를 추구해나가고, 의를 실
천하면서 자신의 방법론에 통달한다."(라는 말이 있는데), 나는 그 말을 들은 적

30　一曰貌 二曰言 三曰視 四曰聽 五曰思 貌曰恭 言曰從 視曰明 聽曰聰 思
曰睿 恭作肅 從作乂 明作哲 聰作謀 睿作聖
31　히라오카 다케오(平岡武夫, 1909~1995),『經書の成立』(創文社, 東京, 1983)
참조.

은 있어도 그(렇게 처신하는) 사람은 아직 보지 못했다.

1) 如不及(여불급) : '도망가는 것을 아직 따라잡지 못한 것처럼'이라는 뜻이다.

2) 如探湯(여탐탕) : 이 말의 뜻에 대해서는 여러 설명이 있는데,[32] 끓는 물에서 무언가를 집어내듯이 재빨리 꺼내는 동작을 비유한 말로 보는 것이 옳은 듯하다.

3) 志(지) : '자신의 가치관'이라고 새기는 것이 적합하다. '옛 기록'이라는 오규 소라이의 견해는 치우친 생각이다.

4) 義(의) : '공공의 선에 부합하는 가치'라고 새기는 것이 적합하다. 『논어』에 나오는 義에 대한 설명은 1·13의 주) 참조.

평설

두 개의 문장을 단순 비교하자면 선악을 구분하는 일보다 의를 실천하여 도를 관철하는 일이 더 어렵다는 뜻이 된다. 사회를 공동체로 여기는 게 아니라 누구나 이익을 챙겨갈 수 있는 사냥터쯤으로 여기며, 심지어 국가(천하)마저도 쟁탈의 대상으로만 여기던 환경에서 '공공의 이익에 부합하는 가치'(=義)라는 것을 강조하는 사람이 있다면, 사람들은 당연히 위선이나 의도가 있는 행동으로 받아들였을 것이다. 그런 정황을 모르지 않았을 공자는 왜 義를 강조했을까? 위선이나 의도가 있는 행동으로 오해받을 것을 무릅쓰면서도 강행해야 할 이유는 무엇이었을까? 위선이 아니라면 그에게도 의도가 있었던 것은 아닐까? 아니면, 공자가 표

---

32 공안국은 '喩去惡疾(나쁜 질병을 없애는 것을 비유한 것)'이라고 했다. 찾아내서 버리는 모습으로 여긴 것이다.

방했던 義는 '공공의 이익에 부합하는 가치'가 아닌 다른 어떤 것이었을
까? 아마도 그는 어떻게든 의를 확립하는 것이 자신의 소임이라고 여겼
던 듯하다. 그런 나머지 군주의 스승이 되거나 적어도 재상은 되어야 한
다고 생각했을 것이다.

『논어』에 도가의 영향이 보인다는 지적은 몇몇 사람들이 해온 바인데,
H.G. 크릴은 이 장의 '은거'라는 낱말을 그 근거로 꼽는다. 그는 여러 근
거를 들면서 16편 「계씨」부터 20편 「요왈(堯日)」까지의 다섯 편이 후세
에 끼워 넣은 부분이라고도 추정한다. 『논어』 스무 편이 한날 한 사람에
의해 편집되었을 것으로 여기는 사람은 아무도 없지만, 그렇다고 해서
특정한 용어 한두 개만을 가지고 진위를 가리는 것도 위험하다. 공자 이
후 묵가, 도가, 법가 등 여러 문파가 있었다고는 하지만 각 문파들이 배
타적으로 사용하는 특정한 개념이나 사상적 체계가 두드러지지는 않기
때문이다. 각 문파의 입언(立言: 내세우는 주장)에 어느 정도 독특한 색
깔은 있기 때문에 백가라고 부르게 되었지만, 사상적 기반이라는 개념을
적용하자면 큰 차이는 없다. 똑같이 무위이치를 이상으로 여겼고,**33** 똑같
이 성인을 갈망했으며, 똑같이 치국과 치세를 논하였다. 세상을 바라보
는 기초가 크게 다른 집단들은 아니었다. 그들이 서로 반목하고 갈등을
빚었다면 오히려 세상을 보는 기초가 비슷했기 때문이라고 본다. 근본적
으로 다르다면 갈등을 빚을 이유도 없다.

따라서 제자백가 가운데서 양자 간 또는 다자간의 사상적 영향관계를
설명하는 일은 주의를 요한다. 유가와 도가만 하더라도 양가에서 서로
통용되는 개념을 담은 용어는 얼마든지 있기 때문이다. 예컨대 7·11의
"用之則行 舍之則藏"이나, 8·13의 "天下有道則見 無道則隱", 15·07의
"邦有道則仕 邦無道則可卷而懷之" 등은 이 장에서 말하는 '은거'의 개

---

33 2·01의 평설과 15·05 참조.

념과 조금도 다르지 않을 뿐 아니라 도가의 관념과도 크게 다르지 않다. 도가는 유가의 허점을 지적하려는 몇몇 사람으로 인해서 생겨난 흐름일 뿐 치국과 치세를 목표로 하는 점은 유가와 다를 바 없다.[34] 평생 세상에 나가지 않고 은거하여 수도만 하자는 것이 도가의 목표는 아니다. 그래서 중국인들은 벼슬에 나갈 때는 유가적 사고를 하고 벼슬에서 내려오면 도가적 사고를 표방하는 것이 관행이었다. 만약 양자가 근본적으로 달랐다면 그런 관행은 생각조차 할 수 없었을 것이다. 따라서 유가와 도가는 상응 내지는 상보관계였지 상반관계는 아니었다고 본다. 그래서 공자를 제자백가의 출발점으로 보는 것이다.

『논어』에 후대의 첨삭이 없지는 않겠지만 어느 부분이 첨삭이라고 단정하기는 어렵다. 편찬의 동기와 과정이 분명하지 않기 때문에 무엇이 원형이고 무엇이 나중에 보탠 것인지를 구분하기는 어렵다. 따라서 분명한 근거도 없는데 '은거'만을 가지고서 「계씨」편은 도가의 영향을 받아 나중에 삽입되었을 것이라고 추정하는 견해는 무게를 지닐 수 없다고 본다. 서구적 관념으로는 개념을 담은 용어를 가지고서 양자를 식별하는 일에 의욕을 보이겠지만 그런 방법이 실효적이지는 않다. 『논어』를 연구하는 데 있어 그다지 의미 있는 일도 아니다.

H.G. 크릴은 다음 장과 18·05, 18·06, 18·07도 도가의 영향을 받은 것이라고 말하는데, 다음 장에 나오는 백이·숙제 이야기는 중국인이면 누구나 아는 스토리일 따름이지 도가적 견해를 가진 사람만이 꺼낼 수 있는 이야기는 아니다. 18·05, 18·06, 18·07 또한 중국인이면 누구나 공통적으로 좋아하는 스토리이다. 도가의 영향을 받은 나머지 그 이야기들이 『논어』에 삽입되었다고 볼 수는 없다. 도리어 공자의 그러한 이야기

---

[34] 8·09 평설의 각주에서 인용한 바 있는 『노자』 제17장은 보더라도, 노자도 결국 치국을 논하고 있음을 알 수 있다.

를 가지고서 도가자들이 여러 이야기를 만들었을 가능성이 많다. 중국에
서는 어떤 텍스트가 유명해지면 그것을 모방하여 개찬하는 행위를 전혀
나쁘게 여기지 않기 때문이다. 방작(倣作)이 많다는 것은 도리어 그 텍스
트의 가치가 높다는 증거가 된다. 방작이 원작보다 더 유명해지고 더 많
이 유포되는 경우도 허다하다. 『한시외전』, 『공자가어』, 『설원』 등은 모
두 『논어』의 방작이지만 나름의 효용을 지니면서 보급되었지 위서(僞書)
라고 배척당하지는 않았다. 요즘 기준으로는 표절이지만, 그러한 행태를
대하는 중국인의 시각은 현대인이 표절행위를 대하는 시각과는 상당히
달랐음을 유의할 필요가 있다. 현대 중국의 산업계에서 서구제품의 짝퉁
을 만드는 짓을 그다지 큰 잘못으로 여기지 않는 관행이 있는 것도 이러
한 문화적 배경이 작용한다고 본다.

16·12 齊景公有馬千駟 死之日 民無德而稱焉 伯夷叔齊餓于首陽之下
民到于今稱之 其斯之謂與

"제나라 경공은 말을 4천 마리나 소유하였건만 그가 죽자 그의 덕을 칭송한 사
람은 (아무도) 없었다. 백이와 숙제는 (아무것도 소유하지 않은 채) 수양산 밑에
서 굶어 죽었지만 인민은 지금까지도 칭송한다." 그것은 아마도 이것을 일컬었
겠지?

주

1) 齊景公(제경공) : 12·11의 주) 및 18·03과 3·09의 평설 참조.

2) 千駟(천사) : 고대에 정격의 수레는 네 마리 말이 끌었으니 그것을
駟라고 한다. 그래서 千駟는 말의 수효로는 4천 마리이다. 이 정도의 규
모는 1·05의 주1)의 각주에 따를 것 같으면 천승지국의 규모이다.

3) 死之日(사지일) : 공후의 죽음을 薨(훙)이나 歿(몰)이라 하지 않고

死라고 한 것부터 경공에 대한 존경의 뜻이 없음을 보인다. 구문상 '그가 죽는 날'이라고 번역할 수는 없다.

4) 無德而稱焉(무덕이칭언) : 無는 德而稱焉을 수식하고, 而는 인과 관계를 표시하는 접속사이며, 焉은 인칭대사 之와 같다. 德은 得과 같기 때문에 '無得而稱焉(칭송할 수가 없었다)'이라고 말하기도 하지만 그것은 자발적인 의사가 아닌 경우에 해당하므로 여기서는 맞지 않다.

5) 伯夷叔齊(백이숙제) : 5·22, 7·15, 14·37, 18·08 참조.

6) 其斯之謂與(기사지위여) : 앞 문장과 연결이 어려운 구절이다. 황간은 斯를 "말을 많이 소유해도 덕이 없으면 죽자마자 사라지고, 굶주려도 덕이 있으면 지속적으로 의로움을 칭송하게 되니 덕을 지니는 일이 소중하다는 말이다."라고 설명하는데, 그렇게 이해할 수는 있지만 문면이 그렇게 표현되지는 않았다. "정이는 12·10에 있는 마지막 부분의 시구 '誠不以富 亦祇以異'가 이 장의 첫머리에 있어야 한다고 했지만 가만히 살펴보니 그 시구는 이 구절 앞에 와야 한다."고 호인(胡寅, 1098~1156)은 주장한다. 주희는 호인의 설에 동조하면서, 그렇다면 맨 앞에 '孔子曰'이 빠진 듯하다고 덧붙인다.[35] 즉, '孔子曰 齊景公~于今稱之 誠不以富 亦祇以異 其斯之謂與'로 읽자는 것이다. '사람들이 칭찬하는 것은 부자라서가 아니라 경이롭기 때문'이라는 구절이 이 자리에 있으면 문맥에 맞게 된다는 것인데, 착간을 고려하거나 문맥을 살피건대 그럴싸한 견해이다. 다만 그 시구는 표현상으로도 '부자'와 '이자'의 대비이고 속뜻을 보더라도 바람난 남편이 새 여자를 취한 이유를 설명한 내용인데, 제경공과 백이숙제의 관계를 비유한 것으로 보는 것이 타당할지는 의문이다. 착간을

---

35 胡氏曰 程子以爲第十二篇錯簡誠不以富亦祇以異 當在此章之首 今詳文勢 似當在此句之上 言人之所稱 不在於富而在於異也 愚謂 此說近是而章首 當有孔子曰字 蓋闕文耳

전제하고서 꿰맞추어 보는 일이 흥미는 있지만 확신하면 곤란하다.

정약용은 정이가 '誠不以富 亦祇以異' 구절이 이 장으로 와야 한다고 주장한 것을 반박하면서, 갈기첨(葛屺瞻)[36]의 주장을 받아서 이 장은 앞 장과 연결되어야 한다고 주장한다. '伯夷叔齊餓于首陽之下 民到于今稱之'라는 구절은 앞 장의 '隱居以求其志 行義以達其道 吾聞其語矣 未見其人也'를 가리킨다는 견해인데, 그렇게 볼 수도 있겠지만 반드시 그렇다고 하기에는 충분하지 못하다.

16·13 陳亢問於伯魚曰 子亦有異聞乎 對曰 未也 嘗獨立 鯉趨而過庭 曰 學詩乎 對曰 未也 不學詩 無以言 鯉退而學詩 他日 又獨立 鯉趨而 過庭 曰 學禮乎 對曰 未也 不學禮 無以立 鯉退而學禮 聞斯二者 陳亢 退而喜曰 問一得三 聞詩 聞禮 又聞君子之遠其子也

진항이 (공자의 아들인) 백어에게 "선생께서는 (아버님에게서) 남다른 가르침을 받으셨지요?"라고 여쭙자 (백어가) 대답하기를 : (그런 것은) 없었(구요, 아버님께서는 저에게 이런 말씀을 하신 적은 있)습니다. 언젠가 (아버님께서) 혼자 서 계실 때에 제가 (종종걸음으로) 뜰을 지난 적이 있었는데, (그때 아버님께서) '시를 배웠느냐'고 여쭈시기에 '아직 배우지 못했습니다'라고 대답했더니, '시를 배우지 않으면 (대인관계나 벼슬길에서) 의사표현을 할 방법이 없게 돼!'라고 말씀하셔서, 저는 물러나온 다음 시를 배운 적은 있습니다. 다른 날 또 (아버님께서) 혼자 서 계실 때 제가 (종종걸음으로) 뜰을 지난 적이 있었는데, (그때는 아

---

36 명대 학자. 이름은 인량(寅亮), 자는 屺瞻이다.『사서양명(四書揚名)』을 지었다.

버님께서) '예를 배웠느냐'고 여쭈시기에 '아직 배우지 못했습니다'라고 대답했더니, '예를 배우지 않으면 (대인관계나 벼슬길에서) 설 자리가 없어!'라고 말씀하셔서, 저는 물러나온 다음 예를 배운 적이 있습니다. (제가 아버님께 받은 남다른 가르침이 있다면 겨우) 이 두 가지 말씀을 들은 것뿐입니다. 진항이 물러나와 기뻐하면서 하는 말이 : 한 가지를 물어서 세 가지를 얻었도다. 시(가 중요하다는 가르침)을 얻었고, 예(가 중요하다는 가르침)을 얻었으며, 게다가 군자는 자신의 아들을 멀리한다는 가르침을 얻었도다.

주

1) 陳亢(진항) : 1·10에 나오는 자금(子禽)이라고 한다. 거기서 질문한 내용도 유치하기 짝이 없었는데, 여기서도 비슷한 질문을 한다.

2) 伯魚(백어) : 공자의 아들 鯉(리)의 자이다. 11·08의 주) 참조.

3) 立(립) : 『논어』에 나오는 立의 다양한 의미에 대해서는 2·04의 주) 참조.

4) 趨(추) : 윗사람 앞을 지날 때의 걸음걸이 모습을 표현한 말이다.

5) 遠(원) : '멀리한다'는 표현이지만 '사사롭게 가깝게 대하지는 않는다'는 뜻이다.

평설

공자가 제자가 아닌 자기 자식은 어떻게 가르쳤을지 궁금해하는 사람 때문에 만들어진 이야기일 수 있다. 이야기의 주인공은 주책없는 질문을 자주 하는 진항의 몫으로 설정하였다. 자식에게는 제자보다 더 각별하게 가르치는 바가 있을 것으로 짐작하는 사람의 반전을 이용하여 공자의 교육관을 강조한 셈이기도 하다. '자식은 오히려 더 멀리했다, 자식을 직접 가르치기는 했지만 제자들에게 가르쳤던 것과 다른 내용은 없었다'는 강조이다. 『맹자·이루』에 나오는 "君子不敎子(군자는 자식을 직접 가르치지는 않는다)"니 "君子易子而敎之(군자는 다른 사람과 자식을 서로 바꾸어서 가르친다)"니 하는 말은 이 장의 스토리를 변형시킨 버전일 것이다.

시와 禮를 직접 가르치는 것이 아니라 '시를 배우거라', '禮를 배우거라'라고 말만 했다는 것은 당시 시와 禮에 관한 기록물이 존재했다는 증거로 볼 수 있지 않을까 한다. 다만 1·12의 주)에서 설명한 바 있듯이 그 기록물의 형태가 어땠는지는 지금 알 수 없을 따름이다.

공자의 시관은 여기 외에 1·15, 2·02, 2·18, 3·08, 3·20, 8·08, 11·06, 13·05, 17·09에서 더 확인할 수 있다.

16·14 邦君之妻 君稱之曰夫人 夫人自稱曰小童 邦人稱之曰君夫人 稱諸異邦曰寡小君 異邦人稱之亦曰君夫人

나라 군주의 처를 군주가 부를 때는 부인이라 하고 부인이 스스로를 부를 때는 소동이라 하며, 나라 사람들이 부를 때는 군부인이라 하고 다른 나라 사람에게 가리킬 때는 과소군이라 한다. 다른 나라 사람들이 일컬을 때도 역시 군부인이라고 부른다.

| 주 |

1) 夫人自稱曰小童(부인자칭왈소동) : 『예기·곡례』에는 "공후에게 부인이 있으면 부인이 천자에게 자칭할 때는 노부라 일컫고, 제후에게 자칭할 때는 과소군이라 일컬으며, 자기 군주에게 자칭할 때는 소동이라고 일컫는다."[37]라고 되어 있다. 다른 나라 제후들이 내조(來朝)할 때 부인도 함께 맞이하는 것이 고대의 예법이었기 때문에 이런 칭호가 필요했는데,

---

37   公侯有夫人 夫人自稱於天子曰老婦 自稱於諸侯曰寡小君 自稱於其君曰小童

『예기·방기(坊記)』에 의하면 陽侯(양후)가 繆侯(무후)를 죽이고 그 부인을 뺏은 일이 있은 뒤로 부인이 참석하는 법도는 폐했다고 한다.

평설

동떨어진 내용이다. 물론 '孔子曰'이라는 관용구도 없다. 그래서 양계초는 후세 사람이 죽간의 빈 곳에다 다른 내용을 써놓은 것이라고 추측하지만[38] 『고논어』와 『제논어』에도 있는 내용이니 후대에 끼어 들어간 것으로 볼 수는 없다는 주장도 있다. 어쨌든 현전 『논어』가 정돈되지 않은 채 전래되고 있음을 입증하는 사례일 것이다. 그러므로 호칭에 따르는 예법을 따지려는 목적이 아닌 한 이 장을 가지고 이런저런 설명을 할 의미는 없다고 본다.

---

38 여기 외에 「향당」편 끝의 '색사거의(色斯擧矣)'장과 「미자」편 끝이 '태사지(太師摯)'장도 마찬가지라고 주장한다.

양화(陽貨) 제십칠(第十七)

───────

　모반을 했던 사람이 공자를 초빙했던 사례가 앞부분에서 세 차례나 나온다.

　중간 부분에는 『맹자』의 구절과 상통하는 대목이 많다. 그래서 증삼의 후학들이 편집했을 것으로 추측하기도 한다.

17·01 陽貨欲見孔子 孔子不見 歸孔子豚 孔子時其亡也 而往拜之 遇諸塗 謂孔子曰 來 予與爾言 曰 懷其寶而迷其邦 可謂仁乎 曰 不可 好從事而亟失時 可謂知乎 曰 不可日月逝矣 歲不我與 孔子曰 諾 吾將仕矣

양화는 (몇 차례나) 공자를 만나고자 했지만 공자가 만나주지 않자 (공자가 자신을 찾아오지 않을 수 없도록) 공자께 돼지를 (선물로) 보냈다. (선물을 받았으니 찾아가 사의를 표하지 않을 수 없게 된) 공자는 (그를 만나기는 싫으므로) 양화가 집에 없을 때(를 알아본 다음 그 시각에 맞추어) 가서 사의를 표하였다. (그러나 돌아오는) 도중에 그와 마주치고 말았다. (공자와 마주친 양화는) 공자께 "자, (저의 집으로 들어가서) 저와 말씀이나 나누시지요."라고 말하였다. (양화는 공자께) 묻기를 : 보배(와 같은 재주)를 품었으면서도 (그 보배를 알아주는) 나라를 찾지 못해 헤맨다면 인하다고 할 수 있을까요? (곧이어 스스로) 대답하기를 : 안 되겠지요. (어떤) 일에 종사하고 싶어 하면서도 번번이 기회를 놓친다면 지하다고 할 수 있을까요? (마찬가지로 스스로) 대답하기를 : 안 되겠지요. 세월은 흘러만 가는 겁니다. 세월은 나를 기다려주지 않는답니다. (이와 같은 설득에) 공자께서는 (하는 수 없이) 말씀하시기를 : 알겠소이다. 저도 장차 벼슬자리에 나갈 겁니다.

주

1) 陽貨(양화) : 계평자의 가신으로서 노나라의 정권을 잠시 장악하였

던 陽虎(양호)라는 인물의 다른 표기일 것이다.[1] 양호는 공자의 고향인 곡부 출신의 유사(儒士)로서[2] 공자보다 4~5살 더 많았다는데, 계평자의 가신으로 있다가 B.C. 505년(공자 47세 때) 계평자가 죽은 뒤 아들 계환자를 가두고서 노나라의 실권을 3년 남짓 장악했다. 그러나 양호는 계씨뿐 아니라 삼환 모두를 제거하려다 패배하여 B.C. 501년(공자 51세 때) 제나라로 도피한 다음, 이후 송나라를 거쳐 진(晉)으로 가서 趙簡子(조간자)의 가신이 되어 만년토록 영향력을 발휘했다고 한다.

2) 歸(귀) : 饋(궤)의 뜻이다. 음식을 보내는 것을 말한다.

3) 時其亡也(시기무야) : '그가 집에 없을 때를 맞추다'는 뜻이다. 한유는 時가 待(대)라야 한다고 주하지만, 時는 '때를 맞추다'는 뜻의 용언이다.[3]

---

1   『논어』에 '陽貨'는 있지만 '陽虎'는 없고, 『좌전』에 '陽虎'는 있지만 '陽貨'는 없으며, 『좌전』에 陽虎와 관련된 수십 가지 내용이 기록되어 있지만 공자에게 돼지를 보냈다는 이야기는 없을 뿐 아니라, 백수십 차례나 陽虎의 이름이 나오지만 한 번도 그를 陽貨라고 한 적이 없다는 점 등을 이유로 들면서 최술은 두 사람이 별도의 인물이라고 주장한다. 하지만 최술은 공자가 양호라는 사람의 초청에 응하려고 했다는 사실은 물론 공자가 양호와 만났다는 사실조차 부정하는 입장이기 때문에 자기 입론의 근거를 찾고자 그런 주장을 한 것이다. 공자가 양호와 만났기 때문에 이 스토리가 성립되는 것이지 양호가 아닌 다른 사람을 만났다면 이런 이야기는 엮어질 수가 없다. 설령 허구로 엮었던들 여기에 실은 의미도 없다. 이런 스토리는 역사인물이 아닌 가공의 인물을 가지고 엮을 수는 없는 법이고, 춘추시대 노나라에서 양호 외에 양씨 성을 가진 다른 사람이 공자에게 출사를 요구할 만큼 권력을 잡은 적도 없다. 무엇보다 춘추시대에는 발음이 비슷한 다른 글자로 사람의 이름을 적는 사례가 매우 흔하기 때문에 최술의 주장은 논쟁거리가 되지 못한다고 본다.

2   맹손씨의 혈족이라는 주장도 있다.

3   정약용은 한유의 견해가 고루하다면서, 이렇게 고루한 사람을 어떻게 "文起八代之衰(한유의 문장은 한위육조 팔 대의 쇠퇴했던 문풍을 일으켰다)"라고 평

4) 懷其寶而迷其邦(회기보이미기방) : 보배를 품는다는 표현은 벼슬하지 않고 있는 것을 비유한다고 마융은 주한다. 나라가 다스려지지 않고 있는데도 정치에 참여하지 않고 나라를 내버려둔다는 의미라는 것이다. 주희도 '도덕을 감추고 있으면서 어지러운 나라를 구하지 않음'이라고 해석한다. '懷其寶'를 '재주를 감추고서 벼슬하지 않음'으로 새기는 것은 받아들일 수 있지만 '迷其邦'을 그렇게 새기는 것은 받아들일 수 없다. 공자가 능동적으로 나라를 혼미하도록 만드는 것은 아니기 때문이다. 공자더러 나라가 혼미해져도 바로잡지 않고 내버려두었다고 표현한다면 공자를 나라의 주인쯤으로 여기는 생각이 된다. 따라서 '迷其邦'은 공자가 자신을 등용해줄 나라를 찾지 못하고 돌아다닌 것에 대한 표현으로 보는 것이 합당할 것이다. 다만 이 스토리를 역사적 사실로 보고서 검증하고자 한다면, 양호가 권력을 잡은 시기는 공자가 열국을 돌아다니기 훨씬 이전이므로 맞지 않는다. 寶를 '身'으로 보고서 '懷其寶'는 '藏其身'의 뜻이라고 하는 주석도 공자의 몸을 옥체로 표현하려는 생각이다.

5) 曰不可(왈불가) : 공자가 대답한 것이 아니라 양화가 스스로 묻고 스스로 답한 것이라고 전통적으로 해석한다. 공자의 대답은 '공자왈' 이후 다섯 글자뿐이라는 것이다.[4] 하지만 그런 해석은 공자가 모반을 일으킨 양호의 제안을 받아들였을 리 없다는 생각에서 나왔다고 본다. 양화의 혼잣말로 보아야 할 이유가 충분하지는 않지만 전통적인 주석대로 번역하였다.

가했는지 알 수 없다고 푸념한다. 여러 차례 한유의 견해를 비판한다.

4 고증에 투철한 유월조차도 '吾將仕矣'는 양화의 물음에 공자가 승낙한 것이 아니라 양화 자신의 말이라고 한다. 나머지 대부분의 주석가도 '吾將仕矣'라는 말은 공자가 양화의 권유를 실제 받아들인 것이 아니라 모면하려는 대답, 즉 '당장은 아니지만 언젠가는 벼슬살이를 하겠지요'라는 뜻이라고 설명한다.

6) 亟(극) : 자주. 數(삭)과 같은 뜻이다.

7) 與(여) : 기다리다. 待(대)와 같은 뜻이다.

8) 諾(낙) : 『예기·곡례상』에는 "부모님께서 부르실 때는 '알았어!'라고 대답해서는 안 되고, 선생(선배)이 부를 때도 '알았어!'라고 대답해서는 안 된다. '네!'하면서 일어서야 한다."[5]라는 대목이 있다. 그래서 '諾'이라는 대답은 공손한 대답은 아니고 그저 너의 말을 이해했다거나 너의 말에 동의한다는 정도의 뉘앙스라고 대부분의 주석가는 설명한다. 근거가 있는 설명이기는 하지만 공자가 양화의 제안을 진정으로 받아들인 것은 아니었노라고 주장하고픈 생각에서 그렇게 강조한다고 본다.

9) 吾將仕矣(오장사의) : 당장은 인정하지만 반드시 그렇게 하겠다는 뜻은 아니라고 주희는 설명한다. 벼슬하고 싶기는 하지만 양화 밑으로 가서 벼슬하지는 않겠다는 생각에서 이치에 따른 대답만 했을 뿐이지 양화에게 굽힌 것은 아니라는 설명이다. 그것 역시 공자를 위한 옹색한 변명이다. 어쨌든 이 장은 공자가 양화의 초청에 응했던 사실을 드러낸다. '저도 장차 벼슬하겠습니다'라고 번역하면 화자의 의지가 들어간 문장이 되고, '저도 언젠가는 벼슬하겠지요'라고 번역하면 의지는 들어가지 않은 문장이 된다.

평설

양화가 노나라의 실권을 잡았을 때 공자를 영입하고자 적극 노력했고, 이에 공자는 마지못해 승낙하였다는 줄거리의 판타지이다. 양화를 뒤이어 정공 9년(501 B.C.) 모반을 일으킨 公山弗擾(공산불요)도 공자를 초빙하고자 했고(17·05), 정공 15년(495 B.C.) 佛肸(필힐)도 모반하고서 공자를 초빙하고자 했다는 이야기(17·07)도 비슷한 차원의 판타지이다.[6]

---

5 父召無諾 先生召無諾 唯而起

정계에 진출하고자 평생 노력했지만 이루지 못했던 공자의 한을 무화(無化)시키는 드라마이다. 양화가 선물을 보내는 계교를 썼다든가, 공자 또한 양화가 집에 없을 때를 맞추어서 답례하려고 했다든가, 그럼에도 불구하고 마주치게 되는 바람에 하는 수 없이 대화하게 되었다든가 하는 설정들은 극적인 요소이다. 군주들은 공자를 알아보지 못했지만 쿠데타로 정권을 잡은 사람들은 공자를 알아봤다, 그렇지만 공자는 명분 없는 권력자의 초빙에는 응할 수 없어 하는 수 없이 형식적으로만 응했다, 이런 설정들은 공자가 끝내 권력을 잡지 못했음을 안타까워하는 유자들의 아픔을 씻어주거나 공자의 체면을 살리는 기제로서 삽입되었다.

계씨의 농단을 강하게 비판했던 공자가 계씨의 가신이 정권을 잡고서 부르는 것에 승낙했을 리는 없다는 이유 때문에 최술 같은 사람은 이 이야기가 사실이 아니라고 비판하지만, 역사적 사실과 무관한 순수한 판타지라고만 볼 수는 없다. 『논어』의 힘은 그 이야기의 세세한 부분까지 모두 역사적 사실이라는 점에 있지 않다. 최술처럼 엄숙하고 냉정하게 이야기의 사실성을 분석하는 사람들보다 이와 같은 판타지와 드라마를 가미한 사람들이 오히려 공자의 영향력과 유학을 유지시키는 데 더 공이 컸다고 본다. 구성의 기초부터 허구로 볼 근거 또한 없다. 많은 유자들은 애써 부정하지만[7] 여러 정황을 살피건대 공자는 어떻게든 양화와 연관을 가졌을 법하고, 양화가 삼환과의 대결에서 실패하여 도주하는 바람에 공자의 처지가 어렵게 되었을 가능성도 있다.[8] 그렇다면 이 판타지는 공

---

6   더구나 17·05와 17·07에서 공자의 처신에 반발하는 사람을 자로라는 독특한 개성을 지닌 인물로 설정하는 것도 이 판타지를 더욱 성공적으로 만든다.

7   양웅은 『법언』 권8에서 공자가 남자를 만난 것과 양화를 만난 것을 굴신(詘身: 몸을 굽힘)이라고 표현한 바 있다. 주희는 『주자어류』에서 양웅이 성인의 처신을 깨닫지 못해서 그렇게 말한 것이라고 강조한다.

8   양화의 고향이 공자와 같은 곡부라는 점도 그렇거니와, 공자가 광을 지날

자가 능동적으로 양호에게 접근했던 것은 아니었다고 설명해야 할 필요성 때문에 만들어졌을 수도 있지 않은가 한다.

이 이야기는 『맹자·등문공하』에도 나오는데, 줄거리는 이 장의 이야기와 같지만 맹자는 마지막에 자신의 해석을 붙였다.[9]

17·02 子曰 性相近也 習相遠也

스승님께서 말씀하시기를 : (사람의) 성품은 (누구나) 서로 비슷하지만 (그 사람의) 습관은 서로 멀어지게 만든다.

| 주 |

1) 性(성) : 타고난 성품. 性에 대한 설명은 5·12의 주) 참조.

2) 相(상) : 사람 사이의 간극을 의미한다.

때 그곳 사람들이 공자를 양화로 오인한 나머지 붙잡아 가두었다는 이야기도 공연히 만들어진 이야기는 아닐 것이다(9·05, 11·23). 공자가 삼환과 계씨를 강력하게 비판하는 내용이 『논어』에 많이 실리게 된 것도 삼환의 압박 때문에 노나라를 떠나지 않으면 안 되었던 사정이 배경이지 않을까 한다. 공산불요가 모반했을 때와 필힐이 모반했을 때에도 그때마다 공자가 어느 정도 간여했는지는 알 수 없지만 완전한 허구는 아닐 가능성 또한 있다고 본다.

9　"양화는 공자를 만나보고 싶었지만 부르면 무례하다고 여길까 봐 꺼렸다. 대부가 士에게 예물을 보내면 士가 자기 집에서 직접 받지 못할 경우 대부의 집으로 가서 사례를 표하는 것이 당시의 예법이었으므로, 양화는 공자가 집에 없는 틈을 타서 찐 돼지를 예물로 보냈다. 그랬더니 공자도 양화가 집에 없는 틈을 타서 양화의 집으로 가서 사례를 했다. 애당초 양화가 그런 수작을 부리지 않고 먼저 공자를 찾아왔더라면 공자께서 어찌 양화를 안 만났겠는가?(陽貨欲見孔子而惡無禮 大夫有賜於士 不得受於其家 則往拜其門 陽貨瞯孔子之亡也 而饋孔子蒸豚 孔子亦瞯其亡也 而往拜之 當是時 陽貨先 豈得不見)."

3) 近(근), 遠(원) : 상반되는 뜻의 용언이지만 '近'은 형용사로 번역하고 '遠'은 동사로 번역하는 것이 문맥에 맞다.

평설

5·12에서 자공은 공자가 성이니 천도니 하는 것에 대해 말씀하시는 것을 들은 적이 없다고 했다. 이 장에서 성이 언급되기는 하지만 성 자체를 언급하기 위한 것은 아니고 습관의 중요성을 강조하고자 언급했을 뿐이다. 그럼에도 불구하고 공자의 이 말을 인용하여 성을 설명하고자 하는 사람은 많았다. 다만 중국 학문의 특징이 그러하듯이 성에 대한 본질을 탐구하거나 성을 존재론적으로 따지는 것은 아니고 성이 선한지 악한지에 대해 말하는 것이 대부분이었다. 맹자가 近을 '近於善'으로 읽으면서 성선설을 주장한 것이 시초인데, 맹자의 말대로 앞 구절을 '性相近於善'으로 읽는다면 뒤 구절도 '習相遠於善'으로 읽어야 한다. 그렇게 되면 모든 사람들이 보편적으로 선에서 멀어진다는 뜻이 되므로 공자의 취지와는 맞지 않는다고 본다. 공자가 말한 近이니 遠이니 하는 것은 사람 사이의 거리이지 善과의 거리는 아니다. 맹자의 교조화 의욕이 그렇게 왜곡했다고 본다.[10]

공안국과 하안의 "군자는 습하게 되는 것을 조심해야 한다."[11]라는 주석이면 충분하다. 그런데 황간이 "性이란 사람이 태어나면서 받은 것이고 習이란 태어난 뒤 온갖 거동을 자주 행하면서 익혀진 것이다. 사람은

---

10 그러다 보니 이 장을 '學而時習之'와 같은 취지로 보고서는 「양화」편은 「학이」편과 같은 계열의 그룹이 편찬했다는 주장까지 나오게 된다. 『논어』는 기독교의 바이블처럼 독립적으로 형성된 각각의 편들이 시대에 따라 편입되거나 제거되면서 형성된 책은 아닌데도 말이다.

11 君子愼所習

모두 천지의 기를 받아서 태어나므로 비록 두텁고 얇은 차이는 있을지 언정 똑같이 기를 받기 때문에 '서로 가깝다'고 말한 것이다. 인식작용이 생기면서 좋은 친구를 만나면 서로 본받아 선한 짓을 하게 되고, 나쁜 친구를 만나면 서로 본받아 나쁜 짓을 하게 된다. 그래서 선악의 차이가 생기므로 '서로 멀어진다'고 말한 것이다. 그러나 情과 性의 뜻에 대해서는 말하는 사람마다 다를 뿐 아니라 자기네 주장만 하게 된다. 예전에는 性을 生으로, 情을 成으로 새겼다. 性이란 태어나면서 갖는 것이니까 生이라고 한 것이고, 情이란 欲이 일어나 벌어지는 일이므로 成이라고 한 것이다. 그런데 性에는 선악이란 없이 짙고 옅음만이 있을 뿐이고 情에는 욕심이 있어서 삿되고 바름이 생기게 된다. 性은 온전히 타고난 것일 뿐 用을 거치지 않은 것이기 때문에 악이니 선이니 하는 이름을 붙일 수 없어서 '성에는 선악이 없다'고 하는 것이다."[12]라고 장황하게 설명하자 마침내 송유들도 자신들의 교조와 연결하여 구름 잡는 소리를 하기에 이른다.[13]

---

[12]　性者 人所稟以生也 習者謂生後有百儀常所行習之事也 人俱稟天地之氣以生 雖復厚薄有殊 而同是稟氣 故曰相近也 及至識 若值善友則相效爲善 若逢惡友則相效爲惡 惡善旣殊 故云相遠也 然情性之義說者不同 且依一家 舊釋云性者生也情者成也 性是生而有之故曰生也 情是起欲動彰事故曰成也 然性無善惡而有濃薄 情是有欲之心而有邪正 性旣是全生而有未涉乎用 非唯不可名爲惡 亦不可目爲善 故性無善惡也

[13]　황간이 그렇게 설명한 것은 맹자의 해석을 의식했기 때문일 것이다. 정이와 주희는 맹자가 말한 성선의 성은 본연지성(本然之性)이지만 여기의 성은 본연지성이 아닌 기질지성(氣質之性)이라고 말한다. 본연지성은 성이 아닌 理이기 때문에 불선이란 것이 아예 있을 수 없지만 기질지성은 美惡가 같지 않다고도 하고, 다만 초기에는 서로 멀지 않다고도 하며, 性은 곧 理이라고도 말한다. 이 밖에도 '善惡' 및 '性情'과 관련한 주석은 허다하다. 송시열(1607~1689)도 여기의 性은 기질지성이 아니라 본연지성과 기질지성을 합한 것이라고 주장한다(『송자대

17·03 子曰 唯上知與下愚不移

스승님께서 말씀하시기를 : (사람은 누구나 바뀌지만) 상지와 하우만은 바뀌지 않는다.

평설

앞 장의 중심어가 '習'이라면 이 장의 중심어는 '移(이)'이다. '사람은 누구나 바뀔 수 있다. 바뀔 필요가 없는 상지(上知)나 변화 불가능한 하우(下愚)를 빼고는 모두 바뀔 수 있다. 너는 상지나 하우는 아니지 않은가? 그러니까 바뀔 수 있다'라는 뜻이다.[14]

그러니 상지는 生而知之者이고 하우는 困而不學者라느니, 중인은 이러이러한 사람이라느니, 하우에도 두 종류가 있다느니 하는 주석들은 모두 부질없는 설명들이다. 앞 장에서 성을 가지고 설명하던 여러 주석들이나 마찬가지이다. 공자는 상지니 하우니 하는 실체를 염두에 두고 말한 것도 아니다. 인간의 지적 수준을 의식하고서 말한 것도 아니다. 그저 '移'를 강조하고자, 사람은 바뀌어야 함을 강조하고자 상지와 하우라는 낱말을 원용했을 뿐이다.[15]

전(宋子大全)』권131 「간서잡록(看書雜錄)」〉. 이택후는 여기의 성은 선악이 없는 중성적인 것이라고 말한다. 그런 설명들은 모두 토끼의 뿔이나 거북이의 터럭을 가지고 왈가왈부하는 짓이다.

14   "상지는 억지로 나쁘게 만들 수 없고, 하우는 억지로 현명하게 만들 수 없다 (上知不可使爲惡 下愚不可使强賢)."라는 공안국의 해석도 마찬가지 취지이다.

15   따라서 "앞 장에서는 천성은 가깝고 습관이 멀게 할 뿐이라고 말했지만 또한 다른 사례도 있다는 것이 여기서 드러난다(前旣曰性近習遠 而又有異 此則明之也)."라는 황간의 설명이나, "사람의 기질이 서로 비슷하기는 하지만 좋은 쪽이든 나쁜 쪽이든 일단 한번 결정되면 습관에 의해 바꿀 수 없는 것도 있다(人之氣質 相近之中 又有美惡一定 而非習之所能移者)."라는 주희의 설명은 공자의 말과는 맥락이 닿지 않는 설명들이다. 공자는 바뀔 수 없는 어떤 부류의 사람이 있다

주희는 이 장을 앞 장과 나누어 별도의 장으로 보았지만 하안은『논어집해』에서 하나의 장으로 처리했다. 앞 장은 천성이 아닌 습관의 중요함을 강조하고 있고, 이 장은 인간의 변화를 요구하고 있기 때문에 기본적으로 같은 주문이라고 본 것이다.[16] 知에 관해서는 9·29 참조.

17·04 子之武城 聞弦歌之聲 夫子莞爾而笑 曰 割雞焉用牛刀 子游對曰 昔者偃也聞諸夫子曰 君子學道則愛人 小人學道則易使也 子曰 二三者 偃之言是也 前言戲之耳

스승님께서 (자유가 읍재로 있는) 무성에 가신 적이 있는데, (환영 연회석상에서) 현악기를 타며 시가를 부르는 소리가 들렸다. 스승님께서 빙그레 웃으시면서 (자유에게) "닭 잡는 데에 왜 소 잡는 칼을 쓰니?" 하(면서 놀리)셨다. (당황한) 자유는 대답하기를 : 예전에 저는 스승님께 이렇게 들었습니다. 군자가 도를 배우면 사람을 사랑하게 되고 소인이 도를 배우면 부리기 쉽게 된다고요. (자유의 진지한 대답에 놀란) 스승님께서는 (옆에 있는 제자들에게) 말씀하시기를 : 애들아, 언의 말이 옳다. 앞에 했던 말은 농담이었을 뿐이란다.

주

1) 子游(자유) : 공자의 제자로 성은 言(언), 이름은 偃(언)이며 자가 자유이다. 그는 이때 武城(무성)의 읍재로 재임하고 있었던 모양이다.

고 말하고자 한 것은 아니다. 그러니 하우에는 자포하는 사람과 자기하는 사람의 두 종류가 있다느니, 성인은 스스로 선과 단절하는 사람을 하우로 여겼다느니 하는 정이의 진지한 설명도 아무런 의미가 없다. 그것을 그대로 옮긴 주희의 의도는 무엇이었는지 궁금하다.

16 이 장의 논란과 관련하여 정수덕은, 제가의 설을 함께 채록하는 황간의 수가 자기 스승의 설만을 고집하는 주희의 집주보다 낫다고 평가한다.

2·07의 주) 참조.

2) 割雞焉用牛刀(할계언용우도) : 작은 것을 처리하는 데에 커다란 도구를 사용한다는 말이니, 어울리지 않는 성대한 격식에 대한 당시 사람들의 속담이었을 것이다. 牛刀는 시골에 어울리지 않은 훌륭한 인물인 자유를 가리킨다는 황간의 설명은 적절하지 않다. 공자가 만약 그런 의도로 말했다면 농담이었다면서 말을 거둘 필요는 없었을 것이다.

3) 學道(학도) : 이 대화로 보더라도 시와 음악을 배우는 것을 학도라고 표현했음을 알 수 있다. 도는 곧 예악을 가리켰다.

4) 二三者(이삼자) : '二三子'의 오기일 것이다. 3·24의 주) 참조.

5) 戲之(희지) : '之'는 목적어가 아니고 자동사에 붙는 허목적어이다.

평설

이 장도 스토리가 있는 내용이다. 자유의 진지하고도 격식 있는 접대에 공자는 그만 '어울리지 않다'면서 웃어버렸다. 그러자 자유는 더욱 진지하게 '스승님한테서 배운 대로 할 뿐인데요?'라고 대꾸한다.

웃음은 상대방을 하찮게 만들어버린다. 그래서 진지한 사람, 권위를 좋아하는 사람은 웃음을 용납하지 못한다. 공자는 자유의 진지함에 당황한 나머지 얼른 수습한다. 공자 스스로는 자신이 답답할 정도로 엄숙한 사람은 아니라고 여겼을지 모르나 제자들을 이처럼 고지식하고 진지하게 만든 장본인이 자신이라는 점을 깨달을 수 있었는지 궁금하다.

짧은 구성에다 비록 공자의 우스개가 들어간 스토리이지만 무게는 아무래도 자유라는 인물의 부각에 있다고 봐야겠다. 『예기』 「예운」편이 자유 문하에서 성립되었을 것이라든지, 자유 문파가 맹자에게 많은 영향을 끼쳤을 것이라든지 하는 주장들을 감안하자면 이 이야기가 자유를 띄우는 내용이라는 데에는 대체로 수긍할 수 있을 것이다.

H.G. 크릴은 '君子學道則愛人 小人學道則易使也'라는 문장을 증거

로 들면서 공자는 소인에게도 도를 가르쳐야 한다는 입장이었다고 말한다. 그뿐만 아니라 자유는 최초의 대중교육자였을지 모른다고도 하고, 공자는 자신의 실수를 솔직히 인정하는 사람이었다고도 말한다(제10장). 그러나 앞에서도 그러했듯이 그런 견해는 중국인의 언어관습을 이해하지 못한 데서 나온 다소 황당한 해석이다. 공자의 말은 '~하면 ~하게 된다'라는 가정일 뿐이지 소인에게도 도를 가르쳐야 한다는 생각으로 확대될 수 있는 말은 결코 아니다. 소인에게 도를 가르치더라도 나쁜 결과를 가져올 일은 없다는 뜻이지 소인을 군자와 대등하게 가르쳐야 한다거나 가르칠 수 있다는 뜻은 아니다. 공자가 제자를 받아들일 때 신분이나 계층을 가리지는 않았던 듯하지만 그 점 때문에 공자를 대중적인 교육을 주창했던 사람으로 표현할 수는 없다. 공자는 지배계층이 되려는 사람의 교육에만 관심을 가졌을 뿐이었다. 공자가 사용하는 '소인'이라는 개념도 언제나 군자의 대칭, 즉 군자답지 못한 사람을 가리키는 말이었지 피지배계층인 하층민을 가리키지는 않는다.

17·05 公山弗擾以費畔 召 子欲往 子路不說 曰 末之也 已 何必公山氏之之也 子曰 夫召我者 而豈徒哉 如有用我者 吾其爲東周乎

공산불요가 비(읍)를 근거로 반란을 일으킨 다음 (스승님을) 부르자 스승님께서는 가려고 하셨다. (그러자) 자로가 기꺼워하지 않으면서, "갈 곳이 없으면 (안 가면) 그만이지 하필 공산씨(같은 사람)에게 간단 말입니까."라고 말하였다. 스승님께서 말씀하시기를 : 나를 불렀다면 공연히 불렀겠느냐? (누구든) 만약 나를 등용하기만 한다면 내가 장차 (그 나라를) 동방의 주왕조로 만들지 않겠느냐.

주

1) 公山弗擾(공산불요) :『좌전』정공 5년(505 B.C.), 8년, 12년 및 애

공 8년(487 B.C.)에 나오는 公山不狃(공산불뉴)와 동일한 인물일 것이다.[17] '公山不蹂'로 적힌 곳도 있거니와, 陽貨와 陽虎의 사례를 보더라도 당시의 사람 이름 글자에는 출입이 있기 마련이다.『좌전』에 의하면 정공 9년(501 B.C.) 6월 양호가 계환자를 살해하려다 실패하여 도주할 때부터 공산불뉴는 비읍의 읍재로 있었는데, 이후 정공 12년 8월 자로가 계씨의 가재로 있으면서 삼도를 허물려고 하자 공산불뉴는 公孫輒(공손첩)과 함께 비읍 사람들을 거느리고 노나라 수도로 쳐들어가 반기를 든다. 하지만 그해 사구 직위에 오른 공자는 申句須(신구수), 樂頎(악기) 등으로 하여금 공산불뉴를 공격하게 하여 패퇴시키자 공산불뉴는 제나라로 도주했다고 한다.[18] 조익(趙翼, 1727~1814)과 최술(崔述, 1740~1816)은『해여총고(陔餘叢考)』와『수사고신록(洙泗考信錄)』에서 공산불뉴가 모반을 일으키고 공자를 불렀다는『논어』의 이 기록은 믿을 수 없다고 주장한다. 특히 최술은, 현전『논어』는 한대의 장우(張禹, ?~5 B.C.)가 유통시킨 판본인데 장우는 자신이 왕망의 찬탈과 시해를 도운 사람이기 때문에 공산불뉴와 필힐에 관한 두 장을 저의를 갖고『노논어』에 끼워 넣

---

17 진천상(陳天祥, 1236~1316)은『사서변의(四書辨疑)』에서 두 사람이 별개의 인물이라고 주장하는데, 그 이유가 황당하기 짝이 없다. 공자를 부른 사람이라면 공자를 알아보는 훌륭한 사람일 텐데『좌전』과『사기』에서 비읍을 근거로 모반을 했던 참람한 사람일 리는 없으므로『논어』에 나오는 공산불요는 다른 사람일 것이라는 것이다. 이런 설명은 학술이 아니라 종교나 다름없다. 중국에서 나오는 논어주석서에는 그처럼 교조적인 주석서들이 너무 많다.

18 공산불뉴가 모반을 일으킨 것은 정공 12년이고 공자가 사구의 지위에서 공산불뉴를 패퇴시킨 것도 정공 12년의 일이라 하니, 공산불뉴가 공자에게 정치 참여를 권유했다면 정공 12년 공산불뉴가 노나라의 수도로 쳐들어갔을 때의 일은 아니고 정공 9년 이후 비읍을 거점으로 반거(盤居)하고 있을 때의 일일 것이라고 주장하는 사람들이 많다. 그렇다면 그때의 상황을 叛이라고 표현할 수 있을지 의문이다.

었다고까지 주장한다. 하지만 공자가 공산불뉴와 필힐의 부름에 가려고 했다는 이야기는 장우보다 80여 년 먼저 출간된 사마천의 『사기·공자세가』에도 나오기 때문에[19] 최술의 주장은 설득력이 없다고 본다. 유보남(劉寶楠, 1791~1855)도 뒤의 기록인 『좌전』을 믿으면서 앞의 기록인 『논어』를 의심하는 것은 옳지 않다 하고, 전목(錢穆, 1895~1990) 또한 최술의 주장은 억지라고 말한다. 다만 17·01에서 언급했다시피 『논어』의 이야기들이 모두 역사적 사실과 완전하게 부합할 수는 없다는 점을 우리는 유념하면 된다. 『논어』의 형성과정은 물론 공자에 대한 전설이 형성되는 과정부터 허구는 섞일 수밖에 없다. 『사기·공자세가』의 내용은 물론 우리가 알고 있는 공자에 관한 지식 상당 부분도 역사적 진실과 거리가 멀수 있다. 하지만 『논어』에서 역사적 사실과 부합하는 것만 추려내는 일이 반드시 의미를 지닌다고 할 수는 없다. 우리에게 공자는 '역사상 실재했던 공자'와 '우리가 기억하는 공자'의 합이다. 공자만이 아니라 모든 역사인물은 다 그렇다. 살아 있는 나와 기억하는 나의 혼재가 바로 참다운 '나'이다.

2) 畔(반) : 叛(반)과 같다. 『사기』에는 '以費畔季氏'로 되어 있다.

3) 末之也已(말지야이) : 공안국 이래로 '之'를 '適'으로 보아서 '無可之則止(갈 곳이 없으면 그만둔다)'라는 뜻으로 해석한다. 末은 일반적으로 무칭지시대사로서 '~할 길이 없다'고 새긴다. 已는 '그만두다'는 뜻의 동사이다. 정약용은 공자가 농담으로 가겠다고 한 것이라고 해석한다.

4) 公山氏之之也(공산씨지지야) : 앞의 之는 강세 효과를 위해 목적어

---

19 『사기·공자세가』는 공자의 평전이나 다름없는 글인데, 『논어』를 연대순으로 재구성했다고 본다. 따라서 비록 책 이름이 '논어'는 아닐지라도 현전 『논어』의 기의 비슷한 기록 많이 당대에 존재했기 때문에 사마천이 그 글을 쓸 수 있었다고 본다.

를 앞으로 둘 경우 동사와 목적어 사이에 두는 구조조사이고, 뒤의 之는 '가다'라는 뜻의 동사이다. 也는 의문의 어기를 나타낸다.

5) 夫召我者(부소아자) : 夫는 발어사이다. 이 구절은 소위 '者 자 구문'으로서, '나를 불렀다'라는 결과를 강조하는 문장 형식이다.

6) 其爲東周乎(기위동주호) : 其는 '장차 ~하려고 하다'는 뜻의 부사이다.[20] 爲는 '만들다'는 뜻이고, 乎는 단정하는 어기를 나타낸다. 東周는 역사상 실재했던 西周 이후의 왕조를 가리키는 게 아니라 동방에 있는 주왕조, 즉 또 하나의 주왕조라는 뜻으로 짐작된다. 공자는 노나라를 周문화의 종주국으로 여기면서 자신 또한 주문화의 종장으로 자처한 나머지 자신이 등용되기만 하면 노나라를 주문화의 종주국으로 만들 수 있다는 자신감을 이렇게 표현했다고 본다. 정약용은 스스로 만든 묘지명에서 東周를 東魯의 은어라고 말하는가 하면, 『논어고금주』에서는 東周가 西周를 秦(진)에게 주어버렸던 것처럼 현재의 노나라는 삼환에게 주어버리고 노나라 군주를 동쪽 비읍으로 옮겨서 東魯(동로)라는 새 나라를 만들려는 생각이었다고 설명한다. 아무리 은어를 사용했다 할지라도 후대에 만든 허구가 아닌 바에야 그처럼 위험한 생각을 당대에 드러냈다고 보기는 어렵다. 스스로 지은 묘지명에 그런 말을 적었다는 것을 보면 정약용도 공자 못지않게 과도한 사명감과 의욕을 가진 사람이지 않았을까 한다.

평설

『사기·공자세가』는 이 일을 정공 9년, 공자 나이 51세 때의 일이라고 하면서 다음과 같이 묘사한다. "공산불뉴가 비읍을 근거로 계씨에게 반

---

20   14·36의 "公伯寮其命如何(공백료 그 녀석이 천명을 어떻게 해볼 수야 있겠느냐?)"와 같은 용례이다.

기를 든 다음 사람을 시켜 공자를 불렀는데, 공자는 오랫동안 왕도를 추구하였지만 아무도 자신을 등용해주지 않아 실력을 발휘할 기회가 없었던 차이므로, 주의 문왕과 무왕도 풍과 호에서 일어나 왕이 되었듯이 지금 비읍이 비록 작다고는 해도 한번 기대해볼 만하지 않을까 하는 생각에서 가려고 하였다. 그러자 자로가 기뻐하지 않으면서 공자를 제지했다. 이에 공자는 '나를 불렀다면 공연히 불렀겠는가. 만약 나를 등용한다면 그 나라는 동방의 주왕조가 될 거야'라고 공자는 말하였다. 그러나 결국 가지는 않았다."[21]

공안국, 하안, 주희 등은 '以費畔'을 다음과 같이 설명한다. 공산불뉴가 비읍의 군사를 거느리고 노나라 수도를 침공한 해는 정공 12년이지만 그때는 공자가 사구로 있으면서 공산불뉴를 패퇴시켰기 때문에[22] 이 대화가 그해에 있었을 리는 없고, 정공 9년 양호가 모반할 때 공산불뉴는 비읍을 차지하고서 삼환과 대립하면서 독자적인 세력으로 군림하였으므로 그때 공자를 불렀을 것이다. 공자가 공산불뉴의 초빙에 종당에 가지 않았던 이유는 어디에도 나오지 않지만 자로가 강력하게 반대했다고 묘사하는 것을 보면 제자들의 반대 때문이었다고 여기도록 만든다.[23] 이 이

---

21 公山不狃以費畔季氏 使人召孔子 孔子循道彌久 溫溫無所試 莫能己用 曰蓋周文武起豐鎬而王 今費雖小 儻庶幾乎 欲往 子路不說止孔子 孔子曰夫召我者豈徒哉 如用我其爲東周乎 然亦卒不行

22 공자는 정공 9년 그해에 중도의 재라는 지위에 처음 나가게 되고 이후 정공 12년에 대사구에까지 올랐다고 하지만 공자의 벼슬에 관한 기록은 앞서 언급했듯이 여러 의문점이 있다.

23 정이는 이렇게 말한다. "성인께서는 천하에 좋은 일 못 할 사람은 없고 자기 허물 못 고치는 사람은 없다고 생각했기 때문에 가시려고 했다. 그러나 종당에 가시지 않았던 것은 그 사람이 끝내 고칠 수 없을 것임을 알았기 때문이다." 그리고 주희는 이렇게 말한다. "공산불요가 만약 스승님을 등용했더라도 부자께서는 그로 하여금 자신의 허물을 고쳐 반역을 하지 못하게 하는 정도에 그쳤을 것이

야기가 사실이고 또 공자가 만약 공산불뉴에게 갔더라면 공자의 입지는 매우 어려워졌을 것이다. 어쩌면 오늘날 이르기까지의 영향력도 유지할 수 없었을지 모른다. 이 장의 이야기는 17·01 및 17·07과 더불어 어디까지나 공자를 위한 판타지이다. 비록 온전한 허구는 아니라 하더라도.

17·06 子張問仁於孔子 孔子曰 能行五者於天下爲仁矣 請問之 曰 恭 寬 信 敏 惠 恭則不侮 寬則得衆 信則人任焉 敏則有功 惠則足以使人

자장이 공자께 인(을 어떻게 하면 완성할 수 있는지)에 대해 여쭙자 공자께서 말씀하시기를 : 천하에 다섯 가지만 실천할 수 있으면 인은 완성된다. (자장이) 그 다섯 가지(가 무엇인지)에 대해 여쭙자 (공자께서) 대답하시기를 : 공손함, 너그러움, 미더움, 영민함, 베풂이다. 공손하면 모욕을 당하지 않고, 너그러우면 사람들을 얻게 되며, 미더우면 남들이 (나에게 일을) 맡기고, 영민하면 공적이 생기며, 베풀면 남을 부릴 수 있다.

주

1) 得衆(득중) : 많은 사람을 얻는다는 것은 자신을 지지하는 사람이 많아진다는 뜻이겠다.

2) 敏(민) : 공안국은 "사무 처리를 빨리하면 공적이 많게 된다."[24]라고 주하지만, 1·14와 7·20에서처럼 '審(심: 자세히 살핌)'의 뜻으로 새기는 것이 낫다. 英敏(영민)이라는 낱말에는 그러한 뜻이 포함된다.

다." 임의로 남을 웃기려고 하는 사람보다 더 남을 웃기는 사람은 이처럼 진지한 사람들이다.

24 應事疾則多成功也

문체가 앞뒤 장과는 달리 「계씨」편의 여러 문장이나 20·02나 17·08과 비슷하다는 지적을 많이 받는 장이다.[25] 그뿐만 아니라 공자의 대답도 앞에서 여러 차례 나온 바 있는 인에 대한 설명과는 많이 다르다. 1·02의 주)에 있는 인에 대한 설명과 대조하면 느낄 수 있지만, 인보다는 차라리 정(政)에 대한 대답처럼 들린다. 그래서 주희는 자장의 단점에 근거한 말이라고 설명하고, 정수덕은 『제논어』의 「자장」편 가운데 하나가 여기에 잘못 끼었을 것으로 추정한다.

17·07 佛肸召 子欲往 子路曰 昔者由也聞諸夫子曰 親於其身爲不善者 君子不入也 佛肸以中牟畔 子之往也 如之何 子曰 然 有是言也 不曰堅乎 磨而不磷 不曰白乎 涅而不緇 吾豈匏瓜也哉 焉能繫而不食

필힐이 (중모현을 근거로 모반을 일으킨 다음 스승님을) 부르자 스승님께서는 가려고 하셨다. (그러자) 자로가 (스승님께) 사뢰기를 : 예전에 저는 스승님에게서 "(군주가) 제 스스로 나쁜 짓을 하면 군자는 (그런 나라에는) 들어가지 않는 법이다."라고 들었습니다. 필힐은 중모 땅을 근거로 모반한 사람인데도 스승님께서 (그리로) 가시겠다면 어떡합니까? 스승님께서 말씀하시기를 : 그랬지, 그런 말을 했었지. (그런데) 아무리 갈아도 얇아지지 않는다면 (그것은 진정) 단단한 것이 아니겠는가? 아무리 물들여도 검어지지 않는다면 (그것은 진정) 흰 것이 아니겠는가? (내가 그러하다. 나는 필힐에게 가더라도 바뀌거나 물들지 않아. 그리고) 내가 왜 조롱박(같은 신세)이어야만 하니? 왜 (조롱박처럼) 매달리기만 하고 먹을 수는 없(는 신세로 마쳐)야만 하니?

---

25 자장이 공자에게 인에 대해 질문했다면 보통 '子張問仁 子曰~'이라고 표현되건만 여기서는 그렇지 않다.

1) 佛肹(필힐) : 필힐이 일으켰던 정변에 관해서는 이견이 있다. 공안국, 하안, 형병, 주희 등은 필힐을 진(晉)나라 육경 가운데 하나인 趙簡子(조간자)의 가신으로 보지만 유보남과 그의 아들 유공면, H.G. 크릴 등은 육경 가운데 范(범)씨와 中行(중항)씨의 가신으로 본다. 진의 조간자가 범씨와 중항씨를 공격하자 범씨와 중항씨의 가신으로서 중모현(中牟縣)의 현장으로 있던 필힐은 중모현을 위(衛)에다 귀속시키면서 조간자에 대항했다고 한다. 그러니까 진(晉)에 대해서는 반역이지만 范과 中行에 대해서는 義를 행한 것으로 보는 것인데, 이 일은 애공 5년(490 B.C., 공자 62세 때)에 있었다고 한다. 진의 육경 가운데 范氏, 智伯氏, 中行氏는 나중에 도태되고 韓氏, 魏氏, 趙氏만이 남아 각각 제후국으로 독립한다.

2) 親(친) : 自(스스로)와 같은 뜻이라는 주희의 설명이 합당하다고 본다.

3) 以中牟畔(이중모반) : 中牟는 하북성 邢台(형태)와 邯鄲(한단) 사이 湯陰縣(탕음현) 서쪽에 있던 晉의 읍이다. 五鹿(오록), 鄴(업)과 더불어 중요한 읍으로 꼽혔다. 以는 '의지하여', '근거하여'의 뜻이다. 畔은 叛과 같다.

4) 不入(불입) : 공안국은 '不入其國(그 나라에 들어가지 않는다)'으로 보았다.

5) 子之往也如之何(자지왕야여지하) : 之는 원래 주어와 술어 사이에 쓰여서 주술구조의 명사구나 절을 만드는 구조조사인데, 여기서처럼 절의 성격이 강한 경우 가정이나 조건의 뜻을 나타내는 접속사로 보기도 한다.

6) 磷(린) : 돌이 닳아서 얇아짐.

7) 涅(녈) : 본래는 검은 물을 들일 때 쓰는 광석을 의미하지만 여기서는 검게 물들인다는 의미의 동사로 쓰였다.

8) 匏瓜(포과) : 조롱박. 부력을 이용하기 위해 허리에 매고서 강을 건

너는 데 사용할 뿐 맛이 써서 먹지는 않으므로 쓸모가 없는 사람을 비유한 말로 쓰였다. 그러나 황간을 비롯한 일부 주석들은 별 이름이라고 한다. 별 이름일 뿐 실제는 먹지 못하는 것을 비유한 것으로서 『시 · 소아』「대동(大東)」에서 기성(箕星)과 두성(斗星)을 가지고서 "남쪽 하늘에 키가 있어도 까부를 수 없고, 북쪽 하늘에 국자가 있어도 국물 뜰 수 없지요."[26]라고 노래한 것과 같다는 주장이다. 그런데 그 시에서 별 이름은 하늘을 보면서 간절한 아쉬움을 드러낸 비유이지만 공자의 이 표현에서 조롱박은 단지 쓸모없는 물건에 대한 비유이기 때문에 별 이름과는 무관하다고 본다. 어쨌든 '不曰堅乎磨而不磷 不曰白乎涅而不緇'라든가 '繫而不食하는 조롱박'이라든가 하는 비유는 당시 유행하던 성어였을 것이다.

평설

17 · 01과 17 · 05에 이어, 모반한 가신의 초빙에 공자가 응하려 했다는 세 번째 이야기이다. 앞에서도 강조했듯이 『논어』에 실린 이 세 사건은 역사적 진실 여부를 떠나 고대 중국인에게 투영된 공자에 대한 인식이었다고 본다.[27] 공자가 결국 어떻게 처신했는지에 대해서는 세 차례 모두 기록되지 않은 것도 그 때문이다.[28] 17 · 05의 경우 공자는 사구로서 공산

---

26 維南有箕 不可以簸揚 維北有斗 不可以挹酒漿

27 『수사고신록』 전편을 통해서 볼 수 있는 최술의 태도는 대체로 실증적이다. 하지만 공자의 행적 가운데 의리에 어긋나는 처신으로 비칠 수 있는 대목에 이르면 어김없이 '공자께서 그랬을 리 없다'는 이유만으로 강하게 부정한다. 풍우란(馮友蘭, 1894~1990)과 H.G. 크릴은 이 일이 실제 있었다고 믿는다. 공자가 실제 필힐의 초빙에 응했다 한들 공자의 명예가 그다지 깎이는 것도 아니다.

28 물론 유자들은 세 차례 모두 공자가 종당에 가지 않았다고 믿는다. 공자가 갔다는 기록은 없기 때문이다. 한편, 장식(張栻, 1133~1180)이 아래와 같은 주석을 주희가 인용하는 것을 보면 성리학자들의 왜곡과 합리화가 어느 정도인지 짐

불요를 치라고 명령했다고 『좌전』에는 기록되어 있지만 과연 그랬는지
는 의문이다. 『좌전』은 『논어』보다 뒤에 만들어진 책이 분명할 뿐 아니라
무엇보다 공자가 사구 벼슬에 올랐다는 것이 믿기 어려운 사실이기 때문
이다. 이 장도 자로와 공자의 공방만이 실려 있을 뿐이다.

어쨌든 공자에게 권력 있는 자리가 제시되었던 적은 이 사건과 17·05
의 두 경우뿐이고 두 경우 모두 읍 하나밖에 장악하지 못한 하급관리가
제의한 것이었지만 공자는 두 번 다 그것을 수락하려고 했다. 그 사실은
당시 공자가 정권에서 얼마나 외면되고 있었던 사람이었는지를 말해줄
뿐 아니라, 공자가 사구와 같은 고관을 지냈다고 주장하는 후세의 설화
도 얼마나 엉터리인지를 증명하는 것이라고 H.G. 크릴은 설명한다.

작할 수 있다. "자로가 예전에 들었던 바는 군자가 자기 몸을 지키는 일반원칙이
고, 부자께서 지금 말씀하시는 바는 성인이 도를 체득하는 위대한 융통성이다. 그
런데도 부자께서 공산불뉴나 필힐이 불러도 두 번 다 가시고자 했던 것은 천하
에 바뀌지 않는 사람은 없고 할 수 없는 일은 없다는 생각이었고, 마침내 가시지
않은 것은 그 사람이 종당에 바뀔 수 있는 사람이 아닐 뿐 아니라 그 일도 종당에
할 수 없는 일임을 아셨기 때문이다. 앞 생각이 만물을 살리는 인이라면 뒤 생각
은 사람을 알아보는 지혜이다(子路昔者之所聞 君子守身之常法 夫子今日之所言
聖人體道之大權也 然夫子於公山佛肹之召皆欲往者 以天下無不可變之人 無不可
爲之事也 其卒不往者 知其人之終不可變而事之終不可爲耳 一則生物之仁 一則知
人之智也)."

한유는 심지어 공자가 가려고 했던 것은 삼환을 제거할 목적이었는데 자로가
그 뜻을 이해하지 못한 것이라고까지 말한다. 그 정도로 합리화하고 교조화한다
면 못 할 짓이 없게 된다. 동아시아 역사에서 유자들이 의와 리라는 이름으로 자
기와 다른 생각을 가진 유자들을 살육했던 죄악은 서구 기독교에서 유일신에 대
한 믿음이라는 이름으로 반대파들에게 저질렀던 죄악과 다를 바 없다. 조선의 경
우만 하더라도, 의와 리라는 명분으로써 정치적으로 반대 입장에 있던 유자들을
무더기로 죽인 사화는 1천여 명을 죽였다고 하는 기축옥사를 비롯하여 숱하다.

17·08 子曰 由也 女聞六言六蔽矣乎 對曰 未也 居 吾語女 好仁不好學 其蔽也愚 好知不好學 其蔽也蕩 好信不好學 其蔽也賊 好直不好學 其蔽也絞 好勇不好學 其蔽也亂 好剛不好學 其蔽也狂

스승님께서 말씀하시기를 : 유야, 너는 '여섯 글자로 표현한 여섯 가지 폐단'에 대해 들어보았느냐? (자로가 듣지) 못하였다고 대답하자 (스승님께서 말씀하시기를 : 편히) 앉아보렴, 내가 너에게 일러주마. 인을 좋아한다면서도 (스승을 좋아) 배우지 않아서 '어리석게 되는' 폐단, 지를 좋아한다면서도 (스승을 좋아) 배우지 않아서 '제멋대로 하게 되는' 폐단, 신을 좋아한다면서도 (스승을 좋아) 배우지 않아서 '남을 해치게 되는' 폐단, 직을 좋아한다면서도 (스승을 좋아) 배우지 않아서 '박절하게 되는' 폐단, 용을 좋아한다면서도 (스승을 좋아) 배우지 않아서 '난폭해지는' 폐단, 강을 좋아한다면서도 (스승을 좋아) 배우지 않아서 '못 할 짓이 없게 되는' 폐단이 그것이다.

주

1) 六言(육언) : '言'은 여기서 '글자'이다. 다섯 글자씩 짓는 시를 오언시라고 부르는 것과 마찬가지이다.

2) 蔽(폐) : '가려서 허물이 보이지 않게 만드는 것'을 뜻하는 글자인데, 여기서는 '낡고 나쁨'을 의미하는 '弊'의 통자로 쓰였기 때문에 '폐단'이라고 번역하였다.

3) 居(거) : 공안국, 형병, 주희 등은 坐와 같은 뜻이라고 한다. 스승이 물으면 일어서는 것이 禮이기 때문에 일어선 자로에게 다시 앉으라고 말했다는 것이다. 자기 위치를 편하게 잡고 있으라는 가벼운 권유의 말일 것이다. 居의 뜻에 대해서는 1·14의 주) 참조.

4) 不好學(불호학) : 1·14 등 여러 곳에 나오는 好學이라는 개념에 대한 부정의 표현은 아니다. 여기서는 단지 '배우고자 하지 않다'는 뜻이다.

5) 蕩(탕) : 주희는 '끝없이 높고 끝없이 넓음'[29]이라고 주하지만 제멋

대로 구는 것을 표현한 말로 보는 것이 문맥에 맞다. 17·16의 "今之狂也
蕩"과 같은 뜻이다.

6) 賊(적) : 다치게 하거나 그르치게 만드는 것을 말한다. 20·02의 "慢
令致期謂之賊"과 비슷한 뜻이다. 정약용은 한 가지에만 집착하여 변통
이란 것을 모르게 되면 때로 잔인해진다면서 '잔인'의 뜻이라고 새긴다.[30]

7) 絞(교) : 주희는 8·02에서 '急切(급절)'이라고 주했다. '박절하다'와
비슷한 뜻이다.

8) 勇(용) : 2·24의 주) 참조. "勇은 剛의 발현이고 剛은 勇의 체이
다."[31]라는 주희의 주석이 개념적인 해설이면서 매끄럽다.

9) 狂(광) : 어떤 사람을 狂이라고 표현하는지에 대해서는 5·21, 8·16,
13·21, 17·08, 17·16, 18·05 참조. 주희는 여기서 躁率(조솔: 조급하고
경솔함)이라고 한다.

평설

인·지·신·직·용·강이라는 여섯 가지 훌륭한 덕목은 '스승을 좇아서
수업하는 활동'과 연결되지 않으면 도리어 폐단을 낳게 된다는 강조이
다. '6'이라는 숫자를 가지고 설명하는데, 숫자를 이용한 수사법에 대해
서는 16·03의 평설에서 설명한 바 있다.

17·09 子曰 小子何莫學夫詩 詩 可以興 可以觀 可以羣 可以怨 邇之
事父 遠之事君 多識於鳥獸草木之名

---

29 窮高極廣而無所止
30 賊殘忍也 執一而不知變 則有時乎賊
31 勇者剛之發 剛者勇之體

스승님께서 말씀하시기를 : 너희들은 어째서 아무도 『시』를 배우(려고 하)지 않지? 시(를 배우)면 (인간의 서정을) 일으킬 수 있고, (세상을 보는) 눈을 갖출 수 있으며, (공감하는 사람들과) 연대할 수도 있고, (인간의 맺힌 감정을) 풀어헤칠 수도 있(게 되)는 거야. (그뿐인가?) 가까이는 어버이를 섬기(는 도리를 알)게 되고 멀리는 임금을 섬기(는 도리를 알게 되)며, 동물과 식물의 이름도 많이 알게 된다.

주

1) 小子(소자) : 제자들을 부르는 호칭이다. 3·24, 5·21, 8·03 참조.

2) 何莫學夫詩(하막학부시) : '不學'이 아닌 '莫學'이기 때문에 '어째서 시를 배우지 않는가'보다는 '어째서 아무도 시를 배우려고 하지 않는가'라는 번역이 낫다. 夫는 지시대사이다.

3) 興(흥), 觀(관), 羣(군), 怨(원) : 각 글자에 대응하는 번역어를 찾기 어려울 뿐 아니라 해석도 쉽지 않다. 시가 사람에게 주는 정서적 감동의 촉발을 興이라고 표현한 듯하고,[32] 민간에서 유행하는 노래 가사의 내용을 통해서 민심의 추이를 관찰할 수 있다는 생각에서 觀이라고 표현한 듯하다.[33] 『시경』 가운데 각 지역의 민가를 채록한 「국풍(國風)」 같은 것이 그 사례가 될 것이다. 시를 빌미로 서로 모여서 절차탁마하거나 희로애락을 같이함으로써 공동체의식을 고양시킬 수 있다는 생각에서 羣이라고 표현한 듯하고,[34] 직유나 은유를 사용한 풍자를 통해 정치권력이나 위장된 권위에 대한 분노를 발산할 수 있다는 생각에서 怨이라고 표현한 듯하다.[35] "뜻과 생각이 느껴져 나오게 되고, 득과 실을 살펴서 따지게 되

---

32 공안국은 "引譬連類(비유를 끌어다 비슷한 것과 연결시킨다)"라고 주했다.

33 정현은 "觀風俗之盛衰(풍속의 성쇠를 관찰한다)"라고 주했다

34 공안국은 "群居相切磋(모여 살면서 서로 갈고 다듬는다)"라고 주했다.

며, 제멋대로 처신하지 않고 화목하게 되고, 원망을 노여움 없이 표출하게 된다."**36**라는 주희의 설명도 문학적 표현이기는 하지만 괜찮다.

4) 鳥獸草木之名(조수초목지명) : 三國吳(삼국오)의 陸璣(육기)가 『모시초목조수충어소(毛詩草木鳥獸蟲魚疏)』를 펴낸 뒤 『시경』에 나오는 조수초목충어에 관한 관심이 높아졌다. 이후 허겸(許謙, 1269~1337)의 『시집전명물초(詩集傳名物鈔)』, 풍응경(馮應京, 1555~1606)의 『육가시명물소(六家詩名物疏)』, 서정(徐鼎, 1771)의 『모시명물도설(毛詩名物圖說)』이 나왔다. 조선에서는 정약용의 아들 정학유(丁學游, 1786~1855)가 『시명다지(詩名多識)』를 지었고, 일본에서는 후치 자이칸(淵在寬)이 1779년 육기 책의 도해집인 『육씨초목조수충어소도해(陸氏草木鳥獸蟲魚疏圖解)』를, 1785년 오카모토 오오토리(岡元鳳, 1737~1787)가 『모시품물도고(毛詩品物圖攷)』를 지었다.

> **평설**

시에 대한 공자의 관념은 1·15, 2·02, 2·18, 3·20, 8·08, 11·06, 13·05, 16·13 등 여러 곳에서 접할 수 있는데 특히 이 장은 유명하다. 흥·관·군·원은 이후 중국의 전통적인 시평론 기준이 된다.

대상의 이름을 안다는 것은 대상을 인지하는 차원에 머물지 않는다. 대상을 식별(분간)할 수 있게 된다. 이것과 저것이 어떻게 다른지 식별할 수 있어야 비로소 이름을 붙일 수 있다. 이름을 알고 이름을 짓는 데서 인간의 식별은 시작되고, 인간의 식별력은 이성의 토대가 된다. 조수초목에까지 식별력이 미칠 수 있어야 자연과 우주를 파악할 수 있는 지성을 갖추게 된다고 공자는 강조하는 셈이다.**37**

---

35   공안국은 "怨刺上政(윗분들의 정치를 원망하여 풍자하다)"이라고 주했다.

36   感發志意 考見得失 和而不流 怨而不怒

17·10 子謂伯魚曰 女爲周南召南矣乎 人而不爲周南召南 其猶正牆面
而立也與

스승님께서 (아드님인) 백어에게 일컬으시기를 : 너는 (『시』의) 「주남」과 「소
남」을 (공부)하였느냐? 사람으로서 「주남」과 「소남」을 (공부)하지 않으면 그 사
람은 담장을 마주보고 서 있는 것과 같단다.

주

1) 伯魚(백어) : 공자의 아들 鯉(리)의 자이다. 11·08과 16·13 참조.

2) 爲(위) : 學(배우다)의 뜻으로 새겨야 할 것이다.

3) 周南(주남), 召南(소남) : 『시경·국풍』의 맨 앞에 나오는 편명이다.
그 내용은 주로 숙녀와 군자가 만나는 것인데, 남녀의 만남은 삼강(三綱)
의 시작이자 왕교(王敎)의 발단이므로 중요하기 때문에 공자가 강조했
을 것이라고 마융은 설명하고,[38] 그 두 편은 모두 수신제가에 관한 내용이
라고 주희는 강조한다. 『시경』을 통틀어서 가리킬 때는 '시삼백'이라고 부
르지만 그 가운데 핵심이라고 할 수 있는 국풍만을 가리킬 때는 국풍의
첫머리인 「주남」과 「소남」을 이름 대신 불렀다. 공자는 오늘날 『시경』에
포함된 시들 가운데 교육 과목으로서 중시했던 것은 「국풍」이었고, 「아」
와 「송」은 아무래도 전문직이 배우는 영역으로 여기지 않았을까 한다.

4) 其猶正牆面而立也與(기유정장면이립야여) : 其는 '아마도'의 뜻이

37　왕응린(王應麟)은 『곤학기문(困學紀聞)』에서 "格物之學 莫近於詩(격물치
지의 배움으로는 시를 배우는 것보다 나은 게 없다)"라고 말한다.

38　周南召南國風之始 樂得淑女以配君子 三綱之首 王敎之端 故人而不爲
如向牆而立(주남과 소남은 국풍의 시작인데 숙녀를 얻어서 군자와 짝을 이루는 것
을 즐기는 내용이다. 숙녀와 군자가 만나는 것은 삼강의 시작이자 왕교의 발단이다.
그러므로 사람이 되어 가지고 그것을 배우지 않는다면 담벼락은 향해 서 있는 것과
같다).

다. 也與는 其와 연결되어 추측의 뜻을 표시한다. "담장에 바짝 가까운 곳에서는 보이는 것이라곤 하나도 없고 한 발자국도 나가지 못한다."[39]라는 주희의 주석이 적실하다. 정주한묘죽간본에는 立이 아닌 言으로 되어 있는데, 그렇다면 '담장을 보고 말하다'라는 표현도 나쁘지 않다. 당시 이 속담이 두 가지 표현으로 유통되었을 수 있다.

평설

앞 장을 이어 시에 관해 설명한 내용이다. 앞 장에 이은 하나의 장으로 간주되던 것을 주희가 나누었다고 하는데, 16·13과의 연결을 고려하자면 독립된 장으로 보는 것이 합리적일 것이다.

『상서』에는 성왕(成王)이 백관에게 훈계하는 말 가운데 "不學牆面(사람이 배우지 않으면 담벼락에 얼굴을 대고 있는 것과 마찬가지이다)"이라는 표현이 있는데, 그 『상서』는 가짜이므로 『논어』의 이 구절을 따서 꾸몄을 것으로 짐작한다.[40]

공자가 제자들을 가르칠 때 교재라고 할 만한 것으로는 '시삼백'이 가장 분명한 것이었다고 본다. 물론 史라는 이름의 기록물도 어떤 형태로든 존재했을 것이고, 2·21, 7·18, 14·40에 의하자면 書라는 이름의 기록물도 있었을 것으로 짐작되지만, 2·21의 주3)에서 설명한 바 있듯이 당시 書라고 불렸던 것이 후대의 『상서』처럼 교재 형태로 완성된 것이었을지는 의문이다. 어쨌든 시·서·예·악·사 등은 공문과 같은 전문적인 학단(學團)들이 발달하면서 교재 형태로 정비되었다고 본다.

---

39 其至近之地 而一物無所見 一步不可行

40 『논어』의 이 장을 모른다면 『상서』의 "不學牆面"이란 표현은 이해하기 어렵거니와, 그런 문장은 9·19의 "爲山九仞 功虧一簣"처럼 육조시대의 문장이라고 최술은 주장한다.

17·11 子曰 禮云禮云 玉帛云乎哉 樂云樂云 鐘鼓云乎哉

스승님께서 말씀하시기를 : 예(가 중요하)다, 예(가 중요하)다고들 말하는데, (그 말이 곧) 옥이나 비단(과 같은 예물이 중요하다는 말)이겠느냐? 악이(중요하)다, 악이(중요하)다고들 말하는데, (그 말이 곧) 종이나 북(과 같은 악기가 중요하다는 말)이겠느냐?

주

1) 云(운) : 여기서는 어기를 고르는 조사가 아니고 '如此'라는 뜻이다. '禮란 이런 것이니라' 하면서 강조하는 말이 많음을 형용하는 표현이다.

2) 玉帛(옥백), 鐘鼓(종고) : 예물로 사용하는 옥과 비단, 악기로 사용하는 쇠북과 갖북을 가리킨다.

평설

'그런 것을 禮라고 하겠느냐?'라는 표현은 '이런 것이 禮이다'라는 표현보다 힘 있고 함축도 크다. 사람들이 禮의 본질보다는 禮의 표현수단인 옥백에만 관심을 둔다고 공자는 꼬집지만, 사람들은 공자가 말하고자 하는 바의 뜻보다도 이러한 표현에 더 귀를 기울이게 되는 법이다. '그렇다면 공자는 禮와 樂의 본질을 무엇으로 여겼을까?'라는 역대 주석가들의 관심은 그래서 왕성하게 나오게 되는데, 몇 가지만 소개하자면 다음과 같다.

① 정현(鄭玄, 127~200) : 예는 비단 이런 옥백만 높이 사는 것이 아니라는 말이니, 귀히 여기는 바는 군주를 편안케 하고 백성을 다스리는 것이다.[41]

② 마융(馬融, 79~166) : 악에서 귀히 여기는 바는 풍속을 바꾸는 것이

---

41   言禮非但崇此玉帛而已 所貴者乃貴其安上治民

지 악기가 아니다.[42]

③ 위관(衛瓘, 220~291) : 말한 것을 실천하고 실천하는 것을 즐기는 것보다 어려운 것은 없으니, 그것은 나에게서 완성해야 하기 때문이다. 옥백과 종고보다 쉬운 것은 없으니, 그것은 사물에서 완성하면 되는 것이기 때문이다.[43]

④ 황간(皇侃, 488~545) : 왕필(王弼, 226~249)을 인용하면서, "예는 공경을 위주로 해야 하는데 옥백이란 것은 공경에 쓰이는 장식일 뿐이다. 악은 조화를 위주로 해야 하는데 종고란 것은 악을 담는 그릇일 뿐이다. 그래서 이른바 예악이란 것은 폐백에다 무게를 두면 공경함이 소홀해지고 악기에 치중하게 되면 아송에 맞지 않게 된다. 그러므로 그 의의를 바르게 이야기한 것이다."[44] 또한 무파(繆播, ?~309)의 글을 인용하여 다음과 같이 설명한다. "옥백은 예의 쓰임이지 예의 근본은 아니다. 종고는 악의 그릇이지 악의 주인은 아니다. 옥백을 빌려야 예를 통달할 수 있지만 예를 통달하면 옥백은 잊어도 된다. 종고를 빌려야 악을 현달할 수 있지만 악이 현달되면 종고는 버려도 된다. 예로써 옥백을 빌려서 예를 구한다면 예에 깊이 들어간 것 아니겠는가. 악으로써 종고를 빌려 악을 구한다면 악에 통달한 것 아니겠는가. 만약 예를 바르게 할 수만 있으면 옥백에 기댈 필요도 없이 위는 편안해지고 아래는 다스려질 것이다. 만약 조화를 통창할 수만 있다면 종고를 빌릴 필요도 없이 풍속은 바뀔 것이다."[45]

---

42 樂之所貴者 移風易俗也 非謂鐘鼓而已

43 莫難於言而履之行而樂之 謂其取成於我也 莫易於玉帛鐘鼓 謂其取成於物也

44 禮以敬爲主 玉帛者敬之用飾也 樂主於和 鐘鼓者樂之器也 于時所謂禮樂者 厚贄幣而所簡於敬 盛鐘鼓而不合雅頌 故正言其義也

45 玉帛禮之用 非禮之本 鐘鼓者樂之器 非樂之主 假玉帛以達禮 禮達則玉

⑤ 주희와 정이 : 왕필과 황간의 주를 이어서, "공경하면서 옥백으로써 받들어야 예가 되고, 조화를 이루면서 종고로써 표현해야 악이 된다. 근본을 버리고 가지만 오로지 파고든다면 어찌 예악이라고 말할 수 있겠는가?"[46]

⑥ 『예기·중니연거』 : "자장아, 너는 예라는 것이 반드시 연회 자리에서 오르내리는 절차, 술을 따르고 바치고 주고받고 하는 절차로만 여기느냐? 너는 악이라는 것이 반드시 줄 맞추어 춤추고 관악기를 불며 종고를 치는 것으로만 여기느냐? 말하고 실천하는 것이 예이고, 실천하고 즐기는 것이 악이니라."[47]

⑦ 『순자·대략』 : "『빙례(聘禮)』의 지(志)를 보면 '폐백이 후하면 덕을 다치고 재물이 분수에 넘치면 예가 끊어진다'는 말이 있다. '예란 이런 것이다', '예란 이런 것이다'라고들 말하지만 예라는 것이 옥백과 같은 예물 자체를 가리키겠는가?"[48]

'공경한 언행을 유지하여 지배계층과 피지배계층 사이의 안정을 꾀하는 것이 예의 의의이고, 화목하게 즐김으로써 풍속을 좋게 만드는 것이 악의 의의이다'라는 말을 위와 같이 다양하게 표현하고 있다. 한자를 가지고서 구축하는 중국의 학문은 이처럼 내용보다는 표현에 더 의의를 두게 될 수밖에 없다. 옥백이나 종고가 예악의 본질은 아니라고 강조하는

帛可忘 借鐘鼓以顯樂 樂顯則鐘鼓可遺 以禮假玉帛於求禮 非深乎禮者也 以樂託鐘鼓於求樂 非通乎樂者也 苟能禮正則 無恃於玉帛 而上安民治矣 苟能暢和則無借於鐘鼓 而移風易俗也

46 敬而將之以玉帛則爲禮 和而發之以鍾鼓則爲樂 遺其本而專事其末 則豈禮樂之謂哉

47 師 爾以爲必鋪几筵 升降酌獻酬酢 然後謂之禮乎 爾以爲必行綴兆 興羽籥作鍾鼓然後謂之樂乎 言而履之禮也 行而樂之樂也

48 聘禮志曰 幣厚則傷德 財侈則殄禮 禮云禮云 玉帛云乎哉

이유도 이처럼 표현에 더 무게를 두게 되는 중국의 문화적 환경을 의식하기 때문이다.

브룩스(E. Bruce Brooks & A. Taeko Brooks)는 이 장이 노나라 공자학파가 순자를 반대하기 위해 지어 넣은 말이라고 하는데, 불필요한 추론이다.

17·12 子曰 色厲而內荏 譬諸小人 其猶穿窬之盜也與
스승님께서 말씀하시기를 : (겉으로) 얼굴빛은 점잖지만 (실제) 속은 느물느물한 사람을 소인에게 비유한다면, 아마도 벽을 뚫고 담장을 넘는 도둑과 같지 않겠니?

주

1) 厲(려) : 위엄 있는 모습을 가리킨다. 『논어정의』는 '矜莊(긍장: 근엄하고 장중함)'이라 하고 주희는 '威嚴(위엄)'이라 하지만 '점잖다'는 현대어에 그런 뜻은 포함된다고 본다.

2) 荏(임) : 『논어정의』는 '柔佞(유녕: 알랑거리며 아첨함)'이라 하고, 주희는 '柔弱(유약: 강하지 못하고 연약함)'이라 한다. 물렁하고 부드럽다는 표현이지만 근엄한 외양과는 반대되는 이중적인 태도를 가리킬 것이다. 그래서 물리적 특성이 아닌 기질적 특성을 표현하는 말인 '느물느물하다'라고 번역하였다.

3) 譬諸小人(비저소인) : 구문은 '그런 사람을 소인에게 비유하자면'이라는 뜻이다. 여기서 소인은 덕을 기준으로 한 이름은 아니고 하층민을 가리키는 이름이다. 그래서 주희는 細民(세민: 평민)이라고 주한다. 『예기·표기』에는 "스승님께서 말씀하시기를, 군자는 얼굴빛 가지고 사람과 사귀지 않는다. 감정으로는 홀대하면서도 겉으로는 친한 것은 소인에 견주면 벽을 뚫고 담을 넘는 도적이다."[49]라는 대목이 있다.

4) 其(기) : '아마도'의 뜻이다. 뒤의 '也與'와 연용되어 '아마도 ~이겠지?'라는 뜻이 된다.

5) 穿窬(천유) : 窬는 踰와 같다. 穿壁踰牆(천벽유장: 벽을 뚫고 담을 넘다)의 뜻이다.

평설

이 문장의 핵심어는 '內荏(내임)'이라고 본다. 겉은 위엄을 차렸지만 속은 분명하지 않으면서 이중적인 태도를 취하는 사람을 형용한 말이다. 속이 부드럽다는 뜻이 아니다. 속과 다르게 겉을 꾸미는 사람을 미워하는 표현이다.

명과 실을 달리하는 이중적 태도를 취하는 사람에 대한 평가는 춘추시대부터 날카롭게 등장하던 사회적 의제였지 않았을까 짐작한다. 공자는 그런 사람을 강하게 미워했지만 일반 사람들의 그러한 행태는 점점 내면화하여 오늘날 '미엔즈(面子: 체면)'라는 이름의 문화현상으로 고착하지 않았을까 한다. 실제와 다르게 체면을 차리는 일을 세련된 행동으로 보아야 할 것인지, 아니면 수치스러운 짓으로 보아야 할 것인지는 오늘날 중국인들도 가리기 어려운 문제일 것이다.

17·13 子曰 鄕愿 德之賊也

스승님께서 말씀하시기를 : (사이비 군자라고 할 수 있는) 향원은 덕(을 해치는) 도적이(나 다름없)다.

49　子曰 君子不以色親人 情疏而貌親 在小人則穿窬之盜也與

1) 鄕愿(향원) : 해석이 분분한 낱말인데, '시골뜨기 군자' 또는 '사이비 군자'로 새기는 것이 적절하다. 얼굴빛은 인자인 양 꾸미지만 행실은 그에 미치지 못하는 사람을 낮추어 부르는 말로 짐작된다. 기질이 강직하지 못하여 자기 주관대로 살지 못하고 자신을 낮추어 상대의 감정에 맞추기만 하는 사람을 愿人(원인)이라고 불렀던 듯한데, 거기에다 낮은 문화수준을 가리키는 글자인 鄕을 관형격으로 붙인 것이다.[50] 따라서 '시골뜨기 사이비 군자'라는 뜻이 된다. 『맹자·진심하』나 『순자』에서는 愿을 原으로 적고, 조기의 『맹자주』에서는 原을 善으로 새긴다. 유월은 原이 傆과 같으므로 傆黠(원힐: 간사함)의 뜻이라면서, 鄕愿이란 그 고을에서 간사한 사람을 가리킨다고 주장한다.[51] 황간은 14·43에 나오는 原壤(원양)이 곧 향원이라고 하는데, 같은 글자를 가지고서 유추했을 것이다.

명과 실을 달리하는 태도를 미워하는 내용이라는 점에서 앞 장의 연장이라고 할 수 있다. 맹자는 공자의 이 말을 다음과 같이 자세하게 설명한다.

"공자는 진나라에 계실 때 '아니 돌아갈 수가 없구나. 나의 어린 제자들이 뜻은 높지만 제멋대로이고 진취적이고자 하지만 처음에만 머물러 있으니'[52]라고 말씀하신 적이 있는데, 공자는 진나라에 계시면서 왜 노나라에 있는 광사와 같은 제자들을 생각하셨을까, 라고 만장이 여쭙자 맹자는 이렇게 답하셨다. 공자는 '중용을 행하는 사람과 함께할 수 없을 바

---

50 한국어의 '촌스럽다'는 말도 마찬가지이다.

51 그렇게 해석해야 교언난덕(巧言亂德)이라는 공자의 말과 부합한다고 주장한다.

52 이 부분의 해석은 5·21 참조.

에는 광자(狂者)나 견자(狷者)라도 함께할 필요가 있다. 광자는 진취적인 장점이 있고, 견자는 적어도 부끄러운 짓은 하지 않는 장점을 지니기 때문이다'라고 말씀하신 바 있다. 공자가 중용을 행하는 사람을 어찌 얻고 싶지 않았을까만 끝내 얻을 수 없었기 때문에 그다음 사람이라도 얻을 생각을 하셨을 것이다. 어떤 사람을 광자라고 할 수 있느냐고 만장이 여쭙자 맹자는, 금장·증석·목피 같은 사람들이 공자가 광자로 여겼던 사람들이라고 답하셨다. 왜 그들을 광자로 일컬으셨는지를 만장이 여쭙자 맹자는 다음과 같이 설명하셨다. 그들은 뜻만 커서 입으로는 '고지인(古之人)'이라는 말을 주워섬기지만 그들의 행실을 살펴보면 자신의 말조차 감당하지 못한다. 그런데 이런 광자를 얻을 수 없다면 적어도 불결한 것은 달갑게 여기지 않는 사람이라도 얻어서 더불어 지내야 하지 않으셨겠니? 그런 사람이 곧 견자이고, 그런 사람이 곧 광자 다음 순서인 것이지. 공자는 또한 '내 집 문 앞을 지나가면서 내 집을 들리지 않더라도 내가 유감으로 여기지 않을 사람은 향원뿐이니, 향원은 덕의 적이다'라고 말씀하신 바도 있단다. 어떤 사람을 향원이라고 했느냐고 만장이 여쭙자 맹자는 다음과 같이 말씀하셨다. 향원이라는 사람은 광자를 향해서는, '어쩌면 그다지도 허풍만 치고 말과 행실이 맞지 않으면서 입으로는 옛사람만 들먹이며 다니는 사람들인고!' 하는 비판을 하는 한편, 견자를 향해서는 '왜 그렇게 외톨이로 처신하면서 남들과 어울리지 못할까, 이 세상에 태어났으면 이 세상을 인정하면서 좋은 게 좋은 자세로 살면 된다'라고 말하는 태도로써 살아가는 사람, 그러니까 세상 모두에게 잘 보이려고만 하는 사람이란다. 그러자 만장은, 한 고을 사람 모두가 무던한 사람이라고 칭찬한다면 그런 사람은 어딜 가더라도 무던하다는 칭찬을 듣게 될 텐데 공자는 왜 그런 사람을 덕의 적이라고 말했을까요, 라고 여쭈었다. 맹자는 다음과 같이 설명하셨다. 그런 사람은 비판하고자 해도 들출 것이 없고 꼬집고자 해도 꼬집힐 바가 없는 데다 시속을 따르고 더러운 세태와 영합하기만 하는 처신을 하니, 가만히 있으면 충신한 사람 같고 움직이면 청렴결백한 것 같아서 모든 사람이 다 편안하게 여긴단다. 그러니 자기 스스로는 그런 태도가 옳은 것으로 알지만 요순의 도리에는 낄 수가 없으므로 덕의 적이라고 말씀하신 것이다. 공자는 이렇게 말씀하셨다. 얼른 보면 닮았지만 실제로는 아닌 것을 혐오한다. 가라지를 미워하는 것은 그것이 벼모와 혼동되기 때문이요, 말재간 좋은 사람을 미워하는 것은 그런 사람이 의를 어지럽히기 때문이며, 구변이 예리한 사람을 미워하는 것은 그런 사람이 신뢰를 어지럽히기 때문이고, 정나라 음악을 미워하는 것은 그것이 아악을 어지럽히기 때문이며, 자주색을 미워하는 것은 그것이 붉은색을 어지럽히기 때문이고, 향원을 미워하는 것은 그런 사람이 덕을 어지럽히기 때문이다. 군자는 경상으로 돌아가기만 하면 된다. 경상이 똑바르면 서민이 흥기하게 되고, 서민이 흥기하면 사특한 것들이 사라지게 된다.”[53]

---

53 萬章問曰 孔子在陳曰 盍歸乎來 吾黨之小子狂簡進取 不忘其初 孔子在陳 何思魯之狂士 孟子曰 孔子不得中道而與之 必也狂獧乎 狂者進取 獧者有所不爲也 孔子豈不欲中道哉 不可必得故思其次也 敢問何如斯可謂狂矣 曰如琴張曾晳牧皮者 孔子之所謂狂矣 何以謂之狂也 曰其志嘐嘐然 曰古之人古之人 夷考其行而不掩焉者也 狂者又不可得 欲得不屑不潔之士而與之 是獧也 是又其次也 孔子曰 過我門而不入我室 我不憾焉者 其惟鄉原乎 鄉原德之賊也 曰何如斯可謂之鄉原矣 曰何以是嘐嘐也 言不顧行 行不顧言 則曰古之人古之人 行何爲踽踽涼涼 生斯世也 爲斯世也 善斯可矣 閹然媚於世也者 是鄉原也 萬章曰 一鄉皆稱原人焉 無所往而不爲原人 孔子以爲德之賊何哉 曰非之無擧也 刺之無刺也 同乎流俗 合乎汚世 居之似忠信 行之似廉潔 衆皆悅之 自以爲是而不可與入堯舜之道 故曰德之賊也 孔子曰 惡似而非者 惡莠 恐其亂苗也 惡佞 恐其亂義也 惡利口 恐其亂信也 惡鄭聲 恐其亂樂也 惡紫 恐其亂朱也 惡鄉原 恐其亂德也 君子反經而已矣 經正則庶民興 庶民興 斯無邪慝矣〈『맹자·진심하』).

"子貢問曰 鄕人皆好之何如 子曰 未可也"(13·24)에 들어 있는 생각과 "衆惡之必察焉 衆好之必察焉"(15·28)에 들어 있는 생각도 이 장의 생각과 연결된다고 본다.

17·14 子曰 道聽而塗說 德之棄也

스승님께서 말씀하시기를 : 길에서 (어떤 훌륭한 말을) 듣고서 (그 말을 가슴에 새기는 게 아니라 바로) 길에서 (다른 사람에게) 떠들어대는 짓은 덕을 버리는 짓이다.

주

1) 塗(도) : 道와 같다.

평설

'道聽(도청)'은 정식으로 배운 내용이 아님을 뜻하는 표현이다. '塗說(도설)'은 들은 바를 생각 없이 남에게 옮기기만 함을 뜻하는 표현이다. '德之棄(덕지기: 덕을 버린다)'는 자신의 덕을 해치는 짓을 뜻하는 표현이다. 이 장은 어깨너머로 들은 부정확한 내용을 함부로 남에게 전파시키는 일의 위험성을 지적하는 말이기도 하지만, 남에게서 들은 좋은 말을 바로 다른 사람에게 옮기기보다는 적절한 기간 동안 그 말을 음미하는 것이 유익하다는 지적이기도 하다.[54] 주희가 인용한 왕안석의 말[55]처럼

---

54 나쁜 매체에 대한 주의일 수도 있고, 매체를 이용하는 나쁜 짓에 대한 경고일 수도 있다. 순자는 공자의 이 말을 『순자·권학』에서 이렇게 바꾸고 있다. "君子之學也 入乎耳 箸乎心 布乎四體 形乎動靜 端而言 蝡而動 一可以爲法則 小人之學也 入乎耳 出乎口 口耳之間則四寸耳 曷足以美七尺之軀哉(군자의 배움

앞사람의 언행을 많이 알아 가지고 자신의 덕을 쌓으라는 권유는 아니다. 길에서 들은 좋은 말은 '온고이지신'한 다음에야 남에게 전할 만하다거나, 쌓아두어서 자기 것으로 삼아야 한다는 주석도 불필요한 주석이다.

앞 장에서는 '덕지적(德之賊)'을 말하고 이 장에서는 '덕지기(德之棄)'를 말한다. 사람을 가리킬 때는 賊으로, 행동을 가리킬 때는 棄로 비유한 것이다.

17·15 子曰 鄙夫可與事君也與哉 其未得之也 患得之 旣得之 患失之
苟患失之 無所不至矣

스승님께서 말씀하시기를 : 비루한 사람과도 함께 임금을 섬길 수 있겠는가? 그런 사람은 얻지 못하면 얻고자 안달하고 얻고 나면 잃을까 안달하는데, 진정 잃을까 안달하면 (그때는) 못 하는 짓이 없게 된다. (그런 사람과 어떻게 함께할 수 있겠는가?)

주

1) 鄙夫(비부) : 주희는 鄙를 庸惡陋劣(용악루열: 용렬하고, 나쁘고, 비루하고, 못난)의 뜻이라고 한다. 8·04와 9·06 참조.

2) 可與(가여) : '與'는 '참여'의 뜻.

이란 이렇다. 좋은 말을 귀로 들으면 그 말을 마음에 담은 다음 온몸으로 퍼지게 하여 행실로 나타낸다. 그리하여 단정하게 말하고 온화하게 행동하여 한결같이 법칙으로 삼을 만하게 된다. 그런데 소인의 배움은 이렇다. 귀로 좋은 말을 들으면 바로 입으로 뱉어내고는 그만이다. 귀와 입 사이는 네 치밖에 안 되니 어떻게 일곱 자나 되는 몸뚱아리를 훌륭하게 만들 수 있겠는가)."

55 君子多識前言往行以畜其德 道聽塗說則棄之矣(군자는 앞사람들의 언행을 많이 알아서 자신의 덕을 쌓는 법인데, 도청도설을 하게 되면 덕을 버리는 것이다).

3) 患得之(환득지) : 대개의 주석은『잠부론·애일(愛日)』과『순자·자도(子道)』등을 근거로 내세우면서 '患不得之'의 오기라고 설명한다.[56] 소식(蘇軾)이 '患不得之'로 표기한 적이 있으므로 송대 무렵에 '不' 자가 탈락되었을 것이라고 설명하기도 한다. 오기로 보게 되는 원인은 患失之가 '잃을까 봐 안달하다'의 뜻이니까 患得之는 '얻을까 봐 안달하다'는 뜻으로 새기기 때문이다. 그러나 患得之는 '얻을까 봐 안달하다'가 아니라 '얻으려고 안달하다'는 뜻이다. 따라서 이 문장에 오류는 없다. 하안은 患不能得之의 뜻을 患得之로 표기하는 것이 초나라의 속어라고 설명하고, 정수덕은 고문의 문법에는 급독(急讀)과 완독(緩讀)이 있는데『공양전』에서 '不如'를 '如'로 표기하는 것이나 이 문장에서 '不得'을 '得'으로 표기한 것은 급독의 사례라는『논어보소』의 견해를 인용한다. 하지만 이 문장에서 患得之는 患不得之의 급독으로 볼 수 없다. 患不得之의 뜻이 아닌 患不能得之의 뜻이기 때문이다. 患得之를 患不能得之(얻을 수 없을까 봐 안달하다)의 뜻으로 새기게 되는 것은 患(안달하다)이 부정의 뜻을 담은 동사이기 때문이다. 患은 부정의 뜻을 목적어에 담는다. 한국어에서도 '얻을 수 없을까 봐 안달하다'처럼 부정어로 표현할 수 있지만 '얻으려고 안달하다'처럼 긍정어로 표기할 수도 있다. 患不能得之 대신 患得之라고 표기해야 뒤 문장의 患失之와 짝을 이루기도 하고, 앞에 '未'라는 부정어가 나왔기 때문에 부정어의 중복 출현도 방지할 수 있다. 4·05의 경우도 이와 비슷한 사례이다. '貧與賤 是人之所惡也 不以其道得之 不去也'를 '빈천은 누구나 싫어하는 바이지만, 부귀를 이룰 수밖에

---

56 孔子病夫未得之也 患不得之 既得之 患失之者〈『잠부론·애일』〉.

子路問於孔子曰 君子亦有憂乎 孔子曰 君子其未得也 則樂其意 既已得之又樂其治 是以有終身之樂 無一日之憂 小人者其未得也 則憂不得 既已得之 又恐失之 是以有終身之憂 無一日之樂也〈『순자·자도』〉.

없는 방법으로 살았는데도 빈천하게 되었다면 모를까 빈천해질 수밖에 없는 방법으로 살았다면 빈천함을 떨쳐버릴 수 없다'라고 번역하면 되는 데도 뒤의 '得之'를 '去之'의 오기로 여기는 주석가가 많다. 정약용은 얻고 잃는 것은 녹위(祿位)를 가리킨다고 하는데, 그렇게 새기더라도 문맥은 통하지만 굳이 祿位로 제한할 필요는 없다.

평설

제 가진 것을 잃을까 안달하는 사람은 못 할 짓이 없고, 못 할 짓이 없는 사람과는 함께 군주를 모실 수는 없다는 말이다. 공자는 군주를 섬기면서 "속이려 하지 말고 차라리 대놓고 간하라."라고 말한 적이 있고 (14·22), "군주에게 충성한다고 한들 복종만 하면서 군주에게 실정은 알리지 않을 수 있겠는가."라고 말한 바도 있으며(14·07), 정공의 질문에 날카롭게 직언한 바도 있다(13·15). 하지만 못 할 짓 없이 해대는 군주에 대해서는 어떻게 생각했을까? 역사상 실패한 군주로 낙인찍힌 '과거의 군주'에 대해서는 역성혁명을 긍정한 바 있지만, 못 할 짓 없이 해대는 '살아 있는 군주'에 대해서는 어떻게 대하는 것이 옳다고 말한 적이 있는가? 생각은 하면서도 말은 하지 못했는가? 생각조차 하지 못했던 것은 아닌가? 혹시, 신하들이 제대로 보필하지 못한 탓이라고 말하지는 않았는가?

17·16 子曰 古者民有三疾 今也或是之亡也 古之狂也肆 今之狂也蕩 古之矜也廉 今之矜也忿戾 古之愚也直 今之愚也詐而已矣

스승님께서 말씀하시기를 : 예전 인민에게는 (그래도 보아줄 만한) 세 종류 꼴통이 있었는데 요즘(인민에게는) 그런 사람도 없는 듯하다. (세 종류 꼴통 가운데 첫째는 광인인데,) 예전 광인은 제멋대로 행동하더라도 자잘한 것에 거리끼지는 않았지만 요즘 광인은 그저 방탕하기만 할 뿐이다. (둘째는 긍인인데,) 예전 긍인은 잘난 척하더라도 (행실은) 반듯했지만 요즘 긍인은 화만 잘 내고 흉포하다. (셋째는 우인인데,) 예전 우인은 현명하지는 못하더라도 처신은 곧았지만 요즘 우인은 (남을) 속이려고만 한다.

주

1) 疾(질) : 고약하기는 하지만 그래도 봐줄 수는 있는 사람을 가리키는 대명사로 쓰였다. 따라서 현대의 비속어 '꼴통'이라는 낱말이 적합한 번역어라고 본다. '질병'이나 '폐단'이라는 번역어는 부정적인 의미가 강조되므로 취할 수 없다. 나무의 옹이나 옥의 티처럼 분명 좋은 것은 아니지만 상대적으로 다른 것이 두드러지게 보이는 효과를 낼 수 있는 것을 비유한다고 설명하기도 한다.

2) 狂(광), 矜(긍), 愚(우) : 이러한 성벽을 지닌 사람을 가리키므로 '광인', '긍인', '우인'이라고 번역하였다. 주희는 狂을 '志願太高(바라는 목표가 지나치게 높음)', 矜을 '持守太嚴(지키는 바가 지나치게 엄격함)', 愚를 '暗昧不明(캄캄하여 현명하지 못함)'이라고 주한다.

3) 肆(사) : 거리낌 없이 행동하는 것을 말한다. 포함은 '極意敢言(생각이 극단적이고 말을 함부로 함)'이라 주하고, 주희는 '不拘小節(작은 규범에 얽매이지 않음)'이라고 주한다. 정약용은 마음속으로는 지키는 것이 있지만 겉으로는 행동이 방자한 것이라고 한다.

4) 蕩(탕) : 방탕. 공안국은 '無所據(근본 없는 행실)'라 하고, 주희는 '踰大閑(중요한 선을 넘음)'이라고 한다. 정약용은 심중의 줏대마저 없어 행실이 무너지는 것이라고 한다.

5) 廉(렴) : 마음은 '有廉隅(모서리가 있다)'라고 한다. 모가 나고 반듯한 품성이나 처신을 가리킬 것이다.

6) 忿戾(분려) : 하안은 '惡理多怒(사리에 어깃장을 놓고 곧잘 화를 냄)'

라고 한다. 정주한묘죽간본에는 '忿誼'로 적혀 있다.

이것이 특정인을 꼬집는 말이라면 괜찮은 수사라고 볼 수 있겠는데, 공자의 견해라면 세상과 인간을 보는 눈이 치우쳤다고 말하겠다. 옛날 사람은 모두 긍정적으로 보면서 당대 사람은 모두 부정적으로 보기 때문이다. 공자에게는 확실히 그런 면이 있었다. 그것은 공자의 판단이 아니라 정치적 태도라고 본다. 그는 옛사람들을 무조건 완전한 사람으로 묘사함으로써 당대 사람들에게 어필하고자 했다.

17·17 子曰 巧言令色 鮮矣仁

스승님께서 말씀하시기를 : (진실과는 다르게) 꾸민 말과 (속맘과는 다르게) 꾸민 낯빛에는 인(의 바탕)이라곤 (거의) 없다.

1·03의 중복인데, 중복된 이유는 알 수 없다. 이 장이 없는 판본도 있고, 당석경에도 원래는 없었지만 나중에 첨가되었다는 견해도 있다. 그러나 『태평어람』 권388에 "論語陽貨曰 巧言令色鮮矣仁"이라는 구절이 있으니 그 이후 삽입되지는 않았을 것이고, 한위(漢魏)의 구본에도 이 장은 「양화」편에 들어 있었다고 정수덕은 『논어집석』에서 설명한다.

김용옥은 이 장과 1·03이 중복되었다는 사실만을 가지고 「학이」편과 「양화」편이 공동 편집되었을 것이라고 추정하지만, 불필요한 추론이다.[57] 더구나 『논어』의 각 편들은 분류의 편의상 나뉜 것일 뿐이지 기독교 경

---

57 그에 관한 자세한 설명은 1·03의 평설에 있다.

전처럼 원래 독립된 편들이 아니었다.

17·18 子曰 惡紫之奪朱也 惡鄭聲之亂雅樂也 惡利口之覆邦家者

스승님께서 말씀하시기를 : (나는 간색인) 자줏빛이 (정색인) 붉은빛(의 자리)를 뺏는 것을 미워한다. (음란한) 정나라 음악이 아악을 어지럽히는 것을 미워한다. 날카로운 말재주가 나라를 뒤집는 것을 미워한다.

1) 紫(자), 朱(주) : 朱는 정색(正色)이고 紫는 간색(間色)인데, 간색인 紫를 정색인 朱보다 더 귀히 여기는 풍속을 공자는 옳지 않다고 여긴 나머지 부르짖은 구호라고 흔히 설명한다. 공자는 색에도 상하의 지위가 있다고 여겼다는 것이다. 그런데 색의 지위에 대해 공자가 만약 정색이 상위이고 간색이 하위라고 생각했다면 역사적 실제와는 맞지 않다고 본다.[58] 황간은 오방색과 오방간색의 관계를 역의 상극설을 가지고서 설명하는데, 정약용도 그것은 부회라고 단정한다.

2) 鄭聲(정성) : 15·11의 주) 참조.

3) 雅樂(아악) : 정주한묘죽간본에는 그냥 '樂'으로 되어 있다. '雅' 자는 굳이 들어갈 필요 없지만 글자 수를 맞추기 위해 넣은 듯하다.

58　중국사에서 자색은 군주가 입는 귀한 색으로 여겼기 때문이다. 자색을 귀히 여기는 풍속은 노나라 환공이 현관자유(玄冠紫綏: 검은 갓에 보라색 갓끈)를 시작한 데서 비롯했다 하고, 『전국책(戰國策)』이나 『관자』에는 제환공이 자색을 귀히 여기는 풍속을 만든 다음 자색 옷을 팔아서 이득을 취했다는 기록도 있다. 춘추 말엽 위(衛)나라의 혼량부(渾良夫)는 죽임을 당할 때 자색 호구(狐裘)를 입었다는 것이 죄목으로 들어가기도 했는데, 그것은 자의(紫衣)를 입는 것이 군주의 옷을 입는 참월한 짓으로 간주되었기 때문이다.

4) 利口(리구) : 실제와는 유리된 화려한 수사를 남발하는 말재간을 공자는 '佞(녕)'이라고 표현했다. '예리한 입'이라는 표현인 利口는 남에게 상처를 입힐 수 있는 말본새를 뜻할 것이다. 주희는 捷給(첩급: 말솜씨가 능란함)이라 해석하고, 범조우는 "是를 非로 만들고 非를 是로 만들며 현자를 불초자로 만들고 불초자를 현자로 만드는 사람이다. 임금이 만약 이런 사람을 좋아하여 신임하게 되면 나라가 엎어지는 것도 어렵지 않게 된다."[59]라고 설명한다.

5) 者(자) : 왕인지는 『경전석사』에서, '者'가 여러 가지를 나열할 때 쓰는 어기조사 '也'와 같은 기능으로 사용되는 사례로 이 구절을 제시한다. 그러나 정주한묘죽간본과 황본(皇本)에는 '者' 대신 '也'로 되어 있는 것을 보면 여기의 '者'는 '也'의 오기일 수도 있고, 앞 두 구절에서 '也'가 없는 판본도 있으므로, 여기 한 사례를 가지고서 '者'가 '也'의 기능을 갖기도 한다고 규정하기는 어렵지 않을까 한다.

[평설]

지배와 피지배의 관계를 하늘과 땅의 관계와 마찬가지라고 인식했던 공자는 마침내 시각적 심미기준과 청각적 심미기준, 그리고 언어적 수사에도 자신의 이분법적인 도덕기준을 적용하고자 이 슬로건을 만들었다고 본다. 이 문장은 서술문이 아니라 슬로건이기 때문에 번역도 그렇게 하였다.

말재간 때문에 나라가 뒤집힌다는 표현은 당시 열국들의 빈번한 흥망의 대부분이 권력에의 의지를 불태우는 사람들의 계교(計巧)에서 비롯했다는 자신의 판단에서 나왔을 것이다. 춘추시대에는 부국강병을 향한

---

59   天下之理 正而勝者常少 不正而勝者常多 聖人所以惡之也 利口之人 以是 爲非 以非爲是 以賢爲不肖 以不肖爲賢 人君苟悅而信之 則國家之覆也不難矣

각 나라 군주들의 경쟁의식을 이용하여 권력을 잡고자 하는 두뇌들이 각축을 벌였는데, 그들의 각축이 벌어지는 장은 매체였고 각축하는 무기는 주로 화술과 문장력이었다. 따라서 구체제 회복이라는 명분을 가지고서 역시 집권에의 꿈을 다지던 공자로서도 각축을 벌이는 두뇌들과 겨루지 않으면 안 되었을 것이다. 그 두뇌들의 무기인 언변술에 대해 공격할 필요가 있었을 것이다. 공자의 그러한 의도는 언론을 통제하려는 시도로 이어져서 이처럼 '자와 주', '정성과 아악'이라는 통제기준을 내세우게 되었다고 본다. 또한 공자는 기본적으로 체제를 유지하려는 보수주의자일 뿐 아니라, 지금이나 그때나 나라를 위한다는 명분처럼 효과적인 명분은 없었기 때문에 '나라를 뒤집는 짓'이라는 표현을 효과적인 무기로 사용한다. 다만 그의 공격은 정의가 악마를 박멸하자는 식의 행동으로 표출되지는 않고 이처럼 슬로건을 만드는 일에 그쳤다.

17·13에서 소개한 바 있는 『맹자·진심하』의 내용은 이 슬로건의 부연 해설이라고 할 수 있다.

17·19 子曰 予欲無言 子貢曰 子如不言 則小子何述焉 子曰 天何言哉
四時行焉 百物生焉 天何言哉

스승님께서 말씀하시기를 : 나는 (앞으로 너희들한테 이런저런) 말이라고는 (일체) 않으련다. (그러자 놀란) 자공이 말하기를 : 스승님께서 말씀을 아니 하시면 저희가 뭔들 해내겠습니까? (이에) 스승님께서 말씀하시기를 : 하늘이 무슨 말을 하더냐? 네 계절이 돌아가는 것이, 만물이 자라는 것이, 하늘이 무슨 말을 하(기 때문이)더냐?

┌──┐
│ 주 │
└──┘

1) 何述(하술) : '述'은 '이어서 풀어내다'는 뜻이다. 말로 표현하거나

(=진술) 글로 쓰는 것(=기술)을 포괄한다. 굳이 '스승의 말씀을 이어받다'라고 번역할 필요는 없다. "述而不作"(7·01)과 "長而無述"(14·43) 참조.

어떤 계기 때문인지는 모르지만 공자는 가르침을 중단하겠다고 선언하고, 이에 놀란 자공이 '그러면 우리는 어떡하라구요?'라고 반문하지만 도리어 꾸중만 듣는다. '하늘이 무슨 말을 하더냐?'라는 거듭되는 공자의 반문에는 노여움일 수도 절망감일 수도 있는 감정이 묻어 있다. 왜 공자는 그토록 감정이 격해졌을까? 아들과 안회 그리고 자로의 연속적인 죽음을 맞았을 때의 심경일 것이라고 설명하는 주석가도 있지만, 그것은 그럴싸한 추정일 따름이다.

"배우는 사람들이 대개는 성인의 말씀만 기다릴 뿐 하늘의 이치가 흘러가는 실제에는 말이 없어도 드러나는 것들이 있음을 관찰하지는 않는다. 그래서 그저 성인의 말씀만 듣고자 할 뿐 그 말씀의 까닭을 이해하려고 하지는 않으니까 스승님께서 이런 발언으로 경책하신 것이다."[60]라는 주희의 주석이나, "말을 해봐야 보탬은 별로 없으니까 말을 않고자 하신 것이다."[61]라는 하안의 주석은 가려운 곳은 발바닥인데 신발 밑만 긁는 격이다. 자공을 자극시켜 덕행을 더 쌓게 하려는 배려라는 주석은 자립심을 키워주기 위해 거지의 동냥 그릇을 깼다는 말이나 다름없고, 공자의 경지는 코스모스를 넘어 카오스로 진입했으니 제자들의 언어로써 공자의 생애는 조술할 것이 없다는 주석이나, 공자의 이러한 모습은 불타의 해탈이나 예수의 천국과 같다는 주석은 유불도 삼교의 근원이 같다는

---

60 學者多以言語觀聖人 而不察其天理流行之實 有不待言而著者 是以 徒得其言而不得其所以言 故 夫子發此以警之

61 言之爲益少 故欲無言

당나라 무렵의 주장과 하등 다름없는 황당한 설명들이다.[62]

H.G. 크릴은 기본적으로 16편 이후는 모두 후대의 삽입이라고 생각하지만 이 장에 대해서는 다음 몇 가지를 강조하면서 더욱 의심한다. 즉, 자공이 공자의 가르침을 이어받는 사명감을 표시했다는 점, 공자의 감정이나 말씀, 특히 '百物(백물)'이라는 낱말이 공자와 어울리지 않는다는 점, 전반적으로 노자나 장자의 사상과 비슷하다는 점 등을 든다.[63] 하지만 이 문장에서 자공의 답변을 공문의 대표직을 잇겠다는 욕심이나 사명감으로 보는 것은 오독이다. 이 장에서 자공이 보이는 태도는 다른 장에서 보이는 태도처럼 그저 성실할 뿐이다. 그 상황에서 다른 제자가 있었더라도 똑같이 "小子何述焉?"이라고 말했을 것이다. '백물'이라는 낱말이 공자와 어울리지 않다는 지적도 편견이다.『논어』에 나오는 용어들 가운데 특정한 시대에 특정한 그룹에 의해 한정된 개념으로 사용되던 용어만을 가려내기는 기본적으로 불가능하다. '하늘이 말하지 않아도 사시는 운행된다'는 표현을 노장사상이라고 여긴 듯한데, 그 표현은 문학적 비유일 따름이지 천지의 움직임에 대한 철학적 견해는 아니다. 중국 글을 읽을 때는 맥락과 글쓴이의 의도를 간파하는 일이 가장 중요하다.『논어』문장이『맹자』보다 압축적이기는 하지만 그래도 글쓴이의 의도는 드러나기 마련이다. 글쓴이의 의도를 외면한 채 문면만을 기계적으로 읽다 보면 오독을 피하기 어렵다.『논어』문장에 대한 의심은 문면의 맥락이나 글쓴이의 의도를 간파한 다음의 일이어야 한다.

앞으로 아무 말 하지 않겠다는 생각을 '하늘은 말 없어도 사시는 굴러간다'는 말로써 비유한 사람은 공자 본인이다. 공자는 자신을 자주 하늘에다 견주었다.[64] 제자들이나 후대 유자들이 공자를 하늘과 같은 성인으

62　김용옥,『논어한글역주』참조.

63　H.G. 크릴의 앞의 책, 제12장의 주97) 참조.

로 추앙하게 되는 것도 공자 자신이 자주 그렇게 말했기 때문이라고 본다. 19·25에서 자공은 "우리 스승님을 따라갈 수 없는 것은 마치 사다리를 타고 하늘에 오를 수 없는 것과 마찬가지입니다."[65]라고 말하는데, 자공이 공자를 그처럼 하늘에다 비유할 수 있었던 것도 공자와 오랜 세월 함께 생활한 데서 나온 자연스러운 표현이었을 것이다.[66] 공자가 그러했던 탓에 맹자를 비롯한 후대 유자들도 언제나 자신은 천명을 받은 사람이라고 믿는 경향이 많았다. 유교의 종교성은 바로 그 점에 있다.

17·20 孺悲欲見孔子 孔子辭以疾 將命者出戶 取瑟而歌 使之聞之

유비(라는 사람)이 (찾아와) 공자를 뵙고자 (청)했지만 공자는 아프다는 핑계로 거절하였다. 심부름하는 사람이 (거절의 말을 전달하러) 방문을 나가자 (공자는) 거문고를 가져다 (연주하면서) 노래를 하셨다. (아프다는 것은 구실이었음을 알아차리도록) 그 사람이 듣게 하신 것이다.

---

64 天生德於予 桓魋其如何(7·23), 天之未喪斯文也 匡人其如予何(9·05), 天喪予(11·09), 不怨天 不尤人 下學而上達 知我者 其天乎(14·35) 등이 그 사례이다.

65 夫子之不可及也 猶天之不可階而升也

66 자공이 19·25에서 그렇게 말한 것은 이 장에서 '天何言哉'라는 스승의 말을 충분히 이해했기 때문이라고 한유도 말한다. 공자가 스스로를 하늘에 견주었기 때문에 자공도 자연스럽게 스승을 하늘에 견주게 되었다는 것이다. 한편 주희는 이 장이 "二三子以我爲隱乎 吾無隱乎爾 吾無行而不與二三子者 是丘也(너희들은 내가 무언가를 감춘다고 생각하니? 나는 감추는 것이라곤 없다. 나는 너희들과 함께하지 않은 일도 없어. 그런 사람이 바로 구야)"(7·24)와 서로 보완하는 내용이라고 말하지만 동의하기 어렵다. 두 글의 취지는 서로 다르기 때문이다.

1) 孺悲(유비) : 유비는 노나라 사람이라고만 전해질 뿐 그의 행장은 찾기 어렵다. 『예기·잡기』에는 노나라 대부 恤由(휼유)가 죽자 애공은 유비를 공자에게 보내 사상례(士喪禮)를 배워오도록 했고, 그 때문에 사상례가 기록으로 남게 되었다고 되어 있다. 그러나 그를 공자의 제자로 명시한 기록은 없다. 평소 공자의 방식으로 미루어 보건대, 제자였다면 면전에서 배척하지 질병을 핑계하지는 않았을 것이다.

2) 將命者(장명자) : 심부름하는 사람을 가리키는데, 공자 쪽의 심부름을 하는 사람인지 아니면 손님 쪽의 심부름을 하는 사람인지에 대해서는 이견이 있다. 심부름하는 사람에게 들리도록 연주한 것인지 멀리 문밖에서 기다리는 유비에게 들리도록 연주한 것인지에 대한 이견도 있다. 모두 중요하지 않은 문제이다.

유비는 어떤 사람이고, 공자가 유비와 만나기를 거부한 까닭은 무엇인지에 대해 설명하는 주석가가 많다. 사람을 만나려면 소개가 있어야 하는 것이 고대의 예법인데 소개 없이 바로 찾아왔기 때문에 거부했다, 소개 없이 찾아왔다면 군주의 명을 받들고 왔을 것이다, 제자가 되고자 올 때는 소개 없이 올 수도 있다, 옛사람들은 통상적으로 질병을 핑계하면 알아듣지만 성인께서는 혹시 유비가 정말 질병 때문으로 오해할까 봐 그게 아니라고 정성스럽게 밝혀주신 것이다, 이 무렵 유비는 죄를 지은 몸이었기 때문에 공자는 그를 만날 수 없노라고 알린 것이다 등등 여러 가지 설명이 나오게 된다. 하지만 어떤 설명도 그럴싸하지 않다. 이 이야기에서 유비는 어떤 사람이고 공자가 유비를 거절한 까닭이 무엇인지는 중요하지 않다. 공자는 만나기 싫은 사람을 이런 식으로 거절한 적이 있었음을 소개하려는 데에 의미가 있을 따름이다.

최술은 이 장도 역시 의심한다. 원래 「양화」편의 내용은 다 믿기 어려울 뿐 아니라, 다른 곳에서 보건대 공자는 상대를 인정하지 않으면 만나지 않거나 직접 나무라거나 하건만 이렇듯 겉으로는 만남을 거절하면서도 슬며시 장난치듯 하는 것은 성인이 취할 태도가 아니기 때문이라는 것이다. '성인이 그랬을 리 없다'는 것이 이유이다. 그러나 공자는 언제나 근엄하게 처신하기만 했던 엄숙주의자는 아니었다. 제자들과 해학과 농담을 즐겼음을 『논어』에서는 얼마든지 확인할 수 있다. 5·06에서는 뗏목 타고 바다로나 가버리자고 제자들에게 말하는가 하면, 9·02에서는 약간 흥분하는 어조와 탄식하는 어조를 섞으면서 반어적인 농담을 하고, 17·04에서는 '내가 놀리려고 그랬다'고까지 말한다. 14·43에서 원양에게 한 짓도 해학적인 행동이다. 이 장도 만나기 싫은 사람에게는 이런 식으로 표현하는 법이라고 알리는 듯하다.[67] 이런 사례들은 『논어』를 읽을거리로 만드는 요소들이다. 성인에게 있을 수 없는 짓이므로 잘못 편집한 것이라고 본다면 곤란하다.

17·21 宰我問 三年之喪 期已久矣 君子三年不爲禮 禮必壞 三年不爲樂 樂必崩 舊穀旣沒 新穀旣升 鑽燧改火 期可已矣 子曰 食夫稻 衣夫錦 於女安乎 曰 安 女安 則爲之 夫君子之居喪 食旨不甘 聞樂不樂 居處不安 故不爲也 今女安 則爲之 宰我出 子曰 予之不仁也 子生三年 然後免

67 　맹자는 『맹자·고자하』에서 "教亦多術矣 予不屑之教誨也者 是亦教誨之而已矣(가르침에는 여러 술책이 있단다. 나의 '달갑잖게 대함으로써 상대방이 알아차리도록 만드는 방식의 가르침'도 또한 가르침이다)"라고 말한 바 있는데, 정이는 이 장에서 공자가 취한 방식이 '不屑之教誨'라고 한다. 아마도 맹자는 『논어』의 이 이야기를 가지고서 그렇게 말했을 것이다.

於父母之懷 夫三年之喪 天下之通喪也 予也有三年之愛於其父母乎

재아가 여쭙기를 : 삼 년이라는 거상 기간은 (너무) 깁니다. 군자가 삼 년이나 예를 행하지 않(은 채 거상하고 있)으면 예는 무너질 것이고, 삼 년이나 음악을 하지 않(은 채 거상하고 있)으면 악도 무너질 것입니다. (곡식의 경우를 보더라도) 묵은해 곡식이 다하면 새해 곡식(의 싹)이 올라오고, 불씨 얻는 나무를 철 따라 바꾸는 일도 한 해를 돌면 끝내(고 새로 합)니다. 스승님께서 말씀하시기를 : (부모님 돌아가시고 한 해 만에) 쌀밥 먹고 비단옷 입는 것이 네게는 편안하겠느냐? (재아가) 대답하기를 : 편안하(지 못할 것은 없)지요, (뭐). (스승님께서 말씀하시기를) : 네가 편안하다면 그렇게 하(면 되겠)지. (그러나 일반적으로) 군자라면 거상하는 동안 기름진 음식을 먹어도 달지 않고 음악을 들어도 즐겁지 않으며 (자기 집에서) 거처해도 편안하지 않기 때문에 그렇게 하지 않을 따름이다. 지금 너는 편안하다고 하니까 그렇게 하려무나. 재아가 나간 다음 스승님께서 말씀하시기를 : 재여가 저토록 어질지 않다니! 자식은 태어나서 삼 년이 되어야 부모의 품을 벗어나지 않은가. 삼 년간 거상하는 것은 천하에 통용되는 상례이고, 재여도 (부모 없이 자란 것이 아니라) 부모 품에서 삼 년 사랑을 받았을 텐데 말이야.

| 주 |

1) 宰我(재아) : 논리적이고 기발한 질문을 자주 하지만 그 때문에 공자에게서 심한 질책을 가장 많이 받았던 제자이다. 3·21 참조.

2) 期已久矣(기이구의) : '期'를 '일 년'으로 새길 수도 있지만, 이 구절에서는 '기한이 이미 오래되었다'고 새기더라도 무방하다.

3) 鑽燧(찬수) : 나무나 돌에 구멍을 뚫어 부싯돌로 문질러서 불을 얻는 옛날의 방법이다. 鑽은 문질러서 뚫는 것이고 燧는 불씨를 얻는 나무나 부싯돌이다. 그 나무는 계절에 따라 바꾼다고 한다. 주희는 마융의 주석을 인용하여[68] 봄에는 푸른색인 유류(楡柳: 느릅·버들), 여름에는 붉은

색인 조행(棗杏: 대추·살구), 늦여름에는 노란색인 상자(桑柘: 뽕·산뽕), 가을에는 흰색인 작유(柞楢: 떡갈나무·졸참나무), 겨울에는 검은색인 괴단(槐檀: 홰나무·박달나무)에서 불을 얻었다고 한다. 아마도 계절적 환경에 따라 가장 불이 붙기 좋은 나무를 선택하지 않았을까 한다. 改火는 철마다 부시나무를 한 번씩 바꾸는 것을 뜻한다고도 하고, 일 년이 지나면 불을 새로 피운다는 뜻이라고도 한다.

4) 期可已矣(기가이의) : 여기의 期는 앞에서와 달리 '期月(기월: 일 년이 돌아감)'의 뜻으로 보아야만 한다. 일 년이면 마치게 된다는 뜻이다.

5) 食夫稻 衣夫錦(식부도 의부금) : 夫는 특칭하지 않고 일반적인 것을 가리킬 때 사용하는 지시대사이다. 논에 있는 벼는 稻(도), 수확한 벼는 禾(화), 짚을 털어낸 벼는 粟(속), 껍질을 벗긴 것은 米(미), 껍질은 벗겨졌지만 아직 찧지 않은 것은 糲(려), 찧은 것은 粱(량)으로 각각 구분한다는 설명도 있다.

6) 旨(지) : 맛있는 음식을 가리킨다.

7) 通喪(통상) : 공안국은 천자부터 서인(庶人)에 이르기까지 통용되는 거상이라고 주하는데, 한왕조 때이니까 그렇게 이해했을 것이다. 공자는 지배계층에 한정하여 생각했을 것이다. 춘추시대에 서인들이 모두 삼년상을 지켰을 것으로는 보지 않는다.

평설

H.G. 크릴은 공자가 묵자나 순자와 달리 제자들을 권위로 누르려 하지 않고 충분히 토론하되 설득이 불가능할 경우 내버려두었다면서 이 장을 그 근거로 삼는다. 공자를 그런 사람으로 묘사하는 것이 가능할지는

68　마융은 『주서(周書)·월령(月令)』에 의거하여 주하였다고 하는데, 정태현(鄭太鉉, 1936~)은 『일주서(逸周書)』인 듯하다고 한다.

모르나 이 장을 그런 설명의 근거로 삼기는 어렵다. 이 장이 공자와 재아 사이에 있었던 토론 내용을 소개하려는 목적이라면 혹시 모른다. 하지만 이 장의 메시지는 어떤 경우에도 삼년상을 부정할 수는 없다, 만약 삼년 상을 줄이자는 의논을 꺼냈다가는 재아와 같은 부류의 사람으로 치부하 겠다는 경고이다.[69] 그러한 의지를 보여주기에 가장 적합한 인물인 재아 를 등장시킨 것이다. 서구인이 중국 글을 제대로 읽지 못하는 것은 바로 이런 점이다.

재아는 공자에게 이렇듯 매도되기를 여러 차례나 한다. 6·26은 재아 가 공자에게 삐딱하게 질문한 내용이지만, 3·21은 재아가 공자에게서 꾸 지람을 들은 내용이며, 5·09에서는 심지어 실패한 제자로까지 규정된다. 재아가 그처럼 일관되게 부정적인 인물로 묘사된 이유에 대해서는 여러 사람이 설명한 바 있지만, 정서적으로 싫었던 것이 가장 확실한 이유라 고 본다. 당시 삼년거상의 풍속은 드물었다는 기록도 많으니까[70] 아마도

---

69 『예기·삼년(三年)』에는 "孔子曰 子生三年 然後免於父母之懷 夫三年之喪 天下之達喪也(공자께서 말씀하시기를, 자식이 태어나 삼 년은 지나야 부모의 품을 벗어난다. 그러니 '삼년 거상'은 천하에 통용되는 거상 방식이다)"라는 구절이 있다.

70 정수덕의 『논어집석』, p.1232, 정약용의 『논어고금주』 참조.

　이택후는 삼 년이라는 거상 기간이 사회의 토대가 되는 소생산 농업가정의 장 구한 지지를 얻었다고 말하지만 동의하기 어렵다. 일반 소생산 농업가정이라면 한 이후 유가로 무장된 지배계층의 강요를 받았거나 아니면 지배계층의 문화를 본뜨려는 욕구 때문에 혹 받아들일 수 있었을지언정 피지배계층이 자발적인 정 서를 바탕으로 삼 년이라는 세월을 禮라는 이름으로써 거상했을 가능성은 없다 고 본다. 빈례를 마치고부터 음식은 죽을 먹고 의복은 거친 옷을 입다가, 장례가 끝나면 소사음수(疏食飲水)만 하고 베옷만을 입으며, 소상이 지나고서야 비로소 채소와 과일을 먹고 옷도 한 단계 높여 입으며, 머리와 허리에는 여전히 띠를 두 르고 있어야 하는 복잡한 거상례를 지배층이라면 모를까 생업에 종사해야 하는 피지배층까지 지켰다는 것은 상상하기 어려운 일이다. 정약용이 열거하는 『춘추』

재아는 당시의 풍속이나 여론을 감안하여 이 문제를 제기했을 것이다. 더구나 재아가 표현한 '군자'는 군주를 가리킨다. 군주가 삼 년간 거상하면 국가의 예악이 무너질 수 있다는 우려이다. 그러니까 이 장은 사회적 추세나 여론, 심지어 공문 내부의 이의 제기에도 불구하고 삼년상에 대한 공자의 확고한 신념을 보여주고자 설정된 이야기라고 본다.

공자와 재아의 상반된 입장은 나중에 맹자와 순자의 상반된 입장으로, 송대에서는 주희(朱熹, 1130~1200)의 동기주의와 진량(陳亮, 1143~1194)의 공리주의로 갈리게 된다는 주장도 있다. 하지만 후대에 유가를 공격하는 사람들이 지적하는 내용이 이미 재아가 공자에게 질문하였던 내용에 포함되어 있다는 견해에는 동의할 수 있어도 유교사상사의 두 갈래가 재아부터 비롯한다는 주장은 지나치다.

17·22 子曰 飽食 終日無所用心 難矣哉 不有博奕者乎 爲之 猶賢乎已

스승님께서 말씀하시기를 : 배불리 먹기만 하고 종일토록 (어느 것 한 가지에도) 마음 쓰는 바 없으면 (그런 사람은) 곤란하다. 장기바둑(같은 것)도 있지 않은가? 그런 것이라도 하는 것이 (아무 일) 안 하는 것보다는 낫다.

의 여러 사례를 보면 부모의 장사도 치르기 전에 전쟁터에 나가고 회맹(會盟)도 하며 가무도 즐기고 잔치하여 장가를 들기도 하는 것이 제후들의 모습이었다. 세월이 흘러 유가가 종교적으로 체화된 다음에는 어느 정도 확산되었을 수 있지만 사대부가 아닌 피지배층에서 삼년상을 유가의 예법대로 지킨다는 것은 조선이 아닌 중국에서는 불가능하였다. 도저히 지킬 수 없는 것을 규범으로 명시해놓은 사회에서는 사람들이 이중적으로 행동할 수밖에 없다. 규범을 지켜야 한다고 주장하는 사람이 주도권을 쥘 수밖에 없기 때문에 쉽게 지킬 수 없는 규범은 더욱 강조되는 법이다.

1) 終日(종일) : '飽食終日'이라고 끊어 읽기도 하지만, 終日은 앞의 飽食이 아닌 뒤의 無所用心을 수식하는 것으로 보인다. 2·09의 주) 참조.

2) 難矣哉(난의재) : 마융은 "선을 즐길 만한 일이 없으면 음욕이 생겨나기 때문이다."[71]라고 설명한다.

3) 博奕(박혁) : '장기바둑'이라고 번역했는데, 정확한 것은 알기 어렵지만 그것과 비슷한 고대 유희의 이름일 것이다. 초순은 『맹자정의(孟子正義)』에서 "奕은 그냥 바둑돌을 놓는 방식이고, 博은 골패를 던져서 그 결과대로 바둑돌을 놓는 방식이다."[72]라고 한다.

4) 賢(현) : 종래 '勝'의 뜻으로 해석한다.

5) 已(이) : 아무것도 하지 않음. 『묵자·법의(法儀)』의 '猶逾已'와 『맹자·진심상』의 '猶愈於已'의 구법과 같다.

"성인께서 장기나 바둑을 하라고 가르치시는 것이 아니라 마음 쓰는 데가 없으면 결코 안 된다는 것을 강조해서 말씀하신 것이다."[73]라는 이욱(李郁, 1086~1150)의 주석을 주희는 인용한다. 어느 것 한 가지에라도 마음을 쓰는 훈련이 중요하다고 수신주의자들이 강조하기에는 이 장이 적절했을 것이다. 이 장 때문에 바둑, 장기를 두는 모습을 그린 그림을 '賢已圖'라고 부르기도 한다. 15·17의 평설 참조.

---

71 爲其無所據樂善生淫欲

72 蓋奕但行棊 博以擲采而後行棊

73 聖人非教人博奕也 所以甚言無所用心之不可爾

17·23 子路曰 君子尙勇乎 子曰 君子義以爲上 君子有勇而無義爲亂 小人有勇而無義爲盜

자로가 (스승님께) 여쭙기를 : 군자라면 (당연히) 용을 숭상해야지요? 스승님께서 말씀하시기를 : 군자는 (용이 아닌) 의를 가장 윗길로 쳐야 해. 군자가 용만 있고 의가 없으면 난동을 일으키게 되고, 소인이 용만 있고 의가 없으면 도적질을 하게 돼.

1) 尙(상) : 上과 같은 뜻으로서 '숭상하다'로 새길 수 있다.

2) 勇(용) : 2·24의 주) 참조.

3) 義(의) : 1·13의 주) 참조.

4) 君子有勇而無義(군자유용이무의) : '有勇而無義'는 '君子'의 보어이다.

평설

9·29와 14·28에서 공자는 "知者不惑 仁者不憂 勇者不懼"라면서 지·인·용을 군자의 필수 덕목으로 균형 있게 강조한 바 있다. 그런데 용에 점수를 더 주고 싶었던 자로로서는 다시 한번 용에 대한 긍정을 공자에게서 확인하고 싶었는지 모르겠다. 하지만 공자는 자로의 기세를 꺾어놓고 만다. 지·인이 아닌 의를 앞세워야 한다고 강조할 뿐 아니라, 의는 모르고 용만 내세우는 놈은 난을 일으킨다고까지 비난한다. '난동을 하다'는 말은 봉건사회에서 가장 심한 비난인데 말이다. 8·02에서는 '용감하면서 禮가 없으면 난동을 피운다'고 말하더니만 여기서는 의가 없어도 난동을 일으킨다고 한다. 2·24의 '주)勇'에서 설명했다시피 공자는 '용자불구'에서의 용과는 다른 차원에서 용을 경계시키고 있다. 따라서 의지를 뜻하는 '용기'와 무용을 뜻하는 '용맹'으로 구분하여 번역하는 것이 낫

지 않을까 한다. 자로가 공자를 처음 만났을 때 나눈 문답인 듯하다는 호인의 설명에는 동의하지 않는다.

17·24 子貢曰 君子亦有惡乎 子曰 有惡 惡稱人之惡者 惡居下流而訕上者 惡勇而無禮者 惡果敢而窒者 曰 賜也亦有惡乎 惡徼以爲知者 惡不孫以爲勇者 惡訐以爲直者

자공이 "군자도 미워하는 사람이 있습니까?" 하고 여쭙자 스승님께서 말씀하시기를 : (당연히) 미워하는 놈이 있지. 남의 나쁜 점만 떠벌리고 다니는 놈을 미워하고, 아래에 있으면서 위에 있는 사람 헐뜯기나 하는 놈을 미워하고, 용맹하면서 무례한 놈을 미워하고, 과감하면서 꽉 막힌 놈을 미워하지. (이어서) 말씀하시기를 : 사야, 너도 미워하는 놈이 있지? (말해보렴. 자공이 대답하기를) : 남의 생각을 표절해서는 자기가 아는 척하는 놈을 미워하고, 불손을 용기로 여기는 놈을 미워하고, 고자질을 솔직함으로 여기는 놈을 미워합니다.

주

1) 下流(하류) : 혜동(惠棟, 1697~1758)의 『구경고의(九經古義)』와 풍등부(馮登府, 1783~1841)의 『논어이문소증(論語異文疏證)』에서 만당 이전의 판본에는 '流' 자가 없음을 증명한 바 있다. 소식(蘇軾, 1037~1101)의 「상한태위서(上韓太尉書)」에 이 구절이 인용되어 있는데, 거기에는 '流' 자가 있는 것으로 보아 북송 이전에 '流' 자가 들어간 듯하다고 정수덕은 설명한다. 아마도 19·20의 "惡居下流"와 혼동한 탓에 들어갔을 것이다.

2) 訕(산) : 謗毁(방훼: 헐뜯음)의 뜻이다.

3) 勇(용) : 2·24의 주)와 앞 장 참조.

4) 窒(질) : 마융은 '窒塞(질색: 막힘)'이라 하고 주희는 '불통'이라 한다.

5) 徼(요) : '鈔(초: 훔치다)', '伺察(사찰: 엿보다)'의 뜻이다. 얻어들은 남의 생각을 마치 자신이 아는 것처럼 취하는 태도를 가리키겠다. 요즘 말로는 '표절'이 적당하다.

6) 訐(알) : 들추어내다. 고자질하다. 포함과 주희는 "남의 은밀한 내용을 까발리는 것"[74]이라고 한다.

평설

'군자도 ~할 수 있는가?'라는 질문의 연속이다. 이상적인 지배계층의 모델로 공자가 제시했던 '군자'라는 것의 개념에 대해 제자들이 강한 호기심을 보이면서 여러 모로 질문했음을 알 수 있는 증거인데, 공자가 제시한 '군자'는 초기 제자들에게 그만큼 이해하기 어려운 개념이었던 모양이다. 신분을 가리키는 용어를 인격과 자질을 가리키는 용어로 사용하기 때문에 헷갈릴 수밖에 없었을 것이다.

자공은 역시 공자의 으뜸제자이다. 그의 대꾸는 스승의 표현에 견주어 손색이 없다.

17·25 子曰 唯女子與小人爲難養也 近之則不孫 遠之則怨
스승님께서 말씀하시기를 : 여자와 소인은 다루기가 힘든 거야. 가까이하면 불손하고, 멀리하면 원망하거든.

주

1) 女子與小人(여자여소인) : '女子'는 여성 일반을 가리키는 게 아니라 '養'이라는 동사의 목적어가 될 수 있는 여성, 그러니까 비첩처럼 집

74　攻發人之陰私

안에서 양육하는 계급이 낮은 여성을 가리키지 품성이 현명한 여성까지 가리키는 것은 아니라고 유보남은 옹호하지만,[75] 구차한 해명일 뿐이다. 여성에 대한 편견은 어느 문화권에나 있었다. 이런 정도의 편견은 다른 문화권의 그것과 비교할 때 그다지 심한 표현도 아니다. 굳이 근대적 관념을 가지고서 공자를 감쌀 필요는 없다.

2) 養(양) : '기르다'보다는 '다루다'로 번역하는 것이 낫다. '기르다'는 현대어에서 가축에게만 사용되므로 적절하지 않다.

평설

공자는 여성에 대해 편견을 가졌던 사람이라고 공격하는 사람들이 근거로 삼는 장이다. 편견으로 말하자면 공자는 비단 여성에 대해서뿐 아니라 다른 방면에서도 많이 가졌던 사람이다. 하지만 균형 잡힌 사고라는 것은 절대적일 수 없다. 입장에 따라, 그리고 시대와 환경에 따라 서도 기준이란 것은 달라질 수밖에 없으니 말이다. 그렇기 때문에 누구나 일정한 정도의 편견은 갖는다고 말하는 것이 차라리 옳을 것이다. 공자가 여성에 대한 편견을 바탕으로 성차별을 체계화하거나 했다면 지금 페미니스트들의 공격을 받아도 싸겠지만, 여기서는 소인의 특징을 설명하고자 끌어들인 비유로 썼을 뿐이다. 다만 가까이하면 불손해지고 멀리하면 원망하게 되는 것은 살아 있는 것들의 공통된 정서일 것임에도 여성의 정서로 특정한 점은 공격받을 만하다. 또한 공자 자신은 성차별을 체계화하지 않았을지라도 이런 언명이 후대 유교문화권에서 성차별을 체계화하는 빌미가 된 책임마저 면할 수는 없다 하겠다. 공자의 편견을 옹호할 생각은 없지만, 그가 小人이라는 용어를 신분차별의 개념으로 사용하지 않았음을 보더라도[76] 여성에 대한 언급 역시 차별을 전제한 것은 아

---

75 미야자키 이치사다도 그 견해에 동조한다.

니라고 본다. 동아시아에서는 '남존여비'라고 해서 남녀의 상대적 위치를 의식하기는 하지만 여성을 기본적으로는 남성의 상보적인 대상으로 여긴다. 여성을 남성의 부속물로 여기거나 남성의 일부를 떼어서 만든 존재로 여기는 다른 문명권의 차별 관념과는 근본적으로 다르다.[77]

17·26 子曰 年四十而見惡焉 其終也已

스승님께서 말씀하시기를 : 나이 사십이 되어서도 (남에게) 미움을 받으면, 그런 인생은 끝이라고 해야겠지.

주

1) 見惡(견오) : 見은 '당하다'는 뜻의 피동형을 나타낸다.

2) 其終也已(기종야이) : 양백준은 17·05의 "末之也已"와 같은 구문이라면서, '其終也'가 주어이고 '已'가 동사라고 설명한다. 그런 해석도 가능하겠지만, 其는 다른 곳에서도 자주 쓰이듯이 '그것은(그 사람은) 아마도'의 뜻으로 해석하는 것이 낫다.

평설

공자는 이처럼 나이와 엮어서 발언한 바가 많다. 맹자도 비슷하다. 그

<hr />

76 소인이 利를 밝힌다(4·16)는 말도 계급이나 신분을 가리키는 표현은 아니다. 어디까지나 품성을 기준으로 한 표현이다.

77 『좌전』 희공 24년조에는 "女德無極 婦怨無終(여성의 덕은 지극하지만 지어미의 원한은 끝이 없다)"이라는 구절이 있는데, 그 구절을 보더라도 여성에 대한 성차별을 무조건 폄하하지는 않았음을 알 수 있다. 그 구절은 지어미로서 갖게 되는 원한을 강조하는 표현이지 여성 일반에 대한 편견을 드러내는 표현은 아니다. 오히려 여성으로서의 덕을 긍정하는 표현이다. 이와 비슷한 사례는 무수히 많다.

것은 인간의 삶을 단계별로 정리하려는 생각이기도 하고, 경험에 바탕한 인식을 중시하는 생각이기도 할 것이다. 경험에 바탕한 발언은 힘을 지니기 때문에 잠언이라기보다는 거의 예언과 같은 힘을 발휘한다.

누구인지 드러나지만 않았을 뿐 대상을 두고서 한 말일 것이라고 소식은 짐작했는데 주희도 그 생각에 공감한 나머지 소식의 견해를 『논어집주』에 담는다. 누구에게나 해당하는 범론을 말한 것은 아니라는 것이다. 그래서인지 유월은 공자 스스로에 대한 탄식으로 추정한다. 범론으로 말했다면 9·23처럼 '四十五十'이라고 하지 '年四十'이라고 하지는 않았을 것이라는 근거도 든다. 공자는 35세에 제나라에 가서 7년 정도 지내면서 봉토를 받아 경공이 될 뻔했지만 안영의 반대로 좌절되고 제나라를 떠난 적이 있다는데, 사실이라면 그때 공자의 나이는 40세 무렵이었을 것이므로 그 일에 대한 자탄으로 보면 맞다는 것이다.

과감한 추론이기는 하지만 이 문장을 그렇게 보아야 할 근거로는 충분하지 않다. 자신의 경험을 말했다면 2·04를 보더라도 '吾十有五而~'라고 표현했을 것이다. 맹자도 "我四十不動心"이라고 표현한다. 9·23처럼 범론을 말하고자 할 때는 '吾'를 넣지 않는다. 공자를 포함한 동아시아 식자인들의 발언이 기본적으로 경험칙에 근거하기는 한다. 그러나 그렇다고 해서 반드시 자기 경험이지는 않다.

미자(微子) 제십팔(第十八)

  대체로 일민이나 은자로 불릴 수 있는 사람의 이야기들을 모았다. 그래서 이 편에는 '子曰'이라는 문구가 없다.

  은자들과의 대화 상대는 오직 자로이다. 「미자」편의 이야기들을 기록하거나 만든 사람들은 자로를 경모했던 사람들이거나, 아니면 은자와의 대화 상대로는 자로와 같은 기질의 사람이 적절하다고 여겼을지 모르겠다. 그래서인지 후대 유자들 가운데 벼슬길과 관계없던 사람들, 그러면서 장자(莊子)류의 자유분방한 새 사조에 마음이 열리면서 공자와 자로를 경애하는 사람들, 증자 계열의 맹자학단이나 순자계열과는 다른 어떤 사람들, 『상서』와 같은 정통자료에 지식이 있었던 사람들이 기록했을 것으로 흔히 추정한다.

  이야기들은 대체로 공자가 노나라를 떠나게 된 사정과 연결되고, 공자와 관련 없는 일화도 두서없이 기록되어 있다. 『장자』와 비슷한 이야기를 실었다는 평도 듣는다. 그런 나머지 장자학풍에 노출된 공문 사람들에 의해 꾸며졌을 것이라고 추정하기도 한다. 아서 웨일리는 이 일화들이 반유학적 성격의 것인데, 이러한 사실을 모르는 편찬자들이 순진하게 이것들을 논어에 포함시켰다고까지 말한다.

시라카와 시즈카(白川靜)는 『공자전』에서, 오늘날 『논어』의 틀은 「미자」편을 만든 사람들에 의해 최종적으로 완성되었을 것이라고 추측한 바 있다.

「헌문」 39~42와 비슷하지만 스토리적 성격은 더 강하다. 그래서 「헌문」보다는 더 늦게 성립되었을 것이라고 추정하기도 한다.

18·01 微子去之 箕子爲之奴 比干諫而死 孔子曰 殷有三仁焉

(은왕조 말왕 주의 폭정 때문에 그의 형이었던) 미자는 (나라를 버리고) 떠났고, (그의 숙부였던) 기자는 (미친 체하다가) 노복이 되었으며, (역시 그의 숙부였던) 비간은 (주에게 직접) 간하다가 죽임을 당하였다. (이를 두고) 공자는 '은왕조에 세 사람의 인자가 있었다'고 말씀하셨다.

주

1) 微子去之(미자거지) : 미자의 성명은 微子啓(미자계)이다. 『사기』 와 『공자가어』는 주(紂)의 이모형(異母兄)이라고 하고, 『여씨춘추』와 정 현은 동모형(同母兄)이지만 어머니가 미자계와 동생 仲衍(중연)을 낳을 때는 帝乙(제을)의 첩이었고 정실이 된 다음 受德(수덕)을 낳았기 때문 에 수덕이 태자위를 잇게 되어 왕이 되었다고 설명한다.[1] 한편 마융과

1 　'紂'는 우마의 대변이 길바닥에 떨어지지 않도록 우마의 엉덩이 밑에 받치 는 넓은 끈을 가리킨다. 주무왕이 은왕조를 무너뜨린 다음 말왕에게 내린 모욕적 인 시호이다. 그의 아들이 올린 시호는 帝辛(제신)이다. 역사서에서는 보통 商王 受(상왕수) 또는 商王受德(상왕수덕)이라고 칭한다. 『상서』에서 미자를 은왕의 원자라 한 것은 그가 맏아들임을 밝힌 것이다. 그런데 『맹자·고자』에서는 미자를 주의 숙부로 이해하다 미자가 나라를 떠나 것은 종사를 보존하기 위해서였다고 도 말한다. 계승 다툼에서 밀려난 미자는 망명했다는 것인데, 주는 은을 멸망시킨

주희는 微(미)와 箕(기)는 나라 이름이고 '子'는 작위라고 한다. '之'는 목적어가 아니다.

2) 箕子(기자) : 주의 숙부라는데, 이름은 알려지지 않는다. 주가 比干(비간)의 간언을 듣지 않고 죽이자 기자는 머리를 풀어헤치고 거짓으로 미친 척하며 노복이 되었다고도 하고, 반대로 기자가 간했지만 주가 듣지 않자 비간이 나서서 간하다가 죽었다고도 한다.[2] 이후 기자는 주에 의해 갇혔다고도 하고 나중에 조선으로 가서 건국하였다고도 한다. 기자는 제을에게 수덕이 아닌 미자로 하여금 뒤를 잇도록 하라고 청한 적이 있다는데, 그게 사실이라면 주의 세 사람에 대한 폭거는 왕위 계승 과정의 반목이 원인이었을 것이다. 주무왕은 그 틈을 타서 은왕조를 무너뜨리면서 주를 비난하는 위와 같은 이야기를 만들었을 것이다. 19·20 참조.

3) 爲之奴(위지노) : 之는 실사가 아니므로 5·07의 경우와 마찬가지로 '~의 종이 되다'라고 번역될 수는 없다. 『논어』에 '奴' 자는 여기서만 나온다. 그런데 奴는 한대부터 많이 쓰이고 그 이전에는 臣(신)이라는 글자를 썼다고 미야자키 이치사다는 지적한다.

4) 比干(비간) : 주의 숙부로 알려져 있다. 주에게 극력 간하자 성인의 심장에는 일곱 개의 구멍이 있다니 확인해보겠다면서 주는 그를 죽였다 한다.

다음 미자를 찾아내서 송에 봉국하고 제사를 잇게 했다고도 한다. 모두 부정확한 이야기들이다.

2 　사가들은 대체로 미자의 일이 먼저 있었고 이어서 비간의 일이 생기자 기자는 미친 척하였다고 적지만 『논어』에는 거꾸로 기자가 먼저 언급되니까 『논어』에 맞추려고 만들어진 이야기로 짐작된다.

이 장은 인에 대한 공자의 또 하나의 시각이자 역사적 평가도 겸한 발언이다. 공자의 인에 대한 견해는 1·02의 주)에서 정리한 바 있는데, '타인과의 일체화 의식' 또는 '타자에 대한 사랑'이라고 정리한 바 있다. 그렇다면 여기에서 공자가 인자라고 규정한 위 세 사람의 처신은 인에 대한 그 규정과 부합하는가? 망명해버리는 미자의 처신이나 거짓으로 미친 체하는 기자의 처신을 '타인과의 일체화 의식'이나 '타자에 대한 사랑'이라고 말할 수 있을까? 그렇게 말하기는 어려울 것임에도 공자는 그들을 인자로 규정하고 있다. 사정이 이렇기 때문에 공자의 인에 대한 생각을 개념화하려는 노력은 한계에 부딪히게 된다. 결국 임의적인 결론이 되고 만다.[3]

18·02 柳下惠爲士師 三黜 人曰 子未可以去乎 曰 直道而事人 焉往而不三黜 枉道而事人 何必去父母之邦

유하혜는 (형벌을 관장하는) 사사를 지냈던(사람인)데 (그 자리에 있다가) 쫓겨난 적이 세 차례나 되었다. 어떤 사람이 (유하혜에게) 말하기를 : 당신은 (그처럼 모욕을 당하니 차라리 다른 나라로) 떠나면 안 되는가? (유하혜가) 말하기를 : (지금처럼) 곧은 방법론으로 임금을 섬긴다면 어디로 간들 세 번씩 쫓겨나지 않(을 데가 있)겠어요? 굽은 방법론으로 임금을 섬길 바에야 (여기서 살지) 하

---

3   세 사람의 행적이 다른데도 똑같이 인이라고 칭한 것은 세 사람이 모두 우란녕민(憂亂寧民: 국란을 근심하고 인민을 안녕시키다)했기 때문이라고 『논어정의』는 설명한다. 옹색한 설명이 아닐 수 없다. 선학들이 이런 식의 설명을 서슴없이 했기 때문에 담사동(譚嗣同)이나 강유위(康有爲) 같은 후학도 인이란 묵자의 겸애, 불교의 자비, 기독교의 사랑과 동인한 것이고 그 본체는 자연과학에서 말하는 에테르('以太'라고 썼다)라고까지 서슴없이 주장할 수 있었다.

필 부모의 나라를 떠난단 말입니까?

1) 柳下惠(유하혜) : 공자보다 1백 년쯤 전에 살았던 노나라의 대부인데, 덕이 있었다는 평을 들을 뿐 아니라 공자가 지극히 칭송하던 사람이다. 15·14의 주)와 18·08 참조.

2) 士師(사사) : 형벌이나 감옥을 관장하는 직책 이름이다. 『서경·순전(舜典)』에 "제께서 이르시기를, 고요야, 오랑캐들이 중하를 어지럽히고 도적들이 날뛰므로 너를 사로 삼으니 오형(五刑)을 복종시키도록 하라. 오형을 복종시키는 데 있어서는 세 가지 장소를 적용하고, 다섯 가지 유형(流刑)을 적용시키는 데 있어서는 세 가지 장소를 적용하여 형법이 오로지 밝고 충실해지도록 하거라."[4]라고 되어 있는 것을 보면 형벌을 관장하는 직책을 士라고 불렀던 것은 매우 오래된 일인 듯하다.

3) 事人(사인) : 人君(인군)을 섬긴다는 뜻이다.

제효공이 노나라를 침공했을 때 유하혜가 언변으로써 물리친 내용이 『국어·노어상』에 실려 있다. 제나라의 침공에 노나라가 떨고 있느냐고 효공이 으르는 태도로 묻자 유하혜는 "소인들은 떨고 있지만 군자들은 그렇지 않습니다. 옛날 성왕께서 우리 노나라의 선군 주공과 제나라의 선군 태공에게 자손대대로 서로 해치지 말라고 이르신 바 있으니, 지금 효공께서 토벌하러 오신 것이 우리의 죄를 물으러 온 것이지 사직을 무너뜨려 땅을 빼앗아 선왕의 명을 저버리려는 것은 아닐 것이기 때문에

---

4   帝曰皐陶 蠻夷猾夏 寇賊姦宄 汝作士 五刑有服 五服三就 五流有宅三居 惟明克允

그것을 믿고서 두려워하지는 않습니다."라고 말했다. 그러자 효공은 평정된 것으로 치고 돌아갔다고 한다.[5] 품격 있고 부드러우면서도 굳은 힘을 느낄 수 있는 언사로 보더라도 유하혜는 현자라는 평가를 들을 만한 사람이었다.

무슨 연유로 세 번씩이나 쫓겨났는지에 대한 설명도 없고 유하혜의 발언에 대한 공자의 평어도 없다.[6]

18·03 齊景公待孔子曰 若季氏 則吾不能 以季孟之間待之 曰 吾老矣不能用也 孔子行

제나라 경공이 (제나라에 온) 공자를 어떻게 대우할 것인지에 대해 (신하들에게) 말하기를 : 계씨처럼 (대우)하자고 한다면 나는 (동의)할 수 없다. (그러자 신하들은) 계씨와 맹씨의 중간 수준으로 대우하자고 하였다. (하지만 경공은) 나는 (아무래도 너무) 늙었으니 (그를) 등용할 수는 없겠노라고 말(하면서 거절)하였다. 공자는 (결국 제나라를) 떠나셨다.

5   展禽使乙喜以膏沐犒師曰 寡君不佞 不能事疆場之司 使君盛怒 以暴露於弊邑之野 敢犒輿師 齊侯見使者曰魯國恐乎 對曰小人恐矣君子則否 公曰室如懸磬 野無青草 何恃而不恐 對曰恃二先君之所職業 昔者成王命我先君周公及齊先君太公曰 女股肱周室 以夾輔先王 賜女土地 質之以犧牲 世世子孫無相害也 君今來討弊邑之罪 其亦使聽從而釋之 必不泯其社稷 豈其貪壤地而棄先王之命 其何以鎮撫諸侯 恃此以不恐 齊侯乃許爲平而還

6   18·08에서 공자가 유하혜더러 "降志辱身矣 言中倫行中慮 其斯而已矣(의지도 굽히고 몸도 욕을 당했지만 말이 윤상에 맞고 행실이 사려에 맞으니 그것만이 내세울 수 있을 뿐이다)"라고 한 말을 공자의 평어로 볼 수는 있겠다.

1) 齊景公(제경공) : 3·09의 평설, 12·11의 주), 16·12의 주) 참조.

2) 待(대) : '대우'의 뜻이다. 공자를 등용할 경우 어떻게 대우할 것인지를 의논하는 과정에서 나온 말일 것이다. 그러나 정약용은 조근(朝覲)·회동(會同)·빈객(賓客)에서 소·양·돼지 세 가지 희생으로써 손님에게 먹을 것과 선물을 접대하는 '牢禮(뇌례)'를 가리킨다고 주장한다.[7] 생략이 심한 문장이기 때문에 고심한 끝에 꺼낸 해석이겠지만, 뒤에 나오는 '不能用'이라는 표현이 '등용할 수 없음'이라는 뜻이기 때문에 불가하다고 본다.

3) 吾老矣(오로의) : 발언의 주체가 경공인지 공자인지 분명하지 않다. 이 장의 이야기는 대체로 공자가 36세에 제나라에 간 이듬해의 일로 간주하는데,[8] 그렇다면 37세의 공자가 '내가 늙었다'고 말했을 리는 없다. 공자보다 한 살 어린 경공이 '내가 늙었으므로~'라고 표현했을 리도 없다. 그렇다면 이 장 전체의 이야기 자체가 믿기 어렵다고 볼 수 있을 것이다. 사마천은 『사기·공자세가』에서, 제나라 대부들이 공자를 등용하려는 경공의 의도를 알고서 공자를 해치려고 하자 경공이 등용할 수 없다고 말한 것이라고 설명하지만, 그것은 너무 빤한 소설이다.[9]

---

7   제후는 五牢(오뢰)로, 상경은 三牢로 접대하는데 계씨는 제후처럼 五牢를 받지만 맹씨는 三牢를 받게 되므로 공자에게 그 중간인 四牢로 접대하겠다는 뜻이라는 것이다.

8   『공자연보』에 의하면 소공 26년, 공자 36세, 제경공 32년의 일이라고 정수덕은 인용한다.

9   『사기·공자세가』는 공자가 제나라에 가서 경공과 만난 사실을 이 장과 12·11를 합쳐서 기술한다. 12·11의 평설 참조.

공자의 후학들은 이 이야기를 공자가 제나라에 갔을 때 경공이 공자의 처우를 놓고 고민한 대목으로 받아들인다. 제나라에서 공자의 처우를 계씨나 맹씨와 견주었다고 믿는다. 그러나 본문을 경공과 공자가 면전에서 대화한 내용으로 본다면 대화의 맥락은 이해되지 않는다. 상대방의 처우에 대해 제시했다가는 갑자기 '내가 늙었으므로~'라는 말로써 면전에서 거부할 수는 없기 때문이다. 따라서 경공의 발언은 공자와 면전에서 대화한 것이 아니라고 본다. 경공이 신하들과 상의한 내용으로 보면 문맥은 위와 같이 자연스럽게 풀린다.

공자는 제나라에 갔을 때 경공에 의해 봉토를 받을 뻔했지만 안영의 방해로 이루지 못했다고 사마천은 기록한다. 공자를 극도로 높였던 사마천으로서는 공자가 제나라에서 벼슬하지 못한 것이 못내 아쉬운 나머지 그 원인을 안영의 방해공작 때문으로 적었을 수 있다.[10] 그러나 H.G. 크릴은 이 장의 이야기는 언급할 가치조차 없을 정도의 위작이라고 강조한다. 공자는 삼가와 동렬에 오른 적도 없을 뿐 아니라 제경공이 아무리 공자를 높게 여겼다 하더라도 삼가와 비교했을 리는 없다는 이유에서다.

진위야 어쨌든 이 장은 공자가 제나라를 떠나야만 했던 사정을 설명하려는 것이 목적일 것이다. 『맹자·만장하』에서 공자가 제나라를 떠날 때 '接淅而行(접석이행: 밥하려고 담가둔 쌀을 건져서 가져갈 정도로 서둘러 떠났다)'했다고 하는 것을 보면 공자가 제나라를 서둘러 떠났던 사실은 맹자 당시까지도 공공연한 화젯거리였던 모양이다. 그래서 그 이유나 배경에 대한 이야기들은 여러 버전으로 사마천 당시까지 내려갔을 것이다.

10　그 이야기는 사마천이 직접 만든 것이 아니라 전국시대에 묵자 집단에 의해 유자들에 대한 비난이 성행한 이후 만들어진 이야기일 것이라고 대체적으로 추정한다.

18·04 齊人歸女樂 季桓子受之 三日不朝 孔子行

제나라에서 여자 가무단을 보내오자 계환자는 받아들여 (즐기느라) 사흘이나 조회를 하지 않았다. (이에) 공자는 (노나라를) 떠나셨다.

주

1) 歸(귀) : 饋(궤)와 같다. 음식이나 선물을 보내는 것을 말한다.

2) 女樂(녀악) : 미녀들로 구성한 악단을 가리킨다.

3) 季桓子(계환자, 505~492 B.C. 재위) : 계평자의 아들이자 계강자의 아버지인 계손사(季孫斯)이다. 계평자가 죽은 뒤 지위를 잇기는 하지만 계평자의 가신 출신이었던 양호에 의해 구금되는 등 3년 남짓을 눌려 지내다가 B.C. 501년 양호가 삼환을 무너뜨리려다가 실패하여 제나라로 도주한 뒤에야 권력을 쥐게 된다. 17·01에 의하자면 그 과정에서 공자는 양호를 지지하였던 듯하다. 사실이라면 삼환을 물리친다는 그의 명분에 동조했을 가능성이 있다. 사마천은 공자가 이 무렵에 벼슬하기 시작하여 마침내 사구에까지 오른다고 기록하지만, 그 기록을 믿는 사람은 많지 않다. 어쨌든 공자가 노나라를 떠나게 된 것은 정치적인 압박이 아니고서는 설명하기 어렵다. 그렇다면 양화와의 관련 때문에 계환자의 압박을 받았을 가능성이 점쳐진다. 계환자는 죽을 때 아들 계강자에게 공자를 모셔서 정치를 맡기라는 유언을 했다고 『사기·공자세가』는 전하는데,[11] 그 이야기는 계씨의 입장에서는 결코 자신이 주동적으로 공자를 압박한 것은 아니었다고 설명해야 할 필요성에서 만들었을 수도 있고, 유자들이나 사마천의 입장에서도 공자가 양호에 동조했던 사실 때문에 계씨를 피해 달아났거나 쫓겨났다고 알려지는 것은 피하려는 의도에서 만들었을

---

[11] 그러나 공지어(公之魚)가 공자 대신 염구를 부르자고 하여 성사되지 못했다고 기술한다.

수도 있다. 어쨌든 공자는 계환자 당대에는 물론 계환자가 죽고 계강자가 집권하고 나서도 한참 동안 고향으로 돌아올 수 없었다. 제자들이 계강자 밑에서 벼슬하면서 계강자를 누그러뜨린 다음에야 돌아올 수 있었다.

공자가 노나라를 떠나게 된 배경에 대한 설명이다. 공자가 떠난 해는 정공 12년(496 B.C., 공자 54세 때)인데[12] 『사기·공자세가』는 그때의 이야기를 다음과 같이 묘사한다. "정공 14년 공자 나이 56세에 대사구의 지위에 올라 상(相)의 일을 맡게 되자 공자는 기뻐했다. 그러자 어떤 문인이, '군자는 재앙이 닥쳐도 놀라지 아니하고 복이 찾아와도 기뻐하지 않는다고 저는 들었습니다'라고 은근하게 따져 물었다. 그러자 공자는, '그런 말이 있기는 하지. 그러나 귀한 신분으로 다른 사람을 공손하게 대하는 일은 즐겁다는 말도 있지 않느냐'라고 반문하였다. 이 무렵 공자는 정치를 어지럽혔던 노나라의 대부 소정묘를 처단하였다. 그리고 공자가 정치에 참여한 지 세 달 만에 양이나 돼지를 파는 사람들이 값을 속이지 않았고, 남녀가 길을 가도 따로 다녔으며, 길에 떨어진 다른 사람의 물건을 주워가는 사람도 없어졌다. 사방에서 도읍으로 찾아오는 사람들도 해당 관청을 찾을 필요가 없었으니 그것은 모두에게 귀순 허가를 해주었기 때문이었다. 제나라 사람들이 그런 소문을 듣고 염려한 나머지 이렇게 말했다. '공자가 정치를 담당하게 되면 노나라가 반드시 패권을 쥐게 될 것인데, 노나라가 패권을 잡으면 우리 땅이 가깝기 때문에 우리나라가 가

---

12 『사기』「노세가(魯世家)」와 「십이제후연표(十二諸侯年表)」에는 정공 12년으로 되어 있고, 「공자세가」에는 14년으로 적고서 '孔子年五十六'이라고 했다. 최술은 여러 근거를 들어 정공 12년으로 비정한다. 공자의 생애와 전기는 현재 여러 이설을 모아서 대체로 합의하는 것일 뿐 정확하다고 말할 수는 없다.

장 먼저 병탄될 것이다. 그러니 먼저 땅을 갈라서 주면서 화친합시다.' 그
러자 여조라는 사람이 말하기를, '먼저 시험 삼아 방해공작을 해보고, 방
해공작이 통하지 않으면 그때 땅을 갈라 주어도 늦지 않을 것입니다.' 이
에 제나라의 여자 가운데 미녀 80명을 뽑아 아름다운 옷을 입히고 강락
무를 가르친 다음 훌륭한 말 120필과 함께 노나라 군주에게 보냈다. 여
자 악단과 훌륭한 말들이 노나라 성의 남문 밖에 진열되자 계환자는 미
복으로 가서 두세 번 살펴본 다음 그것을 받고 싶어 했다. 그리하여 노나
라 군주를 설득하여 함께 샛길로 가서 종일 구경을 하고 정사는 게을리
하였다. 이에 자로가 공자께 '스승님께서는 떠나시는 게 좋겠습니다'라
고 말하였다. 그러자 공자는, '노나라 군주가 지금 곧 교제(郊祭)를 지낼
텐데 그가 만약 희생 제물을 음복으로 대부들에게 나누어준다면 나는 그
래도 가지 않겠다'고 말씀하셨다. 계환자는 마침내 제나라의 여자 악단
을 받아들이고는 사흘 동안이나 정사를 돌보지 않았으며, 교제를 지내고
도 희생 제물을 대부들에게 나누어주지도 않았다. 그러자 공자는 마침내
길을 떠나 둔에서 묵었는데, 사기라는 사람이 거기까지 전송을 나와서
하는 말이, '부자께 죄가 있어서 이렇게 떠나시는 것은 아닙니다'라고 말
하였다. 그러자 공자는 '내가 노래를 불러도 되겠는가?' 하시더니 다음과
같은 노래를 부르셨다. '저 아녀자의 입은 군자를 떠나게 하는구나. 저 아
녀자의 말은 군자를 패사시키는구나. 자 마음 편히 놀자꾸나, 이 목숨 다
할 때까지.' 사기가 전송을 마치고 돌아오자 계환자는 공자가 무슨 말을
하더냐고 물었다. 사기가 사실대로 고했더니 계환자는 크게 탄식하면서
'내가 여자들 때문에 부자께 죄를 짓고 말았구나'라고 하였다. 공자는 마
침내 위나라로 가서 자로의 처형 안탁추의 집에 머무셨다."[13]

---

[13] 定公十四年 孔子年五十六 由大司寇行攝相事 有喜色 門人曰 聞君子禍
至不懼 福至不喜 孔子曰 有是言也 不曰 樂其以貴下人乎 於是誅魯大夫亂政者

이 이야기는 『한비자·내저설(內儲說)』에도 있는데, 최술(崔述, 1740~1816)은 이 이야기를 모두 믿을 수 없다고 한다. 『춘추』에는 나라 사이에 포로를 돌려보낸다거나 예물이나 수의(壽衣)를 보낸 경우 어느 것 하나라도 기록하지 않은 적이 없건만 제나라에서 여악을 보낸 사실은 『춘추』에는 없고 오로지 『논어·미자』에만 있는데, 이 「미자」편은 온전치 못하고 잘려나간 부분이 많은 데다 다른 편과 어울리지 못하는 내용이 많아서 믿을 수 없다는 것이다. 아마도 전국시대의 책사들이 날조했을 것이라고 최술은 추정한다. 최술의 설명이 아니더라도 제나라가 노나라를 무서워했다는 것부터 비롯하여 이야기의 모든 설정이 황당하기 짝이 없고 유치하다. 공자가 노나라를 떠난 사정은 『맹자·고자하』에도 기록되어 있는데, 거기에는 "공자는 노나라의 사구가 되었지만 신임을 받지 못해서 제사에 참여했어도 당연히 나누어 받아야 할 제사 지낸 고기도 받지 못하자 관을 벗을 겨를도 없이 노나라를 떠나갔다. 이를 두고 모르는 사람들은 고기 때문에 그랬다고 여기고 아는 사람들은 임금이 무례했기 때문이라고 여겼다. 공자로서는 작은 죄를 구실 삼아서 떠나려고 했지 구차하게 떠나려고 하지는 않았을 것이다. 군자의 처신은 뭇사람들

少正卯 與聞國政三月 粥羔豚者弗飾賈 男女行者別於塗 塗不拾遺 四方之客至
乎邑者不求有司 皆予之以歸 齊人聞而懼 曰 孔子爲政必霸 霸則吾地近焉 我
之爲先幷矣 盍致地焉 黎鉏曰 請先嘗沮之 沮之而不可則致地 庸遲乎 於是選
齊國中女子好者八十人 皆衣文衣而舞康樂 文馬三十駟遺魯君 陳女樂文馬於
魯城南高門外 季桓子微服往觀再三 將受 乃語魯君爲周道游 往觀終日怠於政
事 子路曰 夫子可以行矣 孔子曰 魯今且郊如致膰乎大夫 則吾猶可以止 桓子
卒受齊女樂 三日不聽政 郊又不致膰俎於大夫 孔子遂行 宿乎屯而師己送 曰 夫
子則非罪 孔子曰 吾歌可夫 歌曰 彼婦之口 可以出走 彼婦之謁 可以死敗 蓋優
哉游哉 維以卒歲 師己反 桓子曰 孔子亦何言 師己以實告 桓子喟然歎曰 夫子
罪我以群婢故也夫 孔子遂適衛 主於子路妻兄顏濁鄒家

로서는 도저히 알지 못한다."[14]라고 되어 있다. 임금이 무례하게 대했다
고 표현했지만 당시 실권을 쥔 사람은 계환자였지 노나라 임금이 아니었
다. 제나라가 보낸 여악 때문이라는 말도 없다.

　공자가 노나라를 떠나게 된 직접적인 동기는 후세 사람들이 무척 궁금
하게 여기는 바였을 것이다. 따라서 이미 맹자 무렵부터 이러저러한 소
문들이 풍성했을 것이다. 사마천은 그것들 가운데 가장 그럴싸한 이야
기를 정리하여 기록했겠지만 윤색이 지나쳐서 유치한 구성이 되고 말았
다.[15]『사기』와 『맹자』, 그리고 양호와 공산불뉴에 관한 『논어』의 여러 이
야기를 종합하자면 계씨를 비롯한 삼환과의 갈등이 아니고서는 공자가
노나라를 떠나게 된 이유를 설명하기는 어렵다고 본다. 소정묘를 죽인
일을 거론하기도 하지만 그런 일은 있었는지조차 의심스러울 따름이고,
삼환과 대립코자 했던 양호나 공산불뉴에게 어떤 식으로든 동조했던 것
이 가장 가능성이 있는 원인이라고 본다. 제나라에서 보내온 여악에 빠
진 계환자 때문에 노나라를 떠났다는 설명은 계환자를 비난하기 위한 트
집에 불과하고, 공자가 노나라의 정치를 맡게 되면 제나라가 위험하게
될 것이라는 설명도 공자를 띄우기 위한 허언에 불과하다. 당시 두 나라
의 국력을 감안할 때 도저히 나올 수 없는 얘기이다. 단순히 자기 방식의
정치를 펼치려는 포부 때문에 자기를 등용해줄 군주를 찾아서 13년 동안
이나 갖은 고초를 겪으면서 고향을 떠나 다른 나라들을 돌아다녔다는 것
은 누구에게도 받아들여질 수 없는 설명이건만, 유가 안에서는 숭고하게
전승되어왔다. 이 문제에 관해서는 3·01의 평설, 3·06의 주2), 5·21과

14　孔子爲魯司寇不用 從而祭燔肉不至 不稅冕而行 不知者以爲爲肉也 其知
者以爲爲無禮也 乃孔子則欲以微罪行 不欲爲苟去 君子之所爲 衆人固不識也
15　공자의 전기를 열전이 아닌 세가에 넣은 것만 보더라도 사마천이 공자를 얼
마나 높이고자 했는지 짐작할 수 있다.

9·09의 평설, 11·02의 주1), 13·10의 평설과 그 각주 등에 자세하다.

18·05 楚狂接輿歌而過孔子曰 鳳兮鳳兮 何德之衰 往者不可諫 來者猶可追 已而 已而 今之從政者殆而 孔子下 欲與之言 趨而辟之 不得與之言

초나라의 (어떤) 광인이 (공자께서 타신) 수레에 가까이 다가와 노래를 부르면서 공자(의 곁)을 지나가는데, 그 노래 가사는 이랬다. "봉새여, 봉새여, 어쩌면 이다지도 추레한고. 지난 일은 탓할 수 없어도 앞일은 쫓아갈 수 있잖은가. 그만두어라, 그만두어라, 지금 정치에 참여했다간 위태롭게 될 뿐이야!" 공자께서 (수레에서) 내려 그 사람과 말을 나누고자 하셨지만 잰걸음으로 피해버려 그와 말을 나눌 수는 없었다.

┌─┐
│주│
└─┘

1) 狂(광) : 어떤 사람을 狂이라고 불렀는지에 대해서는 5·21, 8·16, 13·21, 17·08, 17·16 참조.

2) 接輿(접여) : 『논어』에 나오는 은사들은 대체로 이름이 없다. 이야기 자체가 허구이기 때문일 수도 있지만 이름을 적시하지 않아야 신비감을 높일 수 있다는 생각 때문일 수도 있다. 그래서 후대에는 은자의 행적을 이름 대신 사용하는 관례가 만들어졌다. 즉, 문지기를 했던 은사는 '晨門(신문)', 지팡이를 짚었던 은사는 '丈人(장인)', 나루지기였던 은사는 '沮(저)' 또는 '溺(닉)', 공자의 수레에 다가왔던 은사는 '接輿(접여)', 김매는 도구를 메고 갔던 은사는 '荷蓧(하조)' 등으로 부르게 된다. 황간은 황보밀(皇甫謐, 215~282)의 『고사전(高士傳)』에 의거해서 '接輿'의 성명은 陸通(육통)이고 자가 '접여'라고 주하지만, 『고사전』이란 책 자체가 『논어』에 근거해서 만든 것으로 짐작되므로 불필요한 설명이라고 본

다. 이 사람은 『초사·구장(九章)』,[16] 『순자·요문(堯問)』[17] 및 『전국책·진책(秦策)』[18]에도 나오는데, 그 점은 『논어』라는 책이 중국 고대 문헌들의 원천임을 알게 하는 사례일 것이다. 『장자·인간세』에는 이 장의 이야기가 약간 바뀌어 소개되기도 한다.[19]

3) 兮(혜) : 중국 고대 남방의 시가에서 사용되는 허사로, 음조를 고르게 하는 효과를 지닌다.

4) 何德之衰(하덕지쇠) : 德은 衰의 목적어인데 도치되었다. 덕이 없다는 뜻일 수도 있지만 초라한 행색을 두고 표현한 말로 짐작된다.

5) 已而(이이) : 而는 감탄이나 탄식의 어기를 나타낸다. 뒤의 '殆而'의

---

16 接輿髡首兮 桑扈臝行

17 孔子拘匡 接輿避世

18 箕子接輿漆身而爲厲 被髮而爲狂 無益於殷楚

19 孔子適楚 楚狂接輿遊其門曰 鳳兮鳳兮何如德之衰也 來世不可待 往世不可追也 天下有道 聖人成焉 天下無道 聖人生焉 方今之時 僅免刑焉 福輕乎羽 莫之知載 禍重乎地 莫之知避 已乎已乎 臨人以德 殆乎殆乎 畫地而趨 迷陽迷陽 無傷吾行 吾行郤曲 無傷吾足 山木自寇也 膏火自煎也 桂可食 故伐之 漆可用 故割之 人皆知有用之用 而莫知無用之用也(공자가 초나라에 갔을 적에 초나라의 광사인 접여가 공자의 문전에서 놀면서 이렇게 노래하였다. 봉새야 봉새야, 어째서 덕이 쇠해졌는고? 미래는 기다릴 수 없고 과거는 쫓아갈 수 없는 법. 천하에 도 있으면 성인은 이루시고 천하에 도 없으면 성인은 살기만 한다네. 요즘 세상은 겨우 형이나 면하면 될 때로다. 복이란 새 깃보다 가볍지만 아무도 가져갈 줄 모르네. 화는 땅보다 무겁건만 아무도 피할 줄 모르네. 그만두소, 그만두소, 남에게 덕 베풀기. 위태롭소, 위태롭소, 땅을 그어놓고 그 속에서 사는 것은. 가시나무여, 가시나무여, 내 갈 길을 방해 마소. 나는 굽이굽이 돌아가리니 내 발 일랑 찌르지 마오. 산의 나무는 쓸모 있기 땜에 잘리게 되고, 기름은 불이 붙기 땜에 스스로를 태운다. 계수나무는 먹을 수 있기 땜에 베어지고, 칠은 쓸모 있기 땜에 오려진다. 사람들은 모두 유용의 용도는 알지만 무용의 용도는 아무도 모르도다).

경우도 마찬가지이다. 9·31 참조.

6) 今之從政者(금지종정자) : '지금 정치에 종사한다면'이라고 번역하는 것이 낫다.

7) 孔子下(공자하) : 下는 '下輿'의 뜻이 아니라 '下堂出門'의 뜻이고, 따라서 '接輿'도 사람의 이름이지 공자가 타고 있는 수레에 가까이 왔다는 뜻은 아니라는 주장이 있는데, 그런 견해는 『장자·인간세』의 "楚狂接輿遊其門曰"이라는 표현에 근거한 것이다. 『논어』에 근거하여 만든 『장자』의 표현을 가지고 『논어』를 설명할 수는 없다.

> **평설**

이 장도 역시 『사기·공자세가』에 실려 있다.[20] 다음 장도, 그다음 장도 실려 있다. 이처럼 『논어』의 내용이 거의 그대로 『사기』에 실렸다는 것은 사마천 당대에 비록 '논어'라는 제목은 붙지 않았을지라도 공자에 관한 기록물이 그 정도로 유통되고 있었음을 증명한다고 본다. 사마천은 그 기록물에서 스토리를 구성할 만한 내용만 가려 뽑아서 전기 형식의 글로 만들었을 것이다. 공자가 63세 때에 초나라에서 이 광인의 노래를 듣고 위나라로 갔다는 설명도 있는데, 그런 이야기 역시 공자의 전기들이 여러 형태의 서물(書物)이나 구전으로 다양하게 유통되었음을 보이는 증거일 것이다.

이 이야기에도 공자가 노나라를 떠나게 된 배경을 미화하려는 의도가 있다고 본다. 이택후는 이 스토리를 근거로 도가가 유가보다 빨랐고 은자도 일찍부터 있었다고 주장한다. 하지만 도가니 유가니 하는 이름은

20　楚狂接輿歌而過孔子曰 鳳兮鳳兮 何德之衰 往者不可諫兮 來者猶可追也 已而已而 今之從政者殆而 孔子下欲與之言 趨而去 弗得與之言 於是孔子自楚反乎衛 是歲也 孔子年六十三 而魯哀公六年也

물론 제자백가라는 개념 자체가 어디까지나 공자와 그 제자들의 활약 이후, 그러니까 공자와 그 후예들이 기록물을 만들어 유행시킨 이후에 형성되었다고 본다. 다음 장에서 다시 설명하겠지만, 이 장부터 18·07까지는 도가자들의 공자에 대한 비판과 공격이 심해지자 그것을 무화시키기 위해 만들어낸 이야기들이라고 본다.

18·06 長沮桀溺耦而耕 孔子過之 使子路問津焉 長沮曰 夫執輿者爲誰 子路曰 爲孔丘 曰 是魯孔丘與 曰 是也 曰 是知津矣 問於桀溺 桀溺曰 子爲誰 曰 爲仲由 曰 是魯孔丘之徒與 對曰 然 曰 滔滔者天下皆是也 而誰以易之 且而與其從辟人之士也 豈若從辟世之士哉 耰而不輟 子路行以告 夫子憮然曰 鳥獸不可與同羣 吾非斯人之徒與而誰與 天下有道 丘不與易也

(초나라의 은자인) 장저와 걸닉이 함께 (짝을 이루어) 밭을 갈고 있었는데, 공자께서 (마침) 그분들 곁을 지나시다가 자로에게 나루(가 어디인지)를 묻도록 하셨다. 장저는 (자로에게, 지금 저기) 수레 고삐를 잡고 계신 분이 누구냐고 묻자 자로는 공구(라는 분이시)라고 대답하셨다. (장저는) "노나라의 공구란 말입니까?" 하고 묻고, (자로가) 그렇다고 대답하자 "(그 사람은 현자라니까 내가 가르쳐주지 않아도) 나루(가 어디인지 정도)는 알겠구만!"이라고 말(할 뿐 가르쳐주지 않)았다. (자로는 하는 수 없이 옆에 있던) 걸닉에게 (나루가 어디냐고 다시) 물었더니, 걸닉은 "(그러면) 그대는 누구이신가?"라고 물었다. (자로가) "중유입니다"라고 대답하자 (걸닉은) "(그러면 저기 앉아 계시는) 노나라 공구라는 사람의 제자이신가 보지요?"라고 말하였다. 그렇다고 하자 (걸닉은 나루를 가리켜주지는 않으면서 이렇게 말하였다.) "천하의 모든 것은 다 도도하게 흘러가는 법, 뉘라서 그것을 바꾸겠는가? (그런데도 세상을 바꾸겠다고 나서는 자네 스승은 안타까운 사람이 아니겠는가?) 또한 그대는 사람을 피해 사는 (당신 스승 같은) 사

람을 따를 게 아니라 (우리처럼) 세상을 피해 사는 사람을 따르는 것이 어떻겠소?"(라고만 말한 다음) 씨 뿌리고 흙 덮는 일을 계속하였다. 자로가 (스승님께) 가서 (그들이 한 말을) 그대로 고하자 스승님께서 충격을 받은 듯한 표정으로 말씀하시기를 : (나더러 사람을 피한다지만) 짐승들과 함께 살 수는 없는 법, 내가 (사람을 따르는) 인간 종자가 아니라면 누구이겠느냐? 천하의 경세지도가 잡히기만 한다면 나도 (세상을) 바꾸려고 하지를 않지.

| 주 |

1) 長沮(장저), 桀溺(걸닉) : 앞 장에서와 마찬가지로 본명 대신 사용되는 이름이다. '長而沮洳(키 크고 물에 젖어 있는 사람)', '桀然高大而塗足(덩치 크고 발이 진흙에 빠져 있는 사람)'의 뜻이라고 해설하기도 한다. 이 두 사람이 실재했던 인물이라고 여기는 사람들 가운데는 장저와 걸닉이 농사를 짓던 장소가 어디인지를 특정하는 지리서까지 만드는 집착을 보이기도 한다.

2) 耦(우) : 주희는 '並耕(병경: 둘이서 나란히 밭을 가는 방식)'이라 주하고, 정현은 넓이 五寸의 耜(사: 보습) 두 개를 말한다고 주했다. 두 사람이 함께 짝을 이루어서 밭을 가는 방식을 묘사한 말이겠다. 소를 이용한 농경 방식이 춘추시대부터 있었다고 주장하는 사람들은 공자 제자 염경의 자가 '伯牛'이고 사마경의 자가 '子牛'라는 점,『국어·진어(晉語)』의 "그 사람의 자손은 제나라에서 장차 농사를 하게 되었는데, 종묘의 희생으로 사용할 훌륭한 소가 논밭에서 일이나 하고 있는 격이다."[21]라는 대목을 그 증거로 제시한다. 한대에야 시작되었다는 주장도 있지만 소를 이용한 밭갈이는 춘추시대에 일반적이었다고 본다. 다만『국어』는 후세의 저작이므로 그것을 증거로 삼기는 어려울 것이다.

---

21 其子孫將耕於齊 宗廟之犧爲畎畝之勤

3) 執輿(집여) : 고삐를 잡음. 수레에 앉아서 고삐를 잡고 있는 사람을 가리킨다.

4) 知津(지진) : '자주 천하를 돌아다니니 나루터가 어디인 것쯤은 본인이 더 잘 알고 있겠지'[22]라는 말이라고 마융은 해석한다. 모르는 것이 없는 사람 아니냐고 비꼬는 투이다.

5) 滔滔(도도) : 『사기·공자세가』에는 '悠悠'라고 되어 있다. 물결이 넘치면서 흐르는 모양을 형용하는 표현인데, 도저히 거스를 수 없이 모두 흐르게 됨을 표시하는 형용어이다.

6) 誰以易之(수이역지) : '천하가 모두 어지러운데 장차 누군들 그 흐름을 바꿀 것인가'[23]라는 주희의 주석이 합당하다.

7) 且而(차이) : '而'는 '汝'의 뜻이다.

8) 辟(피) : 避이다.

9) 耰(우) : 摩田器(마전기: 밭을 가는 기구)라고도 하고, 覆種(복종: 씨를 뿌린 다음 흙을 덮어주는 일)이라고도 한다.

10) 輟(철) : 그치다.

11) 憮然(무연) : 조기의 『맹자주』에서는 '悵然(창연: 슬퍼하는 모습)'과 같다고도 주하고, '失意貌(실의모: 실의한 모습)'라고 주하기도 한다. 놀라거나 실망하여 힘이 빠진 모양을 가리키겠다.

12) 吾非斯人之徒與而誰與(오비사인지도여이수여) : 與는 어사(語詞)이므로 '吾非斯人之徒邪而誰邪'와 같다는 유월의 설명에 동의한다. 文을 높여서 강조할 때 '斯文(사문)'이라고 표현하듯이 여기서도 인간을 높여서 강조하고자 '斯人'이라고 했을 것이다. '내가 인간의 무리가 아니고 어떤 존재이겠느냐'는 뜻이다.

---

22   言數周流 自知津處
23   天下皆亂 將誰與變易之

   사람을 피하는 태도(避人)와 세상을 피하는 태도(避世)로 세계관을 나눈 다음 공자를 전자의 대표로, 그리고 장저 및 걸닉을 후자의 대표로 삼은 설정은 유가와 도가를 대비시킨 설정일 수 있다. 그리고 "나더러 사람을 피하는 사람이라고 말하지만 내가 인간이 아니고 무엇이겠느냐"는 말로써 공자는 자신에 대한 기존의 이미지를 부정한다. 천하에 경세지도가 확립된다면 나도 이런 노력을 할 필요가 없다, 따라서 나는 경세지도가 확립될 때까지 나의 노력을 멈출 수 없다고 밝힌다. 그러니까 이 장은 도가적 사고방식이 반영된 것이 아니라 도가적 사고방식으로써 공자를 공격하는 사람들을 반박하는 내용이라고 본다.

   공자는 열정적인 교육가로, 『시』, 『서』, 『역』, 『예』, 『춘추』 등 고전에 통달했던 학자로, 또는 철인이나 성인으로 불린다. 하지만 요즘 기준으로 말하자면 그는 결국 정치지망생이었다. 바른 정치를 펴보려는 열망은 가졌지만 이루지는 못한 사람, 기대가 꺾이자 서적을 남기거나 교육에 전념함으로써 후대에 이름을 남기게 된 사람이다. 중국사에는 정치인의 이름만 남아 있을 뿐 순수한 학자나 문인이나 철인이나 교육가는 거의 없다. 글을 배우는 사람이면 모두 정치를 지망했고, 그것은 최근까지 당연시되었다. 공자는 물론 이후의 유자나 백가의 제자, 그리고 오늘날 문장가로 꼽히는 굴원, 조식(曹植, 192~232), 소식과 같은 사람들도 모두 본분은 정치지망생이었다. 세상과 단절하고 자기만의 영역을 순수하게 지켰다고 생각되는 도가수행자들도 어디까지나 세상에 나갈 수 없는 타율적인 환경에서 자신을 지키기 위한 수단으로 그러한 선택을 했을 뿐 기회만 되면 언제든지 정치 일선으로 나가고자 했다. 이처럼 식자인들이 정치 외에는 다른 영역에 등한하였던 중국문화의 특징에 대해서는 여러 모로 설명할 여지가 있다.

   『사기·공자세가』에서는 이 이야기가 애공 4년(공자 61세 때), 그러니까 공자가 葉에서 蔡로 돌아오는 과정의 일이라고 한다.

18·07 子路從而後 遇丈人 以杖荷蓧 子路問曰 子見夫子乎 丈人曰 四
體不勤 五穀不分 孰爲夫子 植其杖而芸 子路拱而立 止子路宿 殺雞爲
黍而食之 見其二子焉 明日 子路行以告 子曰 隱者也 使子路反見之 至
則行矣 子路曰 不仕無義 長幼之節 不可廢也 君臣之義 如之何其廢之
欲潔其身 而亂大倫 君子之仕也 行其義也 道之不行 已知之矣

자로가 (스승님을) 모시(고 길을 가)다가 (어떤 사정 때문에) 뒤처지게 된 적이
있었다. (마침) 지팡이에다 김매는 도구를 메고 오는 한 어른과 마주치자 자로
는 여쭙기를 : 어르신께서는 (도중에 혹시 저희) 스승님을 보셨습니까? (그) 어
른은 "사지는 일도 안 한 듯하고 오곡도 구분 못 할 것 같(은 사람만 마주쳤을
뿐)인데 누가 스승이란 말인가?"(라고 하시면서) 지팡이를 (땅에) 세우고 김
만 매었다. 자로는 (할 말을 잃고) 두 손을 맞잡고 (공손하게) 서 있(을 수밖에
없)었다. (그 어른은) 자로에게 가지 말고 (자기 집에 가서) 묵자고 하더니, 닭도
잡아서 내놓고 기장으로 밥도 해서 먹이는가 하면 자신의 두 아들을 인사시키
기도 하였다. 이튿날 자로는 길을 떠나 (공자를 만나서 어제 있었던 일을 그대로)
아뢰었더니 스승님께서는 (훌륭한) 은자라고 하시면서 자로더러 되돌아가서
(다시) 그분을 만나 뵈라고 하셨다. (자로가 그분의 집에) 도달해보니 (그 어른
은) 떠나(고 없)었다. 자로는 (그 어른의 두 아들에게) 이렇게 말하였다. (은둔하
여) 공직에 나가지 않는 것은 옳지 않습니다. (오륜 가운데) 나이 든 사람과 젊
은 사람 사이의 범절도 없앨 수 없는데 (하물며) 임금과 신하의 의리를 어떻게
없애버린단 말입니까. (은둔하면서) 자기 몸만을 깨끗이 하고자 하는 것은 커다
란 인륜을 어지럽히는 짓입니다. 군자가 공직에 나가는 것은 (사익이 아닌 공익
을 위해) 마땅한 일을 실천하는 것입니다. (세상에) 경세지도가 잘 시행되지 않
는다는 것은 이미 아는 사실이(거늘, 그 이유 때문에 은둔할 수는 없)지요.

1) 丈人(장인) : 나이 많은 사람을 부르는 경칭이다. 당대(唐代) 이후에는 처의 아버지를 부르는 말로 사용된다.

2) 篠(조) : '대나무 그릇'을 가리킨다는 포함과 주희의 주석에 따라 흔히 '삼태기'라고 번역한다. 그러나 '莜(조)'로 표기된 곳도 있다. 篠라면 '삼태기'로 번역해도 되지만 莜라면 '김매는 도구'를 가리킨다. '지팡이를 흙에 세우고는 김만 매었다'라는 뒤 문장을 보면 '篠'가 아닌 '莜'로 보는 것이 옳을 것이다.

3) 四體不勤 五穀不分(사체불근 오곡불분) : 장인이 공자를 꼬집은 말이다. 分을 황간은 파종(播種: 씨를 뿌림)의 뜻이라고 했지만 辨(변: 가림)의 뜻이라는 주희의 해석이 낫다.

4) 植(치) : 置(치: 세우다)의 고자(古字)이다.

5) 拱而立(공이립) : 拱은 두 손을 맞잡아 경의를 표하는 태도인 공수(拱手)를 가리킬 것이다. 송대까지는 공경의 표시로 拱手 또는 차수(叉手)를 하였는데 원나라 때 몽골풍이 들어온 이후 사라졌다고 한다. 손을 맞잡지 않고 내려뜨리는 수수(垂手)는 거만한 태도로 여겼다.

6) 殺雞爲黍而食之(살계위서이사지) : 당시의 주식은 대체로 稷(직: 메기장 또는 수수)이었고 黍(서: 기장쌀)는 귀한 곡식이었기 때문에 닭을 잡고 기장밥을 해준다는 것은 손님을 잘 대접하는 것을 의미한다.[24]

---

24 정약용은 다른 고전들의 용례를 보건대 爲黍(위서)는 음식의 이름이지 '서반을 만들다'는 뜻으로 볼 수는 없다고 주장한다. 초나라 지방에서는 단오에 오리를 삶고 筒粽(통종)을 상에 올린다고 하는데 통종은 일명 角黍(각서)라고도 하니 '殺鷄爲黍(살계위서)'란 오리 대신 닭을 삶고 통종인 각서를 만들어준 것이라는 것이다. 그러나 '飯黍(반서)'나 '黍食(서식)'이 아닌 '黍' 한 글자만을 '기장밥'이라고 표현할 수 없다는 그의 주장은 그가 인용한 고전들의 문구를 잘못 해석한 데서 나온 견해이다. 고전을 읽을 때 순순한 해석을 외면하고 굳이 깊은 곳에서 껄

7) 見(현) : 알현시키다.

8) 子路曰(자로왈) : 자로가 이 말을 누구에게 했는지에 대해 논란이 있다. 주희는 송초의 필사본에 '子路反子曰'이라고 되어 있으니 그게 옳은 듯하다고 말하지만, 훈계하는 내용으로 보건대 자로가 공자에게 할 말은 아니다. 또한 송 이전이건 이후이건 어느 판본에도 '子路反子曰'로 된 판본이라곤 없다. 그러니 주희가 본 필사본은 이 부분이 매끄럽지 못하다고 생각한 사람이 임의로 '反子' 두 글자를 집어넣었을 것이다. 자로가 공자에게서 전달받아 장인의 두 아들에게 건넨 것으로 보는 정현의 견해가 합당하다고 본다.

9) 倫(륜) : 포함은 '도리'라고 했다. 결국 '군신지의'를 말하겠다.

10) 不仕無義(불사무의), 君臣之義(군신지의), 行其義也(행기의야) : 세 군데의 '義'를 현대 한국어의 의미에 맞도록 모두 다르게 번역하였다. 義의 뜻에 대해서는 1·13의 주) 참조.

평설

전후관계를 연결하는 설명이 모두 생략되어 있으므로 번역이 쉽지 않다. 마지막 부분에서 자로가 한 말은 은자를 향한 말이라고 본다. 따라서 이 장 역시 도가적 사유를 가지고서 유가를 공격하는 사람들을 반격하기 위해 만든 이야기일 것이다. 18·05에는 은자에 대한 묘사만 있을 뿐 반박은 없었고, 앞 장에서는 공자의 입을 빌려서 반박하였으며, 이 장에서는 자로의 입을 빌려서 반박하고 있다.

『세설신어』를 중국 소설의 원조라고 꼽지만 이처럼 일화 형식의 이야기는 『논어』에서부터 등장한다. 우리는 『논어』를 바라보는 시각을 달리할 필요가 있다. 『논어』는 기본적으로 공자와 그 주변 인물들의 이야기

끄러운 해석만 찾고자 하는 태도는 박식을 자랑하는 이들이 흔히 갖는 병폐이다.

를 중심 소재로 삼기는 했지만 그 시대의 '읽을거리'로서의 기능이 강했다고 본다. 오로지 공자의 사상을 담거나 공자의 전기를 소개하기 위한 책으로만 보는 것은 어디까지나 유가의 위상이 독보적으로 올라선 이후의 시각일 것이다. 『공자가어』, 『순자』, 『한시외전』, 『법언』 등 수많은 고전들이 『논어』의 영향을 받아 탄생하게 되는 것을 보거나, 7·29에서 소개한 바 있는 「공자항탁상문서(孔子項託相問書)」 같은 골계류 소설이 『논어』에서 독립하여 유행하는 것을 보더라도, 『논어』는 매체가 희귀했던 그 시절에 지배적이면서도 중요한 '읽을거리'였다는 시각을 가질 필요가 있다.[25]

18·08 逸民伯夷叔齊 虞仲夷逸 朱張柳下惠少連 子曰 不降其志 不辱其身 伯夷叔齊與 謂柳下惠少連 降志辱身矣 言中倫 行中慮 其斯而已矣 謂虞仲夷逸 隱居放言 身中淸 廢中權 我則異於是 無可無不可

달아나 숨어서 민이 된 사람은 백이와 숙제이고, 우중은 동이(지역으)로 숨어버렸으며, 거짓 미친 척했던 사람은 유하혜와 소련이다. 스승님께서는 (이들을 평하시기를) "자기 뜻을 굽히지도 않고 자기 몸을 욕되게 하지도 않았던 사람은 백이와 숙제로다."라고 말씀하셨고, 유하혜와 소련에게는 "(세 번씩이나 자리에서 쫓겨났으니) 뜻도 굽히고 몸도 욕을 당했지만, 말이 윤상과 들어맞고 행실이 생각과 합치되는 사람은 아마도 이 사람뿐일 게다."라고 일컬으셨으며, 우중에게는 "만이 지역에서 숨어 살면서 말도 하지 않았지만, 몸가짐은 맑고 벼슬 그만두는 것도 권도에 맞았다. 나는 이런 사람들과는 달라서 이래야 한다는 것도 없고 이러면 안 된다는 것도 없(는 사람이)다."라고 말씀하셨다.

25 5·09 평설의 각주, 7·29 평설의 각주, 12·22의 평설 참조.

1) 逸民伯夷叔齊虞仲夷逸朱張柳下惠少連(일민백이숙제우중이일주
장유하혜소련) : 이 문장은 대개 '일민에는 백이, 숙제, 우중, 이일, 주장,
유하혜, 소련(등 7인이 있다)'이라고 읽는다. 그러나 『논어집석』의 여러
주석들을 종합해보면 7인이 아닌 5인으로 보아야 할 것 같다. 즉, '夷逸'
과 '朱張'은 사람 이름이 아니라고 본다. 어떤 경이나 전에서도 '夷逸'과
'朱張'이라는 이름은 찾을 수 없을 뿐 아니라 뒤 문장도 백이, 숙제, 유하
혜, 소련, 우중 다섯 사람만을 들고 있다. 따라서 '虞仲夷逸'은 '虞仲隱逸
於夷(우중은 만이로 가서 숨었다)'의 뜻으로, '朱張'은 '侏張', '俯張', '儔
張'으로도 적는 '陽狂(양광: 거짓으로 미친 체함)'의 뜻으로 읽는 것이 옳
다고 본다. 즉, '일민은 백이 숙제이고, 우중은 이일했으며, 주중했던 이
는 유하혜와 소련이다'라는 문장으로 보는 것이 합리적이다. 7인으로 보
는 포함의 설명은 금문가의 설이고, 5인으로 보는 정현의 설명은 고문가
의 설이라고 정수덕은 말한다.

2) 逸民(일민) : '절도 있는 행실이 세상을 벗어나서 세상의 기준에 얽
매이지 않는 사람'이라는 뜻으로 흔히 이해하지만, 주희는 逸과 民을 나
누어서 각각 '遺逸(유일: 버려져 쓰이지 않음)'과 '無位(무위: 지위가 없
음)'의 뜻이라고 설명한다.[26] 20·01에 의할 것 같으면 애당초는 낙오된
사람을 가리키는 말이었던 듯한데 후대에는 스스로 세상을 등진 사람을
가리키게 된다. 逸은 달아나 숨는다는 뜻이므로 '달아나 숨어서 민이 되
다'는 뜻이다. 『맹자·공손추상』에는 "柳下惠 (…) 遺佚而不怨 阨窮而不
閔(유하혜는 (…) 유일로 지내면서도 원망하지 않고 막다른 처지에서도 근
심하지 않았다)"이라는 표현이 있는데, 거기의 遺佚은 여기의 遺逸과 같
다. 民에 대한 설명은 1·05의 주) 참조.

---

26 節行超逸不拘於世者

3) 伯夷叔齊(백이숙제) : 이 두 사람에 대한 설명은 5·22 참조.

4) 言中倫 行中慮(언중륜 행중려) : 주희는 倫을 '의리의 순서'라고 한다. 말이 윤상에 들어맞고 행실이 사려와 합치된다는 표현으로 들린다.

5) 虞仲夷逸(우중이일) : 주1)에서 설명했듯이 虞仲夷逸은 '우중은 만이로 가서 숨었다'의 뜻으로 이해된다. 주희는 虞仲을 吳泰伯(오태백)의 동생 仲雍(중옹)이라 하고, 고염무(顧炎武, 1613~1682)는 『일지록』에서 중옹의 증손자 周章(주장)의 동생이라고 한다. 이름이 仲인데 나중에 虞에 봉하였으므로 虞仲으로 불렀다고 한다. 『좌전』에도 虞仲이 나오는데, 虞와 吳는 통자이기 때문에 『논어』와 『좌전』의 虞仲은 모두 吳仲이라는 주장도 있지만 유월과 양백준은 이를 믿을 수 없다고 한다. 중옹이거나 주장이라면 두 사람 다 군주의 자리에 있었기 때문에 일민으로 불렸을 리 없다는 이유 때문이다. 양백준은 夷逸이 『시자(尸子)』에 보이는 사람 이름이라고 하는데, 이런 견해들은 모두 첫 구인 '逸民'의 술어를 少連까지로 보기 때문이다.

6) 朱張柳下惠少連(주장유하혜소련) : 주1)에서 설명했듯이 朱張은 '侏張', '侜張', '譸張'으로도 적는 '陽狂'의 뜻으로 보는 것이 합당하다. 柳下惠는 공자보다 1백여 년 전에 살았던 노나라 대부이자 공자가 지극히 칭송하던 사람으로서 형벌을 관장하는 사사(士師)라는 직위에 있었던 사람이다.[27] 少連은 『예기·잡기』에 '大連'이라는 이름과 함께 나오는 이름이다.[28]

---

27 15·14의 주)와 18·02 참조.

28 "孔子曰 少連大連善居喪 三日不怠 三月不解 期悲哀 三年憂 東夷之子也 (공자께서 말씀하시기를, 소련과 대련은 거상을 잘하였다. 사흘 동안 게으름 피우지 않았고 석 달 동안 느슨해지지 않았으며 일 년 동안 슬퍼했고 삼 년 동안 근심하였다, 동이의 자손이다)"〈『예기·잡기하』〉.

7) 放言(방언) : "放은 놓아둔다는 뜻이다. 세상일에 대해 더는 말하지 않는다는 뜻이다."라는 포함의 주에 동의한다. '말을 함부로 하다'는 뜻은 아니다.

8) 身中淸 廢中權(신중청 폐중권) : 『사기·공자세가』에는 '身'이 '行'으로 되어 있다. 그렇다면 "道之將行也與~ 道之將廢也與~"라는 14·36의 구절을 감안하더라도 '身'(行)과 '廢'는 대를 이룬다. "은거하여 홀로 선을 지키는 것은 道의 淸에 맞고, 말을 않고 스스로 닫는 것은 道의 權에 맞다."²⁹라는 주희의 주석이 교묘하다. 처신이 맑았고 벼슬을 그만둔 것도 권도에 맞다는 뜻이다. 權은 저울추처럼 상대에 따라 대응할 수 있는 융통성 있는 능력을 말한다. 權에 대한 설명은 9·30의 주) 참조.

9) 無可無不可(무가무불가) : 여러 의미로 해석될 수 있는 표현이지만, 무슨 일에든 명확하게 한쪽을 선택하지는 않는다는 뜻으로 이해된다. 양쪽을 모두 겸한다는 뜻일 수도 있고, 양쪽의 경계면에 선다는 뜻일 수도 있다. 맹자가 공자를 "공직에 나갈 만하면 나가고, 그만둘 만하면 그만두고, 오래 할 만하면 오래 하고, 빨리할 만하면 빨리하는"³⁰이라고 표현한 것이 곧 無可無不可의 의미라는 주희의 설명도 비슷한 견해라고 본다.³¹ 공자를 성인으로 규정하고자 했던 맹자로서는 공자를 여의자재한 신통력을 지닌 사람으로 표현한 것인데, 주희는 『논어』의 이 대목을 맹자의 표현과 연결되는 것으로 본 것이다. '出亦可 處亦可(벼슬길에 나가도 되고 들어앉아도 되고)'의 뜻으로 해석하기도 한다.

29 　隱居獨善 合乎道之淸 放言自廢 合乎道之權
30 　可以仕則仕 可以止則止 可以久則久 可以速則速
31 　『맹자』「공손추상」참조. 맹자는 「만장하」에서도 공자를 "可以速則速 可以久則久 可以處則處 可以仕則仕" 했던 사람이라고 거듭해서 말한다.

『논어』가 형성될 무렵, 그러니까 공자를 숭상하는 사람들의 치세론이 중국사회의 주류를 이루는 무렵에도 일민이니 은일이니 하는 이름을 내세우는 반주류의 흐름이 있었음을 짐작할 수 있는 대목이다. 주류와 반주류 사이의 논쟁에서는 역사인물에 대한 평가가 주된 테마로 등장하게 되고, 그 과정에서 각각의 인물에 대한 이미지나 디테일한 이야기들이 점차 형성되었다고 본다. "맹자께서 이르시기를, 백이는 성인의 淸을 이룬 사람이요, 이윤은 성인의 任을 이룬 사람이며, 유하혜는 성인의 和를 이룬 사람이고, 공자는 성인의 時를 이룬 사람이다."[32]라는 『맹자』의 대목은 그 사례의 하나일 것이다.

18·09 大師摯適齊 亞飯干適楚 三飯繚適蔡 四飯缺適秦 鼓方叔入於河 播鼗武入於漢 少師陽 擊磬襄入於海

태사 지는 제나라로 갔고, 아반악사 간은 초나라로 갔으며, 삼반악사 요는 채나라로 갔고, 사반악사 결은 진나라로 갔다. 큰북을 치던 방숙은 하내로 들어갔고, 땡땡이북을 흔들던 무는 한중으로 들어갔으며, 소사였던 양과 경쇠를 치던 양은 바다 건너(섬으)로 갔다.

1) 大師摯(태사지) : 악관의 우두머리 관직이 태사이고, 지는 사람의 이름이다. 8·15에 나오는 사람과 동일한 인물로 짐작된다.

2) 亞飯(아반), 三飯(삼반), 四飯(사반) : 『백호통』에 의하면 왕자(王

---

32 孟子曰 伯夷聖之淸者也 伊尹聖之任者也 柳下惠聖之和者也 孔子聖之時者也〈『맹자』「만장하」〉.

者)는 소양·태양·소음·태음에 맞추어 하루에 평단식(平旦食), 주식(晝
食), 포식(餔食), 모식(暮食)의 네 차례 끼니를 먹고, 제후는 삼반을, 경대
부는 재반을 먹는다고 한다. 이 장은 모두 음악을 관장하는 악관에 관한
설명이므로 그렇다면 아반·삼반·사반은 각 끼니마다 음악을 담당하던
악관의 직명인 듯하고, 干(간)·繚(료)·缺(결)은 각각 악관의 이름일 것
이다. 한편 포함은 삼반과 사반을 악장 이름으로 보았다. 악장의 이름이
든 악관의 이름이든 끼니를 먹을 때 음악이 따랐음을 알 수 있다.[33]

3) 河(하) : 주희는 하내(河內)지방을 가리킨다지만, '河水濱(하수 물
가)'의 뜻이라는 정수덕의 견해가 옳다고 본다.

4) 鼗(도) : 북의 양쪽 귀에 구슬을 매달아서 북자루를 잡고 흔들면 구
슬이 북의 얼굴 두 쪽을 때리도록 만든 작은 악기 이름이다. '鞉' 또는
'鞀'라고도 하는데, 한국어로는 땡땡이북이라고 부른다. 播(파)는 악기의
기능을 고려하자면 '흔들다'는 뜻이 되겠다.

5) 漢(한) : 주희는 한중(漢中)지방을 가리킨다지만, 河의 경우와 마찬
가지로 '한수 가'의 뜻으로 새기는 것이 낫다고 본다.

6) 少師(소사) : 태사를 보좌하는 악관 이름으로 짐작된다.

7) 陽(양), 襄(양) : 소사의 이름과 경쇠를 담당하는 악관의 이름일 것
이다.『공자가어』에서는 襄이 공자에게 琴(금)을 가르쳤다는 師襄子(사
양자)라고 한다.

8) 海(해) : '바다 섬'의 뜻이라는 주희의 설명이 합당하다.

33　서구에서는 바로크 시대부터 '식탁 음악'이 유행하기 시작하는데, 타펠무지
크(Tafelmusik)라고 부르는 것이 그것이다. 중국에서는 이미 춘추시대부터 군주의
'식탁 음악'이 있었음을 알 수 있다. 맛있는 음식을 먹을 때 반응하는 뇌의 부위와
좋아하는 음악을 들을 때 반응하는 뇌의 부위가 비슷하다는 이론을 입증하는 듯
하다.

악관들이 흩어지는 정황을 설명한 대목인데, 어느 나라의 언제 상황인지는 분명하지 않다. 정현은 주평왕(周平王) 때의 정황이라 하고, 사마천은 주려왕(周厲王) 때의 정황이라 하며, 공안국은 노의 애공 때, 반고는 은의 주왕 때의 정황이라고 한다.[34] 그러나 太師摯라는 이름은 아무래도 3·23과 8·15에 나오는 인물일 듯하고, 襄(양) 또한 공자와 동시대의 인물이었던 師襄子(사양자)가 아닐까 한다. 그렇다면 공자 당대의 노나라 상황으로 보는 것이 합당하지 않을까 한다. 제나라에서 여악을 보내오자 공자가 노나라를 떠나게 되었다는 기록(18·04)과 연관시켜서 그 무렵 고악(古樂)을 담당하던 악관들이 실직하여 떠나게 된 상황이라는 주장들이 많은 이유도 그 때문일 것이다. 예악이 황폐해진 정도를 말하려는 의도는 분명하지만, 그렇다고 해서 공자가 노나라를 떠나자 악관들도 떠났다는 주장은 좀 지나치다.

---

34 『한서』「예악지」의 "殷紂作淫聲 樂官師瞀抱其器而犇散 或適諸侯 或入河海(은왕조 주왕이 음란한 음악을 만들자 악관이던 사고들은 각기 자신의 악기를 가지고 흩어졌으니, 혹은 제후에게로 가고 혹은 하해로 갔다)"라는 구절에 안사고(顔師古)는 이렇게 주를 달고 있다. "論語太師摯適齊云云 此志所云及古今人表所叙皆謂是也 云諸侯者 追繫其地 非謂當時已有此國名 而說論語者乃以爲魯哀時禮壞樂崩 樂人皆去 斯未允也(논어에 태사 지가 제나라로 갔다는 등의 기록이나 이 志에서 이른 바나 고금인표에서 이른 바가 모두 이것이다. 제후라고 한 것은 그 지역을 추정하여 말한 것이지 당시 이런 나라의 이름이 있었다는 것은 아니다. 논어를 설명하는 주석가들은 그것을 노나라 애공 때에 예악이 무너지자 악인들이 모두 떠나갔다고 설명하지만 그것은 맞지 않다)."

18·10 周公謂魯公曰 君子不施其親 不使大臣怨乎不以 故舊無大故 則不棄也 無求備於一人

주공께서는 (아들 백금을) 노공(으로 책봉하면서 그)에게 다음과 같이 이르셨다. 군주는 자기 친족에게는 죄를 묻지 말고, 대신들 사이에서 의견을 받아들이지 않는다는 원망이 나오지 않도록 하라. 돌아가신 임금이 등용했던 신하(나 오랜 친구)는 큰 죄가 없다면 버리지 말고, 한 사람이 모든 것을 다 갖추도록 요구하지 말라.

1) 周公(주공) : 노나라의 수봉군인 주공단을 가리킨다. 7·05 참조.

2) 魯公(로공) : 주공단에 의해 처음 노나라 후로 책봉된 주공단의 아들 伯禽(백금)을 가리키겠다.

3) 君子(군자) : 여기서는 명백히 군주를 가리킨다. 1·01 주)의 각주 참조.

4) 施(이) : 여러 주석이 있다. 공안국은 『이아·석고』의 훈을 따라서 '易(역)'이라고 주하지만 뜻이 잘 통하지 않는다.[35] 한유가 '弛(이)'로 된 판본이 있음을 들면서 '遺棄(유기: 버리다)'의 뜻으로 해석하자 주희도 그 해석을 받아들이는데, 두 글자는 예전에 통용되기도 했을 뿐 아니라 그렇게 새기면 매끄럽기는 하다. 하지만 뒤에 棄(기)가 나오므로 뜻이 충돌하게 된다. 『좌전』 소공 14년의 "乃施邢侯"라는 구절에 服虔(복건, 東漢人)은 "형후에게 죄를 물었다는 뜻이다. 施는 劾과 같으니 죄를 캐묻는다는 뜻이다."[36]라고 주한다. 그것을 보더라도 施에는 '죄를 묻다'는 뜻

---

35 "不以他人之親易己之親(다른 사람의 친척을 나의 친척과 바꾸지 말라)"이라고 주했다.

36 施罪於邢侯 施猶劾也

이 있음을 알 수 있다. 주희의 주석이 매끄럽게는 보이지만 이 문장의 맥락이 규범에 관한 것이기 때문에, 군주의 친족에 대해서는 죄를 묻지 않았던 전통시대의 규범대로 '죄를 묻지 않다'는 뜻으로 해석하는 것이 합당하다고 본다.

5) 不以(불이) : 以는 用과 같다. 등용하지 않음을 가리킬 수도 있다. 하지만 군주에게 자신의 의견을 개진해도 받아들여지지 않음을 가리키는 것으로 보는 것이 나을 것이다.

6) 故舊(고구) : 친구를 가리키기도 하지만 여기서는 앞선 군주를 모시던 신하를 가리킨다.

7) 大故(대고) : 흔히 惡逆(악역)으로 이해한다.

8) 棄(기) : 정주한묘죽간본에는 '舍'로 되어 있다.

평설

주왕조 통치철학이 집약된 중요한 대목이다. 군주는 친족과 대신 등 가까운 사람에게서 결코 섭섭함이나 원망을 사지 말고, 아랫사람을 부릴 때도 원망 사지 않도록 하라는 말이다. 가까운 사람이 정서적으로 적대감을 갖지 않도록 만드는 것, 그것이 통치술의 핵심이라는 말이다. 이와 같은 주왕조의 통치철학은 오늘날 중국인의 문화적 문법이기도 하다.

군주의 친족인 경대부에게는 대역죄가 아닌 한 법률을 적용하지 않는 것이 고대 중국의 관행이었다. 법률이란 피지배층을 통치하기 위한 수단이었지 지배층에게 적용하기 위한 수단은 아니었다. 개인의 권리와 공공의 이익을 지키는 수단은 더욱 아니었다. 한자문화권의 법 관념은 서구에서 시작하여 오늘날 세계 보편적으로 적용되는 법 관념과는 이처럼 다르다. 그래서 한자문화권에서는 법치국가를 택할지라도 특권을 차지하면 법의 망에 걸리지 않는다는 전통적인 법 관념을 가진 사람들 때문에 괴리가 생기게 된다.[37]

주공단이 아들에게 해준 말이라면 수백 년 전의 일일 텐데, 그럼에도 불구하고 공자와 제자들 사이에서 이 말이 반복해서 일컬어질 수 있었던 것은 문자기록으로 전승되었기 때문일 것이다. 단순한 구전만으로는 전승이 불가능했을 것이다. 그렇지 않다면 후대의 의도적인 허구일 것이다. 역대 왕의 말씀을 기록한 『서』 외에 여러 형태의 기록물들도 그와 비슷한 실정이었을 것이다.

18·11 周有八士 伯達 伯适 仲突 仲忽 叔夜 叔夏 季隨 季騧
주왕조에는 여덟 선비가 있었으니, 백달·백괄·중돌·중홀·숙야·숙하·계수·계왜가 그들이다.

> **평설**

伯(백)·仲(중)·叔(숙)·季(계)의 항렬에 따라 각각 두 사람을 거론하였다. 達·适(달·괄), 突·忽(돌·홀), 夜·夏(야·하), 隨·騧(수·왜)는 모두 압운된 것을 보건대 아마도 자(字)인 듯하다.[38] 이 여덟 사람이 누구인지

---

37 중화인민공화국에서는 지금까지 정치적으로 실각한 경우가 아니고서는 고위직 관리들이 사법 처리를 당하는 경우가 없었다. 고위 관리가 사법 처리되었다고 발표되면 중국의 인민들은 그가 정치적으로 실각되었다고 이해하게 되지 범법행위를 저질렀다고 여기지 않는다. 5·22 평설의 각주 참조.

38 관례를 올리기 전에는 이름을 부르지만 관례를 하고 나면 자를 부르고 이름은 부르지 않는다. 이때 伯仲叔季의 항렬을 자의 앞에 붙이니, 伯牛니 仲弓이니 하는 것이 그 예이다. 그러다 나이 50이 되어 대부가 되면 백중숙계의 항렬을 부를 뿐 자는 부르지 않으니, 召伯, 南仲, 榮叔, 南季 등이 그 예이다. 공자의 제자들 가운데에는 이처럼 항렬을 아래글자로 붙이는 이름은 없으니 대부가 된 사람은 없음을 알 수 있다. 여기 거론한 팔사(八士)도 항렬자가 위에 있는 것을 보면 관례는 치렀으되 대부는 되지 못한 사람들일 것이다.

에 대해서는 여러 설이 있지만 어느 것도 확정하기는 어렵다. 윤씨(尹氏)의 여덟 아들이라는 설명도 있고, 남궁씨(南宮氏)네 여덟 아들이라는 설도 있으며, 심지어 한 어미의 몸에 젖이 네 개가 있어 여덟 아들을 낳아 모두 현인이 되었다는 황당한 설명과 그것에서 파생한 유사한 설명들이 많다. 정현(鄭玄, 127~200)은 주성왕(周成王) 때의 인물들이라 하고, 유향(劉向, 77~6 B.C.)과 마융(馬融, 79~166)은 주선왕(周宣王) 때의 인물들이라 하며, 가규(賈逵, 174~228)와 반고(班固, 32~92)는 주문왕 때의 인물들이라고 하는 등 각각 다르다. 이 사람들의 이름이 거명된 이유에 대해서도 여러 설이 있기는 하지만 의미 있는 설명이라곤 없다. 각 이름자의 뜻에 대한 설명도 다양하지만 모두 주석가들 나름의 설명일 뿐 설득력을 갖는 것은 없다.

자장(子張) 제십구(第十九)

이 편도 역시 '子曰'이라는 구가 있는 장은 없고 모두 공자 제자들의 어록이다. 자장의 어록 3장, 자하의 어록 10장, 자유의 어록 3장, 증삼의 어록 4장, 자공의 어록 6장을 차례로 엮었다.

제18편 「미자」와 제20편 「요왈」보다는 문장이 순수해 보이기는 하지만 공자를 중니라고 부르는 점이 이상하다고 최술은 설명한다.

19·01 子張曰 士見危致命 見得思義 祭思敬 喪思哀 其可已矣

자장이 말하기를 : 선비로서 (나라의) 위난과 마주치면 목숨을 바치고, 이득이 앞에 있거든 (그것을 내가 챙기는 것이) 옳은지를 생각하며, 제사에(임해)서는 (귀신을) 공경(해야 한다는 것)만을 생각하고, 상사에(임해)서는 슬픔만을 생각한다면, (아마도 선비로서는) 괜찮다(고 할 수 있을 것이다).

1) 子張(자장) : 공자의 제자. 2·18 참조.

2) 士(사) : 4·09의 주) 참조.

3) 見危致命(견위치명) : 14·12에서는 자로가 '見危授命'이라고 말한 바 있다.

4) 見得思義(견득사의) : 14·12와 16·10에서 나왔던 표현이다.

5) 其可已矣(기가이의) : 其는 추측의 뜻을 나타낸다. 已矣는 단정적인 뜻을 나타내는 어기조사이다.

평설

공문이 자신들을 사(士)로 자처했음은 앞에서 설명한 바 있는데, 공자의 후기 제자에 속하는 자장이 사로서의 사명감을 다시 구체적으로 강조한 내용이다. 공자는 어떤 중요한 가치일지라도 목숨보다 우선시하라고 말한 적은 없건만¹ 자장은 이처럼 목숨과도 바꿀 수 있는 가치가 있다고 설파하고 있다. 자장의 기질 때문인지, 아니면 제자 대에 이르러 사명감이 인플레이션 된 것인지, 모를 일이다.

"見危致命 見得思義"라는 말은 14·12에서 자로가 한 말인데, 이를 반복하는 것을 보면 자장은 후기 제자 가운데서 협사 기질을 지녔던 모양이다.

19·02 子張曰 執德不弘 信道不篤 焉能爲有 焉能爲亡

자장이 말하기를 : 덕을 (목표로) 잡(고서 나가기는 하)지만 태도가 굳건하지는 않고, 경세지도(를 좋다고) 믿(고서 따르기는 하)되 독실하지는 않다면, (이런 사람을 덕이나 도를) 지녔다고 할 수 있을까, 지니지 않았다고 할 수 있을까?

주

1) 弘(홍) : 8·07에서 설명하였듯이 당시의 '弘' 자는 지금의 '强' 자로 해석하는 것이 낫다. 이 장에서는 분명히 그러하다.

2) 焉能爲有 焉能爲亡(언능위유 언능위무) : 하안은 『논어집해』에서 "가벼울 것도 무거울 것도 없다는 말이다."²라고 하고, 주희는 "얻은 덕도 너무 편협하게 지키면³ 사라지고 들은 도도 독실하게 믿지 않으면 사라진다. '이를 있다 할 수 있겠는가 없다 할 수 있겠는가'라는 말은 경중을 따질 가치가 없다는 말과 같다."⁴라고 한다. 덕이나 도는 굳고 독실하게

---

1   8·13 참조.

2   言無所輕重

3   弘을 强의 뜻이 아닌 狹의 반대어로 본 것이다.

4   有所得而守之太狹則德孤 有所聞而信之不篤則道廢 焉能爲有亡 猶言不

지니지 않으면 의미 없다는 뜻이라는 설명이다.

평설

자장이 남긴 말 가운데 가장 훌륭하다고 생각되는 말을 편집하였을 텐데, 공자의 제자들은 스승의 말을 전하려는 노력 외에 이처럼 자신들도 자기만의 독특한 아포리즘을 지어내려고 애썼을 것이다. 가능하다면 스승이 남긴 말보다 더 그럴싸한 말을 남기고자 노력했을 것이다. 공자의 제자들은 말이나 문자가 지닌 힘을 자각한 사람들이었다고 할 수 있다. 공자가 지녔던 힘의 근원이 말이나 문자에 있음을 파악했기 때문이다.

이 구절을 줄여서 말하면 '執德弘 信道篤'이라고 할 수 있다.

19·03 子夏之門人問交於子張 子張曰 子夏云何 對曰 子夏曰 可者與之 其不可者拒之 子張曰 異乎吾所聞 君子尊賢而容衆 嘉善而矜不能 我之大賢與 於人何所不容 我之不賢與 人將拒我 如之何其拒人也

자하의 문인이 (군자의) 사귐에 대해 자장에게 여쭙자 자장이 말하기를 : (너희 스승) 자하께서는 어떻게 말씀하시더냐? (그가) 대답하기를 : (저희 스승) 자하께서는 괜찮은 사람과는 더불어 (사귀면서) 지내고 그렇지 않은 사람(과는 사귐)을 거절하라고 하셨습니다. 자장이 말하기를 : 내가 (스승에게) 들은 바와는 다르구나. (나는) 군자는 현명한 사람을 존경하면서도 (현명하지 못한) 보통사람들도 용납하며, 잘하는 사람을 치켜세우면서도 잘하지 못하는 사람도 북돋아준다(고 들었다). 내가 (만약) 크게 현명하다면 남에게 용납되지 못할 바가 어디 있겠으며, 내가 (만약) 현명하지 못하다면 남이 (먼저) 나를 거절할 테니, (내가) 어떻게 남을 거절한단 말인가.

足爲輕重

1) 子夏之門人(자하지문인) : 자하에 대한 정보는 1·07, 2·08, 3·08, 6·13, 11·03, 11·16, 12·05, 12·22, 13·17 및 19편의 여러 곳에 있다. 자하가 제자들을 거느리면서 독자적인 문파를 이루었음은 1·07의 주)에서 설명한 바 있다.

2) 尊賢(존현), 大賢(대현) : '賢'을 '어질다'라고 번역하면 '仁'의 새김과 혼동되므로 '현명함'으로 번역하였다. 공자는 '존현'이라는 말을 사용한 적이 없지만 자장은 사용하고 있다. 다만 자장이 '존현'을 언급했다고 해서 공자의 생각과 달랐다고 말할 수는 없다. 맹자 또한 '尊賢使能(존현사능: 현자를 존중하고 능력 있는 사람에게 자리를 맡긴다)'이라는 표현을 쓴다.[5]

공자의 제자들이 공자 사후 각각 자신의 제자들을 거느렸음은 여러 곳에서 확인할 수 있는데, 여기서는 그들 사이의 경쟁 양상까지 짐작할 수 있어 흥미롭다. 자장은 자하문인의 면전에서 자하를 깎아내리는데, 자장 문파의 열등의식이 표출된 것은 아닌지 모르겠다. 여기서는 자하를 깎아내리는 자장의 발언을 실었지만 『논어』 편집자는 균형을 맞추려는 듯 19·12에서는 자하의 반론을 싣고 있다. 어쨌든 이 장은 자장이 더 뛰어나다는 주장을 소개하려는 의도일 것이다. '異乎吾所聞'이라는 표현은 각 문파들이 자신의 정통성을 각자 공자에게 두고 있음을 뜻하는 증거로 볼 수 있을 것이다.

포함(包咸, 6 B.C.~65 A.D.)은 "벗과의 사귐은 자하와 같아야 하고, 일반적인 사귐은 자장과 같아야 한다."[6]라고 주하고, 정현(鄭玄, 127~200)

---

5   『맹자·공손추상』.

은 "자하가 말한 바는 대등한 사이에서의 사귐이고 자장이 말한 바는 높고 낮은 사이에서의 사귐이다."[7]라고 주한다. 주희는 "크게 현명한 사람은 비록 받아들이지 못할 사람이 없지만 그렇더라도 대역죄인과는 절교해야 하고, 현명하지 못한 사람은 누구든 가리지 않고 받아들여야 하지만 그렇더라도 손해를 끼치는 친구는 멀리해야 한다. 배우는 사람은 이점을 잘 살피지 않으면 안 된다."[8]라고 주한다. 모두 불필요한 설명들일 뿐이다.[9] 자장과 자하문인이 문답하는 내용 자체가 말장난이나 다름없기 때문이다. 특히 사람을 현(賢)과 불현(不賢)의 두 부류로만 나누어 보는 주희의 생각은 지나치게 단순하며 교조적인 생각이 아닐 수 없다.

교(交)의 의미에 관해서는 1·04의 주) 참조.

19·04 子夏曰 雖小道 必有可觀者焉 致遠恐泥 是以君子不爲也

자하가 말하기를 : 비록 (대도가 못되는) 소도(라고 할 만한 것)에도 볼만한 점은 있기 마련이다. (그러나 소도에 너무) 멀리까지 나가게 되면 헤어 나오기 어려울 수 있으므로 그래서 군자는 (소도를) 하지 않는 것이다.

주

1) 小道(소도) : 『논어』에서 언급되는 추상명사로서의 道는 1·02의

---

6   友交當如子夏 汎交當如子張

7   子夏所云 倫黨之交也 子張所云 尊卑之交也

8   大賢雖無所不容 然大故亦所當絶 不賢固不可以拒人 然損友亦所當遠 學者不可不察

9   왕양명(1472~1529)도 『전습록(傳習錄)』에서 "자하는 소자(小子)의 사귐을 말하고 자장은 성인(成人)의 사귐을 말한 것이다."라고 표현한다. 모두 비슷한 생각을 조금씩 다르게 표현해보고자 노력했을 뿐이다.

주)에서 설명하였듯이 '경세지도', '예악제도', '올바른 방법론' 등을 의미한다. 그렇다면 자하가 소도라고 불렸던 것은 경세지도나 예악제도는 분명 아니었을 텐데, 구체적으로 무엇을 가리켰을까? 하안은 '異端(이단)'이라 하고, 형병은 '異端之說 百家語(이단의 학설과 제자백가의 언어)'라고 하며, 정현과 황간은 '제자백가의 서책'이라 하고, 주희는 '農圃醫卜之屬(농업, 원예, 의술, 점술 따위)'이라고 한다. 사마천은『사기·태사공서(太史公書)』에서 전국시대의 종횡가를 예로 들면서 이 구절을 인용한 바 있고, 반고는『한서·예문지』에서 소설가를 설명하면서 이 구절을 인용하며,『후한서·채옹전(蔡邕傳)』에서는 서화사부(書畵辭賦)를 설명하면서 이 구절을 인용한다. 주석가마다 각기 편의적으로 이해하고 있는 것이다. 자하 당대에 제자백가라는 말이 유행했다고 보기는 어렵고, 제자백가는 어떤 면에서 각각 유가와 대척점에 있었다고 말할 수 있으니 그것들을 '볼만한 소도'라고 표현하지는 않았을 것이다. 주목을 받지는 못하지만 일정한 흡인력을 지니는 전문적인 학술이나 기예들, 그러면서 文과 관계있는 것들을 가리킬 수 있는 것들을 두루 포괄하는 말로 보는 것이 무난할 듯하다. "백가의 여러 기예들은 이목구비와 같아서 각각 환하기는 하지만 서로 통할 수는 없다."[10]라는 양시(楊時, 1053~1135)의 비유가 재미있다.

2) 致遠恐泥(치원공니) : '원대한 것에 이르는 데 방해가 될까 봐'라고 흔히 새기는데, 의미가 잘 통하지 않는다. 따라서 '致遠'은 원대한 곳에 이르는 것이 아니라 너무 깊이 들어가는 것을 가리킨다고 본다. '泥'는 빠져나오기 힘든 것을 비유하는 표현이다.

---

10   百家衆技 猶耳目鼻口 皆有所明而不能相通

배타적 권위를 최종적으로 확보한 치세론이 유가이다. 유가가 한대에 들어 주도권을 잡지 못했더라면 다른 치세론이 부각될 수도 있었겠지만,[11] 어쨌든 유가는 주도권을 잡은 뒤로 배타적 우월성을 더욱 강조했다고 본다. 절대 유일성을 확보하기 위해서였겠지만 자신의 방법론과 어긋나지 않은 방법론에 대해서도 굳이 멀리하거나 박멸하려고 했다. 그것은 유가의 장악력이면서 동시에 취약점이기도 하다. 획일적 가치와 목표에만 집중할 뿐 나머지는 모두 얕잡아 보는 유가의 위험성은 자하의 이 말에서도, 그리고 그보다 앞선 공자의 말에서도 확인된다.[12] 송대 신유학에 와서야 종교적 도그마에 빠지게 되는 것은 아니다.

19·05 子夏曰 日知其所亡 月無忘其所能 可謂好學也已矣

자하가 말하기를 : (자신이) 몰랐던 것을 날마다 알아가고, (자신이) 잘하게 된 것을 달을 넘기도록 망각하지 않(고 유지한)다면, 호학(하는 사람)이라고 일컬을 수 있다.

1) 其所亡(기소무) : '자신에게 없는 것'을 가리킨다. 그게 '知'의 목적어이므로 '자신이 몰랐던 것'이라고 번역하는 것이 낫다. 공안국은 '日知其所未聞(자기가 알지 못했던 것을 날마다 알게 되다)'이라 하고, 주희는

---

11 『관자』나 『안자춘추(晏子春秋)』와 같은 책이 지금까지 전해지는 것을 보더라도 공자 당대에도 공자보다 앞선 인물들의 치세론이 없지는 않았을 것으로 생각된다.

12 13·04에서 공자는 농업이나 원예에 대해 질문하는 번지를 사정없이 묵살한다.

'己之所未有(자기가 갖고 있지 않은 것)'라고 한다. '자신에게 부족한 것이 무엇인지를 날마다 알게 된다'라는 수신주의적 해석은 취하지 않는다.

2) 其所能(기소능) : 본래 잘하는 것이 아니라 배워서 잘하게 된 것을 가리킨다.

3) 好學(호학) : 1·14의 주) 참조.

평설

글자 수까지 맞추지는 않았지만 亡(무)와 能(능)을 대비시켜 만든 대구이다. 자하가 고심해서 만들어낸 아포리즘일 것이다. 스승의 뒤를 잇는다는 정통성을 드러낼 수 있는 핵심어인 '호학'을 가지고 만든 것인데, 배움을 세월과 연결하여 강조하는 글로는 최초가 아닌가 한다. 권학에 관한 수많은 글의 원조가 되는 글이라고 할 수 있을 것이다.

고염무(顧炎武, 1613~1682)의 『일지록(日知錄)』은 이 장에서 이름을 땄다.

19·06 子夏曰 博學而篤志 切問而近思 仁在其中矣

자하가 말하기를 : '배움은 넓게 기억은 두텁게, 의문은 간절하게 사유는 가까운 것에서', 인은 그러한 가운데에 있다.

주

1) 篤志(독지) : '뜻을 독실하게 하다'라는 새김은 의미가 정확하지 않다. 志는 '識(지)'로 읽어야 한다. 志, 識, 記는 고대에 통자였고, 『설문』에는 '志'라는 글자가 없다. 따라서 篤志를 厚識(후지)로 새기는 공안국과 황간의 주석에 동의한다. "뜻이 독실하지 않으면 힘써 행할 수 없다."[13]라는 정이의 주석은 의미를 이루지 못한다.

2) 切問而近思(절문이근사) : 황간 이후로는 切을 '急(급)'의 뜻으로 새기지만, 13·28의 '切切偲偲'처럼 '간절하다'는 뜻으로 보는 것이 낫다. 소식은 이 구절의 반대어를 '泛問而遠思(범문이원사)'라고 표현한다. 近思에 대해 주희는 '以類而推(이류위추: 비슷한 것을 가지고서 추정하다)'라는 정이의 주를 인용한다. 가까운 데에 있는 비슷한 것들, 즉 현실에서 부닥치게 되는 잦은 유사한 일들에서 해답을 얻으려는 사고방식이라고 표현할 수 있을 것이고, 그렇다면 상대적으로 切問은 '근본적인 것에 대한 의문'이라고 표현할 수 있을 것이다.

평설

19·05에서 나아가 글자 수까지 맞춘 대구를 만들었다. 공자의 제자들이 이처럼 말을 만들고자 애썼다는 것은 결국 공자의 영향력이 말에 있다고 인식했기 때문일 것이다. 조탁한 언어의 결정체라고 할 수 있는 시를 공자가 그토록 강조했던 것도 결국 '말'의 중요성을 높이 여긴 것이다. 주희(朱熹, 1130~1200)와 여조겸(呂祖謙, 1137~1181)이 함께 지은 『근사록(近思錄)』은 여기에서 이름을 취했다.

19·07 子夏曰 百工居肆以成其事 君子學以致其道

자하가 말하기를 : 장인은 현장을 지킴으로써 일을 완성하고, 군자는 배움으로써 도에 다다른다.

주

1) 百工(백공) : 사실을 묘사하는 문장이 아니기 때문에 굳이 '백 가지

장인' 또는 '여러 장인'이라고 새길 필요는 없다. 군자에 비유할 수 있는 사람으로 장인(匠人)을 거론하고자 두 글자로써 표현한 말에 불과하다.

2) 居肆(거사) : 肆는 市肆(시사: 장사하는 가게)이고 居는 터를 잡고 들어앉는 것을 말한다. 기물을 만들어내는 작업 현장을 떠나지 않고 항상 지키는 태도를 말한다. '居'의 뜻에 대해서는 1·14의 주) 참조.

3) 成事(성사), 致道(치도) : 표현은 다르지만 뜻은 같다. 춘추시대의 '致道'라는 표현을 불교의 '成道(성도)'나 '見性(견성)'¹⁴과 비유할 수는 없다.

> ### 평설

공자 사후 제자들이 각자 자신의 문파를 만들어나가는 단계에서 공력을 쏟는 일이라곤 대개 이처럼 '말씀'을 만들어내는 일이 아니었을까 한다. 스승 공자의 성취가 사람들, 특히 군주들에게 어필할 수 있는 '말씀'을 만들어냈던 데에 있었던 만큼 그것을 익히 아는 제자들로서는 자기들도 스승처럼 유통 가치가 높은 '말씀'을 만들어내고자 노력했을 것이다. 이 장을 비롯하여 『논어』에 담긴 제자들의 많은 어록이 그 증거이다. 당시 각 제자 문파들이 표방하는 목표야 비록 현실 정치에 참여할 인재를 기르는 것이었겠지만 실제로는 거의 공자를 선전하고 공자의 말을 심화시키거나 대중에게 어필할 수 있는 새로운 아포리즘을 만들어내는 일에 머물지 않았을까 한다. 현실 정치에 참여하고자 하더라도 자기를 홍보할 수 있는 매체를 찾아야 했는데, 당시 사회에서 가장 효과적인 매체는 대중들의 입에서 입으로 유효하게 전달될 수 있는 짧고도 충격이 강한 '말씀'이었을 것이다. 중국어 언중(言衆)은 문언문을 즐겨 활용하기 때문에

---

14 견성(見性)은 '자성을 본다'는 뜻인데, 선종불교에서 궁극에 도달하는 것을 표현한 말로서 교종의 '성불(成佛)'과 통용할 수 있는 용어이다.

벽보 같은 매체에 문언문을 이용하여 만든 '말씀'을 붙이는 것은 현대 중국에 이르기까지 매우 효과적인 홍보 수단이다. 따라서 자하 단계에 이르러서는 그와 같은 효과를 지니는 짧은 '말씀'들이 풍성하게 생산되었고, 서사도구의 발달과 더불어 짧은 아포리즘 형식을 넘어 스토리를 지니는 서사구조의 이야기도 발달하였다고 본다. 다만 주제의식을 가지고서 의식적으로 시를 짓거나 산문을 짓는 일은 한대 말엽까지 기다려야 했다.

군자의 태도를 전문적인 기술을 연마하는 백공의 태도에 비유한 것은 흥미롭다. 아마도 자하 단계에서는 군자의 정체성이나 지향점을 지배계층이 되는 데에 두기보다는 이학치도(以學致道)라는 관념적인 목표에 두었기 때문에 그렇게 표현할 수 있지 않았을까 한다. 군자라는 지향점을 갖고서 수업을 한들 현실적으로 지배계층이 되기는 어려운 환경으로 사회가 점점 바뀌었을 뿐 아니라, 전문적으로 진행되는 수업이 여러 대에 걸쳐 내려가다 보면 정계 진출이라는 목표와는 상관없이 수업 그 자체가 목표가 되는 단계에 이르게 되었을 것이다.

'百工居肆'와 대를 이루자면 學 앞에 '務'나 '好'와 같은 글자가 들어가는 것이 나을 듯하다.

19·08 子夏曰 小人之過也必文

자하가 말하기를 : 소인의 허물은 (잘못을 저지를 경우) 반드시 꾸미(어서 덮으)려고 하는 것(, 그것)이다.

주

1) 文(문) : 14·12에서와 마찬가지로 '꾸미다'는 뜻이다. 『논어』에 나오는 '文'에 대한 의미는 1·06의 주) 참조.

'소인은 잘못을 저지르면 반드시 꾸민다'라고 번역되려면 '小人過則必文'이라야 한다. 따라서 이 장은 위와 같이 번역되어야 한다. 실수는 누구나 저지르지만 실수를 저지르고 난 다음의 태도가 중요하다는 스승의 가르침[15]을 하는 자신의 버전으로 바꾸어서 이렇게 표현했을 것이다. "자기 허물을 꾸며 덮고 정실을 말하지 않는다."[16]라는 공안국의 주석이나 "소인은 허물 고치기는 꺼려도 스스로를 속이기는 꺼리지 않으므로 반드시 허물을 꾸미는 허물까지 거듭 저지르게 된다."[17]라는 주희의 주석도 원문을 잘 해설한다.

이 문장이 『사기공자세가』에서는 "군자는 허물을 저지르거든 본질적으로 사과하지만 소인은 허물을 저지르면 형식적으로만 사과한다."[18]로 바뀐다. '文過飾非(문과식비: 허물을 꾸미고 잘못을 덮는다)'라는 성어도 여기서 나왔을 것이다.

19·09 子夏曰 君子有三變 望之儼然 卽之也溫 聽其言也厲

자하가 말하기를 : 군자에게는 세 가지 변모가 있다. 멀리서 보면 엄숙하게 보이고, 가까이 다가가면 온화하게 느껴지며, 하는 말을 들으면 엄정하다.

1) 三變(삼변) : 세 차례 바뀐다는 뜻이 아니라 상반되는 듯한 세 가지

---

15   過而不改 是謂過矣(15·30).

16   文飾其過 不言情實

17   小人憚於改過 而不憚於自欺 故必文以重其過

18   君子有過則謝以質 小人有過則謝以文

모습을 지닌다는 뜻이다.

2) 卽(즉) : '가까이 다가가다'는 뜻이다.

3) 厲(려) : 정현은 '嚴正(엄정하다)', 주희는 '辭之確(언사가 단호하다)'이라고 한다. 정확하여 빈틈없다는 뜻인데, '칼 같다' 또는 외래어를 사용한 '엣지 있다'와 같은 요즘의 입말이 적절한 표현이라고 본다.

7·38에는 공자에 대한 평가가 소개되는데, 이 내용과 비슷하다. 짐작컨대 자하는 전해지는 공자에 대한 품평을 군자에 대한 기준으로 일반화했을 것이다.

19·10 子夏曰 君子信而後勞其民 未信 則以爲厲己也 信而後諫 未信 則以爲謗己也

자하가 말하기를 : 임금은 (아래로 백성의) 신뢰를 얻은 다음 백성을 부려야 한다. (백성의) 신뢰를 얻지 못한(채 백성을 부리)면 (백성은 임금이) 자신을 못살게 군다고 생각한다. (또한 위로는 임금의) 신뢰를 얻은 다음 간해야 한다. (임금의) 신뢰를 얻지 못(한 채 임금에게 간)하면 (임금은) 자신을 헐뜯는다고 생각한다.

| 주 |

1) 君子(군자) : 여기서는 명백히 군주를 가리키므로 '임금'이라고 번역하였다.

2) 民(민) : '인민'은 주체를 강조하는 의미로 들릴 수 있기 때문에 '백성'으로 번역하였다.

3) 厲(려) : '못살게 굴다', '엄하게 대하다'는 뜻이다. 왕숙과 주희는

'病'과 같다고 했다.

언표야 '信'에 대한 강조이지만 함의는 위험에 대한 경고이다. 공자는 제자들에게 지배계층으로서 갖추어야 할 소양을 강조했지만 정작 제자들은 위험에 대비할 수 있는 구체적인 주의사항들이 더 궁금했을 것이다.『한비자·세난(說難)』과 같은 것은 구체적인 주의사항을 집약한 것이라고 할 수 있다.

信에 대한 자세한 설명은 1·04의 주) 참조.

19·11 子夏曰 大德不踰閑 小德出入可也

자하가 말하기를 : 큰 절개에서 선을 넘지만 않으면 작은 절개에서는 (선을) 넘나들어도 괜찮다.

주

1) 大德(대덕), 小德(소덕) : 사람을 구분하는 것으로 여기고서 형병은 '가장 현명한 사람'과 '그다음 현명한 사람'이라 하고 정약용은 '성인(聖人)'과 '학자(學者)'라고 한다.[19] 그러나 이 문장이 그대로 인용된『한시외전』이나『안자춘추』의 문맥을 감안하더라도 '대절(大節)'과 '소절(小節)'을 가리킨다는 주희의 해석이 더 합당하다.

---

19 『맹자』와 「중용」에 나오는 대덕과 소덕이 모두 덕의 크고 작은 등급을 가리키는데 어떻게 여기의 대덕과 소덕을 대절과 소절로 해석할 수 있느냐는 것이 정약용의 논거이다. 유가 경전이 문면만을 서로 대조하여 비슷하면 일치시키려는 정약용의 이런 경향은 앞에서도 언급했듯이 유월에게서 나타나는 병폐와 비슷하다.

2) 閑(한) : 공안국은 '法'이라고 주하고, 주희는 '闌(란: 문에 가로질러서 출입을 막는 장치)'이라고 주한다. 어떻든 넘지 못하게 만드는 금지장치를 뜻한다.

평설

전후 사정이 없기 때문에 다양한 해석이 나올 수는 있다. 하지만 앞 구절을 조건절로 보고서 "사람이 커다란 절개를 먼저 세울 수 있다면 자잘한 절개에서 비록 도리에 맞지 않더라도 그다지 해롭지는 않다는 것을 말한 것이다."[20]라는 주희의 풀이가 가장 합당하다고 본다. 그러면서도 주희는 '작은 절개는 선을 넘나들어도 괜찮다'는 말이 마음에 걸렸는지 "이 장의 말은 폐단이 있을 수 있으므로 배우는 사람은 잘 살펴야 한다."[21]라는 오역(吳棫, 1100~1154)의 해설을 추가한다.

『한시외전』 권2에서는 이 말을 공자가 자로에게 했다 하고, 『안자춘추』에서는 안자가 공자에게 했다고 되어 있으며, 『순자·왕제』에서는 이와 비슷한 내용의 말을 공자가 한 것으로 나온다. 이는 공자 또는 공자 제자의 말씀이라는 것들이 얼마나 다양한 갈래로 유통되었을지를 보여주는 사례일 것이다.

19·12 子游曰 子夏之門人小子 當洒掃應對進退 則可矣 抑末也 本之則無 如之何 子夏聞之 曰 噫 言游過矣 君子之道 孰先傳焉 孰後倦焉 譬諸草木 區以別矣 君子之道 焉可誣也 有始有卒者 其惟聖人乎
자유가 말하기를 : 자하의 어린 문인들은 물 뿌리고 마당 쓸기, 손님 접대하기,

---

20 言人能先立乎其大者 則小節 雖或未盡合理 亦無害也
21 此章之言 不能無弊 學者詳之

드나들기(와 같은 범절들)은 괜찮(게 갖추었)더라. 그러나 (그런 것들은 모두) 말단(적인 사소한 범절들)이다. 근본(적인 범절들)은 (갖춘 바가) 없더라. 그런 사람들을 어떡하겠느냐? 자하가 그 말을 듣고 말하기를 : 허어, 언유가 지나쳤구만! 군자의 도리 가운데 뭘 먼저 전수하고 뭘 나중에 (천천히) 익힌다고? (군자의 도리는 선후의 구별이 있는 것이 아니라) 초목처럼 종류에 따른 구분이 있을 뿐이지. 군자의 도리를 어찌 (선후가 있는 것처럼) 왜곡한단 말인가? 시작은 이것이요, 끝은 이것이요(하면서 가릴 수 있는 사람이 있다면)은 아마도 성인이겠지.

6) 如之何(여지하) : '그런 사람들을 어디다 써?', '그런 사람을 어떡해?'라는 어기이다. 의문사 如何와 목적어 之에 대한 설명은 2·20의 주) 참조.

7) 言游(언유) : 자유를 가리킨다. 자유의 성이 言이다.

8) 孰先傳焉 孰後倦焉(숙선전언 숙후권언) : '무엇을 먼저 전수하고 무엇을 나중으로 미룬다는 말인가?'라는 표현은 그런 구분이 있을 수 없다는 뜻이다. '後倦'은 '뒤로 미루다'는 뜻이다. 傳과 倦은 압운이다.

9) 區(구) : 주희는 '類(류)'라고 하였다.

10) 誣(무) : 『노논어』에는 憮(무)로 되어 있고, 憮는 겸(兼)과 애(愛)의 뜻이라는 주석도 있지만 글자의 본뜻인 '사실과 다르게 꾸미다', '왜곡하다'로 해석하는 것이 낫다.

[평설]

19·03에서는 자장이 자하문인의 면전에서 자하를 깎아내리더니 여기서는 자유가 똑같이 하고 있다. 다만 19·03에는 자하를 깎아내린 내용만 실려 있지만 여기서는 자하의 반론도 실려 있다.

공자 제자들의 문파끼리 우열을 다투는 내용이 『논어』에 편입된 것은 흥미롭다. 『논어』를 편찬하는 입장에서는 제자문파들의 상대적 우열이 예민한 관심사였을 수 있고, 편찬자의 학맥이나 주관에 따라 평가는 달라졌을 수 있다. 하지만 그런 내용들이 반드시 각 문파의 우열을 거론하거나 포폄하려는 의도에서 실리지 않았을 수도 있다. 여러 문파의 일화들을 단순히 소개했을 수 있다. 예컨대 자하문파가 소절을 강조한 반면에 자유문파는 대절에 치중했음을 드러내고자 이 장을 편집했을 수 있다. 그러니까 공자의 제자문파들 가운데 어느 한 문파가 배타적인 주관을 갖고서 『논어』를 펴냈을 수 있지만 그 시대 식자인들의 읽을거리로서 단순히 편집되고 유통되었을 가능성도 있다고 본다. 다만 이러한 읽을거리가 유통됨으로 인해 각 문파 사이의 우열에 관한 이야기들이 실제와는 무관하게 퍼졌을 수 있고, 식자인들의 관심과 흥미가 다른 이야기들을 필요 이상으로 만들기도 했을 것이다.

성리학자들은 『논어』를 경전으로 떠받들면서도 해석은 자기 방식대로 한다. 자하는 정작 군자지도를 가르치는 순서를 부정했건만 정호와 주희 는 '사람 가르치는 데에는 순서가 있다'고 단정한다. 주희는 이렇게 강조 한다. "소자근자(小者近者)를 먼저 가르치고 대자원자(大者遠者)는 나 중에 가르친다. 다만 소자근자를 먼저 가르친다고 해서 대자원자를 나중 에 안 가르치는 것은 아니다. 배우는 사람은 순서에 따라 차츰차츰 나아 가야 하고, 말단을 싫어하여 근본만 배우려고 해서도 안 된다. 말단이 곧 근본은 아니지만 말단을 공부하면 근본은 바로 그 안에 있다."

안사고는 『한서주(漢書注)』에서 위 구절을 공자의 말이라고 했고, 『송 사·황상전(黃裳傳)』에서도 공자의 말이라면서 인용한다. 비단 그 사례 뿐 아니라 항간에서는 얼마든지 『논어』의 내용 모두를 공자의 말로 알았 을 수 있다.

19·13 子夏曰 仕而優則學 學而優則仕

자하가 말하기를 : 벼슬하는 여력에 (글을) 배우고, (글을) 배운 여력으로 벼슬 하고.

> 주

1) 優(우) : '有餘力(여력이 있음)'의 뜻이라는 주희의 주석이 적절하 다.[22] 그는 "벼슬과 학문은 이치는 같고 하는 일만 다를 뿐이다. 따라서

---

22 『주자어류』에서는 '暇'라고 설명하기도 한다.

일을 담당하는 자는 반드시 먼저 일에 최선을 다한 다음 다른 것을 할 수 있어야 한다. 그러나 벼슬하면서 배우면 벼슬의 밑천이 더욱 깊어지고, 배우면서 벼슬하면 배운 내용을 더욱 넓게 징험하게 된다."[23]라고 설명한다. 1·06의 "行有餘力 則以學文"과 같은 취지로 본 것이다. 그런데 '벼슬하면서 여력 있으면 글을 배운다'라는 말은 쉽게 이해되지만 '배우면서 여력 있으면 벼슬한다'라는 표현은 이상하게 들릴 수밖에 없다. '여력이 있으면 ~하다'라는 표현은 '틈틈이 ~하다'는 뜻이기도 한데, 공부하는 틈틈이 벼슬살이한다는 표현은 더욱 성립될 수 없다. 배움이 충분해지면 벼슬하라는 뜻으로 받아들일 수는 있지만 그런 뜻이라 하더라도 표현이 적절하지는 않다. 하지만 한자를 가지고서 문장을 만드는 체계는 표현의 합리성에는 그다지 주의하지 않는다. 표현의 형식을 더 중시한다. 여느 문장이나 대개 그렇듯이 이 문장도 두 개의 문장을 하나의 세트로 만든 대구(對句)이기 때문에 두 개의 글자를 서로 반대로 배치하고 있다. 그러니 합리적인 표현이 되기는 어렵다. 읽는 사람이 적절히 이해해야 한다. 그것이 한문의 독법이다. 문제는 번역하는 경우이다. 외형상 완벽한 대구이기 때문에 번역도 '벼슬하면서 여력 있으면 배우고, 배우면서 여력 있으면 벼슬하고'처럼 대구로 하는 것이 좋기는 하지만 아무래도 어색하게 들릴 수 있으므로 위와 같이 번역하였다. '그보다 더 잘할 수 없을 정도로 공부가 이루어지면 벼슬자리에 나간다'는 뜻을 그렇게 표현했을 것이다.[24]

---

23   仕與學 理同而事異 故當其事者 必先有以盡其事而後 可及其餘 然仕而學則所以資其仕者益深 學而仕則所以驗其學者益廣

24   이이(李珥, 1536~1584)는 친구 류몽학(柳夢鶴)에게 "學不足而先求行 不可也 學已足而不求行 亦過也(학문이 부족한데도 서둘러 벼슬하려고 해서도 안 되고, 학문이 충분한데도 벼슬하지 않으려고 해서도 안 된다)"라고 써준 바 있는데, 그 표현은 이 장의 취지를 드러낸 것이다(『율곡전서』 권14 「증류웅서몽학치

자하의 이 말은 당시의 배움(學)이라는 것이 무엇인지를 극명하게 보여준다. 학술활동이나 개인의 수양이 아니다. 당시의 배움이란 벼슬의 수단, 입신양명의 수단, 통치의 수단이었다. 공자의 언어로 표현하자면 군자(지배계층)가 되기 위한 수단을 배우는 일이었다. 유교문화권의 그러한 전통은 요즘에도 배우는 사람들에게 결정적으로 영향을 미친다. 순수한 학문이나 개인의 도덕은 배움의 과정에서 무시되기 일쑤이고 현실적이고 구체적인 욕망이나 이익만을 목표로 삼는 경향이 두드러지게 된다.

정주한묘죽간본에는 앞뒤의 구절이 바뀌어 '學而優則仕 仕而優則學'으로 되어 있다.

19·14 子游曰 喪致乎哀而止

자유가 말하기를 : 거상(居喪)은 슬픔을 드러내는 것으로 그쳐야 한다.

1) 喪(상) : 居喪(거상: 상을 치름)을 가리킨다. 상례(喪禮)를 가리키는 것은 아니다.

2) 而止(이지) : 而는 조건에 따른 결과를 나타내는 접속사로서 '~하면 곧'의 뜻이다. 따라서 而止는 '~하는 선에서 그쳐야 한다'는 뜻이다. 주희는 자유의 표현이 상례를 소홀히 해도 된다는 뜻으로 읽힐 것을 염려한 나머지 "而止 두 글자는 너무 고원하여 세미한 것을 간략해버리는 폐단이 조금 있으므로 배우는 사람은 그 점을 잘 살펴야 한다."[25]라고 주

군설(贈柳應瑞夢鶴治郡說)」〉.

25 而止二字 亦微有過於高遠而簡略細微之弊 學者詳之

한다.

"喪與其易也 寧戚"(3·04)이라는 공자의 말을 자기 방식으로 다듬은
것인데, 주희의 지적처럼 약간 지나친 표현이 되어버렸다. 스승의 말씀
을 능가하는 멋진 말씀을 만들고 싶은 의욕이야 나무랄 것 없지만 결과
가 스승만 못하게 되는 이유는 자기 고유의 말을 만들지 못하고 스승의
말을 부연하려고만 하기 때문이다. 그런 점에서 보건대 맹자보다는 순자
나 한비자가 돋보이고, 아예 새로운 시각으로써 공자를 공박하기까지 하
는 노자나 장자나 묵자는 공자를 상대적으로 돋보이게 만드는 사람들이
라고 할 수 있다.

19·15 子游曰 吾友張也爲難能也 然而未仁

자유가 말하기를 : 내가 자장을 벗하는 것은 (그의) 뛰어난 재능 때문이다. 그
러나 (그는 아직) 인에는 부족하다.

주

1) 吾友張也爲難能(오우장야위난능) : '내가 자장과 벗하면서 지내는
까닭은 그가 난능하기 때문이다'라는 뜻이다. 難能은 '잘하기 어려움',
'才能難及(남이 쉽게 따르기 어려운 재능)'의 뜻이다. 정약용과 미야자키 이
치사다는 '내 친구 자장은 남들이 하기 어려운 행실을 잘한다'고 새긴다.

평설

'然而未仁(연이미인)'이라는 표현은 자유가 자장을 구태여 폄하하는
내용은 아니다. 자신도 스승처럼 仁에 대한 인정만큼은 넉넉하지 않음

을 드러내려는 의도라고 본다. 그러니까 공자를 본뜬 표현일 뿐이다. 그렇다고 해서 자유가 자장을 칭송하는 흔적은 없다. 자유는 19·12에서 자하를 꼬집기도 한다. 자유와 자장은 자하, 증삼, 유약과 더불어 공자의 후기 제자들인데, 서로 견제하고 경쟁하는 사이였던 듯하다. 다음 장에서는 증삼도 역시 자장을 견제하는 발언을 한다. 자장의 사람됨에 대한 설명은 2·18의 주) 참조.

19·16 曾子曰 堂堂乎張也 難與並爲仁矣

증자께서 말씀하시기를 : 당당하기는 하지 자장은. (하지만 그 당당함이) 인의 실천과 함께하기는 어렵지.

주

1) 曾子(증자) : 공자의 제자 증삼. 1·04의 주) 참조.

2) 堂堂(당당) : 남이 가까이하기 어려울 정도의 과대한 모습을 나타내는 표현이다. 정현과 주희는 용모가 성대한 것을 가리킨다고 한다.

3) 張(장) : 자장을 가리킨다.

4) 難與並爲仁(난여병위인) : '그 사람과 함께 인을 실천하기는 어렵다'는 뜻은 아니다. 주희가 "자신의 인의 실천에 보탬이 되지도 않고 다른 사람의 인에 보탬이 되게 해줄 수도 없다는 뜻"이라고 설명하듯이, 인을 실천하는 데 있어서는 당당하다는 것이 도움 되지 않는다는 뜻이다.

평설

2·18의 주)에서 설명했듯이 자장은 추상적인 개념에 대해 진지하게 캐물었던 사람이었다. 그러나 공자는 자장의 그러한 면을 높이 사지 않고서 그때마다 주의를 준다. 자유에 이어 증삼도 자장이 대단하다고는

하면서도 최고는 아니라고 말한다. 표현 자체는 어디까지나 스승을 따르는 표현, 그러니까 인하다는 인정은 좀처럼 하지 않는다는 공자의 태도를 따르는 것이지만 후세 사람들이 읽기에는 자유나 증삼이 자장을 폄하하는 내용으로 읽히게 된다. 더구나 한 사람이라면 몰라도 두 사람이 연달아 폄하하므로 사람들은 '무언가 근거는 있기 때문에 폄하하겠지'라고 여기게 된다. 후대 유자들의 자장에 대한 평가가 낮은 데에는 그런 배경이 있다고 본다. 「자장」편에서 많이 드러나는 제자문파들 사이의 이러한 갈등은 『논어』를 편찬하는 과정에서 적절하게 취사선택되었을 것이다.

자유나 증삼이 동문수학한 자장을 폄하하는 태도를 보이는 것은 공자의 태도에 원인이 있다고 본다. 그의 편애 탓이다. 공자는 자로, 자공, 염옹, 자장처럼 똑똑한 제자들은 높이 치지 않았고 안회나 증삼처럼 답답하고 고지식한 제자만을 높이 쳤다. 그것이 공자의 의도적인 훈육방법이었다는 말은 그의 편집적인 기질을 옹호하는 말일 뿐이다. 후대 유자들이 증삼을 더 높이 쳤던 것은 자신들의 주관적인 판단 때문이 아니라 공자의 판단을 따라야만 자신들의 권위가 확보될 수 있었기 때문이라고 본다.

『논어』에 보이는 대화만을 가지고 평가하자면 자장은 증삼과는 비교할 수 없을 만큼 뛰어난 인재였다. 재아도 마찬가지이다. 증삼보다 자장이 더 훌륭했다는 평가는 강유위에 와서야 비로소 나오게 된다.

19·17 曾子曰 吾聞諸夫子 人未有自致者也 必也親喪乎
증자께서 말씀하시기를 : 나는 스승님한테서 이렇게 들었다. "저절로 감정이 치미는 사람은 없지만, 부모의 상을 당할 때는 반드시 그렇게 된다."라고.

주

1) 自致(자치) : 주희와 윤돈은 '自盡其極(자진기극: 스스로 끝까지 다

670

한다)'이라고 한다. 무엇을 끝까지 다한단 말인가? 주희는 眞情(진정)이라고 한다. 그렇다면 自致는 외부의 자극 없이 저절로 우러나오게 되는 감정의 극치를 가리킬 것이다. 마융과 오규 소라이는 감정이 아닌 성(誠)과 경(敬)이 지극해지는 것이라고 설명하지만 동의하기 어렵다. 自는 관형어가 아닌 부사어로 보아야겠다.

19·18 曾子曰 吾聞諸夫子 孟莊子之孝也 其他可能也 其不改父之臣
與父之政 是難能也

증자께서 말씀하시기를 : 나는 스승님한테서 이렇게 들었다. "(효행으로 이름났던) 맹장자의 효행 가운데 다른 것들은 (모두 남들도) 할 수 있다. 그러나 아버지가 남기신 신하와 아버지가 시행하셨던 정책을 바꾸지 않았던 점은 (참으로) 하기 어려운 일이다."

> 주

1) 孟莊子(맹장자, ?~550 B.C.) : 맹헌자(孟獻子) 중손멸(仲孫蔑)의 아들 중손속(仲孫速)이다. 아버지 맹헌자가 죽은 뒤에도 아버지가 쓰시던 가신을 그대로 쓰고 아버지의 정책을 그대로 시행했다고 전해지는 사람이다.

2) 吾聞諸夫子(오문저부자) : 자신이 임의로 한 말이 아니라 공자에게서 들은 말임을 강조하고자 할 때 사용하는 상투어인데, 앞 장에서도 사용되었다. 공자의 제자문파들은 서로 정통성을 주장하는 과정에서 이런 상투어를 자주 사용했을 텐데, 다른 유가 경서에서는 보이지 않지만 『예기』에는 나타난다.[26]

---

26 앞서 언급했다시피 『예기』는 『논어』와 가장 가까운 경서라고 본다. 일반적

맹헌자는 양공 19년(554 B.C.)에 죽고 맹장자는 23년(550 B.C.)에 죽으니 공자는 그의 재위 4년에 대한 평가를 그와 같이 말했다고 볼 수 있다. 그렇다면 1·11의 "三年無改於父之道 可謂孝矣(삼 년 정도 아버지 하시던 방식을 고치지 않는다면 효한 사람이라고 일컬을 수 있다)"라고 한 말과 부합된다 하겠다.

19·19 孟氏使陽膚爲士師 問於曾子 曾子曰 上失其道 民散久矣 如得其情 則哀矜而勿喜

맹손씨가 (증자의 제자) 양부를 (감옥을 관장하는) 사사로 임명하자 (양부는 스승인) 증자께 (그 사실을) 아뢰었다. 증자께서는 (다음과 같이) 말씀하셨다. : 윗사람이 (정치의 바른) 도리를 잃어버렸기에 인민(의 삶)이 (피폐해져서 여러 나라로) 흩어진 지 오래되었다. (그러니 너는 그 자리에 있으면서, 잘못된 정치 때문에 죄를 짓고 감옥에 들어오게 된 사람들의) 속사정을 알게 되면 (그들을) 가엾고 불쌍하게 여겨야지 (실적을 올렸다고) 기뻐하지는 마라.

1) 孟氏(맹씨) : 맹의자(孟懿子, 518~481 B.C.), 맹무백(孟武伯, 481~? B.C.), 맹경자(孟敬子, ?~435 B.C. 이후) 등으로 추정하지만, 누구인지의

으로 자기의 말이 아니고 들은 말임을 강조할 때는 '吾聞之~'라고 표현하지만 들은 대상을 특정할 때는 '吾聞諸~'라고 표현한다. 『예기』에는 '吾聞諸夫子' 외에도 악정자춘(樂正子春)이 '吾聞諸曾子 曾子聞諸夫子~'라고 한 대목도 있고(『예기·제의(祭儀)』), 공자가 '吾聞諸老聃~'이라고 한 대목도 몇 군데 있다. 불교경전에서 임의로 지어낸 말이 아님을 강조하고자 경전의 첫머리에 '如是我聞(여시아문)'이라는 상투어를 사용하는 것과 같은 사례이다.

여부가 문맥에 영향을 주지는 않는다. 공자보다 46살이나 어린 증삼의 제자에 관한 내용이므로 맹무백보다 올라갈 수는 없다고 본다.

2) 陽膚(양부) : 대화 내용으로 짐작컨대 증자를 따르던 제자의 이름으로 짐작된다.

3) 士師(사사) : 18·02에서도 나온 바 있는 형벌을 관장하는 직책의 이름이다.

4) 散(산) : '散'은 제·노 지방의 방언으로서 '犯法(범법)'으로 새겨야 한다고 황가대(黃家岱)는 주장한다. 그러나 그렇게 새기지 않는 한 문맥이 통하지 않다면 몰라도 굳이 그렇게 새겨야 할 필연성은 없어 보인다. 민심이 흩어졌다는 표현으로 볼 수도 있지만 살기 어려워 다른 나라로 흩어졌다고 보는 것이 문맥에 더 맞을 것이다.

5) 如得其情(여득기정) : 情이라는 글자가 '정서'가 아닌 '객관적 사실'을 의미한다고 주장하는 사람들은 이 구절을 예문으로 삼는다. 그러나 여기의 情도 객관적 사실보다는 죄를 저지르게 된 '속사정'이라는 뜻이 강하다. '實情(실정)'이라는 낱말도 '정서적 배경이나 맥락을 포함한 실제의 사정'이라는 뜻이지 그런 것을 제외한 객관적인 사실을 가리키지는 않는다. 13·04의 주) 참조.

평설

유하혜는 사사를 맡으면서 세 차례나 쫓겨난 적이 있었다고 한다. 당시나 지금이나 형벌을 관장하는 직책은 비록 권력을 쥐기는 하지만 상대적으로 위험한 자리이기 때문에 스승으로서는 간절하게 훈계하고 싶은 바가 있었던 모양이다.

19·20 子貢曰 紂之不善 不如是之甚也 是以君子惡居下流 天下之惡
皆歸焉

자공이 말하기를 : 주왕의 나쁜 행실은 우리가 아는 것처럼 심하지는 않았을
것이다. 그래서 군자는 하류에 처하지 않아야 한다. 천하의 (온갖) 나쁜 것들이
다 몰려들기 때문이다.

1) 紂(주) : 은왕조 마지막 왕이 목야(牧野)의 전투에서 주의 연합군에
패하여 스스로 분사하자 주무왕이 내린 악의적인 시호이다. 紂란 우마의
대변이 길바닥에 떨어지지 않도록 우마의 엉덩이 밑에 받치는 넓은 끈
을 가리키는 이름이다. 아들 무경(武庚)이 올린 시호는 제신(帝辛)이다.
18·01 참조.

2) 惡居下流(오거하류) : '하류에 거함을 미워한다'라는 번역은 미흡하
다. '惡'는 어떤 동작이나 상태를 적극적으로 싫어하고 거부한다는 뜻이
다. 표현은 '군자는 ~하지 않는다'이지만, '군자는 무슨 일이 있더라도 하
류로 전락하지 않도록 힘써야 한다'는 뜻이다. 17·24 참조.

3) 歸(귀) : 나쁜 것들이 하류로 몰려든다는 뜻이 아니라, 어떤 일이든
나빠지게 되면 그 이유를 모조리 하류의 탓으로 돌리고자 한다는 뜻이다.

주무왕에게 패퇴하자 스스로 분사한 은왕조 마지막 임금이 주(紂)인
데, 역사서에는 형편없는 폭군으로 묘사되어 있다. 중국의 역사기록을
이해하는 사람이라면 하의 걸이나 은의 주처럼 역성혁명에 의해 뒤집힌
왕조의 마지막 왕은 극악무도한 사람으로 묘사될 수밖에 없다는 사정을
잘 안다.[27] 그런데 자공은 그런 사정을 알기만 한 게 아니라 발언까지 하
고 있다. 알면서 가만히 있는 것과 발언하는 것에는 뚜렷한 차이가 있다.

자공이 뛰어난 것은 바로 그 점이다. 자공은 어떤 근거를 가지고서 주를 옹호한 것이 아니라 보편적 역사가 그렇다는 말을 하고 있을 따름이다. 정치와 역사에 대한 식견이 뛰어났던 자공다운 말이다. 여기서부터 19편 마지막까지는 모두 자공과 관련된 내용이다.

19·21 子貢曰 君子之過也 如日月之食焉 過也 人皆見之 更也 人皆仰之

자공이 말하기를 : 군자의 허물은 일식이나 월식과 같아서, 허물을 저지르면 모든 사람이 보게 되고, (그 허물이) 고쳐지면 모든 사람이 우러르게 된다.

> **주**

1) 君子(군자) : 공자는 '군자'라는 낱말을 지향해야 할 가치를 담은 낱말로 사용하였지만 이제 자공은 가치를 구현하여 성왕이 된 사람이라는 뜻으로 사용한다. 역시 자공은 영리하다. 스승의 뜻을 정확히 헤아린 나머지 스승의 뜻을 구현하는 표현을 훌륭하게 한다.

2) 食(식) : 蝕(식)과 같다. 일식과 월식을 가리킨다.

3) 見(견) : 능동적으로 주시하는 것이 아니라 저절로 눈에 들어오게 된다는 뜻이다.

4) 更(경) : 허물에 대한 표현이므로 '바꾸다'보다는 '고치다'라는 번역어가 낫다.

27 　주는 매우 능력이 있었고 역사적 공헌도 컸던 사람이라는 평가를 근자에 중국에서는 내놓는데, 예컨대 갑골문에 의하자면 주의 치세 64년 동안에는 이전까지와는 달리 제사에서 사람을 희생으로 쓴 기록이 나타나지 않는다는 점을 들면서 그가 노예나 포로를 죽이는 것을 반대했다는 견해를 내놓기도 한다. 그런 근거는 다분히 억지처럼 들리지만, 자공의 말에는 18·01에 기재된 바 있는 주의 엄청난 악행도 사실은 그렇게 심하지는 않았을 것이라는 뜻이 담겨 있다.

공자 사후 제자들이 몰두했던 일은 아마도 스승의 말씀을 확대 재생산함으로써 스승을 현창하는 일이었을 것이다. 지금의 안목으로 평가하건대 그 일을 가장 효과적으로 수행한 사람은 자공이었다. 자공은 현실 정치에서도 제자들 가운데 가장 현달했을 뿐 아니라 『논어』에서 보더라도 스승을 존경하는 태도나 표현력이 가장 뛰어나다. 자공의 태도가 반듯하고 표현력이 훌륭함은 1·15, 5·08, 12·08, 19·23 등에서도 확인할 수 있지만, 실수는 만회할 수 있을 뿐 아니라 실수의 만회는 도리어 실수를 저지르지 않은 것보다 더한 감동을 줄 수 있다는 이 장의 표현도 스승의 생각을 훌륭하게 번안한 표현이다. 해와 달이 일부러 일식과 월식을 일으키는 것이 아니듯이 군자도 일부러 허물을 저지르는 것이 아니기 때문에 비유한 것이라고 황간은 덧붙인다.

『맹자·공손추하』의 "옛날 군자는 허물이 있으면 바로 고쳤지만 지금 군자는 허물이 있어도 그대로 나아간다. 옛날에는 군자가 허물을 저지르면 일식, 월식과 같아서 백성이 다 보게 되고 또 그가 허물을 고치면 백성이 다 우러러보았다. 그러나 지금의 군자는 허물이 있어도 그대로 나아갈 뿐 아니라 변명까지 한다."[28]라는 구절은 이 장의 다른 버전이겠다.

19·22 衛公孫朝問於子貢曰 仲尼焉學 子貢曰 文武之道 未墜於地 在人 賢者識其大者 不賢者識其小者 莫不有文武之道焉 夫子焉不學 而亦何常師之有

위나라의 (대부) 공손조가 자공에게 "중니를 어떻게 배운 사람이라고 할 수 있

---

28   且古之君子 過則改之 今之君子 過則順之 古之君子 其過也如日月之食 民皆見之 及其更也 民皆仰之 今之君子 豈徒順之 又從而爲之辭

지요?"라고 질문하자 자공이 대꾸하기를 : 문왕 무왕의 예악은 땅에 떨어(져 사라)진 게 아니라 사람에게 전해졌습니다. 현자는 그 가운데 중요한 것들을 알게 되었고 현자라고 할 수 없는 사람들조차 자잘한 것은 알게 되었습니다. (그러니) 문왕 무왕의 예악을 지니지 않은 사람은 아무도 없다 할 것입니다. (이렇듯 누구나 문왕 무왕의 예악을 지니고 있는데, 저희) 스승님이라고 왜 (문왕 무왕의 예악을) 배우지 않았겠습니까? 어째서 일정한 스승을 두어야만 (배운 사람이라고 부를 수 있단 말)입니까?

주

1) 公孫朝(공손조) : 위(衛)나라 대부. 적호(翟灝, 1736~1788)는 『사서고이(四書考異)』에서, 춘추시대에 노나라와 초나라에도 공손조가 있었기 때문에 위의 공손조임을 특정했다고 설명한다. 그러나 『사기·중니제자열전』에는 이 질문을 공손조가 아닌 진자금(陳子禽)이 한 것으로 되어 있다.

2) 仲尼焉學(중니언학) : 누구에게서 배웠느냐고 질문하는 것이 아니라 '중니를 어떻게 배운 사람이라고 할 수 있는가?'라는 표현이다. 따라서 '夫子焉不學'이라는 자공의 대답도 '공자가 왜 배운 사람이 아니란 말이냐?'라는 반문이다. 공자가 일정한 스승에게서 배운 적이 없다는, 그러니까 요즘 말로 하자면 일정한 학력이 없다는 공격에 대한 반박이라고 본다. 당시의 學은 일정한 스승 밑에서 배우는 공인과정을 거치는 것을 의미했다.

3) 文武之道(문무지도) : 문왕과 무왕 때에 성립되었던 주왕조의 예악을 가리킨다.

4) 何常師之有(하상사지유) : '왜 일정한 스승이 있어야만 한단 말인가'라는 뜻이다. 공자에게 뚜렷한 학력이 없다는 시비에 대해 반박하는 표현인데, 일정한 스승 밑에서 배우지 않았다는 이유로 배움이 없는 사

람이라고 무시할 수는 없다는 반박이다.

평설

자공의 반발을 감안하지 않더라도 공손조의 이 발언은 공자의 예학을 의심하거나 무시하는 발언이다. 이 대화가 공자 생전에 있었는지 사후에 있었는지는 알 수 없지만 어쨌든 자공은 공문을 폄하하려는 사람들과 맞서야만 했음을 보이는 증거이다.

공손조가 제기한 의문은 주왕조 예악의 전문가로 자처하는 공자의 자격이었다. 신분도 낮고 학력도 분명치 않은 사람이 주왕조 예악의 전문가로 자처하는 근거가 뭐냐는 공격이다. 자공의 반박은 썩 시원하지 않을 뿐 아니라 다소 공격적이라는 점 때문에 그다지 신뢰도를 높이지는 못한다. 문왕·무왕의 예악은 현자, 비현자 가릴 것 없이 누구나 어느 정도는 지니고 있는 바이다, 그러니 누구에게서든 배울 수도 있고 누구든 가르칠 수도 있다, 공자는 비록 특정한 스승 밑에서 배운 이력은 없지만 여러 사람에게서 배운 나머지 통달하게 되었다, 특정한 스승에게서 배우지 않았다는 이유 때문에 공자의 권위를 인정할 수 없다는 주장에는 수긍할 수 없다, 이런 내용의 반박이다. 이런 정도의 반박밖에는 할 수 없었던 모양인데, '문왕 무왕의 도리는 누구나 지니고 있기 때문에 공자는 여러 곳에서 배웠다'는 주장은 다분히 억지스럽고 공격적이다. 공자에 대한 부정은 자신에 대한 부정이므로 반박하지 않을 수는 없었겠지만, 자공의 반박은 도리어 공자가 주왕조의 예악을 누구에게서도 체계적으로 배운 바 없음을 공언한 셈이 되고 있다.[29] 비록 그렇게 될지언정 자공

---

29 하·은·주 세 왕조의 예악에 관한 공자의 학설은 얼마 되지 않는 단편적인 전승을 자신의 상상력으로 결부시켰을 뿐인 것, 즉 거의 공상의 산물이었다고 판단하지 않을 수 없다고 아사노 유이치는 주장한다(『공자신화-종교로서 유교 형

은 적어도 '성인은 생이지지하시기 때문에 스승이 없다'는 식의 어처구니없는 반격을 한 사람은 아니었다.

19·23 叔孫武叔語大夫於朝曰 子貢賢於仲尼 子服景伯以告子貢 子貢曰 譬之宮牆 賜之牆也及肩 窺見室家之好 夫子之牆數仞 不得其門而入 不見宗廟之美 百官之富 得其門者或寡矣 夫子之云 不亦宜乎

숙손무숙이 조정에서 대부들에게 '자공이 중니보다 더 현명하다'고 (공공연하게) 말하자 자복경백이 그 사실을 자공에게 알려주었다. 자공이 말하기를 : 담장에다 비유하자면, 저의 담장은 어깨 높이 정도이니 집 안이 좋은지의 여부를 살필 수 있지만 우리 스승님의 담장은 몇 길이나 되기 때문에 문을 통해서 (안으로) 들어가지 않는 한 (그 안에 있는) 종묘의 아름다움이나 백관의 풍부함을 볼 수가 없지요. 그 문 안으로 들어간 사람은 적을 것이니 그분이 그렇게 말씀하시는 것도 의당하지 않겠습니까.

| 주 |

1) 叔孫武叔(숙손무숙, 505~470? B.C. 재위) : 삼환 가운데 숙손씨가의 제8대 종주로서, 이름은 주구(州仇), 武는 시호이고, 叔은 자이다. 노나라 정공 12년(498 B.C.) 공자가 대사구가 된 다음 삼환의 채읍이었던 費(비: 계손씨의 채읍), 郈(후: 숙손씨의 채읍), 郕(성: 맹손씨의 채읍) 세 도읍을 무너뜨리고자 했을 때 처음에는 가신들의 세력을 누르고자 삼환이 모두 동의했지만 맹의자가 가신의 설득에 의해 돌아서자 숙손무숙과 계손사도 맹의자의 편을 드는 바람에 공자의 계획은 실패했다고 한다. 이 장과 다음 장의 주인공인데, 그 일 때문인지는 모르나 공자에 대한 평가가

성 과정』(신정근 외 역, 태학사, 2008), p.57 참조).

긍정적이지 않다.

2) 子服景伯(자복경백) : 14·36에서 공백료가 자로를 참소했다면서 그를 죽이겠다고 흥분하던 노나라 대부이다.

3) 宮牆(궁장) : '궁궐의 담장'이란 표현이 아니라 '집을 둘러싸는 담장'이란 뜻이다. 宮이 천자가 거처하는 곳을 가리키는 배타적인 이름이 된 것은 진시황 이후이고, 그 전에는 집을 가리키는 일반명사였다. 자공이 자신을 비유할 때는 사가의 담장을 의미하겠고 공자를 비유할 때는 종묘의 담장을 의미하겠다.

4) 仞(인) : 사람의 키를 나타내는 단위이다. 포함은 1인이 7척이라 했고, 조기는 『맹자주』에서 8척이라 했으며, 응소(應劭, 후한대)는 『한서주』에서 5척 6촌이라고 했다. 시대에 따라 주척(周尺: 약 20㎝), 한척(漢尺: 약 23㎝), 당척(唐尺: 약 30㎝)의 길이가 각각 달랐기 때문에 차이가 생길 수밖에 없다. 사람의 키를 나타내는 단위에는 丈(장)도 있는데, 처음에는 8척을 1장으로 삼았지만 당대에 이르러 1丈=10尺, 1尺=10寸, 1寸=10分이라는 십진법이 일반화한다.

5) 夫子(부자) : 여기서는 숙손무숙을 가리킨다.

평설

자신을 공자와 견주면서 심지어 공자보다 더 낫다고 평가하는 사람이 있다는 말을 들은 자공이 민망한 나머지 변명하는 내용이다. 자공다운 표현력이 돋보인다. 이택후는 자공에 대해 다음과 같이 평한다. "재아처럼 수다스럽지도 않았고, 번지처럼 노둔하지도 않았으며, 안회나 증삼처럼 작은 일에 신중하여 전전긍긍하지도 않았고, 자장과 자하처럼 정치에 열중하고 겉만 번지르르하지도 않았으며, 자로처럼 한결같이 강하여 이기기를 좋아하지도 않았다. 자공에 대해 송명시대의 이학은 거의 입을 닫고 말하지 않았다." 레토릭이 심하기는 하지만 제대로는 짚었다.

19·24 叔孫武叔毀仲尼 子貢曰 無以爲也 仲尼不可毀也 他人之賢者
丘陵也 猶可踰也 仲尼 日月也 無得而踰焉 人雖欲自絶 其何傷於日月
乎 多見其不知量也

숙손무숙이 중니를 헐뜯자 자공이 말하기를 : 그러지 마십시오. 중니는 헐뜯을
수 없습니다. 다른 현자들은 (아무리 높아도 비유하자면) 구릉 정도이니 (얼마든
지) 뛰어넘을 수 있지만, (저희 스승) 중니께서는 해와 달(처럼 높이 있)으니 뛰
어넘을 수가 없습니다. 어떤 사람이 자기 스스로 (해와 달과의 인연을) 끊고자
한들 그것이 해와 달에게 무슨 손상을 주겠습니까? 단지 자기 깜냥을 모른다는
사실만 드러나겠지요.

주

1) 無以爲(무이위) : '以'를 '此'로 보고서 '이렇게 하지 말라!'는 명령
어로 읽기도 하지만 취하지 않는다. '無用爲此(그런 짓을 해도 소용없다)'
라는 주희의 주석이 낫다.

2) 自絶(자절) : 『논어정의』는 '特自絶棄(특자절기)'라 했다. 스스로 일
월과의 관계를 끊는다는 뜻이겠다.

3) 多見(다현) : 형병 이래로 多는 祇(지: 다만)의 뜻으로 새기는데, 주
희는 '適(적: 겨우, 다만, 마침)'의 뜻이라고 부연한다. 多를 祇와 같은 뜻
이라고 설명하게 되는 원인은 아마도 '~하는 경우만 많아질 것이다'는
뜻에서 나오지 않았을까 한다.

평설

숙손무숙은 앞 장에서도 공자를 낮게 평가하였는데, 그가 공자를 헐뜯
은 배경은 앞 장에서 설명했다시피 삼도를 허물려고 했던 사건 때문이
아닐까 한다. 이 대화도 앞 장과 마찬가지로 공자 사후에 있었을 것으로
짐작되는데 자공의 말솜씨는 여전히 돋보인다.

이 편에는 공자의 폄훼에 대한 반박이 많은데, 그것들은 공자를 옹위하려는 목적이지만 부수적으로 얻게 되는 효과도 없지 않다. 예컨대 앞장과 이 장에서는 숙손무숙을 나쁜 인물로 부각시키는 효과 외에 자공을 돋보이게 만드는 효과를 얻는다.

19·25 陳子禽謂子貢曰 子爲恭也 仲尼豈賢於子乎 子貢曰 君子一言以爲知 一言以爲不知 言不可不愼也 夫子之不可及也 猶天之不可階而升也 夫子之得邦家者 所謂立之斯立 道之斯行 綏之斯來 動之斯和 其生也榮 其死也哀 如之何其可及也

진자금이 자공에게 "그대가 공손하기 때문(에 그렇지 않다고 말할 뿐)이지 중니가 어찌 그대보다 더 현명하겠는가?"라고 일컫자 자공은 (놀라서) 말하기를 : 군자는 한마디 말로 인해 분별력 있는 사람이 되기도 하고, 한마디 말로 인해 분별력 없는 사람이 되기도 하는 법이니, 말이란 삼가지 않으면 안 됩니다. (남들이) 우리 스승님을 따라갈 수 없는 것은 마치 사다리를 타고 하늘에 오를 수 없는 것과 마찬가지입니다. 우리 스승님께서 (큰 나라이든 작은 나라이든) 나랏일을 맡으셨다면 이른바 "(백성을) 살게 해주면 (백성이 저절로) 자립하고, (백성을 바른) 길로 인도하면 (백성이 저절로 그 길로) 따라가며, (백성을) 편안케해주면 (여기저기에서 백성들이 저절로) 찾아오고, (백성을) 감동시키면 (백성이 저절로) 화목하다."는 말대로 되었을 겁니다. 그분은 살아 계실 때는 영광을 안았고, 돌아가실 때는 애도를 받았습니다. 어떻게 그런 분을 (나 같은 사람이) 따라갈 수 있겠습니까?

| 주 |

1) 陳子禽(진자금, 511~? B.C.) : 1·10에서도 자공에게 공자에 관하여 질문하였던 사람으로서, 子禽은 자이고 이름은 항(亢)이다. 이 장을 보건

나 1·10을 보거나 간에 자공에 대한 신뢰가 컸던 사람으로 짐작되는데, 그 때문에 『사기·중니제자열전』에 나오는 이름이지만 공자의 제자가 아닌 자공의 제자로 추정하는 사람도 있다. 자공보다 9살 아래였다고 한다. 1·10과 16·13 참조.

2) 得邦家者(득방가자) : '~者'는 가정을 나타내므로, '방이나 가의 책임을 맡았더라면'의 뜻이다.

3) 立(립) : 『논어』에 자주 나오는 표현이지만 워낙 추상적인 표현이라서 다른 용례들을 살펴볼 필요가 있다.[30] 주희는 '植其生也(살도록 세워주다)'라고 주했다. 2·04의 주) 참조.

4) 道之(도지) : 道는 동사로서 '바른 길로 가게 하다'는 뜻이다. 주희는 '引(인)'의 뜻으로서 백성을 가르치는 것이라 하고, 行은 '從(종)'이라고 주한다.

5) 綏之(수지) : 편안하게 해주다. 주희는 來를 '歸附(귀부)'라고 한다.

6) 動之(동지) : 주희는 '鼓舞(고무)'라고 한다. 무언가 일을 하려고 시작하기만 하면 백성들이 화합하여 일을 완성시켰다는 뜻이다.

---

30 1·02에서는 "君子務本 本立而道生(군자는 바탕을 다지는 데에 힘써야 하니, 바탕이 다져지면 자신이 실천해야 할 방법론이 생겨나기 때문이다)"이라고 했고, 2·04에서는 "三十而立(서른 살쯤에는 삶의 목표를 세웠다)"이라고 했다. 6·30에서는 "夫仁者 己欲立而立人(인이란 것은 그처럼 대단한 것이 아니라 자기가 나서고 싶으면 남도 나서게 해주는 것)"이라고 했고, 8·08에서는 "興於詩 立於禮 成於樂(군자는 시로써 시작하고, 예로써 확립하며, 악으로써 완성된다)"이라고 했다. 9·30에서는 "可與立 未可與權(같은 자리에 설 수 있다고 해서 같이 권력을 쥘 수 있는 것은 아니다)"이라고 했고, 12·07에서는 "民無信不立(군주에 대한 인민의 믿음이 없으면 나라는 존립할 수가 없다)"이라고 했다. 16·13에서는 "不學詩 無以言 (…) 不學禮 無以立(시를 배우지 않으면 의사표현을 할 수 없게 되고 (…) 예를 배우지 않으면 데인깐게에서 설 가리가 없게 된다)"이라고 말했고, 20·03에서는 "不知禮 無以立也(예에 밝지 못하면 사회생활에서 자리를 잡을 수 없다)"라고 했다.

7) 其生也榮 其死也哀(기생야영 기사야애) : 유월은 榮이 '榮顯(영현: 귀하게 되고 이름이 나다)'이 아닌 '樂'의 뜻이라면서, '태어나실 때는 모두가 즐거워했고 돌아가시자 모두가 애도하였다'는 뜻이라고 주장한다. 『순자·해폐(解蔽)』의 "生則天下歌 死則四海哭(탄생하자 천하가 노래를 불렀고 돌아가시자 사해가 곡을 하였다)"이라는 구절과 맞춘 해석인데, 여기의 '生'은 '탄생'의 뜻이 아니라 '살아 계시는 동안'이라는 뜻이다. '살아 계실 때는 모두가 존경하고 가까이하였고, 돌아가시자 모두가 부모상을 당한 듯하였다'는 주희의 새김이 더 타당하다고 본다.

> [평설]

자공의 화술과 더불어 그가 자기 스승의 권위를 지키고자 노력했던 바를 소개하는 내용이다. '得邦家者(나랏일을 맡으셨다면)~'라는 구절은 공자가 邦이나 家에서 권력을 잡은 적이 없었음을 은연중 나타내는 대목이다.[31]

---

31 하·은·주 세 왕조의 예악에 관한 공자의 학설은 일마 되시 않는 단편적인 전승을 자신의 상상력으로 결부시켰을 뿐인 것, 즉 거의 공상의 산물이었다고 판단하지 않을 수 없다고 아사노 유이치는 주장한다(『공자신화-종교로서 유교 형성 과정』(신정근 외 역, 태학사, 2008), p.57 참조).

요왈(堯曰) 제이십(第二十)

　「요왈」편은 나머지 편들과는 성격이 약간 다르다. 고대 제왕의 말씀을 맨 앞에 내세우고 있다.

　우리는 일반적으로 『논어』라면 공자의 말씀을 모은 책으로 받아들인다. 그러나 「요왈」편에서 고대 제왕의 말씀을 내세웠다는 것은 이 책이 단지 공자의 말씀만을 모아두려는 목적이 아니었음을 짐작케 한다. 공자의 정치적 권위를 내세우기 위한 목적이 더 강하다고 느껴진다. 즉, 요임금부터 내려오는 권력의 계보가 공자에게로 이어졌음을 내보이기 위한 의도가 아니었을까 한다. 이렇게 훌륭한 말씀을 남긴 공자와 그 제자들은 요, 순, 우, 탕, 문, 무, 주공의 계보를 잇는 사람들임을 드러내려는 의도가 분명하다고 본다. 「요왈」편의 마지막 장을 공자의 말로써 마감하는 것도 그러한 의도라고 본다.

　『고논어』에서는 이 편이 두 편으로 되어 있었다고 한다.

20·01 堯曰 咨 爾舜 天之曆數在爾躬 允執其中 四海困窮 天祿永終
舜亦以命禹

요임금께서는 (순임금에게 양위하시면서) 말씀하시기를 : 자, 너 순아, 하늘이
정한 (임금의) 순서는 (이제) 네 몸에게 있으니 신실하게 중심을 잡아나가거라.
(그리하면 그 덕화가) 천하 끝까지 이르게 되고 하늘이 너에게 내리는 녹은 길
이 이어질 것이다. 순(임금) 또한 이 명령을 (그대로) 우(임금)께 전하셨다.

주

1) 咨(자) : 감탄사이다.

2) 曆數(력수) : 曆(력)은 『설문』에 없는 글자로서 '歷(력)'을 다르게
쓴 것이다. '歷'은 '次(차)'의 뜻과 같다. 왕이 되는 차례를 뜻한다.

3) 允執其中(윤집기중) : 允은 '信'의 뜻이다. 中을 '중용지도'라고 새
기기도 하지만 '중심'이라고 새기는 것이 낫다.[1] 일반적으로는 '정성스
럽게 중정지도(中正之道)를 잡아나가라'라고 새긴다. 오규 소라이는 執
中은 執樞(집추)라는 말과 같고 옛날에는 皇極(황극)을 大中(대중)이라
고 풀이하였으므로, '성실하게 제위(帝位)에 오르라'는 뜻이라고 주장한

---

[1] 주희도 "中者無過不及之名(중이란 지나치거나 모자람이 없는 것을 말한
다)"이라고만 설명한다.

다. 합리적인 설명인 듯하지만 '四海困窮'까지는 조건절이고 '天祿永終'은 주절로 보이므로 '제위에 오르다'라는 새김보다는 '중심을 잘 잡아나가라'라는 새김이 더 적합하다. 『상서』에는 '允執厥中(윤집궐중)'으로 표기된다.

4) 四海困窮 天祿永終(사해곤궁 천록영종) : "정치를 함에 있어서 신실하게 중용지도를 견지하면 그 은택이 사해에 미치게 되고 하늘이 주는 녹도 장구할 것이다."[2]라는 포함의 해석에 동의한다. 주희는 "사해의 인민이 곤궁하게 되면 하늘이 주는 임금의 녹은 영영 끊길 것이다."[3]라는 뜻으로 해석한다. 요가 순에게 위협적인 훈계를 한 것으로 본 것이다. 그러나 永終이라는 말은 長終, 즉 '길이 이어가다'는 뜻이다. '끊어지다'는 일회적인 행동이므로 '영영 끊어지다'라는 말은 성립되기도 어려울 뿐 아니라, '永終'이라는 말이 중국의 고전에서 '영영 끊어지다'라는 뜻으로 쓰인 적도 없다. 역대 황제들의 책문(册文)에도 언제나 '길이 이어지다'라는 뜻으로 쓰인다. 困窮 또한 궁핍하다는 뜻이 아니라 極窮(극궁)이라는 뜻이다. '~하면 덕화가 사해에 궁극하여 천록이 오래갈 것이다'라는 종전의 해석을 주희가 의도적으로 뒤집고자 한 것인지 아니면 단순히 문맥을 잘못 파악했는지는 알 수 없다.[4]

曰 予小子履敢用玄牡 敢昭告于皇皇后帝 有罪不敢赦 帝臣不蔽 簡在帝心 朕躬有罪 無以萬方 萬方有罪 罪在朕躬

(탕임금께서는 이렇게) 말씀하셨다. : 저 어린 이는 구태여 검정 수소를 제물로

---

2   爲政信執其中 則能窮極四海 天祿所以長終

3   四海之人困窮 則君祿亦永絶矣

4   정야용은 주희의 설을 뒤집을 수는 없다면서, 困이라는 글자를 極의 뜻으로 해석할 수 없다고 주장한다.

바치면서 빛나고 위대하신 하느님께 또렷하게 고하나이다. 죄를 짓거든 구태여 용서하지 마십시오. 하느님 신하의 죄는 가릴 수 없습니다. (하느님 신하의 죄를) 검열하는 일은 하느님의 마음에 달려 있습니다. 저 한 사람에게 죄가 있다면 (그 벌이) 만방(의 백성)에게까지 미치지 않도록 해주시고, 만방(백성)에게 죄가 있다면 (그 벌은) 저 한 몸이 받겠습니다.

주

5) 予小子履(여소자리) : 고대 중국의 왕은 자신을 '予小子(여소자)' 또는 '予一人(여일인)'이라고 불렀다. 여기서는 하왕조의 걸왕을 쫓아내고 상왕조를 세운 탕왕이 스스로를 가리키는 말이다. 탕왕의 이름은 은허갑골문에는 成(성), 唐(당), 大乙(태을) 등으로 나오고, 종주갑골(宗周甲骨)과 서주금문(西周金文)에는 成唐(성당)으로 나오며, 『사기·은본기(殷本紀)』에서는 天乙(천을)로 나온다.[5] 이 대목은 탕왕이 하왕조를 무너뜨린 다음 제후들에게 반포한 글인 「탕고(湯誥)」와 닮았는데, 「탕고」는 탕왕이 걸왕과 전쟁을 치르기 전에 재상 이윤을 시켜 선포한 전쟁동원 포고령인 「탕서(湯誓)」와 더불어 『상서』에 전해진다. 한편 『묵자·겸애하(兼愛下)』와 『여씨춘추·순민(順民)』에서는 이 구절을 탕왕이 걸왕을 이긴 다음 큰 한발을 만나자 천제에게 비를 내리기를 기원했던 말이라고 설명한다. 전해지는 역사기록을 각각 편의적으로 다양하게 해석했다고 볼 수도 있지만, 거꾸로 그 기록 자체가 특정한 의도하에 만들어진 것일 수도 있다.

6) 敢用玄牡(감용현모) : 하왕조는 검은색을 숭상했고 상왕조는 흰색

---

5   탕의 선대 이름에는 '報丙(보병)', '報壬(보임)' 등이 있는데, 이처럼 십간(十干)으로써 이름을 삼는 것은 진이 통일한 다음 '이세', '삼세'처럼 항렬로써 이름을 삼는 것과 마찬가지 관념일 것이다.

을 숭상했는데, 흰색을 쓰지 않고 검은색을 썼기 때문에 '敢用'이라고 표현한 것이라고 전통적으로 해석한다.

7) 昭告(소고) : 분명하게 아뢰다.

8) 皇皇后帝(황황후제) : 상왕조 때는 죽은 왕을 제(帝)라고 불렀는데, 皇皇后는 제를 수식하는 관형어로서 皇은 大를 뜻하고 后는 君을 뜻한다. 皇王后帝(황황후제), 皇天上帝(황천상제) 등으로도 표기하는데, 그것은 기록의 오류일 수도 있지만 같은 글자의 중복을 피하려는 관행 때문일 수도 있다.

9) 帝臣不蔽(제신불폐) : 제(帝)가 하늘의 이름이니 제신(帝臣)은 지상의 왕을 가리킨다. 여기서는 걸왕을 가리키는 듯하다.[6] 그러나 『묵자·겸애하』에는 이 구절이 '有善不敢蔽(훌륭한 사람은 구태여 버리지 않는다)'라고 되어 있다. 이는 오기가 아니라 의도적인 왜곡이라고 본다. 자기가 어떤 의지를 표명하고자 할 때 자신의 생각을 직접 말하거나 글로 나타내지 않고, 권위를 가진 기존의 말이나 글을 자기에게 유리한 쪽으로 왜곡 해석하거나, 심지어 원전의 몇 글자를 아예 다른 글자로 바꾸는 방식을 곧잘 이용하는 것이 고대 중국의 관행이다. 이런 사례는 흔하다.

10) 簡在帝心(간재제심) : 簡은 閱(열: 검열, 시찰)의 뜻이다. 이후 이 말은 '황제께서 모두 아시는 바입니다'라는 뜻의 성어로 쓰이게 된다.

11) 無以萬方(무이만방) : 『상서·탕고(湯誥)』에는 "其爾萬方有罪 在予一人 予一人有罪 無以爾萬方"이라고 되어 있고, 『상서·반경(盤庚)』에는 "邦之臧 惟汝衆 邦之不臧 惟予一人有佚罰"이라고 되어 있다. 『국어·주어(周語)』에는 "余一人有罪 無以萬夫 萬夫有罪 在余一人 在盤庚曰 國之臧 則惟女衆 國之不臧 則惟余一人 是有逸罰"이라고 되어 있

---

6 안유는 제신(帝臣)이 탕왕 자신을 가리킨다고 새기고, 주희는 '천하의 현인은 모두 하늘의 신하입니다'라는 뜻으로 새긴다.

고, 『여씨춘추·계추기(季秋紀)』에는 "昔者湯克夏而正天下 天大旱 五年不收 湯乃以身禱於桑林曰 余一人有罪 無及萬夫 萬夫有罪 在余一人 無以一人之不敏 使上帝鬼神傷民之命"이라고 되어 있으며, 『묵자·겸애하』에는 "萬方有罪 卽當朕身 朕身有罪 無及萬方"이라고 되어 있다. 『여씨춘추』와 『묵자』의 표현 때문에 以를 及으로 새기는 경향이 있지만, 以 자체에 及의 뜻이 있는 것은 아니다. 원문은 '만방의 백성에게 원인이 있다고 여기지 마십시오'라는 뜻이다. 그 두 책은 표현을 달리했을 뿐이다.

周有大賚 善人是富 雖有周親 不如仁人 百姓有過 在予一人

주(왕조를 세운 무)왕은 (은왕조를 무너뜨린 다음 천하에) 재물을 크게 베풀었고, 그래서 선인들이 부유해졌다. (그런 다음 이렇게 하늘에 맹세하였다) : (나에게) 비록 주왕실의 친척들이 있기는 하지만 인한 사람(을 얻는 것)보다는 못합니다. 백성에게 허물이 있다면 (그 책임은) 저 한 사람에게 있습니다.

주

12) 賚(뢰) : 재물이나 상을 나누어주는 것을 말한다.

13) 善人是富(선인시부) : 是는 어세를 강조하는 뜻이 있으므로 '실로', '참으로' 등으로 해석된다. 고주처럼 '선인들이 많아졌다'라고 새길 수도 있지만 '선인들이 부유하게 되었다'는 번역이 구문상 더 옳다고 본다.

14) 雖有(수유)~在予一人(재여일인) : 무왕이 하늘에 고하는 대목이다. 순은 요와 마찬가지로 선양을 받았기 때문에 하늘에 고하는 글도 요의 글을 사용하였고, 무왕은 탕왕과 마찬가지로 무력으로써 앞 왕조를 무너뜨렸기 때문에 하늘에 고하는 글도 탕왕의 것을 썼다고 흔히 해석한다. 하지만 이런 현상은 원전 자체가 언제 어떻게 만들어진 것인지 분명하지 않음을 뜻할 뿐이라고 본다. 『상서·주서』「태서(泰誓)」에 "予有亂

臣十人 同心同德 雖有周親 不如仁人(저에게는 정치를 잘하는 신하 10명이 있어 모두 동심동덕이니 비록 주왕실의 친척이 있다 한들 이들 어진 신하만은 못할 겁니다)"이라는 구절이 있는 것을 보면 그런 의심은 더해진다. 유보남은 이 말이 무왕이 제후들을 봉할 때, 특히 강태공을 제나라에 봉할 때 했던 말일 것으로 추정한다.

15) 周親(주친) : 周는 至(지)로 해석되기도 하므로 '지극히 친밀한 사람'이라고 새길 수도 있고, '주왕실의 친척'이라고 새길 수도 있다.

謹權量 審法度 修廢官 四方之政行焉 興滅國 繼絶世 擧逸民 天下之民
歸心焉 所重民食喪祭 寬則得衆 信則民任焉 敏則有功 公則說

(무왕께서) 도량형을 (세밀하게) 살펴(서 통일하)고, 무너진 관직을 다시 일으키자 사방의 행정이 (비로소) 움직이기 시작하였다. 멸망한 나라를 회복시켜 끊어진 (종실의) 세계를 잇도록 해주며,[7] 숨어 있는 현명한 은자를 찾아서 발탁하시자 천하의 인민이 마음으로 복종하였다. (무왕이 각별히) 인민에게 소중하게 여겼던 바는 '먹는 문제', '상 치르기', '제사 모시기'였다. 너그러우면 민중(의 신망)을 얻게 되고, 미더우면 인민이 맡길 것이며, 영민하면 공적을 세우게 되고, 공정하(게 대해주)면 (모두가) 즐거워할 것이다.

주

16) 謹權量 審法度(근권량 심법도) : 대개의 주석가들은 여기서부터는 공자의 말일 것으로 간주한다. 謹은 '삼가다'는 뜻이고, 權은 무게를 다는 것, 量은 부피를 재는 것을 말한다. '審法度'는 법전이나 예악제도를 심리하는 것으로 흔히 이해하지만 『사기·진시황본기(秦始皇本紀)』와 秦權(진권)·秦量(진량)의 각사(刻辭)를 보면 길이를 재는 것이라고 한다.

---

7   조상의 제사를 받들 수 있도록 해주는 것을 말한다.

양백준에 의하면 이런 논의는 염약거(閻若璩, 1636~1704)의 『사서석지우속(四書釋地又續)』에서부터 발단이 되었다고 한다. 법률과 예악제도를 정비한다는 생각은 상당히 후대의 생각이므로 타당한 지적이라고 본다. 따라서 '謹權量 審法度'는 '도량형을 세밀하게 살피다'라고 번역하는 것이 옳을 것이다.

17) 修廢官(수폐관) : 조우(趙佑, 1727~1800)의 『사서온고록(四書溫故錄)』에는 "직책은 있지만 관료가 없거나 관료는 있지만 직책은 없는 경우를 모두 폐라고 한다."[8]고 하였다. 그렇다면 '修廢官'은 직책을 맡지 않은 사람들에게 비어 있는 자리를 주었다는 뜻일 수도 있고, 관직제도를 정비했다는 뜻일 수도 있다.

18) 興滅國 繼絶世(흥멸국 계절세) : 멸망한 나라를 원상으로 회복시켜준다는 뜻이 아니라 멸망한 왕조의 종묘사직을 보존토록 하여 선왕들에 대한 제사만큼은 이어지도록 해준다는 뜻이다. 주무왕이 은을 멸망시킨 다음 주의 아들 武庚(무경)으로 하여금 종묘사직을 지키도록 한 것이 그 사례이다. 한편 이러한 취지는 나중에 제도적으로 이해되기도 했던 모양이다. 즉, 제후는 처음 봉토를 받을 때 채지(采地)라는 것도 받는데 예컨대 방백 리의 봉토를 받으면 삼십 리는 자신의 채지이고 방칠십 리를 받을 경우 이십 리가 자신의 채지이며 방오십 리를 받을 경우에는 십 리가 채지인데, 나중에 제후에서 축출되더라도 자손 가운데 현자에게 채지만큼은 지켜서 세세토록 처음 봉토를 받았던 조상에 대한 제사를 이어가도록 만드는 것이 '흥멸국 계절세'의 뜻이라고 이해하기도 한다.

19) 所重民食喪祭(소중민식상제) : '所重 民食喪祭'로 읽어서 '네 가지'로 이해하기도 하고, '所重民 食喪祭(인민에게 있어서 중시해야 할 바는 먹는 문제, 상 치르기, 제사 지내기)'로 읽어서 '세 가지'로 이해하기도

---

8   或有職而無其官 或有官而不擧其職 皆曰廢

한다. 전통적으로는 전자로 이해했지만 『위고문상서(僞古文尙書)·무성(武成)』의 "重民五敎 惟食喪祭"라는 구절을 들면서 세 가지로 이해하자는 주희의 견해가 타당하다고 본다.

20) 信則民任焉(신즉민임언) : 한석경·황본·당본·진번본(津藩本)·정평본(正平本)에는 이 다섯 글자가 없다고 정수덕은 고증한다. 양백준은 17·06의 '信則人任焉' 구가 잘못 들어간 듯하다면서, '人'은 지배계층을 의미하고 '民'은 백성을 의미하는 차이일 뿐임을 지적한다. 게다가 미더우면 인민에 의해 임명될 것이라는 생각 또한 결코 공자가 가질 수 있는 생각은 아니라고 지적한다. 그러나 그 다섯 글자뿐 아니라 '寬則得衆 信則民任焉 敏則有功 公則說'이라는 구절 전부는 17·06의 중복으로서 어떤 이유 때문에 잘못 끼어든 것으로 보인다. 17·06에는 民 대신 人으로 되어 있는 것도 그 시대에는 人과 民을 신분적으로 구분하지는 않았다는 증거가 될 수 있지 않을까 한다.

21) 敏(민) : 17·06에서처럼 영민(英敏), 즉 '잘 살피다'는 뜻으로 보아야 할 것이다.

22) 公(공) : 이 글자는 『논어』에 처음으로 나왔는데, 일반적으로는 '공평하다'로 번역될 수 있지만 당시에 어떤 것을 '公'이라고 표현했는지에 대해서는 점검할 필요가 있다. 요즘의 '공공(public)'이라는 개념은 아니고 '치우치지 않게 골고루'라는 개념이었다.[9]

평설

공자나 제자들의 육성이 아닌 선왕들의 말이다. 그래서 이 장은 『논어』와는 무관한 부분으로 인식되기도 한다. 더구나 문장의 주어가 분명하지 않기 때문에 누구의 말인지 구분하는 데도 어려움이 있다. 우가 탕

---

9 公에 대한 설명은 「논어문답」 12'와 2·24의 평설 참조.

에게 한 말은 생략되었고, 탕이 한 말은 『상서·상서(商書)』「탕고」의 내용과 비슷하다. 『국어·주어상』에는 "予一人有罪 無以萬夫"라는 탕서(湯誓)가 인용되어 있는데 여기의 '朕躬有罪 無以萬方'과 뜻이 비슷하다. 그래서 소식은 이 장이 『상서』의 「우모(禹謨)」, 「탕고(湯誥)」, 「태서(泰誓)」, 「무성(武成)」편의 문장을 취하면서 순서가 뒤바뀌었기 때문에 고증하기 어렵다고도 한다.

'謹權量~' 이후는 문체가 확연히 달라지므로 한나라 때는 그 뒷부분을 공자의 말로 간주하고서는 『논어』의 후서(後序)에 해당한다고 여기기도 했다.[10] 그것은 아마도 『맹자』의 마지막 장이 요순부터 공자에 이르는 과정을 서술하는 후서이듯이 『논어』도 그와 유사한 편차가 아닐까 하는 생각이었을 것이다.[11] 하지만 『논어』는 기본적인 성격이 『맹자』와 다르거니와 편차 또한 다르기 때문에 무조건 유추하기는 곤란하다.

공자는 자기 관념의 바탕을 언제나 상고시대의 성군에게 두었을 뿐 아니라 성군에서부터 자신에까지 도달하는 흐름을 은연중 강조하였다. 더구나 그 흐름은 자신의 주관적인 생각이 아니고 하늘의 역수라고 말하였다. 한유가 도통론을 내세웠던 것도 반드시 불교의 법통 관념에 영향을 받았다고만 말할 수는 없다. 공자의 그러한 생각이 맹자 이후 유자들에게도 이어짐을 인식했기 때문이라고 본다. 바꿔 말하자면 한유 자신도 하늘의 역수(曆數)에 들어 있는 사람이라고 스스로 여겼을지도 모른다. 자기 권위의 근거를 실재했던 과거에다 두려는 관념이 불교에서는 본지

---

10 『공양전』소공 32년 대목에서 하휴(何休, 129~182)는 주하기를 '謹權量~四方之政行焉'을 '孔子曰'로 인용하고 있고, 『한서·율력지(律曆志)』에서도 이 부분을 공자가 쇠퇴해가는 주왕조를 대신하여 천하를 다스리는 후왕의 법을 개진한 대목으로 본다.

11 이는 양시(楊時)의 생각이다.

수적(本地垂迹) 사상으로 나타나고 유교에서는 도통론으로 나타났다고 볼 수 있을 것이다.[12]

20·02 子張問於孔子曰 何如斯可以從政矣 子曰 尊五美 屛四惡 斯可以從政矣 子張曰 何謂五美 子曰 君子惠而不費 勞而不怨 欲而不貪 泰而不驕 威而不猛 子張曰 何謂惠而不費 子曰 因民之所利而利之 斯不亦惠而不費乎 擇可勞而勞之 又誰怨 欲仁而得仁 又焉貪 君子無衆寡無小大 無敢慢 斯不亦泰而不驕乎 君子正其衣冠 尊其瞻視 儼然人望而畏之 斯不亦威而不猛乎 子張曰 何謂四惡 子曰 不敎而殺謂之虐 不戒視成謂之暴 慢令致期謂之賊 猶之與人也 出納之吝謂之有司

자장이 공자께 "어떤 조건을 갖추어야만 정치에 종사할 수 있습니까?" 하고 여쭙자 스승님께서 말씀하시기를 : 다섯 가지 미덕을 따르고 네 가지 악덕을 물리치면 정치에 종사할 수 있다. 자장이 "다섯 가지 미덕이란 무엇을 일컫습니까?"라고 여쭙자 스승님께서 말씀하시기를 : 군자는 (인민에게) 베풀되 낭비하지는 않고, (인민에게) 일을 시키되 원망을 사지는 않으며, 바라는 것은 있어도 탐내는 것은 없고, 태연하되 교만하지는 않으며, 위엄은 있지만 사납지는 않아야 한다. (이것이 다섯 가지 미덕이다) 자장이 "'베풀되 낭비하지는 않는다'는 말은 무엇을 일컫습니까? (그 밖의 나머지 네 가지에 대해서도 설명해주십시오)"하고 여쭙자 스승님께서 말씀하시기를 : 인민에게 보탬이 되는 것만을 (찾아서) 보태주면 그것이 베풀되 낭비하지는 않는 것 아니겠는가? 일을 시켜도 괜찮은

---

12 공자의 그런 관념을 이택후는 '술이부작'이라는 말로 설명하는가 하면, 공자에게는 전통의 배경이 있는데 플라톤에게는 없다고 한 벤저민 슈워츠의 말도 거론한다. 하지만 공자가 갖추했던 전통이란 것이 과연 얼마나 믿을 만한지에 대해서는 고려해야 할 것이다.

때를 가려서 일을 시키면 누가 원망하겠느냐? 인하고자 한 끝에 인을 얻으면 (됐지 그 밖에) 무엇을 탐하겠느냐? 군자가 (사람이) 많든 적든, (일이) 크든 작든, 나서지도 않고 게으름 피우지도 않으면 그것이 곧 태연하되 교만하지는 않은 것 아니겠느냐? 군자가 의관을 바르게 하면서 지향점을 높게 가지면 위엄이 있어서 사람들이 쳐다보고 두려워하게 되니 그것이 곧 위엄은 있지만 사납지는 않은 것 아니겠느냐? 자장이 (다시) 네 가지 악덕은 무엇이냐고 여쭙자 스승님께서 말씀하시기를 : (죽어야 마땅한 까닭을) 일러주지도 않고 죽이는 것을 학이라 하고, 과정의 어려움을 고려하지는 않은 채 성과만을 따지는 것을 폭이라 하며, 정령은 더디게 내리면서 기일만 독촉하는 것을 적이라 하고, (어차피) 사람들에게 줄 것이면서도 내주기에는 인색한 것을 유사 같은 짓이라고 하(니 이것이 네 가지 나쁜 점이)다.

주

1) 何如斯可以從政矣(하여사가이종정의) : 정치하는 일을 군주의 입장에서는 '爲政(위정)'이라고 표현하고 신하의 입장에서는 '從政(종정)'이라고 표현한다. 斯는 지시대사가 아니고 조건에 따른 결과의 뜻을 표현하는 연사(連詞)이다. 의문사가 있을 때는 의문의 어기를 나타내는 조사를 따로 쓸 필요가 없으므로 矣는 여기서 단정하는 뜻을 나타내는 조사로 보아야 한다. 12·20의 평설 참조.

2) 尊五美屛四惡(준오미병사악) : 尊은 遵(준)이다. 尊崇(존숭)이 아닌 遵行(준행)이라는 뜻이다. 『상서·홍범』에 나오는 '遵王之義'니 '遵王之道'니 하는 말과 같은 용례이다. 屛은 원래 '迸(병: 흩어서 내쫓다)'인데 『설문해자』에 그 글자가 없기 때문에 '屛'을 빌려 썼다고 한다. 『예기·왕제』의 '屛之遠方', 『시경·대아』 「문왕지십(文王之什)·황의(皇矣)」의 '作之屛之', 『예기·대학』의 '迸諸四夷' 등이 비슷한 용례이다. 한대에는 여기서 원용하여 '遵五迸四(준오병사)'니 '遵美屛惡(준미병악)'이니 하는

표현이 사용되었다.

3) 欲而不貪(욕이불탐) : 문면은 '바라기는 하지만 탐하지는 않는다'이지만, 아래 문장에서 '欲仁而得仁 又焉貪'이라고 설명하는 것을 보건대 바라는 바의 내용은 '인하고자 함'임을 알 수 있다. 황간은 "인의를 바라는 것이 廉(렴)이고 재색을 바라는 것이 貪이다."[13]라고 주한다.

4) 泰而不驕(태이불교) : 13·26 참조.

5) 不敎而殺(불교이살) : 죽어야 마땅한 이유를 알려주지 않은 채 죽이는 것을 말한다. 虐(학)을 주희는 殘酷不仁(잔혹불인: 잔혹하여 어질지 않음)이라고 설명한다.

6) 不戒視成(불계시성) : 미리 계고(戒告)하지도 않고서 눈앞의 성과만을 따지는 것을 말한다. 暴(폭)을 주희는 卒遽無漸(졸거무점: 천천히 하지 않고 갑작스럽게 함)이라고 한다. 마융은 "오래전에 계고하지는 않고 목전에 완성하라고 꾸짖는 것이 視成이다."[14]라고 한다.

7) 慢令致期(만령치기) : 명령은 늦게 내리고서는 성과를 요구하는 기한은 각박하게 독촉하는 것을 말한다. 賊(적)을 주희는 切害(절해: 박절하게 해침)라고 설명한다. 공안국은 "인민에게 신뢰를 주지는 않으면서 헛되이 기한만 독촉함"[15]이라고 설명한다.

8) 猶之與人也出納之吝(유지여인야출납지린) : 猶之는 '~와 같다', '~와 마찬가지이다'의 뜻이므로 '어차피'라는 부사로 번역하였다. '어차피 남에게 줄 것이면서도 주기 아까워하는 것'을 말한다. 出納은 원래 出과 納을 포괄하는 말이지만 이 문장에서는 納이 아닌 出에만 해당할지라도 출납하는 업무를 담당하는 사람의 직책을 강조하는 차원에서 出納이라

---

13 欲仁義者爲廉 欲財色者爲貪

14 不宿戒而責日前成爲視成也

15 與民無信而虛刻期

는 용어를 사용했다. 有司(유사)는 업무를 담당하는 직책을 일컫는 말인데, 작은 권한을 가진 담당자가 자신의 권한을 이용하여 끗발을 부리는 것을 말한다. 그런 짓은 유사나 하는 짓이지 위정자가 해서는 안 된다는 뜻이다. 한국사에 비추자면 '아전 노릇'이라는 말로 대신할 수 있을 듯하고, 요즘 언어로 말하자면 '담당 공무원의 농간'이라고 표현할 수도 있을 것이다.

평설

마치 공자가 자장으로 하여금 자신의 가르침을 마무리하도록 시킨 듯한 느낌을 주는 장이다. 그 시각으로 보더라도 공자 가르침의 요체는 결국 '정치는 어떻게 해야 하는가(何如斯可以從政)'이다.

20·03 孔子曰 不知命 無以爲君子也 不知禮 無以立也 不知言 無以知人也

공자께서 말씀하시기를 : 천명(이 무엇인지)를 알아차리지 못하면 군자가 될 수 없다. 禮에 밝지 못하면 (사회생활에서 자기) 자리를 잡을 수 없다. (남이 하는) 말(의 속뜻)을 이해하지 못하면 사람을 식별할 수 없다.

주

1) 命(명) : 命을 공안국은 '窮達之分(궁달지분: 궁핍과 통달의 갈림)'이라 했고, 동중서는 天令(천령: 하늘의 시킴), 주희는 天命(천명: 하늘의 명령)이라고 했다. '나는 지금 무엇을 선택해야 하는가?' 또는 '나는 지금 무슨 일을 해야 하는가?', 이것을 아는 것이 지명(知命)이라고 공자는 여겼다. 命에 대한 설명은 9·01의 주) 참조.

2) 知禮(지례) : 禮를 안다는 말은 禮를 경위 바르게 차리는 것을 가리

키겠다.

3) 立(립) : 2·04의 주) 참조.

4) 知言(지언) : 마음은 "말을 듣고서 그 말이 옳은지 그른지를 가려내는 것"[16]이라고 설명한다. 知에 대해서는 9·29의 주) 참조. 한편, 맹자는 『맹자·공손추상』에서 이렇게 말한다. "말을 식별할 줄 안다는 것은 무슨 뜻입니까? 남이 하는 편벽된 말에서는 그 사람이 감추는 게 뭔지를 알아내고, 넘치는 말에서는 그 사람이 정신 팔고 있는 게 뭔지를 알아내며, 삿된 말에서는 그 사람이 이간시키려고 하는 게 뭔지를 알아내고, 회피하는 말에서는 그 사람이 막히는 게 뭔지를 알아내는 것이다."[17]

5) 知人(지인) : '知禮'처럼 남을 이해한다는 뜻이 아니라 사람의 우열을 식별할 수 있는 능력을 말한다.

평설

『논어』를 편찬한 사람은 「학이」편의 첫 장을 군자에 대한 정의에서 시작하더니 「요왈」편의 마지막 장도 군자에 대한 정의로 끝맺는다.

필자는 1·01의 주)에서 공자의 생각은 모두 '學'이라는 글자가 아우른다고 했다. 그런데 여기서 공자는 '知'라는 글자로서 자신의 생각을 총괄하고 있다. 그렇다면 『논어』에서 짐작할 수 있는 공자의 생각이란 '學하여 知하라(배워서 분별력을 갖추라)'는 말로 총괄할 수 있지 않을까 한다. 뭘 배워서 뭘 분별하라는 말인가? 天命과 禮와 인간의 언어를 배워서 인간의 우열을 식별하라는 것이다. '내가 태어나서 이 세상에서 할 일이 무엇인지를 알고, 세상과의 관계에서 내가 어떻게 처신하는 것이 바람직한지를 알며, 인간이 하는 말을 이해하여 사람의 우열을 식별할 줄 알라!'

---

16   聽言則別其是非也

17   何謂知言 曰詖辭知其所蔽 淫辭知其所陷 邪辭知其所離 遁辭知其所窮

는 말이겠다. 그래야 군자가 될 수 있다는 것인데, 군자란 결국 인간과 인간관계에 대해 포괄적으로 이해할 수 있는 사람이라는 뜻이라고도 말할 수 있을 것이다.

공자는 이처럼 '질서 있는 틀'에 집착했던 사람이다. 반면에 일정한 틀이 제시되면 틀에 맞는 사람과 맞지 않는 사람 사이에 차별을 일으키기 때문에 자신과 세상의 순조로운 관계를 형성하기 위해서는 '틀' 같은 것은 버리라고 주문한 사람이 노자이다. 우주는 한 가지의 틀로 설명할 수 있을 정도로 경계가 분명하지는 않기 때문에 분명하지 않은 경계를 그대로 받아들이라고 주문하는 것이 도가의 입장이라고 말할 수 있다.[18] 한자 문화권의 문화사는 이 두 가지 흐름이 교차되는 역사이다.

---

18 하지만 도가도 결국 기준은 손익(損益)이다. 이러이러한 관념으로써 살아야 손(損)이 적고 익(益)이 많아진다는 것이다. '그렇게 해야 천하를 얻을 수 있다'는 주장이기도 하다. 그런 점에서는 유가와 마찬가지라고 말할 수도 있고, 군주를 설득하기 위한 기술이었거나 유가를 보충하기 위한 입장이었다고 말할 수 있다. 순수한 철학적 견해는 결코 아니다. 예컨대 『노자』 제5장의 "多言數窮 不如守中(말이 많으면 쉬 바닥이 드러난다. 중을 지키는 것이 낫다)"이라는 구절이나, 『노자』 제48장의 "爲學日益 爲道日損 損之又損 以至於無爲 無爲而無不爲 取天下常以無事 及其有事 不足以取天下(학을 하면 날로 익이 되지만 도를 하면 날로 손이 된다. 손하고 또 손하면 끝내 무위에 도달하게 되는데, 무위에 도달하게 되면 못하는 게 없어진다. 천하를 차지하자면 언제나 일이 없어야 한다. 일거리가 있게 되면 천하를 차지할 수 없다)"라는 구절은 그 점을 극명하게 드러낸다. 道에 대한 설명은 1·02의 주) 참조.

참고도서

1. 주석을 위해 아래 서적들을 통독하면서 대조하였다.

『論語注疏』(何晏 注, 邢昺 疏, 十三經注疏本)

『論語集注』(朱熹 集注)

『論語集釋』(程樹德 撰, 程俊英·蔣見元 點校, 新編諸子集成 第一輯, 中華書局, 1990)

『論語古今註』(丁若鏞 著, 이지형 역주, 사암, 2010)

『論語譯註』(楊伯峻, 中華書局, 1958)

『論語徵』(荻生徂徠 著, 이기동·임옥균·임태홍·함현찬 역, 서울: 소명출판, 2010)

『論語』(平岡武夫, 全釋漢文大系 集英社版, 東京, 1980)

2. 평설을 위해 아래 서적들을 통독하면서 참고하였다.

『論語今讀』(李澤厚 著, 임옥균 역, 서울: 북로드, 2006)

Confucius: The Man and The Myth(Herrlee G. Creel, New York: John Day Co., 1949) 〈『孔子: 人間과 神話』(이성규 역, 知識產業社, 1983)〉

『논어한글역주』(김용옥, 통나무, 2008)

『孔子』(貝塚茂樹, 東京: 岩波書店, 1951)

『공자신화-종교로서 유교 형성 과정』(淺野裕一, 신정근 외 역, 태학사, 2008)

The World of Thought in Ancient China(Benjamin I. Schwartz, Harvard University Press, 1985) 〈『중국 고대 사상의 세계』(나성 역, 살림, 1996)〉

3. 평설을 위해 아래 자료들을 통독한 다음 부분적으로 인용하거나 참고하였다.

『왜 우리에게 불의와 불행은 반복되는가』(문병호, 길밖의길, 2015)

『페미니즘의 도전』(정희진, 교양인, 2013)

『감시와 처벌』(미셸 푸코 저, 오생근 역, 나남출판, 2016)

「중국불교 看話禪의 본질과 변화양상」(조명화,《인문언어》제11권 2호, 국제언어 인문학회, 2009. 12)

「詩禪一致와 선종 어록의 관계」(조명화,《불교학보》제66호, 동국대학교불교문화 연구원, 2013. 12)

「《논어》'文莫猶吾人' 再探」(이예성·이강재,《中國文學》88집, 韓國中國語文學 會, 2016)

「'樂'과 공자 仁學」(이경무,《동서철학연구》제41호, 한국동서철학회, 2006)

『孔子傳』(白川静, 東京: 中央公論社, 1972) 〈『공자전』(장원철·정영실 역, 펄북스, 2016)〉

『中國哲學』第十輯(北京: 三聯書店, 1983)

「過秦論」(賈誼)

『論語新探』(趙紀彬)

『且介亭雜文』(魯迅)

「理惑論」(牟子)

『文心雕龍』(劉勰)

『世說新語』(劉義慶)

『漢書·藝文志』(班固)

4. 교감을 위해 아래 서적을 통독하면서 대조, 참고하였다.

『定州漢墓竹簡本論語』

『洙泗考信錄』(崔述 著, 이재하 외 역, 한길사, 2009)

『洙泗考信餘錄』(崔述 著, 이재하 역, 한길사, 2009)

『古漢語詞匯綱要』(『고대중국어 어휘의미론』, 蔣紹愚 著, 이강재 역, 차이나하우스, 2012)

『논어의 문법적 이해』(류종목, 문학과지성사, 2000)

5. 용어의 개념을 확정하기 위해 아래 서적들을 통독하면서 참고하였다. 사전은 『大漢和辭典』(諸橋轍次 著), 『漢韓大辭典』(단국대동양학연구소, 2008), 『中華大字典』을 이용하였다.

『士与中國文化』(余英時, 上海人民出版社, 1987)

『經書の成立』(平岡武夫, 東京: 創文社, 1983)

『論語學史』(唐明貴, 中國社會科學出版社, 2009)

『講座中國史 I-古代文明과 帝國의 成立』(이성규, 지식산업사, 1989)

『공자씨의 유쾌한 논어』(신정근, 사계절, 2009)

『中国古代の宗教と文化, 殷王朝の祭祀』(赤塚忠, 角川書店, 1977)

『고려본논어집해의 재구성』(이강재, 學古房, 2010)

『중국철학의 인간학적 이해』(陳立夫 著, 鄭仁在 譯, 서울: 民知社, 1986)

「중국 근대 교과서 생태계 연구」(姜雪今, 서울대학교 박사학위논문, 2016. 8)

『유학심리학』(조긍호, 나남출판, 1998)

『論語抄』(『논어 교양강의』, 陳舜臣 著, 서은숙 역, 돌베개, 2010)

『中國智慧』(『이중톈, 사람을 말하다』, 易中天 著, 심규호 역, 중앙북스, 2013)

『지하의 논어, 지상의 논어』(김경호·이영호 외, 성균관대학교출판부, 2012)

『일본 논어 해석학』(黃俊傑 著, 이영호 역주, 성균관대학교출판부, 2011)

『이탁오의 논어평』(이영호 역주, 성균관대학교출판부, 2009)

『공자와 세계』(황태연, 청계, 2011)

『공자, 잠든 유럽을 깨우다』(황태연·김종록, 김영사, 2015)

『감정과 공감의 해석학』(황태연, 청계, 2015)

6. 한국어 문장의 윤문을 위해 아래 서적들을 참고하였다.

『十三經注疏本論語 한국어완역본』(鄭太鉉·李聖敏, 2015)

『論語集注 한국어완역본』(成百曉, 1990)

『論語集注 한국어완역본』(박성규, 2011)

『現代語譯 論語』(宮崎市定 著, 박영철 역, 이산, 2001)

『東洋의 智慧』(車柱環 譯, 세계문학전집 60, 乙酉文化社, 1964)

7. 원전의 이해를 위해 아래 서적들을 통독하였다.

『사기·공자세가』	『사기·중니제자열전』	『공자가어』
『설원』	『한시외전』	『맹자』
『상서』	『주례』	『의례』
『예기』	『춘추공양전』	『춘추좌전』
『춘추곡량전』		

8. 원전의 이해를 위해 아래 서적들을 대강 읽은 다음 부분적으로 인용하였다.

| 『국어』 | 『효경』 | 『역』 |
| 『춘추번로』 | 『전국책』 | 『회남자』 |

『논형』　　　　　　『신서』　　　　　　『안씨가훈』

『순자』　　　　　　『장자』　　　　　　『묵자』

『노자』　　　　　　『등석자』　　　　　『손자』

『열자』　　　　　　『관자』　　　　　　『한비자』

『법언』　　　　　　『안자춘추』　　　　『여씨춘추』

『歷朝故事統宗』　　『에디톨로지』(김정운, 21세기북스, 2014)

9. 아래 자료들에서는 부분적으로 재인용한 바가 있다.

The Original Analects(『論語辨』)(E. Bruce Brooks(白牧之) & A. Taeko Brooks(白妙子), Columbia University Press, 1998)

Escape from Predicament: Neo-Confucianism and China's Evolving Political Culture(Thomas A. Metzger, Columbia University Press, 1977)

The Analects of Confucius(Arthur David Waley, New York: Vintage Books, 1938)

Thinking through Confucius(David L. Hall & Roger T. Ames, State University of New York Press, 1987)

Ethik 4(Nicolai Hartmann, Berlin: unveränderte Auflage, 1962)

The Sayings of Confucius(Lionel Giles, London: John Murray, 1907)

Imagined Communities(Benedict Anderson, London: Verso, 1983) 〈『민족주의의 기원과 전파』(윤형숙 역, 나남, 1991)〉

Black Mass: Apocalyptic Religion and the Death of Utopia(John Gray, New York: Farrar, Straus & Giroux, 2008) 〈『추악한 동맹』(추선영 역, 이후, 2011)〉

Woe, Unto You Lawyers!(Fred Rodell, 1939) 〈『저주받으리라, 너희 법률가들이여』(이승훈 역, 후마니타스, 2014)〉

Confucius: The Secular As Sacred(Herbert Fingarette, New York: Harper & Row, 1972)

Studies in Chinese Philosophy and Philosophical Literature(A.C. Graham, State

University of New York Press, 1990)

Mencius & Early Chinese Thought(Kwong-loi Shun(信廣來), Stanford University Press, 1997)

『정체성과 폭력』(아마르티아 센 저, 김지현·이상환 역, 바이북스, 2009)

제임스 레게(James Legge, 1815~1897)가 번역한 유교 경전

최남선(崔南善, 1890~1957)이 1909년 잡지《소년》에 4회 연재한 「소년논어」

『신뢰의 힘』(에릭 M. 우슬러너 저, 박수철 역, 오늘의책, 2013)

『法言』(揚雄 著, 李軌·柳宗元 註, 宋咸·吳秘·司馬光 增註)

『곰에서 왕으로』(나카자와 신이치 저, 김옥희 역, 동아시아, 2003)

『스토리텔링 애니멀』(조너선 갓셜 저, 노승영 역, 민음사, 2014)

「中國共産黨 中央工作會議擴大會議發表文」(1962. 1. 29)

『經義考』(朱彝尊, 券211, 『四庫全書』)

『論語古訓外傳』(太宰春台)　　　　『論語古義』(伊藤仁齋)

『經典釋文』(陸元朗)　　　　　　　『論衡』(王充)

『柳河東集』券4「論語辨」(柳宗元)　『論語或問』(朱熹)

『文史通義』「詩敎上」(章學誠)　　　『論語心得』(于丹)

『簡牘檢署考』(王國維)　　　　　　『論孟或問精義通攷』(宋時烈)

「論語說」(金昌協)　　　　　　　　『思辨錄』(朴世堂)

『四書疾書』(李瀷)　　　　　　　　『四書三經釋義』(李滉)

『困學紀聞』(王應麟)　　　　　　　『日知錄』(顧炎武)

『論語解』(阮元)　　　　　　　　　『論語補疏』(焦循)

『論語後案』(黃式三)　　　　　　　『論語稽求篇』(毛奇齡)

『論語筆解』(韓愈·李翶)　　　　　　『釋明·釋典藝』(劉熙)

『朱子語類』(朱熹)　　　　　　　　《朝日新聞》2016년 1월 26일 자 기사

『阮硏經實集』(阮元)　　　　　　　「出師表」(諸葛亮)

『古文字類編』(高明, 臺灣大通書局, 1986)

『校正甲骨文編』(孫海波, 臺灣藝文印書館, 1974)

歲寒圖 跋文(金正喜)

『弘齋全書』券75(正祖)

「楚亭集序」(朴趾源)

『春秋左傳正義』(孔穎達)

『孔子傳』(錢穆)

『後漢書』「孝明八王傳」注

『二程遺書』

『漢書·藝文志』

「正氣歌」(文天祥)

「魏著作郎韓顯宗墓誌」

『新序』

『示兒編』(孫奕)

『백서노자』

『太平御覽』

『唐六典』

『唐摭言·兩監』

『續大典·刑典』

『宋史·黃裳傳』

『漢書』卷五十「張馮汲鄭傳第二十」

『通雅』(方以智)

『爾雅·釋詁, 釋鳥』(郭璞 注)

『升庵經說·文莫解』(楊愼)

『廣論語駢枝』(章太炎)

「臂德義」(郭店楚簡)

『星湖僿說·人事門』「政刑」(李瀷)

『經義雜記』(臧琳)

『讀書雜誌』(王念孫)

『詩三家義集疏』(王先謙)

『史記索隱』(司馬貞)

『大梵天王問佛決疑經』(卍續藏 87)

『說文解字』

『論語假借字考』(朱學瓊)

「中庸策」(丁若鏞이 正祖에게)

『論衡』(王充)

『廣雅·釋詁三』

『傳習錄』(王陽明)

『孔子改制考』(康有爲)

「語叢」(1993년 출토 郭店楚墓竹簡)

『晉書·慕容廆載記』

『大明律』

『說文通訓定聲·履部』(朱駿聲)

『帛書本周易』(마왕퇴3호묘)

『論語集註考證』(金履祥)

『論語駁』(欒肇)

『雜識』(陳騤)

『論語注』(康有爲)

『論語解義』(凌鳴喈)

『心體與性體』(牟宗三, 臺灣 正中書局, 民國75)

『二程遺書』

『學齋佔畢』(史繩祖)

『論語補疏』(焦循)

『古書虛字集釋』

『論語講義』(正祖)

『經傳釋詞』

『唐本說苑』

『古書疑義舉例·語急例』(俞樾)

『抱朴子』「審擧」

『汲冢瑣語』

『栗谷全書』「贈柳應瑞夢鶴治郡說」

『白虎通·三敎篇』

『後漢書·傅燮傳』

『隋書·經籍志』

『廣雅疏證』(王念孫)

『四書稗疏』(王夫之)

『明心寶鑑』(秋適)

『三國志·吳志』「樓玄傳」

『石林燕語』(葉夢得)

『讀書筆記』(尹會一)

『宋子大全』「看書雜錄」

『四書辨疑』(陳天祥)

『潛夫論·愛日』

『論語異文考證』(馮登府)

『孔子傳』(白川 靜)

『楚辭·九章』

『誤謬雜辨』(王若虛)

『四書辨疑』(陳天祥)

『論語後案』(黃式三)

『山海經·海外東經』

『唐書·王維傳』

『宋本韓詩外傳』

『藝文類聚』

「名都篇」(曹植)

『論語稽求篇』(毛奇齡)

『언어기원론』(장 자크 루소)

『淮南子』

『新論·閱武篇』(劉勰)

『後漢書·鄭太傳』

『晉書·庾袞傳』

唐石經

『文選注』

「漁父辭」(屈原)

『烈女傳』

『郡齋讀書志』(晁公武)

『四書揚名』(葛屺瞻)

『陔餘叢考』(趙翼)

『論語集說』(衛氏)

『九經古義』(惠棟)

「上韓太尉書」(蘇軾)

『高士傳』(皇甫謐)

『近思錄』(朱熹, 呂祖謙)

10. 아래 책들은 이름만 인용하였다.

『毛詩草木鳥獸蟲魚疏』(陸璣)

『詩集傳名物鈔』(許謙)

『六家詩名物疏』(馮應京)

『毛詩名物圖說』(徐鼎)

『陸氏草木鳥獸蟲魚疏圖解』(淵在寬)

『毛詩品物圖攷』(岡元鳳)

『詩名多識』(丁學游)

공자연보(孔子年譜)

공자 생년월일의 기록은 가지런하지 않다. 『춘추곡량전』은 양공 21년 10월 경자일에 탄생했다 하고, 『춘추공양전』은 양공 21년 기유 11월 경자일에 탄생했다 하며, 『사기』는 양공 22년 경술 11월 경자일에 탄생했다 한다. 11월은 자월(子月)이므로 주력(周曆)으로는 이듬해로 표기될 수 있기 때문에 일 년이라는 차이가 나게 되지 않았을까 한다. 명청대의 학자들은 양공 22년(551 B.C.) 10월 27일로 간주하였고, 1929년에는 B.C. 551년 양력 8월 27일에 탄생한 것으로 합의했다가, 현재는 그레고리력에 맞추어 B.C. 551년(周 23대 영왕 21년, 노양공 22년) 주력(周曆) 10월 27일, 양력 9월 28일에 昌平鄕(창평향) 郰邑(추읍)에서 탄생한 것으로 합의한다. 선대(先代)는 송인(宋人)으로서 증조부는 孔防叔(공방숙), 조부는 伯夏(백하), 아버지는 叔粱紇(숙량흘)인데, "與顏氏女野合而生孔子(안씨네 딸과 야합한 결과 공자를 낳았다)"라고 기록되어 있다.

애공 16년 임술 4월 기축일에 죽었다고 『춘추좌전』에 기록되어 있으니, 73세 정도의 수명을 누린 셈이다. 한국에서는 전통적으로 음력 2월과 8월 상정일(上丁日: 첫째 丁日)에 제향(祭享)을 모신다.

17세(535 B.C., 소공 7년)	어머니 죽다. 季武子 죽고 季平子가 뒤를 잇다.
19세	송나라 기관씨(丌官氏)에게 장가들다〈『공자가어』〉.
20세	아들 鯉(리) 출생, 계씨의 창고지기가 되다〈『공자가어』〉.
21세	희생용 가축을 담당하는 승전(乘田)이 되다〈『공자가어』〉〈『맹자·만장하』〉. 周에 가서 노자를 만나다(34세 때의 일이라고도 한다).
27세	담자(郯子)가 魯에 와서 고대의 관직에 대해 강하는 것을 듣다〈『좌전』〉.
30세	제경공이 안영과 魯에 와서 공자를 만나다〈「공자세가」〉.
34세	맹의자와 남궁경숙이 와서 禮를 배우다〈『좌전』 소공 7년〉〈「공자세가」〉. 남궁경숙과 周都 洛邑에 가서 老聃에게 禮를, 萇弘에게 음악을 묻다.
35세	소공이 계평자를 치려다 齊로 도주하다. 齊에 가서 高昭子의 가신이 되다〈「공자세가」〉.
36세	제경공에게 '君君臣臣父父子子'를 설하다. 韶를 배우느라 不知肉味하다〈『논어』〉.
37세	제경공이 "吾老矣 弗能用也"라고 말하자 魯로 돌아오다.
38세	晉魏獻子의 인재등용 정책이 도의에 적합하다고 평하다〈『좌전』 소공 28년〉.
39세	晉의 鑄刑鼎 소식에 비판하다〈『좌전』 소공 29년〉.
42세(510 B.C., 소공 32년)	소공, 乾侯에서 죽다.

47세(505 B.C., 정공 5년)	계평자 죽고 계환자가 잇다.
48세	양화, 계환자를 가두고 권력을 잡은 뒤 공자를 청하다.
50세	공산불뉴, 양화의 난을 틈타 계환자 치려다 실패하다.
	공산불뉴가 부르자 가려고 했으나 자로가 말리다.
51세	양화, 齊로 도주하다. 중도의 宰가 되고 이어 司空, 大司寇가 되다.
54세	三都를 허물려다 실패하다. 周遊天下 시작하다.
55세	계환자가 제나라가 보낸 여악에 빠지자 衛의 顏濁鄒家로 가다.
	衛를 떠나 가다가 匡에서 구금당하다.
56세	衛로 가다. 南子를 만나다. 鄭國子産 죽다.
57세(495 B.C., 정공 15년)	定公 죽고 哀公이 잇다. 衛를 떠나 魯로 가다.
58세(494 B.C., 애공 원년)	吳가 越을 치다.
59세	魯를 떠나 衛로 가다. 위령공이 陳法을 묻자 衛를 떠나 曹를 거쳐 宋으로 가다.
60세	사마환퇴에게 모욕당하다(『맹자·만장상』〉〈「공자세가」〉.
	宋을 떠나 鄭을 거쳐 陳으로 가서 司城貞子에게 의탁하다.
	'喪家之狗' 소리를 듣다〈「공자세가」〉. 위령공 죽고 손자 輒이 出公으로 嗣位하다.
61세	계환자 죽고 계강자가 잇다.
	계강자, 公之魚의 추천으로 공자 대신 염구를 등용하다. 陳을 떠나다.

62세	蔡를 떠나 葉으로 가다. 섭공에게
	"政在來遠附邇"라고 하다.
	葉을 떠나 蔡로 가는 도중 장저와 걸닉을 만나다.
	제경공 죽다.
63세	楚에서 불러 가는 도중 양식이 떨어지는 어려움을
	겪다.
	자공을 시켜 楚昭王에게 청탁했으나 슈尹子西의
	만류로 실패하다. 초소왕 죽다.
	楚에서 衛로 가는 도중 接輿를 만나다.
64세	吳의 태재비가 계강자를 부르자 계강자는 자공을
	보내다.
	제자들이 衛에서 벼슬하다. 衛君이 정치를
	맡긴다면 正名부터 하겠다고 말하다.
65세	吳가 魯를 침공하자 有若이 전공(戰功)을 세우다.
67세	부인 기관씨 별세하다.
68세	衛大夫 공문자가 軍事에 관해 묻자 떠나고자
	하다.
	齊와의 전쟁에서 염유가 승리하다.
	계강자, 염유의 말에 따라 공자를 國老로 모셔
	돌아오게 하다.
	계손이 세금에 관해 자문하다.
69세	계손이 토지에 세금을 부과하다. 詩를
	산정(刪定)하고 易을 좋아하다. 아들 鯉가 죽다.
70세	안회가 죽다.
71세	춘추를 짓다. 齊나라 진항이 군주를 시해하자
	토벌하자고 하다.

72세	子路가 죽다.
73세(479 B.C., 애공 16년)	四月己丑日에 죽어 魯의 도성 북쪽 泗水 언덕에 묻히다.
	哀公은 祭文에서 尼父라 칭하다.
	弟子들 모두 3년간 복을 입고 자공은 6년간 입다.

『사기·공자세가』에서는 공자의 후손을 다음과 같이 적고 있다.

孔子生鯉 字伯魚 伯魚年五十 先孔子死. 伯魚生伋 字子思 年六十二 嘗困於宋 子思作中庸.

子思生白 字子上 年四十七. 子上生求 字子家 年四十五. 子家生箕 字子京 年四十六. 子京生穿 字子高 年五十一. 子高生子愼 年五十七 嘗爲魏相. 子愼生鮒 年五十七 爲陳王涉博士 死於陳下. 鮒弟子襄 年五十七 嘗爲孝惠皇帝博士 遷爲長沙太守 長九尺六寸. 子襄生忠 年五十七. 忠生武 武生延年及安國. 安國爲今皇帝博士 至臨淮太守 蚤卒. 安國生卬 卬生驩.